백광훈
HOT
형사소송법

최근 1년간 기출총정리

백광훈 편저

메가 공무원 × 경단기   박영사

PREFACE

백광훈 HOT 형사소송법 최근 1년간 기출총정리

「백광훈 HOT 형사소송법 최근 1년간 기출총정리」는 수험생 스스로의 실전 적응력을 높이려는 목적으로 최근 1년간 시행된 형사소송법 과목의 국가시험에 해당하는 문제들을 모의고사처럼 풀어보고 싶다는 독자들의 요청에 부응하여 만든 최신기출문제집이다.

본서의 내용 및 특징을 요약하면 아래와 같다.
첫째, 본서는 아래와 같이 2023년 1년간 시행된 대부분의 국가시험을 수록하였다.

- 2023 국가직 9급 형사소송법
- 2023 국가직 9급 형사소송법개론
- 2023 국가직 7급 형사소송법
- 2023 경찰채용 1차 형사법
- 2023 경찰채용 2차 형사법
- 2023 경찰 경력채용 형사소송법
- 2023 경찰승진 형사소송법
- 2023 경찰간부 형사법
- 2023 해경채용 2차 형사법
- 2023 해경승진(경장) 형사소송법
- 2023 법원직 9급 형사소송법
- 2023 군무원 9급 형사소송법
- 2023 소방간부 형사소송법
- 2023 변호사시험 형사법

둘째, 본서는 그 전반부에서는 순수하게 시험문제만을 수록함으로써, 일정한 시간 내에 시험문제를 풀어보는 훈련을 하도록 하고, 나아가 시험 회차당 점수를 기록케 함으로써 본인의 실력의 추이 변화도 알 수 있도록 하였다. 따라서 독자들은 각자의 시험 전에 본서를 최소 5회 이상은 풀어볼 것을 권고한다.

셋째, 본서는 그 후반부에서는 상세한 문제 해설을 수록함으로써, 중요 내용에 대한 복습을 할 수 있도록 하고, 나아가 독자 자신의 미진한 부분에 대한 보완 학습이 되도록 하였다. 따라서 독자들은 각자의 기본서나 요약집 등과 함께 복습할 것을 권고한다.

독자들 각자의 목전의 시험에서 최고의 퍼포먼스를 발휘해주길 바라는 마음뿐이다. 끝으로 본서의 제작에 많은 도움을 주신 도서출판 박영사의 임직원님들에게 감사의 마음을 전한다.

2024년 1월

백광훈

CONTENTS
차례

문제편

해설편

2024 백광훈 HOT 형사소송법

최근 1년간 기출총정리

문제편

01회 2023 국가직 9급 형사소송법

1차 점수   2차 점수   3차 점수

01

증언거부권에 대한 설명으로 옳지 않은 것은?

① 자신에 대한 유죄판결이 확정된 증인이 공범에 대한 피고사건에서 증언할 당시, 앞으로 재심을 청구할 예정이라고 하여도 이를 이유로 증인에게 형사소송법 제148조에 의한 증언거부권은 인정되지 않는다.

② 형사소송법 제148조의 '형사소추 또는 공소제기를 당하거나'에서의 '형사소추'는 증인이 이미 저지른 범죄사실에 대한 것만을 의미하는 것은 아니므로, 증인의 증언에 의하여 비로소 범죄가 성립하는 경우도 증언거부권 고지(형사소송법 제160조)의 대상이 된다.

③ 범행을 하지 않은 자가 피고인의 지위에서 범행사실을 허위자백한 후 공범에 대한 증인의 자격에서 그 공범과 함께 범행하였다고 허위의 진술을 하는 경우, 그 증언은 증언거부권의 대상이 된다.

④ 변호사가 업무상 위탁을 받은 관계로 알게 된 사실로서 타인의 비밀에 관한 것에 대해 증언을 거부하는 경우에는 거부사유를 소명하여야 한다.

02

소송행위에 대한 설명으로 옳지 않은 것은?

① 항소포기와 같은 절차형성적 소송행위가 착오로 인하여 행하여진 경우 그 행위가 무효로 되기 위하여는 그 착오가 행위자 또는 대리인이 책임질 수 없는 사유로 발생하였을 것이 요구된다.

② 검사에 의한 공소장제출은 공소제기라는 소송행위가 성립하기 위한 본질적 요소이므로 공소장제출이 없는 경우에는 공소제기가 성립되었다고 할 수 없다.

③ 형사소송규칙에 따르면 법원은 공시송달의 사유가 있다고 인정한 때에는 직권 또는 검사의 청구에 따라 결정으로 공시송달을 명한다.

④ 검사가 고소 취소된 사건을 반의사불벌죄인 협박죄로 기소하였다가 반의사불벌죄가 아닌 공갈미수로 공소장변경을 신청하여 허가된 경우 공소제기의 하자는 치유된다.

03

공소제기에 대한 설명으로 옳지 않은 것은?

① 형사소송법 제254조제3항은 공소장에 동항 소정의 사항들을 필요적으로 기재하도록 한 규정에 불과하고 그 이외의 사항의 기재를 금지하고 있는 규정이 아니므로, 공소시효가 완성된 범죄사실을 공소범죄사실 이외의 사실로 기재한 공소장은 위 규정에 위배된다고 볼 수 없다.

② 세무서장 등의 고발을 공소제기의 요건으로 하는 조세범 처벌법위반사건에 대해 수사기관이 고발에 앞서 수사를 하고 구속영장을 발부받은 후 검찰의 요청에 따라 세무서장이 고발조치를 한 경우, 그 고발이 있은 후에 공소제기가 있었다면 공소제기의 절차가 법률의 규정에 위반하여 무효라고 할 수 없다.

③ 검사가 자의적으로 공소권을 행사하여 피고인에게 실질적인 불이익을 줌으로써 소추재량권을 현저히 일탈한 경우에는 이를 공소권의 남용으로 보아 공소제기의 효력을 부인할 수 있고, 여기서 '자의적인 공소권의 행사'란 단순히 직무상의 과실에 의한 것만으로는 부족하고 적어도 미필적이나마 어떤 의도가 있어야 한다.

④ 공소제기된 사건에 대하여 불법연행, 불법구금 또는 구금장소의 임의적 변경의 위법사유가 있으면 그 위법한 절차에 의하여 수집된 증거가 배제되는 것은 물론, 공소제기의 절차 자체가 위법하여 무효인 경우에 해당한다.

04

공소기각의 재판에 대한 설명으로 옳지 <u>않은</u> 것은?

① 공소장에 검사의 간인이 없다면, 그 공소장의 형식과 내용이 연속된 것으로 일체성이 인정되고 동일한 검사가 작성하였다고 인정되더라도 공소기각의 판결을 하여야 한다.

② 공소장에 기재된 사실이 진실하다 하더라도 범죄가 될 만한 사실이 포함되지 아니한 때에는 공소기각의 결정을 하여야 한다.

③ 피고인에 대하여 재판권이 없을 때에는 공소기각의 판결을 하여야 한다.

④ 동일사건이 사물관할을 달리하는 여러 개의 법원에 계속된 경우에 사건을 심판하지 못하게 된 법원은 당해 사건에 대해 공소기각의 결정을 하여야 한다.

05

법관의 기피에 대한 설명으로 옳은 것은?

① 기피원인으로서의 '불공평한 재판을 할 염려가 있는 때'란 당사자가 불공평한 재판이 될지도 모른다고 추측할 만한 주관적인 사정이 있는 때를 말한다.

② 재판부가 당사자의 증거신청을 채택하지 않았다는 것만으로는 기피사유가 되지 않지만, 이미 행한 증거결정을 취소하였다는 것은 그 자체로서 기피사유가 된다.

③ 재판장이 피고인의 증인신문권의 본질적인 부분을 침해하였다고 볼 만한 소명자료가 없더라도, 재판장이 증인에 대한 피고인의 신문을 제지한 사실이 있다는 것은 그 자체로서 기피사유가 된다.

④ 재판부가 형사소송법에 정한 기간 내에 재정신청사건의 결정을 하지 아니하였다는 사유만으로는 기피사유가 되지 않는다.

06

공판절차에 대한 설명으로 옳지 <u>않은</u> 것은?

① 형사재판에서 유죄로 인정하기 위한 심증형성의 정도는 합리적인 의심을 할 여지가 없을 정도이어야 하고, 여기서 '합리적 의심'이란 논리와 경험칙에 기하여 요증사실과 양립할 수 없는 사실의 개연성에 대한 합리성 있는 의문을 의미한다.

② 검사, 피고인 또는 변호인은 공판절차상 재판장의 처분이 법령에 위반하거나 상당하지 아니한 때에는 이를 이유로 이의신청을 할 수 있다.

③ 형사재판에서 이와 관련된 다른 형사사건의 확정판결에서 인정된 사실은 특별한 사정이 없는 한 유력한 증거자료가 되는 것이나, 당해 형사재판에서 제출된 다른 증거 내용에 비추어 관련 형사사건 확정판결의 사실판단을 그대로 채택하기 어렵다고 인정될 경우에는 이를 배척할 수 있다.

④ 공소장 기재의 방식에 관하여 피고인 측으로부터 이의가 제기되지 아니하였고, 법원 역시 범죄사실의 실체를 파악하는 데 지장이 없다고 판단하여 그대로 공판절차를 진행한 결과 증거조사절차가 마무리되어 법관의 심증형성이 이루어진 단계에서는 더 이상 공소장일본주의 위배를 주장하여 이미 진행된 소송절차의 효력을 다툴 수 없다.

07

공소장변경에 대한 설명으로 옳지 <u>않은</u> 것은?

① 검사가 제출한 공소장변경허가신청서 부본을 즉시 피고인에게 송달하지 않은 채 법원이 공판절차를 진행한 조치는 절차상의 법령위반에 해당하나, 그러한 경우에도 피고인의 방어권이나 변호인의 변호권 등이 본질적으로 침해되었다고 볼 정도에 이르지 않는 한 그것만으로 판결에 영향을 미친 위법이라고 할 수 없다.

② 포괄일죄인 영업범에서 공소제기된 범죄사실과 공판심리 중에 추가로 발견된 범죄사실 사이에 그 범죄사실들과 동일성이 인정되는 또 다른 범죄사실에 대한 유죄의 확정판결이 있더라도 추가로 발견된 범죄사실을 공소장변경절차에 의하여 공소사실로 추가할 수 있다.

③ 상고심에서 원심판결을 파기하고 사건을 항소심에 환송한 경우, 환송받은 항소심에서도 공소장변경이 허용된다.

④ 검사가 공소장변경을 하고자 하는 경우, 피고인이 재정하는 공판정에서는 피고인에게 이익이 되거나 피고인이 동의하면 법원은 구술에 의한 공소장변경을 허가할 수 있다.

08

형사소송법이 명시적으로 규정하고 있는 검사의 권한에 속하지 않는 것은?

① 피고인의 구속취소 청구
② 피고인의 구속집행정지 신청
③ 피의자의 감정유치 청구
④ 재심의 청구

09

형사절차에 대한 설명으로 옳지 않은 것은?

① 항소심에서는 검사의 공소취소가 허용되지 않는다.
② 종국재판이 외부적으로 성립한 경우 종국재판을 한 법원은 그 재판을 철회하거나 변경할 수 없다.
③ 재판장의 재판에 대한 준항고의 청구는 재판의 고지있는 날로부터 7일 이내에 하여야 한다.
④ 피고인과 공범관계에 있는 다른 피의자에 대한 사법경찰관 작성 피의자신문조서는 형사소송법 제312조제4항의 요건을 갖추면 피고인이 공판기일에 그 조서의 내용을 부인하더라도 이를 유죄 인정의 증거로 사용할 수 있다.

10

재정신청에 대한 설명으로 옳은 것은?

① 법원은 재정신청서를 송부받은 때에는 송부받은 날부터 7일 이내에 피의자에게 그 사실을 통지하여야 하고, 재정신청서를 송부받은 날부터 3개월 이내에 항고의 절차에 준하여 결정한다.
② 검사의 불기소처분은 물론 진정사건에 대한 입건 전 조사(내사) 종결처분도 재정신청의 대상이 된다.
③ 재정신청인이 자기 또는 대리인이 책임질 수 없는 사유로 인하여 재정신청 기각결정에 대한 재항고 제기기간을 준수하지 못한 경우, 형사소송법 제345조(상소권회복청구권자)에 따라 재항고권 회복을 청구할 수 있다.
④ 재소자인 재정신청인이 재정신청 기각결정에 불복하여 재항고를 제기하는 경우, 그 제기기간 내에 교도소장이나 구치소장 또는 그 직무를 대리하는 사람에게 재항고장을 제출한 때에 재항고를 한 것으로 간주한다.

11

변호인에 대한 설명으로 옳은 것은?

① 피고인이 법인일 때는 법인의 대표자가 제삼자에게 변호인 선임을 위임하여 그로 하여금 법인을 위한 변호인을 선임하도록 할 수 있다.
② 변호인이 되려는 자가 변호인 선임서를 제출하지 않은 채 상고이유서만을 제출하고 상고이유서 제출기간이 지난 후에 변호인 선임서를 제출하였더라도 그 상고이유서는 적법·유효하다.
③ 필요적 변호사건에서 변호인 없이 개정하여 심리를 진행한 다음 무죄판결을 한 경우, 이는 소송절차의 법령위반에 해당하므로 당해 판결은 무효이다.
④ 구속된 피고인에 대한 변호인이 여러 명인 경우, 변호인의 접견교통권 행사가 그 한계를 일탈한 것인지의 여부는 해당 변호인을 기준으로 하여 개별적으로 판단하여야 한다.

12

강제수사에 대한 설명으로 옳은 것만을 모두 고르면?

> ㄱ. 현행범인 체포의 요건을 갖추었는지 여부는 체포 당시의 상황을 기초로 판단하여야 하고, 체포 당시의 상황으로 볼 때 그 요건의 충족 여부에 관한 검사나 사법경찰관 등의 판단이 경험칙에 비추어 현저히 합리성을 잃은 경우에는 그 체포는 위법하다.
> ㄴ. 구속기간연장허가결정이 있는 경우에 그 연장기간은 구속기간이 만료된 날로부터 기산한다.
> ㄷ. 피의자, 피의자의 변호인·법정대리인·배우자·직계친족·형제자매·가족·동거인 또는 고용주는 구속된 피의자의 보석을 법원에 청구할 수 있다.
> ㄹ. 수사기관이 압수·수색영장에 적힌 '수색할 장소'에 있는 컴퓨터 등 정보처리장치에 저장된 전자정보 외에 원격지 서버에 저장된 전자정보를 압수·수색하기 위해서는 압수·수색영장에 적힌 '압수할 물건'에 별도로 원격지 서버 저장 전자정보가 특정되어 있어야 한다.

① ㄱ, ㄴ
② ㄱ, ㄹ
③ ㄴ, ㄷ
④ ㄷ, ㄹ

13

상습범으로서 포괄일죄의 관계에 있는 여러 개의 사기범죄사실 중 일부에 대해 기소된 피고인에게 단순사기죄의 유죄판결이 확정된 후, 확정판결의 사실심판결 선고 전에 피고인이 범한 나머지 범죄에 대해 검사가 상습사기죄로 추가 기소를 한 경우 법원은 어떠한 재판을 해야 하는가?

① 공소제기가 법률의 규정에 위반하여 무효인 경우에 해당하므로 공소기각의 판결을 하여야 한다.
② 확정판결이 있은 때에 해당하므로 면소판결을 하여야 한다.
③ 단순사기죄의 기판력은 추가 기소된 상습사기죄에 미치지 않으므로 실체판결을 하여야 한다.
④ 이미 기소가 된 사건에 대해 다시 기소가 된 이중기소에 해당하므로 공소기각의 판결을 하여야 한다.

14

증인신문에 대한 설명으로 옳지 않은 것은?

① 다른 증거나 증인의 진술에 비추어 굳이 추가 증거조사를 할 필요가 없다는 등 특별한 사정이 없고, 소재탐지나 구인장 발부가 불가능한 것이 아님에도 불구하고 법원이 불출석한 핵심 증인에 대하여 소재탐지나 구인장 발부 없이 증인채택 결정을 취소하는 것은 재량을 벗어나는 것으로서 위법하다.
② 피고인의 출석을 요하는 재판에서, 법원이 공판기일에 증인을 채택하여 다음 공판기일에 증인신문을 하기로 피고인에게 고지하였는데 그 다음 공판기일에 증인은 출석하였으나 피고인이 정당한 사유 없이 출석하지 아니한 경우, 법원이 이미 출석하여 있는 증인에 대하여 공판기일 외의 신문으로서 증인신문을 하고 다음 공판기일에 그 증인신문조서에 대한 서증조사를 하는 것은 증거조사절차로서 적법하다.
③ 증인신문에 있어서 변호인에 대한 차폐시설의 설치는 이미 인적 사항에 관하여 비밀조치가 취해진 증인이 변호인을 대면하여 진술함으로써 자신의 신분이 노출되는 것에 대하여 심한 심리적인 부담을 느끼는 등의 특별한 사정이 있는 경우에 예외적으로 허용될 수 있을 뿐이다.
④ 형사소송법 제221조의2(증인신문의 청구)에 의한 증인신문절차에서는 피고인·피의자 또는 변호인의 참여가 필요적 요건이므로 피고인·피의자나 변호인이 증인신문절차에 참여하지 아니하였다면 위법이다.

15

전문심리위원에 대한 설명으로 옳지 <u>않은</u> 것은?

① 전문심리위원은 공판기일에 한하여 재판장의 허가를 받아 피고인 또는 변호인, 증인 또는 감정인 등 소송관계인에게 소송관계를 분명하게 하기 위하여 필요한 사항에 관하여 의견을 진술하거나 직접 질문할 수 있지만 재판의 합의에 참여하는 것은 허용되지 않는다.

② 법원은 전문심리위원이 제출한 서면이나 전문심리위원의 설명 또는 의견의 진술에 관하여 검사, 피고인 또는 변호인에게 구술 또는 서면에 의한 의견진술의 기회를 주어야 한다.

③ 제척 또는 기피 신청이 있는 전문심리위원은 그 신청에 관한 결정이 확정될 때까지 그 신청이 있는 사건의 소송절차에 참여할 수 없다. 이 경우 전문심리위원은 해당 제척 또는 기피 신청에 대하여 의견을 진술할 수 있다.

④ 법원은 전문심리위원에 관한 규정들을 지켜야 하고, 이를 준수함에 있어서도 전문심리위원과 관련된 절차 진행 등에 관한 사항을 당사자에게 적절한 방법으로 적시에 통지하여 당사자의 참여 기회가 실질적으로 보장될 수 있도록 세심한 배려를 하여야 한다.

16

재체포·재구속에 대한 설명으로 옳은 것은?

① 보증금 납입을 조건으로 석방된 피의자가 주거의 제한이나 그 밖에 법원이 정한 조건을 위반한 때에는 동일한 범죄사실로 재차 체포하거나 구속할 수 있다.

② 체포 또는 구속 적부심사결정에 의하여 석방된 피의자가 도망하거나 범죄의 증거를 인멸할 염려가 있다고 믿을 만한 충분한 이유가 있는 때에는 동일한 범죄사실로 재차 체포하거나 구속할 수 있다.

③ 보증금 납입을 조건으로 석방된 피의자가 피해자, 당해 사건의 재판에 필요한 사실을 알고 있다고 인정되는 자 또는 그 친족의 생명·신체·재산에 해를 가하거나 가할 염려가 있다고 믿을 만한 충분한 이유가 있는 때에는 동일한 범죄사실로 재차 체포하거나 구속할 수 있다.

④ 검사 또는 사법경찰관에 의하여 영장에 의해 체포되었다가 석방된 자는 다른 중요한 증거를 발견한 경우를 제외하고는 동일한 범죄사실로 재차 체포하지 못한다.

17

형사소송의 기본원칙에 대한 설명으로 옳지 <u>않은</u> 것은?

① 형사재판의 증거법칙과 관련하여서는 소극적 진실주의가 헌법적으로 보장되어 있으므로, 피고인은 형사소송절차에서 검사에 대하여 무기대등의 원칙이 보장되는 절차를 향유할 헌법적 권리를 가진다.

② 형사소송법 제57조 제1항은 "공무원이 작성하는 서류에는 법률에 다른 규정이 없는 때에는 작성 연월일과 소속 공무소를 기재하고 기명날인 또는 서명하여야 한다."라고 규정하고 있다. 여기에서 '법률의 다른 규정'에 검찰사건사무규칙은 포함되지 않는다.

③ 지방법원 본원과 지방법원 지원 사이의 관할의 분배는 토지관할의 분배가 아니라 지방법원 내부의 사법행정사무로서 행해진 지방법원 본원과 지원 사이의 단순한 사무분배에 해당한다.

④ 우리나라 군인이 전시(戰時)에 범한 성폭력범죄의 처벌 등에 관한 특례법 제2조의 성폭력범죄에 대해서는 우리나라 군사법원이 재판권을 가진다.

18

전문증거의 증거능력에 대한 설명으로 옳은 것은?

① 진술이 기재된 서류가 그 진술을 하였다는 사실 자체에 대한 정황증거로 사용될 것이라는 이유로 그 서류의 증거능력이 인정된 다음 그 사실을 다시 진술 내용의 진실성을 증명하는 간접사실로 사용하면 그 서류는 전문증거에 해당한다.

② 검사가 작성한 피고인 아닌 자에 대한 진술조서에 관하여 피고인이 공판정 진술과 배치되는 부분은 부동의한다고 진술하였다면, 진술조서 중 부동의한 부분을 제외한 나머지 부분에 대해서는 피고인이 그 조서를 증거로 함에 동의한다는 취지로 해석하여야 한다.

③ 검사의 조사를 받은 참고인이 법정에서 증언을 거부하여 피고인이 반대신문을 하지 못한 경우라도 그 증언거부권 행사가 정당하다면 형사소송법 제314조의 '그 밖에 이에 준하는 사유로 인하여 진술할 수 없는 때'에 해당하므로 특별한 사정이 없는 한 참고인에 대한 검사 작성 조서는 증거능력이 인정된다.

④ 참고인의 진술을 내용으로 하는 조사자의 증언은, 그 참고인이 법정에 출석하여 조사 당시의 진술을 부인하는 취지로 증언하였더라도, 그 진술이 '특히 신빙할 수 있는 상태하에서 행하여졌음'이 증명되면 증거능력이 인정된다.

19

재판에 대한 설명으로 옳지 않은 것은? [중복]

① 대한민국헌법 제13조제1항에서 규정하고 있는 이중처벌금지의 원칙에서 '처벌'은 원칙적으로 범죄에 대한 형벌 부과를 의미하고, 국가가 행하는 일체의 제재나 불이익처분이 모두 여기에 포함되는 것은 아니다.

② 항소심이 제1심의 재판서에 대한 경정 결정을 하면서 제1심이 선고한 판결의 내용을 실질적으로 변경하는 것은 허용되지 않는다.

③ 공소제기 후 판결의 확정이 없이 공소를 제기한 때로부터 25년이 경과한 때에는 면소판결을 하여야 한다.

④ 간통사건에 대한 유죄판결이 간통죄에 대한 헌법재판소의 종전 합헌결정 이전에 확정된 경우, 이 판결에 대한 재심개시결정이 간통죄에 대한 헌법재판소의 위헌결정일 이후에 확정되었다면 재심심판법원은 무죄판결을 하여야 한다.

20

재심에 대한 설명으로 옳은 것은?

① 재심사유 중 '무죄 등을 인정할 명백한 증거'에 해당하는지 여부는 새로 발견된 증거만을 독립적·고립적으로 고찰하여 그 증거가치만으로 판단하여야 한다.

② 재심심판절차에서는 특별한 사정이 없는 한 재심대상사건과 별개의 공소사실을 추가하는 내용의 공소장변경을 하거나 일반절차로 진행 중인 별개의 형사사건을 병합하여 심리할 수 없다.

③ 특별사면으로 형 선고의 효력이 상실된 유죄확정판결에 대하여 재심개시결정이 확정된 경우, 재심심판절차에서는 그 심급에 따라 다시 심판하여 특별사면을 이유로 면소판결을 하여야 한다.

④ 경합범 관계에 있는 수개의 범죄사실을 유죄로 인정하여 1개의 형을 선고한 불가분의 확정판결에서 그 중 일부의 범죄사실에 대하여만 재심청구의 이유가 인정되는 경우, 그 부분에 대해서만 재심개시결정을 하여야 한다.

02회 2023 국가직 9급 형사소송법개론

1차 점수   2차 점수   3차 점수

01

위법수집증거배제법칙에 대한 설명으로 옳지 <u>않은</u> 것은?

① 사법경찰관이 형사소송법 제215조 제2항을 위반하여 영장 없이 물건을 압수한 직후에 피압수자로부터 그 압수물에 대한 임의제출동의서를 받은 경우, 그 압수물은 물론 임의제출동의서도 특별한 사정이 없는 한 증거능력이 인정되지 않는다.

② 전자정보가 담긴 저장매체에 대한 압수·수색 과정에서 범위를 정하여 출력·복제하는 방법이 불가능하거나 압수의 목적을 달성하기에 현저히 곤란한 예외적인 사정이 인정되어 그 전자정보의 복제본을 수사기관 사무실 등으로 옮겨 복제·탐색·출력하는 경우, 그 과정에 피압수자나 변호인이 참여할 기회가 보장되어야 한다.

③ 범죄의 피해자인 검사가 그 사건의 수사에 관여하거나, 압수·수색영장의 집행에 참여한 검사가 다시 수사에 관여하였다면 그 자체로서 수사는 위법하고, 그에 따른 참고인이나 피의자의 진술은 임의성이 인정되지 않는다.

④ 수사기관이 구속수감된 자에게 압수된 그의 휴대전화를 제공하여 피고인과 통화하게 하고, 피고인의 범행에 관한 통화 내용을 녹음하게 한 행위는 불법감청에 해당하므로 이를 근거로 작성된 녹취록 첨부 수사보고서는 피고인의 범행에 대해 증거능력이 없다.

02

피고인의 특정 및 성명모용에 대한 설명으로 옳지 <u>않은</u> 것은?

① 피고인이 타인의 성명을 모용한 경우 검사가 공소장의 피고인 표시를 정정함에 있어 공소장변경의 절차를 밟을 필요는 없지만 법원의 허가를 요한다.

② 피고인이 타인의 성명을 모용한 사실이 공판심리 중에 밝혀졌는데도 검사가 공소장의 피고인 표시를 정정하여 모용관계를 바로잡지 아니하면 법원은 공소기각의 판결을 하여야 한다.

③ 검사는 공소장에 피고인을 특정할 수 있는 사항을 기재해야 하고, 공소제기의 효력은 검사가 피고인으로 지정한 사람에게만 미친다.

④ 법원이 성명모용사실을 알지 못하여 외형상으로는 피모용자에 대해 유죄판결을 선고하거나 판결이 확정되어도 그 판결의 효력은 모용자에게만 미치고 피모용자에게는 미치지 않는다.

03

반의사불벌죄에 대한 설명으로 옳은 것은?

① 반의사불벌죄의 피해자는 피의자나 피고인 및 그들의 변호인에게 자신을 대리하여 수사기관이나 법원에 자신의 처벌불원의사를 표시할 수 있는 권한을 수여할 수 없다.

② 항소심에 이르러 반의사불벌죄가 아닌 죄에서 반의사불벌죄로 공소장이 변경된 경우에는 예외적으로 항소심에서도 처벌을 희망하는 의사표시를 철회할 수 있다.

③ 반의사불벌죄에서 피고인 또는 피의자의 처벌을 희망하지 않는다는 의사표시 또는 처벌희망 의사표시 철회의 유무나 그 효력 여부에 관한 사실은 엄격한 증명의 대상이다.

④ 반의사불벌죄의 경우에 처벌불원의 의사표시는 의사능력이 있는 피해자가 단독으로 할 수 있는 것이고, 피해자가 사망한 후 그 상속인이 피해자를 대신하여 처벌불원의 의사표시를 할 수는 없다.

04

상소 및 특별절차에 대한 설명으로 옳은 것은?

① 약식명령에 대한 정식재판 절차에서 유죄판결을 확정받은 자가 재심을 청구할 경우, 재심청구의 대상은 유죄의 확정판결이 아니라 약식명령이다.

② 공소시효가 완성된 사실을 간과한 채 피고인에 대하여 약식명령을 발령하여 확정된 경우는 판결에 관한 법령의 위반에 해당하므로 비상상고의 대상이 된다.

③ 제1심법원이 결정으로 인정한 사실에 대해 법령을 적용하지 않았거나 법령의 적용에 착오가 있는 경우, 그 결정은 비약적 상고의 대상이 된다.

④ 약식명령을 발부한 법관이 그 정식재판 절차의 항소심 판결에 관여한 경우, 이는 제척사유인 '법관이 사건에 관하여 전심재판 또는 그 기초되는 조사, 심리에 관여한 때'에 해당하지 않는다.

05

법관의 기피에 대한 설명으로 옳은 것은?

① 기피원인으로서의 '불공평한 재판을 할 염려가 있는 때'란 당사자가 불공평한 재판이 될지도 모른다고 추측할 만한 주관적인 사정이 있는 때를 말한다.

② 재판부가 당사자의 증거신청을 채택하지 않았다는 것만으로는 기피사유가 되지 않지만, 이미 행한 증거결정을 취소하였다는 것은 그 자체로서 기피사유가 된다.

③ 재판장이 피고인의 증인신문권의 본질적인 부분을 침해하였다고 볼 만한 소명자료가 없더라도, 재판장이 증인에 대한 피고인의 신문을 제지한 사실이 있다는 것은 그 자체로서 기피사유가 된다.

④ 재판부가 형사소송법에 정한 기간 내에 재정신청사건의 결정을 하지 아니하였다는 사유만으로는 기피사유가 되지 않는다.

06

공판절차에 대한 설명으로 옳지 않은 것은?

① 형사재판에서 유죄로 인정하기 위한 심증형성의 정도는 합리적인 의심을 할 여지가 없을 정도이어야 하고, 여기서 '합리적 의심'이란 논리와 경험칙에 기하여 요증사실과 양립할 수 없는 사실의 개연성에 대한 합리성 있는 의문을 의미한다.

② 검사, 피고인 또는 변호인은 공판절차상 재판장의 처분이 법령에 위반하거나 상당하지 아니한 때에는 이를 이유로 이의신청을 할 수 있다.

③ 형사재판에서 이와 관련된 다른 형사사건의 확정판결에서 인정된 사실은 특별한 사정이 없는 한 유력한 증거자료가 되는 것이나, 당해 형사재판에서 제출된 다른 증거 내용에 비추어 관련 형사사건 확정판결의 사실판단을 그대로 채택하기 어렵다고 인정될 경우에는 이를 배척할 수 있다.

④ 공소장 기재의 방식에 관하여 피고인 측으로부터 이의가 제기되지 아니하였고, 법원 역시 범죄사실의 실체를 파악하는 데 지장이 없다고 판단하여 그대로 공판절차를 진행한 결과 증거조사절차가 마무리되어 법관의 심증형성이 이루어진 단계에서는 더 이상 공소장일본주의 위배를 주장하여 이미 진행된 소송절차의 효력을 다툴 수 없다.

07

공소장변경에 대한 설명으로 옳지 않은 것은?

① 검사가 제출한 공소장변경허가신청서 부본을 즉시 피고인에게 송달하지 않은 채 법원이 공판절차를 진행한 조치는 절차상의 법령위반에 해당하나, 그러한 경우에도 피고인의 방어권이나 변호인의 변호권 등이 본질적으로 침해되었다고 볼 정도에 이르지 않는 한 그것만으로 판결에 영향을 미친 위법이라고 할 수 없다.

② 포괄일죄인 영업범에서 공소제기된 범죄사실과 공판심리 중에 추가로 발견된 범죄사실 사이에 그 범죄사실들과 동일성이 인정되는 또 다른 범죄사실에 대한 유죄의 확정판결이 있더라도 추가로 발견된 범죄사실을 공소장변경절차에 의하여 공소사실로 추가할 수 있다.

③ 상고심에서 원심판결을 파기하고 사건을 항소심에 환송한 경우, 환송받은 항소심에서도 공소장변경이 허용된다.

④ 검사가 공소장변경을 하고자 하는 경우, 피고인이 재정하는 공판정에서는 피고인에게 이익이 되거나 피고인이 동의하면 법원은 구술에 의한 공소장변경을 허가할 수 있다.

08

형사소송법 이 명시적으로 규정하고 있는 검사의 권한에 속하지 <u>않는</u> 것은?

① 피고인의 구속취소 청구
② 피고인의 구속집행정지 신청
③ 피의자의 감정유치 청구
④ 재심의 청구

09

형사절차에 대한 설명으로 옳지 <u>않은</u> 것은?

① 항소심에서는 검사의 공소취소가 허용되지 않는다.
② 종국재판이 외부적으로 성립한 경우 종국재판을 한 법원은 그 재판을 철회하거나 변경할 수 없다.
③ 재판장의 재판에 대한 준항고의 청구는 재판의 고지있는 날로부터 7일 이내에 하여야 한다.
④ 피고인과 공범관계에 있는 다른 피의자에 대한 사법경찰관 작성 피의자신문조서는 형사소송법 제312조 제4항의 요건을 갖추면 피고인이 공판기일에 그 조서의 내용을 부인하더라도 이를 유죄 인정의 증거로 사용할 수 있다.

10

재정신청에 대한 설명으로 옳은 것은?

① 법원은 재정신청서를 송부받은 때에는 송부받은 날부터 7일 이내에 피의자에게 그 사실을 통지하여야 하고, 재정신청서를 송부받은 날부터 3개월 이내에 항고의 절차에 준하여 결정한다.
② 검사의 불기소처분은 물론 진정사건에 대한 입건 전 조사(내사) 종결처분도 재정신청의 대상이 된다.
③ 재정신청인이 자기 또는 대리인이 책임질 수 없는 사유로 인하여 재정신청 기각결정에 대한 재항고 제기기간을 준수하지 못한 경우, 형사소송법 제345조(상소권회복청구권자)에 따라 재항고권 회복을 청구할 수 있다.
④ 재소자인 재정신청인이 재정신청 기각결정에 불복하여 재항고를 제기하는 경우, 그 제기기간 내에 교도소장이나 구치소장 또는 그 직무를 대리하는 사람에게 재항고장을 제출한 때에 재항고를 한 것으로 간주한다.

11

변호인에 대한 설명으로 옳은 것은?

① 피고인이 법인일 때는 법인의 대표자가 제삼자에게 변호인 선임을 위임하여 그로 하여금 법인을 위한 변호인을 선임하도록 할 수 있다.
② 변호인이 되려는 자가 변호인 선임서를 제출하지 않은 채 상고이유서만을 제출하고 상고이유서 제출기간이 지난 후에 변호인 선임서를 제출하였더라도 그 상고이유서는 적법·유효하다.
③ 필요적 변호사건에서 변호인 없이 개정하여 심리를 진행한 다음 무죄판결을 한 경우, 이는 소송절차의 법령위반에 해당하므로 당해 판결은 무효이다.
④ 구속된 피고인에 대한 변호인이 여러 명인 경우, 변호인의 접견교통권 행사가 그 한계를 일탈한 것인지의 여부는 해당 변호인을 기준으로 하여 개별적으로 판단하여야 한다.

12

강제수사에 대한 설명으로 옳은 것만을 모두 고르면?

> ㄱ. 현행범인 체포의 요건을 갖추었는지 여부는 체포
> 당시의 상황을 기초로 판단하여야 하고, 체포 당시
> 의 상황으로 볼 때 그 요건의 충족 여부에 관한 검
> 사나 사법경찰관 등의 판단이 경험칙에 비추어 현
> 저히 합리성을 잃은 경우에는 그 체포는 위법하다.
> ㄴ. 구속기간연장허가결정이 있는 경우에 그 연장기간
> 은 구속기간이 만료된 날로부터 기산한다.
> ㄷ. 피의자, 피의자의 변호인·법정대리인·배우자·직
> 계친족·형제자매·가족·동거인 또는 고용주는 구
> 속된 피의자의 보석을 법원에 청구할 수 있다.
> ㄹ. 수사기관이 압수·수색영장에 적힌 '수색할 장소'에
> 있는 컴퓨터 등 정보처리장치에 저장된 전자정보
> 외에 원격지 서버에 저장된 전자정보를 압수·수색
> 하기 위해서는 압수·수색영장에 적힌 '압수할 물
> 건'에 별도로 원격지 서버 저장 전자정보가 특정되
> 어 있어야 한다.

① ㄱ, ㄴ
② ㄱ, ㄹ
③ ㄴ, ㄷ
④ ㄷ, ㄹ

13

상습범으로서 포괄일죄의 관계에 있는 여러 개의 사기범
죄사실 중 일부에 대해 기소된 피고인에게 단순사기죄의
유죄판결이 확정된 후, 확정판결의 사실심판결 선고 전에
피고인이 범한 나머지 범죄에 대해 검사가 상습사기죄로
추가 기소를 한 경우 법원은 어떠한 재판을 해야 하는가?

① 공소제기가 법률의 규정에 위반하여 무효인 경우에 해
당하므로 공소기각의 판결을 하여야 한다.
② 확정판결이 있은 때에 해당하므로 면소판결을 하여야
한다.
③ 단순사기죄의 기판력은 추가 기소된 상습사기죄에 미
치지 않으므로 실체판결을 하여야 한다.
④ 이미 기소가 된 사건에 대해 다시 기소가 된 이중기소
에 해당하므로 공소기각의 판결을 하여야 한다.

14

증인신문에 대한 설명으로 옳지 <u>않은</u> 것은?

① 다른 증거나 증인의 진술에 비추어 굳이 추가 증거조
사를 할 필요가 없다는 등 특별한 사정이 없고, 소재탐
지나 구인장 발부가 불가능한 것이 아님에도 불구하고
법원이 불출석한 핵심 증인에 대하여 소재탐지나 구인
장 발부 없이 증인채택 결정을 취소하는 것은 재량을
벗어나는 것으로서 위법하다.
② 피고인의 출석을 요하는 재판에서, 법원이 공판기일에
증인을 채택하여 다음 공판기일에 증인신문을 하기로
피고인에게 고지하였는데 그 다음 공판기일에 증인은
출석하였으나 피고인이 정당한 사유 없이 출석하지 아
니한 경우, 법원이 이미 출석하여 있는 증인에 대하여
공판기일 외의 신문으로서 증인신문을 하고 다음 공판
기일에 그 증인신문조서에 대한 서증조사를 하는 것은
증거조사절차로서 적법하다.
③ 증인신문에 있어서 변호인에 대한 차폐시설의 설치는
이미 인적 사항에 관하여 비밀조치가 취해진 증인이
변호인을 대면하여 진술함으로써 자신의 신분이 노출
되는 것에 대하여 심한 심리적인 부담을 느끼는 등의
특별한 사정이 있는 경우에 예외적으로 허용될 수 있
을 뿐이다.
④ 형사소송법 제221조의2(증인신문의 청구)에 의한 증
인신문절차에서는 피고인·피의자 또는 변호인의 참여
가 필요적 요건이므로 피고인·피의자나 변호인이 증
인신문절차에 참여하지 아니하였다면 위법이다.

15

전문심리위원에 대한 설명으로 옳지 <u>않은</u> 것은?

① 전문심리위원은 공판기일에 한하여 재판장의 허가를 받아 피고인 또는 변호인, 증인 또는 감정인 등 소송관계인에게 소송관계를 분명하게 하기 위하여 필요한 사항에 관하여 의견을 진술하거나 직접 질문할 수 있지만 재판의 합의에 참여하는 것은 허용되지 않는다.

② 법원은 전문심리위원이 제출한 서면이나 전문심리위원의 설명 또는 의견의 진술에 관하여 검사, 피고인 또는 변호인에게 구술 또는 서면에 의한 의견진술의 기회를 주어야 한다.

③ 제척 또는 기피 신청이 있는 전문심리위원은 그 신청에 관한 결정이 확정될 때까지 그 신청이 있는 사건의 소송절차에 참여할 수 없다. 이 경우 전문심리위원은 해당 제척 또는 기피 신청에 대하여 의견을 진술할 수 있다.

④ 법원은 전문심리위원에 관한 규정들을 지켜야 하고, 이를 준수함에 있어서도 전문심리위원과 관련된 절차 진행 등에 관한 사항을 당사자에게 적절한 방법으로 적시에 통지하여 당사자의 참여 기회가 실질적으로 보장될 수 있도록 세심한 배려를 하여야 한다.

16

재체포·재구속에 대한 설명으로 옳은 것은?

① 보증금 납입을 조건으로 석방된 피의자가 주거의 제한이나 그 밖에 법원이 정한 조건을 위반한 때에는 동일한 범죄사실로 재차 체포하거나 구속할 수 있다.

② 체포 또는 구속 적부심사결정에 의하여 석방된 피의자가 도망하거나 범죄의 증거를 인멸할 염려가 있다고 믿을 만한 충분한 이유가 있는 때에는 동일한 범죄사실로 재차 체포하거나 구속할 수 있다.

③ 보증금 납입을 조건으로 석방된 피의자가 피해자, 당해 사건의 재판에 필요한 사실을 알고 있다고 인정되는 자 또는 그 친족의 생명·신체·재산에 해를 가하거나 가할 염려가 있다고 믿을 만한 충분한 이유가 있는 때에는 동일한 범죄사실로 재차 체포하거나 구속할 수 있다.

④ 검사 또는 사법경찰관에 의하여 영장에 의해 체포되었다가 석방된 자는 다른 중요한 증거를 발견한 경우를 제외하고는 동일한 범죄사실로 재차 체포하지 못한다.

17

형사소송의 기본원칙에 대한 설명으로 옳지 <u>않은</u> 것은?

① 형사재판의 증거법칙과 관련하여서는 소극적 진실주의가 헌법적으로 보장되어 있으므로, 피고인은 형사소송절차에서 검사에 대하여 무기대등의 원칙이 보장되는 절차를 향유할 헌법적 권리를 가진다.

② 형사소송법 제57조 제1항은 "공무원이 작성하는 서류에는 법률에 다른 규정이 없는 때에는 작성 연월일과 소속 공무소를 기재하고 기명날인 또는 서명하여야 한다."라고 규정하고 있다. 여기에서 '법률의 다른 규정'에 검찰사건사무규칙 은 포함되지 않는다.

③ 지방법원 본원과 지방법원 지원 사이의 관할의 분배는 토지관할의 분배가 아니라 지방법원 내부의 사법행정사무로서 행해진 지방법원 본원과 지원 사이의 단순한 사무분배에 해당한다.

④ 우리나라 군인이 전시(戰時)에 범한 성폭력범죄의 처벌 등에 관한 특례법 제2조의 성폭력범죄에 대해서는 우리나라 군사법원이 재판권을 가진다.

18

전문증거의 증거능력에 대한 설명으로 옳은 것은?

① 진술이 기재된 서류가 그 진술을 하였다는 사실 자체에 대한 정황증거로 사용될 것이라는 이유로 그 서류의 증거능력이 인정된 다음 그 사실을 다시 진술 내용의 진실성을 증명하는 간접사실로 사용하면 그 서류는 전문증거에 해당한다.

② 검사가 작성한 피고인 아닌 자에 대한 진술조서에 관하여 피고인이 공판정 진술과 배치되는 부분은 부동의한다고 진술하였다면, 진술조서 중 부동의한 부분을 제외한 나머지 부분에 대해서는 피고인이 그 조서를 증거로 함에 동의한다는 취지로 해석하여야 한다.

③ 검사의 조사를 받은 참고인이 법정에서 증언을 거부하여 피고인이 반대신문을 하지 못한 경우라도 그 증언거부권 행사가 정당하다면 형사소송법 제314조의 '그 밖에 이에 준하는 사유로 인하여 진술할 수 없는 때'에 해당하므로 특별한 사정이 없는 한 참고인에 대한 검사 작성 조서는 증거능력이 인정된다.

④ 참고인의 진술을 내용으로 하는 조사자의 증언은, 그 참고인이 법정에 출석하여 조사 당시의 진술을 부인하는 취지로 증언하였더라도, 그 진술이 '특히 신빙할 수 있는 상태하에서 행하여졌음'이 증명되면 증거능력이 인정된다.

19

재판에 대한 설명으로 옳지 <u>않은</u> 것은?

① 대한민국헌법 제13조 제1항에서 규정하고 있는 이중처벌금지의 원칙에서 '처벌'은 원칙적으로 범죄에 대한 형벌 부과를 의미하고, 국가가 행하는 일체의 제재나 불이익처분이 모두 여기에 포함되는 것은 아니다.

② 항소심이 제1심의 재판서에 대한 경정 결정을 하면서 제1심이 선고한 판결의 내용을 실질적으로 변경하는 것은 허용되지 않는다.

③ 공소제기 후 판결의 확정이 없이 공소를 제기한 때로부터 25년이 경과한 때에는 면소판결을 하여야 한다.

④ 간통사건에 대한 유죄판결이 간통죄에 대한 헌법재판소의 종전 합헌결정 이전에 확정된 경우, 이 판결에 대한 재심개시결정이 간통죄에 대한 헌법재판소의 위헌결정일 이후에 확정되었다면 재심심판법원은 무죄판결을 하여야 한다.

20

재심에 대한 설명으로 옳은 것은?

① 재심사유 중 '무죄 등을 인정할 명백한 증거'에 해당하는지 여부는 새로 발견된 증거만을 독립적·고립적으로 고찰하여 그 증거가치만으로 판단하여야 한다.

② 재심심판절차에서는 특별한 사정이 없는 한 재심대상사건과 별개의 공소사실을 추가하는 내용의 공소장변경을 하거나 일반절차로 진행 중인 별개의 형사사건을 병합하여 심리할 수 없다.

③ 특별사면으로 형 선고의 효력이 상실된 유죄확정판결에 대하여 재심개시결정이 확정된 경우, 재심심판절차에서는 그 심급에 따라 다시 심판하여 특별사면을 이유로 면소판결을 하여야 한다.

④ 경합범 관계에 있는 수개의 범죄사실을 유죄로 인정하여 1개의 형을 선고한 불가분의 확정판결에서 그 중 일부의 범죄사실에 대하여만 재심청구의 이유가 인정되는 경우, 그 부분에 대해서만 재심개시결정을 하여야 한다.

1차 점수 □ 2차 점수 □ 3차 점수 □

01

형사소송의 이념과 목적에 대한 설명으로 옳지 않은 것은?

① 적법절차의 원칙은 공권력에 의한 국민의 생명·자유·재산의 침해는 반드시 합리적이고 정당한 법률에 의거해서 정당한 절차를 밟은 경우에만 유효하다는 원리이다.

② 「형사소송법」이 증인의 법정출석을 강제할 수 있는 권한을 법원에 부여한 취지는, 특별한 사정이 없는 한 사건의 실체를 규명하는 데 가장 직접적이고 핵심적인 증인으로 하여금 공개된 법정에 출석하여 선서 후 증언하도록 하고, 법원은 출석한 증인의 진술을 토대로 형성된 유·무죄의 심증에 따라 사건의 실체를 규명하도록 하기 위함이다.

③ 공소장일본주의의 위배 여부는 공소장에 첨부 또는 인용된 서류 기타 물건의 내용, 그리고 법령이 요구하는 사항 이외에 공소장에 기재된 사실이 법관 또는 배심원에게 예단을 생기게 하여 법관 또는 배심원이 범죄사실의 실체를 파악하는 데 장애가 될 수 있는지 여부를 기준으로 당해 사건에서 구체적으로 판단하여야 한다.

④ 법원이 법에서 정한 공개금지사유가 없음에도 불구하고 재판의 심리에 관한 공개를 금지하기로 결정한 경우, 그 공개금지결정은 피고인의 공개재판을 받을 권리를 침해한 것이지만 변호인의 반대신문권이 보장되었다면 그 절차에 의하여 이루어진 증인의 증언은 증거능력이 인정된다.

02

증명에 대한 설명으로 옳지 않은 것은?

① 진정한 양심과 같은 불명확한 사실의 부존재를 증명하는 것은 사회통념상 불가능한 반면 그 존재를 증명하는 것은 좀 더 쉬우므로, 예비군법위반사건에서 양심상의 이유로 예비군훈련 거부의 정당성을 주장하는 피고인은 자신의 양심이 깊고 확고하며 진실하여 '정당한 사유'에 해당한다는 점을 증명하여야 한다.

② 「공직선거법」상 허위사실공표죄에서 의혹을 받을 사실이 존재한다고 적극적으로 주장하는 피고인은 그러한 사실의 존재를 수긍할 만한 소명자료를 제시할 부담을 지고, 검사는 제시된 그 자료의 신빙성을 탄핵하는 방법으로 허위성을 증명할 수 있다.

③ 공판조서의 기재가 명백한 오기인 경우를 제외하고는 공판기일의 소송절차로서 공판조서에 기재된 것은 조서만으로 증명하여야 하고, 그 증명력은 공판조서 이외의 자료에 의한 반증이 허용되지 않는 절대적인 것이다.

④ 수사기관이 영장발부의 사유로 된 범죄혐의사실과 무관한 별개의 증거를 압수한 후에 피압수자에게 환부하고 이를 임의제출받아 다시 압수한 경우, 그 제출에 임의성이 있다는 점에 관하여는 검사가 합리적 의심을 배제할 수 있을 정도로 증명하여야 한다.

03

배상명령에 대한 설명으로 옳지 <u>않은</u> 것은?

① 법원은 배상명령으로 인하여 공판절차가 현저히 지연될 우려가 있다고 인정되는 경우에는 배상명령을 하여서는 아니 된다.

② 범죄행위로 인하여 재산상 이익을 침해당한 피해자가 이미 그 재산상 피해의 회복에 관한 채무명의를 가지고 있는 경우에도 이와 별도로 배상명령을 신청할 이익이 있다.

③ 피고인은 유죄판결에 대하여 상소를 제기하지 아니하고 배상명령에 대하여만 상소제기기간에 형사소송법에 따른 즉시항고를 할 수 있고, 즉시항고 제기 후 상소권자의 적법한 상소가 있는 경우에는 즉시항고는 취하된 것으로 본다.

④ 확정된 배상명령 또는 가집행선고가 있는 배상명령이 기재된 유죄판결서의 정본은 민사집행법에 따른 강제집행에 관하여 집행력 있는 민사판결 정본과 동일한 효력이 있다.

04

제척과 기피에 대한 설명으로 옳지 <u>않은</u> 것은?

① 법관에 대하여 기피신청이 있는 경우 형사소송법 제22조에 따라 정지될 소송진행은 그 피고사건의 실체적 재판에의 도달을 목적으로 하는 본안의 소송절차를 말하고, 판결의 선고는 이에 해당하지 않는다.

② 통역인이 피해자의 사실혼 배우자인 경우에는 '피해자의 친족'이 아니므로 형사소송법 제17조 제2호의 제척사유에 해당하지 않는다.

③ 재심청구사건의 담당 법관이 재심대상판결의 제1심에 관여한 경우, 그 법관은 제척 또는 기피의 원인인 전심재판에 관여한 것에 해당한다.

④ 법관이 선거관리위원장으로서 공직선거법 위반 혐의사실에 대하여 수사기관에 수사의뢰를 하고 그 후 당해 형사피고사건의 항소심 재판을 하는 경우, 형사소송법 제17조 제7호에서 말하는 '법관이 사건에 관하여 그 기초되는 조사에 관여한 때'에 해당하지 않는다.

05

소송행위의 하자의 치유와 소송조건의 추완에 대한 설명으로 옳지 <u>않은</u> 것은?

① 공소장일본주의에 위배된 공소제기라고 인정되는 때에는 공소기각의 판결을 선고하는 것이 원칙이나, 공소장기재의 방식에 관하여 피고인측으로부터 아무런 이의가 제기되지 아니하였고 법원 역시 범죄사실의 실체를 파악하는 데 지장이 없다고 판단하여 그대로 공판절차를 진행한 결과 증거조사절차가 마무리되어 법관의 심증형성이 이루어진 단계에서는 더 이상 공소장일본주의 위배를 주장하여 이미 진행된 소송절차의 효력을 다툴 수 없다.

② 변호인선임신고서를 제출하지 아니한 변호인이 약식명령의 정식 재판청구기간 내에 변호인 명의로 정식재판청구서를 제출하였다면, 그 기간 경과 후에 변호인선임신고서를 제출하였더라도 정식 재판청구는 유효하다.

③ 법원은 공소사실의 기재가 오해를 불러일으키거나 명료하지 못한 경우에는 먼저 검사에게 석명을 구하고, 검사가 이를 명확하게 하지 않은 때에 공소사실의 불특정을 이유로 공소를 기각함이 상당하므로 이에 이르지 않고 바로 공소기각의 판결을 하는 것은 위법이다.

④ 상소권자가 자기 또는 대리인이 책임질 수 없는 사유로 상소제기기간 내에 상소를 하지 못한 경우에는 상소권회복의 청구를 할 수 있다.

06

기판력에 대한 설명으로 옳은 것만을 모두 고르면?

ㄱ. 종전의 확정판결에서 조세범처벌법위반죄로 처단되는 데 그친 사건의 범죄사실이 뒤에 공소가 제기된 사건과 종합하여 특정범죄가중처벌등에관한법률위반의 포괄일죄에 해당하는 것으로 판단된다면, 조세범처벌법위반에 대한 확정판결의 기판력이 그 사실심판결 선고 전의 특정범죄가중처벌등에 관한법률위반 범죄사실에 미친다.

ㄴ. 경범죄처벌법상 '음주소란' 범칙행위로 범칙금 통고처분을 받아 이를 납부한 피고인이 이와 근접한 일시·장소에서 위험한 물건인 과도를 들고 피해자를 쫓아가며 "죽여버린다"라고 소리쳐 협박하였다는 내용의 폭력행위등처벌에관한법률위반으로 기소된 경우, 위 범칙금 납부의 효력은 공소사실에 미치지 않는다.

ㄷ. 약식명령의 기판력의 시적 범위는 약식명령의 송달시를 기준으로 한다.

ㄹ. 회사의 대표이사가 회사자금을 빼돌려 횡령한 다음 그 중 일부를 배임증재에 공여한 경우, 횡령의 점에 대해 확정된 약식명령의 기판력은 배임증재의 점에는 미치지 않는다.

① ㄱ, ㄴ
② ㄱ, ㄷ
③ ㄴ, ㄹ
④ ㄷ, ㄹ

07

상소심의 양형판단과 상소이유에 대한 설명으로 옳은 것은?

① 항소법원이 피고인에게 공소가 제기된 범행을 기준으로 형법 제51조가 정한 양형조건으로 포섭되지 않는 별도의 범죄사실에 해당하는 사정에 관하여, 그것이 합리적인 의심을 배제할 정도의 증명력을 갖춘 증거에 의하여 증명되지 않았음에도 핵심적인 형벌가중적 양형조건으로 삼아 형의 양정을 함으로써 피고인에 대하여 사실상 공소가 제기되지 않은 범행을 추가로 처벌한 것과 같은 실질에 이른 경우, 그 부당성을 다투는 피고인의 주장은 적법한 상고이유가 된다.

② 항소심이 양형부당을 이유로 제1심판결을 파기하는 경우, 항소심의 판단에 근거가 된 양형자료와 그에 관한 판단내용이 모순없이 설시되어 있더라도 양형의 조건이 되는 사유에 관하여 일일이 명시하지 않았다면 법령위반에 해당한다.

③ 검사가 일부 유죄, 일부 무죄로 판단한 제1심판결 전부에 대하여 항소하면서 항소장이나 항소이유서에 구체적인 이유를 기재하지 않고 단순히 '양형부당'이라는 문구만 기재한 경우에도 항소심은 제1심판결의 양형의 부당 여부에 관하여 심리·판단할 수 있고, 따라서 제1심판결의 유죄부분의 형이 너무 가볍다는 이유로 파기하고 그보다 무거운 형을 선고할 수 있다.

④ 사형·무기 또는 10년 이상의 징역이나 금고가 선고된 사건이 아닌 경우에는 양형부당을 이유로 상고할 수 없지만 항소심이 양형의 기초사실에 관하여 사실을 오인하였다거나 범행의 동기 및 수법 등 양형의 조건이 되는 제반 정상에 관하여 심리를 제대로 하지 않았음을 이유로 상고할 수 있다.

08

증거능력과 증명력에 대한 설명으로 옳지 <u>않은</u> 것은?

① 거짓말탐지기 검사결과는 항상 진실에 부합한다고 단정할 수 없다 하더라도 검사를 받는 사람의 진술의 신빙성을 가늠하는 정황증거로서 기능을 하므로, 그 검사결과만으로 범행 당시의 상황이나 범행 이후 정황에 부합하는 진술의 신빙성을 부정할 수 있다.

② 수사기관에서 진술한 참고인이 법정에서 증언을 거부하여 피고인이 반대신문을 하지 못한 경우에는 정당하게 증언거부권을 행사한 것이 아니라도, 피고인이 증인의 증언거부 상황을 초래하였다는 등의 특별한 사정이 없는 한 형사소송법 제314조의 '그 밖에 이에 준하는 사유로 인하여 진술할 수 없는 때'에 해당하지 않는다.

③ 검사가 공판기일에 증인으로 신청하여 신문할 사람을 특별한 사정없이 미리 수사기관에 소환하여 면담하는 절차를 거친 후에 그 사람이 증인으로 소환되어 법정에서 피고인에게 불리한 내용의 진술을 한 경우, 검사가 증인신문 전 면담과정에서 증인에 대한 회유나 압박, 답변유도나 암시 등으로 증인의 법정진술에 영향을 미치지 않았다는 점이 담보되어야 증인의 법정진술을 신빙할 수 있다.

④ 전문진술이 기재된 조서는 형사소송법 제312조 또는 제314조에 따라 증거능력이 인정될 수 있는 경우에 해당하여야 하며, 원진술자가 사망, 질병, 외국거주, 소재불명 그 밖에 이에 준하는 사유로 인하여 진술할 수 없고, 그 진술이 특히 신빙할 수 있는 상태하에서 행하여졌음이 증명된 때에 한하여 예외적으로 이를 증거로 할 수 있다.

09

대물적 강제처분에 대한 설명으로 옳지 <u>않은</u> 것은?

① 경찰관이 이른바 전화사기죄 범행의 혐의자를 긴급체포하면서 그가 보관하고 있던 다른 사람의 주민등록증을 압수하고 적법하게 사후영장을 발부받았다면, 이는 해당 범죄사실의 수사에 필요한 범위 내의 압수로서 적법하므로 그 주민등록증을 위 혐의자의 점유이탈물횡령죄 범행에 대한 유죄의 증거로 사용할 수 있다.

② 정보통신망 이용촉진 및 정보보호 등에 관한 법률 상 음란물유포의 범죄혐의를 이유로 압수·수색영장을 발부받은 수사기관이 피의자의 주거지를 수색하는 과정에서 대마를 발견하자, 피의자를 마약류관리에관한법률위반죄의 현행범으로 체포하면서 대마를 압수하고 압수조서를 작성하였으나 사후 압수·수색영장을 발부받지 않았다면, 위 압수물과 압수조서는 영장주의를 위반한 것이어서 증거능력이 부정된다.

③ '소유자, 소지자 또는 보관자'가 아닌 자로부터 제출받은 물건을 영장 없이 압수한 경우, 그 압수물 및 압수물을 찍은 사진은 피고인이나 변호인이 증거로 함에 동의하였다고 하더라도 유죄 인정의 증거로 사용할 수 없다.

④ 검사는 통신사실 확인자료제공을 받은 사건에 관하여 공소제기를 하지 아니하는 처분(기소중지·참고인중지 결정은 제외한다) 또는 입건을 하지 아니하는 처분을 한 경우, 그 처분을 한 날부터 1년이 경과한 때부터 30일 이내에 통신사실 확인자료제공을 받은 사실과 제공요청기관 및 그 기간 등을 통신사실 확인자료제공의 대상이 된 당사자에게 서면으로 통지하여야 한다.

10

탄핵증거에 대한 설명으로 옳지 않은 것은?

① 사법경찰관 작성의 피고인에 대한 피의자신문조서는 피고인이 그 내용을 부인하면 증거능력이 없을 뿐만 아니라 그것이 임의로 작성된 것이라고 하더라도 피고인의 법정에서의 진술을 탄핵하기 위한 반대증거로 사용할 수 없다.

② 탄핵증거는 범죄사실을 인정하는 증거가 아니어서 엄격한 증거능력을 요하지 않는다.

③ 탄핵증거를 제출할 때에는 증명력을 다투고자 하는 증거의 어느 부분에 의하여 진술의 어느 부분을 다투려고 한다는 것을 사전에 상대방에게 알려야 한다.

④ 검사가 탄핵증거로 신청한 체포·구속인접견부 사본이 피고인의 부인(否認)진술을 탄핵하기 위한 것이라면, 결국 검사에게 입증책임이 있는 공소사실 자체를 입증하기 위한 것에 불과하므로 피고인 진술의 증명력을 다투기 위한 탄핵증거로 볼 수 없다.

11

면소판결에 대한 설명으로 옳지 않은 것은?

① 재심대상판결이 확정된 후에 형 선고의 효력을 상실케 하는 특별사면이 있었던 사건에 대하여 재심개시결정이 확정되어 재심심판절차를 진행하는 법원은 면소판결이 아니라 실체에 관한 유·무죄 등의 판단을 해야 한다.

② 법원은 범죄 후 법령의 개폐로 그 형이 폐지되었을 경우 실체적 재판에 앞서 면소판결을 선고하여야 하며, 이에 관하여 무죄로서의 실체적 재판을 하는 것은 위법이다.

③ 면소판결은 유죄의 확정판결이라고 할 수 없으므로 면소판결을 대상으로 한 재심청구는 부적법하다.

④ 공소제기 당시의 공소사실에 대한 법정형을 기준으로 하면 공소시효가 완성되지 않았던 경우, 법원은 공소장변경에 의하여 변경된 공소사실에 대하여 그 법정형을 기준으로 하면 공소제기 당시 이미 공소시효가 완성된 경우에도 공소시효의 완성을 이유로 면소판결을 선고할 수 없다.

12

공판준비절차에 대한 설명으로 옳은 것은?

① 검사, 피고인 또는 변호인은 법원에 대하여 공판준비기일의 지정을 신청할 수 있으며, 이 신청에 관한 법원의 결정에 대하여는 불복할 수 있다.

② 공판준비기일에는 검사 및 변호인이 출석하여야 하지만, 피고인은 법원의 소환이 없는 때에는 공판준비기일에 출석할 수 없다.

③ 공판준비기일에서 신청하지 못한 증거라도 공판기일에 증거신청으로 인하여 소송을 현저히 지연시키지 아니하는 때에는 증거신청을 할 수 있다.

④ 법원은 공판준비기일을 종료한 때에는 쟁점 및 증거에 관한 정리결과를 공판조서에 기재하여야 한다.

13

공소시효에 대한 설명으로 옳지 않은 것은?

① 범죄 후 법률의 개정에 의하여 법정형이 가벼워진 경우에는 형법 제1조 제2항에 의하여 당해 범죄사실에 적용될 가벼운 법정형인 신법의 법정형이 공소시효기간의 기준이 된다.

② 1개의 행위가 형법상 사기죄와 변호사법위반죄에 해당하고 양 죄가 상상적 경합관계에 있는 경우, 변호사법위반죄의 공소시효가 완성되었다면 사기죄의 공소시효도 완성된 것으로 보아야 한다.

③ 공범의 1인으로 기소된 자가 범죄의 증명이 없다는 이유로 무죄의 확정판결을 선고받은 경우, 그는 공범이라고 할 수 없으므로 그에 대하여 제기된 공소는 진범에 대한 공소시효를 정지시키는 효력이 없다.

④ 공범의 1인에 대한 공소시효정지는 다른 공범자에게 대하여 그 효력이 미치는데, 여기의 '공범'에는 뇌물공여죄와 뇌물수수죄 사이와 같은 대향범 관계에 있는 자는 포함되지 않는다.

14

공소장변경에 대한 설명으로 옳지 않은 것은?

① 검사가 제1심이나 항소심에서 상상적 경합의 관계에 있는 수죄 가운데 당초 공소를 제기하지 아니한 공소사실을 추가하는 내용의 공소장변경신청을 하는 경우, 법원은 공소사실의 동일성을 해하지 아니함이 명백하므로 그 공소장변경을 허가하여 추가된 공소사실에 대하여 심리·판단하여야 한다.

② 법원은 검사가 공소장변경을 신청한 경우 피고인이나 변호인의 청구가 있는 때에는 피고인으로 하여금 필요한 방어의 준비를 하게 하기 위해 필요한 기간 공판절차를 정지하여야 한다.

③ 포괄일죄의 경우 법원이 공소장변경 허가 여부를 결정할 때는 포괄일죄를 구성하는 개개 공소사실별로 종전 것과의 동일성 여부를 따지기보다는 변경된 공소사실이 전체적으로 포괄일죄의 범주 내에 있는지 여부에 초점을 맞추어야 한다.

④ 법원이 적법하게 공판의 심리를 종결하고 판결선고기일까지 고지하기에 이르렀다면, 비록 검사가 변론재개신청과 함께 공소장변경신청을 하더라도 법원이 종결한 심리를 재개하여 공소장변경을 허가할 의무는 없다.

15

공판절차에 대한 설명으로 옳지 않은 것은?

① 동일한 피고인에 대하여 2개 이상의 사건이 각각 별도로 공소가 제기되었을 경우, 법원은 반드시 병합심리하여 동시에 판결을 선고하여야 하는 것은 아니다.

② 국선변호인에 관한 형사소송법 제33조 제1항 제1호의 '피고인이 구속된 때'라고 함은 피고인이 당해 형사사건에서 이미 구속되어 재판을 받고 있는 경우를 의미하므로, 변호인 없는 불구속 피고인에 대하여 국선변호인을 선정하지 않은 채 판결을 선고한 다음 법정구속을 하더라도 구속되기 이전까지는 위 규정이 적용되지 않는다.

③ 검사가 다수인의 집합에 의하여 구성되는 집합범이나 2인 이상이 공동하여 죄를 범한 공범의 관계에 있는 피고인들에 대하여 여러 개의 사건으로 나누어 공소를 제기한 경우, 법원이 변론을 병합하지 않더라도 형사소송절차에서의 구두변론주의와 직접심리주의에 위반되는 것은 아니다.

④ 법원은 구속된 피고인이 집행유예기간 중에 있는 때에는 보석을 허가할 수 없다.

16

상소심에 대한 설명으로 옳지 않은 것은?

① 피고인이 공소기각의 판결에 대하여 무죄를 주장하며 상소하는 것은 상소이익이 없으므로 허용되지 않는다.

② 상고심판결의 파기이유가 된 사실상의 판단은 당해 사건의 하급심에 대하여 기속력을 가지며, 이 경우에 파기판결의 기속력은 파기의 직접 이유가 된 원심판결에 대한 소극적인 부정판단에 한하여 생긴다.

③ 피고인이 제1심판결에 대하여 양형부당만을 항소이유로 내세워 항소하였다가 기각된 경우, 피고인은 그 항소심판결에 대하여 사실오인 또는 법리오해의 위법이 있다는 것을 상고이유로 삼을 수 없다.

④ 법률의 해석·적용을 그르친 나머지 피고인을 유죄로 잘못 인정한 항소심판결에 대하여 검사만이 다른 사유를 들어 상고를 제기하였고 검사의 상고가 피고인의 이익을 위하여 제기된 것이 아님이 명백한 경우라면, 상고법원은 직권으로 심판하여 무죄의 취지로 항소심판결을 파기할 수 없다.

17

형사소송법상 항고와 즉시항고에 대한 설명으로 옳은 것만을 모두 고르면?

ㄱ. 제184조 제1항의 증거보전청구를 기각하는 결정에 대하여는 항고가 허용되지 않는다.

ㄴ. 제433조에 따라 재심의 청구가 법률상의 방식에 위반하거나 청구권의 소멸 후인 것이 명백하여 이를 기각하는 결정에 대하여는 즉시항고가 허용되지 않는다.

ㄷ. 제266조의4에 따라 법원이 검사에게 수사서류 등의 열람·등사 또는 서면의 교부를 허용할 것을 명한 결정에 대하여는 항고가 허용되지 않는다.

ㄹ. 제192조 제1항에 따라 재판으로 소송절차가 종료되는 경우에 피고인 아닌 자에게 소송비용을 부담하게 하는 결정에 대하여는 즉시항고를 할 수 있다.

① ㄱ, ㄴ
② ㄱ, ㄹ
③ ㄴ, ㄷ
④ ㄷ, ㄹ

18

재판의 집행에 대한 설명으로 옳지 <u>않은</u> 것은?

① 재판은 확정한 후에 집행하는 것이 원칙이므로 법원이 징역형의 집행유예를 함에 있어 그 집행유예기간의 시기(始期)는 집행유예를 선고한 판결확정일로 하여야 하고, 법원이 판결확정일 이후의 시점을 임의로 선택할 수는 없다.

② 구금되지 아니한 당사자에 대하여 검사는 그 형의 집행을 위하여 당사자를 소환할 수 있고, 당사자가 소환에 응하지 아니한 때에는 형집행장을 발부하여 구인할 수 있는데, 형집행장의 집행에 관하여는 형사소송법상 구속의 사유(제70조)나 구속이유의 고지(제72조)에 관한 규정이 준용되지 않는다.

③ 2개 이상의 형을 집행하는 경우에 자격상실, 자격정지, 벌금, 과료와 몰수 외에는 무거운 형을 먼저 집행하여야 하지만, 검사는 법원의 허가를 얻어 무거운 형의 집행을 정지하고 다른 형의 집행을 할 수 있다.

④ 검사가 형을 집행함에 있어 무죄로 확정된 사건에서의 미결구금일수를 유죄가 확정된 다른 사건의 형기에 산입하지 않는다고 하더라도 헌법상의 행복추구권이나 평등권을 침해하였다고 볼 수 없다.

19

변호인에 대한 설명으로 옳은 것만을 모두 고르면?

ㄱ. 국선변호인제도는 집행유예의 취소청구사건의 심리절차에서는 인정되지 않는다.

ㄴ. 국선변호인에 관한 형사소송법 제33조 제1항 제5호에서 정한 '피고인이 심신장애가 있는 것으로 의심되는 때'란 진단서나 정신감정 등 객관적인 자료에 의하여 피고인의 심신장애 상태를 확신할 수 있거나 그러한 상태로 추단할 수 있는 근거가 있는 경우만을 의미한다.

ㄷ. 피의자인 피압수자가 수사기관에 압수·수색영장의 집행에 참여하지 않는다는 의사를 명시하였다고 하더라도, 특별한 사정이 없는 한 그 변호인에게는 미리 집행의 일시와 장소를 통지하는 등으로 압수·수색영장의 집행에 참여할 기회를 별도로 보장하여야 한다.

ㄹ. 형사소송법 제282조에 규정된 필요적 변호사건에 해당하는 사건에서 제1심의 공판절차가 변호인 없이 이루어진 경우, 그와 같은 위법한 공판절차에서 이루어진 소송행위는 무효이므로 항소심은 소송행위를 새로이 함이 없이 위법한 제1심판결을 파기하고 사건을 제1심법원으로 환송하여야 한다.

① ㄱ, ㄷ

② ㄱ, ㄹ

③ ㄴ, ㄷ

④ ㄴ, ㄹ

20

고소와 고발에 대한 설명으로 옳은 것은?

① 검사는 고소 또는 고발있는 사건에 관하여 공소를 제기하지 아니하는 처분을 한 경우에 고소인 또는 고발인의 청구가 있는 때에는 7일 이내에 고소인 또는 고발인에게 그 이유를 구두 또는 서면으로 설명하여야 한다.

② 수사기관은 고소장에 범죄사실로 기재된 내용이 불명확하고 특정되어 있지 않은 경우에도 고소의 수리를 거부하거나 진정으로 접수하여 처리할 수는 없다.

③ 법원이 선임한 부재자 재산관리인이 그 관리대상인 부재자의 재산에 대한 범죄행위에 관하여 법원으로부터 고소권행사에 관한 허가를 얻은 경우, 형사소송법 제225조제1항에서 정한 법정대리인으로서의 적법한 고소권자에 해당한다.

④ 사법경찰관으로부터 불송치결정(형사소송법 제245조의5제2호)의 통지(형사소송법 제245조의6)를 받은 고소인·고발인·피해자 또는 그 법정대리인은 해당 사법경찰관의 소속 관서의 장에게 이의를 신청할 수 있고, 사법경찰관은 그러한 신청이 있는 때에는 지체없이 검사에게 사건을 송치하고 관계 서류와 증거물을 송부하여야 하며, 처리결과와 그 이유를 신청인에게 통지하여야 한다.

21

범죄피해자의 진술권에 대한 설명으로 옳은 것은?

① 법원은 피해자의 신청이 있는 때에는 피해자가 이미 당해 사건에 관하여 공판절차에서 충분히 진술하여 다시 진술할 필요가 없다고 인정되는 경우에도 증인으로 신문하여야 한다.

② 법원은 피해자를 증인으로 신문하는 경우, 당해 피해자·법정대리인 또는 검사의 신청에 따라 피해자의 사생활의 비밀이나 신변보호를 위하여 필요하다고 인정되는 때에도 피고인의 동의가 없으면 심리를 비공개로 할 수 없다.

③ 법원이 피해자로 하여금 증인신문에 의하지 아니하고 의견을 진술하게 한 경우, 그러한 진술은 범죄사실의 인정을 위한 증거로 사용할 수 없다.

④ 법원은 동일한 범죄사실에서 의견진술에 관한 증인신문을 신청한 피해자가 여러 명인 경우에는 모두에게 진술할 기회를 제공하여야 한다.

22

재정신청에 대한 설명으로 옳지 <u>않은</u> 것은?

① 법원이 재정신청 대상사건이 아님에도 이를 간과한 채 형사소송법 제262조 제2항 제2호에 따라 공소제기결 정을 하였더라도 그에 따른 공소가 제기되어 본안사건 의 절차가 개시된 후에는 다른 특별한 사정이 없는 한 본안사건에서 위와 같은 잘못을 다툴 수 없다.

② 재정신청 기각결정에 대한 재항고나 그 재항고 기각결 정에 대한 즉시항고로서의 재항고에 대한 법정기간의 준수 여부는 도달주의 원칙에 따라 재항고장이나 즉시 항고장이 법원에 도달한 시점을 기준으로 판단하여야 하고, 거기에 재소자에 대한 특칙(형사소송법 제344 조제1항)은 준용되지 아니한다.

③ 공소를 제기하지 아니하는 검사의 처분의 당부에 관한 재정신청이 있는 경우, 법원은 검사의 무혐의 불기소 처분이 위법하면 기소유예의 불기소처분을 할 만한 사 건으로 인정되더라도 재정신청을 기각할 수 없다.

④ 형사소송법 제262조제4항 후문의 '다른 중요한 증거 를 발견한 경우'란 재정신청 기각결정 당시에 제출된 증거에 새로 발견된 증거를 추가하면 충분히 유죄의 확신을 가지게 될 정도의 증거가 있는 경우를 말하고, 단순히 재정신청 기각결정의 정당성에 의문이 제기되 거나 범죄피해자의 권리를 보호하기 위하여 형사재판 절차를 진행할 필요가 있는 정도의 증거가 있는 경우 는 여기에 해당하지 않는다.

23

소송서류의 송달에 대한 설명으로 옳은 것만을 모두 고 르면?

ㄱ. 소송촉진 등에 관한 특례규칙에 따르면 제1심 공판 절차에서 공시송달의 방법으로 소환한 피고인이 불출석하는 경우, 사형·무기 또는 장기 10년이 넘 는 징역이나 금고에 해당하는 사건이 아니라면, 다 시 공판기일을 지정하고 공시송달의 방법으로 피 고인을 재소환한 후 그 기일에도 피고인이 불출석 하여야 비로소 피고인의 불출석상태에서 재판절차 를 진행할 수 있다.

ㄴ. 형사소송절차에서도 보충송달이 허용되나, 이 경 우 피고인의 동거가족에게 서류가 교부되고 그 동 거가족이 사리를 변별할 지능이 있더라도 피고인 이 그 서류의 내용을 알지 못한 경우에는 송달의 효력이 없다.

ㄷ. 소재탐지불능보고서의 경우는 경찰관이 직접 송달 주소를 방문하여 거주자나 인근 주민 등에 대한 탐 문 등의 방법으로 피고인의 소재 여부를 확인하므 로 송달불능보고서보다 더 정확하게 피고인의 소 재 여부를 확인할 수 있기 때문에 송달불능보고서 와 동일한 기능을 한다고 볼 수 있으므로, 소재탐 지불능보고서의 접수는 소송촉진 등에 관한 특례 법이 정한 '송달불능보고서의 접수'로 볼 수 있다.

ㄹ. 송달명의인이 체포 또는 구속된 날 소송기록접수 통지서 등의 송달서류가 송달명의인의 종전 주·거 소에 송달되었다면 송달의 효력 발생 여부는 체포 또는 구속된 시각과 송달된 시각의 선·후에 의하 여 결정하되, 선·후관계가 명백하지 않다면 송달 의 효력은 발생하지 않는다.

① ㄱ, ㄹ
② ㄴ, ㄹ
③ ㄱ, ㄴ, ㄷ
④ ㄱ, ㄷ, ㄹ

24

간이공판절차에 대한 설명으로 옳은 것은?

① 피고인이 공소사실에 대하여 검사가 신문을 할 때에 공소사실이 모두 사실과 다름없다고 진술하였다면, 변호인이 신문을 할 때에 범의나 공소사실을 부인하였더라도 그 공소사실은 간이공판절차에 의하여 심판할 대상이 된다.

② 간이공판절차의 결정이 있는 사건에 대하여는 형사소송법 제161조의2(증인신문의 방식), 제290조 내지 제293조(증거조사의 시기와 방식, 증거조사결과와 피고인의 의견), 제297조(증인신문시의 피고인 등의 퇴정)의 규정을 적용하지 아니한다.

③ 피고인이 제1심법원에서 공소사실에 대하여 자백하여 제1심법원이 간이공판절차에 의하여 심판할 것을 결정하고 상당하다고 인정하는 방법으로 증거조사를 하였더라도, 피고인이 항소심에 이르러 범행을 부인하면 제1심법원에서 증거로 할 수 있었던 증거는 항소법원에서 증거로 할 수 없으므로 다시 증거조사를 하여야 한다.

④ 간이공판절차에서 요구되는 자백은 피고인이 공판기일에 공판정에서 할 것을 요하며, 이때 자백은 모두진술단계에서 하여야 한다.

25

체포·구속적부심사에 대한 설명으로 옳은 것만을 모두 고르면?

> ㄱ. 체포영장이나 구속영장을 발부한 법관은 체포·구속적부심사의 심문·조사·결정에 관여할 수 없지만, 체포영장이나 구속영장을 발부한 법관 외에는 심문·조사·결정을 할 판사가 없는 경우에는 그러하지 아니하다.
>
> ㄴ. 체포·구속적부심사결정에 의하여 석방(보증금납입조건부 피의자석방의 경우는 제외한다)된 피의자가 도망할 우려가 있거나 범죄의 증거를 인멸할 염려가 있는 경우에는 동일한 범죄사실로 재차 체포하거나 구속할 수 있다.
>
> ㄷ. 보증금납입을 조건으로 석방된 피의자가 동일한 범죄사실에 관하여 형의 선고를 받고 그 판결이 확정된 후, 집행하기 위한 소환을 받고 정당한 이유 없이 출석하지 아니하거나 도망한 때에는 검사의 결정으로 보증금의 전부 또는 일부를 몰수하여야 한다.
>
> ㄹ. 구속적부심문조서는 특히 신용할 만한 정황에 의하여 작성된 문서라고 할 것이므로, 특별한 사정이 없는 한 피고인이 증거로 함에 부동의하더라도 형사소송법 제315조 제3호에 의하여 당연히 그 증거능력이 인정된다.

① ㄱ, ㄴ
② ㄱ, ㄹ
③ ㄴ, ㄷ
④ ㄷ, ㄹ

04회 2023 경찰채용 1차 형사법

01

「형법」의 기본개념에 관한 설명 중 가장 적절하지 않은 것은?

① 형법은 형벌이라는 수단을 통하여 주로 '법익을 보호하는 기능'을 하며, '법익'이란 법률을 통해 보호할 가치 있는 이익을 의미한다.

② 형법은 법규범으로 법공동체의 평화를 유지하기 위하여 부과된 것으로서 강제력이 수반되기 때문에 신중하게 규정되어야 한다.

③ 형법은 일반 국민에게 일정한 행위를 금지하거나 일정한 행위를 명령함으로써 행위의 준칙을 제시하는 행위규범이며, 법관을 수명자로 하여 법관에게 형벌권 행사의 한계를 설정함으로써 사법(司法)작용을 규제하는 재판규범이기도 하다.

④ 형법은 보호적 기능과 보장적 기능을 모두 가지며, 어느 한 기능을 강조하면 다른 한 기능도 함께 강화되는 상호 비례 관계에 있다.

02

죄형법정주의에 관한 설명 중 가장 적절하지 않은 것은? (다툼이 있는 경우 판례에 의함)

① 구 「정보통신망 이용촉진 및 정보보호 등에 관한 법률」에서 규정하는 '불안감'은 평가적·정서적 판단을 요하는 규범적 구성요건요소이고, '불안감'이란 개념이 사전적으로 '마음이 편하지 아니하고 조마조마한 느낌'이라고 풀이되고 있어 이를 불명확하다고 볼 수는 없으므로, 위 규정 자체가 죄형법정주의에 반한다고 볼 수 없다.

② 형벌법규의 위임은 특히 긴급한 필요가 있거나 미리 법률로써 자세히 정할 수 없는 부득이한 사정이 있는 경우로 한정되어야 하며, 이러한 경우에도 위임법률에서 범죄의 구성요건은 처벌대상행위가 어떠한 것일 것이라고 예측할 수 있을 정도로 구체적으로 정하여야 하며, 형벌의 종류 및 그 상한과 폭을 명백히 규정하여야 한다.

③ 구 「근로기준법」에서 임금·퇴직금 청산기일의 연장합의의 한도에 관하여 아무런 제한을 두고 있지 아니함에도 불구하고, 같은 법 시행령에서 기일연장을 3월 이내로 제한한 것은 죄형법정주의의 원칙에 위배된다.

④ 「게임산업진흥에 관한 법률」제32조 제1항 제7호의 '환전'의 의미를 '게임결과물을 수령하고 돈을 교부하는 행위'뿐만 아니라 '게임결과물을 교부하고 돈을 수령하는 행위'도 포함되는 것으로 해석하는 것은 죄형법정주의에 위배된다.

03

(가)와 (나)에 관한 다음 설명 중 옳고 그름의 표시(○, ×)가 바르게 된 것은? (다툼이 있는 경우 판례에 의함)

> (가) 구성요건적 실행행위에 의해 법익의 침해가 발생하여 범죄가 기수에 이르고 범죄행위도 종료되지만 법익침해 상태는 기수 이후에도 존속되는 범죄
>
> (나) 범죄가 기수에 이른 후에도 범죄행위와 법익침해 상태가 범행 종료시까지 계속되는 범죄

> ㉠ (가)의 경우 기수 이후 법익침해 상태가 계속되는 시점에도 공범성립이 가능하다.
>
> ㉡ (나)의 공소시효는 기수시부터가 아니라 범죄종료시로부터 진행하므로 범죄가 종료한 때로부터 공소시효가 진행된다.
>
> ㉢ (가)와 (나)의 경우 정당방위는 기수시까지 가능하다.
>
> ㉣ (가)는 범죄의 기수시기와 종료시기가 일치하지만, (나)는 범죄의 기수시기와 종료시기가 일치하지 않고 분리된다.

① ㉠ (○) ㉡ (×) ㉢ (○) ㉣ (○)

② ㉠ (○) ㉡ (×) ㉢ (○) ㉣ (×)

③ ㉠ (×) ㉡ (○) ㉢ (×) ㉣ (○)

④ ㉠ (×) ㉡ (○) ㉢ (×) ㉣ (×)

04

구성요건적 착오에 관한 다음 설명 중 옳고 그름의 표시 (○, ×)가 바르게 된 것은?

> ㉠ 甲이 자신의 아버지 A를 친구 B로 오인하고 B를 살해할 의사로 총을 발포하여 A가 사망한 경우-「형법」제15조 제1항에 따라 보통살인죄가 성립한다.
>
> ㉡ 甲이 살해 의사를 가지고 친구 A에게 총을 발포하였으나 빗나가 옆에 있던 친구 B에게 명중하여 사망한 경우-법정적 부합설에 의하면 B에 대한 살인죄가 성립한다.
>
> ㉢ 사냥을 나온 甲이 어둠 속에서 움직이는 물체를 동료 A로 알고 A를 살해하기 위해 총을 발포하였으나 사실은 A의 사냥개였던 경우-구체적 부합설과 법정적 부합설 중 어느 학설에 의하더라도 결론은 같다.
>
> ㉣ 甲이 이웃 A를 상해할 의사로 A를 향해 돌을 던졌으나 빗나가서 옆에 있던 A의 개가 맞아 다친 경우-구체적 부합설과 법정적 부합설 모두 A에 대한 상해미수죄가 성립한다.

① ㉠ (○) ㉡ (○) ㉢ (○) ㉣ (○)

② ㉠ (○) ㉡ (×) ㉢ (○) ㉣ (×)

③ ㉠ (×) ㉡ (○) ㉢ (×) ㉣ (○)

④ ㉠ (×) ㉡ (×) ㉢ (×) ㉣ (×)

05

위법성조각사유에 관한 설명 중 가장 적절하지 않은 것은? (다툼이 있는 경우 판례에 의함)

① A가 甲의 고소로 조사받는 것을 따지기 위하여 야간에 甲의 집에 침입한 상태에서 문을 닫으려는 甲과 열려는 A 사이의 실랑이가 계속되는 과정에서 문짝이 떨어져 그 앞에 있던 A가 넘어져 2주간의 치료를 요하는 타박상을 입게 된 경우, 甲의 행위는 사회통념에 비추어 용인할 수 있는 정도의 것이라고 보기 어렵다.

② 현역군인이 국군보안사령부의 민간인에 대한 정치사찰을 폭로한다는 명목으로 군무를 이탈한 행위는 정당방위나 정당행위에 해당하지 아니한다.

③ 노동조합이 주도한 쟁의행위 자체의 정당성과 이를 구성하거나 여기에 부수되는 개개 행위의 정당성은 구별하여야 하므로, 일부 소수의 근로자가 폭력행위 등의 위법행위를 하였더라도, 전체로서의 쟁의행위마저 당연히 위법하게 되는 것은 아니다.

④ 구 「공직선거및선거부정방지법」상 선거비용지출죄는 회계책임자가 아닌 자가 선거비용을 지출한 경우에 성립되는 죄인바, 후보자가 그와 같은 행위가 죄가 되는지 몰랐다고 하더라도 회계책임자가 아닌 후보자가 선거비용을 지출한 이상 회계책임자가 후에 후보자의 선거비용 지출을 추인하였다 하더라도 그 위법성이 조각되지 않는다.

06

자구행위에 관한 설명 중 가장 적절하지 않은 것은?

① 자구행위란 법률에서 정한 절차에 따라서는 청구권을 보전(保全)할 수 없는 경우에 그 청구권의 실행이 불가능해지거나 현저히 곤란해지는 상황을 피하기 위한 상당한 이유가 있는 행위를 말한다.

② 자구행위의 경우에도 야간이나 그 밖의 불안한 상태에서 공포를 느끼거나 경악하거나 흥분하거나 당황하였기 때문에 그 행위를 하였을 때 벌하지 아니하는 「형법」 제21조 제3항의 규정이 준용된다.

③ 자구행위는 사후적 긴급행위이므로 과거의 침해에 대해서만 가능하다.

④ 자구행위에서 청구권 보전의 불가능이란 시간적·장소적 관계로 국가기관의 구제를 기다릴 여유가 없거나 후일 공적 수단에 의한다면 그 실효를 거두지 못할 긴급한 사정이 있는 경우를 말한다.

07

책임능력에 관한 설명 중 가장 적절하지 않은 것은? (다툼이 있는 경우 판례에 의함)

① 심신장애로 인하여 사물을 변별할 능력이 없거나 의사를 결정할 능력이 없는 자의 행위는 벌하지 아니하고, 심신장애로 인하여 위의 능력이 미약한 자의 행위는 형을 감경할 수 있다.

② 충동조절장애와 같은 성격적 결함은 형의 감면사유인 심신장애에 해당하지 아니하지만 그것이 매우 심각하여 원래의 의미의 정신병을 가진 사람과 동등하다고 평가할 수 있는 경우에는 그로 인한 범행은 심신장애로 인한 범행으로 보아야 한다.

③ 「형법」은 책임능력의 평가방법에 있어서 제9조의 형사미성년자는 생물학적 방법을, 제10조의 심신장애인은 '심신장애'라는 생물학적 방법과 '사물변별능력·의사결정능력'이라는 심리적 방법의 혼합적 방법을 채택하고 있다.

④ 사물을 변별할 능력이나 의사를 결정할 능력은 판단능력 또는 의지능력과 관련된 것으로서 사실의 인식능력이나 기억능력과 반드시 일치하여야 한다.

08

강요된 행위에 관한 설명 중 가장 적절하지 않은 것은? (다툼이 있는 경우 판례에 의함)

① 「형법」 제12조의 '저항할 수 없는 폭력'은 심리적인 의미에 있어서 육체적으로 어떤 행위를 절대적으로 하지 않을 수 없게 하는 행위와 윤리적 의미에 있어서 강압된 경우를 말한다.

② 「형법」 제12조의 '협박'이란 자기 또는 친족의 생명, 신체에 대한 위해를 달리 막을 방법이 없는 협박을 말한다.

③ 어떤 사람의 성장교육과정을 통하여 형성된 내재적인 관념 내지 확신으로 인하여 행위자 스스로의 의사결정이 사실상 강제되는 결과를 낳게 하는 경우도 「형법」 제12조의 강요된 행위에 포함된다.

④ 행위자의 강요와 피강요자의 강요된 행위 사이에는 인과관계가 요구되며, 피강요자의 강요된 행위는 적법행위의 기대가능성이 없기 때문에 책임이 조각되어 범죄가 성립하지 않는다.

09

실행의 착수에 관한 설명 중 가장 적절하지 않은 것은? (다툼이 있는 경우 판례에 의함)

① 소유권이전등기청구권에 대한 압류는 강제집행절차를 위한 일련의 시작행위라고 할 수 있으므로, 허위 채권에 기한 공정증서를 집행권원으로 하여 채무자의 소유권이전등기청구권에 대하여 압류신청을 한 시점에 소송사기의 실행에 착수하였다고 볼 수 있다.

② 배임죄는 임무에 위배하는 행위를 한다는 점과 이로 인하여 자기 또는 제3자가 이익을 취득하여 본인에게 손해를 가한다는 점에 대한 인식이나 의사를 가지고 임무에 위배한 행위를 개시한 때 실행에 착수하였다고 볼 수 있다.

③ 업무상 배임죄에서 부작위를 실행의 착수로 볼 수 있기 위해서는 작위의무가 이행되지 않으면 사무처리의 임무를 부여한 사람이 재산권을 행사할 수 없으리라고 객관적으로 예견되는 등으로 구성요건적 결과 발생의 위험이 구체화한 상황에서 부작위가 이루어져야 하고, 행위자는 부작위 당시 자신에게 주어진 임무를 위반한다는 점과 그 부작위로 인해 손해가 발생할 위험이 있다는 점을 인식하였어야 한다.

④ 甲이 乙로부터 국제우편을 통해 향정신성의약품을 수입하는 경우, 필로폰을 받을 국내 주소를 알려주었으나 乙이 필로폰이 들어 있는 우편물을 발신국의 우체국에 제출하지 않았다고 하더라도 甲의 이러한 행위는 향정신성의약품 수입행위의 실행에 착수하였다고 볼 수 있다.

10

공범의 종속성에 관한 설명 중 가장 적절하지 않은 것은?

① 공범종속성설에 의하면 공범은 정범의 실행행위에 종속해서만 성립할 수 있고, 정범이 적어도 실행의 착수에 이르러야 공범이 성립할 수 있다.

② 공범종속성설 중 극단적 종속형식에 의하면 정범의 행위가 구성요건에 해당하고 위법하며 유책할 뿐만 아니라 가벌성의 조건(처벌조건)까지 모두 갖추어야 공범이 성립할 수 있다.

③ 공범독립성설에 의하면 공범은 독립된 범죄로서 교사·방조행위가 있으면 정범의 실행행위가 없더라도 공범이 성립할 수 있다.

④ 공범종속성설 중 제한적 종속형식에 의하면 정범의 실행행위가 구성요건에 해당하고 위법하면 공범이 성립할 수 있고 유책할 것을 요하지 않는다는 것으로, 책임무능력자의 위법행위를 교사·방조한 경우에도 공범이 성립할 수 있다.

11

교사범과 방조범에 관한 설명 중 가장 적절하지 않은 것은? (다툼이 있는 경우 판례에 의함)

① 교사범이란 타인으로 하여금 범죄실행의 결의를 일으키게 하고, 이 결의에 의하여 범죄를 실행하게 함으로써 성립하는 범죄로서 「형법」 제31조 제1항에 따라 정범과 동일한 형으로 처벌한다.

② 방조범은 정범의 실행행위를 방조한다는 '방조의 고의'와 정범의 행위가 구성요건에 해당하는 행위인 점에 대한 '정범의 고의'를 갖추어야 하며, 목적범의 경우 정범의 목적에 대한 구체적 내용까지 인식할 것을 요한다.

③ 교사자의 교사행위에도 불구하고 피교사자가 범행을 승낙하지 아니하거나 피교사자의 범행결의가 교사자의 교사행위에 의하여 생긴 것으로 보기 어려운 경우에는 실패한 교사로서 「형법」 제31조 제3항에 따라 교사자를 예비·음모에 준하여 처벌할 수 있다.

④ 방조범이란 타인의 범죄실행을 방조함으로써 성립하는 범죄이며, 「형법」 제32조 제2항에 따라 방조범의 형은 정범의 형보다 감경한다.

12

죄수에 관한 설명 중 가장 적절하지 않은 것은? (다툼이 있는 경우 판례에 의함)

① 공무원이 직무관련자에게 제3자와 계약을 체결하도록 요구하여 계약 체결을 하게 한 행위가 제3자뇌물수수죄의 구성요건과 직권남용권리행사방해죄의 구성요건에 모두 해당하는 경우, 제3자뇌물수수죄와 직권남용권리행사방해죄가 각각 성립하고 양죄는 상상적 경합관계에 있다.

② 허위공문서작성죄와 동행사죄가 수뢰후 부정처사죄와 각각 상상적 경합관계에 있는 경우, 허위공문서작성죄와 동행사죄 상호간은 실체적 경합범관계에 있다고 할지라도 상상적 경합범관계에 있는 수뢰후 부정처사죄와 대비하여 가장 중한 죄에 정한 형으로 처단하면 족하다.

③ 수개의 행위가 여러 개의 구성요건을 충족하는 경우에도 포괄일죄가 될 수 있으므로 횡령, 배임의 행위와 사기의 행위 사이에는 포괄일죄를 구성할 수 있다.

④ 「형법」 제40조가 규정하는 한 개의 행위가 여러 개의 죄에 해당하는 경우에 "가장 무거운 죄에 정한 형으로 처벌한다"란, 여러 개의 죄명 중 가장 무거운 형을 규정한 법조에 의하여 처단한다는 취지와 함께 다른 법조의 최하한의 형보다 가볍게 처단할 수 없다는 취지 즉, 각 법조의 상한과 하한을 모두 중한 형의 범위 내에서 처단한다는 것을 포함한다.

13

선고유예·집행유예·가석방에 관한 설명 중 가장 적절하지 않은 것은? (다툼이 있는 경우 판례에 의함)

① 집행유예의 선고를 받은 후 그 선고의 실효 또는 취소됨이 없이 유예기간을 경과한 때에는 「형법」 제65조가 정하는 바에 따라 형의 선고는 효력을 잃는 것이고, 그와 같이 유예기간이 경과함으로써 형의 선고가 효력을 잃은 후에는 「형법」 제62조 단행의 사유가 발각되었다고 하더라도 그와 같은 이유로 집행유예를 취소할 수 없고 그대로 유예기간 경과의 효과가 발생한다.

② 1년 이하의 징역이나 금고, 자격정지, 벌금 또는 구류의 형을 선고할 경우에 「형법」 제51조의 사항을 고려하여 뉘우치는 정상이 뚜렷할 때에는 그 형의 선고를 유예할 수 있지만, 자격정지 이상의 형을 받은 전과가 있는 사람에 대해서는 그러하지 아니하다.

③ 「형법」 제62조의2의 규정에 의하여 보호관찰이나 사회봉사 또는 수강을 명한 집행유예를 받은 자가 준수사항이나 명령을 위반한 경우에 그 위반사실이 동시에 범죄행위로 되더라도 그 기소나 재판의 확정 여부 등 형사절차와는 별도로 법원이 「보호관찰 등에 관한 법률」에 의한 검사의 청구에 의하여 「형법」 제64조 제2항에 규정된 집행유예 취소의 요건에 해당하는가를 심리하여 준수 사항이나 명령 위반사실이 인정되고 위반의 정도가 무거운 때에는 집행유예를 취소할 수 있다.

④ 「형법」에 의하면 징역이나 금고의 집행 중에 있는 사람이 행상(行狀)이 양호하여 뉘우침이 뚜렷한 때에는 무기형은 20년, 유기형은 형기의 3분의 1이 지난 후 행정처분으로 가석방을 할 수 있다. 벌금·과료가 병과되어 있는 때에는 그 금액을 완납하여야 하며, 벌금이나 과료에 관한 노역장 유치기간에 산입된 판결선고 전 구금일수는 그에 해당하는 금액이 납입된 것으로 본다.

14

살인 및 폭행·상해의 죄에 관한 설명 중 가장 적절하지 않은 것은? (다툼이 있는 경우 판례에 의함)

① 살인예비죄가 성립하기 위하여는 살인죄를 범할 목적 외에도 살인의 준비에 관한 고의가 있어야 한다.

② 자살의 의미를 이해할 능력이 없고 자신의 말은 무엇이나 복종하는 어린 자식을 권유하여 익사하게 하였다면, 물속에 직접 밀어서 빠뜨린 것이 아니더라도 「형법」 제253조의 위계에 의한 살인죄가 성립한다.

③ 시간적 차이가 있는 2인 이상의 독립된 상해행위가 경합하여 사망의 결과가 일어난 경우에 그 원인된 행위가 판명되지 아니한 때에는 공동정범의 예에 의하여야 한다.

④ 단순폭행, 존속폭행의 범행이 동일한 폭행 습벽의 발현에 의한 것으로 인정되어 상습존속폭행죄로 처벌되는 경우 피해자의 명시한 의사에 반하여도 공소를 제기할 수 있다.

15

체포·감금 및 약취·유인의 죄에 관한 설명 중 가장 적절한 것은? (다툼이 있는 경우 판례에 의함)

① 미국인이 프랑스에서 일본인 미성년자를 약취한 경우, 우리 형법을 적용할 수는 없다.

② 체포 행위가 확실히 사람의 신체의 자유를 구속하는 정도로 계속되지 못하고 일시적인 것에 그쳤다고 하여도 체포죄의 미수가 아닌 기수에 이른 것으로 보아야 한다.

③ 미성년자와 부모가 함께 거주하는 주거에 침입하여 부모만을 강제로 퇴거시키고 미성년자와 독자적인 생활관계를 형성하기에 이르렀다면, 비록 장소적 이전이 없었다 할지라도 「형법」 제287조의 미성년자약취죄에 해당한다.

④ 미성년자를 유인한 자가 계속하여 미성년자를 불법하게 감금한 경우, 감금죄만 성립하고 미성년자유인죄는 이에 흡수된다.

16

명예훼손의 죄에 관한 설명 중 옳지 않은 것은 모두 몇 개인가? (다툼이 있는 경우 판례에 의함)

> ㉠ 「형법」 제307조 제1항의 '사실'은 제2항의 '허위의 사실'과 반대되는 '진실한 사실'을 말하며, 가치판단이나 평가를 내용으로 하는 '의견'에 대치되는 개념은 아니다.
>
> ㉡ 공연성의 존부는 발언자와 상대방 또는 피해자 사이의 관계나 지위, 대화를 하게 된 경위와 상황, 사실적시의 내용, 적시의 방법과 장소 등 행위 당시의 객관적 제반 사정으로부터 상대방이 불특정 또는 다수인에게 전파할 가능성이 있는지 여부를 검토하여 종합적으로 판단하여야 하며, 발언 후 실제 전파 여부라는 우연한 사정은 공연성 인정 여부를 판단함에 있어 소극적 사정으로만 고려되어야 한다.
>
> ㉢ 「형법」 제310조의 '공공의 이익'이라 함은 널리 국가·사회 기타 일반 다수인의 이익에 관한 것뿐만 아니라 특정한 사회집단이나 그 구성원의 관심과 이익에 관한 것도 포함한다.
>
> ㉣ 「형법」 제309조 제1항의 '사람을 비방할 목적'은 제310조의 '공공의 이익'을 위한 것과는 행위자의 주관적 의도의 방향에 있어 서로 상반되는 관계에 있으므로, 적시한 사실이 공공의 이익에 관한 것인 경우 특별한 사정이 없는 한 비방할 목적은 부인된다.

① 1개
② 2개
③ 3개
④ 4개

17

주거침입의 죄에 관한 설명 중 가장 적절하지 않은 것은? (다툼이 있는 경우 판례에 의함)

① 관리자가 일정한 토지와 외부의 경계에 인적 또는 물적 설비를 갖추고 외부인의 출입을 제한하고 있다면 그 토지에 인접하여 건조물로서의 요건을 갖춘 구조물이 존재하지 않더라도 이러한 토지는 건조물침입죄의 객체인 위요지에 해당한다.

② 다가구용 단독주택이나 다세대주택·연립주택·아파트와 같은 공동주택 내부의 엘리베이터, 공용 계단, 복도 등 공용 부분도 그 거주자들의 사실상 주거의 평온을 보호할 필요성이 있으므로 주거침입죄의 객체인 '사람의 주거'에 해당한다.

③ 범죄의 목적으로 일반인의 출입이 허용된 음식점에 영업주의 승낙을 받아 통상적인 출입방법으로 들어간 경우, 특별한 사정이 없는 한 주거침입죄의 침입행위에 해당하지 않는다.

④ 공동거주자 중 한 사람이 법률적인 근거 기타 정당한 이유 없이 다른 공동거주자가 공동생활의 장소에 출입하는 것을 금지한 경우, 다른 공동거주자가 이에 대항하여 공동생활의 장소에 들어갔더라도 주거침입죄는 성립하지 않는다.

18

재산죄에 관한 설명 중 가장 적절한 것은? (다툼이 있는 경우 판례에 의함)

① 甲과 乙이 공동으로 생강밭을 경작하여 그 이익을 분배하기로 약정하고 생강 농사를 시작하였으나, 곧바로 동업 관계에 불화가 생겨 乙이 묵시적으로 동업 탈퇴의 의사표시를 한 채 생강밭에 나오지 않자, 그때부터 甲이 혼자 생강밭을 경작하고 수확하여 생강을 반출한 경우, 甲의 행위는 절도죄를 구성한다.

② 절도죄의 성립에 필요한 불법영득의 의사는 물건의 가치만을 영득할 의사만으로는 부족하고, 재물의 소유권 또는 이에 준하는 본권을 영구적으로 보유할 의사를 필요로 한다.

③ 횡령범인이 위탁자가 소유자를 위해 보관하고 있는 물건을 위탁자로부터 보관받아 이를 횡령한 경우, 범인과 피해물건의 소유자 사이에 친족관계가 있으면 범인과 위탁자 사이에 친족관계가 없더라도 친족상도례가 적용된다.

④ 재산범죄를 저지른 이후에 별도의 재산범죄의 구성요건에 해당하는 사후행위가 있었다면 비록 그 행위가 불가벌적 사후행위로서 처벌의 대상이 되지 않는다 할지라도 그 사후행위로 인하여 취득한 물건은 재산범죄로 인하여 취득한 물건으로서 장물이 될 수 있다.

19

절도 및 강도의 죄에 관한 설명 중 가장 적절한 것은? (다툼이 있는 경우 판례에 의함)

① 주거침입이 주간에 이루어졌더라도 야간에 절취행위를 하였다면 야간주거침입절도죄가 성립한다.

② 절도 습벽의 발현으로 절도, 야간주거침입절도, 특수절도, 자동차등불법사용의 범행을 함께 저지른 경우, 자동차등불법사용의 범행은 상습절도죄에 흡수되지 않고 자동차불법사용죄가 따로 성립한다.

③ 절도범인이 처음에는 흉기를 휴대하지 아니하였으나, 체포를 면탈할 목적으로 폭행 또는 협박을 가할 때에 비로소 흉기를 휴대·사용하게 된 경우에는 「형법」 제334조의 예에 의한 준강도(특수강도의 준강도)가 된다.

④ 강도살인죄의 주체인 '강도'에는 준강도죄의 강도범인이 포함되지 않는다.

20

사기죄에 관한 설명 중 가장 적절한 것은? (다툼이 있는 경우 판례에 의함)

① 「민법」 제746조의 불법원인급여에 해당하여 급여자가 수익자에 대한 반환청구권을 행사할 수 없다면, 수익자가 기망을 통하여 급여자로 하여금 불법원인급여에 해당하는 재물을 제공하도록 하였더라도 사기죄를 구성하지 않는다.

② 甲이 A에 대한 사기범행을 실현하는 수단으로서 사기의 고의가 없는 B를 기망하여 그를 A로부터 편취한 재물이나 재산상 이익을 전달하는 도구로서만 이용한 경우, 편취의 대상인 재물 또는 재산상 이익에 관하여 A에 대한 사기죄가 성립할 뿐, 도구로 이용된 B에 대한 사기죄는 별도로 성립하지 않는다.

③ 사기죄가 성립하기 위해서는 적극적 기망행위가 있어야 하므로 부작위에 의한 기망은 있을 수 없다.

④ 사기죄의 '처분행위'라 함은 재산적 처분행위로서 피해자가 자유의사로 직접 재산상 손해를 초래하는 작위에 나아가는 것을 말하므로, 피해자가 기망에 의하여 착오에 빠진 결과 채권의 존재를 알지 못하여 채권을 행사하지 아니한 것에 불과하다면 그와 같은 부작위는 재산의 처분행위에 해당하지 않는다.

21

배임의 죄에 관한 설명 중 가장 적절하지 않은 것은? (다툼이 있는 경우 판례에 의함)

① 채무자가 금전채무를 담보하기 위해 주식에 관하여 양도담보설정계약을 체결한 후 변제일 전에 제3자에게 해당 주식을 처분하더라도 배임죄는 성립하지 않는다.

② 권리이전에 등록을 요하는 자동차에 대한 매매계약에서 매도인은 매수인의 사무를 처리하는 자의 지위에 있지 않으므로, 매도인이 매수인에게 소유권이전등록을 하지 아니하고 그 자동차를 제3자에게 처분하였다고 하더라도 배임죄는 성립하지 않는다.

③ 배임수재죄의 주체로서 '타인의 사무를 처리하는 자'라 함은 타인과의 대내관계에 있어서 신의성실의 원칙에 비추어 그 사무를 처리할 신임관계가 존재한다고 인정되는 자를 의미하고, 반드시 제3자에 대한 대외관계에서 그 사무에 관한 권한이 존재할 것을 요하지는 않는다.

④ 서면으로 부동산 증여의 의사를 표시한 증여자가 증여계약을 취소하거나 해제할 수 없음에도 불구하고 증여계약에 따라 수증자에게 부동산의 소유권을 이전하지 않고 부동산을 제3자에게 처분하여 등기를 한 경우, 증여자의 소유권이전등기의무는 증여자 자신의 사무일 뿐 타인의 사무에 해당하지 않으므로 배임죄가 성립하지 않는다.

22

손괴 및 권리행사방해의 죄에 관한 설명 중 가장 적절하지 않은 것은? (다툼이 있는 경우 판례에 의함)

① 소유자의 의사에 따라 어느 장소에 게시 중인 문서를 소유자의 의사에 반하여 떼어내는 것과 같이 소유자의 의사에 따라 형성된 종래의 이용상태를 변경시켜 종래의 상태에 따른 이용을 일시적으로 불가능하게 하는 경우에도 문서손괴죄가 성립할 수 있다.

② 다른 사람의 소유물을 본래의 용법에 따라 무단으로 사용·수익하는 행위는 소유자를 배제한 채 물건의 이용가치를 영득하는 것이고, 그 때문에 소유자가 물건의 효용을 누리지 못하게 되었다면 그 효용 자체가 침해된 것으로 볼 수 있어 재물손괴죄를 구성한다.

③ 물건의 소유자가 아닌 甲은 「형법」 제33조 본문에 따라 권리행사방해 범행에 가담한 경우에 한하여 권리행사방해죄의 공범이 될 수 있을 뿐이며, 甲과 함께 권리행사방해죄의 공동정범으로 기소된 물건의 소유자 乙에게 고의가 없어 범죄가 성립하지 않는다면 甲에게 공동정범이 성립할 여지가 없다.

④ 가압류 후에 목적물의 소유권을 취득한 제3취득자가 다른 사람에 대한 허위의 채무에 기하여 근저당권설정등기를 경료하더라도 강제집행면탈죄를 구성하지 않는다.

23

방화의 죄에 관한 설명 중 가장 적절한 것은? (다툼이 있는 경우 판례에 의함)

① 공용건조물방화죄를 범할 목적으로 예비·음모한 후 목적한 죄의 실행에 이른 후에 수사기관에 자수한 경우 형을 감경하거나 면제할 수 있다.

② 주거로 사용하지 않고 사람이 현존하지도 않는 타인 소유의 자동차를 불태웠으나 공공의 위험이 발생하지 않았다면 방화죄를 구성하지 않는다.

③ 甲이 A의 재물을 강취한 후 A를 살해할 의사로 현주건조물에 방화하여 A가 사망한 경우, 甲의 행위는 강도살인죄와 현주건조물방화치사죄에 모두 해당하고 그 두 죄는 실체적 경합범 관계에 있다.

④ 甲이 A를 살해할 의사로 A가 혼자 있는 건조물에 방화하였으나 A가 사망하지 않은 경우 현존건조물방화치사미수죄를 구성한다.

24

통화 및 유가증권의 죄에 관한 설명 중 가장 적절한 것은? (다툼이 있는 경우 판례에 의함)

① 위조통화를 행사하여 재물을 취득한 경우 위조통화행사죄와 사기죄가 성립하고 양죄는 상상적 경합관계에 있다.

② 위조유가증권행사죄에 있어서의 유가증권에는 원본뿐만 아니라 사본도 포함된다.

③ 통화위조죄에서의 '행사할 목적'이란 위조한 통화를 진정한 통화로서 유통에 놓겠다는 목적을 말하므로, 자신의 신용력을 증명하기 위하여 타인에게 보일 목적으로 통화를 위조한 경우에는 행사할 목적이 있다고 할 수 없다.

④ 유가증권의 내용 중 권한 없는 자에 의하여 이미 변조된 부분을 다시 권한 없이 변경한 경우 유가증권변조죄를 구성한다.

25

문서의 죄에 관한 설명 중 옳은 것을 모두 고른 것은? (다툼이 있는 경우 판례에 의함)

○ 주식회사의 대표이사로부터 포괄적인 권한 행사를 위임받은 사람은 주식회사 명의의 문서 작성에 관하여 개별적·구체적으로 위임 또는 승낙을 받지 않더라도 주식회사 명의로 문서를 작성할 수 있으므로, 이를 두고 자격모용사문서작성 또는 위조에 해당하는 것으로 볼 수는 없다.

○ 위조사문서의 행사는 상대방으로 하여금 위조된 문서를 인식할 수 있는 상태에 둠으로써 기수가 되고 상대방이 실제로 그 내용을 인식하여야 하는 것은 아니므로, 위조된 문서를 우송한 경우에는 그 문서가 상대방에게 도달한 때에 기수가 되고 상대방이 실제로 그 문서를 보아야 하는 것은 아니다.

○ 공문서의 작성권한이 있는 A의 직무를 보좌하는 공무원 甲이 비공무원 乙과 공모하여 행사할 목적으로 허위의 내용이 기재된 문서 초안을 그 정을 모르는 A에게 제출하여 결재하도록 하는 방법으로 허위의 공문서를 작성하게 한 경우, 甲은 허위공문서작성죄의 간접정범이 될 수 있지만 공무원의 신분이 없는 乙은 간접정범의 공범이 될 수 없다.

○ 주식회사의 발기인 등이 법령에 정한 회사설립의 요건과 절차에 따라 회사설립등기를 함으로써 회사가 성립하였다고 볼 수 있는 경우, 회사를 설립할 당시 회사를 실제로 운영할 의사 없이 회사를 이용한 범죄 의도나 목적이 있었다는 이유만으로는 공정증서원본 불실기재죄에서 말하는 불실의 사실을 법인등기부에 기록하게 한 것으로 볼 수 없다.

① ㉠㉡
② ㉠㉢
③ ㉡㉢
④ ㉢㉣

26

공무방해의 죄에 관한 설명 중 가장 적절하지 않은 것은? (다툼이 있는 경우 판례에 의함)

① 「형법」 제136조에서 정한 공무집행방해죄는 직무를 집행하는 공무원에 대하여 폭행 또는 협박한 경우에 성립하는 범죄로서, 구체적으로 직무집행의 방해라는 결과가 발생할 것을 요하지는 않는다.

② 공용서류등무효죄의 '공무소에서 사용하는 서류 기타 전자기록'에는 공문서로서의 효력이 생기기 이전의 서류, 정식의 접수 및 결재 절차를 거치지 않은 문서, 결재 상신 과정에서 반려된 문서도 포함된다.

③ 타인의 소변을 마치 자신의 소변인 것처럼 수사기관에 건네주어 필로폰 음성반응이 나오게 한 경우, 수사기관의 착오를 이용하여 적극적으로 피의사실에 관한 증거를 조작한 것이므로 위계에 의한 공무집행방해죄를 구성한다.

④ 공무상표시무효죄는 공무원이 그 직무에 관하여 실시한 봉인 또는 압류 기타 강제처분의 표시를 적극적으로 손상·은닉하거나 기타 방법으로 그 효용을 해하는 것을 요건으로 하므로, 부작위에 의한 방법으로는 공무상표시무효죄를 범할 수 없다.

27

다음 설명 중 옳고 그름의 표시(O, ×)가 바르게 된 것은? (다툼이 있는 경우 판례에 의함)

> ⊙ 범죄 또는 징계사유의 성립 여부에 관한 것뿐만 아니라 형 또는 징계의 경중에 영향을 미치는 정상을 인정하는 데 도움이 될 자료까지도 증거위조죄에서 규정한 '증거'에 포함된다.
> ⓛ 자신이 직접 형사처분을 받게 될 것을 두려워한 나머지 자기의 이익을 위하여 그 증거가 될 자료를 은닉하였다면 증거은닉죄에 해당하지 않고, 제3자와 공동하여 그러한 행위를 하였더라도 마찬가지이다.
> ⓒ 모해위증죄에 있어서 甲이 A를 모해할 목적으로 그러한 목적이 없는 乙에게 위증을 교사한 경우, 공범종속성에 관한 일반규정인 「형법」 제31조 제1항이 공범과 신분에 관한 「형법」 제33조 단서에 우선하여 적용되므로 신분이 있는 甲이 신분이 없는 乙보다 무겁게 처벌된다.
> ⓔ 甲이 자기 자신을 무고하기로 乙과 공모하고 공동의 의사에 따라 乙과 함께 자신을 무고한 경우, 甲과 乙은 무고죄의 공동정범으로서의 죄책을 진다.

① ⊙ (O) ⓛ (O) ⓒ (O) ⓔ (×)
② ⊙ (O) ⓛ (O) ⓒ (×) ⓔ (×)
③ ⊙ (×) ⓛ (O) ⓒ (O) ⓔ (O)
④ ⊙ (×) ⓛ (×) ⓒ (O) ⓔ (O)

28

불심검문에 관한 설명 중 가장 적절한 것은? (다툼이 있는 경우 판례에 의함)

① 경찰관이 불심검문 대상자 해당 여부를 판단할 때에는 불심검문 당시의 구체적 상황은 물론 사전에 얻은 정보나 전문적 지식 등에 기초하여 그 대상자인지를 객관적·합리적 기준에 따라 판단하여야 하므로, 불심검문의 적법요건으로 불심검문 대상자에게 「형사소송법」상 체포나 구속에 이를 정도의 혐의가 있을 것을 요한다.

② 행정경찰 목적의 경찰활동으로 행하여지는 「경찰관 직무집행법」 제3조 제2항 소정의 질문을 위한 동행요구가 「형사소송법」의 규율을 받는 수사로 이어지는 경우에는 「형사소송법」 제199조 제1항 및 제200조 규정에 의하여야 한다.

③ 「경찰관 직무집행법」 제3조 제4항은 경찰관이 불심검문을 하고자 할 때에는 자신의 신분을 표시하는 증표를 제시하여야 한다고 규정하고 있고, 동법 시행령은 위 법에서 규정한 신분을 표시하는 증표가 경찰관의 공무원증이라고 규정하고 있으므로, 경찰관이 불심검문 과정에서 공무원증을 제시하지 않았다면 어떠한 경우라도 그 불심검문은 위법한 공무집행에 해당한다.

④ 「경찰관 직무집행법」 제3조 제6항은 불심검문에 관하여 임의동행한 사람을 6시간을 초과하여 경찰관서에 머물게 할 수 없다고 규정하고 있으므로, 대상자를 6시간 동안 경찰관서에 구금하는 것이 허용된다.

29

수사에 관한 설명 중 가장 적절한 것은? (다툼이 있는 경우 판례에 의함)

① 누구든지 자기의 얼굴 기타 모습을 함부로 촬영당하지 않을 자유를 가지므로, 수사기관이 범죄를 수사함에 있어 타인의 얼굴 기타 모습을 영장 없이 촬영하였다면, 그 촬영은 어떠한 경우라도 허용될 수 없다.

② 음주운전에 대한 수사과정에서 음주운전 혐의가 있는 운전자에 대하여 「도로교통법」에 따른 호흡측정이 이루어진 경우 과학적이고 중립적인 호흡측정 수치가 도출되었다 하여도 그 결과에 오류가 있다고 인정할 만한 객관적이고 합리적인 사정이 있는 경우라면 추가로 음주측정을 할 필요성이 있으므로, 경찰관이 혐의를 제대로 밝히기 위해 혈액채취에 의한 측정방법으로 재측정하는 것을 위법하다 할 수 없고 운전자는 이에 따라야 할 의무가 있다.

③ 위법한 체포상태에서 마약 투약 혐의를 확인하기 위한 채뇨요구가 이루어진 경우, 채뇨 요구를 위한 위법한 체포와 그에 이은 채뇨 요구는 마약 투약이라는 범죄행위에 대한 증거수집을 위하여 연속하여 이루어진 것으로서 개별적으로 그 적법 여부를 평가하는 것은 적절하지 아니하므로 그 일련의 과정을 전체적으로 보아 위법한 채뇨 요구가 있었던 것으로 보아야 한다.

④ 「경범죄 처벌법」 제3조 제1항 제34호의 지문채취 불응 시 처벌규정은 영장주의에 따른 강제처분을 규정한 것으로, 수사상 필요에 의하여 수사기관이 직접강제에 의하여 지문을 채취하려 하는 경우와 마찬가지로 법관에 의해 발부된 영장이 필요하다.

30

영장주의에 관한 설명 중 가장 적절하지 않은 것은? (다툼이 있는 경우 판례에 의함)

① 수사기관이 甲 주식회사에서 압수수색영장을 집행하면서 甲 회사에 팩스로 영장 사본을 송신하기만 하고 영장 원본을 제시하거나 압수조서와 압수물 목록을 작성하여 피압수·수색 당사자에게 교부하지도 않은 채 피고인의 이메일을 압수한 후 이를 증거로 제출한 사안에서, 위와 같은 방법으로 압수된 이메일은 「형사소송법」 등에서 정한 절차를 위반한 것으로 유죄 인정의 증거로 사용할 수 없다.

② 법원이 피고인에 대하여 구속영장을 발부하기 전에 「형사소송법」 제72조에서 규정한 절차를 거치지 아니하였다 하더라도 같은 규정에 따른 절차적 권리가 실질적으로 보장되었다면, 위 사전청문절차를 거치지 않은 것만으로 그 구속영장 발부결정이 위법하다고 볼 것은 아니다.

③ 「형사소송법」 제88조는 "피고인을 구속한 때에는 즉시 공소사실의 요지와 변호인을 선임할 수 있음을 알려야 한다"고 규정하고 있는바, 이는 사후 청문절차에 관한 규정으로서 이를 위반한 경우 구속영장의 효력에 어떠한 영향을 미치는 것은 아니다.

④ 「형사소송법」 제217조 제2항, 제3항에 위반하여 압수수색영장을 발부받지 아니하고도 즉시 반환하지 아니한 압수물은 이를 유죄 인정의 증거로 사용할 수 없지만, 피고인이나 변호인이 이를 증거로 함에 동의하였다면 유죄 인정의 증거로 사용할 수 있다.

31

현행범인의 체포에 관한 다음 설명 중 옳고 그름의 표시 (○, ×)가 바르게 된 것은? (다툼이 있는 경우 판례에 의함)

> ㉠ 사인의 현행범 체포과정에서 일어날 수 있는 물리적 충돌이 적정한 한계를 벗어났는지 여부는 그 행위가 소극적인 방어행위인가 적극적인 공격행위인가에 따라 결정된다.
>
> ㉡ 「형사소송법」 제211조 제1항이 현행범인으로 규정한 '범죄를 실행하고 난 직후의 사람'이라고 함은, 범죄의 실행행위를 종료한 직후의 범인이라는 것이 체포하는 자의 입장에서 볼 때 명백한 경우를 일컫는 것으로서, '범죄의 실행행위를 종료한 직후'라고 함은, 범죄행위를 실행하여 끝마친 순간 또는 이에 아주 접착된 시간적 단계를 의미하는 것으로 해석된다.
>
> ㉢ 현행범인은 누구든지 영장없이 체포할 수 있고, 검사 또는 사법경찰관리가 아닌 자가 현행범인을 체포한 때에는 즉시 검사 등에게 인도하여야 하며, 이때 인도시점은 반드시 체포시점과 시간적으로 밀착된 시점이어야 한다.
>
> ㉣ 공장을 점거하여 농성 중이던 조합원들이 경찰과 부식반입문제를 협의하거나 기자회견장 촬영을 위해 공장 밖으로 나오자, 전투경찰대원들은 '고착관리'라는 명목으로 그 조합원들을 방패로 에워싸고 이동하지 못하게 한 사안에서, 위 조합원들이 어떠한 범죄행위를 목전에서 저지르려고 하는 등 긴급한 사정이 있는 경우가 아니라면, 위 전투경찰대원들의 행위는 「형사소송법」상 체포에 해당한다.

① ㉠ (○) ㉡ (×) ㉢ (○) ㉣ (×)
② ㉠ (○) ㉡ (○) ㉢ (×) ㉣ (○)
③ ㉠ (×) ㉡ (×) ㉢ (○) ㉣ (×)
④ ㉠ (×) ㉡ (○) ㉢ (×) ㉣ (○)

32

접견교통권에 관한 설명 중 가장 적절하지 않은 것은? (다툼이 있는 경우 판례에 의함)

① 변호인의 접견교통의 상대방인 신체구속을 당한 사람이 그 변호인을 자신의 범죄행위에 공범으로 가담시키려고 하였다는 등의 사정만으로 그 변호인의 신체구속을 당한 사람과의 접견교통을 금지하는 것이 정당화될 수는 없다.

② 「형사소송법」 제34조에 따르면 변호인 또는 변호인이 되려는 자는 신체구속을 당한 피고인 또는 피의자와 접견하고 서류 또는 물건을 수수할 수 있으며 의사로 하여금 진료하게 할 수 있으므로, 변호인이 되려는 의사를 표시한 자가 객관적으로 변호인이 될 가능성이 있다고 인정된다면, 신체구속을 당한 피고인 또는 피의자와 접견하지 못하도록 제한해서는 안 된다.

③ 변호인의 구속된 피고인 또는 피의자와의 접견교통권은 피고인 또는 피의자 자신이 가지는 변호인과의 접견교통권과는 성질을 달리하는 것으로서 헌법상 보장된 권리라고 할 수 없으므로, 수사기관의 처분 등에 의하여 이를 제한할 수 있으며 반드시 법령에 의하여서만 제한 가능한 것은 아니다.

④ 변호인의 조력을 받을 권리를 보장하는 목적은 피의자 또는 피고인의 방어권 행사를 보장하기 위한 것이므로, 변호인의 조력을 받을 기회가 충분히 보장되었다고 인정될 수 있는 경우에는 미결수용자 또는 변호인이 원하는 특정한 시점에 접견이 이루어지지 못하였다 하더라도 그것만으로 곧바로 변호인의 조력을 받을 권리가 침해되었다고 단정할 수는 없다.

33

저장매체의 임의제출에 관한 설명 중 가장 적절하지 않은 것은? (다툼이 있는 경우 판례에 의함)

① 임의제출된 정보저장매체에서 압수의 대상이 되는 전자정보의 범위를 넘어서는 전자정보에 대해 수사기관이 영장 없이 압수·수색하여 취득한 증거는 위법수집증거에 해당하지만, 피고인이나 변호인이 이를 증거로 함에 동의하였다면 그 위법성이 치유된다.

② 제3자가 피의자의 소유·관리에 속하는 정보저장매체를 영장에 의하지 않고 임의제출하는 경우, 특별한 사정이 없는 한 피의자에게 참여권을 보장하고 압수한 전자정보 목록을 교부하는 등 피의자의 절차적 권리를 보장하기 위한 적절한 조치가 이루어져야 한다.

③ 피의자가 자기 소유의 휴대전화를 임의제출하면서 클라우드 등 제3자가 관리하는 원격지에 저장되어 있는 전자정보를 수사기관에게 제출한다는 의사로 수사기관에 클라우드 등에 접속하기 위한 자신의 아이디와 비밀번호를 임의로 제공한 경우, 위 클라우드 등에 저장된 전자정보를 임의제출하는 것으로 볼 수 있다.

④ 현행범 체포현장이나 범죄현장에서도 소지자 등이 임의로 제출하는 저장매체는 「형사소송법」 제218조에 의하여 영장 없이 압수하는 것이 허용된다.

34

증명의 대상과 방법에 관한 설명 중 가장 적절하지 않은 것은? (다툼이 있는 경우 판례에 의함)

① 「형법」 제6조 단서에 따라 "행위지의 법률에 의하여 범죄를 구성"하는가 여부는 법원의 직권조사사항이므로 증명의 대상이 될 수 없다.

② 출입국사범 사건에서 지방출입국·외국인관서의 장의 적법한 고발이 있었는지 여부가 문제 되는 경우에 법원은 증거조사의 방법이나 증거능력의 제한을 받지 아니하고 제반 사정을 종합하여 적당하다고 인정되는 방법에 의하여 자유로운 증명으로 그 고발 유무를 판단하면 된다.

③ 공동정범에 있어 공모관계를 인정하기 위해서는 엄격한 증명이 요구되지만, 피고인이 범죄의 주관적 요소인 공모관계를 부인하는 경우에는 사물의 성질상 이와 상당한 관련성이 있는 간접사실 또는 정황사실을 증명하는 방법으로 이를 증명할 수밖에 없다.

④ 「형사소송법」 제313조 제1항 단서의 특신상태는 증거능력의 요건에 해당하므로 검사가 그 존재에 대하여 구체적으로 주장·입증하여야 하는 것이지만, 이는 소송상의 사실에 관한 것이므로, 엄격한 증명을 요하지 아니하고 자유로운 증명으로 족하다.

35

위법수집증거배제법칙에 관한 설명 중 옳은 것은 모두 몇 개인가? (다툼이 있는 경우 판례에 의함)

ⓐ 사기죄의 증거인 업무일지가 피고인의 사생활 영역과 관계된 자유로운 인격권의 발현물이라고 볼 수 없고 피고인을 형사소추하기 위해서는 이 사건 업무일지가 반드시 필요한 증거라 하더라도, 그것이 제3자에 의하여 절취된 것으로서 피해자측이 이를 수사기관에 증거자료로 제출하기 위하여 대가를 지급하였다면, 위 업무일지는 위법수집증거로서 증거로 사용할 수 없다.

ⓑ 사법경찰관이 체포 당시 외국인인 피고인에게 영사통보권을 지체 없이 고지하지 않았다면 피고인에게 영사조력이 가능한지 여부나 실질적인 불이익이 있었는지 여부와 상관없이 국제협약에 따른 피고인의 권리나 법익을 본질적으로 침해하였다고 볼 수 있으므로, 체포나 구속 이후 수집된 증거와 이에 기초한 증거들은 유죄인정의 증거로 사용할 수 없다.

ⓒ 특별한 사정이 존재하지 아니하는 이상 피고인에게 실질적 반대신문권의 기회가 부여되지 아니한 채 이루어진 증인의 법정진술은 위법한 증거로서 증거능력을 인정하기 어렵지만, 피고인의 책문권 포기로 그 하자가 치유될 수 있고, 이 경우 피고인의 책문권 포기의 의사는 명시적인 것이어야 한다.

ⓓ 검사가 공소제기 후 「형사소송법」 제215조에 따라 수소법원 이외의 지방법원 판사에게 청구하여 발부받은 영장에 의하여 압수·수색을 하였다면, 그와 같이 수집된 증거는 적법한 절차에 따른 것으로서 원칙적으로 유죄의 증거로 삼을 수 있다.

① 1개
② 2개
③ 3개
④ 4개

36

자백의 증거능력과 증명력에 관한 다음 설명 중 옳고 그름의 표시(○, ×)가 바르게 된 것은? (다툼이 있는 경우 판례에 의함)

ⓐ 피고인이 범행을 자인하는 것을 들었다는 피고인 아닌 자의 진술내용은 「형사소송법」 제310조의 피고인의 자백에 포함되며, 자백을 자백으로 보강할 수 없다는 법리에 따라 그 진술내용을 피고인의 자백의 보강증거로 할 수 없다.

ⓑ 일정한 증거가 발견되면 피의자가 자백하겠다고 한 약속이 검사의 강요나 위계에 의하여 이루어졌다던가 또는 불기소나 경한 죄의 소추 등 이익과 교환조건으로 된 것으로 인정되지 않는다면 위와 같은 자백의 약속하에 된 자백이라 하여 곧 임의성 없는 자백으로 증거능력이 부정된다고 단정할 수 없다.

ⓒ 상습범은 피고인의 습벽을 구성요건으로 하는 범죄로서 상습범에 있어 피고인의 자백이 있는 경우, 이를 구성하는 각 행위에 관하여 개별적으로 보강증거를 필요로 하는 것은 아니다.

ⓓ 자백에 대한 보강증거는 범죄사실의 전부 또는 중요 부분을 인정할 수 있는 정도가 되지 아니하더라도 피고인의 자백이 가공적인 것이 아닌 진실한 것임을 인정할 수 있는 정도만 되면 족할 뿐만 아니라, 직접증거가 아닌 간접증거나 정황증거도 보강증거가 될 수 있다.

① ⓐ (×) ⓑ (○) ⓒ (×) ⓓ (○)
② ⓐ (×) ⓑ (×) ⓒ (○) ⓓ (×)
③ ⓐ (○) ⓑ (○) ⓒ (×) ⓓ (○)
④ ⓐ (○) ⓑ (×) ⓒ (○) ⓓ (×)

37

전문증거에 관한 설명 중 가장 적절한 것은? (다툼이 있는 경우 판례에 의함)

① 제1심에서 피고인에 대하여 무죄판결이 선고되어 검사가 항소한 후, 수사기관이 항소심 공판기일에 증인으로 신청하여 신문할 수 있는 사람을 특별한 사정 없이 미리 수사기관에 소환하여 작성한 진술조서는 피고인이 증거로 할 수 있음에 동의하지 않는 한 증거능력이 없지만, 위 참고인이 법정에 증인으로 출석하여 위 진술조서의 진정성립을 인정하고 피고인측에 반대신문의 기회가 부여된다면 예외적으로 증거능력이 인정된다.

② 피고인의 진술을 피고인 아닌 자가 녹음한 경우 피고인이 해당 녹음테이프를 증거로 할 수 있음에 동의하지 않는 이상 녹음테이프에 녹음된 피고인의 진술 내용을 증거로 사용하기 위해서는 「형사소송법」 제313조 제1항 단서에 따라 공판준비 또는 공판기일에서 진술자인 피고인의 진술에 의하여 녹음테이프에 녹음된 진술 내용이 자신이 진술한 대로 녹음된 것임이 증명되고 나아가 그 진술이 특히 신빙할 수 있는 상태하에서 행하여진 것임이 인정되어야 한다.

③ 피고인이 아닌 자가 수사과정에서 진술서를 작성하였지만 수사기관이 그에 대한 조사과정을 기록하지 아니하여 「형사소송법」 제244조의4 제3항, 제1항에서 정한 절차를 위반한 경우에는, 특별한 사정이 없는 한 '적법한 절차와 방식'에 따라 수사과정에서 진술서가 작성되었다 할 수 없으므로 증거능력을 인정할 수 없다.

④ 「형사소송법」 제316조 제2항에 의하면, '피고인 아닌 자'의 공판준비 또는 공판기일에서의 진술이 피고인 아닌 타인의 진술을 그 내용으로 하는 것인 때에는 원진술자가 사망, 질병 기타 사유로 인하여 진술할 수 없고 그 진술이 특히 신빙할 수 있는 상태 하에서 행하여진 때에 한하여 이를 증거로 할 수 있다고 규정하고 있는데, 여기서 말하는 '피고인 아닌 자'라고 함은 공동피고인이나 공범자를 제외한 제3자를 의미한다.

38

「형사소송법」 제314조의 증거능력 인정요건에 관한 설명 중 가장 적절하지 않은 것은? (다툼이 있는 경우 판례에 의함)

① 「형사소송법」 제314조의 특신상태의 증명은 참고인의 진술 또는 조서의 작성이 특히 신빙할 수 있는 상태하에서 행하여졌음에 대한 개연성 있는 정도의 증명으로 족하고, 법관으로 하여금 반드시 합리적인 의심의 여지를 배제할 정도에 이르러야 하는 것은 아니다.

② 「형사소송법」 제314조의 '특신상태'와 관련된 법리는 마찬가지로 원진술자의 소재불명 등을 전제로 하고 있는 「형사소송법」 제316조 제2항의 '특신상태'에 관한 해석에도 그대로 적용된다.

③ 「형사소송법」 제314조에서 말하는 '원진술자가 진술을 할 수 없는 때'에는 사망, 질병 등 명시적으로 열거된 사유 외에도, 원진술자가 공판정에서 진술을 한 경우라도 증인신문 당시 일정한 사항에 관하여 기억이 나지 않는다는 취지로 진술하여 그 진술의 일부가 재현 불가능하게 된 경우도 포함한다.

④ 수사기관에서 진술한 참고인이 법정에서 증언을 거부하여 피고인이 반대신문을 하지 못한 경우에는 정당하게 증언거부권을 행사한 것이 아니라도, 피고인이 증인의 증언거부 상황을 초래하였다는 등의 특별한 사정이 없는 한 「형사소송법」 제314조의 '그 밖에 이에 준하는 사유로 인하여 진술할 수 없는 때'에 해당하지 않는다고 보아야 한다.

39

증거동의에 관한 설명 중 가장 적절하지 않은 것은? (다툼이 있는 경우 판례에 의함)

① 「형사소송법」 제318조 제1항 증거동의는 전문증거금지의 원칙에 대한 예외로서 반대신문권을 포기하겠다는 피고인의 의사표시에 의하여 서류 또는 물건의 증거능력을 부여하려는 규정이다.

② 약식명령에 불복하여 정식재판을 청구한 피고인이 정식재판절차의 제1심에서 2회 불출정하여 「형사소송법」 제318조 제2항에 따라 피고인의 증거동의로 간주된 후, 제1심 법원이 증거조사를 완료하였더라도 피고인이 항소심에 출석하여 공소사실을 부인하면서 제1심에서 간주된 증거동의를 철회 또는 취소한다는 의사표시를 하면 해당 증거의 증거능력은 상실된다.

③ 피고인이 출석한 공판기일에서 증거로 함에 부동의한다는 의견이 진술된 경우에는 그 후 피고인이 출석하지 아니한 공판기일에 변호인만이 출석하여 종전 의견을 번복하여 증거로 함에 동의하였다 하더라도 이는 특별한 사정이 없는 한 효력이 없다고 보아야 한다.

④ 필요적 변호사건이라 하여도 피고인이 재판거부의 의사를 표시하고 재판장의 허가 없이 퇴정하고 변호인마저 이에 동조하여 퇴정해 버림으로써 피고인과 변호인들이 출석하지 않은 상태에서 증거조사를 할 수밖에 없는 경우, 「형사소송법」 제318조 제2항의 규정상 피고인의 진의와는 관계없이 증거동의가 있는 것으로 간주한다.

40

다음 사례에 관한 설명 중 가장 적절한 것은? (다툼이 있는 경우 판례에 의함)

친구 사이인 甲, 乙, 丙은 사업가 A의 사무실 금고에 거액의 현금이 있다는 정보를 입수한 후, 甲과 乙은 A의 사무실금고에서 현금을 절취하고 丙은 위 사무실로부터 100m 떨어진 곳에서 망을 보기로 모의하였다. 범행 당일 오전 10시경 甲과 乙은 A의 사무실에 들어가 현금을 절취한 후, 망을 보던 丙과 함께 도주하였다. 甲, 乙, 丙은 검거되어 절도혐의로 수사를 받고 공동으로 기소되어 심리가 진행되었는데, 검사는 경찰수사단계에서 작성된 공범 乙의 피의자 신문조서를 甲의 범죄 혐의 입증의 증거로 제출하였고 甲은 그 내용을 부인하였다. 한편 丙은 甲의 공소사실에 대해 증인으로 채택되어 선서하고 증언하면서 甲의 범행을 덮어주기 위해 기억에 반하는 허위진술을 하였다. (주거침입죄 및 손괴죄 기타 특별법 위반의 점은 고려하지 않음)

① 甲과 乙에 대해서는 「형법」 제331조 제2항의 합동절도가 성립하지만, 현장에서의 협동관계가 인정되지 않는 丙에 대해서는 「형법」 제329조 단순절도죄가 성립한다.

② 만약 甲과 乙이 A의 사무실 출입문의 시정장치를 손괴하다가 A에게 발각되어 도주하였다면 甲과 乙의 행위에 대해서는 특수절도죄의 미수범이 성립한다.

③ 乙의 피의자신문조서는 乙이 법정에서 그 내용을 인정하면 甲이 내용을 부인하더라도 甲의 공소사실에 대한 증거로 사용할 수 있다.

④ 丙에 대해서는 「형법」 제152조 제1항 위증죄가 성립하지 않는다.

05회 2023 경찰채용 2차 형사법

1차 점수   2차 점수   3차 점수

01

죄형법정주의에 관한 설명으로 가장 적절하지 않은 것은? (다툼이 있는 경우 판례에 의함)

① 「형법」 제349조(부당이득)에서 정하는 '현저하게 부당한 이익'은 그 비교기준이 되는 정당한 이익 내지는 원래의 급부가치는 무엇인지에 대한 규정이 없어 일반 국민들로서는 해당 법률조항으로는 어느 정도가 정당한 이익인지를 예측하기 어렵고, 수사기관으로서도 객관적이고 구속적인 해석 및 집행의 기준을 제공받지 못하므로 자의적·선별적인 법집행에로 이끌리기 쉬워 해당 법률조항은 죄형법정주의의 명확성의 원칙에 반한다.

② 「형법」 제207조(통화의 위조 등) 제3항에 규정된 '외국에서 통용된다'고 함은 그 외국에서 강제통용력을 가지는 것을 의미하는 것이므로, 일반인의 관점에서 통용할 것이라고 오인할 가능성이 있다고 하여 외국에서 통용되지 아니하는, 즉 강제통용력을 가지지 아니하는 지폐까지 「형법」 제207조 제3항의 외국에서 통용하는 지폐에 포함시키면 이는 유추해석 내지 확장해석하여 적용하는 것이 되어 죄형법정주의의 원칙에 위배된다.

③ 형사처벌에 관한 위임입법은 특히 긴급한 필요가 있거나 미리 법률로써 자세히 정할 수 없는 부득이한 사정이 있는 경우에 한하여 수권법률(위임법률)이 구성요건의 점에서는 처벌대상인 행위가 어떠한 것인지 이를 예측할 수 있을 정도로 구체적으로 정하고, 형벌의 점에서는 형벌의 종류 및 그 상한과 폭을 명확히 규정하는 것을 전제로 허용된다.

④ 「가정폭력범죄의 처벌 등에 관한 특례법」이 정한 보호처분 중의 하나인 사회봉사명령은 가정폭력범죄행위에 대하여 형사처벌 대신 부과되는 것으로서, 가정폭력범죄를 범한 자에게 의무적 노동을 부과하고 여가시간을 박탈하여 실질적으로는 신체적 자유를 제한하게 되므로, 이에 대하여는 원칙적으로 형벌불소급의 원칙에 따라 행위시법을 적용함이 상당하다.

02

「형법」의 시간적 적용범위에 관한 설명으로 가장 적절하지 않은 것은? (다툼이 있는 경우 판례에 의함)

① 범죄의 성립과 처벌에 관하여 규정한 형벌법규 자체 또는 그로부터 수권 내지 위임을 받은 법령의 변경에 따라 범죄를 구성하지 아니하게 되거나 형이 가벼워진 경우에는 종전 법령이 범죄로 정하여 처벌한 것이 부당하였다거나 과형이 과중하였다는 반성적 고려에 따라 변경된 것인지 여부를 따지지 않고 원칙적으로 「형법」 제1조 제2항이 적용된다.

② 형벌법규가 대통령령, 총리령, 부령과 같은 법규명령이 아닌 고시 등 행정규칙·행정명령, 조례 등에 구성요건의 일부를 수권 내지 위임한 경우에도 이러한 고시 등 규정이 위임입법의 한계를 벗어나지 않는 한 형벌법규와 결합하여 법령을 보충하는 기능을 하는 것이므로, 그 변경에 따라 범죄를 구성하지 아니하게 되거나 형이 가벼워졌다면 「형법」 제1조 제2항이 적용된다.

③ 형벌법규 자체 또는 그로부터 수권 내지 위임을 받은 법령이 아닌 다른 법령이 변경된 경우 「형법」 제1조 제2항을 적용하려면, 해당 형벌법규에 따른 범죄의 성립 및 처벌과 직접적으로 관련된 형사법적 관점의 변화를 주된 근거로 하는 법령의 변경에 해당하여야 한다.

④ 법령이 개정 내지 폐지된 경우가 아니라, 스스로 유효기간을 구체적인 일자나 기간으로 특정하여 효력의 상실을 예정하고 있던 법령이 그 유효기간을 경과함으로써 더 이상 효력을 갖지 않게 된 경우도 「형법」 제1조 제2항에서 말하는 법령의 변경에 해당한다.

03

착오에 관한 설명으로 가장 적절한 것은? (다툼이 있는 경우 판례에 의함)

① 「형법」 제15조 제1항에 따르면 특별히 무거운 죄가 되는 사실을 인식하지 못한 행위는 그 오인에 정당한 이유가 있는 때에 한하여 벌하지 아니한다.

② 甲은 자신의 아버지인 A의 지갑을 훔친다고 생각하고 지갑을 훔쳤으나, 사실 그 지갑은 아버지 친구인 B의 것이라면 甲의 행위는 과실 행위이므로 절도죄로 처벌되지 않는다.

③ 법률의 착오에 있어서 위법성의 인식에 필요한 노력의 정도는 구체적인 행위정황과 행위자 개인의 인식능력 그리고 행위자가 속한 사회집단에 따라 달리 평가되어야 한다.

④ 甲이 지나가던 행인 3명과 싸우다가 힘이 달리자 식칼을 가지고 이들 3명을 상대로 휘두르다가 이를 말리면서 식칼을 뺏으려던 A에게 상해를 입혔다면 甲에게 A에 대한 상해의 범의를 인정할 수 없어 과실치상죄가 성립할 수 있을 뿐이다.

04

과실범에 관한 설명으로 가장 적절한 것은? (다툼이 있는 경우 판례에 의함)

① 「형법」 제14조에 따르면 정상적으로 기울여야 할 주의(注意)를 게을리 하여 죄의 성립요소인 사실을 인식하지 못한 행위는 정당한 이유가 있는 때에 한하여 벌하지 아니한다.

② 의료과오사건에 있어서 의사의 과실을 인정하려면 결과발생을 예견할 수 있고 또 회피할 수 있었음에도 이를 하지 못한 점을 인정할 수 있어야 하고, 위 과실의 유무를 판단함에는 사회적 평균인의 주의 정도를 표준으로 하여야 하며, 이때 사고 당시의 일반적인 의학의 수준과 의료환경 및 조건, 의료행위의 특수성 등을 고려하여야 한다.

③ 과실범의 주의의무는 반드시 개별적인 법령에서 일일이 그 근거나 내용이 명시되어 있어야만 하는 것이 아니며, 결과발생에 즈음한 구체적인 상황에서 이와 관련된 제반 사정들을 종합적으로 평가하여 결과 발생에 대한 예견 및 회피 가능성을 기준으로 삼아 그 결과 발생을 방지하여야 할 주의의무를 인정할 수 있는 것이다.

④ 「형법」 제364조에 따른 업무상과실장물취득죄는 업무상과실에 의하여 「형법」 제362조 제1항에 따른 단순과실장물취득죄보다 형이 가중되는 가중적 구성요건이다.

05

위법성조각사유에 관한 설명으로 가장 적절하지 않은 것은? (다툼이 있는 경우 판례에 의함)

① 방위행위, 피난행위, 자구행위가 그 정도를 초과한 경우에는 정황(情況)에 따라 그 형을 감경하거나 면제한다.

② 가해자의 행위가 피해자의 부당한 공격을 방위하기 위한 것이라기보다는 서로 공격할 의사로 싸우다가 먼저 공격을 받고 이에 대항하여 가해하게 된 것이라고 봄이 상당한 경우, 그 가해행위는 방어행위인 동시에 공격행위의 성격을 가지므로 정당방위 또는 과잉방위행위라고 볼 수 없다.

③ 정당방위, 긴급피난, 자구행위의 성립요건으로 '상당한 이유가 있을 것'이 요구된다.

④ 피해자의 승낙은 해석상 개인적 법익을 훼손하는 경우에 법률상 이를 처분할 수 있는 사람의 승낙을 말할 뿐만 아니라 그 승낙이 윤리적, 도덕적으로 사회상규에 반하는 것이 아니어야 한다.

06

정당행위에 관한 설명 중 옳은 것만을 모두 고른 것은? (다툼이 있는 경우 판례에 의함)

> ㉠ 甲은 ○○수지요법학회의 지회를 운영하면서 일반인에게 수지침을 보급하고 무료의료봉사활동을 하는 사람으로서 A에게 수지침 시술을 부탁받고 아무런 대가 없이 수지침 시술을 해 준 경우, 甲이 침술면허가 없다고 해도 해당 행위는 사회상규에 위배되지 아니하는 행위로서 위법성이 조각될 수 있다.
>
> ㉡ A 노동조합의 조합원 甲 등이 관계 법령에서 정하는 서면신고 의무에 따라 쟁의행위의 일시, 장소, 참가인원 및 그 방법에 관한 서면신고를 하지 않고 쟁의행위를 한 경우, 세부적·형식적 절차를 미준수한 것으로서 쟁의행위의 정당성이 부정된다.
>
> ㉢ A 아파트 입주자대표회의 회장인 甲이 자신의 승인 없이 동대표들이 관리소장과 함께 게시한 입주자대표회의의 소집공고문을 뜯어내 제거한 경우, 해당 공고문을 손괴한 조치가 그에 선행하는 위법한 공고문 작성 및 게시에 따른 위법상태의 구체적 실현이 임박한 상황 하에서 그 위법성을 바로잡기 위한 것이라면 사회통념상 허용되는 범위를 크게 넘어서지 않는 것으로 볼 수 있다.
>
> ㉣ 甲이 「가정폭력범죄의 처벌 등에 관한 특례법」상의 임시보호명령을 위반하여 피해자인 A의 주거지에 접근하고 문자메시지를 보낸 경우, 이에 대하여 A의 양해 내지 승낙이 있었다면 甲의 행위가 사회상규에 위배되는 행위로 볼 것은 아니다.

① ㉠㉡
② ㉠㉢
③ ㉠㉡㉣
④ ㉠㉢㉣

07

책임에 관한 설명으로 가장 적절하지 않은 것은? (다툼이 있는 경우 판례에 의함)

① 「형법」 제10조 제2항에 따르면 심신장애로 인하여 사물을 변별할 능력이나 의사를 결정할 능력이 미약한 사람의 행위는 형을 감경할 수 있다.

② 「형법」 제10조에 규정된 심신장애는 생물학적 요소로서 정신병 또는 비정상적 정신상태와 같은 정신적 장애가 있는 외에 심리학적 요소로서 이와 같은 정신적 장애로 말미암아 사물에 대한 변별능력과 그에 따른 행위통제능력이 결여되거나 감소되었음을 요하므로, 정신적 장애가 있는 자라고 하여도 범행 당시 정상적인 사물변별능력이나 행위통제능력이 있었다면 심신장애로 볼 수 없다.

③ 「형법」 제10조 제1항 및 동조 제2항에 규정된 심신장애의 유무 및 정도의 판단은 법률적 판단으로서 반드시 전문감정인의 의견에 기속되어야 하는 것은 아니고, 정신분열증의 종류와 정도, 범행의 동기, 경위, 수단과 태양, 범행 전후의 피고인의 행동, 반성의 정도 등 여러 사정을 종합하여 법원이 독자적으로 판단할 수 있다.

④ 원인에 있어서 자유로운 행위에 관한 「형법」 제10조 제3항은 원인행위 시 심신장애 상태에서 위법행위로 나아갈 예견가능성이 없었던 경우에도 적용된다.

08

다음 사례와 학설에 관한 설명으로 가장 적절한 것은?

┌ 사례 ┐

甲이 야간에 자신의 방에 들어오는 룸메이트를 강도로 오인하고 상해의 고의는 없이 방어할 의사로 그를 폭행하였는데 강도로 오인한 과실이 회피 가능하였을 경우

┌ 학설 ┐

(가) 범죄를 불법과 책임의 두 단계로 나누어, 위법성조각사유의 요건을 소극적 구성요건요소로 이해하는 이론으로서, 위 사례는 구성요건적 착오의 문제로 이해하는 견해

(나) 위법성의 인식을 고의의 요소가 아닌 독자적인 책임요소로 파악하는 이론으로서, 위 사례는 금지착오의 문제로 이해하는 견해

(다) 위법성조각사유의 전제사실은 구성요건적 사실과 유사하다는 점을 전제로 하여, 위 사례는 구성요건적 착오 규정을 유추적용 해야 하는 것으로 이해하는 견해

(라) 고의의 이중적 지위를 전제로 하여, 위 사례는 구성요건적 고의는 인정되나 책임고의가 탈락되어 결국 구성요건적 착오와 법효과적으로 동일한 것으로 이해하는 견해

① (가)와 (다)에 따르면 甲에게는 폭행죄가 성립한다.
② (나)와 (라)에 따르면 甲에게는 상해죄가 성립한다.
③ (나)와 (다)에 따르면 甲에게는 과실치상죄가 성립한다.
④ (가)와 (라)에 따르면 甲은 처벌되지 않는다.

09

다음 중 가장 적절한 것은? (다툼이 있는 경우 판례에 의함)

① 甲이 허위내용의 고소장을 경찰관에게 제출하였다가 그 경찰관으로부터 고소장의 내용만으로는 범죄 혐의가 없는 것이라 하므로 그 고소장을 되돌려 받은 때에는 「형법」제156조에 따른 무고죄의 장애미수에 해당한다.

② 甲이 소송비용을 편취할 의사로 소송비용의 지급을 구하는 손해배상청구의 소를 제기하였다가 담당 판사로부터 소송비용의 확정은 소송비용액 확정절차를 통해 하라는 권유를 받고 위 소를 취하한 때에는 「형법」제347조에 따른 사기죄의 불능미수에 해당한다.

③ 甲이 외국환 수출의 신고를 하지 않은 채 일화를 국외로 반출하기 위해, 일화 400만 엔이 든 휴대용 가방을 가지고 보안검색대에 나아가지 않은 채 공항 내에서 탑승을 기다리고 있던 중에 체포되었다면 일화 400만 엔의 반출에 대해서는 실행의 착수가 있다고 볼 수 없다.

④ 甲이 A의 뒤에 서서 카메라폰으로 치마 속 신체 부위를 일정한 시간 동안 촬영하다가 경찰관에게 발각되어 저장버튼을 누르지 않고 촬영을 종료하였다면 구「성폭력범죄의 처벌 및 피해자보호 등에 관한 법률」제14조의2 제1항에 따른 카메라 등 이용촬영죄의 장애미수에 해당한다.

10

다음 중 가장 적절하지 않은 것은? (다툼이 있는 경우 판례에 의함)

① 甲이 타인을 비방할 목적으로 허위의 기사 재료를 그 정을 모르는 기자에게 제공하여 신문 등에 보도되게 한 경우 甲에게 출판물에 의한 명예훼손죄의 간접정범이 성립할 수 있다.

② 국헌문란의 목적을 달성하기 위해 그러한 목적이 없는 대통령을 이용하여 비상계엄 전국 확대조치를 한 것은 간접정범의 방법으로 내란죄를 실행한 것이다.

③ 공범자의 범인도피행위의 도중에 그 범행을 인식하면서 그와 공동의 범의를 가지고 기왕의 범인도피상태를 이용하여 스스로 범인 도피행위를 계속한 자에 대하여는 범인도피죄의 공동정범이 성립한다.

④ 피해자는 강제추행에 관한 간접정범의 의사를 실현하는 도구로서의 타인에 포함될 수 없다.

11

공동정범에 관한 설명으로 가장 적절하지 않은 것은? (다툼이 있는 경우 판례에 의함)

① 공동정범에서 주관적 요건인 공동가공의 의사는 타인의 범행을 인식하면서도 이를 제지하지 아니하고 용인하는 것만으로는 부족하고, 공동의 의사로 특정한 범죄행위를 하기 위하여 일체가 되어 서로 다른 사람의 행위를 이용하여 자기의 의사를 실행에 옮기는 것을 내용으로 하여야 한다.

② 공동정범이 성립하기 위하여는 반드시 공범자간에 사전모의가 있어야 하므로, 우연히 만난 자리에서 서로 협력하여 공동의 범의를 실현하려는 의사가 암묵적으로 상통하여 범행에 공동가공 하더라도 공동정범은 성립되지 않는다.

③ 공모공동정범에 있어서 공모자가 공모에 주도적으로 참여하여 다른 공모자의 실행에 영향을 미친 때에는 범행을 저지하기 위하여 적극적으로 노력하는 등 실행에 미친 영향력을 제거하지 아니하는 한 공모관계에서 이탈하였다고 할 수 없다.

④ 비신분자가 신분관계로 인하여 성립될 범죄에 가공한 경우, 비신분자에게 공동가공의 의사와 이에 기초한 기능적 행위지배를 통해 범죄의 실행이라는 주관적·객관적 요건이 충족되면 신분자와 공동정범이 성립한다.

12

다음 사례에서 甲의 죄책에 관한 설명으로 가장 적절 하지 않은 것은? (다툼이 있는 경우 판례에 의함)

> 甲은 2022. 12. 21. 경부터 보이스피싱 사기범행에 사용된다는 사정을 알면서도 유령법인 설립, 그 법인명의 계좌개설 후 그 접근매체를 채팅 애플리케이션을 통해 대화명 A에게 전달 유통하는 행위를 계속하였다. 그 후 2023. 1. 15. 경 보이스피싱조직원의 제안에 따라 이른바 '전달책' 역할을 승낙하고, 2023. 1. 28.부터 '전달책'에 해당하는 실행행위를 하였다.

① 형법상 방조행위는 정범이 범행을 한다는 정을 알면서 그 실행행위를 용이하게 하는 직·간접의 모든 행위를 가리킨다.

② 甲의 이러한 접근매체 전달·유통행위는 보이스피싱 사기범행에 사용된다는 정을 알면서도 정범이 실행에 착수하기 이전부터 장래의 실행행위를 예상하고서 이를 용이하게 하는 유형적·물질적 방조행위이다.

③ 甲이 '전달책' 역할까지 승낙한 행위 역시 정범의 범행 결의를 강화시키는 무형적·정신적 방조행위이다.

④ 甲이 '전달책'으로서의 행위를 한 때부터 비로소 피해자들에 대한 사기죄의 종범에 해당한다.

13

죄수에 관한 설명으로 옳은 것은 모두 몇 개인가? (다툼이 있는 경우 판례에 의함)

┌───┐
│ ㉠ 강도범인이 체포를 면탈할 목적으로 경찰관에게 폭
│   행을 가한 때에는 강도죄와 공무집행방해죄는 상상
│   적 경합관계에 있다.
│ ㉡ 피고인들이 피해자들의 재물을 강취한 후 그들을
│   살해할 목적으로 현주건조물에 방화하여 사망에 이
│   르게 한 경우, 피고인들의 행위는 강도살인죄와 현
│   주건조물방화치사죄에 모두 해당하고 그 두 죄는
│   실체적 경합관계에 있다.
│ ㉢ 「폭력행위 등 처벌에 관한 법률」 제4조 제1항은 그
│   법에 규정된 범죄행위를 목적으로 하는 단체를 구
│   성하거나 이에 가입하는 행위(범죄단체구성·가입
│   죄) 또는 구성원으로 활동하는 행위(범죄단체 활동
│   죄)를 처벌하도록 정하고 있는데, 범죄단체를 구성
│   하거나 이에 가입한 자가 더 나아가 구성원으로 활
│   동하는 경우, 각 행위는 실체적 경합관계에 있다.
│ ㉣ 범죄단체 등에 소속된 조직원이 저지른 폭력행위
│   등 처벌에 관한 법률 위반(단체 등의 공동강요)죄
│   등의 개별적 범행과 동법 위반(단체 등의 활동)죄는
│   범행의 목적이나 행위 등 측면에서 일부 중첩되는 부
│   분이 있고, 이에 특별한 사정이 없는 한 법률상 1개의
│   행위로 평가되어 실체적 경합이 아닌 상상적 경합
│   관계에 있다고 보아야 한다.
└───┘

① 0개 　　　　② 1개
③ 2개 　　　　④ 3개

14

다음 중 가장 적절한 것은? (다툼이 있는 경우 판례에 의함)

① 폭행치사죄와 상해치사죄까지 「형법」 제263조(동시범)를 적용하면 피고인에게 불리한 유추적용이 되므로 동 규정의 적용은 배제되어야 한다.

② 공무집행방해죄에서의 '폭행'은 사람에 대한 유형력의 행사로 족하고 반드시 그 신체에 대한 것임을 요하지 아니하며, 또한 추상적 위험범으로서 구체적으로 직무집행의 방해라는 결과 발생을 요하지도 아니한다.

③ 살인예비죄가 성립하기 위한 '준비행위'는 물적인 것에 한정되지 아니하며 특별한 정형이 있는 것도 아니어서 단순히 범행의 의사 또는 계획만으로도 충분하므로, 객관적으로 보아 살인죄의 실현에 실질적으로 기여할 수 있는 외적 행위를 필요로 하는 것은 아니다.

④ 甲이 상습으로 A를 폭행하고, 자신의 어머니 B를 존속폭행하였다는 내용으로 기소된 사안에서, 甲에게 폭행 범행을 반복하여 저지르는 습벽이 있고 이러한 습벽에 의하여 단순폭행, 존속폭행 범행을 저지른 사실이 인정된다면 단순폭행, 존속폭행의 각 죄별로 상습성을 판단하여야 한다.

15

과실치사상의 죄에 관한 설명으로 가장 적절하지 않은 것은? (다툼이 있는 경우 판례에 의함)

① 4층 건물의 2층 내부 벽면에 설치된 분전반을 통해 3층과 4층으로 가설된 전선이 합선으로 단락되어 화재가 나 상해가 발생한 사안에서, 단지 4층 건물의 소유자로서 위 건물 2층을 임대하였다는 사정만으로는 업무상과실치상죄에 있어서의 '업무'로 보기 어렵다.

② 고속도로를 무단횡단하는 보행자를 충격하여 사고를 발생시킨 경우라도 운전자가 상당한 거리에서 보행자의 무단횡단을 미리 예상할 수 있는 사정이 있었고, 그에 따라 즉시 감속하거나 급제동하는 등의 조치를 취하였다면 보행자와의 충돌을 피할 수 있었다는 등의 특별한 사정이 인정되는 경우에는 자동차 운전자의 과실을 인정할 수 있다.

③ 야간 당직간호사가 담당 환자의 심근경색 증상을 당직의사에게 제대로 보고하지 않음으로써 당직의사가 필요한 조치를 취하지 못한 채 환자가 사망하였다면 병원의 야간당직 운영체계상 당직의사에게도 업무상 과실이 있다.

④ 의사가 환자에 대하여 주된 의사의 지위에서 진료하는 경우라도, 자신은 환자의 수술이나 시술에 전념하고 마취과 의사로 하여금 마취와 환자 감시 등을 담당토록 하는 경우처럼 서로 대등한 지위에서 각자의 의료영역을 나누어 환자 진료의 일부를 분담하였다면, 진료를 분담 받은 다른 의사의 전적인 과실로 환자에게 발생한 결과에 대하여는 주된 의사의 책임을 인정할 수 없다.

16

다음 중 가장 적절하지 않은 것은? (다툼이 있는 경우 판례에 의함)

① 협박죄는 사람의 의사결정의 자유를 보호법익으로 하는 위험범이라 봄이 상당하고, 협박죄의 미수범 처벌 조항은 해악의 고지가 현실적으로 상대방에게 도달하지 아니한 경우나, 도달은 하였으나 상대방이 이를 지각하지 못하였거나 고지된 해악의 의미를 인식하지 못한 경우 등에 적용될 뿐이다.

② 체포죄는 계속범으로서 원칙적으로 체포의 행위에 확실히 사람의 신체의 자유를 구속한다고 인정할 수 있을 정도의 시간적 계속이 있어야 성립하고, 신체의 자유에 대한 구속이 그와 같은 정도에 이르지 못하고 일시적인 것으로 그친 경우라면 체포죄의 성립은 부정되어 무죄가 된다.

③ 강간죄의 성립에 언제나 직접적으로 또 필요한 수단으로서 감금행위를 수반하는 것은 아니므로 감금행위가 강간미수죄의 수단이 되었다 하여 감금행위는 강간미수죄에 흡수되어 범죄를 구성하지 않는다고 할 수는 없는 것이고, 그때에는 감금죄와 강간미수죄는 일개의 행위에 의하여 실현된 경우로서 「형법」 제40조의 상상적 경합관계에 있다.

④ 甲은 A로 하여금 주차장을 이용하지 못하게 할 의도로 乙과 공모하여 乙의 차량을 A의 주택 앞에 주차하였으나, 주차 당시 甲과 A 사이에 물리적 접촉이 있거나 甲이 A에게 어떠한 유형력을 행사했다고 볼만한 사정이 없고, 甲의 행위로 A본인의 차량을 주택 내부의 주차장에 출입시키지 못하는 불편은 발생하였으나 A는 차량을 용법에 따라 정상적으로 사용할 수 있었다면 甲은 A를 폭행하여 차량 운행에 관한 권리행사를 방해하였다고 평가하기는 어렵다.

17

강간과 추행의 죄에 관한 설명으로 가장 적절한 것은? (다툼이 있는 경우 판례에 의함)

① 「형법」 제299조의 준강제추행죄는 정신적·신체적 사정으로 인하여 성적인 자기방어를 할 수 없는 사람의 성적 자기결정권을 보호해주는 것을 보호법익으로 하며, 그 성적 자기결정권은 원치 않는 성적 관계를 거부할 권리라는 소극적 측면을 말한다.

② 범인이 피해자를 촬영하기 위하여 육안 또는 캠코더의 줌기능을 이용하여 피해자가 있는지 여부를 탐색하다가 피해자를 발견하지 못하고 촬영을 포기하였더라도 이는 촬영을 위한 준비행위를 한 것으로 성폭력범죄의 처벌 등에 관한특례법위반(카메라등이용촬영)죄의 실행에 착수한 것이다.

③ 「성폭력범죄의 처벌 등에 관한 특례법」 제14조 제2항에서 유포행위의 한 유형으로 열거하고 있는 '공공연한 전시'란 불특정 또는 다수인이 촬영물 등을 인식할 수 있는 상태에 두는 것을 의미하고, 따라서 촬영물 등의 '공공연한 전시'로 인한 범죄는 불특정 또는 다수인이 전시된 촬영물 등을 실제 인식하지 못하였다면 성립하지 않는다.

④ '강제추행'이란 객관적으로 일반인에게 성적 불쾌감이나 혐오감을 일으키게 하고 선량한 성적 도덕관념에 반하는 행위로서 피해자의 성적 자유를 침해하는 것이므로 강제추행죄의 성립에 필요한 주관적 구성요건으로는 성욕을 자극·흥분·만족시키려는 주관적 동기나 목적이 있어야 한다.

18

명예에 관한 죄에 대한 설명으로 가장 적절하지 않은 것은? (다툼이 있는 경우 판례에 의함)

① 사실적시의 내용이 개인에 관한 사항이더라도 공공의 이익과 관련되어 있고 사회적인 관심을 획득한 경우라면 직접적으로 국가·사회 일반의 이익이나 특정한 사회집단에 관한 것이 아니라는 이유만으로 「형법」 제310조의 적용을 배제할 것은 아니다.

② 명예훼손죄와 모욕죄에서 전파가능성을 이유로 공연성을 인정하는 경우에는 적어도 범죄구성요건의 주관적 요소로서 미필적 고의가 필요하므로, 전파가능성에 대한 인식이 있음은 물론 나아가 위험을 용인하는 내심의 의사가 있어야 한다.

③ 인터넷 등 공간에서 작성된 단문의 글이라고 하더라도, 그 내용이 자신의 의견을 강조하거나 압축하여 표현한 것이라고 평가할 수 있고 표현도 지나치게 모욕적이거나 악의적이지 않다면 「형법」 제20조에 의하여 위법성이 조각될 수 있다.

④ 甲은 자신의 인터넷 채널에 A의 방송 영상을 게시하면서 A의 얼굴에 '개' 얼굴을 합성하는 방법을 사용하였는바, 그 영상의 전체적인 내용을 살펴볼 때 A의 얼굴을 가리는 용도로 동물 그림을 사용하면서 A에 대한 부정적인 감정을 다소 해학적으로 표현하려 한 것에 불과한 경우라도 이러한 행위는 모욕적 표현에 해당한다.

19

다음 중 가장 적절한 것은? (다툼이 있는 경우 판례에 의함)

① 甲을 비롯한 직원들의 임금이 체불되고 사무실 임대료를 내지 못할 정도로 재정 상태가 좋지 않는 등 회사의 경영상황이 우려되고 대표이사 겸 최대주주인 A의 경영능력이 의심받던 상황에서, 甲이 동료 직원들과 함께 A를 만나 사임제안서만을 전달한 행위는 협박죄에서의 '협박'에 해당한다.

② 「형법」 제316조 제2항 소정의 전자기록등내용탐지죄의 객체인 '전자기록 등 특수매체기록'이 되기 위해서는 특정인의 의사가 표시되어야 하는바, 인터넷 계정 등에 접속하는 과정에서 입력하는 아이디 및 비밀번호 등 자체는 특정인의 의사를 표시한 것으로 보기 어려워 '전자기록 등 특수매체기록'이라 할 수 없다.

③ 「형법」 제316조 제2항 소정의 전자기록등내용탐지죄는 봉함 기타 비밀장치한 전자기록 등 특수매체기록을 기술적 수단을 이용하여 그 내용을 알아낸 자를 처벌하는 규정인바, 전자기록 등 특수매체기록에 해당하더라도 봉함 기타 비밀장치가 되어 있지 아니한 것은 이를 기술적 수단을 동원해서 알아냈더라도 전자기록등내용탐지죄가 성립하지 않는다.

④ 甲은 연인관계인 A로부터 안방에 TV를 설치하여 달라는 요청을 받고 통상적인 출입방법에 따라 A의 안방에 들어간 후 A가 있는 자리에서 TV를 설치하는 등 달리 A의 사실상 평온상태가 침해되었다고 볼 만한 사정이 없더라도, 甲의 출입이 실제로는 CCTV 카메라와 동영상 저장장치를 부착한 TV인 사실을 숨기고 이루어졌다면 甲에게는 주거침입죄가 성립한다.

20

재산죄에 관한 설명으로 옳지 않은 것은 모두 몇 개인가? (다툼이 있는 경우 판례에 의함)

⊙ 회사직원이 퇴사한 후에는 특별한 사정이 없는 한 더 이상 업무상배임죄에서 타인의 사무를 처리하는 자의 지위에 있다고 볼 수 없어, 퇴사한 회사직원이 반환하거나 폐기하지 아니한 영업비밀 등을 경쟁업체에 유출하거나 스스로의 이익을 위하여 이용하더라도 그 유출 내지 이용행위에 대하여는 따로 업무상배임죄를 구성할 여지는 없다.

ⓛ A는 드라이버를 구매하기 위해 특정 매장에 방문하였다가 자신의 지갑을 떨어뜨렸는데, 10분쯤 후 甲이 같은 매장에서 우산을 구매하고 계산을 마친 뒤, 그 지갑을 발견하여 습득한 매장 주인 B로부터 "이 지갑이 선생님 지갑이 맞느냐?"라는 질문을 받자 "내 것이 맞다."라고 대답한 후 이를 교부받아 가지고 갔다면 甲에게는 절도죄가 아니라 사기죄가 성립한다.

ⓒ 업무상 배임죄에 있어 '재산상 이익 취득'과 '재산상 손해 발생'은 대등한 범죄성립요건이고, 따라서 임무위배행위로 인하여 여러 재산상 이익과 손해가 발생하더라도 재산상 이익과 손해 사이에 서로 대응하는 관계에 있는 등 일정한 관련성이 인정되어야 업무상배임죄가 성립한다.

ⓔ 주류회사 이사인 甲은 A를 상대로 주류대금 청구소송을 제기한 민사 분쟁 중에 A의 착오로 위 주류회사 명의 계좌로 송금된 4,700,000원을 보관하게 되었고, 이후 A로부터 해당 금원이 착오 송금된 것이라는 사정을 문자메시지를 통해 고지받았음에도 불구하고, 甲 본인이 주장하는 채권액인 1,108,310원을 임의로 상계 정산하여 반환을 거부하였다면, 설령 나머지 금액을 반환하고 상계권 행사의 의사를 충분히 밝혔다 하더라도 甲에게는 횡령죄가 성립한다.

① 0개   ② 1개

③ 2개   ④ 3개

21

재산죄에 관한 설명으로 가장 적절하지 않은 것은? (다툼이 있는 경우 판례에 의함)

① 사기죄의 보호법익은 재산권이므로 도급계약이나 물품구매조달계약 체결 당시 관련 영업 또는 업무를 규제하는 행정법규나 입찰 참가자격, 계약절차 등에 관한 규정을 위반한 사정이 있더라도 그러한 사정만으로 도급계약을 체결한 행위가 기망행위에 해당한다고 단정해서는 안 된다.

② 예금주인 현금카드 소유자를 협박하여 그 카드를 갈취한 다음 피해자의 승낙에 의하여 현금카드를 사용할 권한을 부여받아 이를 이용하여 현금자동지급기에서 현금을 인출한 행위는 현금카드 갈취행위와 분리하여 따로 절도죄로 처단할 수는 없다.

③ 자동차를 절취한 후 자동차등록번호판을 떼어내는 행위는 새로운 법익의 침해로 보아야 하므로 이와 같은 번호판을 떼어내는 행위가 절도범행의 불가벌적 사후행위가 되는 것은 아니다.

④ 절도 범인으로부터 장물보관 의뢰를 받은 자가 그 정을 알면서 이를 인도받아 보관하고 있다가 그 보관 장물을 임의로 처분하였다면 장물보관죄 외에 별도로 횡령죄가 성립한다.

22

다음 중 가장 적절한 것은? (다툼이 있는 경우 판례에 의함)

① 甲은 건물의 소유자로, 해당 건물을 매입하기 위한 소요자금을 대납하는 조건으로 해당 건물에서 약 2개월 동안 거주하고 있던 A가 위 금액을 입금하지 않자, A를 내쫓을 목적으로 아들인 乙에게 A가 거주하는 곳의 현관문에 설치된 디지털 도어락의 비밀번호를 변경할 것을 지시하고, 이에 따라 乙이 그 도어락의 비밀번호를 변경하였다면 甲에게는 권리행사방해교사죄가 성립한다.

② 甲이 타인 소유 토지의 이용을 방해할 목적으로 권한 없이 건물을 신축하였다면, 이는 다른 사람의 소유물을 본래의 용법에 따라 무단으로 사용·수익하는 행위로 소유자를 배제한 채 물건의 이용가치를 영득하는 것이고 그 결과 소유자가 물건의 효용을 누리지 못하게 된 것으로 볼 수 있어 이와 같은 甲의 행위는 재물손괴죄에 해당한다.

③ 건물의 임차인 甲이 임대인 A에 대한 임대차보증금반환채권을 B에게 양도하였는데도 A에게 채권양도 통지를 하지 않고 A로부터 남아 있던 임대차보증금을 반환받아 보관하던 중 개인적인 용도로 사용하였다면 甲에게는 횡령죄가 성립한다.

④ 甲은 PC방에 게임을 하러 온 A로부터 20,000원을 인출해오라는 부탁과 함께 현금카드를 건네받게 되자, 위법하게 이득할 의사로 권한 없이 그 위임받은 금액을 초과한 50,000원을 인출한 후 그 중 20,000원만 A에게 건네주고 30,000원을 취득하였다면, 甲의 행위는 그 차액 상당액에 관하여 컴퓨터등사용사기죄에 해당한다.

23

문서에 관한 죄에 대한 설명으로 가장 적절하지 않은 것은? (다툼이 있는 경우 판례에 의함)

① 「형법」제228조 제1항 공전자 기록 등 불실기재죄의 구성요건인 '불실의 사실기재'는 당사자의 허위신고에 의하여 이루어져야하므로, 법원의 촉탁에 의하여 등기를 마친 경우에는 그 전제절차에 허위적 요소가 있더라도 위 죄가 성립하지 않는다.

② 작성자가 '행사할 목적'으로 타인의 자격을 모용하여 문서를 작성하였다 하더라도, 문서행사의 상대방이 자격모용사실을 알았다거나, 작성자가 그 문서에 모용한 자격과 무관한 직인을 날인하였다는 등의 사정이 있었다면 자격모용에 의한 사문서작성죄의 범의와 행사의 목적은 인정되지 않는다.

③ 명의인을 기망하여 문서를 작성케 하는 경우에는, 서명·날인이 정당히 성립된 경우라도 기망자는 명의인을 이용하여 서명날인자의 의사에 반하는 문서를 작성케 하는 것이므로 사문서위조죄가 성립한다.

④ 사용권한자와 용도가 특정되어 있는 공문서를 사용권한 없는 자가 사용한 경우에도 그 공문서 본래의 용도에 따른 사용이 아닌 경우에는 공문서부정행사죄가 성립하지 않는다.

24

공무원의 직무에 관한 죄에 대한 설명으로 가장 적절하지 않은 것은? (다툼이 있는 경우 판례에 의함)

① 공무원이 태만이나 착각 등으로 인하여 직무를 성실히 수행하지 않은 경우 또는 직무를 소홀하게 수행하였기 때문에 성실한 직무수행을 못한 데 지나지 않는 경우에는 직무유기죄가 성립하지 않는다.

② 경찰공무원이 지명수배 중인 범인을 발견하고도 직무상 의무에 따른 적절한 조치를 취하지 아니하고 오히려 범인을 도피하게 하는 행위를 하였다면, 범인도피죄만 성립하고 직무유기죄는 따로 성립하지 않는다.

③ 공무상비밀누설죄는 공무원 또는 공무원이었던 자가 법령에 의한 직무상 비밀을 누설하는 것을 구성요건으로 하고 있는바, 여기서 '법령에 의한 직무상 비밀'이란 법령에 의하여 비밀로 규정되었거나 비밀로 분류 명시된 사항에 한정된다.

④ 통고처분이나 고발을 할 권한이 없는 세무공무원이 그 권한자에게 범칙사건 조사 결과에 따른 통고처분이나 고발조치를 건의하는 등의 조치를 취하지 않았다고 하더라도, 구체적 사정에 비추어 그것이 직무를 성실히 수행하지 못한 것이라고 할 수 있을지언정 그 직무를 의식적으로 방임 내지 포기하였다고 볼 수 없다.

25

뇌물죄에 관한 설명으로 옳지 않은 것을 모두 고른 것은?
(다툼이 있는 경우 판례에 의함)

> ⊙ 법령에 의한 임용권을 가지는 자에 의하여 임용되어 상당히 오랜 기간 동안 공무에 종사하여 온 사람이 나중에 그가 임용 결격자이었음이 밝혀져 당초의 임용행위가 무효라고 하더라도 「형법」 제129조에서 규정한 공무원으로 봄이 타당하고, 그가 그 직무에 관하여 뇌물을 수수한 때에는 수뢰죄로 처벌할 수 있다.
> ⓛ 타인을 기망하여 뇌물을 수수한 경우 뇌물을 수수한 공무원에게는 뇌물죄와 사기죄가 성립하고 양죄는 실체적 경합 관계에 있다.
> ⓒ 공무원이 직무집행을 빙자하여 타인의 재물을 갈취한 경우 뇌물공여죄가 성립하지 않는다.
> ⓔ 알선수뢰죄에서 '공무원이 그 지위를 이용하여'라 함은 친구, 친족관계 등 사적인 관계를 이용하는 경우뿐만 아니라 다른 공무원이 취급하는 사무처리에 법률상이거나 사실상으로 영향을 줄 수 있는 관계에 있는 공무원이 그 지위를 이용하는 경우도 포함한다.

① ⊙ⓛ

② ⓛⓒ

③ ⓛⓔ

④ ⓒⓔ

26

공무방해에 관한 죄에 대한 설명으로 가장 적절한 것은?
다툼이 있는 경우 판례에 의함)

① 불법체류를 이유로 강제출국 당한 중국 동포인 피고인이 중국에서 이름과 생년월일을 변경한 호구부를 발급받아 중국 주재 대한민국 총영사관에 제출하여 입국사증을 받은 다음, 다시 입국하여 외국인등록증을 발급받고 귀화허가신청서까지 제출한 경우, 출원인의 적극적인 위계에 의해 사증 및 외국인등록증이 발급되었던 것이므로 위계에 의한 공무집행방해죄가 성립하고, 귀화허가가 이루어지지 아니하였더라도 위 죄의 성립에 아무런 영향이 없다.

② 과속단속카메라에 촬영되더라도 불빛을 반사시켜 차량 번호판이 식별되지 않도록 하는 기능이 있는 제품을 차량 번호판에 뿌린 상태로 차량을 운행한 경우, 이는 공무원의 감시·단속업무를 적극적으로 방해한 것으로 위계에 의한 공무집행방해죄가 성립한다.

③ 마약범죄 피의자가 타인의 소변을 마치 자신의 소변인 것처럼 수사기관에 건네주어 필로폰 음성반응이 나오게 한 경우, 위계에 의한 공무집행방해죄는 성립하지 않는다.

④ 피의자나 참고인이 아닌 자가 자발적이고 계획적으로 피의자를 가장하여 수사기관에 대하여 허위사실을 진술한 경우 위계에 의한 공무집행방해죄가 성립한다.

27

다음 중 옳은 것을 모두 고른 것은? (다툼이 있는 경우 판례에 의함)

⊙ 위증죄는 법률에 의하여 선서한 증인이 사실에 관하여 기억에 반하는 진술을 한 때에 성립하고, 증인의 진술이 경험한 사실에 대한 법률적 평가이거나 단순한 의견에 지나지 아니하는 경우에는 위증죄에서 말하는 허위의 공술이라고 할 수 없으나, 경험한 객관적 사실에 대한 증인 나름의 법률적·주관적 평가나 의견을 부연한 부분에 다소의 오류나 모순이 있는 경우 위증죄가 성립한다.

ⓛ 피고인 자신이 직접 형사처분이나 징계처분을 받게 될 것을 두려워한 나머지 자기의 이익을 위하여 그 증거가 될 자료를 인멸하였다면, 그 행위가 동시에 다른 공범자의 형사사건이나 징계사건에 관한 증거를 인멸한 결과가 된다고 하더라도 이를 증거인멸죄로 다스릴 수 없다.

ⓒ 피고인 자신을 위해 증인을 도피하게 한 행위가 동시에 다른 공범자의 형사사건이나 징계사건에 관한 증인을 도피하게 한 결과로 되는 경우 증인도피죄가 성립한다.

ⓔ 참고인이 타인의 형사사건 등에 관하여 제3자와 대화를 하면서 허위로 진술하고 위와 같은 허위 진술이 담긴 대화내용을 녹음한 녹음파일 또는 이를 녹취한 녹취록을 만들어 수사기관 등에 제출하는 것은 증거위조죄를 구성하지 아니한다.

ⓜ 무고죄는 국가의 형사사법권 또는 징계권의 적정한 행사를 주된 보호법익으로 하고 다만, 개인의 부당하게 처벌 또는 징계받지 아니할 이익을 부수적으로 보호하는 죄이므로, 설사 무고에 있어서 피무고자의 승낙이 있었다고 하더라도 무고죄가 성립한다.

① ⊙ⓛ   ② ⓛⓔ
③ ⓛⓜ   ④ ⓒⓜ

28

수사에 관한 설명으로 가장 적절하지 않은 것은?

① 사법경찰관은 고소·고발 사건을 포함하여 범죄를 수사한 때, 범죄 혐의가 있다고 인정되면 지체 없이 관계 서류와 증거물을 함께 첨부하여 검사에게 사건을 송치하고, 그 밖의 경우에는 그 이유를 명시한 서면만을 지체 없이 검사에게 송부하여야 한다.

② 검사는 사법경찰관과 동일한 범죄사실을 수사하게 된 때에는 사법경찰관에게 사건을 송치할 것을 요구할 수 있으며, 송치요구를 받은 사법경찰관은 원칙적으로 지체 없이 검사에게 사건을 송치하여야 한다.

③ 검사는 사법경찰관이 사건을 송치하지 아니한 것이 위법 또는 부당한 때에는 그 이유를 문서로 명시하여 재수사를 요청할 수 있는데, 사법경찰관은 재수사 후 기소의견으로 사건을 검찰에 송치하거나 재차 불송치 결정을 할 수 있다.

④ 검사의 수사 개시는 예외적으로 인정되는데, 검사는 부패범죄, 경제범죄 등 대통령령으로 정하는 중요 범죄에 대해서는 수사를 개시할 수 있다.

29

압수·수색 절차에 관한 설명으로 가장 적절하지 않은 것은? (다툼이 있는 경우 판례에 의함)

① 압수·수색영장은 원칙적으로 처분을 받는 자에게 반드시 제시하고, 처분을 받는 자가 피의자인 경우에는 그 사본을 교부해야 하는데, 이는 준항고 등 피압수자의 불복신청의 기회를 실질적으로 보장하기 위한 것이다.

② 압수·수색영장을 소지하지 아니한 경우에 급속을 요하는 때에는 피의자에 대하여 공소사실의 요지와 영장이 발부되었음을 고지하고 집행할 수 있다.

③ 압수·수색영장 통지의 예외 사유인 '급속을 요하는 때'란 압수·수색영장 집행 사실을 미리 알려주면 증거물을 은닉할 염려 등이 있어 압수·수색의 실효를 거두기 어려울 경우를 의미한다.

④ 수사기관이 A 회사에서 압수·수색영장을 집행하면서 A회사에 팩스로 영장 사본을 송신하기만 하고 영장 원본을 제시하지 않았고 또한 압수조서와 압수물 목록을 작성하여 피압수·수색당사자에게 교부하지 않은 채 피고인의 이메일을 압수한 후 이를 증거로 제출한 것은 적법절차 원칙의 실질적인 내용을 침해한 것이다.

30

체포에 관한 다음 설명 중 옳지 않은 것만을 모두 고른 것은? (다툼이 있는 경우 판례에 의함)

> ㉠ 경찰관들이 성폭력범죄 혐의에 대한 체포영장을 근거로 체포절차에 착수하였으나 피의자가 흥분하여 타고 있던 승용차를 출발시켜 경찰관들에게 상해를 입히는 범죄를 추가로 저지르자, 경찰관들이 그 승용차를 멈춘 후 저항하는 피의자를 별도 범죄인 특수공무집행방해치상의 현행범으로 적법하게 체포하였더라도, 집행완료에 이르지 못한 성폭력 범죄 체포영장은 사후에 그 피의자에게 제시하여야 한다.
>
> ㉡ 긴급체포의 요건을 갖추었는지 여부는 사후에 밝혀진 사정을 기초로 판단하는 것이 아니라 체포 당시 상황을 기초로 판단하여 수사주체의 판단에 상당한 재량의 여지가 있지만, 긴급체포 당시의 상황으로 보아서도 그 요건의 충족 여부에 관한 수사주체의 판단이 경험칙에 비추어 현저히 합리성을 잃은 경우에는 그 체포는 위법한 체포가 된다.
>
> ㉢ 사법경찰관은 긴급체포한 피의자에 대하여 구속영장을 신청하지 아니하고 석방한 경우에는 즉시 검사에게 보고하여야 하고, 검사는 석방한 날부터 30일 이내에 서면으로 긴급체포 후 석방된 자의 인적사항, 긴급체포의 일시·장소와 긴급체포하게 된 구체적 이유 등을 법원에 통지하여야 한다.
>
> ㉣ 체포한 피의자를 구속하고자 할 때에는 체포한 때부터 48시간 이내에 구속영장을 청구해야 하는데, 검사 또는 사법경찰관이 아닌 이에 의하여 현행범인이 체포된 후 불필요한 지체 없이 검사 등에게 인도된 경우 위 48시간의 기산점은 체포시이다.

① ㉠㉣　　　　　② ㉠㉢㉣
③ ㉡㉢　　　　　④ ㉣

31

「형사소송법」 제184조의 수사상 증거보전과 「형사소송법」 제221조의2의 증인신문에 관한 설명으로 가장 적절하지 않은 것은? (다툼이 있는 경우 판례에 의함)

① 증거보전은 수사단계뿐 아니라 공소제기 이후에도 제1심 제1회 공판기일 전에 한하여 허용되지만, 재심청구 사건에서는 증거 보전절차가 허용되지 않는다.

② 「형사소송법」 제221조의2의 증인신문청구를 하려면 증인의 진술로서 증명할 대상인 피의사실이 존재해야 하는데, 피의사실은 수사기관 내심의 혐의만으로는 존재한다고 할 수 없고, 고소·고발 또는 자수를 받는 등 수사의 대상으로 삼고 있음을 외부로 표현한 때에 비로소 그 존재를 인정할 수 있다.

③ 증거보전을 청구할 수 있는 것은 압수·수색·검증·증인신문·감정이어서 피의자의 신문을 구하는 청구는 할 수 없지만, 필요적 공범관계에 있는 공동피고인을 증인으로 신문할 것을 청구할 수 있다.

④ 「형사소송법」 제221조의2의 증인신문에 관한 서류는 증인신문을 한 법원이 보관하므로, 공소제기 이전에도 피의자 또는 변호인은 판사의 허가를 얻어 서류와 증거물을 열람 또는 등사할 수 있다.

32

구속에 관한 설명으로 가장 적절하지 않은 것은? (다툼이 있는 경우 판례에 의함)

① 항소법원이 구속기간의 만료로 피고인에 대한 구속의 효력이 상실된 후 피고인에 대한 판결을 선고하면서 피고인을 구속하였다 하여 「형사소송법」 제208조의 규정에 위배되는 재구속 또는 이중구속이라 할 수 없다.

② 구속적부심사 청구에 대한 법원의 기각결정 및 석방결정에 대해서는 항고할 수 없지만, 보증금납입조건부 석방결정에 대해서는 피의자나 검사가 그 취소의 실익이 있으면 「형사소송법」 제402조에 의하여 항고할 수 있다.

③ 지방법원 판사가 구속기간의 연장을 허가하지 않는 결정을 하더라도 「형사소송법」 제402조 또는 제403조가 정하는 항고의 방법으로는 불복할 수 없으며, 다만, 「형사소송법」 제416조가 정하는 준항고의 대상이 될 뿐이다.

④ 구속의 효력은 원칙적으로 「형사소송법」 제75조 제1항의 방식에 따라 작성된 구속영장에 기재된 범죄사실에만 미치는 것이므로, 구속기간이 만료될 무렵에 종전 구속영장에 기재된 범죄사실과 다른 범죄사실로 피고인을 구속하였다는 사정만으로는 피고인에 대한 구속이 위법하다고 할 수 없다.

33

전자정보 압수·수색에 관한 다음 설명 중 옳지 않은 것은 모두 몇 개인가? (다툼이 있는 경우 판례에 의함)

- ㉠ 수사기관이 압수·수색영장에 적힌 '수색할 장소'에 있는 컴퓨터 등 정보처리장치에 저장된 전자정보 외에 원격지클라우드에 저장된 전자정보를 압수·수색하기 위해서는 압수·수색영장에 적힌 '압수할 물건'에 별도로 원격지클라우드 저장 전자정보가 특정되어 있어야 한다.
- ㉡ 수사기관이 전자정보에 대한 압수·수색이 종료되기 전에 혐의사실과 관련된 전자정보를 적법하게 탐색하는 과정에서 별도 범죄혐의와 관련된 전자정보를 우연히 발견한 경우, 대법원은 '우연한 육안발견 원칙(plain view doctrine)'에 의해 별도의 영장 없이 우연히 발견한 별도 범죄혐의와 관련된 전자정보를 압수·수색할 수 있다고 판시하였다.
- ㉢ 수사기관이 피의자의 이메일 계정에 대한 접근권한에 갈음하여 발부받은 압수·수색영장에 따라, 원격지의 저장매체에 적법하게 접속하여 내려 받거나 현출된 전자정보를 대상으로 하여 범죄 혐의사실과 관련된 부분에 대하여 압수·수색하는 것은 특별한 사정이 없는 한 허용되지만, 원격지 저장매체가 국외에 있는 경우에는 허용되지 않는다.
- ㉣ 수사기관이 범죄 혐의사실과 관련 있는 정보를 선별하여 압수한 후에도 그와 관련이 없는 나머지 정보를 법원의 영장내용에 반하여 삭제·폐기·반환하지 아니한 채 그대로 보관하고 있다면, 범죄 혐의사실과 관련이 없는 부분에 대하여는 압수의 대상이 되는 전자정보의 범위를 넘어서는 전자정보를 영장 없이 압수·수색하여 취득한 것이어서 위법하다.
- ㉤ 피의자가 휴대전화를 임의제출하면서 휴대전화에 저장된 전자정보가 아닌 클라우드 등 제3자가 관리하는 원격지에 저장되어 있는 전자정보를 수사기관에 제출한다는 의사로 수사기관에게 클라우드 등에 접속하기 위한 아이디와 비밀번호를 임의로 제공하였다면 위 클라우드 등에 저장된 전자정보를 임의제출하는 것으로 볼 수 있다.

① 1개   ② 2개
③ 3개   ④ 4개

34

거증책임에 관한 설명으로 가장 적절하지 않은 것은? (다툼이 있는 경우 판례에 의함)

① 법위반에 대한 정당한 사유가 없다는 사실은 범죄구성요건이므로 검사가 증명해야 하는데, 다만 진정한 양심의 부존재와 같은 사실을 증명하는 것은 사회통념상 불가능한 반면그 존재를 주장·증명하는 것이 좀 더 쉬우므로 이러한 사정은 검사가 증명책임을 다하였는지 판단할 때 고려해야 한다.

② 진술증거의 증거능력 인정 여부와 관련하여 진술의 임의성에 다툼이 있을 때에는 그 임의성을 의심할 만한 합리적이고 구체적인 사실을 피고인이 증명할 것이 아니고 검사가 그 임의성의 의문점을 없애는 증명을 하여야 한다.

③ 「공직선거법」상 허위사실공표죄에서 공표된 사실이 실제로 존재한다고 주장하는 자는 그러한 사실의 존재를 수긍할 만한 소명자료를 제시할 부담을 지고, 이때 제시하여야 할 소명자료는 적어도 허위성에 관한 검사의 증명활동이 현실적으로 가능할 정도의 구체성은 갖추어야 한다.

④ 공연성은 명예훼손죄의 구성요건으로서, 특정 소수에 대한 사실적시의 경우 공연성이 부정되는 유력한 사정이 될 수 있으므로 전파될 가능성에 관하여는 검사에게 증명의 책임이 있음이 원칙이나, 전파될 가능성은 특정되지 않은 기간과 공간에서 아직 구체화되지 않은 사실이므로 그 증명의 정도는 자유로운 증명으로 족하다.

35

위법수집증거배제법칙에 관한 설명으로 가장 적절한 것은? (다툼이 있는 경우 판례에 의함)

① 사법경찰관이 「형사소송법」 제215조 제2항을 위반하여 영장 없이 물건을 압수한 경우라도, 그러한 압수 직후 피고인으로부터 그 압수물에 대한 임의제출동의서를 작성 받았고 그 동의서를 작성 받음에 사법경찰관에 의한 강요나 기망의 정황이 없었다면, 그 압수물은 임의제출의 법리에 따라 유죄의 증거로 할 수 있다.

② 기본권의 본질적 영역에 대한 보호는 국가의 기본적 책무이고 사인 간의 공개되지 않은 대화에 대한 도청 및 감청을 불법으로 간주하는 「통신비밀보호법」의 취지 등을 종합적으로 고려하면 제3자가 권한 없이 개인의 전자우편을 무단으로 수집한 것은 비록 그 전자우편 서비스가 공공적 성격을 가지는 것이라고 하더라도 증거로 제출하는 것이 허용될 수 없다.

③ 「형사소송법」 제218조에 의하여 영장 없이 압수할 수 있는 유류물의 압수 후 압수조서의 작성 및 압수목록의 작성 교부 절차가 제대로 이행되지 아니한 잘못이 있더라도 이는 위법수집증거의 배제법칙에 비추어 증거능력의 배제가 요구되는 경우에 해당한다고 볼 수는 없다.

④ 경찰이 영장에 의해 압수된 피고인의 휴대전화를 탐색하던 중 영장에 기재된 범죄사실이 기록된 파일을 발견하여 이를 별도의 저장매체에 복제·출력한 경우, 이러한 탐색·복제·출력의 과정에서 피고인에게 참여의 기회를 부여하지 않았어도 사후에 그 파일에 대한 압수·수색영장을 발부받아 절차가 진행되었다면 적법하게 수집된 증거이다.

36

자백배제법칙에 관한 설명으로 가장 적절하지 않은 것은? (다툼이 있는 경우 판례에 의함)

① 피고인의 자백이 임의로 진술한 것이 아니라고 의심할 만한 이유가 있는 때에는 유죄의 증거가 될 수 없으며, 자백의 임의성이 인정되는 경우라도 수사기관에서의 신문절차에서미리 진술거부권을 고지받지 아니하고 행한 것이라면 이는 위법하게 수집된 증거로서 증거능력이 부인되어야 한다.

② 자백은 일단 자백하였다가 이를 번복 내지 취소하더라도 그 효력이 없어지는 것은 아니기에, 피고인이 항소이유서에 '돈이 급해 지어서는 안될 죄를 지었습니다.', '진심으로 뉘우치고 있습니다.'라고 기재하였고 항소심 공판기일에 그 항소이유서를 진술하였다면, 이어진 검사의 신문에 범죄사실을 부인하였고 수사단계에서도 일관되게 범죄사실을 부인하여 온 사정이 있다고 하더라도 피고인이 자백한 것으로 볼 수 있다.

③ 피고인의 자백이 신문에 참여한 검찰주사가 피의사실을 자백하면 피의사실 부분은 가볍게 처리하고 부가적인 보안처분의 청구를 하지 않겠다는 각서를 작성하여 주면서 자백을 유도한 것에 기인한 것이라면 그 자백은 증거로 할 수 없다.

④ 「형사소송법」 제309조 소정의 사유로 임의성이 없다고 의심할 만한 이유가 있는 자백은 그 인과관계의 존재가 추정되는 것이므로 이를 유죄의 증거로 하려면 적극적으로 그 인과관계가 존재하지 아니하는 것이 인정되어야 할 것이다.

37

전문증거에 관한 설명으로 가장 적절하지 않은 것은? (다툼이 있는 경우 판례에 의함)

① A가 B에게 행한 진술이 기재된 서류가 A가 그러한 내용의 진술을 하였다는 사실 자체에 대한 정황증거로 사용될 것이라는 이유로 서류의 증거능력을 인정한 다음 그 사실을 다시 A의 B에 대한 진술 내용이나 그 진실성을 증명하는 간접사실로 사용하는 경우, 그 서류는 전문증거에 해당한다.

② 알선자인 피고인으로부터 전화를 통해 "건축허가 담당 공무원이 외국연수를 가므로 사례비를 주어야 한다."는 말을 들은 증인이 피고인의 알선수재 피고사건에 대해 그러한 말을 들었다고 법정에서 진술한 것은 전문증거에 해당한다.

③ 피고인이 피해자에게 보낸 협박문자를 피해자가 화면캡쳐의 방식으로 촬영한 사진은 피고인의 협박죄 피고사건에 대해서는 전문증거에 해당하지 않는다.

④ A가 피해자들을 흉기로 살해하면서 "이것은 신의 명령을 집행하는 것이다."라고 말하였는데 이 말을 들은 B가 법정에서 A의 정신상태를 증명하기 위해 그 내용을 증언하는 경우 이 진술은 전문증거에 해당하지 않는다.

38

전문법칙의 예외에 관한 설명으로 가장 적절하지 않은 것은? (다툼이 있는 경우 판례에 의함)

① A가 B와의 개별면담에서 대화한 내용을 피고인 甲에게 불러주었고, 그 내용이 기재된 甲의 업무수첩이 그 대화내용을 증명하기 위한 진술증거인 경우에는 피고인이 작성한 진술서에 대한 「형사소송법」 제313조 제1항에 따라 증거능력을 판단해야 한다.

② 공소제기 전에 피고인을 피의자로 조사했던 사법경찰관이 공판기일에 피고인의 진술을 그 내용으로 하여 한 진술을 증거로 하기 위해서는 사법경찰관이 피의자였던 피고인으로부터 진술을 들을 당시 피고인이 증언능력에 준하는 능력을 갖춘 상태에 있었어야 한다.

③ 피해자가 제1심 법정에서 수사기관에서의 진술조서에 대해 실질적 진정 성립을 부인하는 취지로 진술하였다면, 이후 피해자가 사망하였더라도 피해자를 조사하였던 조사자에 의한 수사기관에서 이루어진 피해자의 진술을 내용으로 하는 제2심 법정에서의 증언은 증거능력이 없다.

④ 법원이 구속된 피의자를 심문하고 그에 대한 피의자의 진술 등을 기재한 구속적부심문조서는 「형사소송법」 제315조 제3호의 '특히 신용할 만한 정황에 의하여 작성된 문서'에 해당하여 피고인이 증거로 함에 부동의하더라도 당연히 그 증거능력이 인정된다.

39

자유심증주의에 관한 설명으로 가장 적절하지 않은 것은? (다툼이 있는 경우 판례에 의함)

① 경찰에서의 진술조서의 기재와 당해 사건의 공판정에서의 같은 사람의 증인으로서의 진술이 상반되는 경우 반드시 공판정에서의 증언에 따라야 한다는 법칙은 없고 그 중 어느 것을 채용하여 사실인정의 자료로 할 것인가는 오로지 사실심법원의 자유심증에 속하는 것이다.

② 호흡측정기에 의한 음주측정치와 혈액검사에 의한 음주측정치가 다른 경우에 혈액채취에 의한 검사 결과를 믿지 못할 특별한 사정이 없는 한, 혈액검사에 의한 음주측정치가 호흡측정기에 의한 음주측정치보다 측정 당시의 혈중알코올농도에 더 근접한 음주측정치라고 보는 것이 경험칙에 부합한다.

③ '성추행 피해자가 추행 즉시 행위자에게 항의하지 않은 사정'이나 '피해 신고 시 성폭력이 아닌 다른 피해사실을 먼저 진술한 사정'만으로 곧바로 피해자 진술의 신빙성을 부정할 것은 아니고, 가해자와의 관계와 피해자의 구체적 상황을 모두 살펴 판단하여야 한다.

④ 형사재판에서 이와 관련된 다른 형사사건의 확정판결에서 인정된 사실은 특별한 사정이 없는 한 유력한 증거자료가 되는 것이므로, 당해 형사재판에서 제출된 다른 증거 내용에 비추어 관련 형사사건 확정판결의 사실판단을 그대로 채택하기 어렵다고 인정되는 면이 있다고 하여도 이를 배척할 수는 없다.

40

다음 사례에 관한 설명 중 가장 적절한 것은? (다툼이 있는 경우 판례에 의함)

> 연구실을 함께 운영하는 甲과 乙은 소속 연구원들에 대한 인건비 지급 명목으로 X 학교법인에 지원금 지급을 신청하여 지급받은 금원을 연구실 운영비로 사용하기로 공모하였다. 이에 따라 甲은 2022년 1월부터 12월까지 매월 1회 지급신청을 하고 해당 금액을 지급받는 동일한 방식으로 총 12회에 걸쳐 연구원 인건비 명목으로 X 학교법인으로부터 합계 1억원 상당을 송금 받았다. 다만, 乙은 2022년 8월에 퇴직하여 이후의 연구실 운영에는 관여하지 않았다. 이후 甲과 乙에 대한 재판에서 검사는 '연구실원 A에 대한 참고인 진술조서'(이하, '조서'라 한다)를 증거로 제출하였으나, 공판기일에 증인으로 출석한 A는 甲과의 관계를 우려하여 조서의 진정성립을 비롯한 일체의 증언을 거부하였다.

① 甲과 乙이 2022년 1월부터 12월까지 금원을 지급받은 것이 사기죄에 해당하는 경우, 각 지급행위시마다 별개의 사기죄가 성립한다.

② A가 증언을 거부하면 甲의 반대신문권이 보장되지 않는 것인데, 이 경우 A의 증언거부가 정당한 증언거부권의 행사라 하더라도 甲의 반대신문권이 보장되지 않는다는 점에서는 아무런 차이가 없다.

③ 乙은 퇴직 이후에 甲이 금원을 송금 받은 부분에 대해서는 사기죄의 죄책을 부담하지 않는다.

④ 만약 A가 법정에서 증언을 거부하지 않고 조서에 대해 "기재된 바와 같이 내가 말한 것은 맞는데, 그건 일부러 거짓말을 한 것이다."라고 진술하게 되면 조서는 증거로 사용할 수 없게 된다.

06회 2023 경찰 경력채용 형사소송법

01

신속한 재판의 원칙에 관한 설명으로 가장 적절하지 <u>않은</u> 것은? (다툼이 있는 경우 판례에 의함)

① 신속한 재판을 받을 권리는 주로 피고인의 이익을 보호하기 위하여 인정된 기본권이지만 동시에 실체적 진실발견, 소송경제, 재판에 대한 국민의 신뢰와 형벌목적의 달성과 같은 공공의 이익에도 근거가 있기 때문에 어느 면에서는 이중적인 성격을 갖고 있다고 할 수 있어, 형사사법체제 자체를 위하여서도 아주 중요한 의미를 갖는 기본권이다.

② 검사와 피고인 쌍방이 항소한 경우에 제1심 선고형기 경과 후 제2심 공판이 개정되었다면 이는 위법으로서 신속한 재판을 받을 권리를 박탈한 것이다.

③ 구속만기 25일을 앞두고 제1회 공판이 있었다 하여 헌법에 정한 신속한 재판을 받을 권리를 침해하였다 할 수 없다.

④ 공판기일의 심리는 집중되어야 하고, 심리에 2일 이상이 필요한 경우에는 부득이한 사정이 없는 한 매일 계속 개정하여야 하며, 재판장은 부득이한 사정으로 매일 계속 개정하지 못하는 경우에도 특별한 사정이 없는 한 전회의 공판기일부터 14일 이내로 다음 공판기일을 지정하여야 한다.

02

법관의 제척·기피·회피에 관한 설명으로 가장 적절하지 <u>않은</u> 것은? (다툼이 있는 경우 판례에 의함)

① 제척사유 있는 법관은 스스로 회피해야 하고, 검사 또는 피고인도 기피신청을 할 수 있으며, 제척사유 있는 법관이 재판에 관여한 때에는 상소이유가 된다.

② 약식명령을 한 판사가 그 정식재판 절차의 항소심판결에 관여한 것은 제척사유에 해당한다.

③ 수사단계에서 피고인에 대하여 구속영장을 발부한 법관이 그 사건에 대한 제1심 재판에 관여한 것은 제척사유에 해당한다.

④ 재판부가 당사자의 증거신청을 채택하지 아니하였다는 사정만으로는 「형사소송법」 제18조 제1항 제2호의 '불공평한 재판을 할 염려가 있는 때'에 해당한다고 할 수 없다.

03

피의자나 피고인이 형사절차에서 갖는 권리에 관한 설명으로 가장 적절한 것은? (다툼이 있는 경우 판례에 의함)

① 헌법과 「형사소송법」은 피고인에 대해서만 무죄추정을 규정하고 있으므로, 피의자에 대해서는 무죄추정이 적용되지 아니한다.

② 수사기관에서 구속된 피의자의 도주, 항거 등을 억제하는 데 필요하다고 인정할 상당한 이유가 있는 경우에 필요한 한도 내에서 포승이나 수갑을 사용하는 것은 무죄추정의 원칙에 위배되는 것이라고 할 수는 없다.

③ 피고인과 변호인에게 소송계속 중의 관계 서류 또는 증거물에 대한 열람·복사권은 인정되나, 공소제기 후 검사가 보관하고 있는 서류 등에 대한 열람·등사권은 인정되지 않는다.

④ 주취운전의 혐의자에게 음주측정에 응할 의무를 지우고 이에 불응한 사람을 처벌하는 것은 형사상 불리한 '진술'을 강요하는 것에 해당한다.

04

검사의 지위 내지 권한 등에 관한 설명으로 가장 적절하지 <u>않은</u> 것은? (다툼이 있는 경우 판례에 의함)

① 영장청구권, 증거보전청구권, 수사상 증인신문청구권은 검사에게만 인정된다.
② 검사가 수사 및 공판과정에서 피고인에게 유리한 증거를 발견하게 되었다면 피고인의 이익을 위하여 이를 법원에 제출하여야 한다.
③ 검사는 특별사법경찰관에 대하여 범죄수사에 관한 지휘·감독권이 있고, 사법경찰관의 직무를 행하는 검찰청 직원에 대해서도 수사지휘권이 인정된다.
④ 고위공직자범죄수사처(이하 '수사처')검사는 수사처장의 지휘·감독에 따르며, 수사처검사는 수사처수사관을 지휘·감독한다.

05

수사의 조건에 관한 설명으로 가장 적절하지 <u>않은</u> 것은? (다툼이 있는 경우 판례에 의함)

① 친고죄나 세무공무원 등의 고발이 있어야 논할 수 있는 죄에 있어서는 고소나 고발이 있기 전에 수사를 하였다는 이유만으로 그 수사가 위법하다고 볼 수는 없다.
② 세무공무원 등의 고발에 따른 조세범처벌법 위반죄 혐의에 대하여 검사가 불기소처분을 하였다가 나중에 공소를 제기하는 경우, 세무공무원 등의 새로운 고발이 있어야 한다.
③ 경찰관이 노래방의 도우미 알선영업 단속실적을 올리기 위하여 평소 손님들에게 도우미 알선영업을 해 왔다는 아무런 제보나 첩보가 없음에도 노래방에 손님으로 가장하고 들어가 도우미를 불러낸 경우에는 위법한 함정수사에 해당한다.
④ 경찰관이 취객을 상대로 한 이른바 부축빼기 절도범을 단속하기 위하여 공원 인도에 쓰러져 있는 취객 근처에서 감시하고 있다가, 마침 甲이 나타나 취객을 부축하여 10m 정도를 끌고 가 지갑을 뒤지자 甲을 현행범으로 체포한 경우에는 위법한 함정수사에 해당하지 않는다.

06

고소권자에 관한 설명으로 가장 적절한 것은? (다툼이 있는 경우 판례에 의함)

① 구 「컴퓨터프로그램 보호법」 제48조는 '프로그램저작권자 또는 프로그램배타적발행권자' 등의 고소가 있어야 공소를 제기할 수 있다고 규정하고 있는데, 프로그램저작권이 명의신탁된 경우 제3자의 침해행위에 대한 고소권자는 명의신탁자이다.
② 피해자의 법정대리인은 피해자의 고소권 소멸 여부에 관계없이 고소할 수 있지만, 피해자의 명시한 의사에 반해서는 행사할 수 없다.
③ 법원이 선임한 부재자 재산관리인이 그 관리대상인 부재자의 재산에 대한 범죄행위에 관하여 법원으로부터 고소권 행사에 관한 허가를 얻은 경우, 「형사소송법」 제225조 제1항에서 정한 법정대리인으로서 적법한 고소권자에 해당한다.
④ 특정 캐릭터의 국내 상품화를 위하여 저작재산권자와 사이에 저작물의 이용허락계약을 체결한 사람은 저작재산권침해에 관하여 독자적으로 고소할 수 있다.

07

피의자신문에 관한 설명으로 가장 적절하지 <u>않은</u> 것은? (다툼이 있는 경우 판례에 의함)

① 검사가 조사실에서 구금된 피의자를 신문할 때에는 피의자에게 보호장비를 사용하지 말아야 하는 것이 원칙이므로 도주·자해 또는 다른 사람에 대한 위해 등 특별한 사정이 없는 이상 교도관에게 보호장비의 해제를 요청할 의무가 있고, 교도관은 이에 응하여야 한다.
② 수사기관에 의한 진술거부권 고지의 대상이 되는 피의자의 지위는 수사기관이 범죄인지서를 작성하는 등의 형식적인 사건수리절차를 거치기 전이라도 조사대상자에 대하여 범죄의 혐의가 있다고 보아 실질적으로 수사를 개시하는 행위를 한 때에 인정된다.
③ 검사 또는 사법경찰관리가 피의자를 조사하는 도중에 영상녹화의 필요성이 발생한 때에는 그 시점에서 진행 중인 조사를 중단하고, 중단한 조사를 다시 시작하는 때부터 조서에 기명날인 또는 서명을 마치는 시점까지의 모든 과정을 영상녹화해야 한다.
④ 검사 또는 사법경찰관은 피의자의 연령·성별·국적 등의 사정을 고려하여 그 심리적 안정의 도모와 원활한 의사소통을 위하여 필요한 경우에는 직권 또는 피의자·법정대리인의 신청에 따라 피의자와 신뢰관계에 있는 자를 동석하게 하여야 한다.

08

긴급체포에 관한 설명으로 가장 적절하지 <u>않은</u> 것은? (다툼이 있는 경우 판례에 의함)

① 甲이 필로폰을 투약한다는 제보를 받은 경찰관이 제보의 정확성을 사전에 확인한 후에 제보자를 불러 조사하기 위하여 甲의 주거지를 방문하였다가, 그곳에서 甲을 발견하고 甲에게 전화를 하여 나오라고 하였으나 응하지 않자 甲의 집 문을 강제로 열고 들어가 긴급체포한 것은 미리 체포영장을 받을 시간적 여유가 없었던 경우에 해당하여 적법하다.

② 「검사와 사법경찰관의 상호협력과 일반적 수사준칙에 관한 규정」에 의하면, 사법경찰관은 긴급체포 후 12시간 내에 검사에게 긴급체포의 승인을 요청해야 한다. 다만 수사중지 결정 또는 기소중지 결정이 된 피의자를 소속 경찰관서가 위치하는 특별시·특별자치시·도 또는 특별자치도 외의 지역이나 「연안관리법」 제2조 제2호 나목의 바다에서 긴급체포한 경우에는 긴급체포 후 24시간 이내에 긴급체포의 승인을 요청해야 한다.

③ 긴급체포 당시의 상황으로 보아서도 그 요건의 충족 여부에 관한 검사나 사법경찰관의 판단이 경험칙에 비추어 현저히 합리성을 잃은 경우에는 그 체포는 위법한 체포라 할 것이고, 이러한 위법은 영장주의에 위배되는 중대한 것이니 그 체포에 의한 유치 중에 작성된 피의자신문조서는 위법하게 수집된 증거로서 특별한 사정이 없는 한 이를 유죄의 증거로 할 수 없다.

④ 긴급체포한 때부터 48시간 이내에 구속영장을 청구하지 아니하거나 청구가 기각되어 발부받지 못한 때에는 피의자를 즉시 석방하여야 하며, 이 경우 석방된 자는 영장 없이는 동일한 범죄사실에 관하여 체포하지 못한다.

09

구속 전 피의자심문제도에 관한 설명으로 옳은 것을 모두 고른 것은? (다툼이 있는 경우 판례에 의함)

> ⊙ 영장에 의한 체포·긴급체포 또는 현행범체포에 따라 체포된 피의자에 대하여 구속영장을 청구받은 판사는 구속의 사유를 판단하기 위해 필요하다고 인정하는 때에는 피의자를 심문할 수 있다.
>
> ⓒ 피의자에 대한 심문절차는 공개하지 않는 것이 원칙이지만 판사가 상당하다고 인정하는 경우에는 피의자의 친족, 피해자 등 이해관계인의 방청을 허가할 수 있다.
>
> ⓒ 미체포된 피의자에 대하여 구속영장을 청구받은 판사는 피의자가 죄를 범하였다고 의심할 만한 이유가 있는 경우에 체포영장을 발부하여 피의자를 법원에 인치한 후 심문한다. 다만, 피의자가 도망하는 등의 사유로 심문할 수 없는 경우에는 그러하지 아니하다.
>
> ⓔ 구속영장을 청구받은 판사는 검사, 피의자 및 변호인에게 심문기일과 장소를 통지하여야 하며, 검사와 변호인은 심문기일에 출석하여 의견을 진술할 수 있다.
>
> ⓜ 심문할 피의자에게 변호인이 없는 때에는 지방법원판사는 직권으로 변호인을 선정하여야 한다. 이 경우 변호인의 선정은 피의자에 대한 구속영장 청구가 기각되어 효력이 소멸한 경우를 제외하고는 제1심까지 효력이 있다.

① ㉠ㄴㄷ

② ㉠ㄴㄹ

③ ㄴㄹㅁ

④ ㄷㄹㅁ

10

압수·수색에 관한 설명으로 가장 적절한 것은? (다툼이 있는 경우 판례에 의함)

① 구 「정보통신망 이용촉진 및 정보보호 등에 관한 법률」상 음란물 유포의 범죄혐의를 이유로 압수·수색영장을 발부받은 사법경찰리 P가 甲의 주거지를 수색하는 과정에서 대마를 발견하자 甲을 마약류관리에관한법률 위반죄의 현행범으로 체포하면서 대마를 압수하였으나, 그 다음 날 甲을 석방하였음에도 압수한 대마에 대해 사후 압수·수색영장을 발부받지 않은 경우 그 압수물과 압수조서의 증거능력은 인정된다.

② 범행 중 또는 범행 직후의 범죄 장소에서 수사상 필요가 있어 긴급한 경우가 아님에도 불구하고 영장 없이 압수·수색을 한 경우에 그러한 압수·수색은 위법하지만, 사후에 법원으로부터 영장을 발부받았다면 그 위법성은 치유된다.

③ 검사 또는 사법경찰관은 피의자 등이 유류한 물건이나 소유자·소지자 또는 보관자가 임의로 제출한 물건은 영장 없이 압수할 수 있다. 이 경우에는 사후에 지체 없이 영장을 받아야 한다.

④ 체포영장이나 구속영장 집행을 위하여 영장 없이 타인의 주거 등을 수색하는 경우에는 사전에 수색영장을 발부받기 어려운 긴급한 사정이 있어야 한다.

11

수사상 검증과 감정에 관한 설명으로 가장 적절하지 <u>않은</u> 것은? (다툼이 있는 경우 판례에 의함)

① 검사 또는 사법경찰관은 검증을 함에 있어 신체의 검사, 사체의 해부, 분묘의 발굴, 물건의 파괴 기타 필요한 처분을 할 수 있으며, 특히 사체의 해부 또는 분묘의 발굴을 하는 때에는 예(禮)에 어긋나지 아니하도록 주의하고 미리 유족에게 통지하여야 한다.

② 신체의 검사에 관하여는 검사를 받는 사람의 성별, 나이, 건강상태, 그 밖의 사정을 고려하여 그 사람의 건강과 명예를 해하지 아니하도록 주의하여야 하고, 여자의 신체를 검사하는 경우에는 의사나 성년의 여자를 참여하게 하여야 한다.

③ 사법경찰관 P는 법원으로부터 영장 또는 감정처분허가장을 발부받지 아니한 채 甲의 동의 없이 甲의 혈액을 채취하고 사후에도 지체 없이 영장을 발부받지 아니한 채 그 혈액 중 알코올농도에 관한 감정을 의뢰하였다면, 이러한 과정을 거쳐 P가 얻은 감정의뢰회보 등은 甲이나 변호인의 동의가 있더라도 유죄의 증거로 사용할 수 없다.

④ 수사상 감정유치란 피의자의 정신 또는 신체를 감정하기 위하여 일정 기간 동안 병원 기타 적당한 장소에 피의자를 유치하는 강제처분으로서 이미 구속 중인 피의자나 피의자 아닌 제3자에 대해서는 허용되지 아니한다.

12

사법경찰관의 수사종결에 관한 설명으로 가장 적절한 것은?

① 사법경찰관은 고소·고발 사건을 포함하여 범죄의 혐의가 인정되는 경우 외에는 그 이유를 명시한 서면과 함께 관계 서류와 증거물을 지체 없이 검사에게 송부하여야 하며, 이 경우 검사는 송부받은 날부터 60일 이내에 사법경찰관에게 반환하여야 한다.

② 「검사와 사법경찰관의 상호협력과 일반적 수사준칙에 관한 규정」에 의하면, 검사의 재수사 요청에 따른 사법경찰관의 재수사에도 불구하고 관련 법리에 위반되거나 송부받은 관계 서류 및 증거물과 재수사 결과만으로도 공소제기를 할 수 있을 정도로 명백히 채증법칙에 위반되거나 공소시효 또는 형사소추의 요건을 판단하는 데 오류가 있어 사건을 송치하지 않은 위법 또는 부당이 시정되지 않은 경우, 검사는 재수사 결과를 통보받은 날부터 60일 이내에 사건송치를 요구할 수 있다.

③ 사법경찰관이 불송치하는 경우 검사에게 서류 등을 송부한 날부터 7일 이내에 서면으로 고소인·고발인·피해자 또는 그 법정대리인에게 사건을 검사에게 송치하지 아니하는 취지와 그 이유를 통지하여야 한다.

④ 사법경찰관의 불송치 통지를 받은 고소인·고발인·피해자 또는 그 법정대리인은 해당 사법경찰관의 소속 관서의 장에게 이의를 신청할 수 있고, 이의신청이 있는 경우 사법경찰관은 지체 없이 검사에게 사건을 송치하고 관계 서류와 증거물을 송부하여야 하며, 처리 결과와 그 이유를 신청인에게 통지하여야 한다.

13

공소사실의 특정에 관한 설명으로 가장 적절하지 않은 것은? (다툼이 있는 경우 판례에 의함)

① 甲이 "2017.10.10.부터 2017.10.12.까지 태국 국적 마사지사 등 6명을 고용하고 인터넷사이트에 성매매 광고를 한 후, 광고를 보고 연락하는 불특정 다수의 남성 손님에게 대금 10만 원을 받고 종업원인 위 태국 국적 여성과 성교행위를 하도록 하여 성매매를 알선하였다."는 내용으로 기소된 사안에서 포괄일죄에 대하여 일죄의 일부를 구성하는 개개의 행위로서 구체적인 성매수자, 범행횟수 등이 기재되지 않았다면 甲에 대한 공소사실이 특정되었다고 볼 수 없다.

② 甲이 필로폰을 투약하였다고 하여 마약류관리에관한법률 위반죄로 기소되었는데, 공소장에 범행일시를 모발감정 결과에 기초하여 투약가능기간을 역으로 추정한 '2010.11.경'으로, 투약장소를 '부산 사하구 이하 불상지'로 기재하였다면 甲에 대한 공소사실이 특정되었다고 볼 수 없다.

③ 문서위조죄는 피고인들이 그 범행을 자백하지 아니한 이상 언제 어디에서 문서를 위조한 것인지 알기가 어려우며 그 범죄일시를 일정한 시점으로 특정하기 곤란하여 부득이하게 개괄적으로 표시할 수밖에 없으므로 유가증권위조의 점에 관한 공소사실의 범죄 일시를 '2000. 초경부터 2003. 3.경 사이에'로 비교적 장기간으로 기재하였다고 하여 공소사실이 불특정된 것으로 볼 수 없다.

④ 「조세범 처벌법」 제11조의2 제4항의 무거래 세금계산서 교부죄는 각 세금계산서마다 하나의 죄가 성립하므로, 세금계산서마다 그 공급가액이 공소장에 기재되어야 개개의 범죄사실이 구체적으로 특정되었다고 볼 수 있고, 세금계산서의 총매수와 그 공급가액의 합계액이 기재되어 있다고 하여 공소사실이 특정되었다고 볼 수 없다.

14

공소시효에 관한 설명으로 가장 적절하지 <u>않은</u> 것은? (다툼이 있는 경우 판례에 의함)

① 「형사소송법」 제249조 제2항에 따르면 공소가 제기된 범죄는 판결의 확정이 없이 공소를 제기한 때로부터 25년을 경과하면 공소시효가 완성한 것으로 간주한다.

② 공소제기 후 피고인이 처벌을 면할 목적으로 국외에 있는 경우, 그 기간 동안 「형사소송법」 제249조 제2항에서 정한 기간의 진행이 정지되지는 않는다.

③ 사람을 살해한 범죄(종범은 제외한다)로 사형에 해당하는 범죄는 「형사소송법」 제249조 제1항 제1호에 따라 25년의 경과로 공소시효가 완성된다.

④ 공소시효가 적용되는 미성년자 또는 아동·청소년에 대한 성폭력범죄는 해당 성폭력범죄로 피해를 당한 미성년자 등이 성년에 달한 날부터 공소시효가 진행된다.

15

증인 및 증인신문에 관한 설명으로 가장 적절하지 <u>않은</u> 것은? (다툼이 있는 경우 판례에 의함)

① 법원은 「형사소송법」 제165조의2 제3호의 요건이 충족될 경우 피고인뿐만 아니라 검사, 변호인, 방청인 등에 대하여도 차폐시설 등을 설치하는 방식으로 증인신문을 할 수 있으나, 변호인에 대한 차폐시설의 설치는 이미 인적사항에 관하여 비밀조치가 취해진 증인이 변호인을 대면하여 진술함으로써 자신의 신분이 노출되는 것에 대하여 심한 심리적인 부담을 느끼는 등의 특별한 사정이 있는 경우에 예외적으로 허용된다.

② 공동피고인의 자백은 이에 대한 피고인의 반대신문권이 보장되어 있어 증인으로 신문한 경우와 다를 바 없으므로 독립한 증거능력이 있고, 이는 피고인들 간에 이해관계가 상반된다고 하여도 마찬가지이다.

③ 다른 증거나 증인의 진술에 비추어 굳이 추가 증거조사를 할 필요가 없다는 등 특별한 사정이 없고, 소재탐지나 구인장 발부가 불가능한 것이 아님에도 불구하고, 불출석한 핵심 증인에 대하여 소재탐지나 구인장 발부 없이 증인채택 결정을 취소하는 것은 법원의 재량을 벗어나는 것으로서 위법하다.

④ 16세 미만의 자인 증인에게 선서케 하고 신문한 경우 그 선서는 무효가 되므로 위증죄는 성립하지 않으며, 증언 자체의 효력도 부정된다.

16

증거 및 증명에 관한 설명으로 가장 적절하지 <u>않은</u> 것은? (다툼이 있는 경우 판례에 의함)

① 개별적, 구체적인 사건에서 성폭행 등의 피해자가 처하여 있는 특별한 사정을 충분히 고려하여야 하며, 피고인의 친딸로 가족관계에 있던 피해자가 '마땅히 그러한 반응을 보여야만 하는 피해자'로 보이지 않는다는 이유만으로 피해자 진술에 대하여 신빙성을 배척할 수 없다.

② 공판기일의 소송절차로서 공판조서에 기재된 것은 물론 공판조서에 기재되지 않은 사항이라 하더라도 자유심증주의의 예외로서 배타적 증명력이 인정된다.

③ 진정한 양심에 따른 병역거부는 「병역법」 제88조 제1항에서 정한 '정당한 사유'에 해당하며, 정당한 사유가 없다는 사실은 범죄구성요건이므로 검사가 증명하여야 한다.

④ 구성요건에 해당하는 사실은 엄격한 증명에 의하여 이를 인정하여야 하고, 증거능력이 없는 증거는 구성요건 사실을 추인하게 하는 간접사실이나 구성요건 사실을 입증하는 직접증거의 증명력을 보강하는 보조사실의 인정자료로도 사용할 수 없다.

17

자백의 증거능력과 증명력에 관한 설명으로 가장 적절한 것은? (다툼이 있는 경우 판례에 의함)

① 임의성이 인정되지 아니하여 증거능력이 없는 진술증거라도 피고인이 증거로 함에 동의한 때에는 이를 증거로 삼을 수 있다.

② 검사 2명이 甲을 약 30시간 동안 잠을 재우지 아니한 채 교대로 신문을 하면서 회유한 끝에 받아낸 甲의 자백은 그 증거능력이 부정된다.

③ 검찰에서의 피고인의 자백이 법정진술과 다르다거나 피고인에게 지나치게 불리한 내용이라는 사유만으로도 그 자백의 신빙성이 의심스럽다고 할 수 있다.

④ 일정한 증거가 발견되면 피의자가 자백하겠다고 한 약속에 따라 한 자백은 임의성 없는 자백에 해당한다.

18

위법수집증거에 관한 설명으로 가장 적절하지 <u>않은</u> 것은? (다툼이 있는 경우 판례에 의함)

① 마약투약 혐의를 받고 있던 甲이 임의동행 거부의사를 표시하였는데도 경찰관들이 甲을 영장 없이 강제로 연행한 상태에서 마약투약 여부의 확인을 위한 채뇨절차가 이루어진 경우, 그와 같은 채뇨에 의하여 수집된 '소변검사시인서'는 유죄인정의 증거로 사용할 수 없다.

② 제3자가 전화통화 당사자 일방의 동의를 받고 그 통화내용을 녹음한 경우 다른 상대방의 동의가 없었다고 하더라도 피고인이나 변호인이 녹음된 전화통화의 내용을 증거로 함에 동의한 때에는 증거능력이 인정된다.

③ 압수·수색 처분을 받는 자가 현장에 없거나 현장에서 그를 발견할 수 없는 경우 등 영장제시가 현실적으로 불가능한 경우에는 영장을 제시하지 아니한 채 압수·수색을 하더라도 위법하다고 볼 수 없다.

④ 법관의 서명날인란에 서명만 있고 날인이 없는 영장에 따라 파일 출력물을 압수한 경우, 적법하지 않은 영장에 기초하여 수집되었다는 절차상의 결함이 있지만, 수사기관으로서는 영장이 적법하게 발부되었다고 신뢰할 만한 합리적인 근거가 있었고, 의도적으로 적법절차의 실질적인 내용을 침해한다거나 영장주의를 회피할 의도를 가지고 위 영장에 따른 압수·수색을 하였다고 보기 어렵다면, 위 영장에 따라 압수한 파일 출력물은 유죄인정의 증거로 사용할 수 있다.

19

전문증거에 관한 설명으로 옳고 그름의 표시(O, ×)가 모두 바르게 된 것은? (다툼이 있는 경우 판례에 의함)

⊙ 조세범칙조사를 담당하는 세무공무원이 피고인이 된 혐의자 또는 참고인에 대하여 심문한 내용을 기재한 조서는 「형사소송법」 제313조에 따라 공판준비 또는 공판기일에서 작성자·진술자의 진술에 따라 성립의 진정함이 증명되고, 나아가 그 진술이 특히 신빙할 수 있는 상태 아래에서 행하여진 때에 한하여 증거능력이 인정된다.

⊙ 미국 범죄수사대(CID), 연방수사국(FBI)의 수사관들이 작성한 수사보고서 및 피고인이 위 수사관들에 의한 조사를 받는 과정에서 작성하여 제출한 진술서는 피고인이 그 내용을 부인하는 이상 증거로 쓸 수 없다.

⊙ 정보통신망을 통하여 공포심이나 불안감을 유발하는 글을 반복적으로 상대방에게 도달하게 하는 행위를 하였다는 공소사실에 대하여 휴대전화기에 저장된 문자정보가 그 증거가 되는 경우, 그 문자정보는 범행의 직접적인 수단이고 경험자의 진술에 갈음하는 대체물에 해당하므로, 「형사소송법」 제310조의2에서 정한 전문법칙이 적용된다.

⊙ 수사기관에서 진술한 참고인이 법정에서 증언을 거부하여 피고인이 반대신문을 하지 못한 경우, 「형사소송법」 제314조의 '그 밖에 이에 준하는 사유로 인하여 진술할 수 없는 때'에 해당하며, 수사기관에서 그 증인의 진술을 기재한 서류는 증거능력이 인정된다.

⊙ 이른바 보험사기 사건에서 건강보험심사평가원이 수사기관의 의뢰에 따라 보내온 자료를 토대로 입원진료의 적정성에 대한 의견을 제시하는 내용의 '건강보험심사평가원의 입원진료적정성 여부 등 검토의뢰에 대한 회신'은 「형사소송법」 제315조 제3호의 '기타 특히 신용할 만한 정황에 의하여 작성된 문서'에 해당하지 않는다.

① ㉠(O) ㉡(×) ㉢(O) ㉣(×) ㉤(O)
② ㉠(×) ㉡(O) ㉢(O) ㉣(×) ㉤(O)
③ ㉠(O) ㉡(O) ㉢(×) ㉣(×) ㉤(O)
④ ㉠(×) ㉡(×) ㉢(×) ㉣(O) ㉤(×)

20

다음 설명 중 가장 적절하지 <u>않은</u> 것은? (다툼이 있는 경우 판례에 의함)

① 약식명령은 그 재판서를 피고인에게 송달함으로써 효력이 발생하고, 변호인이 있는 경우라도 반드시 변호인에게 약식명령 등본을 송달해야 하는 것은 아니다.

② 법원이 유죄판결을 선고하면서 신상정보 제출의무 등의 고지를 누락한 잘못이 있더라도 상급심 법원에서 신상정보 제출의무 등을 새로 고지하는 것은 형을 피고인에게 불리하게 변경하는 경우에 해당되지 아니한다.

③ 피고인이 항소심 선고 이전에 19세에 도달하여 제1심에서 선고한 부정기형을 파기하고 정기형을 선고함에 있어 불이익변경금지원칙 위반 여부를 판단하는 기준은 부정기형의 장기와 단기의 중간형이 되어야 한다.

④ 피고인이 재심을 청구한 경우 재심대상이 되는 판결확정 전 소송절차에서 제출할 수 있었던 증거를 제출하지 못한 데 과실이 있는 경우 그 증거는 「형사소송법」 제420조 제5호의 '증거가 새로 발견된 때'에 해당한다.

07회 2023 경찰승진 형사소송법

01

신속한 재판의 원칙에 대한 설명으로 가장 적절하지 <u>않은</u> 것은? (다툼이 있는 경우 판례에 의함)

① 구속사건에 대해서는 법원이 구속기간 내에 재판을 하면 되는 것이고 구속만기 25일을 앞두고 제1회 공판이 있었다 하여 헌법에 정한 신속한 재판을 받을 권리를 침해하였다 할 수 없다.

② 검사와 피고인 쌍방이 항소한 경우에 제1심 선고 형기 경과 후 제2심 공판이 개정되었다고 해서 이를 위법이라 할 수 없고 신속한 재판을 받을 권리를 박탈한 것이라고 할 수 없다.

③ 신속한 재판을 받을 권리는 주로 피고인의 이익을 보호하기 위하여 인정된 기본권이지만 동시에 실체적 진실발견, 소송경제, 재판에 대한 국민의 신뢰와 형벌목적의 달성과 같은 공공의 이익에도 근거가 있기 때문에 어느 면에서는 이중적인 성격을 갖고 있다.

④ 「형사소송법」은 신속한 재판을 받을 권리와 관련하여 공판심리의 현저한 지연을 공소기각의 결정 사유로 명시하고 있다.

02

형사소송법의 법원(法源)에 대한 설명으로 가장 적절하지 <u>않은</u> 것은? (다툼이 있는 경우 판례에 의함)

① 헌법은 피고인과 피의자의 기본적 인권의 보장을 위하여 형사절차에 관한 규정을 두고 있으며, 이러한 헌법의 규정은 형사소송법의 법원이 된다.

② 실질적 의미의 형사소송법이란 그 실질적 내용이 형사절차를 규정한 법률을 말하며, 「법원조직법」, 「소년법」, 「소송촉진 등에 관한 특례법」을 예로 들 수 있다.

③ 헌법 제108조에 의하여 대법원은 소송에 관한 절차, 법원의 내부규율과 사무처리에 관한 규칙을 제정할 수 있으며, 형사절차의 기본적 구조나 피고인을 비롯한 소송관계자의 이해에 관한 사항을 제한없이 규칙으로 제정할 수 있다.

④ 「검찰사건사무규칙」 제149조의 재기수사의 명령 관련 규정은 검찰청 내부의 사무처리지침에 불과한 것일 뿐 법규적 효력을 가진 것은 아니다.

03

형사소송법의 개정내용에 대한 설명으로 가장 적절하지 <u>않은</u> 것은?

① 체포·구속장소의 감찰결과 피의자가 적법한 절차에 의하지 아니하고 체포 또는 구속된 것이라고 의심할 만한 상당한 이유가 있는 경우에 검사는 즉시 체포 또는 구속된 자를 석방하거나 사건을 검찰에 송치할 것을 명하여야 하는데, 이 송치요구에 따라 사법경찰관으로부터 송치받은 사건에 관하여 검사는 동일성을 해치지 아니하는 범위 내에서 수사할 수 있다.

② 수사기관이 수사 중인 사건의 범죄 혐의를 밝히기 위한 목적으로 합리적인 근거 없이 별개의 사건을 부당하게 수사하여서는 아니 된다.

③ 수사기관은 다른 사건의 수사를 통해 확보된 증거 또는 자료를 내세워 관련 없는 사건에 대한 자백이나 진술을 강요하여서는 아니 된다.

④ 사법경찰관의 불송치결정에 대하여 「형사소송법」 제245조의7에 따라 해당 사법경찰관의 소속 관서의 장에게 이의신청을 할 수 있는 주체에는 고발인이 포함된다.

04

국민참여재판에 대한 설명으로 가장 적절하지 <u>않은</u> 것은?

① 「국민의 형사재판 참여에 관한 법률」 제5조 제1항에 따른 국민참여재판의 대상사건이라도 피고인이 원하지 않거나 법원의 배제결정이 있는 경우에는 국민참여재판을 하지 아니한다.

② 경찰공무원은 자신과 관련 없는 사건에 대하여는 국민참여재판의 배심원으로 선정될 수 있다.

③ 국민참여재판의 배심원은 사건에 관하여 사실의 인정, 법령의 적용 및 형의 양정에 관한 의견을 제시할 권한이 있지만, 배심원의 평결과 의견은 법원을 기속하지 아니한다.

④ 배심원은 유·무죄에 관하여 전원의 의견이 일치하지 아니하는 때에는 평결을 하기 전에 심리에 관여한 판사의 의견을 들어야 하며, 이 경우 유·무죄의 평결은 다수결의 방법으로 한다.

05

진술거부권에 대한 설명으로 적절하지 <u>않은</u> 것을 모두 고른 것은? (다툼이 있는 경우 판례에 의함)

> ㉠ 수사기관이 피의자를 신문함에 있어서 피의자에게 미리 진술거부권을 고지하지 않은 때에는 그 피의자의 진술은 진술의 임의성이 인정되는 경우라도 증거능력이 부인되어야 한다.
>
> ㉡ 진술거부권이 보장되는 절차에서 진술거부권을 고지받을 권리는 진술거부권을 국민의 기본적 권리로 보장하고 있는 헌법 제12조 제2항에 의하여 바로 도출된다.
>
> ㉢ 「형사소송법」 제283조의2는 피고인은 진술하지 아니하거나 개개의 질문에 대하여 진술을 거부할 수 있다고 규정하고 있을 뿐이며, 진술의 내용을 불이익한 진술에 제한하지 않고 있다.
>
> ㉣ 피고인이 증거서류의 진정성립을 묻는 검사의 질문에 대하여 진술거부권을 행사한 경우는 「형사소송법」 제314조의 '그 밖에 이에 준하는 사유로 인하여 진술할 수 없는 때'에 해당하지 아니한다.

① ㉡

② ㉠㉡

③ ㉡㉢

④ ㉢㉣

06

수사기관에 대한 설명으로 가장 적절하지 <u>않은</u> 것은?

① 검사가 사법경찰관과 동일한 범죄사실을 수사하게 된 경우에는 사법경찰관에게 사건을 송치할 것을 요구할 수 없다.

② 사법경찰관이 범죄를 수사하여 범죄의 혐의가 있다고 인정되는 경우에는 지체 없이 검사에게 사건을 송치하고 관계 서류와 증거물을 검사에게 송부하여야 한다.

③ 사법경찰관이 범죄를 수사하여 범죄의 혐의가 있다고 인정되는 경우가 아닌 때에는 그 이유를 명시한 서면과 함께 관계 서류와 증거물을 지체 없이 검사에게 송부하여야 하는데, 이 경우 검사는 사법경찰관이 사건을 검사에 송치하지 아니한 것이 위법 또는 부당한 때에는 그 이유를 문서로 명시하여 사법경찰관에게 재수사를 요청할 수 있다.

④ 삼림, 해사, 전매, 세무, 군수사기관, 그 밖에 특별한 사항에 관하여 사법경찰관리의 직무를 행할 특별사법경찰관리와 그 직무의 범위는 법률로 정하며, 특별사법경찰관은 모든 수사에 관하여 검사의 지휘를 받는다.

07

함정수사에 대한 설명으로 가장 적절한 것은? (다툼이 있는 경우 판례에 의함)

① 수사기관과 직접적인 관련을 맺지 아니한 상태에서 유인자가 피유인자를 상대로 단순히 수차례 반복적으로 범행을 부탁하였을 뿐 수사기관이 사술이나 계략 등을 사용하였다고 볼 수 없는 경우 설령 그로 인하여 피유인자의 범의가 유발되었다 하더라도 위법한 함정수사에는 해당하지 않는다.

② 본래 범의를 가지지 아니한 자에 대하여 수사기관이 사술이나 계략 등을 써서 범의를 유발케 하여 범죄인을 검거하는 함정수사에 기한 공소제기는 위법하지만, 「형사소송법」 제327조 제2호에 규정된 공소제기의 절차가 법률의 규정에 위반하여 무효인 때에 해당한다고 볼 수는 없다.

③ 수사기관이 사술 등을 써서 범행을 유발한 것이 아니라 이미 범행을 저지른 범인을 검거하기 위해 정보원을 이용하여 범인을 검거장소로 유인한 경우 이는 위법한 함정수사에 해당한다.

④ 「아동·청소년의 성보호에 관한 법률」은 동법 소정의 디지털성범죄에 대한 신분비공개수사를 허용하는 수사 특례규정을 마련하고 있지만, 다른 방법으로는 그 범죄의 실행을 저지하거나 범인의 체포 또는 증거의 수집이 어려운 경우라도 신분위장수사는 허용하지 않는다.

08

고소에 대한 설명으로 가장 적절한 것은? (다툼이 있는 경우 판례에 의함)

① 「형사소송법」 제236조의 대리인에 의한 고소의 경우, 대리권이 정당한 고소권자에 의하여 수여되었음이 실질적으로 증명되면 충분하고 그 방식에 특별한 제한은 없지만, 고소를 할 때 반드시 위임장을 제출하거나 '대리'라는 표시를 하여야 한다.

② 피해자가 경찰청 홈페이지에 '피고인을 철저히 조사해 달라'는 취지의 신고민원을 접수하는 형태로 피고인에 대한 조사를 촉구하는 의사표시를 한 것은 적법한 고소에 해당한다.

③ 수사기관이 고소권자를 증인 또는 피해자로서 신문한 경우에 그 진술에 범인의 처벌을 요구하는 의사표시가 포함되어 있고 그 의사표시가 조서에 기재되면 고소는 적법하게 이루어진 것이다.

④ 고소능력은 피해를 입은 사실을 이해하고 고소에 따른 사회생활상의 이해관계를 알아차릴 수 있는 사실상의 의사능력으로 충분하지만, 「민법」상 행위능력이 없는 사람은 위와 같은 능력을 갖추었더라도 고소능력이 인정되지 않는다.

09

친고죄와 반의사불벌죄에 대한 설명으로 가장 적절하지 않은 것은? (다툼이 있는 경우 판례에 의함)

① 반의사불벌죄에 있어서 처벌불원의 의사표시의 부존재는 법원이 직권으로 조사·판단하여야 한다.

② 친고죄의 고소는 제1심 판결선고 전까지 취소할 수 있다.

③ 친고죄의 공범 중 공범자 1인에 대하여 제1심 판결이 선고된 후에 제1심 판결 선고 전의 다른 공범자에 대하여 고소를 취소할 수 있다.

④ 고소인이 민·형사상 아무런 이의를 제기하지 않는다는 합의서를 피고인에게 작성하여 준 것만으로는 고소가 적법하게 취소된 것으로 볼 수 없다.

10

수사절차에 대한 설명으로 가장 적절하지 않은 것은?

① 검사 또는 사법경찰관은 조사에 상당한 시간이 소요되는 경우에는 특별한 사정이 없으면 피의자 또는 사건관계인에게 조사 도중에 최소한 2시간마다 10분 이상의 휴식시간을 주어야 한다.

② 검사 또는 사법경찰관은 피의자가 조사장소에 도착한 시각, 조사를 시작하고 마친 시각, 그 밖에 조사과정의 진행경과를 확인하기 위하여 필요한 사항을 피의자신문조서에 기록하거나 별도의 서면에 기록한 후 수사기록에 편철하여야 한다.

③ 수사는 원칙적으로 임의수사에 의하고 강제수사는 법률에 규정된 경우에 한하여 허용된다.

④ 사법경찰관은 「형사소송법」 제197조의2 제1항에 따른 검사의 보완수사의 요구가 있는 때에는 정당한 이유가 없는 한 지체 없이 이를 이행하면 충분하고, 그 결과를 검사에게 통보할 의무는 없다.

11

긴급체포에 대한 설명으로 가장 적절하지 않은 것은? (다툼이 있는 경우 판례에 의함)

① 긴급체포의 요건을 갖추었는지 여부는 사후에 밝혀진 사정을 기초로 판단하는 것이 아니라 체포 당시의 상황을 기초로 판단하여야 하고, 이에 관한 검사나 사법경찰관 등 수사주체의 판단에는 상당한 재량의 여지가 있다.

② 검사는 사법경찰관의 긴급체포 승인 요청이 이유 없다고 인정하는 경우에는 지체 없이 사법경찰관에게 불승인 통보를 해야 하며, 이 경우 사법경찰관은 긴급체포된 피의자를 즉시 석방하고 그 석방 일시와 사유 등을 검사에게 통보해야 한다.

③ 피의자를 긴급체포하는 경우에 필요한 때에는 영장 없이 체포현장에서 압수·수색을 할 수 있고, 이에 따라 압수한 물건을 계속 압수할 필요가 있는 경우에는 지체 없이 압수·수색영장을 청구하여야 하며, 청구한 압수·수색영장을 발부받지 못한 때에는 압수한 물건을 즉시 반환하여야 한다.

④ 「형사소송법」 제208조(재구속의 제한)의 '구속되었다가 석방된 자'에는 긴급체포나 현행범으로 체포되었다가 사후영장발부 전에 석방된 경우도 포함된다.

12

체포절차에 대한 설명으로 가장 적절하지 <u>않은</u> 것은?

① 사법경찰관은 검사에게 신청하여 검사의 청구로 관할 지방법원판사의 체포영장을 발부받아 피의자를 체포할 수 있지만, 다액 50만 원 이하의 벌금, 구류 또는 과료에 해당하는 사건에 관하여는 피의자가 일정한 주거가 없는 경우 또는 정당한 이유없이 「형사소송법」 제200조의 규정에 의한 출석요구에 응하지 아니한 경우에 한한다.

② 사법경찰관이 체포영장을 집행함에는 피의자에게 이를 제시하는 것으로 충분하고, 신속히 지정된 법원 기타 장소에 인치하여야 한다.

③ 사법경찰관이 피의자를 체포한 때에는 변호인이 있는 경우에는 변호인에게, 변호인이 없는 경우에는 변호인 선임권자 중 피의자가 지정한 자에게 지체 없이 서면으로 체포의 통지를 하여야 한다.

④ 사법경찰관리가 현행범인의 인도를 받은 때에는 체포자의 성명, 주거, 체포의 사유를 물어야 하고 필요한 때에는 체포자에 대하여 경찰관서에 동행함을 요구할 수 있다.

13

구속에 대한 설명으로 가장 적절하지 <u>않은</u> 것은? (다툼이 있는 경우 판례에 의함)

① 구속기간이 만료될 무렵에 종전 구속영장에 기재된 범죄사실과 다른 범죄사실로 피고인을 구속하였다는 사정만으로는 피고인에 대한 구속이 위법하다고 할 수 없다.

② 구속의 사유가 없거나 소멸된 때에는 법원은 직권 또는 검사, 피고인, 변호인과 「형사소송법」 제30조 제2항에 규정된 자의 청구에 의하여 결정으로 구속을 취소하여야 한다.

③ 구속영장 발부에 의하여 적법하게 구금된 피의자가 피의자신문을 위한 출석요구에 응하지 아니하면서 수사기관 조사실에 출석을 거부한다면 수사기관은 그 구속영장의 효력에 의하여 피의자를 조사실로 구인할 수 있으며, 이에 따른 피의자신문의 절차도 강제수사의 한 방법으로 진행되지 않을 수 없으므로 이 경우 피의자는 수사기관의 질문에 대하여 진술을 거부할 수 없다.

④ 법원은 상당한 이유가 있는 때에는 결정으로 구속된 피고인을 친족·보호단체 기타 적당한 자에게 부탁하거나 피고인의 주거를 제한하여 구속의 집행을 정지할 수 있으며, 이때 급속을 요하는 경우를 제외하고는 검사의 의견을 물어야 한다.

14

접견교통권에 대한 설명으로 가장 적절하지 <u>않은</u> 것은? (다툼이 있는 경우 판례에 의함)

① 변호인의 접견교통 상대방인 신체구속을 당한 사람이 그 변호인을 자신의 범죄행위에 공범으로 가담시키려고 하였다는 등의 사정만으로 그 변호인의 신체구속을 당한 사람과의 접견교통을 금지하는 것이 정당화될 수는 없다.

② 변호인이 되려는 의사를 표시한 자가 객관적으로 변호인이 될 가능성이 있다고 인정되는데도, 「형사소송법」 제34조에서 정한 '변호인 또는 변호인이 되려는 자'가 아니라고 보아 신체구속을 당한 피고인 또는 피의자와 접견하지 못하도록 제한하여서는 아니된다.

③ 「형사소송법」 제34조가 규정한 변호인의 접견교통권은 법령에 의한 제한이 없더라도 수사기관의 처분은 물론 법원의 결정으로도 제한할 수 있다.

④ 피의자가 변호인의 참여를 원한다는 의사를 명백하게 표시하였음에도 수사기관이 정당한 사유 없이 변호인을 참여하게 하지 아니한 채 피의자를 신문하여 작성한 피의자신문조서의 증거능력은 없다.

15

압수 수색에 대한 설명으로 가장 적절하지 <u>않은</u> 것은? (다툼이 있는 경우 판례에 의함)

① 「형사소송법」 제216조(영장에 의하지 아니한 강제처분)의 규정에 의하면 범행 중 또는 범행직후의 범죄 장소에서 긴급을 요하여 법원판사의 영장을 받을 수 없는 때에는 영장 없이 압수할 수 있으며, 이 경우에는 사후 48시간 이내에 영장을 받아야 한다.

② 「형사소송법」 제200조의3(긴급체포)에 따라 체포된 자가 소유하는 물건에 대하여 긴급히 압수할 필요가 있는 경우에 사법경찰관은 체포한 때부터 24시간 이내에 한하여 영장 없이 압수할 수 있다.

③ 수사기관이 압수·수색영장을 집행하면서 팩스로 영장 사본을 송신하기만 하고 영장 원본을 제시하거나 압수조서와 압수물 목록을 작성하여 피압수·수색 당사자에게 교부하지도 않은 채 피고인의 이메일을 압수했다면, 그 압수·수색은 위법하다.

④ 영장 발부의 사유로 된 범죄 혐의사실과 무관한 별개의 증거를 압수하였을 경우 이는 원칙적으로 유죄 인정의 증거로 사용할 수 없으나, 압수·수색의 목적이 된 범죄나 이와 관련된 범죄의 경우에는 그 압수·수색의 결과를 유죄의 증거로 사용할 수 있다.

16

다음은 전자정보의 압수 수색에 대한 설명이다. 아래 ㉠부터 ㉣까지의 설명 중 옳고 그름의 표시(○, ×)가 바르게 된 것은? (다툼이 있는 경우 판례에 의함)

㉠ 피의자의 이메일 계정에 대한 접근권한에 갈음하여 발부받은 압수·수색영장의 효력은 대한민국의 사법관할권이 미치지 아니하는 해외 이메일 서비스제공자의 해외 서버 및 그 해외 서버에 소재하는 저장매체 속 피의자의 전자정보에 대하여까지 미치지는 않는다.

㉡ 수사기관 사무실 등으로 반출된 저장매체 또는 복제본에서 혐의사실 관련성에 대한 구분 없이 임의로 저장된 전자정보를 문서로 출력하거나 파일로 복제하는 행위는 원칙적으로 영장주의 원칙에 반하는 위법한 압수가 된다.

㉢ 임의제출된 정보저장매체에서 압수의 대상이 되는 전자정보의 범위를 넘어서는 전자정보에 대해 수사기관이 영장없이 압수·수색하여 취득한 증거는 위법수집증거에 해당하고, 사후에 법원으로부터 영장이 발부되었다거나 피고인이나 변호인이 이를 증거로 함에 동의하였다고 하여 그 위법성이 치유되는 것도 아니다.

㉣ 전자정보에 대한 압수·수색영장을 집행할 때에는 원칙적으로 영장 발부의 사유인 혐의사실과 관련된 부분만을 문서 출력물로 수집하거나 수사기관이 휴대한 저장매체에 해당파일을 복사하는 방식으로 이루어져야 하지만, 집행현장 사정상 이러한 방식에 의한 집행이 현저히 곤란한 부득이한 사정이 존재하는 경우에는 영장에의 기재 여부와 상관없이 저장매체 자체를 직접 혹은 하드카피나 이미징 등 형태로 수사기관 사무실 등 외부로 반출하여 해당 파일을 압수·수색할 수 있다.

① ㉠(○) ㉡(×) ㉢(×) ㉣(×)
② ㉠(○) ㉡(×) ㉢(×) ㉣(○)
③ ㉠(×) ㉡(○) ㉢(○) ㉣(×)
④ ㉠(×) ㉡(○) ㉢(○) ㉣(○)

17

전자정보의 압수·수색에 대한 설명으로 가장 적절하지 않은 것은? (다툼이 있는 경우 판례에 의함)

① 수사기관이 인터넷서비스이용자인 피의자를 상대로 피의자의 컴퓨터 등 정보처리장치 내에 저장되어 있는 이메일 등 전자정보를 압수·수색하는 것은 전자정보의 소유자 내지 소지자를 상대로 해당 전자정보를 압수·수색하는 대물적 강제처분으로 「형사소송법」의 해석상 허용된다.

② 전자정보에 대한 압수·수색이 종료되기 전에 혐의 사실과 관련된 전자정보를 적법하게 탐색하는 과정에서 별도의 범죄혐의와 관련된 전자정보를 우연히 발견한 경우, 수사기관은 더 이상의 추가 탐색을 중단하고 법원에서 그 별도의 범죄혐의에 대한 압수·수색영장을 발부받아야만 그 별도의 범죄혐의와 관련된 전자정보를 유죄의 증거로 인정할 수 있다.

③ 수사기관이 피의자 甲의 공직선거법위반 범행을 영장 범죄사실로 하여 발부받은 압수·수색영장의 집행 과정에서 乙, 丙 사이의 대화가 녹음된 녹음파일을 압수하여 乙, 丙의 공직선거법위반혐의사실을 발견한 경우, 압수·수색영장에 기재된 피의자인 甲이 녹음파일에 의하여 의심되는 혐의사실과 무관한 이상, 별도의 압수·수색영장을 발부받지 않고 압수한 乙, 丙 사이의 대화가 녹음된 녹음 파일은 乙, 丙의 공직선거법위반혐의사실과 관련된 부분에 한정하여 증거능력이 있다.

④ 수사기관이 정보저장매체에 기억된 정보 중에서 키워드 또는 확장자 검색 등을 통해 범죄 혐의사실과 관련 있는 정보를 선별한 다음 정보저장매체와 동일하게 비트열 방식으로 복제하여 생성한 파일을 제출받아 압수하였다면 이로써 압수의 목적물에 대한 압수·수색 절차는 종료된 것이므로, 수사기관이 수사기관 사무실에서 위와 같이 압수된 파일을 탐색·복제·출력하는 과정에서도 피의자 등에게 참여의 기회를 보장하여야 하는 것은 아니다.

18

수사상 증거보전절차에 대한 설명으로 가장 적절하지 <u>않</u>은 것은? (다툼이 있는 경우 판례에 의함)

① 증거보전의 청구권자는 검사, 피고인, 피의자 또는 변호인이며, 형사입건되기 전의 자는 피의자가 아니므로 증거보전을 청구할 수 없다.

② 범죄의 수사에 없어서는 아니될 사실을 안다고 명백히 인정되는 자가 「형사소송법」 제221조에 의한 출석 또는 진술을 거부한 경우에는 검사는 제1회 공판기일 전에 한하여 판사에게 그에 대한 증인신문을 청구할 수 있다.

③ 증거보전은 제1심 제1회 공판기일 전에 한하여 허용되는 것이므로 재심청구사건에서는 증거보전절차는 허용되지 아니한다.

④ 증거보전절차에서 피고인과 공동피고인이 뇌물을 주고 받은 사이로 필요적 공범관계에 있는 경우 검사는 판사에게 공동피고인을 증인으로 신문할 것을 청구할 수 없다.

19

「검사와 사법경찰관의 상호협력과 일반적 수사준칙에 관한규정」에 따른 수사의 종결에 대한 설명으로 가장 적절하지 <u>않은</u> 것은?

① 사법경찰관은 사건을 수사한 경우에는 피의자중지, 참고인중지와 같은 수사중지결정을 할 수 있으며, 이 경우 7일 이내에 사건기록을 검사에게 송부해야 한다.

② 사법경찰관은 피의자중지 결정 후 그 내용을 고소인·고발인·피해자 또는 그 법정대리인(피해자가 사망한 경우에는 그 배우자·직계친족·형제자매를 포함한다)에게 통지해야 한다.

③ 사법경찰관으로부터 수사중지 결정의 통지를 받은 사람은 해당 사법경찰관이 소속된 바로 위 상급경찰관서의 장에게 이의를 제기할 수 있다.

④ 사법경찰관으로부터 수사중지 결정의 통지를 받은 사람은 해당 수사중지 결정이 법령에 위반되는 경우에 한하여 검사에게 「형사소송법」 제197조의3 제1항에 따른 신고를 할 수 있다.

20

공소제기 후의 수사에 대한 설명으로 가장 적절한 것은? (다툼이 있는 경우 판례에 의함)

① 검사가 공소제기 후 「형사소송법」 제215조에 따라 수소법원 이외의 지방법원 판사에게 청구하여 발부받은 영장에 의하여 압수·수색을 하였다면, 원칙적으로 유죄의 증거로 삼을 수 있다.

② 「형사소송법」 제215조는 검사가 압수·수색 영장을 청구할 수 있는 시기를 공소제기 전으로 명시적으로 한정하고 있다.

③ 제1심에서 피고인에 대하여 무죄판결이 선고되어 검사가 항소한 후 수사기관이 항소심 공판기일에 증인으로 신청하여 신문할 수 있는 사람을 특별한 사정 없이 미리 수사기관에 소환하여 작성한 진술조서는 피고인이 증거로 할 수 있음에 동의하지 않는 한 증거능력이 없지만, 참고인이 나중에 법정에 증인으로 출석하여 진술조서의 성립의 진정을 인정하고 피고인 측에 반대신문의 기회가 부여된 경우에는 그 진술조서를 증거로 할 수 있다.

④ 검사작성의 피고인에 대한 진술조서가 공소제기 후에 작성된 것이라는 이유만으로는 곧 그 증거능력이 없다고 할 수 없다.

21

공소제기의 효과에 대한 설명으로 가장 적절하지 <u>않은</u> 것은? (다툼이 있는 경우 판례에 의함)

① 공소제기에 의해 사건은 법원에 계속되고 공소시효의 진행이 정지되며 법원은 검사가 공소제기한 사건에 한하여 심판하여야 한다.

② 공소가 제기되면 동일사건에 대해 다시 공소를 제기할 수 없으므로 동일사건에 대하여 동일법원에 다시 공소가 제기된 경우에는 후소에 대하여 공소기각의 판결을 해야 한다.

③ 피고인에 대한 공소가 제기된 후에 진범이 발견되어도 그 공소제기의 효력은 진범에게 미치지 아니한다.

④ 공범의 1인에 대한 공소제기가 있어도 다른 공범자에 대하여는 그 효력이 미치지 않으며, 공범의 1인에 대한 공소시효 정지의 효과도 다른 공범자에 대하여는 미치지 아니한다.

22

변호인의 기록열람·등사권에 대한 설명으로 가장 적절하지 <u>않은</u> 것은?

① 공소제기 전 수사 중인 사건의 피의자 심문에 참여할 변호인은 지방법원 판사에게 제출된 구속영장청구서 및 그에 첨부된 고소·고발장, 피의자의 진술을 기재한 서류와 피의자가 제출한 서류를 열람할 수 있다.

② 변호인은 수사 중인 사건의 서류에 대하여 「공공기관의 정보공개에 관한 법률」에 따라 수사기관을 상대로 정보공개를 청구할 수 있다.

③ 변호인이 공소제기 후 검사가 보관하고 있는 서류의 열람·등사를 신청하는 경우, 검사는 열람 등사를 허용하지 아니할 상당한 이유가 있다고 인정하는 때에는 그 서류뿐만 아니라 그 목록에 대해서도 열람·등사를 거부할 수 있다.

④ 변호인은 법원이 보관하고 있는 소송계속 중인 사건의 관계서류 또는 증거물을 열람하거나 복사할 수 있다.

23

소송관계인의 공판기일 출석에 대한 설명으로 가장 적절하지 <u>않은</u> 것은? (다툼이 있는 경우 판례에 의함)

① 즉결심판사건에서 피고인에게 구류를 선고하는 경우에는 피고인의 출석 없이 심판할 수 있다.

② 검사의 출석은 공판개정의 요건이나, 필요적 변호사건이 아닌 경우 변호인의 출석은 공판개정의 요건이 아니다.

③ 공소기각 또는 면소의 재판을 할 것이 명백한 사건에 관하여는 피고인의 출석을 요하지 아니한다.

④ 「소송촉진 등에 관한 특례규칙」 제19조 제2항의 규정에 의하면, 공시송달의 방법으로 소환한 피고인이 불출석하는 경우 다시 공판기일을 지정하고 공시송달의 방법으로 피고인을 재소환한 후 그 기일에도 피고인이 불출석하여야 비로소 피고인의 불출석 상태에서 재판절차를 진행할 수 있다.

24

공판기일의 절차에 대한 설명으로 가장 적절하지 <u>않은</u> 것은? (다툼이 있는 경우 판례에 의함)

① 법원은 피고인이 철회한 증인을 직권으로 신문하여 이를 채증할 수 있다.

② 원칙적으로 증거의 채부는 법원의 재량에 의하여 판단할 것이지만, 형사사건의 실체를 규명하는 데 가장 직접적이고 핵심적인 증거는 법정에서 증거조사를 하기 곤란하거나 부적절한 경우 또는 다른 증거에 비추어 굳이 추가 증거조사를 할 필요가 없다는 등 특별한 사정이 없는 한 공개된 법정에서 그 증거방법에 가장 적합한 방식으로 증거조사를 해야 한다.

③ 다른 증거나 증인의 진술에 비추어 굳이 추가 증거조사를 할 필요가 없다는 등 특별한 사정이 없고 소재탐지나 구인장 발부가 불가능한 사유가 존재하지 않더라도, 법원은 불출석한 핵심 증인에 대하여 소재탐지나 구인장 발부 없이 증인채택 결정을 취소할 수 있다.

④ 사실심 변론종결 후 검사나 피해자 등에 의해 피고인에게 불리한 새로운 양형조건에 관한 자료가 법원에 제출되었다면, 법원은 변론을 재개하여 그 양형자료에 대하여 피고인에게 의견진술기회를 주는 등 필요한 양형심리절차를 거침으로써 피고인의 방어권을 실질적으로 보장해야 한다.

25

증인 및 증인신문에 대한 설명으로 가장 적절한 것은? (다툼이 있는 경우 판례에 의함)

① 공무원이나 공무원이었던 자가 직무에 관하여 알게 된 사실에 관하여, 본인 또는 당해 공무소가 직무상 비밀에 속한 사항임을 신고한 때에는 그 소속공무소 또는 감독관공서의 승낙 없이는 증인으로 신문하지 못한다.

② 공범인 공동피고인의 법정에서의 자백은 이에 대한 다른 피고인의 반대신문권이 보장되어 있어 증인으로 신문한 경우와 다를 바 없으므로 독립한 증거능력이 있지만, 피고인들 간에 이해관계가 상반되는 경우에는 독립한 증거능력을 인정할 수 없다.

③ 재판장이 신문 전에 증인에게 증언거부권을 고지하지 않은 채 신문하여 증인이 증언거부권을 행사하지 않고 허위의 진술을 한 경우, 그 증인이 증언거부권을 고지받지 못함으로 인하여 그 증언거부권을 행사하는 데 사실상 장애가 초래되었는지 여부를 불문하고 위증죄의 성립을 부정해야 한다.

④ 법원이 변호인이 없는 피고인을 일시 퇴정하게 하고 증인신문을 한 다음 피고인에게 실질적인 반대신문의 기회를 부여하지 아니한 채 증인신문이 이루어졌다면, 다음 공판기일에서 재판장이 증인신문 결과 등을 공판조서에 의하여 고지할 때 피고인이 '변경할 점과 이의할 점이 없다'고 진술하였다고 하더라도 그 증인신문조서는 증거능력이 없다.

26

공판절차에서 범죄피해자의 지위에 대한 설명으로 가장 적절하지 <u>않은</u> 것은?

① 법원은 범죄로 인한 피해자 또는 그 법정대리인(피해자가 사망한 경우에는 배우자·직계친족·형제자매를 포함)의 신청이 있는 때에는 신청인의 진술로 인하여 공판절차가 현저하게 지연될 우려가 있는 경우라 하더라도 최소 한 번 이상 그 피해자를 증인으로 신문하여야 한다.

② 범죄피해자의 신청에 의하여 그 피해자를 증인으로 신문하는 경우, 그 증인신문은 재판장이 정하는 신문방식에 의한다.

③ 법원은 동일한 범죄사실에 대하여 피해자 진술신청을 한 신청인이 여러 명인 경우에는 진술할 자의 수를 제한할 수 있다.

④ 법원은 직권 또는 피해자 등의 신청에 따라 피해자 등을 공판기일에 출석하게 하여 「형사소송법」 제294조의2 제2항에 정한 사항으로서 범죄사실의 인정에 해당하지 않는 사항에 관하여 증인신문에 의하지 아니하고 의견을 진술하게 할 수 있다.

27

엄격한 증명과 자유로운 증명에 대한 설명으로 가장 적절하지 <u>않은</u> 것은? (다툼이 있는 경우 판례에 의함)

① 범죄구성요건에 해당하는 사실을 증명하기 위한 근거가 되는 과학적인 연구결과는 엄격한 증명을 요한다.

② 증거조사를 거치지 아니하였고 피고인이 이를 증거로 사용함에 동의를 한 바도 없기 때문에 증거능력이 인정되지 않는 증거라도 구성요건 사실을 추인하게 하는 간접사실의 인정자료로는 허용된다.

③ 대한민국 영역 외에서 대한민국 국민에 대하여 범죄를 저지른 외국인에 대하여 우리나라 「형법」을 적용하여 처벌함에 있어 행위지의 법률에 의하여 범죄를 구성하는지는 엄격한 증명을 요한다.

④ 공모관계를 인정하기 위해서는 엄격한 증명이 요구되지만, 피고인이 범죄의 주관적 요소인 공모관계를 부인하는 경우에는 사물의 성질상 이와 상당한 관련성이 있는 간접사실 또는 정황사실을 증명하는 방법으로 이를 증명할 수밖에 없다.

28

증명책임에 대한 설명으로 가장 적절하지 <u>않은</u> 것은? (다툼이 있는 경우 판례에 의함)

① 「성폭력범죄의 처벌 등에 관한 특례법」 제7조 제1항에서 정하는 13세 미만의 미성년자에 대한 강간죄의 성립이 인정되려면, 피고인이 피해자가 13세 미만의 미성년자임을 알면서 그를 강간했다는 사실이 검사에 의하여 입증되어야 한다.

② 영장 발부의 사유로 된 범죄 혐의사실과 무관한 별개의 증거를 압수하였을 경우 수사기관이 그 별개의 증거를 피압수자 등에게 환부하고 후에 임의제출받아 다시 압수하였다면, 그 제출에 임의성이 있었다는 점에 관하여 검사가 합리적 의심을 배제할 수 있을 정도로 증명하지 못하는 경우 그 증거능력을 인정할 수 없다.

③ 민사재판에서의 입증책임분배의 원칙은 형사재판에도 동일하게 적용되므로, 피고인은 자신에게 유리한 사항을 입증할 책임을 진다.

④ 명예를 훼손한 행위가 「형법」 제310조의 규정에 따라서 위법성이 조각되기 위해서는 그것이 진실한 사실로서 오로지 공공의 이익에 관한 때에 해당된다는 점을 검사가 아닌 행위자가 증명하여야 한다.

29

위법수집증거에 대한 설명으로 가장 적절하지 <u>않은</u> 것은? (다툼이 있는 경우 판례에 의함)

① 수사기관이 甲으로부터 피고인의 범행에 대한 진술을 듣고, 추가적인 증거를 확보할 목적으로 구속수감되어 있던 甲에게 그의 압수된 휴대전화를 제공하여 피고인과 통화하고 위 범행에 관한 통화 내용을 녹음하게 한 행위는 불법감청에 해당하므로, 그 녹음 자체는 물론 이를 근거로 작성된 녹취록 첨부 수사보고는 피고인의 증거동의에 상관없이 그 증거능력이 없다.

② 검사 작성의 피의자신문조서가 검사에 의하여 피의자에 대한 변호인의 접견이 부당하게 제한되고 있는 동안에 작성된 경우 그 피의자신문조서는 증거능력이 없다.

③ 수사기관으로부터 통신제한조치의 집행을 위탁받은 통신기관 등이 집행에 필요한 설비가 없는 때에는, 일단 수사기관의 위탁을 받은 이상, 그 통신기관이 수사기관에 설비제공을 요청하지 않고 통신제한조치허가서에 기재된 사항을 준수하지 아니한 채 통신제한조치를 집행하였다고 하더라도 이를 통하여 취득한 전기통신의 내용 등을 유죄의 증거로 사용할 수 있다.

④ 피고인이 범행 후 피해자에게 전화를 걸어오자 피해자가 증거를 수집하려고 그 전화내용을 녹음한 경우, 그 녹음테이프가 피고인 모르게 녹음된 것이라 하여 이를 위법하게 수집된 증거라고 할 수 없다.

30

위법수집증거배제법칙에 대한 설명으로 가장 적절하지 **않은** 것은? (다툼이 있는 경우 판례에 의함)

① 수사기관이 피고인 아닌 자를 상대로 적법한 절차에 따르지 아니하고 수집한 증거는 원칙적으로 피고인에 대한 유죄 인정의 증거로 삼을 수 없다.

② 형식적으로 보아 헌법과 「형사소송법」이 정한 절차에 따르지 아니하고 수집한 증거라고 한다면, 위반의 내용 및 정도 등을 고려하지 않고 일률적으로 그 증거의 증거능력을 부정하더라도, 헌법과 「형사소송법」이 형사소송 절차를 통하여 달성하려는 실체적 진실 규명을 통한 정당한 형벌권의 실현이라는 중요한 목표에 어긋난다고 할 수 없다.

③ 수사기관이 법원으로부터 영장 또는 감정처분허가장을 발부받지 아니한 채 피의자의 동의 없이 피의자의 신체로부터 혈액을 채취하고 사후에도 지체 없이 영장을 발부받지 아니한 채 혈액 중 알코올농도에 관한 감정을 의뢰하였다면, 그 감정의뢰회보 등은 피고인이나 변호인의 동의가 있더라도 유죄의 증거로 사용할 수 없다.

④ 적법한 절차에 따르지 아니하고 수집한 증거를 기초로 하여 획득한 2차적 증거의 경우, 절차에 따르지 아니한 증거수집과 2차적 증거 수집 사이 인과관계의 희석 또는 단절 여부를 중심으로 2차적 증거 수집과 관련된 모든 사정을 전체적·종합적으로 고려하여 예외적인 경우에는 유죄 인정의 증거로 사용할 수 있다.

31

자백의 임의성에 대한 설명으로 가장 적절하지 **않은** 것은? (다툼이 있는 경우 판례에 의함)

① 피고인이 수사기관에서 가혹행위 등으로 인하여 임의성 없는 자백을 하고 그 후 법정에서도 임의성 없는 심리상태가 계속되어 동일한 내용의 자백을 하였다면 그 법정에서의 자백도 임의성 없는 자백이라고 보아야 한다.

② 피고인이 자백의 임의성을 다투면서 그것이 허위자백이라고 다투는 경우, 검사가 그 임의성의 의문점을 없애는 증명을 해야하는 것이 아니고, 피고인이 그 임의성을 의심할 만한 합리적이고 구체적인 사실을 증명해야 한다.

③ 피고인이 피의자신문조서에 기재된 피고인의 진술이 임의성 없는 허위자백이라고 다투는 경우, 법원은 구체적인 사건에 따라 피고인의 학력, 경력, 직업, 사회적 지위, 지능 정도, 진술의 내용, 피의자신문조서의 경우 그 조서의 형식 등 제반 사정을 참작하여 자유로운 심증으로 위 진술이 임의로 된 것인지 여부를 판단하면 된다.

④ 임의성 없는 자백은 피고인의 증거동의가 있는 경우에도 증거능력이 없다.

32

영상녹화물, 녹음테이프 또는 사진의 증거능력에 대한 설명으로 가장 적절하지 <u>않은</u> 것은? (다툼이 있는 경우 판례에 의함)

① 사인(私人)이 피고인 아닌 사람과의 대화내용을 녹음한 녹음테이프에 대해 법원이 그 진술 당시 진술자의 상태 등을 확인하기 위하여 작성한 검증조서는 법원의 검증 결과를 기재한 조서로서 「형사소송법」 제311조에 의하여 증거로 할 수 있다.

② 사인(私人)이 피고인 아닌 사람과의 대화내용을 녹음한 녹음테이프는 피고인의 증거동의가 없는 이상 그 증거능력을 부여하기 위해서는, 첫째 녹음테이프가 원본이거나 인위적 개작없이 원본 내용 그대로 복사된 사본일 것, 둘째 「형사소송법」 제313조 제1항에 따라 공판준비나 공판기일에서 원진술자의 진술에 의하여 녹음테이프에 녹음된 각자의 진술내용이 자신이 진술한대로 녹음된 것이라는 점이 인정되어야 한다.

③ 검증조서에 첨부된 사진은 검증조서와 일체를 이루는 것이므로, 사법경찰관 작성의 검증조서 중 피고인 진술 기재부분 및 범행재연의 사진부분에 대하여 원진술자이며 행위자인 피고인이 그 진술 및 범행재연의 진정함을 인정하지 않는다고 하더라도 검증조서 전체의 증거능력이 인정된다.

④ 피고인 또는 피고인이 아닌 자의 진술을 내용으로 하는 영상녹화물은 공판준비 또는 공판기일에서 피고인 또는 피고인이 아닌 자가 진술함에 있어서 기억이 명백하지 아니한 사항에 관하여 기억을 환기시켜야 할 필요가 있다고 인정되는 때에 한하여 피고인 또는 피고인이 아닌 자에게 재생하여 시청하게 할 수 있다.

33

전문증거에 대한 설명으로 가장 적절하지 <u>않은</u> 것은? (다툼이 있는 경우 판례에 의함)

① 공판준비 또는 공판기일에 피고인이나 피고인 아닌 자의 진술을 기재한 조서와 법원 또는 법관의 검증의 결과를 기재한 조서는 당해 사건에서 당연히 증거로 할 수 있다.

② 피고인이 공판정에서 공소사실을 자백하여 법원이 간이공판절차로 심판할 것을 결정한 사건에서는 전문법칙이 그대로 적용된다.

③ 전문증거라도 공판준비 또는 공판기일에서의 피고인 또는 피고인이 아닌 자의 진술의 증명력을 다투기 위한 증거로는 사용할 수 있다.

④ 체포·구속인접견부는 「형사소송법」 제315조에 규정된 당연히 증거능력이 있는 서류로 볼 수 없다.

34

전문법칙에 대한 설명으로 가장 적절한 것은? (다툼이 있는 경우 판례에 의함)

① 성매매업소에 고용된 여성들이 성매매를 업으로 하면서 영업에 참고하기 위하여 성매매 상대방의 아이디와 전화번호 및 성매매방법 등을 메모지에 적어두었다가 이를 메모리카드에 입력한 경우, 그 메모리카드의 내용은 「형사소송법」 제315조 제2호의 '업무상 필요로 작성한 통상문서'로서 당연히 그 증거능력이 인정된다.

② 검사가 피고인이 된 피의자의 진술을 기재한 조서는 적법한 절차와 방식에 따라 작성된 것으로서 피고인이 진술한 내용과 동일하게 기재되어 있음이 공판준비 또는 공판기일에서의 피고인의 진술에 의하여 인정되고, 그 조서에 기재된 진술이 특히 신빙할 수 있는 상태에서 행하여졌음이 증명된 때에 한하여 증거로 할 수 있다.

③ 당해 피고인과 공범관계가 있는 다른 피의자에 대한 사법경찰관 작성의 피의자신문조서는 그 피의자의 법정진술에 의하여 그 성립의 진정이 인정된다면 당해 피고인이 공판기일에서 그 조서의 내용을 부인하더라도 증거능력이 인정된다.

④ 어떤 진술이 기재된 서류가 그 진술의 진실성과 관계없는 간접사실에 대한 정황증거로 사용되더라도 그 진술이 결국 요증사실을 간접적으로나마 뒷받침하므로 예외 없이 전문법칙이 적용된다.

35

진술조서의 증거능력에 대한 설명으로 가장 적절하지 <u>않</u>은 것은? (다툼이 있는 경우 판례에 의함)

① 진술조서의 증거능력이 인정되려면 '적법한 절차와 방식에 따라 작성된 것'이어야 한다는 법리는 피고인이 아닌 자가 수사과정에서 작성한 진술서의 증거능력에 관하여도 적용된다.

② 수사기관의 피의자신문 시에 동석한 신뢰관계인이 피의자를 대신하여 진술한 부분이 조서에 기재되어 있다면, 피의자였던 피고인 또는 변호인이 공판준비 또는 공판기일에 그 내용을 인정할 때에 한하여 증거로 할 수 있다.

③ 수사기관에서 진술한 참고인이 법정에서 증언을 거부하여 피고인이 반대신문을 하지 못한 경우, 피고인이 증인의 증언 거부 상황을 초래하였다는 등의 특별한 사정이 없는 한 증인이 정당하게 증언거부권을 행사하였는지 여부와 관계없이 수사기관에서 그 증인의 진술을 기재한 서류는 증거능력이 없다.

④ 수사기관이 진술자의 성명을 가명으로 기재하여 조서를 작성하였다고 하더라도 그 이유만으로 그 조서의 증거능력을 부정할 것은 아니다.

36

증거동의에 대한 설명으로 가장 적절하지 <u>않</u>은 것은? (다툼이 있는 경우 판례에 의함)

① 소유자, 소지자 또는 보관자가 아닌 피해자로부터 임의로 제출받은 물건을 영장없이 압수한 경우 그 '압수물' 및 '압수물을 찍은 사진'에 대해 피고인이나 변호인이 증거동의를 하였다 하더라도 이를 유죄 인정의 증거로 사용할 수 없다.

② 피고인의 출정 없이 증거조사를 할 수 있는 경우에 피고인이 출정하지 아니한 때에는 피고인의 대리인 또는 변호인이 출정한 때를 제외하고 피고인이 증거로 함에 동의한 것으로 간주한다.

③ 수사기관이 참고인의 진술을 기재한 조서는 그 내용을 피고인이 부인하고 참고인의 법정출석 및 반대신문이 이루어지지 못하였다면 이를 주된 증거로 하여 공소사실을 인정할 수 없는 것이 원칙이지만 피고인이 이에 대해 증거동의한 경우에는 그렇지 아니하다.

④ 공판준비 또는 공판기일에서 이미 증언을 마친 증인을 검사가 소환한 후 피고인에게 유리한 증언내용을 추궁하여 이를 일방적으로 번복시키는 방식으로 작성한 진술조서는 피고인이 증거로 할 수 있음에 동의하지 아니하는 한 증거능력이 없다.

37

종국재판에 대한 설명으로 가장 적절하지 <u>않</u>은 것은? (다툼이 있는 경우 판례에 의함)

① 범죄 후 법령개폐로 형이 폐지된 경우에는 판결로써 공소기각의 선고를 하여야 한다.

② 공소취소에 의한 공소기각의 결정이 확정된 때에는 공소취소 후 그 범죄사실에 대한 다른 중요한 증거를 발견한 경우에 한하여 다시 공소를 제기할 수 있다.

③ 피고인에 대하여 유죄판결을 내리는 경우, 법률상 범죄의 성립을 조각하는 이유 또는 형의 가중, 감면의 이유되는 사실의 진술이 있은 때에는 판결 이유에 이에 대한 판단을 명시하여야 한다.

④ 판결의 범죄사실에 대한 증거를 설시함에 있어서는 어느 증거의 어느 부분에 의하여 어느 범죄사실을 인정한다고 구체적으로 설시하지 아니하고, 또 범죄사실에 배치되는 증거들에 관하여 이를 배척한다는 취지의 판단이나 이유를 설시하지 아니하여도 잘못이라 할 수 없다.

38

기판력에 대한 설명으로 가장 적절하지 <u>않은</u> 것은? (다툼이 있는 경우 판례에 의함)

① 「가정폭력범죄의 처벌 등에 관한 특례법」에 따른 보호처분을 받은 사건과 동일한 사건에 대하여 다시 공소제기가 된 경우 공소기각 판결을 하여야 한다.

② 과태료를 납부한 후에 다시 형사처벌을 하는 것은 일사부재리의 원칙에 반하는 것이 아니다.

③ 사기죄에 있어서 동일한 피해자에 대하여 수회에 걸쳐 기망행위를 하여 금원을 편취한 경우, 그 범의가 단일하고 범행방법이 동일하다면 사기죄의 포괄일죄만이 성립한다고 할 것이나, 포괄일죄의 중간에 별종의 범죄에 대한 확정판결이 끼어 있다면 그로 인해 사기죄의 포괄적 범죄는 둘로 나뉘는 것이다.

④ 판결의 기판력의 기준시점은 사실심리의 가능성이 있는 최후의 시점인 판결선고시이므로, 항소된 경우 그 시점은 항소심 판결선고시이다.

39

항소에 대한 설명으로 적절하지 <u>않은</u> 것은 모두 몇 개인가? (다툼이 있는 경우 판례에 의함)

> ㉠ 항소를 함에는 항소장을 항소법원에 제출하여야 한다.
>
> ㉡ 항소한 피고인이 교도소 또는 구치소에 있는 경우에는 원심법원에 대응한 검찰청 검사는 항소법원으로부터 그 사유를 통지받은 날부터 14일 이내에 피고인을 항소법원소재지의 교도소 또는 구치소로 이송하여야 한다.
>
> ㉢ 필요적 변호사건에서 항소법원이 국선변호인을 선정하고 피고인과 국선변호인에게 소송기록접수통지를 한 다음 피고인이 사선변호인을 선임함에 따라 국선변호인의 선정을 취소한 경우, 항소법원은 사선변호인에게 다시 소송기록접수 통지를 할 의무가 있다.
>
> ㉣ 항소법원이 피고인에게 소송기록 접수통지를 함에 있어 2회에 걸쳐 그 통지서를 송달한 경우, 항소이유서 제출기간의 기산일은 최후 송달의 효력이 발생한 날의 다음날부터이다.

① 1개   ② 2개
③ 3개   ④ 4개

40

약식절차에 대한 설명으로 가장 적절하지 <u>않은</u> 것은?

① 약식명령이 확정된 때에는 유죄의 확정판결과 동일한 효력을 가지고, 이에 대한 불복은 재심 또는 비상상고에 의한다.

② 위법수집증거배제법칙과 자백배제법칙은 물론 「형사소송법」 제312조 제3항 및 제313조를 제외한 「형사소송법」상 전문증거에 대한 규정도 약식절차에 모두 적용된다.

③ 약식절차에서 피고인은 정식재판청구권을 포기할 수 없다.

④ 약식명령에 불복하여 정식재판을 청구하는 경우 제1심 판결선고 전까지 정식재판청구를 취하할 수 있으며 정식재판을 취하한 자는 그 사건에 대하여 다시 정식재판을 청구하지 못한다.

08회 2023 경찰간부 형사법

01

죄형법정주의에 관한 설명으로 가장 적절하지 않은 것은? (다툼이 있는 경우 판례에 의함)

① 형사처벌의 근거가 되는 것은 법률과 판례이므로「형법」조항에 관한 판례의 변경은 그 법률조항 자체가 변경된 것으로 보아 행위 당시의 판례에 의하면 처벌대상이 되지 아니 하는 것으로 해석되었던 행위를 판례의 변경에 따라 확인된 내용의「형법」조항에 근거하여 처벌하는 것은 헌법상 평등의 원칙과 형벌불소급의 원칙에 반한다.

② 형벌을 신설하거나 가중하는 형법법규는 그 시행 이후에 이루어진 행위에 대하여만 적용되고 시행 이전의 행위에까지 소급하여 적용될 수 없다는 것이 소급효금지원칙인데, 이때 소급효는 형벌에 대해서 적용되며, 자유형이든, 벌금형이든, 주형이든, 부가형이든 묻지 않는다.

③ 처벌법규의 입법목적이나 그 전체적 내용, 구조 등을 살펴보아 사물의 변별능력을 제대로 갖춘 일반인의 이해와 판단으로서 그의 구성요건 요소에 해당하는 행위유형을 정형화하거나 한정할 합리적 해석기준을 찾을 수 있다면 죄형법정주의가 요구하는 형벌법규의 명확성의 원칙에 반하지 않는다.

④ 위법성 및 책임의 조각사유나 소추조건, 또는 처벌조각사유인 형면제 사유에 관하여 그 범위를 제한적으로 유추적용하게 되면 행위자의 가벌성의 범위는 확대되어 행위자에게 불리하게 되므로 유추해석금지의 원칙에 반한다.

02

위임입법에 관한 설명으로 옳은 것은 모두 몇 개인가? (다툼이 있는 경우 판례에 의함)

가. 헌법은 법률에서 구체적으로 범위를 정하여 위임받은 사항에 관하여 하위법령에 규정하는 것을 허용한다.

나. 법률의 시행령이나 시행규칙의 내용이 모법의 입법 취지와 관련 조항 전체를 유기적·체계적으로 살펴보아 모법의 해석상 가능한 것을 명시한 것에 지나지 아니하거나 모법 조항의 취지에 근거하여 이를 구체화하기 위한 것인 때에는 모법에 이에 관하여 직접 위임하는 규정을 두지 아니하였다고 하더라도 이를 무효라고 볼 수는 없다.

다. 법률의 시행령이 형사처벌에 관한 사항을 규정하면서 법률의 명시적인 위임 범위를 벗어나 그 처벌의 대상을 확장하는 것은 죄형법정주의의 원칙에도 어긋나는 것이므 로, 그러한 시행령은 위임입법의 한계를 벗어난 것으로서 무효이다.

라. 형벌법규의 위임은 특히 긴급한 필요가 있거나 미리 법률로써 자세히 정할 수 없는 부득이한 사정이 있는 경우로 한정되어야 하며, 이러한 경우에도 법률에서 범죄의 구성요건은 처벌대상행위가 어떠한 것일 것이라고 예측할 수 있을 정도로 구체적으로 정하여야 한다.

① 1개   ② 2개
③ 3개   ④ 4개

03

위험범에 관한 설명으로 옳지 않은 것을 모두 고른 것은? (다툼이 있는 경우 판례에 의함)

가. 「형법」제230조의 공문서부정행사죄는 공무원 또는 공무소의 문서 또는 도화를 부정행사함으로써 성립하는 죄로 추상적 위험범에 해당한다.

나. 「형법」제185조의 일반교통방해죄는 육로, 수로 또는 교량을 손괴 또는 불통하게 하거나 기타 방법으로 교통을 방해함으로써 성립하는 죄로 구체적 위험범에 해당한다.

다. 「형법」제158조의 장례식방해죄는 장례식을 방해함으로써 성립하는 죄로 구체적 위험범에 해당한다.

라. 「형법」제307조의 명예훼손죄는 공연히 사실 또는 허위의 사실을 적시하여 사람의 명예를 훼손함으로써 성립하는 죄로 추상적 위험범에 해당한다.

① 가, 나
② 가, 라
③ 나, 다
④ 다, 라

04

인과관계에 관한 설명으로 가장 적절하지 않은 것은? (다툼이 있는 경우 판례에 의함)

① 甲은 주식회사를 운영하면서 발주처로부터 공사완성의 대가로 공사대금을 지급받았으나, 법인 인수 과정에서 법인 등록요건 중 인력요건을 외형상 갖추기 위해 관련 자격증 소지자들로부터 자격증을 대여받은 사실을 발주처에 숨기는 행위를 하였다면, 그 기망행위와 공사대금 지급 사이에 상당인과관계가 인정된다.

② 자동차의 운전자가 통상 예견되는 상황에 대비하여 결과를 회피할 수 있는 정도의 주의의무를 다하지 못한 것이 교통사고 발생의 직접적인 원인이 되었다면, 비록 자동차가 보행자를 직접 충격한 것이 아니고 보행자가 자동차의 급정거에 놀라 도로에 넘어져 상해를 입은 경우라고 할지라도, 업무상 주의의무 위반과 교통사고 발생 사이에 상당인과관계를 인정할 수 있다.

③ 살인의 실행행위가 피해자의 사망이라는 결과를 발생하게 한 유일한 원인이거나 직접적인 원인이어야만 되는 것은 아니므로, 살인의 실행행위와 피해자의 사망과의 사이에 다른 사실이 개재되어 그 사실이 치사의 직접적인 원인이 되었다고 하더라도 그와 같은 사실이 통상 예견할 수 있는 것에 지나지 않는다면 살인의 실행행위와 피해자의 사망과의 사이에 인과관계가 인정된다.

④ 의사가 설명의무를 위반한 채 의료행위를 하였다가 환자에게 사망의 결과가 발생한 경우, 의사에게 업무상 과실로 인한 형사책임을 지우기 위해서는 의사의 설명의무 위반과 환자의 사망 사이에 상당인과관계가 존재하여야 한다.

05

고의에 관한 설명으로 옳은 것은 모두 몇 개인가? (다툼이 있는 경우 판례에 의함)

가. 부진정부작위범의 고의는 반드시 구성요건적 결과발생에 대한 목적이나 계획적인 범행 의도가 있어야 하는 것은 아니고 법익침해의 결과발생을 방지할 법적 작위의무를 가지고 있는 사람이 의무를 이행함으로써 결과발생을 쉽게 방지할 수 있었음을 예견하고도 결과 발생을 용인하고 이를 방관한 채 의무를 이행하지 아니한다는 인식을 하면 족하다.

나. 임금 등 지급의무의 존부와 범위에 관하여 다툴 만한 근거가 있다면 사용자가 그 임금 등을 지급하지 않은 데에 상당한 이유가 있다고 보아야 하므로, 사용자에게 「근로기준법」 제109조 제1항, 제36조 위반의 고의가 있었다고 보기 어렵다.

다. 살인예비죄가 성립하기 위하여는 살인죄를 범할 목적 외에도 살인의 준비에 관한 고의가 있어야 한다.

라. 고의는 객관적 구성요건요소에 관한 인식과 구성요건실현을 위한 의사를 의미하고, 「형법」 제13조에 의하면 고의가 인정되지 않은 경우 원칙적으로 처벌되지 않는다.

① 1개 ② 2개
③ 3개 ④ 4개

06

정당방위에 관한 설명으로 옳은 것은 모두 몇 개인가? (다툼이 있는 경우 판례에 의함)

가. 정당방위에서 '침해의 현재성'이란 침해행위가 형식적으로 기수에 이르렀는지에 따라 결정되는 것이 아니라 자기 또는 타인의 법익에 대한 침해상황이 종료되기 전까지를 의미한다.

나. 정당방위 상황을 이용할 목적으로 처음부터 공격자의 공격행위를 유발하는 의도적 도발의 경우라 하더라도 그 공격행위에 대해서는 방위행위를 인정할 수 있어 정당방위가 성립한다.

다. 피해자의 침해행위에 대하여 자기의 권리를 방위하기 위한 부득이한 행위가 아니고, 그 침해행위에서 벗어난 후 분을 풀려는 목적에서 나온 공격행위는 정당방위에 해당한다고 할 수 없다.

라. 정당방위의 성립요건으로서 방어행위는 순수한 수비적 방어뿐만 아니라 적극적 반격을 포함하는 반격방어의 형태도 포함되나, 그 방어행위는 자기 또는 타인의 법익침해를 방위하기 위한 행위로서 상당한 이유가 있어야 한다.

① 1개 ② 2개
③ 3개 ④ 4개

07

책임의 근거와 본질에 관한 학설의 설명으로 옳고 그름의 표시(○, ×)가 바르게 된 것은?

> 가. 책임은 자유의사를 가진 자가 그 의사에 의하여 적법한 행위를 할 수 있었음에도 불구하고 위법한 행위를 선택하였으므로 이에 대해 윤리적 비난을 가하는 것이다. ─심리적 책임론
>
> 나. 인간의 행위는 자유의사가 아니라 환경과 소질에 의해 결정되는 것으로 책임의 근거가 행위자의 반사회적 성격에 있다. ─규범적 책임론
>
> 다. 책임은 행위 당시 행위자가 가지고 있었던 고의·과실이라는 심리적 관계로 이해하여 심리적인 사실인 고의·과실이 있으면 책임이 있고, 그것이 없으면 책임도 없다. ─도의적 책임론
>
> 라. 책임을 심리적 사실관계로 보지 않고 규범적 평가관계로 이해하여 행위자가 적법행위를 할 수 있었음에도 위법행위를 한 것에 대한 규범적 비난이 책임이다. ─사회적 책임론

① 가(○), 나(○), 다(○), 라(○)
② 가(○), 나(×), 다(○), 라(×)
③ 가(×), 나(○), 다(×), 라(○)
④ 가(×), 나(×), 다(×), 라(×)

08

법률의 착오에 관한 설명으로 옳은 것은 모두 몇 개인가? (다툼이 있는 경우 판례에 의함)

> 가. 「형법」제16조의 규성은 단순한 법률의 부지를 말하는 것이 아니고, 일반적으로 범죄가 되는 경우이지만 자기의 특수한 경우에는 법령에 의하여 허용된 행위로서 죄가 되지 아니한다고 그릇 인식하고 그와 같이 그릇 인식함에 정당한 이유가 있는 경우에는 벌하지 않는다는 것이다.
>
> 나. 전송의 방법으로 공중송신권을 침해하는 게시물이나 그 게시물이 위치한 웹페이지 등에 연결되는 링크를 한 행위자가, 그 링크 사이트 운영 도중에 일시적으로 판례에 따라 그 행위가 처벌대상이 되지 않는 것으로 해석되었던 적이 있었다 하더라도 그것만으로 자신의 행위가 처벌되지 않는 것으로 믿은 데에 정당한 이유가 없다.
>
> 다. 「형법」제16조의 정당한 이유는 행위자에게 자기 행위의 위법 가능성에 대해 심사숙고하거나 조회할 수 있는 계기가 있어 자신의 지적 능력을 다하여 이를 회피하기 위한 진지한 노력을 다하였더라면 스스로의 행위에 대하여 위법성을 인식할 수 있는 가능성이 있었는데도 이를 다하지 못한 결과 자기 행위의 위법성을 인식하지 못한 것인지 여부에 따라 판단해야 한다.
>
> 라. 숙박업소에서 위성방송수신장치를 이용하여 수신한 외국의 음란한 위성방송프로그램을 투숙객 등에게 제공한 행위로 구「풍속영업의 규제에 관한 법률」제3조 제2호 위반행위를 한 피고인이 그 이전에 그와 유사한 행위로 '혐의없음' 처분을 받은 전력이 있다거나 일정한 시청차단장치를 설치하였다면 「형법」제16조의 정당한 이유가 있는 경우에 해당한다.

① 1개　　　　　　② 2개
③ 3개　　　　　　④ 4개

09

실행의 착수시기에 관한 학설의 설명으로 옳은 것은 모두 몇 개인가?

가. 형식적 객관설은 행위자가 구성요건에 해당하는 행위 또는 그 행위의 일부가 시작되었을 때 실행의 착수가 있다는 견해로 실행의 착수시기를 인정하는 시점이 너무 늦어져 미수의 범위가 좁아진다는 비판이 있다.

나. 실질적 객관설은 구성요건의 보호법익을 기준으로 하여 법익에 대한 직접적 위험을 발생시킨 객관적 행위시점에서 실행의 착수가 있다는 견해로 법익 침해의 '직접적 위험'이라는 기준이 모호하다는 비판이 있다.

다. 주관설은 범죄란 범죄적 의사의 표현이므로 범죄의사를 명백하게 인정할 수 있는 외부적 행위가 있을 때 또는 범의의 비약적 표동이 있을 때 실행의 착수가 있다는 견해로 가벌적 미수의 범위가 지나치게 확대될 수 있다.

라. 주관적(개별적) 객관설은 행위자의 전체적 범행계획에 비추어 구성요건실현에 대한 직접적 행위가 있을 때 실행의 착수가 있다는 견해로 실행의 착수에 관한 객관설과 주관설의 단점을 제거하고 양설을 타협하기 위해 제시된 절충적인 견해이다.

---

① 1개   ② 2개
③ 3개   ④ 4개

10

교사의 착오에 관한 설명으로 가장 적절하지 않은 것은? (다툼이 있는 경우 판례에 의함)

① 甲이 乙에게 강도를 교사하였는데 乙이 절도를 실행한 경우, 甲은 강도의 예비·음모죄와 절도죄의 교사범이 성립하는데, 양죄는 상상적 경합관계에 있으므로 甲은 형이 더 무거운 강도예비·음모죄로 처벌된다.

② 甲이 乙에게 절도를 교사하였는데 乙이 강간을 실행한 경우, 甲은 절도죄의 예비·음모에 준하여 처벌될 수 있는데, 절도죄의 예비·음모는 처벌규정이 없으므로 무죄가 된다.

③ 甲이 乙에게 사기를 교사하였는데 乙이 공갈을 실행한 경우, 교사내용과 실행행위의 질적 차이가 본질적이지 않으므로 甲은 교사한 범죄에 대한 교사범의 책임을 지지 않는다.

④ 甲이 乙에게 상해를 교사하였는데 乙이 살인을 실행한 경우, 甲에게 사망이라는 결과에 대하여 예견가능성이 있다면 甲을 상해치사죄의 교사범으로 처벌할 수 있다.

11

부작위범에 관한 설명으로 옳고 그름의 표시(○, ×)가 바르게 된 것은? (다툼이 있는 경우 다수설과 판례에 의함)

> 가. 어떠한 범죄가 적극적 작위에 의하여 이루어질 수 있음은 물론 결과의 발생을 방지하지 아니하는 소극적 부작위에 의하여도 실현될 수 있는 경우에, 행위자가 자신의 신체적 활동이나 물리적·화학적 작용을 통하여 적극적으로 타인의 법익 상황을 악화시킴으로써 결국 그 타인의 법익을 침해하기에 이르렀다면, 이는 작위에 의한 범죄로 봄이 원칙이다.
>
> 나. 업무상배임죄는 부작위에 의해서도 성립할 수 있는데, 그러한 부작위를 실행의 착수로 볼 수 있기 위해서는 작위의무가 이행되지 않으면 사무처리의 임무를 부여한 사람이 재산권을 행사할 수 없으리라고 객관적으로 예견되는 등으로 구성요건적 결과 발생의 위험이 구체화한 상황에서 부작위가 이루어져야 한다.
>
> 다. 부작위에 의한 교사는 교사자가 정범에게 부작위에 의하여 범죄의 결의를 일으키게 할 수 없기 때문에 불가능하지만, 부작위에 의한 방조는 방조범에게 보증인의무가 인정된다면 가능하다.
>
> 라. 부작위범에 대한 교사는 교사자가 정범에게 부작위에 나가도록 결의하게 함으로써 가능하고, 부작위범에 대한 방조는 부작위하겠다는 부작위범의 결의를 강화하는 형태의 방조도 가능하다.

① 가(○), 나(○), 다(○), 라(○)
② 가(○), 나(×), 다(○), 라(×)
③ 가(×), 나(○), 다(×), 라(○)
④ 가(×), 나(×), 다(×), 라(×)

12

포괄일죄에 관한 설명으로 가장 적절하지 않은 것은? (다툼이 있는 경우 다수설과 판례에 의함)

① 연속범은 개별적인 행위가 범죄의 요소인 구성요건에 해당하고 위법·유책해야 하며, 동일한 법익의 침해가 있어야 성립되므로 피해법익의 동일성에 따라 보호법익을 같이 하는 횡령, 배임 등의 행위와 사기의 행위는 포괄일죄를 구성한다.

② 집합범은 다수의 동종의 행위가 동일한 의사에 의하여 반복될 것이 당해 구성요건에서 당연히 예상되는 범죄를 말하며, 집합범의 종류로는 영업범과 상습범이 있다.

③ 접속범은 동일한 법익에 대하여 수개의 구성요건적 행위가 불가분하게 접속하여 행하여지는 범행형태로 같은 기회에 하나의 행위로 여러 개의 영업비밀을 취득하였다면 이는 일죄로 평가된다.

④ 결합범은 개별적으로 독립된 범죄의 구성요건에 해당하는 수개의 행위가 결합하여 일죄를 구성하는 경우로 결합범 자체는 1개의 범죄완성을 위한 수개 행위의 결합이고, 수개 행위의 불법내용을 함께 평가하는 것이므로 포괄일죄가 된다.

13

형의 시효·소멸에 관한 설명으로 가장 적절하지 않은 것은? (다툼이 있는 경우 판례에 의함)

① 3년 미만의 징역이나 금고 또는 5년 이상의 자격정지의 형을 선고하는 재판이 확정된 후 그 집행을 받지 아니하고 7년의 기간이 지나면 형의 시효는 완성된다.

② 징역형의 집행유예와 벌금형의 병과를 선고받은 자에 대하여 징역형의 집행유예의 효력을 상실케 하는 특별사면이 있었다면 그 벌금형 역시 선고의 효력이 상실된다.

③ 형의 시효는 형의 집행의 유예나 정지 또는 가석방 기타 집행할 수 없는 기간은 진행되지 아니한다.

④ 형의 시효는 형이 확정된 후 그 형의 집행을 받지 아니한 자가 형의 집행을 면할 목적으로 국외에 있는 기간 동안은 진행되지 아니한다.

14

상해의 죄에 관한 설명으로 가장 적절하지 않은 것은?
(다툼이 있는 경우 판례에 의함)

① 甲이 강간하려고 A의 반항을 억압하는 과정에서 주먹으로 A의 얼굴과 머리를 몇 차례 때려 A가 코피를 흘리고 콧등이 부은 경우라도, A가 병원치료를 받지 않아도 일상생활에 지장이 없고 또 자연적으로 치료될 수 있는 것이라면, 甲의 행위로 인해 A의 신체의 완전성이 손상되고 생활기능에 장애가 왔다거나 건강상태가 불량하게 변경되었다고 보기 어려워 강간치상죄의 '상해'에 해당하지 않는다.

② 상해죄에서 '상해'는 피해자의 신체의 완전성을 훼손하거나 생리적 기능에 장애를 초래하였는지를 객관적·일률적으로 판단할 것이 아니라 피해자의 신체·정신상의 구체적인 상태나 신체·정신상의 변화와 내용 및 정도를 종합적으로 고려하여 판단하여야 한다.

③ 피고인으로부터 왼쪽 젖가슴을 꽉 움켜잡힘으로 인하여 왼쪽 젖가슴에 약 10일간의 치료를 요하는 좌상을 입고, 심한 압통과 약간의 종창이 있어 그 치료를 위하여 병원에서 주사를 맞고 3일간 투약을 한 경우, 피해자는 위와 같은 상처로 인하여 신체의 건강상태가 불량하게 변경되고 생활기능에 장애가 초래되었다 할 것이어서 이는 강제추행치상죄에 있어서의 '상해'의 개념에 해당한다 할 것이다.

④ 오랜 시간 동안의 협박과 폭행을 이기지 못하고 실신한 피해자가 범인들이 불러온 구급차 안에서야 정신을 차리게 되었다면, 비록 외부적으로 어떤 상처가 발생하지 않았다고 하더라도 생리적 기능에 훼손을 입어 신체에 대한 '상해'가 있었다고 봄이 상당하다.

15

폭행의 죄에 관한 설명으로 가장 적절하지 않은 것은?
(다툼이 있는 경우 판례에 의함)

① 폭행죄에서 말하는 '폭행'이란 사람의 신체에 대하여 육체적·정신적으로 고통을 주는 유형력을 행사함을 뜻하는 것으로서 반드시 피해자의 신체에 접촉함을 필요로 하는 것은 아니다.

② 폭행죄는 피해자의 명시한 의사에 반하여 공소를 제기할 수 없는 반의사불벌죄로서, 피해자가 사망한 경우, 그 상속인이 피해자를 대신하여 처벌불원의 의사표시를 할 수 없다.

③ 甲이 전화기를 이용하여 전화하면서 고성을 내거나 그 전화대화를 녹음 한 후 A에게 듣게 한 경우, 甲이 A의 청각기관을 자극하거나 고통을 느끼게 할 정도의 특수한 방법을 사용하였다는 특별한 사정이 없는 한 신체에 대한 유형력을 행사한 것으로 볼 수 없다.

④ 상대방의 시비를 만류하면서 조용히 애기나 하자며 그의 팔을 2, 3회 끈 행위는, 사람의 신체에 대한 불법한 공격으로 「형법」 제260조 제1항 소정의 폭행죄에 해당한다.

16

업무상과실치사상죄에 관한 설명으로 가장 적절하지 않은 것은? (다툼이 있는 경우 판례에 의함)

① 초등학교 6학년생이 수영장 안에 엎어져 있는 것을 수영장 안전요원이 발견하여 인공호흡을 실시한 뒤 의료기관에 후송하였으나 후송도중 사망한 경우, 그 사망의 원인이 구체적으로 밝혀지지 않은 상태에서 수영장 안전요원과 수영장 관리책임자에게 업무상주의의무를 게을리 한 과실이 있다고 볼 수 없다.

② 화물차주 甲이 화물차를 주차하고 적재함에 적재된 토마토상자를 운반하던 중 적재된 상자 일부가 떨어지면서 지나가던 A에게 상해를 입힌 경우, 「교통사고처리특례법」에 정한 '교통사고'에 해당하여 업무상과실치상죄가 성립한다.

③ 내과의사가 신경과 전문의에 대한 협의진료결과와 환자에 대한 진료경과 등을 신뢰하여 뇌혈관계통 질환의 가능성을 염두에 두지 않고 내과 영역의 진료행위를 계속하다가 환자의 뇌지주막하출혈을 발견하지 못하여 식물상태에 이르게 한 경우, 업무상주의의무위반이 인정되지 않는다.

④ 간호사가 의사의 처방에 의한 정맥주사(Side Injection 방식)를 의사의 입회 없이 간호실습생에게 실시하게 하여 의료사고가 발생한 경우, 그 사고에 대한 의사의 과실은 부정된다.

17

체포와 감금의 죄에 관한 설명으로 가장 적절하지 않은 것은? (다툼이 있는 경우 판례에 의함)

① 체포죄는 사람의 신체에 대하여 직접적이고 현실적인 구속을 가하여 신체활동의 자유를 박탈하는 죄로서, 그 실행의 착수 시기는 체포의 고의로 타인의 신체적 활동의 자유를 현실적으로 침해하는 행위를 개시한 때이다.

② 체포죄는 계속범으로서 체포의 행위에 확실히 사람의 신체의 자유를 구속한다고 인정할 수 있을 정도의 시간적 계속이 있어야 기수에 이르고, 신체의 자유에 대한 구속이 그와 같은 정도에 이르지 못하고 일시적인 것으로 그친 경우에 체포죄의 미수범이 성립할 뿐이다.

③ 구 「정신보건법」(2015. 1. 28. 법률 제13110호로 개정되기 전의 것) 제23조 제2항에 따르면 정신의료기관의 장이 자의로 입원한 환자의 퇴원 요구에 불응하고 방치한 경우에도 감금죄가 성립하는 것은 아니다.

④ 승용차로 피해자를 가로막아 승차하게 한 후 피해자의 하차 요구를 무시한 채 당초 목적지가 아닌 다른 장소를 향하여 시속 약 60km 내지 70km의 속도로 진행하여 피해자를 차량에서 내리지 못하게 한 경우, 감금죄에 해당한다.

18

협박과 강요의 죄에 관한 설명으로 가장 적절한 것은? (다툼이 있는 경우 판례에 의함)

① 甲이 A에게 공포심을 일으키게 하기에 충분한 해악을 고지하였으나, A가 현실적으로 공포심을 일으키지 않았어도, 그 의미를 인식한 이상 甲의 행위는 협박미수죄에 해당한다.

② 강요죄에서의 폭행은 사람에 대한 직접적인 유형력의 행사를 의미하고 사람의 신체에 대한 것이어야 한다.

③ 甲이 A를 폭행하였으나 그의 권리행사를 방해함이 없이 법률상 의무 있는 일을 하게 한 경우에는 강요죄가 성립할 여지가 없다.

④ 공무원 甲이 자신의 직무와 관련한 상대방 A에게 자신을 위하여 재산적 이익을 제공할 것을 요구하고 A는 甲의 지위에 따른 직무에 관하여 어떠한 이익을 기대하며 그에 대한 대가로서 요구에 응하였다면, 비록 甲의 요구 행위를 해악의 고지로 인정될 수 없다 하더라도 강요죄의 성립에는 아무런 지장을 주지 않는다.

19

명예의 죄에 관한 설명으로 가장 적절하지 않은 것은?
(다툼이 있는 경우 판례에 의함)

① 甲이 제3자에게 A가 乙을 선거법 위반으로 고발하였다는 말만 하고 그 고발의 동기나 경위에 관하여는 언급하지 않았다고 하더라도, 그 자체만으로 A의 사회적 가치나 평가를 침해하기에 충분한 구체적인 사실이 적시되었다고 볼 수 있어, 甲에게는 명예훼손죄가 성립한다.

② 명예훼손죄 성립에 필요한 '사실의 적시'의 정도는 특정인의 사회적 가치 내지 평가가 침해될 가능성이 있을 정도로 구체성을 띠어야 하고, 반드시 그러한 사실이 직접적으로 명시되어 있지 않더라도, 적어도 내용 중의 특정 문구에 의하여 그러한 사실이 곧바로 유추될 수 있을 정도는 되어야 한다.

③ 정보통신망을 이용한 명예훼손의 경우에도 서적·신문 등 기존의 매체에 명예훼손적 내용의 글을 게시하는 경우와 마찬가지로 그 게시행위로써 명예훼손의 범행은 종료된다.

④ 인터넷 신문사 소속 기자 A가 인터넷 포털 사이트의 '핫이슈' 난에 제품의 안정성에 관한 논란이 되고 있는 제품을 옹호하는 기사를 게재하자, 그 기사를 읽은 상당수의 독자들이 '네티즌 댓글' 난에 A를 비판하는 댓글을 달고 있는 상황에서 甲이 "이런걸 기레기라고 하죠?" 라는 댓글을 게시한 경우, 이는 모욕적 표현에 해당하나 사회상규에 위배되지 않는 행위로서 「형법」 제20조에 의하여 위법성이 조각된다.

20

신용과 업무의 죄에 관한 설명으로 가장 적절하지 않은 것은? (다툼이 있는 경우 판례에 의함)

① 컴퓨터등업무방해죄가 성립하기 위해서는 가해행위의 결과 정보처리장치가 그 사용목적에 부합하는 기능을 하지 못하거나 사용목적과 다른 기능을 하는 등 정보처리의 장애가 현실적으로 발생하였을 것을 요한다.

② 학칙에 따라 입학에 관한 업무가 총장 甲의 권한에 속한다고 하더라도 그 중 면접업무가 면접위원 A에게 위임되었다면, 그 위임된 업무는 A의 독립된 업무에 속하므로 甲과의 관계에서도 업무방해죄의 객체인 타인의 업무에 해당한다.

③ 甲이 무자격자에 의해 개설된 의료기관에 고용된 의료인 A의 진료업무를 방해한 경우, A의 진료업무가 업무방해죄의 보호대상이 되는 업무에 해당하여 甲을 업무방해죄로 처벌하기 위해서는 의료기관의 개설·운영 형태, 해당 의료기관에서 이루어지는 진료의 내용과 방식, 甲의 행위로 인하여 방해되는 업무의 내용 등 사정을 종합적으로 고려하여 판단해야 한다.

④ 비록 다른 사람이 작성한 논문을 피고인 단독 혹은 공동으로 작성한 논문인 것처럼 학술지에 제출·발표한 논문연구실적을, 부교수 승진심사 서류에 포함하여 제출하였다고 하더라도, 당해 논문을 제외한 다른 논문만으로도 부교수 승진요건을 월등히 충족하고 있었다면 위계에 의한 업무방해죄가 성립하지 않는다.

21

강간과 추행의 죄에 관한 설명으로 가장 적절하지 않은 것은? (다툼이 있는 경우 판례에 의함)

① 강간죄에서의 폭행·협박과 간음 사이에는 인과관계가 있어야 하나, 폭행·협박이 반드시 간음행위보다 선행되어야 하는 것은 아니다.

② 피해자가 깊은 잠에 빠져 있거나 술·약물 등에 의해 일시적으로 의식을 잃은 상태 또는 완전히 의식을 잃지는 않았더라도 그와 같은 사유로 정상적인 판단능력과 대응·조절능력을 행사할 수 없는 상태에 있었다면, 이는 준강간죄 또는 준강제추행죄에서의 심신상실 또는 항거불능 상태에 해당한다.

③ 甲이 아파트 놀이터의 의자에 앉아 전화통화를 하고 있던 A의 등 뒤로 몰래 다가가 성기를 드러내고 A의 머리카락 및 옷 위에 소변을 본 경우, 甲의 행위가 A의 성적 자기결정권을 침해하는 추행행위에 해당하기 위해서는 甲의 행위 당시 A가 이를 인식해야 한다.

④ 甲은 A가 심신상실 또는 항거불능의 상태에 있다고 인식하고 그러한 상태를 이용하여 간음할 의사로 A를 간음하였으나, A가 실제로는 심신상실 또는 항거불능의 상태에 있지 않은 경우 준강간죄의 불능미수가 성립한다.

22

절도와 강도의 죄에 관한 설명으로 옳은 것은 모두 몇 개인가? (다툼이 있는 경우 판례에 의함)

> 가. 작성권한 없는 자에 의하여 위조된 유가증권이라고 하더라도 절차에 따라 몰수되기까지는 그 소지자의 점유를 보호하여야 한다는 점에서 절도죄의 객체가 될 수 있다.
>
> 나. 강도범행 이후에도 피해자를 계속 끌고 다니거나 차량에 태우고 함께 이동하는 등으로 강도범행으로 인한 피해자의 심리적 저항불능 상태가 해소되지 않은 상태에서 강도범인의 상해행위가 있었다면 강취행위와 상해행위 사이에 다소의 시간적·공간적 간격이 있었으므로 강도상해죄가 성립하지 않는다.
>
> 다. 甲이 A의 방에서 A를 살해한 후 불법영득의사가 생겨 비로소 A의 물건을 가지고 나온 경우, 그 물건에 대한 A의 점유가 계속되고 있어 甲의 행위는 절도죄에 해당한다.
>
> 라. 절도 습벽의 발현으로 절도, 야간주거침입절도, 특수절도, 자동차등불법사용의 범행을 함께 저지른 경우, 자동차등 불법사용의 범행은 상습절도 등의 죄에 흡수되어 1죄만이 성립하고 이와 별개로 자동차등불법사용죄가 성립하는 것은 아니다.

① 1개   ② 2개
③ 3개   ④ 4개

23

사기와 공갈의 죄에 관한 설명으로 옳은 것은 모두 몇 개인가? (다툼이 있는 경우 판례에 의함)

가. 부동산에 대한 공갈죄는 그 부동산에 관하여 소유권이전 등기를 경료받거나 또는 인도를 받은 때에 기수로 되는 것이고, 소유권이전등기에 필요한 서류를 교부받은 때에 기수로 되어 그 범행이 완료되는 것은 아니다.

나. 피해자 법인이나 단체의 대표자 또는 실질적으로 의사결정을 하는 최종결재권자 등 기망의 상대방이 기망행위자와 동일인이거나 기망행위자와 공모하는 등 기망행위를 알고 있었던 경우에는 사기죄가 성립할 여지가 없다.

다. 사기죄에서 그 대가가 일부 지급되거나 담보가 제공된 경우에도 편취액은 피해자로부터 교부된 금원으로부터 그 대가 또는 담보 상당액을 공제한 차액이 아니라 교부받은 금원 전부라고 보아야 한다.

라. A가 甲의 돈을 절취한 다음 다른 금전과 섞거나 교환하지 않고 쇼핑백에 넣어 자신의 집에 숨겨두었는데 乙이 甲의 지시를 받아 A에게 겁을 주어 쇼핑백에 들어 있던 절취된 돈을 교부받았다고 하더라도 乙에게 공갈죄가 성립하지 않는다.

① 1개   ② 2개
③ 3개   ④ 4개

24

횡령과 배임의 죄에 관한 설명으로 옳은 것은 모두 몇 개인가? (다툼이 있는 경우 판례에 의함)

가. 건물의 임차인 甲이 임대인 A에 대한 임대차 보증금반환채권을 B에게 양도하고, 이를 A에게 통지하지 않고, A로부터 남아있던 임대차보증금을 반환받아 甲이 소비한 경우 횡령죄가 성립하지 않는다.

나. 직무발명에 대한 권리를 사용자 등에게 승계한다는 취지를 정한 약정 또는 근무규정의 적용을 받는 종업원 등이 직무발명의 완성 사실을 사용자 등에게 통지하지 아니한 채 그에 대한 특허를 받을 수 있는 권리를 제3자에게 이중으로 양도하여 제3자가 특허권 등록까지 마치도록 하는 등으로 발명의 내용이 공개되도록 한 경우, 배임죄가 성립한다.

다. 채무자가 본인 소유의 동산을 채권자에게 「동산·채권 등의 담보에 관한 법률」에 따른 동산담보로 제공한 경우, 채무자가 담보물을 제3자에게 처분하는 등으로 담보가치를 감소 또는 상실시켜 채권자의 담보권 실행이나 이를 통한 채권실현에 위험을 초래하더라도 배임죄는 성립하지 않는다.

라. 甲이 범죄수익 등의 은닉을 위해 乙로부터 교부받은 무기명 양도성예금증서를 현금으로 교환하여 임의로 소비하였다면 횡령죄가 성립한다.

① 1개   ② 2개
③ 3개   ④ 4개

25

방화의 죄에 관한 설명으로 가장 적절하지 않은 것은? (다툼이 있는 경우 판례에 의함)

① 「형법」상 방화죄의 객체인 '건조물'은 토지에 정착되고 벽 또는 기둥과 지붕 또는 천장으로 구성되어 사람이 내부에 기거하거나 출입할 수 있는 공작물을 말하고, 반드시 사람의 주거용이어야 하는 것은 아니라도 사람이 사실상 기거·취침에 사용할 수 있는 정도는 되어야 한다.

② 모텔에 투숙한 甲은 담배를 피운 후 담뱃불이 완전히 꺼졌는지 여부를 확인하지 않고 잠이든 사이 담뱃불이 휴지와 침대시트에 옮겨 붙어 화재가 발생하였고, 그 사실을 알면서 甲이 모텔을 빠져나오면서도 모텔 주인이나 다른 투숙객들에게 이를 알리지 않은 甲의 행위는 부작위에 의한 현주건조물방화치사상죄에 해당한다.

③ 甲은 A의 재물을 강취한 후 그를 살해할 목적으로 현주건조물에 방화하여 사망케 한 경우, 甲의 행위는 강도살인죄와 현주건조물방화치사죄에 모두에 해당하고 그 두 죄는 상상적 경합범관계에 있다.

④ 공무집행을 방해하는 집단행위 과정에서 일부 집단원인 甲이 고의로 방화행위를 하여 사상의 결과를 초래한 경우, 방화행위 자체에 공모가담한 바 없고, 그 결과 발생 또한 예견할 수 없었던 乙을 방화치상죄로 처벌할 수 없다.

26

공문서에 관한 죄의 설명으로 가장 적절하지 않은 것은? (다툼이 있는 경우 판례에 의함)

① 甲이 기왕에 습득한 타인의 주민등록증을 가족의 것이라고 제시하면서 그 주민등록증상의 명의 또는 가명으로 이동전화 가입신청을 한 경우, 타인의 주민등록증을 본래의 사용용도인 신분확인용으로 사용한 것이라고 볼 수 없어 공문서부정행사죄가 성립하지 않는다.

② 공무원이 위법사실을 발견하고도 직무상 의무에 따른 적절한 조치를 취하지 아니하고 위법사실을 적극적으로 은폐할 목적으로 허위공문서를 작성·행사한 경우, 직무위배의 위법상태는 허위공문서작성 당시부터 그 속에 포함되는 것이므로 작위범인 허위공문서작성, 동 행사죄만이 성립하고 부작위범인 직무유기죄는 따로 성립하지 않는다.

③ 주식회사의 발기인 등이 법령에 정한 회사설립의 요건과 절차에 따라 회사설립등기를 함으로써 회사가 성립하였다고 볼 수 있는 경우, 회사를 설립할 당시 회사를 실제로 운영할 의사 없이 회사를 이용한 범죄 의도나 목적이 있었다는 이유만으로는 공정증서원본 불실기재죄에서 말하는 불실의 사실을 법인등기부에 기록하게 한 것으로 볼 수 없다.

④ 공문서의 작성권한이 있는 A의 직무를 보좌하는 공무원 甲이 비공무원 乙과 공모하여 행사할 목적으로 허위의 내용이 기재된 문서 초안을 그 정을 모르는 A에게 제출하여 결재하도록 하는 방법으로 허위의 공문서를 작성하게 한 경우, 甲은 허위공문서작성죄의 간접정범이 될 수 있지만 신분이 없는 乙은 간접정범의 공범이 될 수 없다.

27

공무방해에 관한 죄에 설명으로 가장 적절하지 않은 것은? (다툼이 있는 경우 판례에 의함)

① 국민권익위원회 운영지원과 소속 기간제근로자로서 청사 안전관리 및 민원인 안내 등의 사무를 담당한 A의 공무집행을 甲이 방해한 경우, A는 법령의 근거에 기하여 국가 등의 사무에 종사하는 「형법」상 공무원으로 보기 어려워, 甲을 공무집행방해죄로 처벌할 수 없다.

② 법령에서 일정한 행위를 금지하면서 이를 위반하는 행위에 대한 벌칙을 정하고 공무원 A로 하여금 그 금지규정의 위반여부를 감시·단속하도록 한 경우, A의 감시·단속을 단순히 피하여 금지규정을 위반한 甲의 행위는 위계에 의한 공무집행방해죄에 해당한다.

③ 甲의 집이 소란스럽다는 주민들의 112신고를 받고 출동한 경찰관 A가 甲에게 인터폰으로 문을 열어달라고 하였으나 욕설을 하고 문을 열어주지 않아, A가 甲을 만나기 위해 전기차단기를 내리자 화가 난 甲이 식칼을 들고 나와 욕설을 하면서 A를 향해 찌를 듯이 협박한 경우, 특수공무집행방해죄에 해당한다.

④ 도심광장에 무단설치된 천막에 대해 「행정대집행법」이 정한 계고 및 대집행영장에 의한 통지절차를 거치지 아니하고 행하는 공무원 A의 철거대집행에 대항하여, 甲이 A에게 폭행·협박을 가한 행위는 특수공무집행방해죄에 해당하지 않는다.

28

위증과 무고의 죄에 관한 설명으로 가장 적절하지 않은 것은? (다툼이 있는 경우 판례에 의함)

① 무고죄의 범의는 반드시 확정적 고의일 필요가 없고 미필적 고의로도 충분하다. 이에 신고자가 허위라고 확신한 사실을 신고한 경우와 달리 진실하다는 확신 없는 사실을 신고한 경우에는 무고죄의 범의를 인정할 수 없다.

② 모해위증죄에 있어서 '모해할 목적'은 허위의 진술을 함으로써 피고인에게 불리하게 될 것이라는 인식이 있으면 충분하고, 그 결과의 발생까지 희망할 필요는 없다.

③ 증인신문절차에서 법률에 규정된 증인 보호를 위한 규정이 지켜진 것으로 인정되지 않은 경우라도, 당해 사건에서 증인 보호에 사실상 장애가 초래되었다고 볼 수 없는 경우에까지 예외없이 위증죄의 성립이 부정되는 것은 아니다.

④ 성폭행 등의 피해를 입었다는 신고사실에 관하여 불기소처분 내지 무죄판결이 내려졌다고 하여, 그 자체를 무고를 하였다는 적극적인 근거로 삼아 신고내용을 허위라고 단정하여서는 아니 된다.

29

검사와 사법경찰관의 수사권에 관한 설명으로 가장 적절하지 않은 것은?

① 사법경찰관은 피의자를 신문하기 전에 수사과정에서 법령위반, 인권침해 또는 현저한 수사권 남용이 있는 경우 '검사에게 구제를 신청할 수 있음'을 피의자에게 알려주어야 하며, 이때 사법경찰관은 피의자로부터 고지 확인서를 받아 사건기록에 편철하여야 한다.

② 검사와 사법경찰관은 수사 및 공소제기 뿐만 아니라 공소유지에 관하여도 서로 협력하여야 한다.

③ 검사와 사법경찰관은 수사를 할 때 물적 및 인적 증거를 기본으로 하여 객관적이고 신빙성 있는 증거를 발견하고 수집하기 위해 노력하여 실체적 진실을 발견하여야 한다.

④ 검사는 사법경찰관과 동일한 범죄사실을 수사하게 된 때에는 사법경찰관에게 사건을 송치할 것을 요구할 수 있으며 송치요구를 받은 사법경찰관은 지체없이 검사에게 사건을 송치하여야 하나, 검사가 영장을 청구하기 전에 동일한 범죄사실에 관하여 사법경찰관이 영장을 신청한 경우에는 해당 영장에 기재된 범죄사실을 계속 수사할 수 있다.

30

고소에 관한 설명으로 옳은 것을 모두 고른 것은? (다툼이 있는 경우 판례에 의함)

> 가. 고소는 어떤 범죄사실 등이 구체적으로 특정되어야 하는데, 그 특정의 정도는 범인의 동일성을 식별할 수 있을 정도로 인식하면 족하고 범인의 성명이 불명 또는 오기가 있었다거나, 범행일시·장소·방법 등이 명확하지 않거나 틀리는 것이 있다고 하더라도 고소의 효력에는 영향이 없다.
>
> 나. 법원이 선임한 부재자 재산관리인은 관리대상 재산에 관한 범죄행위에 대하여 법원으로부터 고소권행사 허가를 받은 경우, 독립하여 고소권을 가지는 법정대리인에 해당한다.
>
> 다. 고소조서는 반드시 독립된 조서일 필요가 없으므로 참고인으로 조사하는 과정에서 고소권자가 처벌을 희망하는 의사표시를 하고 그 의사표시가 참고인진술조서에 기재된 경우에도 고소는 유효하나, 다만 그러한 의사표시가 사법경찰관의 질문에 답하는 형식으로 이루어진 것은 유효하지 않다.
>
> 라. 친고죄 피해자 A의 법정대리인 甲의 고소기간은 甲이 범인을 알게 된 날로부터 진행하고, A가 변호사 乙을 선임하여 乙이 고소를 제기한 경우에는 乙이 범인을 알게 된 날부터 고소기간이 기산된다.
>
> 마. 관련 민사사건에서 제1심판결 선고 전에 '이 사건과 관련하여 서로 상대방에 대하여 제기한 형사 고소 사건의 일체를 모두 취하한다'는 내용이 포함된 조정이 성립되었다면, 조정 성립 후 고소인이 제1심 법정에서 여전히 피고인의 처벌을 원한다는 취지로 진술하더라도 고소를 취소한 것으로 볼 수 있다.

① 가, 나
② 가, 나, 다
③ 다, 라, 마
④ 가, 나, 라, 마

31

수사의 방법에 관한 설명으로 가장 적절하지 않은 것은? (다툼이 있는 경우 판례에 의함)

① 「형사소송법」에서 규정하고 있는 임의수사로는 피의자신문, 참고인조사, 공무소 등에 대한 사실조회, 감정·통역·번역의 위촉이 있다.

② 수사기관이 범죄를 수사함에 있어 현재 범행이 행하여지고 있거나 행하여진 직후이고, 증거보전의 필요성 및 긴급성이 있으며 일반적으로 허용되는 상당한 방법에 의하여 촬영을 한 경우에는, 그 촬영행위가 영장 없이 이루어졌다 하여 이를 위법하다고 할 수 없다.

③ 마약류사범인 수형자에게 마약류반응검사를 위해 소변을 받아 제출하도록 하는 것은 법관의 영장을 필요로 하는 강제처분이므로 구치소 등 교정시설 내에서 소변채취가 법관의 영장 없이 실시된 경우에는 영장주의 원칙에 반한다.

④ 피의자의 진술은 조서에 기재하여야 하며, 조서를 열람하게 하거나 읽어 들려주는 과정에서 피의자가 이의를 제기하거나 의견을 진술한 때에는 이를 조서에 추가로 기재하여야 한다.

32

피의자신문에 관한 설명으로 가장 적절하지 않은 것은? (다툼이 있는 경우 판례에 의함)

① 검사 또는 사법경찰관은 피의자신문 전에 진술거부권과 신문받을 때 변호인의 조력을 받을 수 있음을 고지해야 하나, 이러한 권리를 행사할 것인지의 여부에 대한 피의자의 답변을 반드시 조서에 기재할 필요는 없다.

② 검사 또는 사법경찰관은 조사, 신문, 면담 등 그 명칭을 불문하고 피의자에 대해 원칙적으로 오후 9시부터 오전 6시까지 사이에는 심야조사를 해서는 안 되며, 조서를 열람하거나 예외적으로 심야조사가 허용되는 경우를 제외하고는 총조사시간은 12시간을 초과하지 않아야 한다.

③ 변호인의 수사방해나 수사기밀의 유출에 대한 우려가 없고, 조사실의 장소적 제약 등이 없음에도 수사관이 피의자신문에 참여한 변호인에게 '피의자 후방에 앉으라'고 요구한 행위는 변호인의 변호권을 침해하는 것이다.

④ 피의자의 진술은 피의자 또는 변호인의 동의 없이도 영상을 녹화할 수 있으나, 다만 미리 영상녹화사실을 알려주어야 하며 조사의 개시부터 종료까지의 전 과정 및 객관적 정황을 영상녹화해야 한다.

33

체포에 관한 설명으로 가장 적절하지 않은 것은? (다툼이 있는 경우 판례에 의함)

① 피의자가 죄를 범하였다고 의심할 만한 상당한 이유가 있고 정당한 이유 없이 출석요구에 응하지 아니하거나 응하지 아니할 우려가 있는 때라고 하더라도 명백히 체포의 필요가 없다고 인정되는 때에는 체포영장 청구를 받은 지방법원판사는 체포영장의 청구를 기각하여야 한다.

② 검사 또는 사법경찰관은 긴급체포되었다가 구속영장이 청구되지 아니하여 석방된 자를 영장 없이는 동일한 범죄사실에 관하여 다시 체포하지 못한다.

③ 체포영장의 청구서에는 체포사유로서 도망이나 증거인멸의 우려가 있는 사유를 기재하여야 한다.

④ 체포영장을 집행하는 경우 피의자에게 반드시 체포영장을 제시하고 그 사본을 교부하여야 하며 신속히 지정된 법원 기타 장소에 인치하여야 한다.

34

구속에 관한 설명으로 옳고 그름의 표시(○, ×)가 바르게 된 것은? (다툼이 있는 경우 판례에 의함)

가. 수사기관의 청구에 의하여 발부하는 구속영장은 허가장으로서의 성질을 가지며, 법원이 직권으로 발부하는 영장은 명령장으로서의 성질을 가진다.

나. 구속기간이 만료될 무렵에 종전 구속영장에 기재된 범죄사실과 다른 범죄사실로 다시 구속영장을 집행하는 것은 위법하다.

다. 적법하게 체포된 피의자에 대하여 구속영장을 청구받은 판사는 필요하다고 인정되는 때에는 지체 없이 영장실질 심사를 위하여 피의자를 심문할 수 있으며, 심문할 피의자에게 변호인이 없는 때에는 판사는 직권으로 변호인을 선정하여야 한다.

라. 구속 전 피의자심문을 하는 경우 법원이 구속영장 청구서·수사관계 서류 및 증거물을 접수한 날부터 구속영장을 발부하여 검찰청에 반환한 날까지의 기간은 사법경찰관 및 검사의 피의자 구속기간에 산입하지 아니한다.

마. 피의자에 대한 심문절차는 공개하지 아니하지만, 판사는 상당하다고 인정하는 경우에는 일반인의 방청을 허가할 수 있다.

---

① 가(×), 나(×), 다(○), 라(×), 마(×)
② 가(○), 나(×), 다(○), 라(○), 마(○)
③ 가(○), 나(○), 다(×), 라(○), 마(○)
④ 가(○), 나(×), 다(×), 라(○), 마(×)

35

압수·수색에 관한 설명으로 옳은 것은 모두 몇 개인가? (다툼이 있는 경우 판례에 의함)

> 가. 압수·수색영장의 집행 과정에서 피압수자의 지위가 참고인에서 피의자로 전환될 수 있는 증거가 발견되었더라도 그 증거가 압수·수색영장에 기재된 범죄사실과 객관적으로 관련되어 있다면 이는 압수·수색영장의 집행 범위 내에 있으므로 다시 피압수자에 대하여 영장을 발부받을 필요는 없다.
>
> 나. 수사기관이 압수·수색에 착수하면서 그 장소의 관리책임자에게 압수·수색영장을 제시하였더라도, 물건을 소지하고 있는 다른 사람으로부터 이를 압수하고자 하는 때에는 그 소지자에게 따로 영장을 제시하여야 한다.
>
> 다. 수사기관이 휴대전화 등을 압수할 당시 압수당한 피의자가 수사기관에게 압수·수색영장의 구체적인 확인을 요구하였으나 수사기관이 영장의 범죄사실 기재 부분을 보여주지 않고 겉표지만 보여 주었다 하더라도, 그 후 변호인이 피의자조사에 참여하면서 영장을 확인하였다면 위 압수처분의 위법성은 치유된다.
>
> 라. 수사기관이 압수·수색영장을 제시하고 집행에 착수하여 압수·수색을 실시하고 그 집행을 종료하였으나 동일한 장소 또는 목적물에 대하여 다시 압수·수색할 필요가 있는 경우, 앞서 발부받은 압수·수색영장의 유효기간이 남아있다면 그 영장을 제시하고 다시 압수·수색을 할 수 있다.

① 1개   ② 2개
③ 3개   ④ 4개

36

전자정보의 압수·수색절차에 관한 설명으로 옳은 것은 모두 몇 개인가? (다툼이 있는 경우 판례에 의함)

> 가. 수사기관이 임의제출받은 정보저장매체가 대부분 임의제출에 따른 적법한 압수의 대상이 되는 전자정보만이 저장되어 있어서 그렇지 않은 전자정보와 혼재될 여지가 거의 없는 경우라 하더라도, 전자정보인 이상 소지·보관자의 임의제출에 따른 통상의 압수절차 외에 피압수자에게 참여의 기회를 보장하지 않았고 전자정보 압수목록을 작성·교부하지 않았다면 곧바로 증거능력을 인정할 수 없다.
>
> 나. 압수물 목록은 수사기관의 압수 직후 현장에서 바로 작성하여 교부해야 하는 것이 원칙인데, 압수된 정보의 상세목록에는 정보의 파일명세가 특정되어 있어야 하고 수사기관은 이를 출력한 서면을 교부해야 하며, 이를 전자파일 형태로 복사해 주거나 이메일을 전송하는 등의 방식으로 교부해서는 안 된다.
>
> 다. 정보저장매체를 임의제출한 피압수자와 임의제출자 아닌 피의자에게도 참여권이 보장되어야 하는 '피의자 소유·관리에 속하는 정보저장매체'에 해당하는지 여부는 압수·수색 당시 외형적·객관적으로 인식가능한 사실상의 상태를 기준으로 판단하는 것이 아니라 민사법상 권리의 귀속에 따른 법률적·사후적 판단을 기준으로 판단하여야 한다.
>
> 라. 압수·수색영장에 적힌 '압수할 물건'에 컴퓨터 등 정보처리장치 저장 전자정보만 기재되어 있고 별도로 원격지 서버 저장의 전자정보가 특정되어 있지 않았다 하더라도, 영장에 기재된 해당 컴퓨터 등 정보처리장치를 이용하여 로그인되어 있는 상태의 원격지 서버 저장 전자정보를 압수한 경우는 영장주의 원칙에 반하지 않는다.
>
> 마. 수사기관이 압수·수색·검증 영장을 발부받은 후 그 집행현장에서 정보저장매체에 기억된 정보 중에서 키워드 또는 확장자 검색 등을 통해 범죄 혐의사실과 관련 있는 정보를 선별한 다음 정보저장매체와 동일하게 비트열 방식으로 복제하여 생성한 파일을 제출받아 적법하게 압수 하였다면, 수사기관은 수사기관 사무실에서 위와 같이 압수된 이미지 파일을 탐색·복제·출력하는 과정에서 피의자 등에게 참여의 기회를 보장해야 하는 것은 아니다.

① 1개   ② 2개
③ 3개   ④ 4개

37

전문증거에 관한 설명으로 가장 적절하지 않은 것은? (다툼이 있는 경우 판례에 의함)

① 현장사진 중 '사진 가운데에 위치한 촬영일자' 부분이 조작된 것이라고 다투는 경우, 위 '현장사진의 촬영일자'는 전문법칙이 적용된다.

② 어떤 진술이 기재된 서류가 그 내용의 진술을 하였다는 사실 자체에 대한 정황증거로 사용되었다 하더라도, 그 서류가 다시 진술내용이나 그 진실성을 증명하는 간접사실로 사용 되는 경우에는 전문증거에 해당하므로 전문법칙이 적용된다.

③ 피고인 아닌 자의 공판기일에서의 진술이 피고인 아닌 타인의 진술을 그 내용으로 하는 경우 「형사소송법」 제316조 제2항이 요구하는 특히 신빙할 수 있는 상태 하에서 행하여졌음에 대한 증명은 단지 그러한 개연성이 있다는 정도로 족하며 합리적인 의심의 여지를 배제하는 정도에 이를 필요는 없다.

④ 피고인 아닌 자의 진술이 기재된 조서에 원진술자가 실질적 진정 성립을 부인하더라도 영상녹화물 또는 그 밖의 객관적인 방법에 의하여 증명하는 방법이 있는데, 여기서 '그 밖의 객관적인 방법'이라 함은 영상녹화물에 준할 정도로 피고인의 진술을 과학적·기계적·객관적으로 재현해 낼 수 있는 방법만을 의미하며 조사관 또는 조사과정에 참여한 통역인 등의 증언은 이에 해당한다고 볼 수 없다.

38

수사의 종결에 관한 설명으로 옳고 그름의 표시(○, ×)가 바르게 된 것은? (다툼이 있는 경우 판례에 의함)

가. 고소인과 고발인은 사법경찰관으로부터 사건불송치 통지를 받은 경우에 해당 사법경찰관의 소속 관서의 장에게 이의를 신청할 수 있다.

나. 사법경찰관은 범죄혐의가 인정되지 않는다고 판단하는 경우 검사에게 사건을 송치할 필요는 없으나, 불송치결정서와 함께 압수물 총목록, 기록목록 등 관계서류와 증거물을 검사에게 송부하여야 한다.

다. 검사의 불기소처분에 의해 기본권을 침해받은 자는 헌법소원을 제기할 수 있으므로 고소하지 않은 피해자 및 기소유예 처분을 받은 피의자는 헌법소원을 제기할 수 있으나 고발인은 특별한 사정이 없는 한 자기관련성이 없으므로 헌법소원심판을 청구할 수 없다.

라. 검사의 불기소처분에 대한 헌법소원에 있어서 그 대상이 된 범죄에 대하여 공소시효가 완성되었더라도 헌법소원을 제기할 수 있다.

① 가(○), 나(×), 다(○), 라(○)
② 가(○), 나(×), 다(×), 라(×)
③ 가(×), 나(○), 다(○), 라(×)
④ 가(×), 나(○), 다(×), 라(○)

39

다음 사례에 대한 설명으로 옳은 것은 모두 몇 개인가?
(다툼이 있는 경우 판례에 의함)

> (1) X카페의 주인 甲은, 쓰레기문제로 평소 자주 다투던 옆집 Y식당 주인 乙에게 화가 나 乙이 1층에 세워놓은 Y식당 광고판(홍보용 배너와 거치대)을 그 장소에서 제거하여 컨테이너로 된 상가창고로 옮겨놓아 乙이 사용할 수 없도록 하였다.
> (2) 이 사실을 알게 된 乙은 甲에 대한 상해의 고의로 불 꺼진 X카페로 들어가 甲으로 추정되는 자에게 각목을 내리쳐 코뼈를 부러뜨렸으나 실제로 맞은 사람은 甲에게 총구를 겨누던 丙이었다.

> 가. (1)에서 甲에게는 재물손괴죄가 성립한다.
> 나. (2)에서 착오에 대한 판례의 입장에 의하면, 乙에게 丙에 대한 상해죄의 고의기수범 성립을 인정한다.
> 다. (2)의 상황에서 엄격책임설의 입장에 의하면, 착오에 정당한 이유가 없는 경우 乙에게 상해죄 성립을 인정한다.
> 라. (2)의 사실에 대하여 검사가 乙에게 무혐의 결정을 하였다가 다시 공소를 제기한 경우, 이는 일사부재리의 원칙에 위배되므로 다시 수사를 재개하거나 공소를 제기할 수 없다.
> 마. (2)의 사실에 대하여 수사기관에서 혐의를 부인하던 乙이 피고인의 신분으로 공판정에서 자백을 한 경우, 자백보강법칙은 적용되지 아니한다.

① 1개 ② 2개
③ 3개 ④ 4개

40

다음 사례에 대한 설명으로 옳은 것은 모두 몇 개인가?
(다툼이 있는 경우 판례에 의함)

> 甲은 乙과 자신의 부유한 삼촌 A의 집에 있는 금괴를 훔치기로 공모하였다. 다음날 01:00시 경 甲은 A의 집 담장에서 망을 보고, 乙은 담장을 넘어 거실 창문을 열고 안으로 들어가 금괴를 가지고 나오다가 A에게 발각되었고, 그 순간 A는 담장에서 뛰어가는 甲의 뒷모습도 보게 되었다. A는 사법경찰관에게 甲과 乙을 신고하였으며, 수사를 받던 중 乙은 변호사 L을 선임하였다. 이후 검사는 甲과 乙을 기소하였다.

> 가. 乙의 절도목적이 인정되지 않는다면 乙은 야간에 주거에 침입하였으므로 특수주거침입죄가 성립한다.
> 나. 사법경찰관이 작성한 甲에 대한 피의자신문조서를 甲이 법정에서 진정성립 및 내용을 인정하더라도 乙이 공판기일에서 그 조서의 내용을 부인하면 이를 乙에 대한 유죄 인정의 증거로 사용할 수 없다.
> 다. 공동피고인 甲과 乙은 수사기관에서 계속 혐의를 부인하다가 乙이 공판정에서 자백한 경우, 甲의 반대신문권이 보장되어 있으므로 乙의 자백은 별도의 보강증거 필요없이 甲에 대한 유죄의 증거능력이 인정된다.
> 라. A는 甲과 乙 모두를 처벌해달라고 하였으나 항소심 중에 甲에 대해서만 고소를 취소하였다면, 법원은 甲에 대해서는 공소기각판결을, 乙에 대해서는 실체판결을 하여야 한다.

① 1개 ② 2개
③ 3개 ④ 4개

09회 2023 해경채용 2차 형사법

01

교사범에 관한 설명 중 옳은 것은? (다툼이 있는 경우 판례에 의함)

① 정범의 실행행위가 없더라도 교사범이 성립할 수 있다.

② 과실에 의한 교사도 가능하다.

③ 범죄현장을 목격하지 못한 선서무능력자에게 범죄현장을 목격한 것처럼 법정에서 허위의 증언을 하도록 부탁하여, 선서무능력자가 실제로 그렇게 증언한 경우 위증죄의 교사죄가 성립한다.

④ 교사범이 피교사자에게 자신의 교사행위를 철회한다는 명시적인 의사표시를 하는 것만으로는 교사의 책임이 면제되지 않는다.

02

부작위범에 관한 설명 중 옳지 않은 것은? (다툼이 있는 경우 판례에 의함)

① 백화점에서 상품관리와 고객들의 불만사항 확인 등의 업무를 수행하는 직원이 자신이 관리하는 특정 매장에 가짜상표가 새겨진 상품이 진열·판매되고 있다는 사실을 인지하였음에도 불구하고 별다른 조치를 취하지 않는 것은 「상표법」 위반에 대한 방조에 해당한다.

② 부진정부작위범이 성립하기 위해서는, 그 부작위가 실행행위로서의 작위와 동일시되어야 한다.

③ 법령, 법률행위, 선행행위만이 작위의무의 근거가 된다.

④ 의무가 부여된 사람과 부여되지 않은 사람 사이에는 부작위의 공동정범이 성립하지 않는다.

03

낮에 직장상사에게 엄청난 꾸중을 들은 A는 퇴근 후 밤늦은 시간에, 그 분풀이로 자신의 친구 B와 함께 길 가는 사람을 살해하기로 계획하고 지나가던 행인을 살해하였다. 다음 날 신문에 난 기사를 보고 자신이 살해한 사람이 자신의 아버지 C인 것을 알았다. 이때 A와 B의 죄책에 관한 설명 중 옳은 것은? (다툼이 있는 경우 판례에 의함)

① A와 B 모두 존속살해죄로 처벌된다.

② A와 B 모두 보통살인죄가 성립하고 보통살인죄로 처벌된다.

③ A는 존속살해죄, B는 보통살인죄가 성립하지만, A와 B 모두 자신들이 살해한 C가 A의 아버지라는 사실을 몰랐기 때문에 보통살인죄로 처벌된다.

④ B는 A와 함께 존속살해죄의 구성요건을 실현하였으나, 보통살인죄로 처벌된다.

04

실체적 경합에 관한 설명 중 옳은 것은? (다툼이 있는 경우 판례에 의함)

① 1심에서 별도로 판결된 수개의 죄가 항소심에서 병합 심리된 경우 이들 범죄는 동시적 경합범의 관계에 있지 않다.

② 판결이 확정된 죄와 그 판결확정 전에 범한 죄는 사후적 경합의 관계에 있다.

③ 경합범에서 '확정판결'이란 '선고된 판결'을 말한다.

④ 경합범의 관계에 있는 횡령죄(법정형: 5년 이하의 징역 또는 1,500만 원 이하의 벌금)와 학대죄(법정형: 2년 이하의 징역 또는 500만 원 이하의 벌금)의 처단형은 7년이다.

05

야간주거침입절도죄에 관한 설명 중 옳지 않은 것은? (다툼이 있는 경우 판례에 의함)

① 야간주거침입절도죄는 야간에 타인의 재물을 절취함으로서 성립한다.

② 이 죄에 있어 야간이란 행위지의 일몰 후 다음 날 일출 전까지를 말한다.

③ 주간에 주거에 침입하여 야간에 절취한 경우 야간주거침입절도죄가 성립하지 않는다.

④ 야간에 아파트에 침입하여 물건을 훔칠 생각으로 아파트 베란다 철제난간까지 올라가 유리창문을 열려고 한 경우, 야간주거침입절도죄의 실행의 착수가 긍정된다.

06

중지미수에 관한 설명 중 옳은 것은? (다툼이 있는 경우 판례에 의함)

① 자의로 실행행위를 중지한 공범은 다른 공동정범이 결과를 발생시킨 것에 대해 공동정범으로서 책임을 지지 않는다.

② 장롱 안에 있는 옷가지에 불을 놓아 건물을 소훼하려 하였으나 불길이 치솟는 것을 보고 놀라 물을 부어 불을 끈 경우, 자의에 의한 중지미수가 성립한다.

③ 예비행위 후 자의로 실행의 착수를 포기한 경우에 대해 중지미수 규정을 유추 적용할 수 있다.

④ 공동정범의 관계에 있는 공범의 일부가 자의로 결과발생을 방지한 경우에는 자의성이 없는 나머지 공범은 장애미수로 처벌된다.

07

검증에 관한 설명 중 옳은 것은? (다툼이 있는 경우 판례에 의함)

① 피고인이 아닌 사람의 신체검사는 증거가 될 만한 흔적을 확인할 수 있는 단순한 사유가 있는 것만으로도 할 수 있다.

② 분묘발굴이 긴급을 요하는 때에는 미리 유족에게 통지하지 않아도 된다.

③ 일몰 전에 검증을 착수하였더라도 일몰이 되면 중단해야 한다.

④ 사법경찰관이 작성한 검증조서가 적법한 절차와 방법에 따라 작성된 경우라면, 공판준비나 공판기일에 그 작성자의 진술에 의해 그 내용의 진정이 증명됨이 없이 단지 그 성립의 진정이 증명되는 것만으로도 증거로 사용할 수 있다.

08

압수·수색에 관한 설명 중 옳은 것은? (다툼이 있을 경우 판례에 의함)

① 압수목적 달성 여부와 관계없이 컴퓨터용 디스크와 그 밖의 정보저장매체가 압수의 목적물일 때에는 그 전체를 압수할 수 있다.

② 공무상 비밀임을 신고한 공무소는 그것의 압수를 예외 없이 거부할 수 있다.

③ 압수 또는 수색영장을 집행함에 있어 급속을 요하는 때에는 검사, 피고인, 변호인에게 통지하지 않아도 된다.

④ 수사기관이 압수·수색영장의 사본을 팩스로 피압수·수색 당사자에게 송신한 후, 이메일을 압수·수색한 것은 위법하지 않다.

09

긴급체포에 관한 설명 중 옳지 않은 것은? (다툼이 있는 경우 판례에 의함)

① 피의자에게 장기 3년 이상의 징역이나 금고에 해당하는 죄를 범하였다고 의심할만한 상당한 이유가 있는 것만으로도 긴급체포할 수 있다.

② 긴급체포에서 '긴급을 요한다' 함은 '체포영장을 발부받을 시간적 여유가 없을 때'를 말한다.

③ 긴급체포된 자가 소유, 소지 또는 보관하는 물건을 긴급히 압수할 필요가 있을 때에는 체포한 때로 부터 24시간 이내에는 영장없이 압수 또는 수색할 수 있다.

④ 장기 3년 이상의 징역에 해당하는 죄와 관련하여, 참고인 조사를 받는 줄 알고 검찰청에 자진 출석한 사람을 긴급체포할 수 없다.

10

폭행에 대한 설명 중 가장 옳지 않은 것은? (다툼이 있는 경우 판례에 의함)

① 피해자에게 근접하여 욕설을 하면서 때릴 듯이 손발을 휘두르거나 물건을 던지는 행위는 직접 피해자의 신체에 접촉하지 않더라도 이는 피해자에 대한 불법한 유형력의 행사로서 폭행에 해당한다.

② 피고인이 피해자에게 욕설을 한 것만을 가지고 당연히 폭행을 한 것이라고 할 수는 없을 것이고, 피해자 집의 대문을 발로 찬 것이 막바로 또는 당연히 피해자의 신체에 대하여 유형력을 행사한 경우에 해당한다고 할 수도 없다.

③ 공무원의 직무 수행에 대한 비판이나 시정을 요구하는 집회·시위과정에서 일시적으로 상당한 소음이 발생하였다는 사정만으로도 공무집행방해죄에서의 음향으로 인한 폭행이 인정된다.

④ 거리상 멀리 떨어져 있는 사람에게 전화기를 이용하여 전화하면서 고성을 내거나 그 전화대화를 녹음한 후 듣게 하더라도 수화자의 청각기관을 자극하여 그 수화자로 하여금 고통스럽게 느끼게 할 정도의 음향이 아닌 경우에는 신체에 대한 유형력의 행사를 한 것으로 보기 어렵다.

11

다음 설명 중 가장 옳지 않은 것은? (다툼이 있는 경우 판례에 의함)

① 공증담당 변호사가 법무사의 직원으로부터 인증촉탁 서류를 제출받은 후, 법무사가 공증사무실에 출석하여 사서증서의 날인이 당사자 본인의 것임을 확인한 바 없지만, 업계의 관행에 따라 그러한 확인을 한 것처럼 인증서에 기재한 경우에는 허위공문서작성죄가 성립하지 아니한다.

② 허위공문서작성죄에 있어서 '직무에 관한 문서'라 함은 공무원이 직무권한 내에서 작성하는 문서를 말하며, 법률뿐 아니라 명령, 내규 또는 관례에 의한 직무집행의 권한으로 작성하는 경우도 포함된다.

③ 공무원이 고의로 법령을 잘못 적용하여 공문서를 작성하였더라도 그 법령적용의 전제가 된 사실관계에 대한 내용에 거짓이 없다면 허위공문서작성죄가 성립하지 않는다.

④ 자동차 운전자가 경찰공무원에게 다른 사람의 운전면허증을 촬영한 이미지파일을 휴대전화 화면으로 보여주는 행위는 공문서부정행사죄에 해당하지 않는다.

12

자수에 관한 설명 중 가장 옳지 않은 것은? (다툼이 있는 경우 판례에 의함)

① 「형법」상 피해자의 의사에 반하여 처벌할 수 없는 죄에 있어서 피해자에게 자복한 경우에는 필요적 감면사유에 해당한다.

② 범행이 발각된 후라 하더라도 범인이 자발적으로 자기의 범죄 사실을 수사기관에 신고한 경우에는 이를 자수로 보아야 한다.

③ 자수서를 소지하고 수사기관에 자발적으로 출석하였으나 자수서를 제출하지 아니하고 범행사실도 부인하였다면 자수가 성립하지 아니하고, 그 이후 구속까지 된 상태에서 자수서를 제출하고 범행사실을 시인한 것을 자수에 해당한다고 인정할 수 없다.

④ 수사기관의 직무상의 질문 또는 조사에 응하여 범죄사실을 진술하는 것은 자백일 뿐 자수가 되는 것은 아니다.

13

몰수와 추징에 관한 설명 중 가장 옳지 않은 것은? (다툼이 있는 경우 판례에 의함)

① 「밀항단속법」 제4조 제3항의 취지와 동법의 입법목적에 비추어 보면, 「밀항단속법」상 몰수와 추징은 일반 형사법과 달리 범죄사실에 대한 징벌적 제재의 성격을 띠고 있으므로, 여러 사람이 공모하여 죄를 범하고도 몰수대상인 수수 또는 약속한 보수를 몰수할 수 없을 때에는 공범자 전원에 대하여 그 보수액 전부를 추징해야 한다.

② 추징의 가액산정은 재판선고시의 가격을 기준을 하므로 경우에 따라 추징하여야 할 가액이 몰수의 선고를 받았더라면 잃게 될 이득상당액을 초과하는 것도 가능하다.

③ 몰수는 범죄에 의한 이득을 박탈하는데 그 취지가 있고 추징도 이러한 몰수의 취지를 관철하기 위한 것이라는 점에서 추징가액의 산정은 재판선고 시의 가격이 기준이 된다.

④ 「마약류 관리에 관한 법률」 제67조의 몰수나 추징을 선고하기 위하여는 몰수나 추징의 요건이 공소가 제기된 범죄사실과 관련되어 있어야 하므로, 법원은 범죄사실에서 인정되지 아니한 사실에 관하여는 몰수나 추징을 선고할 수 없다.

14

현행범체포에 대한 설명 중 가장 옳지 않은 것은? (다툼이 있는 경우 판례에 의함)

① 현행범을 체포한 경찰관의 진술이라 하더라도 범행을 목격한 부분에 관하여는 여느 목격자의 진술과 다름없이 증거능력이 있으며, 다만 그 증거의 신빙성만 문제가 될 뿐이다.

② 甲과 乙이 주차문제로 다투던 중 乙이 112신고를 하였고, 甲이 출동한 경찰관에게 폭행을 가하여 공무집행방해죄의 현행범으로 체포된 경우, 甲이 파출소에 도착한 이후에도 경찰관의 신분증 제시요구에 20여 분 동안 응하지 아니하면서 인적사항을 밝히지 않았다면, 甲에게는 현행범체포 당시에 도망 또는 증거인멸의 염려가 있었다고 할 수 있다.

③ 전투경찰대원들이 공장에서 점거농성 중이던 조합원들을 체포하는 과정에서 체포의 이유 등을 제대로 고지하지 않다가 30~40분이 지난 후 체포된 조합원 등의 항의를 받고 나서야 체포의 이유 등을 고지한 것은 현행범체포의 적법한 절차를 준수한 것이 아니므로 적법한 공무집행이라고 볼 수 없다.

④ 범행 중 또는 범행 직후의 범죄 장소에서 영장 없이 압수·수색 또는 검증을 할 수 있도록 규정한 「형사소송법」 제216조 제3항의 요건 중 어느 하나라도 갖추지 못한 경우 압수·수색 또는 검증은 잠정적으로 위법하지만, 사후에 법원으로부터 영장을 발부받을 경우 그 위법성은 소급하여 치유될 수 있다.

15

준강도죄에 관한 설명 중 옳지 않은 것은? (다툼이 있는 경우 판례에 의함)

① 준강도죄는 목적범이다.
② 이 죄의 폭행·협박은 절도의 기회에 행해져야 한다.
③ 준강도죄의 폭행·협박은 강도죄와 같이, 상대방의 반항을 억압할 정도일 것을 요하지 않는다.
④ 절도범인이 자신을 추적하는 경찰관에게 폭행·협박을 가한 때에는 준강도죄와 공무집행방해죄가 성립하며, 양죄는 상상적 경합범의 관계에 있다.

16

「형사소송법」상 수사의 종결처분에 대한 설명 중 가장 옳지 않은 것은?

① 사법경찰관은 고소·고발 사건을 포함하여 범죄를 수사한 때에는 범죄의 혐의가 있다고 인정되는 경우, 지체 없이 검사에게 사건을 송치하고 관계 서류와 증거물을 검사에게 송부하여야 한다.
② 사법경찰관은 고소·고발 사건을 포함하여 범죄를 수사한 때에는 범죄의 혐의가 있다고 인정되는 경우를 제외한 그 밖의 경우, 그 이유를 명시한 서면과 함께 관계 서류와 증거물을 지체 없이 검사에게 송부하여야 한다.
③ 사법경찰관은 수사한 사건을 불송치할 경우, 관계 서류 등을 지체 없이 검사에게 송부하여야 하고, 검사는 송부받은 날로부터 '60일' 이내에 사법경찰관에게 반환하여야 한다.
④ 사법경찰관은 수사한 사건을 불송치할 경우, 관계 서류 등을 지체 없이 검사에게 송부한 날부터 '7일' 이내에 서면으로 고소인·고발인·피해자 또는 그 법정대리인에게 사건을 검사에게 송치하지 아니하는 취지와 그 이유를 통지하여야 한다.

17

「형법」제16조의 정당한 이유가 있는 경우에 해당하는 것은? (다툼이 있는 경우에는 판례에 의함)

① 변호사의 자문을 받고 압류물을 집달관의 승인 없이 임의로 관할구역 밖으로 옮긴 경우
② 약 23년간의 근무 경력을 가진 경찰공무원이 검사의 수사지휘만 받으면 허위로 공문서를 작성하더라도 괜찮다고 생각하고 허위공문서를 작성한 경우
③ 공무원이 직무상 실시한 봉인 등의 표시가 법률상 효력이 없다고 믿고서 그 표시를 손상 또는 은닉한 경우
④ 초등학교 교장이 도교육위원회의 지시에 따라 교과내용으로 되어 있는 꽃양귀비를 교과식물로 비치하기 위해 양귀비 종자를 사서 교무실 앞 화단에 심은 경우

18

함정수사에 대한 설명 중 가장 옳지 않은 것은? (다툼이 있는 경우 판례에 의함)

① 수사기관이 피의자의 범죄사실을 인지하고도 바로 체포하지 않고 추가 범행을 지켜보고 있다가 범죄사실이 많이 늘어난 뒤에야 피의자를 체포하였더라도 위법한 함정수사에 해당하지 않는다.
② 경찰관들이 「경찰관직무집행법」제4조에 규정된 구호의무에 위반하여 노상에 정신을 잃고 쓰러져 있는 피해자를 이용하여 부축빼기 절도범에 대한 단속 및 수사에 나아가는 것은 경찰의 직분을 도외시하여 범죄수사의 한계를 넘어선 것으로서 위법한 함정수사에 해당하므로 이에 기초한 공소제기는 무효이다.
③ 수사기관이 이미 범행을 저지른 범인을 검거하기 위해 정보원을 이용하여 범인을 검거장소로 유인한 경우, 함정수사로 볼 수 없다.
④ 유인자가 수사기관과 직접적인 관련을 맺지 아니한 상태에서 피유인자를 상대로 단순히 수차례 반복적으로 범행을 부탁하였을 뿐 수사기관이 사술이나 계략 등을 사용하였다고 볼 수 없는 경우, 설령 그로 인해 피유인자의 범의가 유발되었다 하더라도 위법한 함정수사에 해당하지 않는다.

19

「형법」의 적용범위에 관한 설명 중 가장 옳지 않은 것은?

① 죄를 지어 외국에서 형의 전부 또는 일부가 집행된 사람에 대해서는 그 집행된 형의 전부 또는 일부를 선고하는 형에 산입한다.

② 인신매매죄는 대한민국 영역 밖에서 죄를 범한 외국인에게도 적용된다.

③ 재판이 확정된 후 법률이 변경되어 그 행위가 범죄를 구성하지 아니하는 때에는 형의 선고를 무효로 한다.

④ 「형법」의 총칙은 타 법령에 정한 죄에 적용되지만, 그 법령에 특별한 규정이 있는 때에는 예외로 한다.

20

강간과 추행죄에 관한 설명 중 가장 옳지 않은 것은? (다툼이 있는 경우 판례에 의함)

① 甲이 처음 보는 여성인 乙의 뒤로 몰래 접근하여 성기를 드러내고 乙을 향한 자세에서 乙의 등 쪽에 소변을 본 행위는 乙의 성적 자기결정권을 침해하는 추행행위로 볼 여지가 있으나, 행위 당시에 乙이 이를 인식하지 못하였다면 추행에 해당하지 않는다.

② 기습추행의 경우 추행행위와 동시에 저질러지는 폭행행위는 반드시 상대방의 의사를 억압할 정도의 것임을 요하지 않고 상대방의 의사에 반하는 유형력의 행사가 있기만 하면 그 힘의 대소강약을 불문한다.

③ 협박과 간음 또는 추행 사이에 시간적 간격이 있더라도 협박에 의하여 간음 또는 추행이 이루어진 경우 강간죄 또는 강제추행죄가 성립한다.

④ 甲은 乙이 심신상실 또는 항거불능의 상태에 있다고 인식하고 그러한 상태를 이용하여 간음할 의사로 乙을 간음하였으나 乙이 실제로는 심신상실 또는 항거불능의 상태에 있지 않은 경우에는 준강간죄의 불능미수가 성립한다.

10회 2023 해경승진(경장) 형사소송법

01

다음 〈보기〉 중 「헌법」상 형사절차와 관련하여 명시적으로 규정하고 있는 것을 모두 고른 것은?

┤ 보기 ├

㉠ 누구든지 체포 또는 구속을 당한 때에는 적부의 심사를 법원에 청구할 권리를 가진다.

㉡ 적법한 절차에 따르지 아니하고 수집한 증거는 증거로 할 수 없다.

㉢ 형사피의자 또는 형사피고인으로서 구금되었던 자가 법률이 정하는 불기소처분을 받거나 무죄판결을 받은 때에는 법률이 정하는 바에 의하여 국가에 정당한 보상을 청구할 수 있다.

㉣ 영장에 의한 체포·긴급체포 또는 현행범인의 체포에 따라 체포된 피의자에 대하여 구속영장을 청구받은 판사는 지체 없이 피의자를 심문하여야 한다.

① ㉠, ㉡
② ㉠, ㉢
③ ㉡, ㉣
④ ㉢, ㉣

02

다음 중 적법절차원칙에 대한 설명으로 가장 옳지 <u>않은</u> 것은? (다툼이 있는 경우 판례에 의함)

① 법관이 아닌 사회보호위원회가 치료감호의 종료 여부를 결정하도록 한 「구 사회보호법」(1996.12.12. 법률 제5197호로 개정된 것) 제9조 제2항은 본 위원회의 결정에 대해 행정소송을 제기하여 법관에 의한 재판이 가능하다는 점 등을 고려할 때 재판청구권을 침해하거나 적법절차에 위배된다고 할 수 없다.

② 「형사소송법」상 법원은 법률에 다른 규정이 없으면 누구든지 증인으로 신문할 수 있기 때문에 경찰공무원의 증인적격을 인정하더라도 이를 적법절차의 원칙에 반한다고 할 수 없다.

③ 위법하게 수집한 증거는 위법수집의 영향이 차단되거나 소멸되었더라도 적법절차의 원칙에 따라 그 증거능력을 인정할 수 없다.

④ 피고인의 구속기간은 법원이 피고인을 구속한 상태에서 재판할 수 있는 기간을 의미하는 것이지, 법원의 재판기간 내지 심리기간 자체를 제한하려는 규정이라고 할 수는 없으며, 구속기간을 엄격히 제한하고 있다 하더라도 공정한 재판을 받을 권리가 침해된다고 볼 수는 없다.

03

다음 중 함정수사에 대한 설명으로 가장 옳은 것은? (다툼이 있는 경우 판례에 의함)

① 수사기관이 피고인의 범죄사실을 인지하고도 피고인을 바로 체포하지 않고 추가범행을 지켜보고 있다가 범죄사실이 많이 늘어난 뒤에야 피고인을 체포하였다는 사정만으로는 피고인에 대한 수사와 공소제기가 위법하다거나 함정수사에 해당한다고 할 수 없다.

② 위법한 함정수사에 기한 공소제기는 그 절차가 법률의 규정에 위반하여 무효인 때에 해당하므로 그 수사에 기하여 수집된 증거는 증거능력이 없으며, 따라서 법원은 「형사소송법」 제325조에 의하여 무죄판결을 선고해야 한다.

③ 경찰관이 이른바 부축빼기 절도범을 단속하기 위하여 취객 근처에서 감시하고 있다가, 피고인이 나타나 취객을 부축하여 10m 정도를 끌고 가 지갑을 뒤지자 현장에서 체포하여 기소한 경우 수사기관이 위계를 사용한 것으로 볼 수 있으므로 위법한 함정수사에 해당한다.

④ 수사기관과 직접적인 관련을 맺지 않은 유인자가 수차례 반복으로 범행을 부탁하였을 뿐 수사기관이 사술이나 계략을 사용한 것으로 볼 수 없는 경우라도, 그로 인하여 피유인자의 범의가 유발되었다는 점이 입증되면 위법한 함정수사에 해당한다.

04

다음 중 고소불가분에 관한 설명으로 가장 옳지 <u>않은</u> 것은? (다툼이 있는 경우 판례에 의함)

① 절대적 친고죄의 공범 중 일부에 대하여만 처벌을 구하고 나머지에 대하여는 처벌을 원하지 않는다는 내용의 고소는 적법한 고소라고 할 수 없다.

② 절대적 친고죄의 경우 공범 중 일부에 대하여 이미 제1심판결이 선고된 때에는 아직 제1심판결 선고 전의 다른 공범자에 대하여 고소를 취소할 수 없다.

③ 상대적 친고죄의 경우 신분관계에 있는 자에 대한 피해자의 고소취소는 비신분자에게도 효력이 있다.

④ 친고죄의 공범 중 그 1인 또는 수인에 대한 고소 또는 그 취소는 다른 공범자에 대하여도 효력이 있다.

05

다음 중 불심검문에 관한 설명으로 가장 옳은 것은? (다툼이 있는 경우 판례에 의함)

① 동행의 경우 오로지 대상자의 자발적인 의사에 의하여 수사관서 등에 동행이 이루어졌음이 주관적인 사정에 의하여 명백하게 입증된 경우에 한하여 그 적법성이 인정된다.

② 경찰관은 목적 달성에 필요한 최대한의 범위에서 사회통념상 용인될 수 있는 상당한 방법으로 그 대상자를 정지시킬 수 있고, 질문에 수반하여 흉기의 소지 여부도 조사할 수 있다.

③ 경찰관은 불심검문 시 임의동행에 앞서 당해인에 대해 진술거부권과 변호인의 조력을 받을 권리를 고지해야 한다.

④ 검문 중이던 경찰관들이 자전거를 이용한 날치기사건 범인과 흡사한 인상착의의 사람이 자전거를 타고 다가오는 것을 발견하고 정지를 요구하였으나 멈추지 않아, 앞을 가로막고 소속과 성명을 고지한 후 검문에 협조해 달라고 하였음에도 불응하고 그대로 전진하자, 따라가서 재차 앞을 막고 검문에 응하라고 요구한 경우, 이는 적법한 불심검문에 해당한다.

06

다음 중 고소에 관한 설명으로 가장 옳지 <u>않은</u> 것은? (다툼이 있는 경우 판례에 의함)

① 고소인은 범죄사실을 특정하여 신고하면 족하고 범인이 누구인지 나아가 범인 중 처벌을 구하는 자가 누구인지를 적시할 필요는 없다.

② 피해자의 법정대리인이 피의자이거나 법정대리인의 친족이 피의자인 때에는 피해자의 친족은 독립하여 고소할 수 있다.

③ 범죄당시 고소능력이 없던 피해자가 그 후에 비로소 고소능력이 생겼다면 고소기간은 고소능력이 생긴 때로부터 계산된다.

④ 「형사소송법」상 고소의 대리는 허용되나, 고소취소의 대리는 허용되지 아니한다.

07

다음 중 피의자신문에 대한 설명으로 가장 옳지 <u>않은</u> 것은? (다툼이 있는 경우 판례에 의함)

① 피의자가 변호인의 참여를 원한다는 의사를 명백하게 표시하였음에도 수사기관이 정당한 사유 없이 변호인을 참여하게 하지 아니한 채 피의자를 신문하여 작성한 피의자신문조서는 증거능력이 없다.

② 신문에 참여하고자 하는 변호인이 2인 이상인 때에는 피의자가 신문에 참여할 변호인 1인을 지정한다. 지정이 없는 경우에는 검사 또는 사법경찰관이 이를 지정할 수 있다.

③ 검사가 피의자신문조서를 작성함에 있어 피의자에게 그 조서의 기재 내용을 알려 주지 아니하였다 하더라도 그 사실만으로는 피의자신문조서의 증거능력이 없다고 할 수 없다.

④ 검사 또는 사법경찰관은 피의자가 신체적 또는 정신적 장애로 사물을 변별하거나 의사를 결정·전달할 능력이 미약한 때에는 신뢰관계에 있는 자를 동석하게 하여야 하며, 이때 신뢰관계인이 동석하지 않은 상태로 행한 진술은 임의성이 인정되더라도 유죄인정의 증거로 사용할 수 없다.

08

다음 중 체포에 대한 설명으로 가장 옳은 것은? (다툼이 있으면 판례에 의함)

① 법원은 체포된 피의자가 체포적부심사를 청구한 경우 구속적부심사 청구의 경우와는 달리 피의자에게 변호인이 없더라도 국선변호인을 선정할 필요가 없다.

② '급속을 요하는 때'에 해당하여 체포영장을 제시하지 않은 채 체포영장에 기한 체포 절차에 착수하였으나, 이에 피의자가 저항하면서 경찰관을 폭행하여 새로운 피의사실인 공무집행방해를 이유로 적법하게 현행범으로 체포한 경우 집행완료에 이르지 못한 체포영장을 사후에 피의자에게 제시할 필요는 없다.

③ 영장에 의한 체포나 긴급체포를 위해서는 체포의 필요성, 즉 도망 또는 증거인멸의 염려가 있어야 하지만, 현행범체포의 경우는 그러하지 아니하다.

④ 검사 또는 사법경찰관리가 아닌 이에 의해 현행범인이 체포된 후 불필요한 지체 없이 검사 등에게 인도된 경우 구속영장의 청구시한인 48시간의 기산점은 현행범인의 체포 시이다.

09

다음 중 「검사와 사법경찰관의 상호협력과 일반적 수사 준칙에 관한 규정」상 심야조사와 장시간조사에 대한 설명으로 가장 옳지 <u>않은</u> 것은?

① 검사 또는 사법경찰관은 피의자나 사건관계인에 대해 원칙적으로 오후 9시부터 오전 6시까지 사이에 심야조사를 해서는 안 되지만, 이미 작성된 조서의 열람을 위한 절차는 예외적으로 오후 9시부터 오전 6시까지 사이에 진행할 수 있다.

② 검사 또는 사법경찰관은 피의자를 체포한 후 48시간 이내에 구속영장의 청구 또는 신청여부를 판단하기 위해 불가피한 경우 오후 9시부터 오전 6시까지 사이에 심야조사를 할 수 있다.

③ 검사 또는 사법경찰관은 사건의 성질 등을 고려할 때 심야조사가 불가피하다고 판단되는 경우 등 법무부장관, 경찰청장 또는 해양경찰청장이 정하는 경우로서 검사 또는 사법경찰관의 소속 기관의 장이 지정하는 인권보호 책임자의 허가 등을 받은 때에는 오후 9시부터 오전 6시까지 사이에 심야조사를 할 수 있다.

④ 검사 또는 사법경찰관은 조사, 신문, 면담 등 그 명칭을 불문하고 피의자나 사건관계인을 조사하는 경우에는 원칙적으로 대기시간, 휴식시간, 식사시간 등 모든 시간을 합산한 조사시간이 12시간을 초과하지 않도록 해야 한다.

10

다음 중 구속 전 피의자심문제도에 대한 설명으로 가장 옳지 <u>않은</u> 것은?

① 변호인은 구속영장이 청구된 피의자에 대한 심문시작 전에 피의자와 접견할 수 있고, 피의자는 심문이 끝난 후에만 변호인에게 조력을 구할 수 있다.

② 피의자심문을 하는 경우 법원이 구속영장청구서·수사관계 서류 및 증거물을 접수한 날부터 구속영장을 발부하여 검찰청에 반환한 날까지의 기간은 사법경찰관이나 검사의 피의자 구속기간에 산입하지 아니한다.

③ 구속 전 피의자심문 시 피의자에게 변호인이 없는 때에는 지방법원판사는 직권으로 변호인을 선정하여야 한다. 이 경우 변호인의 선정은 피의자에 대한 구속영장 청구가 기각되어 효력이 소멸한 경우를 제외하고는 제1심까지 효력이 있다.

④ 법원은 변호인의 사정이나 그 밖의 사유로 변호인선정 결정이 취소되어 변호인이 없게 된 때에는 직권으로 변호인을 다시 선정할 수 있다.

11

다음 〈보기〉 중 현행범인 및 준현행범인 체포에 대한 설명으로 옳지 <u>않은</u> 것을 모두 고른 것은? (다툼이 있으면 판례에 의함)

> ┤ 보기 ├
>
> ㉠ 순찰 중이던 경찰관이 교통사고를 내 차량이 도주하였다는 무전연락을 받고 주변을 수색하다가 범퍼 등의 파손상태로 보아 사고차량으로 인정되는 차량에서 내리는 사람을 발견하여 준현행범인으로 체포한 경우 적법한 공무집행이다.
> ㉡ 음주운전을 종료한 후 40분 이상이 경과한 시점에서 길가에 앉아 있던 운전자를 술냄새가 난다는 점만을 근거로 음주운전의 현행범인으로 체포한 경우 적법한 공무집행이다.
> ㉢ 현행범인을 체포한 경찰관의 진술이라 하더라도 범행을 목격한 부분에 관하여는 여느 목격자의 진술과 다름없이 증거능력이 있다.
> ㉣ 사후적으로 구성요건에 해당하지 않아 무죄로 판단된다고 하더라도 체포 당시에 객관적으로 보아 현행범인이라고 인정할 만한 충분한 이유가 있으면 적법한 체포라고 할 것이다.
> ㉤ 교사가 교장실에 들어가 불과 약 5분 동안 식칼을 휘두르며 교장을 협박하는 등의 소란을 피운 후 40여분 정도가 지나 경찰관들이 출동하여 교장실이 아닌 서무실에서 동행을 거부하는 그 교사를 현행범으로 체포한 경우 적법한 공무집행이다.

① ㉠, ㉡
② ㉡, ㉢
③ ㉡, ㉤
④ ㉢, ㉣

12

다음 〈보기〉 중 「형사소송법」 제92조 제3항에 규정된 것으로 구속기간에 산입하지 <u>않는</u> 기간을 모두 고른 것은?

> ┤ 보기 ├
>
> ㉠ 관할이전으로 인한 공판절차 정지기간
> ㉡ 기피신청에 의한 소송진행 정지기간
> ㉢ 공소장변경으로 인한 공판절차 정지기간
> ㉣ 호송 중의 가유치 기간
> ㉤ 심신장애로 인한 공판절차 정지기간

① ㉠, ㉡, ㉣
② ㉠, ㉢, ㉤
③ ㉡, ㉢, ㉤
④ ㉡, ㉣, ㉤

13

다음 중 접견교통권에 대한 설명으로 가장 옳지 <u>않은</u> 것은? (다툼이 있는 경우 판례에 의함)

① 변호인이 되려는 의사를 표시한 자가 객관적으로 변호인이 될 가능성이 있다고 인정되는데도, 「형사소송법」 제34조에서 정한 '변호인 또는 변호인이 되려는 자'가 아니라고 보아 신체구속을 당한 피고인 또는 피의자와 접견하지 못하도록 제한하여서는 아니 된다.
② 변호인의 접견교통의 상대방인 신체구속을 당한 사람이 그 변호인을 자신의 범죄행위에 공범으로 가담시키려고 하였다는 등의 사정만으로, 그 변호인의 신체구속을 당한 사람과의 접견교통을 금지하는 것이 정당화될 수는 없다.
③ 법원은 도망하거나 또는 죄증을 인멸할 염려가 있다고 인정할 만한 상당한 이유가 있는 때에는 직권 또는 검사의 청구에 의하여 결정으로 구속된 피고인과 비변호인과의 접견을 금지할 수 있고, 서류나 그 밖의 물건(의류·양식·의료품 포함)을 수수하지 못하게 하거나 검열 또는 압수할 수 있다.
④ 변호인의 조력을 받을 권리가 침해되었다고 하기 위해서는 특정 시점에 접견이 불허됨으로써 피의자의 방어권 행사에 어느 정도는 불이익이 초래되었다고 인정할 수 있어야 한다.

14

다음 중 보석제도에 대한 설명으로 가장 옳지 <u>않은</u> 것은?

① 보석의 청구를 받은 법원은 24시간 이내에 심문기일을 정하여 구속된 피고인을 심문하여야 하고, 특별한 사정이 없는 한 보석의 청구를 받은 날부터 7일 이내에 그에 관한 결정을 하여야 한다.

② 피고인, 피고인의 변호인·법정대리인·배우자·직계친족·형제자매·가족·동거인 또는 고용주는 법원에 구속된 피고인의 보석을 청구할 수 있다.

③ 법원은 피고인이 정당한 사유 없이 보석조건을 위반한 경우에는 결정으로 피고인에 대하여 1천만 원 이하의 과태료를 부과하거나 20일 이내의 감치처분을 내릴 수 있고, 이 결정에 대하여는 즉시항고를 할 수 있다.

④ 상소기간 중 또는 상소 중의 사건에 관하여 보석에 대한 결정은 소송기록이 원심법원에 있는 때에는 원심법원이 하여야 한다.

15

다음 중 전자정보의 압수에 대한 설명으로 가장 옳지 <u>않은</u> 것은? (다툼이 있는 경우 판례에 의함)

① 전자정보에 대한 압수·수색영장을 집행할 때에는 원칙적으로 영장발부의 사유로 된 혐의사실과 관련된 부분만을 문서 출력물로 수집하거나 수사기관이 휴대한 저장매체에 해당 파일을 복사하는 방식으로 이루어져야 한다.

② 피의자 소유 정보저장매체를 제3자가 보관하고 있던 중 이를 수사기관에 임의제출하면서 그곳에 저장된 모든 전자정보를 일괄하여 임의제출한다는 의사를 밝힌 경우에도 특별한 사정이 없는 한 수사기관은 범죄혐의사실과 관련된 전자정보에 한정하여 영장 없이 적법하게 압수할 수 있다.

③ 전자정보가 담긴 저장매체 또는 복제본을 수사기관 사무실 등으로 옮겨 이를 복제·탐색·출력하는 경우 피압수자 측에 절차 참여를 보장한 취지가 실질적으로 침해되었다면 수사기관이 저장매체 또는 복제본에서 혐의사실과 관련된 전자정보만을 복제·출력하였더라도 그 압수·수색은 위법하다.

④ 수사기관이 정보저장매체에 기억된 정보 중에서 키워드 또는 확장자 검색 등을 통해 범죄 혐의사실과 관련 있는 정보를 선별한 다음 정보저장매체와 동일하게 비트열 방식으로 복제하여 생성한 파일('이미지 파일')을 제출받아 압수하였다면, 그 이후 수사기관 사무실에서 위와 같이 압수된 이미지 파일을 탐색·복제·출력하는 모든 과정에서도 피의자 등에게 참여의 기회를 보장하여야 한다.

16

다음 중 재정신청에 대한 설명으로 가장 옳지 <u>않은</u> 것은?

① 재정신청은 대리인에 의하여 할 수 있으며 공동신청권자 중 1인의 신청은 그 전원을 위하여 효력을 발생한다.

② 재정신청의 관할법원은 불기소 처분을 한 검사 소속의 지방검찰청 소재지를 관할하는 지방법원 합의부이다.

③ 재정신청을 취소한 자는 다시 재정신청을 할 수 없다.

④ 법원은 직권 또는 피의자의 신청에 따라 재정신청인에게 피의자가 재정신청절차에서 부담하였거나 부담할 변호인선임료 등 비용의 전부 또는 일부의 지급을 명할 수 있다.

17

다음 중 압수·수색에 관한 설명으로 가장 옳은 것은? (다툼이 있는 경우 판례에 의함)

① 압수·수색영장을 제시하고 집행에 착수하여 압수·수색을 실시하고 그 집행을 종료한 후, 그 압수·수색영장의 유효기간 내에 동일한 장소 또는 목적물에 대하여 다시 압수·수색할 필요가 있는 경우 종전의 압수·수색영장을 제시하고 다시 압수·수색할 수 있다.

② 검사가 폐수무단방류 혐의가 인정된다는 이유로 준항고인들의 공장부지, 건물, 기계류 일체 및 폐수운반차량 7대에 대하여 한 압수처분은 수사상의 필요에서 행하는 압수의 본래의 취지를 넘는 것으로 상당성이 없을 뿐만 아니라, 수사상의 필요와 그로 인한 개인의 재산권 침해의 정도를 비교형량해 보면 비례성의 원칙에 위배되어 위법하다.

③ 압수·수색영장을 소지하지 아니한 경우에 급속을 요하는 때에는 피고인에 대하여 공소사실의 요지와 영장이 발부되었음을 고지하고 집행할 수 있다.

④ 압수·수색영장에서 압수할 물건을 '압수장소에 보관중인 물건'이라고 기재한 경우 '압수장소에 현존하는 물건'으로 해석할 수 있다.

18

다음 중 압수물 처리에 대한 설명으로 가장 옳지 <u>않은</u> 것은?

① 법령상 생산·제조·소지·소유 또는 유통이 금지된 압수물로서 부패의 염려가 있거나 보관하기 어려운 압수물은 소유자 등 권한 있는 자의 동의를 받아 폐기할 수 있다.

② 압수를 계속할 필요가 없다고 인정되는 압수물은 피고사건 종결 전이라도 결정으로 환부하여야 하고 증거에 공할 압수물은 소유자, 소지자, 보관자 또는 제출인의 청구에 의하여 가환부할 수 있다.

③ 몰수하여야 할 압수물로서 멸실·파손·부패 또는 현저한 가치 감소의 염려가 있거나 보관하기 어려운 압수물은 매각하여 대가를 보관하여야 한다.

④ 압수한 장물은 피해자에게 환부할 이유가 명백한 때에는 피고사건의 종결 전이라도 결정으로 피해자에게 환부할 수 있다.

19

다음 중 「통신비밀보호법」상 통신제한조치에 대한 설명으로 가장 옳지 <u>않은</u> 것은? (다툼이 있는 경우 판례에 의함)

① 범죄수사를 위한 통신제한조치의 기간은 2개월을 초과하지 못하고, 그 기간 중 통신제한조치의 목적이 달성되었을 경우에는 즉시 종료하여야 한다.

② 수사기관은 감청의 실시를 종료하면 감청 대상이 된 전기통신의 가입자에게 감청사실 등을 통지하여야 하지만, 통지로 인하여 수사에 방해될 우려가 있다고 인정할 때에는 그 사유가 해소될 때까지 통지를 유예할 수 있다.

③ 3인 간의 대화에 있어서 그 중 한 사람이 그 대화를 녹음하는 경우에 다른 두 사람의 발언은 그 녹음자에 대한 관계에서 '타인 간의 대화'라고 할 수 없다.

④ 국가안보를 위한 통신제한조치에서 통신의 일방 또는 쌍방당사자가 내국인인 때에는 고등법원 수석판사의 허가를 받아야 한다.

20

다음 중 무죄추정의 원칙에 관한 설명으로 가장 옳지 <u>않은</u> 것은? (다툼이 있는 경우 판례에 의함)

① 피고인은 유죄판결이 확정될 때까지는 무죄로 추정된다.

② 사립학교법인이 형사사건으로 기소된 교원에 대하여 필요적으로 직위해제처분을 하도록 규정한 것은 무죄추정의 원칙 등에 반하여 위헌이다.

③ 공소장의 공소사실 첫머리에 피고인이 전에 받은 소년부송치 처분을 기재하였다면 이는 무죄추정의 원칙에 반한다.

④ 파기환송을 받은 법원이 피고인 구속을 계속할 사유가 있어 결정으로 구속기간을 갱신하여 피고인을 계속 구속하는 것은 무죄추정의 원칙에 반하지 않는다.

21

다음 중 피의자에게 인정되는 권리로 가장 옳지 <u>않은</u> 것은?

① 접견교통권
② 진술거부권
③ 보석청구권
④ 증거보전청구권

22

다음 〈보기〉 중 수사의 종결에 대한 설명으로 옳은 것을 모두 고른 것은? (다툼이 있는 경우 판례에 의함)

┤ 보기 ├

㉠ 검사는 고소 또는 고발있는 사건에 관하여 공소제기, 불기소, 공소취소 또는 타관송치의 처분을 한 때에는 그 처분한 날로부터 7일 이내에 서면으로 고소인 또는 고발인에게 그 취지를 통지하여야 한다.

㉡ 검사는 고소 또는 고발 있는 사건에 관하여 공소를 제기하지 아니하는 처분을 한 경우에 고소인 또는 고발인의 청구가 있는 때에는 7일 이내에 고소인 또는 고발인에게 그 이유를 서면으로 설명하여야 한다.

㉢ 검사의 불기소처분에는 확정력과 같은 효력이 없어 일단 불기소 처분을 한 후에도 공소시효가 완성되기 전이면 공소를 제기할 수 있으나, 세무공무원 등의 고발이 있어야 공소를 제기할 수 있는 「조세범처벌법」위반죄에 관하여 종전 세무공무원 등의 고발에 대한 불기소처분이 있었던 경우는 세무공무원 등의 새로운 고발이 있어야 공소를 제기할 수 있다.

㉣ 고소한 피해자는 불기소처분의 취소를 구하는 헌법소원심판을 청구할 수 있으나 고소하지 아니한 피해자 또는 고발인은 헌법소원심판을 청구할 수 없다.

㉤ 고소장의 기재만으로는 고소 사실이 불분명함에도 고소장 제출 후 고소인이 출석요구에 불응하거나 소재불명이 되어 고소사실에 대한 진술을 청취할 수 없는 경우는 불기소처분 중 각하사유에 해당한다.

① ㉠, ㉡
② ㉠, ㉡, ㉤
③ ㉡, ㉢, ㉣
④ ㉡, ㉢, ㉤

23

다음 중 「형사소송법」에 규정된 상고 이유 가운데 가장 옳지 <u>않은</u> 것은?

① 판결 후 형의 폐지나 변경 또는 사면이 있는 때
② 재심청구의 사유가 있는 때
③ 판결에 영향을 미친 헌법·법률·명령 또는 규칙의 위반이 있는 때
④ 사형, 무기 또는 7년 이상의 징역이나 금고가 선고된 사건에 있어서 중대한 사실의 오인이 있어 판결에 영향을 미친 때 또는 형의 양정이 심히 부당하다고 인정할 현저한 사유가 있는 때

24

다음 중 체포와 구속의 적부심사에 대한 설명으로 가장 옳지 <u>않은</u> 것은?

① 체포적부심사청구를 받은 법원이 그 청구가 이유 있다고 인정한 때에는 결정으로 체포된 피의자의 석방을 명하여야 하며, 검사는 이 결정에 대하여 항고하지 못한다.
② 체포적부심사결정에 의하여 석방된 피의자가 도망하거나 죄증을 인멸하는 경우, 동일한 범죄사실에 관하여 재차 체포할 수 있다.
③ 구속적부심사청구 후 검사가 피의자를 기소한 경우, 법원은 심문 없이 결정으로 청구를 기각하여야 하며 피고인은 수소법원에 보석을 청구할 수 있다.
④ 구속적부심사를 청구한 피의자에게 변호인이 없는 때에는 「형사소송법」 제33조의 규정에 따라 법원은 직권으로 변호인을 선정하여야 한다.

25

다음 중 즉결심판에 대한 설명으로 가장 옳지 <u>않은</u> 것은?

① 판사는 사건이 즉결심판을 할 수 없거나 즉결심판절차에 의하여 심판함이 적당하지 아니하다고 인정할 때에는 결정으로 즉결심판의 청구를 기각하여야 한다.

② 즉결심판은 관할경찰서장 또는 관할해양경찰서장이 관할법원에 이를 청구한다.

③ 즉결심판은 정식재판의 청구에 의한 판결이 있는 때에는 그 효력을 잃는다.

④ 즉결심판의 판결이 확정된 때에는 지체없이 즉결심판서 및 관계서류와 증거를 관할지방검찰청의 장에게 송치하여야 한다.

26

다음 중 공소시효에 대한 설명으로 가장 옳지 <u>않은</u> 것은? (다툼이 있는 경우 판례에 의함)

① 공소시효란 범죄행위가 종료된 후 공소제기 없이 일정 기간이 경과한 후 국가의 형사소추권을 소멸시키는 제도이다.

② 판례에 따르면 포괄일죄의 공소시효는 각각의 행위에 대해 개별적으로 진행한다.

③ 판례에 따르면 사기죄로 공소제기된 범죄사실에 대해 예비적으로 배임죄를 추가하는 공소장 변경이 된 경우, 배임죄에 대한 공소시효의 완성 여부는 본래의 공소제기시를 기준으로 해야 한다.

④ 공범의 1인에 대한 공소제기로 인한 시효정지는 다른 공범자에 대해서도 그 효력이 미친다.

27

다음 중 증거보전절차에 대한 설명으로 가장 옳지 <u>않은</u> 것은? (다툼이 있는 경우 판례에 의함)

① 검사, 피고인, 피의자 또는 변호인은 미리 증거를 보전하지 아니하면 그 증거를 사용하기 곤란한 사정이 있을 때는 제1회 공판기일 전이라도 판사에게 압수, 수색, 검증, 증인신문 또는 감정을 청구할 수 있다.

② 압수에 관한 증거보전의 청구는 압수할 물건의 소재지를 관할하는 지방법원 판사에게 하여야 한다.

③ 증거보전을 청구하는 경우에는 서면으로 그 사유를 소명하여야 하며, 증거보전청구를 기각하는 결정에 대하여는 항고가 허용되지 아니한다.

④ 공동피고인과 피고인이 뇌물을 주고받은 사이로 필요적 공범관계에 있는 경우, 검사는 수사단계에서 피고인에 대한 증거를 미리 보전하기 위해 필요한 경우에는 판사에게 공동피고인을 증인으로 신문할 것을 청구할 수 있다.

28

다음 중 공소장 변경에 대한 설명으로 가장 옳지 <u>않은</u> 것은? (다툼이 있는 경우 판례에 의함)

① 검사가 공소사실 중 임차권 양도계약 수수료 교부자를 甲에서 乙로 변경하는 공소장 변경신청을 하고 원심이 이를 허가한 사안에서, 그와 같이 공소장을 변경하더라도 피고인이 공소사실 기재 일시·장소에서 위 계약을 중개한 후 법정수수료 상한을 초과한 중개수수료를 교부받았다는 사실에는 변함이 없으므로, 공소사실의 동일성이 인정되어 공소장 변경이 허용된다.

② 검사는 법원의 허가를 얻어 공소장에 기재한 공소사실 또는 적용법조의 추가, 철회 또는 변경을 할 수 있다. 이 경우에 법원은 공소사실의 동일성을 해하지 아니하는 한도에서 허가하여야 한다.

③ 공소사실이나 범죄사실의 동일성 여부는 사실의 동일성이 갖는 법률적 기능을 염두에 두고 피고인의 행위와 그 사회적인 사실관계를 기본으로 하되 그 규범적 요소도 고려에 넣어 판단하여야 한다.

④ 상습범에 있어서 공소제기의 효력은 공소가 제기된 범죄사실과 동일성이 인정되는 범죄사실 전체에 미치는데, 이 경우 공소제기의 효력이 미치는 시적 범위는 검사의 공소제기시를 기준으로 삼아야 한다.

29

다음 〈보기〉 중 불이익변경금지 원칙에 관한 설명으로 옳지 <u>않은</u> 것을 모두 고른 것은? (다툼이 있는 경우 판례에 의함)

┤ 보기 ├

⊙ 피고인이 약식명령에 불복하여 정식재판을 청구한 사건에서 그 죄명이나 적용법조가 약식명령에 비하여 불이익하게 변경되었다면, 선고한 형이 약식명령과 같은 경우에도 이는 불이익변경금지의 원칙에 위배된 조치이다.

⓵ 피고인만의 상고에 의하여 원심판결을 파기하고 사건을 항소심에 환송한 경우, 환송 전 원심판결과의 관계에서도 불이익변경금지의 원칙이 적용된다.

ⓒ 제1심에서 소년임을 이유로 징역 장기 10년, 단기 5년의 부정기형을 선고한데 대하여 피고인만이 항소한 경우, 항소심이 위 피고인이 항소심에 이르러 성년이 되었음을 이유로 제1심 판결을 파기하고 징역 7년을 선고하였다면 이는 위법하다.

ⓔ 제1심에서 징역 1년에 처하되 형의 집행을 면제한다는 판결을 선고한데 대하여 피고인만이 항소한 경우, 항소심이 위 피고인에 대해 징역 8월에 집행유예 2년을 선고하였다면 이는 위법하다.

① ㉠, ㉡
② ㉠, ㉡, ㉣
③ ㉠, ㉢, ㉣
④ ㉡, ㉢, ㉣

30

다음 중 관할에 관한 설명으로 가장 옳지 <u>않은</u> 것은? (다툼이 있는 경우 판례에 의함)

① 사물관할을 달리하는 수 개의 관련 항소사건이 각각 고등법원과 지방법원본원 합의부에 계속된 때에는 고등법원은 결정으로 지방법원 합의부에 계속한 사건을 병합하여 심리할 수 있다.

② 국민참여재판 진행 중 공소사실의 일부 변경으로 인하여 국민참여재판의 대상사건에 해당하지 아니하게 된 경우 법원은 그 사건을 단독재판부로 이송하여야 한다.

③ 법원은 직권으로 관할을 조사하여야 한다.

④ 단독판사 관할사건이 항소심 계속 중 공소장변경에 의하여 합의부 관할사건으로 된 경우에 법원은 사건을 관할권이 있는 법원에 이송하여야 하고, 그 경우 관할권이 있는 법원은 고등법원이다.

31

다음 중 법관의 제척·기피제도에 대한 설명으로 가장 옳지 <u>않은</u> 것은? (다툼이 있는 경우 판례에 의함)

① 약식명령에 관여한 법관이 정식재판의 제1심 판결에 관여하는 것은 제척사유가 아니다.

② 당사자의 증거신청을 채택하지 아니하거나 이미 채택한 증거결정을 취소하였다는 것만으로는 재판의 공정을 기대하기 어려운 경우에 해당하지 않아 기피원인이 되지 않는다.

③ 고발사실의 일부에 대한 재정신청에 관여하여 그 신청을 기각한 법관이 공소가 제기된 그 나머지 부분에 대한 항소심 재판에서 주심판사로 관여한 경우 「형사소송법」상의 제척원인인 '법관이 사건에 관하여 전심재판에 관여한 때'에 해당한다.

④ 소송지연의 목적이 명백한 기피신청에 대해서는 기피신청을 받은 법원이나 법관이 결정으로 이를 기각한다.

32

다음 중 위법수집증거에 관한 설명으로 가장 옳지 <u>않은</u> 것은? (다툼이 있는 경우 판례에 의함)

① 수사기관이 법원으로부터 영장 또는 감정처분허가장을 발부받지 아니한 채 피의자의 동의 없이 피의자의 신체로부터 혈액을 채취하고 사후적으로도 지체 없이 이에 대한 영장을 발부받지도 아니한 채 강제 채혈한 피의자의 혈액 중 알콜농도에 관한 감정이 이루어졌다면, 이러한 감정결과보고서 등은 위법수집증거로서 증거능력이 없다.

② 증인이 친분이 있던 피해자와 통화를 마친 후 전화가 끊기지 않은 상태에서 휴대전화를 통하여 몸싸움을 연상시키는 '악'하는 소리와 '우당탕' 소리를 1~2분 들었다고 증언한 경우, 그 소리는 「통신비밀보호법」상에서 말하는 타인 간의 대화에 해당하지 않는다.

③ 선거관리위원회 위원·직원이 관계인에게 진술이 녹음된다는 사실을 미리 알려주지 아니한 채 진술을 녹음하였더라도, 그와 같은 조사절차에 의하여 수집된 녹음파일 내지 그에 터 잡아 작성된 녹취록은 증거능력이 부정된다고 할 수 없다.

④ 피고인이 범행 후 피해자에게 전화를 걸어오자 피해자가 증거를 수집하려고 그 전화내용을 녹음한 경우, 그 녹음테이프가 피고인 모르게 녹음된 것이라 하여 이를 위법하게 수집된 증거라 할 수 없다.

33

다음 중 변호인에 관한 설명으로 가장 옳지 <u>않은</u> 것은? (다툼이 있는 경우 판례에 의함)

① 변호인은 변호사 중에서 선임하여야 한다. 단, 대법원 이외의 법원은 특별한 사정이 있으면 변호사 아닌 자를 변호인으로 선임함을 허가할 수 있다.

② 필요적 변호사건임에도 불구하고 제1심의 공판절차가 변호인 없이 이루어진 경우라도 항소심에서 변호인을 선임하였다면 제1심의 증거조사는 무효가 되지 않는다.

③ 변호인이 피의자에게 진술거부권이 있음을 알려주고 그 행사를 권고하는 것은 변호사로서의 의무에 위배되는 것이라고 할 수 없다.

④ 수사기관이나 법원의 접견불허처분이 없더라도 변호인의 구속피의자에 대한 접견신청일이 경과하도록 접견이 이루어지지 아니한 것은 실질적으로 접견불허가처분이 있는 것과 동일시된다.

34

다음 중 자백보강법칙에 관한 설명으로 가장 옳지 <u>않은</u> 것은? (다툼이 있는 경우 판례에 의함)

① 전과에 관한 사실은 엄격한 의미에서의 범죄사실과 구별되는 것으로 피고인의 자백만으로도 이를 인정할 수 있다.

② 공동피고인의 자백은 이에 대한 피고인의 반대신문권이 보장되어 있어 증인으로 신문한 경우와 다를 바 없으므로 독립한 증거능력이 있고, 이는 피고인들 간에 이해관계가 상반된다고 하여도 마찬가지다.

③ 피고인이 자신이 거주하던 다세대 주택의 여러 세대에서 7건의 절도행위를 한 것으로 기소되었는데 그중 4건은 범행 장소인 구체적 호수가 특정되지 않은 사안에서, 위 4건에 관한 피고인의 범행 관련 진술이 매우 사실적·구체적·합리적이고 진술의 신빙성을 의심할 만한 사유도 없어 자백의 진정성이 인정되므로, 피고인의 집에서 해당 피해품을 압수한 압수조서와 압수물 사진은 위 자백에 대한 보강증거가 된다.

④ 통상의 형사공판절차는 물론 간이공판절차나 약식명령절차, 즉결심판에는 자백보강법칙이 적용되나, 소년보호사건에는 자백보강법칙이 적용되지 않으므로 자백만으로도 유죄인정이 가능하다.

35

다음 중 약식명령에 대한 설명으로 가장 옳은 것은? (다툼이 있으면 판례에 의함)

① 벌금, 구류, 과료 또는 몰수에 처할 수 있는 사건에 대하여 검사는 공소의 제기와 동시에 서면으로 약식명령을 청구할 수 있다.

② 약식명령에 불복하여 정식재판을 청구한 피고인이 2회 불출정 하여 피고인의 출정 없이 증거조사를 하는 경우, 「형사소송법」제318조 제2항에 따른 증거동의가 간주되지 않는다.

③ 약식명령의 고지는 검사와 피고인에 대한 재판서의 송달 또는 다른 적당한 방법으로 하여야 한다.

④ 피고인이 정식재판을 청구한 사건에 대하여는 약식명령의 형보다 중한 종류의 형을 선고하지 못한다.

36

다음 중 검사와 사법경찰관의 관계에 대한 설명으로 가장 옳지 <u>않은</u> 것은?

① 검사는 사법경찰관이 사건을 송치하지 아니한 것이 위법 또는 부당한 때에는 그 이유를 문서로 명시하여 사법경찰관에게 보완수사를 요구할 수 있다.

② 사법경찰관은 보완수사 요구가 있는 때에는 정당한 이유가 없는 한 지체 없이 이를 이행하고, 그 결과를 검사에게 통보하여야 한다.

③ 검사는 사법경찰관이 신청한 영장의 청구결정에 관하여 필요한 경우에 사법경찰관에게 보완수사를 요구할 수 있다.

④ 검찰총장 또는 각급 검찰청 검사장은 사법경찰관이 정당한 이유 없이 보완수사 요구에 따르지 아니하는 때에는 권한 있는 사람에게 해당 사법경찰관의 직무배제 또는 징계를 요구할 수 있다.

37

다음 중 공판준비절차에 관한 설명으로 가장 옳지 <u>않은</u> 것은?

① 공판준비기일에 신청하지 못한 증거라도 공판기일에 법원은 직권으로 증거조사를 할 수 있다.

② 법원은 제1회 공판기일 이후에는 사건을 공판준비절차에 부칠 수 없다.

③ 법원은 검사·변호인 또는 소환받은 피고인이 출석하지 아니한 때에는 공판준비절차를 종결하여야 한다.

④ 법원은 합의부원으로 하여금 공판준비기일을 진행하게 할 수 있다. 이 경우 수명법관은 공판준비기일에 관하여 법원 또는 재판장과 동일한 권한이 있다.

38

다음 중 「형사소송법」 제266조의3에서 규정하고 있는 '공소제기 후 검사가 보관하고 있는 서류 등의 열람·등사'에 대한 설명으로 가장 옳은 것은?

① 피고인에게 변호인이 있는 경우에는 피고인은 열람·등사만을 신청할 수 있다.

② 검사는 서류 등의 목록에 대하여는 열람 또는 등사를 거부할 수 없다.

③ 검사는 열람·등사 또는 서면의 교부를 거부하거나 그 범위를 제한하는 때에는 신청을 받은 때로부터 24시간 이내에 그 이유를 서면으로 통지하여야 한다.

④ '서류 등'에는 컴퓨터용 디스크나 그 밖에 정보를 담기 위하여 만들어진 물건으로 문서가 아닌 특수매체를 포함하며, 특수매체에 대한 등사는 전체 범위를 대상으로 한다.

39

다음 중 증거능력에 대한 설명으로 가장 옳지 <u>않은</u> 것은? (다툼이 있는 경우 판례에 의함)

① 정보통신망을 통하여 공포심이나 불안감을 유발하는 글을 반복적으로 상대방에게 도달하게 하는 행위를 하였다는 공소사실에 대하여 휴대전화기에 저장된 문자정보가 그 증거가 되는 경우, 그 문자정보는 범행의 직접적인 수단이고 경험자의 진술에 갈음하는 대체물에 해당하지 않으므로 전문법칙이 적용되지 않는다.

② 검사가 작성한 피의자신문조서는 적법한 절차와 방식에 따라 작성된 것으로서 공판준비, 공판기일에 그 피의자였던 피고인 또는 변호인이 내용을 인정할 때에 한정하여 증거로 할 수 있다.

③ 건축허가를 둘러싼 甲의 알선 수재 사건에서 "건축허가 담당공무원에게 내(乙)가 사례비 2,000만원을 주기로 甲과 상의하였다."라는 乙의 증언은 전문증거가 아니라 본래증거에 해당한다.

④ 검찰에 송치되기 전에 검사가 작성한 구속 피의자에 대한 피의자신문조서도 작성주체에 따라 전문법칙의 예외를 인정하는 「형사소송법」상의 규정 체계에 따르는 한 적법한 검사작성의 피의자신문조서로 볼 수밖에 없다.

40

다음 중 국민참여재판에 대한 설명으로 가장 옳은 것은? (다툼이 있는 경우 판례에 의함)

① 제1심 법원이 국민참여재판 대상 사건임을 간과하여 피고인의 의사를 확인하지 않고 통상의 공판절차로 재판을 진행하였다면, 항소심에서 피고인이 국민참여재판을 원하지 않는다고 하면서 절차적 위반을 문제 삼지 아니할 의사를 명백히 표시한 경우에도 그 하자는 치유되지 않으며 제1심 공판절차는 전체로서 위법하다.

② 피고인이 국민참여재판을 신청하였으나 법원이 배제결정도 하지 않은 채 통상의 공판절차로 진행하는 것은 국민참여재판을 받을 권리 및 배제결정에 대한 항고권 등의 중대한 절차적 권리를 침해하는 것으로서 위법하고, 공판절차에서 이루어진 소송행위는 무효이다.

③ 헌법과 법률이 정한 법관에 의한 재판을 받을 권리는 직업법관에 의한 재판을 주된 내용으로 하는 것으로, 국민참여재판을 받을 권리는 「헌법」 제27조 제1항에서 규정한 재판을 받을 권리의 보호범위에 속한다.

④ 국민참여재판의 피고인이 공판정에서 자백한 경우, 법원은 그 공소사실에 한하여 간이공판절차에 의하여 심판하도록 결정할 수 있다.

11회 2023 법원직 9급 형사소송법

01

진술거부권에 관한 다음 설명 중 가장 옳은 것은? (다툼이 있는 경우 판례에 의하고, 전원합의체 판결의 경우 다수의견에 의함. 이하 [문1~문25]까지 같음)

① 수사기관이 피의자가 아닌 참고인으로 조사를 하면서 진술거부권을 고지하지 아니하고 작성한 진술조서는 위법수집증거에 해당한다.

② 수사기관이 피의자를 신문함에 있어서 피의자에게 미리 진술거부권을 고지하지 않은 때에는 그 피의자의 진술은 위법하게 수집된 증거이지만, 진술의 임의성이 인정되는 경우라면 증거능력이 인정된다.

③ 구속영장 발부에 의하여 적법하게 구금된 피의자가 피의자 신문을 위한 출석요구에 응하지 아니하면서 수사기관 조사실에 출석을 거부한다면 수사기관은 그 구속영장의 효력에 의하여 피의자를 조사실로 구인할 수 있다고 보아야 하고, 이러한 경우에는 수사기관이 피의자를 신문하기 전에 진술거부권을 고지할 필요가 없다.

④ 비록 사법경찰관이 피의자에게 진술거부권을 행사할 수 있음을 알려 주고 그 행사 여부를 질문하였다 하더라도, 형사소송법 제244조의3 제2항에 규정한 방식에 위반하여 진술거부권 행사 여부에 대한 피의자의 답변이 자필로 기재되어 있지 아니하거나 그 답변 부분에 피의자의 기명날인 또는 서명이 되어 있지 아니한 사법경찰관 작성의 피의자신문조서는 특별한 사정이 없는 한 형사소송법 제312조 제3항에서 정한 '적법한 절차와 방식'에 따라 작성된 조서라 할 수 없으므로 그 증거능력을 인정할 수 없다.

02

인신구속에 관한 다음 설명 중 가장 옳지 <u>않은</u> 것은?

① 피의자에 대한 구속영장의 제시와 집행이 그 발부 시로부터 정당한 사유 없이 시간이 지체되어 이루어졌다 하더라도 구속영장이 그 유효기간 내에 집행되었다면, 위 기간 동안의 체포 내지 구금 상태를 위법하다고 볼 수는 없다.

② 검사 또는 사법경찰관이 체포영장을 집행할 때에는 피의자에게 반드시 체포영장을 제시하여야 하지만, 체포영장을 소지하지 아니한 경우에 급속을 요하는 때에는 피의자에게 범죄사실의 요지와 영장이 발부되었음을 고하고 체포영장을 집행할 수 있다.

③ 검사 등이 현행범인을 체포하거나 현행범인을 인도받은 후 현행범인을 구속하고자 하는 경우 48시간 이내에 구속영장을 청구하여야 하고 그 기간 내에 구속영장을 청구하지 아니하는 때에는 즉시 석방하여야 한다. 검사 등이 아닌 이에 의하여 현행범인이 체포된 후 불필요한 지체 없이 검사 등 에게 인도된 경우 위 48시간의 기산점은 체포시가 아니라 검사 등이 현행범인을 인도받은 때라고 할 것이다.

④ 긴급체포의 요건을 갖추었는지 여부는 사후에 밝혀진 사정을 기초로 판단하는 것이 아니라 체포 당시의 상황을 기초로 판단하여야 하고, 이에 관한 검사나 사법경찰관 등 수사주체의 판단에는 상당한 재량의 여지가 있다고 할 것이나, 긴급체포 당시의 상황으로 보아서도 그 요건의 충족 여부에 관한 검사나 사법경찰관의 판단이 경험칙에 비추어 현저히 합리성을 잃은 경우에는 그 체포는 위법한 체포라 할 것이다.

03

송달에 관한 다음 설명 중 가장 옳지 <u>않은</u> 것은?

① 피고인이 구치소나 교도소 등에 수감 중에 있는 경우는, 법원이 수감 중인 피고인에 대하여 공소장 부본과 피고인소환장 등을 종전 주소지 등으로 송달한 경우는 물론 공시송달의 방법으로 송달하였더라도 이는 위법하다고 보아야 한다.

② 구치소에 재감 중인 피고인이 제1심판결에 대하여 항소하였는데, 항소심법원이 구치소로 소송기록접수통지서를 송달하면서 송달받을 사람을 구치소의 장이 아닌 피고인으로 하였고 구치소 서무계원이 이를 수령한 경우에는 송달받을 사람을 피고인으로 한 송달은 효력이 없고, 달리 피고인에게 소송기록접수의 통지가 도달하였다는 등의 사정을 발견할 수 없다면, 소송기록접수의 통지는 효력이 없다.

③ 형사피고사건으로 법원에 재판이 계속되어 있는 사람은 공소제기 당시의 주소지나 그 후 신고한 주소지를 옮길 때에는 자기의 새로운 주소지를 법원에 신고하거나 기타 소송 진행 상태를 알 수 있는 방법을 강구하여야 하고, 만일 이러한 조치를 취하지 않았다면, 원칙적으로 소송서류가 송달되지 않아서 공판기일에 출석하지 못하거나 판결 선고사실을 알지 못하여 상고기간을 도과하는 등 불이익을 받는 책임을 면할 수 없다.

④ 기록에 피고인의 주민등록지 이외의 주소가 나타나 있고 피고인의 집 전화번호 또는 휴대전화번호 등이 나타나있는 경우라도, 피고인이 재판이 계속 중인 사실을 알면서도 새로운 주소지 등을 법원에 신고하는 등 조치를 하지 않아 소환장이 송달불능되었다면, 법원이 곧바로 공시송달의 방법으로 송달하였다 하여 위법하다고 볼 수 없다.

04

공판조서의 증명력에 관한 다음 설명 중 가장 옳지 <u>않은</u> 것은?

① 피고인에게 증거조사결과에 대한 의견을 묻고 증거조사를 신청할 수 있음을 고지하였을 뿐만 아니라 최종의견 진술의 기회를 주었는지 여부와 같은 소송절차에 관한 사실은 공판조서에 기재된 대로 공판절차가 진행된 것으로 증명되고 다른 자료에 의한 반증은 허용되지 않는다.

② 동일한 사항에 관하여 두개의 서로 다른 내용이 기재된 공판조서가 병존하는 경우 양자는 동일한 증명력을 가지는 것으로서 그 증명력에 우열이 있을 수 없다고 보아야 할 것이므로 그 중 어느 쪽이 진실한 것으로 볼 것인지는 공판조서의 증명력을 판단하는 문제로서 법관의 자유로운 심증에 따를 수 밖에 없다.

③ 공판조서에 기재되지 않은 소송절차는 공판조서 이외의 자료에 의한 증명이 허용되므로 공판조서에 피고인에 대하여 인정신문을 한 기재가 없다면 같은 조서에 피고인이 공판기일에 출석하여 공소사실신문에 대하여 이를 시정하고 있는 기재가 있다 하더라도 인정신문이 있었던 사실이 추정된다고 할 수는 없다.

④ 공소사실이 최초로 심리된 제1심 제4회 공판기일부터 피고인이 공소사실을 일관되게 부인하여 경찰 작성 피의자신문조서의 진술 내용을 인정하지 않는 경우, 제1심 제4회 공판 기일에 피고인이 위 서증의 내용을 인정한 것으로 공판조서에 기재된 것은 착오 기재 등으로 보아 위 피의자신문조서의 증거능력을 부정하여야 한다.

05

항소심에 관한 다음 설명 중 가장 옳은 것은?

① 피고인을 위하여 제1심판결을 파기하는 경우에 파기의 이유가 '항소한 공동피고인'에게 공통되는 때에는 그 공동피고인에 대하여도 제1심판결을 파기하여야 하는데, 이때 '항소한 공동피고인'에는 제1심의 공동피고인으로서 자신이 항소한 경우만 해당되고, 제1심의 공동피고인에 대하여 검사만 항소한 경우는 이에 포함되지 않는다.

② 피고인의 항소대리권자인 배우자가 피고인을 위하여 항소한 경우에도 소송기록접수통지는 항소인인 피고인에게 하여야 하는데, 피고인이 적법하게 소송기록접수통지서를 받지 못하였다면 항소이유서 제출기간이 지났다는 이유로 항소기각결정을 하는 것은 위법하다.

③ 항소심에서도 피고인이 불출석한 상태에서 그 진술 없이 판결하기 위해서는 피고인이 적법한 공판기일 통지를 받고서도 2회 연속으로 정당한 이유 없이 출정하지 않은 경우에 해당하여야 하는데, 이때 '적법한 공판기일 통지'란 소환장의 송달(형사소송법 제76조) 및 소환장 송달의 의제(형사소송법 제268조)의 경우에 한정된다.

④ 제1심법원이 공소사실의 동일성이 인정되는 범위 내에서 공소가 제기된 범죄사실에 포함된 보다 가벼운 범죄사실을 유죄로 인정하면서 법정형이 보다 가벼운 다른 법조를 적용하여 피고인을 처벌하고, 유죄로 인정된 부분을 제외한 나머지 부분에 대하여는 범죄의 증명이 없다는 이유로 판결 이유에서 무죄로 판단한 경우, 피고인만이 유죄 부분에 대하여 항소하고 검사는 무죄로 판단된 부분에 대하여 항소하지 아니한 경우에도, 그 죄 전부가 피고인의 항소와 상소불가분의 원칙으로 인하여 항소심에 이심되었으므로 무죄 부분도 항소심의 심판대상이 된다.

06

반대신문권의 보장에 관한 다음 설명 중 가장 옳지 <u>않은</u> 것은?

① 피고인에게 불리한 증거인 증인이 주신문의 경우와 달리 반대신문에 대하여는 답변을 하지 아니하는 등 진술 내용의 모순이나 불합리를 그 증인신문 과정에서 드러내어 이를 탄핵하는 것이 사실상 곤란하였고, 그것이 피고인 또는 변호인에게 책임 있는 사유에 기인한 것이 아닌 경우와 같이 실질적 반대신문권의 기회가 부여되지 아니한 채 이루어진 증인의 법정진술은 특별한 사정이 존재하지 아니하는 이상 위법한 증거로서 증거능력을 인정하기 어렵다.

② 피고인이 일시 퇴정한 상태에서 증인신문을 한 뒤 피고인에게 실질적인 반대신문의 기회를 부여하지 않았더라도, 그 다음 공판기일에서 재판장이 증인신문 결과 등을 공판조서(증인신문조서)에 의하여 고지하면서 이의여부를 물었고 피고인이 '변경할 점과 이의할 점이 없다'고 진술하였다면 실질적인 반대신문의 기회를 부여받지 못한 하자가 치유된 것으로 볼 수 있다.

③ 실질적인 반대신문의 기회를 부여받지 못한 하자는 책문권 포기로 치유될 수 있으며, 이 때 책문권 포기의 의사는 반드시 명시적인 것일 필요는 없다.

④ 수사기관에서 진술한 참고인이 법정에서 증언을 거부하여 피고인이 반대신문을 하지 못한 경우에는 정당하게 증언거부권을 행사한 것이 아니라도, 피고인이 증인의 증언거부 상황을 초래하였다는 등의 특별한 사정이 없는 한 형사소송법 제314조의 '그 밖에 이에 준하는 사유로 인하여 진술할 수 없는 때'에 해당하지 않는다고 보아야 한다.

07

증거능력에 관한 다음 설명 중 가장 옳지 <u>않은</u> 것은?

① 임의제출된 정보저장매체에서 압수의 대상이 되는 전자정보의 범위를 넘어서는 전자정보에 대해 수사기관이 영장없이 압수·수색하여 취득한 증거는 위법수집증거에 해당하고, 사후에 법원으로부터 영장이 발부되었다거나 피고인이나 변호인이 이를 증거로 함에 동의하였다고 하여 그 위법성이 치유되는 것도 아니므로 증거능력이 없다.

② 법원조직법 제57조 제1항에서 정한 공개금지사유가 없음에도 불구하고 재판의 심리에 관한 공개를 금지하기로 결정하였다면, 그 절차에 의하여 이루어진 증인의 증언은 증거능력이 없고, 변호인의 반대신문권이 보장되었더라도 달리 볼 수 없으며, 이러한 법리는 공개금지결정의 선고가 없는 등으로 공개금지결정의 사유를 알 수 없는 경우에도 마찬가지이다.

③ 형사소송법 제244조의4(수사과정의 기록) 제1항은 피고인이 아닌 자가 수사과정에서 진술서를 작성하는 경우에도 준용되므로, 수사기관이 그에 대한 조사과정을 기록하지 아니 한 경우에는, 특별한 사정이 없는 한 '적법한 절차와 방식'에 따라 수사과정에서 진술서가 작성되었다 할 수 없으므로 그 증거능력을 인정할 수 없다.

④ 경찰관이 피고인이 아닌 자의 주거지·근무지를 방문한 곳에서 진술서 작성을 요구하여 제출받은 경우 등 그 진술서가 경찰서에서 작성한 것이 아니라 작성자가 원하는 장소를 방문하여 받은 것이라면, 형사소송법 제244조의4(수사과정의 기록) 제1항 규정이 적용되지 않는다.

08

다음 설명 중 가장 옳지 <u>않은</u> 것은?

① 검사가 기명날인 또는 서명이 없는 상태로 공소장을 관할법원에 제출하는 것은 특별한 사정이 없는 한 공소제기의 절차가 법률의 규정을 위반하여 무효인 때에 해당한다. 다만이 경우 공소를 제기한 검사가 공소장에 기명날인 또는 서명을 추후 보완하는 등의 방법으로 공소제기가 유효하게 될 수 있다.

② 약식명령에 대한 정식재판청구서에 청구인의 기명날인 또는 서명이 없다면 형사소송법 제59조(비공무원의 서류)를 위반한 것으로서 그 청구를 결정으로 기각하여야 한다. 그러나 정식재판의 청구를 접수하는 법원공무원이 청구인의 기명날인이나 서명이 없음에도 불구하고 이에 대한 보정을 구하지 아니하고 적법한 청구가 있는 것으로 오인하여 청구서를 접수한 경우에는 청구인의 귀책사유로 볼 수 없으므로 그 청구를 결정으로 기각할 수 없다.

③ 피고인이 공판조서의 열람 또는 등사를 청구하였음에도 법원이 불응하여 피고인의 열람 또는 등사청구권이 침해된 경우에는 공판조서를 유죄의 증거로 할 수 없을 뿐만 아니라공판조서에 기재된 당해 피고인이나 증인의 진술도 증거로 할 수 없다고 보아야 한다.

④ 공판조서의 기재가 명백한 오기인 경우를 제외하고는 공판기일의 소송절차로서 공판조서에 기재된 것은 조서만으로써 증명하여야 하고, 그 증명력은 공판조서 이외의 자료에 의한 반증이 허용되지 않는 절대적인 것이다.

09

기피에 관한 다음 설명 중 가장 옳지 <u>않은</u> 것은?

① 피고사건의 판결선고절차가 시작되어 재판장이 이유의 요지 중 상당부분을 설명하는 도중 피고인이 동 공판에 참여한 법원사무관에 대한 기피신청과 동시에 선고절차의 정지를 요구하는 것은 선고절차의 중단 등 소송지연만을 목적으로 한 것으로 부적법하다.

② 어떠한 사유에 의했건 기피의 대상으로 하고 있는 법관이 이미 당해 구체적 사건의 직무집행으로부터 배제되어 있다면 그 법관에 대한 피고인의 기피신청은 부적법하다.

③ 기피신청을 받은 법관이 본안의 소송절차를 정지하지 않은채 그대로 소송을 진행하여서 한 소송행위는 위법하나, 그 후 그 기피신청에 대한 기각결정이 확정되었다면 그 하자는 치유되었다고 볼 것이다.

④ 법원사무관 등과 통역인에 대한 기피신청도 가능하고, 그에 대한 기피재판은 그 소속법원이 결정으로 하여야 한다.

10

고소에 관한 다음 설명 중 가장 옳지 <u>않은</u> 것은?

① 법원이 선임한 부재자 재산관리인이 그 관리대상인 부재자의 재산에 대한 범죄행위에 관하여 법원으로부터 고소권 행사에 관한 허가를 얻은 경우 부재자 재산관리인은 형사소송법 제225조 제1항에서 정한 법정대리인으로서 적법한 고소권자에 해당한다고 보아야 한다.

② 법원은 고소권자가 비친고죄로 고소한 사건이더라도 검사가 사건을 친고죄로 구성하여 공소를 제기하였다면 공소장 변경절차를 거쳐 공소사실이 비친고죄로 변경되지 아니하는 한, 법원으로서는 친고죄에서 소송조건이 되는 고소가 유효하게 존재하는지를 직권으로 조사·심리하여야 한다.

③ 고소는 제1심판결 선고 전까지 취소할 수 있으나, 항소심에서 공소장의 변경에 의하여 또는 공소장변경절차를 거치지 아니하고 법원 직권에 의하여 친고죄가 아닌 범죄를 친고죄로 인정하였다면, 항소심이 실질적으로 제1심이라 할 것이므로, 항소심에서 고소인이 고소를 취소하였다면 이는 친고죄에 대한 고소취소로서의 효력이 있다.

④ 고소의 취소나 처벌을 희망하는 의사표시의 철회는 수사기관 또는 법원에 대한 법률행위적 소송행위이므로 공소제기 전에는 고소사건을 담당하는 수사기관에, 공소제기 후에는고소사건의 수소법원에 대하여 이루어져야 한다.

11

피의자에 대한 구속영장 청구 사건의 심문절차에 관한 다음 설명 중 가장 옳지 <u>않은</u> 것은?

① 판사는 피의자가 구속전피의자심문의 심문기일에의 출석을 거부하거나 질병 그 밖의 사유로 출석이 현저하게 곤란하고, 피의자를 심문 법정에 인치할 수 없다고 인정되는 때에는 피의자의 출석 없이 심문절차를 진행할 수 있다.

② 검사와 변호인은 판사의 심문이 끝난 후에 의견을 진술할 수 있다. 다만, 필요한 경우에는 심문 도중에도 판사의 허가를 얻어 의견을 진술할 수 있다.

③ 심문기일의 통지는 서면 이외에 구술·전화·모사전송·전자우편·휴대전화 문자전송 그 밖에 적당한 방법으로 신속하게 하여야 한다. 이 경우 통지의 증명은 그 취지를 심문조서에 기재함으로써 할 수 있다.

④ 판사는 구속 여부의 판단을 위하여 필요하다고 인정하는 때에는 심문절차를 일시 중단하고 피해자 그 밖의 제3자가 의견을 진술하도록 할 수는 있으므로 심문장소에 출석한 피해자 그 밖의 제3자를 심문할 수는 없다.

12

다음 설명 중 가장 옳은 것은?

① 형사소송법은 상소할 수 있는 자는 자기 또는 대리인이 책임질 수 없는 사유로 상소 제기기간 내에 상소를 하지 못한 경우에는 상소권회복의 청구를 할 수 있도록 정하고 있으나, 약식명령에 대하여 정식재판을 청구하는 경우에는 정식재판회복의 청구를 할 수 있는 규정을 두고 있지 않다.

② 상소권회복의 청구가 있는 때에는 법원은 이에 대한 결정을 할 때까지 재판의 집행을 정지하는 결정을 하여야 한다. 따라서 벌금을 납부하지 아니하여 노역장유치의 집행을 당한 자도 상소권회복의 청구에 대한 결정을 할 때까지 일단 석방되어야 한다.

③ 형사소송법 제343조 제2항에서 "상소의 제기기간은 재판을 선고 또는 고지한 날로부터 진행한다."고 규정하고 있으므로, 형사소송에 있어서는 판결등본이 당사자에게 송달되는 여부에 관계없이 공판정에서 판결이 선고된 날로부터 상소기간이 기산되며, 이는 피고인이 불출석한 상태에서 재판을 하는 경우에도 마찬가지이다.

④ 자기 또는 대리인이 책임질 수 없는 사유로 상소 제기기간 내에 상소를 하지 못한 경우에는 우선 상소권회복의 청구를 하고, 그로부터 상당한 기간 내에 상소를 제기하여도 적법하다.

13

관할에 관한 다음 설명 중 가장 옳지 <u>않은</u> 것은?

① 지방법원과 그 지원의 합의부가 제1심으로 심판하여야 할 사건을 지방법원 지원 단독판사가 제1심으로 심판하고, 그 제1심 사건에 대한 항소심 사건을 지방법원 본원 합의부가실체에 들어가 심판한 경우, 관할획일의 원칙과 그 위법의 중대성 등에 비추어 이는 판결에 영향을 미쳤음이 명백하므로, 상고심은 직권으로 원심판결 및 제1심판결을 파기하고 사건을 관할권이 있는 지방법원 지원 합의부로 이송하여야 한다.

② 지방법원 지원에 제1심 토지관할이 인정되는 경우, 특별한 사정이 없는 한 그 지방법원 본원에도 제1심 토지관할이 인정된다.

③ 형사소송법 제4조 제1항은 "토지관할은 범죄지, 피고인의 주소, 거소 또는 현재지로 한다."라고 정하고, 여기서 '현재지'라고 함은 공소제기 당시 피고인이 현재한 장소로서 임의에 의한 현재지뿐만 아니라 적법한 강제에 의한 현재지도 이에 해당한다.

④ 형사소송법 제5조에서 정한 관련 사건의 관할은 이른바 고유관할사건 및 그 관련 사건이 반드시 병합 기소되거나 병합되어 심리될 것을 전제요건으로 하는 것은 아니고, 고유관할사건 계속 중 고유관할 법원에 관련 사건이 계속된 이상 그 후 양 사건이 병합되어 심리되지 아니한 채 고유사건에 대한 심리가 먼저 종결되었다 하더라도 관련 사건에 대한 관할권은 여전히 유지된다.

14

공판준비기일 및 공판기일 절차에 관한 다음 설명 중 가장 옳은 것은?

① 공판준비기일에는 검사 및 피고인, 변호인이 출석하여야 한다.

② 제1회 공판기일은 소환장의 송달 후 5일 이상의 유예기간을 두어야 한다. 다만, 피고인이 이의 없는 때에는 전항의 유예기간을 두지 아니할 수 있다.

③ 공판준비절차가 종결되면 공판절차로 진행하기 때문에 공판준비기일을 재개할 수는 없다.

④ 법원은 공판준비절차에서 증거신청, 증거채부결정뿐만 아니라 필요하다고 인정하는 경우 증거조사를 할 수 있다.

15

자백보강법칙에 관한 다음 설명 중 가장 옳지 <u>않은</u> 것은?

① 공동피고인의 자백은 이에 대한 피고인의 반대신문권이 보장되어 있어 증인으로 신문한 경우와 다를 바 없으므로 독립한 증거능력이 있으나, 피고인들 간에 이해관계가 상반되는 경우에는 독립한 증거로 보기 어렵다.

② 직접증거가 아닌 간접증거나 정황증거도 보강증거가 될 수 있고, 자백과 보강증거가 서로 어울려서 전체로서 범죄사실을 인정할 수 있으면 유죄의 증거로 충분하다.

③ 피고인의 습벽을 범죄구성요건으로 하며 포괄일죄인 상습범에 있어서도 이를 구성하는 각 행위에 관하여 개별적으로 보강증거를 요구하고 있는 점에 비추어 보면 투약습성에 관한 정황증거만으로 향정신성의약품관리법위반죄의 객관적 구성요건인 각 투약행위가 있었다는 점에 관한 보강증거로 삼을 수는 없다.

④ 사람의 기억에는 한계가 있는 만큼 자백과 보강증거 사이에 어느 정도의 차이가 있어도 중요부분이 일치하고 그로써 진실성이 담보되면 보강증거로서의 자격이 있다.

16

소송행위의 추완에 관한 다음 설명 중 가장 옳은 것은?

① 변호인 선임서를 제출하지 않은 채 상고이유서만을 제출하고 상고이유서 제출기간이 지난 후에 변호인 선임서를 제출하였다면 그 상고이유서는 적법·유효한 변호인의 상고이유서로 볼 수 있다.

② 친고죄에서 피해자의 고소가 없거나 고소가 취소되었음에도 친고죄로 기소되었다가 그 후 당초에 기소된 공소사실과 동일성이 인정되는 비친고죄로 공소장변경이 허용된 경우라도 그 공소제기의 흠은 치유될 수 없다.

③ 원래 공소제기가 없었음에도 피고인의 소환이 이루어지는 등 사실상의 소송계속이 발생한 상태에서 검사가 약식명령을 청구하는 공소장을 제1심법원에 제출하고, 위 공소장에 기하여 공판절차를 진행한 경우 제1심법원으로서는 이에 기하여 유·무죄의 실체판단을 하여야 한다.

④ 세무공무원의 고발 없이 조세범칙사건의 공소가 제기된 후에 세무공무원이 고발을 한 경우 그 공소절차의 흠은 치유된다.

17

다음 설명 중 가장 옳지 <u>않은</u> 것은?

① 피고인이 출석한 공판기일에서 증거로 함에 부동의한다는 의견이 진술된 경우에는 그 후 피고인이 출석하지 아니한 공판기일에 변호인만이 출석하여 종전 의견을 번복하여 증거로 함에 동의하였다 하더라도 이는 특별한 사정이 없는 한 효력이 없다고 보아야 한다.

② 약식명령에 불복하여 정식재판을 청구한 피고인이 정식재판절차의 제1심에서 2회 불출정하여 증거동의가 간주된 후 증거조사를 완료한 경우라도 증거동의 간주가 피고인의 진의와는 관계없이 이루어지는 점에 비추어, 피고인이 항소심에 출석하여 공소사실을 부인하면서 간주된 증거동의를 철회 또는 취소한다는 의사표시를 하는 경우 증거동의 간주의 효력은 상실된다고 할 것이다.

③ 임의성이 인정되지 아니하여 증거능력이 없는 진술증거는 피고인이 증거로 함에 동의하더라도 증거로 삼을 수 없다.

④ 개개의 증거에 대하여 개별적인 증거조사방식을 거치지 아니하고 검사가 제시한 모든 증거에 대하여 피고인이 증거로 함에 동의한다는 방식으로 이루어진 것이라 하여도 증거동 의로서의 효력을 부정할 이유가 되지 못한다.

18

항고에 관한 다음 설명 중 가장 옳은 것은?

① 법원의 관할 또는 판결 전의 소송절차에 관한 결정에 대하여는 특히 즉시항고를 할 수 있는 경우 외에는 항고를 하지 못한다. 그러나 관할이전의 신청을 기각한 결정은 피고인의 방어권을 침해할 가능성이 있는 결정이므로 즉시항고는 불가능하더라도 보통항고로서 불복할 수 있다.

② 원심법원은 항고가 이유 있다고 인정하더라도 심급제의 속성상 사건기록을 항고심법원에 송부하여야 하고, 스스로 결정을 경정할 수는 없다.

③ 항고는 즉시항고 외에는 재판의 집행을 정지하는 효력이 없다. 따라서 원심법원 또는 항고법원은 보통항고의 경우 항고에 대한 결정이 있을 때까지 집행을 정지할 수 없다.

④ 검사의 체포영장 또는 구속영장 청구에 대한 지방법원판사의 재판은 형사소송법 제402조의 규정에 의하여 항고의 대상이 되는 '법원의 결정'에 해당하지 아니하고, 제416조 제1항의 규정에 의하여 준항고의 대상이 되는 '재판장 또는 수명법관의 구금 등에 관한 재판'에도 해당하지 아니한다.

19

비약적 상고에 관한 다음 설명 중 가장 옳지 <u>않은</u> 것은?

① 비약적 상고는 제1심판결이 인정한 사실에 대하여 법령을 적용하지 않았거나 법령의 적용에 착오가 있는 때 또는 제1심판결이 있은 후 형의 폐지나 변경 또는 사면이 있는 때에 제기할 수 있다.

② '제1심판결이 인정한 사실에 대하여 법령을 적용하지 아니하거나 법령의 적용에 착오가 있는 때'라 함은, 제1심판결이 인정한 사실이 옳다는 것을 전제로 하여 볼 때 그에 대한법령을 적용하지 아니하거나 법령의 적용을 잘못한 경우를 말하는 것이다.

③ 제1심판결에 대한 비약적 상고는 그 사건에 대한 항소가 제기된 때에는 효력을 잃고, 다만 항소의 취하 또는 항소기각의 결정이 있는 때에는 예외로 한다.

④ 피고인이 비약적 상고를 제기한 후 검사가 항소를 제기하면 피고인의 비약적 상고는 효력을 잃는데, 그와 같이 효력이 없어진 비약적 상고에 항소로서의 효력을 부여할 수 없다.

20

증언거부권에 관한 다음 설명 중 가장 옳지 <u>않은</u> 것은?

① 증언거부사유인 '형사소추·공소제기 당할 염려'에는 증인이 이미 저지른 범죄사실에 대한 경우뿐만 아니라 증인의 증언에 의하여 비로소 범죄가 성립하는 경우도 포함된다.

② 자신에 대한 유죄판결이 확정된 증인이 공범에 대한 피고사건에서 증언할 당시 앞으로 재심을 청구할 예정이라고 하여도, 이를 이유로 증인에게 증언거부권이 인정되지는 않는다.

③ 범행을 하지 아니한 자가 범인으로 공소제기가 되어 피고인의 지위에서 범행사실을 허위자백하고, 나아가 공범에 대한 증인의 자격에서 증언을 하면서 그 공범과 함께 범행하였다고 허위의 진술을 한 경우 그 증언은 자신에 대한 유죄판결의 우려를 증대시키는 것이므로 증언거부권의 대상은 된다고 볼 것이다.

④ 변호사, 변리사, 공증인, 공인회계사, 세무사, 대서업자, 의사, 한의사, 치과의사, 약사, 약종상, 조산사, 간호사, 종교의 직에 있는 자 또는 이러한 직에 있던 자가 그 업무상 위탁을 받은 관계로 알게 된 사실로서 타인의 비밀에 관한 것은 증언을 거부할 수 있다. 단, 본인의 승낙이 있거나 중대한 공익상 필요 있는 때에는 예외로 한다.

21

보석제도에 관한 다음 설명 중 가장 옳은 것은?

① 피고인이 집행유예의 기간 중에 있는 집행유예의 결격자라면 보석을 허가할 수 없다.

② 검사의 의견청취 절차는 보석에 관한 결정의 본질적 부분이 되므로, 법원이 검사의 의견을 듣지 아니한 채 보석에 관한 결정을 하였다면 그 결정이 적정하더라도, 절차상의 하자를 이유로 그 결정을 취소할 수 있다.

③ 법원은 보석을 취소하는 때에는 직권 또는 검사의 청구에 따라 결정으로 보증금 또는 담보의 전부 또는 일부를 몰취할 수 있고, 이때 보석보증금몰수결정은 반드시 보석취소와 동시에 하여야 한다.

④ 형사소송법 제102조 제2항(보석조건의 변경과 취소 등)에 따른 보석취소결정이 있는 때에는 검사가 그 취소결정의 등본에 의하여 피고인을 재구금하므로, 새로운 구속영장을 발부받을 필요가 없다.

22

국민참여재판에 관한 다음 설명 중 가장 옳지 <u>않은</u> 것은?

① 피고인은 공소장 부본을 송달받은 날부터 7일 이내에 국민참여재판을 원하는지 여부에 관한 의사가 기재된 서면을 제출하여야 하나, 공소장 부본을 송달받은 날부터 7일 이내에 의사확인서를 제출하지 아니한 피고인도 제1회 공판기일이 열리기 전까지는 국민참여재판 신청을 할 수 있고, 법원은 그 의사를 확인하여 국민참여재판으로 진행할 수 있다.

② 국민참여재판 대상 사건의 피고인이 국민참여재판을 신청하였는데도 법원이 이에 대한 배제결정을 하지 않은 채 통상의 공판절차로 재판을 진행하는 것은 위법하고, 이와 같이 위법한 공판절차에서 이루어진 소송행위는 무효라고 보아야 한다.

③ 피고인은 국민참여재판을 받을 것인지에 대한 의사를 번복할 수 있으나, 공판준비기일이 종결되거나 제1회 공판기일이 열린 이후에는 종전의 의사를 바꿀 수 없다.

④ 배심원의 평결과 양형에 관한 의견은 법원을 기속하지 않으므로, 재판장은 판결선고 시 피고인에게 배심원의 평결결과를 고지하거나 평결결과와 다른 판결을 선고하는 이유를 설명할 필요가 없다.

23

불이익변경금지 원칙에 관한 다음 설명 중 가장 옳지 <u>않은</u> 것은?

① 피고인이 제1심판결 선고 시 소년에 해당하여 부정기형을 선고받았고, 피고인만이 항소한 항소심에서 피고인이 성년에 이르러 항소심이 제1심의 부정기형을 정기형으로 변경해야 할 경우, 불이익변경금지 규정을 적용함에 있어 부정기형과 정기형 사이에 그 경중을 가리는 경우에는 부정기형 중 최단기형과 정기형을 비교하여야 한다.

② 항소심에서 주형을 감형하면서 추징액을 증액한 경우(제1심의 형량인 징역 2년에 집행유예 3년 및 금 5억여 원 추징을 항소심에서 징역 1년에 집행유예 2년 및 금 6억여 원 추징으로 변경), 불이익변경금지원칙에 반하지 않는다.

③ 항소심이 제1심판결에서 정한 형과 동일한 형을 선고하면서 제1심에서 정한 취업제한기간보다 더 긴 취업제한명령을 부가하는 것은 전체적·실질적으로 피고인에게 불리하게 변경한 것이므로, 피고인만이 항소한 경우에는 허용되지 않는다.

④ 제1심법원이 소송비용의 부담을 명하는 재판을 하지 않았음에도 항소심법원이 제1심의 소송비용에 관하여 피고인에게 부담하도록 재판을 한 경우, 불이익변경금지원칙에 위배되지 않는다.

24

피고인은 A사건으로 구속영장이 집행되어 서울구치소에 구금되었다. 그 후 피고인은 2023. 4. 20. 서울중앙지방법원에서 A사건으로 징역형을 선고받고 항소하였다. 항소심법원인 서울고등법원은 2023. 5. 6. 소송기록접수통지서 등을 발송하였고, 서울구치소장은 2023. 5. 7. 이를 송달받았으며, 피고인은 2023. 5. 8. 이를 수령하였다(2023. 5. 28.은 일요일, 2023. 5. 29.은 임시공휴일이며, 변호인의 존재여부 및 변호인의 기간준수는 고려하지 아니함). 이 사실관계를 바탕으로 한 다음 설명 중 가장 옳지 <u>않은</u> 것은?

① 만일 피고인이 2023. 4. 27. 서울구치소장에게 항소장을 제출하였다면, 그 항소장이 2023. 4. 28. 제1심법원에 도착하였더라도 피고인의 항소는 항소기간(7일) 내에 적법하게 제기된 것이다.

② 구속피고인에 대한 송달은 그 수용 중인 교도소 또는 구치소의 장에게 하여야 하므로, 서울구치소장이 피고인보다 먼저 서울고등법원으로부터 2023. 5. 7. 소송기록접수통지서를 받은 것은 적법하다.

③ 만일 피고인이 2023. 5. 28. 항소이유서를 서울구치소장에게 제출하였으나, 그 날은 일요일이고, 다음 날인 2023. 5. 29.은 임시공휴일인 관계로 2023. 5. 30.에 이르러서야 법원에 항소이유서가 도착되었더라도 항소이유서는 기간(20일) 내에 적법하게 제출된 것이다.

④ 만일 피고인이 제1심판결 선고 이후인 2023. 4. 30. 보석허가결정을 받아 출소하였고 2023. 5. 8. 피고인의 주거지에서 직접 서울고등법원의 소송기록접수통지서를 송달받았는데, 2023. 5. 28. 항소이유서를 발송하였으나 그 날은 일요일이고, 다음 날인 2023. 5. 29.은 임시공휴일인 관계로 2023. 5. 30.에 이르러서야 법원에 항소이유서가 도착되었다면, 항소이유서는 기간(20일)을 도과하여 부적법하게 제출된 것이다.

25

압수·수색영장의 집행에 관한 다음 설명 중 가장 옳지 <u>않은</u> 것은?

① 압수·수색영장은 처분을 받는 자에게 반드시 제시하여야 하나, 처분을 받는 자가 현장에 없는 등 영장의 제시나 그 사본의 교부가 현실적으로 불가능한 경우 또는 처분을 받는 자가 영장의 제시나 사본의 교부를 거부한 때에는 예외로 한다.

② 피압수자가 수사기관에 압수·수색영장의 집행에 참여하지 않는다는 의사를 명시하였다면, 특별한 사정이 없는 한 그 변호인에게는 미리 집행의 일시와 장소를 통지하지 아니 한 채 압수·수색을 하더라도 위법하다고 볼 수 없다.

③ 압수·수색영장의 집행에 피압수자나 변호인의 참여기회를 보장하여야 하나, 피압수자 측이 압수·수색영장의 집행과정에 참여하지 않는다는 의사를 명시적으로 표시하였거나 절차 위반행위가 이루어진 과정의 성질과 내용 등에 비추어 피압수자에게 절차 참여를 보장한 취지가 실질적으로 침해되었다고 볼 수 없는 경우에는 압수·수색의 적법성을 부정할 수 없다.

④ 수사기관이 압수·수색에 착수하면서 그 장소의 관리책임자에게 영장을 제시하였다고 하더라도, 물건을 소지하고 있는 다른 사람으로부터 이를 압수하고자 하는 때에는 그 사람에게 따로 영장을 제시하여야 한다.

1차 점수		2차 점수		3차 점수	

01

사건의 이송에 대한 설명으로 가장 옳지 <u>않은</u> 것은? (다툼이 있는 경우 판례에 의함)

① 합의부 관할사건에 대해 지방법원 지원 단독 판사가 제1심으로 심판하고 그 항소사건을 그 지방법원 합의부가 심판한 경우, 상고법원은 원심판결과 제1심판결을 모두 파기하고 사건을 관할권 있는 그 지방법원 지원 합의부에 이송하는 판결을 해야 한다.

② 항소심에서 공소장변경에 의하여 단독판사 관할사건이 합의부 관할사건으로 된 경우, 법원은 결정으로 사건을 관할권 있는 법원인 고등법원에 이송해야 한다.

③ 피고사건에 대해 군사법원이 재판권을 가지게 되었거나 가졌음이 판명된 때에 법원은 결정으로 사건을 재판권 있는 군사법원에 이송해야하는바, 이때 이송 전에 행한 소송행위는 이송 후에도 그 효력에 영향이 없다.

④ 특정 지방법원의 판사 전원이 허위사실적시 명예훼손죄의 피해자가 됨으로써 재판을 하기 어렵게 된 경우에 피고인의 신청이 있으면 그 법원의 바로 위의 상급법원은 결정으로 사건을 다른 법원으로 이송해야 한다.

02

국선변호인의 선정에 대한 설명으로 가장 옳지 <u>않은</u> 것은? (다툼이 있는 경우 판례에 의함)

① 피고인이 빈곤을 이유로 국선변호인 선정청구서를 제출했으나 청구이유를 뒷받침할 소명자료를 제시하지 않은 경우, 법원이 청구기각결정을 하고 고지한 후 변론을 진행했더라도 위법이라 할 수 없다.

② 국선변호인 선정사유인 '피고인이 심신장애의 의심이 있는 때'란 피고인의 심신장애상태를 확신할 수 있거나 그러한 상태로 추단할 수 있는 근거가 의사의 진단서나 정신감정 등 객관적 자료에 의한 경우만을 말한다.

③ 피고인이 별건으로 구속되어 있거나 다른 형사사건에서 유죄로 확정되어 수형중인 상태에 있는 경우는 법원이 직권으로 변호인을 선정해야 할 사유에 해당하지 않는다.

④ 국선변호인 선정청구를 기각한 결정은 판결전의 소송절차이므로 그에 대해서는 즉시항고를 할 수 있는 근거가 없는 이상 항고도 할 수 없다.

03

정보저장매체의 압수·수색에 대한 설명으로 가장 옳지 않은 것은? (다툼이 있는 경우 판례에 의함)

① 수사기관의 전자정보에 대한 압수·수색은 원칙적으로 영장 발부의 사유로 된 범죄혐의 사실과 관련된 부분만을 문서 출력물로 수집하거나 수사기관이 휴대한 정보저장매체에 해당 파일을 복제하는 방식으로 이루어져야 한다.

② 현장의 사정이나 전자정보의 대량성과 탐색의 어려움 등의 이유로 범위를 정하여 출력 또는 복제하는 방법이 불가능하거나 압수의 목적을 달성하기에 현저히 곤란하다고 인정되는 때에 한하여 예외적으로 정보저장매체 자체나 복제본을 임의제출 받아 압수 할 수 있다.

③ 임의제출된 정보저장매체에서 압수의 대상이 되는 전자정보의 범위를 넘어서는 전자정보에 대해 수사기관이 영장 없이 압수·수색하여 취득한 증거는 위법수집증거에 해당한다.

④ 수사기관이 피해자로부터 증거물인 휴대전화를 임의제출 받은 경우, 전자정보의 제출 범위에 관한 제출자의 의사를 확인하지 않은 경우라면 그 정보저장매체에 저장된 전자정보 전부가 임의제출되어 압수된 것으로 취급할 수 있다.

04

다음 중 보석에 대한 설명으로 가장 옳은 것은? (다툼이 있는 경우 판례에 의함)

① 필요적 보석의 제외사유에 해당하는 경우, 법원은 보석을 허가할 수 없다.

② 법원이 검사의 의견을 듣지 아니한 채 보석에 관한 결정을 하였다면 절차상의 하자가 있어 그 결정을 취소할 수 있다.

③ 보석보증금몰수결정은 반드시 보석취소와 동시에 하여야만 가능한 것이 아니라 보석취소 후에 별도로 보증금몰수결정을 할 수도 있다.

④ 법원은 직권 또는 검사의 신청에 따라 결정으로 피고인의 보석조건을 변경하거나 일정기간 동안 당해 조건의 이행을 유예할 수 있다.

05

압수·수색에 있어서 영장주의 예외에 대한 설명으로 가장 옳지 않은 것은? (다툼이 있는 경우 판례에 의함)

① 수사기관은 체포현장에서 영장없이 압수할 수 있으며, 압수한 물건을 계속 압수할 필요가 있는 경우에는 지체 없이 압수수색영장을 청구하여야 한다. 이 경우 압수수색영장의 청구는 압수한 때부터 48시간 이내에 하여야 한다.

② 범행 중 또는 범행직후의 범죄 장소에서 긴급을 요하여 법원판사의 영장을 받을 수 없는 때에는 영장없이 압수 할 수 있다. 이 경우에는 사후에 지체없이 영장을 받아야한다.

③ 긴급체포된 자가 소유·소지 또는 보관하는 물건에 대하여 긴급히 압수할 필요가 있는 경우에는 체포한 때부터 24시간 이내에 한하여 영장 없이 압수·수색 또는 검증을 할 수 있다.

④ 현행범 체포현장이나 범죄 현장에서도 소지자등이 임의로 제출하는 물건은 영장 없이 압수하는 것이 허용되고, 이 경우 검사나 사법경찰관은 별도로 사후에 영장을 받을 필요가 없다.

06

다음 중 약식명령에 대한 설명으로 가장 옳지 않은 것은? (다툼이 있는 경우 판례에 의함)

① 약식명령의 청구는 공소의 제기와 동시에 서면으로 하여야 한다.

② 약식명령에 대한 정식재판의 청구는 제1심판결선고 전까지 취하할 수 있다.

③ 피고인은 정식재판의 청구를 포기할 수 없다.

④ 약식명령의 청구가 있는 경우에 그 사건이 약식명령으로 할 수 없거나 약식명령으로 하는 것이 적당하지 아니하다고 인정한 때에는 결정으로 기각하여야 한다.

07

재체포 또는 재구속의 제한에 대한 설명으로 가장 옳지 않은 것은? (다툼이 있는 경우 판례에 의함)

① 수사기관에 의해 긴급체포 되었다가 수사기관의 조치로 석방된 피의자에 대해 법원이 동일한 범죄사실로 구속영장을 발부하여 구속하더라도 위법은 아니다.

② 법원의 보증금 납입 조건부 피의자 석방에 따라 석방된 피의자가 도망하거나 죄증을 인멸할 염려가 있다고 믿을 만한 충분한 이유가 있는 때에는 다시 체포 또는 구속할 수 있다.

③ 검사나 사법경찰관에 의해 긴급체포 된 후 구속영장이 청구되었으나 영장이 발부되지 않아 석방된 피의자는 이후 영장발부 여부와 상관없이 동일한 범죄사실로 체포할 수 없다.

④ 국가보안법 위반죄로 공소보류 처분을 받은 피의자에 대해 공소보류가 취소된 때에는 동일한 범죄사실로 그 피의자를 다시 구속할 수 있다.

09

〈보기〉 중 공소제기가 유효한 경우를 모두 고른 것은? (다툼이 있는 경우 판례에 의함)

┤ 보기 ├

ㄱ. 경찰관이 취객을 상대로 한 절도범을 단속하기 위해 공원 인도에 쓰러져 있는 취객 근처에서 감시하고 있다가, 그 취객을 부축하여 끌고 가서 지갑을 뒤지던 행위자를 현장에 체포하여 기소한 경우

ㄴ. 법원에 제출된 공소장에 검사의 간인이 없으나 그 공소장의 형식과 내용이 연속된 것으로 일체성이 인정되고 동일한 검사가 작성하였다고 인정되는 경우

ㄷ. 검사의 기명날인 또는 서명이 누락된 공소장이 관할법원에 제출되었으나, 이때 검사가 공소장에 기명날인 또는 서명을 추완한 경우

ㄹ. 사위 기타 부정한 방법으로 저질러질 것을 구성요건으로 하는 관세포탈죄에 있어 행위자가 관세 등을 포탈함에 있어 이용한 사위 기타부정한 방법이 어떠한 내용의 것인가를 구체적으로 공소장에 명시하지 않고 '사위의 방법으로 포탈한 것이다.'라고만 기재하여 기소한 경우

① ㄱ, ㄴ

② ㄱ, ㄴ, ㄷ

③ ㄱ, ㄷ, ㄹ

④ ㄴ, ㄷ, ㄹ

08

공판준비기일에 대한 설명으로 가장 옳지 않은 것은? (다툼이 있는 경우 판례에 의함)

① 법원은 검사, 피고인 또는 변호인의 의견을 들어 공판준비기일을 지정할 수 있으며, 검사, 피고인이 공판준비기일의 지정을 신청할 수는 없다.

② 공판준비기일은 공개한다. 다만, 공개하면 절차의 진행이 방해될 우려가 있는 때에는 공개하지 아니할 수 있다.

③ 공판준비기일에는 검사 및 변호인이 출석하여야 한다.

④ 법원은 공판준비기일이 지정된 사건에 관하여 변호인이 없는 때에는 직권으로 변호인을 선정하여야 한다.

10

수사의 종결에 대한 설명으로 가장 옳지 않은 것은?

① 사법경찰관은 범죄를 수사한 때에 범죄의 혐의가 있다고 인정되는 경우에는 지체없이 검사에게 사건을 송치하고, 관계 서류와 증거물을 검사에게 송부하여야 한다.

② 검사는 사법경찰관이 사건을 송치하지 아니한 것이 위법 또는 부당한 때에는 그 이유를 문서로 명시하여 사법경찰관에게 재수사를 요청할 수 있다.

③ 사법경찰관으로부터 불송치의 통지를 받은 고소인·고발인은 해당 사법경찰관의 소속관서의 장에게 이의를 신청할 수 있다.

④ 사법경찰관은 (불송치결정에 대한 고소인 등의) 이의신청이 있는 때에는 지체 없이 검사에게 사건을 송치하고 관계서류와 증거물을 송부하여야 하며, 처리결과와 그 이유를 신청인에게 통지하여야 한다.

11

피의자신문절차에 대한 설명으로 가장 옳지 <u>않은</u> 것은? (다툼이 있는 경우 판례에 의함)

① 구속영장에 의해 적법하게 구금된 피의자가 피의자신문을 위한 출석요구에 불응하며 조사실 출석을 거부하는 경우, 수사기관은 구속영장의 효력에 의해 피의자를 조사실로 구인할 수 있다.

② 수사기관이 조사대상자에 대해 범죄혐의가 있다고 보아 실질적으로 수사를 개시하는 행위를 하는 때에는 피조사자의 진술을 듣기 전에 미리 진술거부권을 고지해야 한다.

③ 검사 또는 사법경찰관이 구금된 피의자를 신문할 때 피의자나 변호인으로부터 보호 장비를 해제해 달라는 요구를 받고도 거부한 조치에 대해서는 준항고로 불복할 수 있다.

④ 변호인이 피의자신문에 참여하면서 피의자 옆에 앉으려고 하자 수사관이 피의자 후방에 앉으라고 요구한 경우, 변호인의 피의자신문 참여권을 과도하게 제한한 위법이 있다고 볼 수 없다.

12

고소·고발에 대한 설명으로 가장 옳지 <u>않은</u> 것은? (다툼이 있는 경우 판례에 의함)

① 친고죄에서 피해자 등의 고소가 있기 전에 수사가 이루어졌더라도, 장차 고소의 가능성이 없는 상태에서 행해진 것이 아닌 한, 위법한 수사라 볼 수 없다.

② 친고죄에서 고소 전에 피해자의 처벌불원 의사표시가 있었더라도 이후 피해자가 고소장을 제출하여 처벌희망의 사를 분명히 표시했다면 피해자의 고소는 유효하다.

③ 고소에서 범죄사실의 특정 정도는 고소인의 의사가 구체적으로 어떤 범죄사실을 지정하여 범인의 처벌을 구하고 있는 것인가를 확정할 수 있으면 족하고, 범행의 일시·장소·방법 등까지 지적할 필요는 없다.

④ 고발을 소추조건으로 하는 범죄의 공범 중 1인 또는 수인에 대한 고발이나 고발취소는 다른 공범자에 대해서도 그 효력이 미친다.

13

전문증거의 증거능력에 대한 다음 설명 중 가장 옳지 <u>않은</u> 것은?

① 증거보전절차에서 작성된 조서는 증거로 할 수 있다.

② 검사가 작성한 피의자신문조서는 적법한 절차와 방식에 따라 작성된 것으로서 피고인이 진술한 내용과 동일하게 기재되어 있음이 공판준비 또는 공판기일에서의 피고인의 진술에 의하여 인정되고, 그 조서에 기재된 진술이 특히 신빙할 수 있는 상태하에서 행하여졌음이 증명된 때에 한하여 증거로 할 수 있다.

③ 검사 이외의 수사기관이 작성한 피의자신문조서는 적법한 절차와 방식에 따라 작성된 것으로서 공판준비 또는 공판기일에 그 피의자였던 피고인 또는 변호인이 그 내용을 인정할 때에 한하여 증거로 할 수 있다.

④ 특히 신용할 만한 정황에 의하여 작성된 문서는 증거로 할 수 있다.

14

비상상고에 대한 설명으로 가장 옳지 <u>않은</u> 것은? (다툼이 있는 경우 판례에 의함)

① 비상상고의 신청권자는 검찰총장이다.

② 상급심의 파기판결에 의해 효력을 상실한 재판도 법령위반이 있는 경우 비상상고의 대상이 될 수 있다.

③ 비상상고의 판결은 파기자판의 경우 이외에는 그 효력이 피고인에게 미치지 아니한다.

④ 비상상고가 이유 없다고 인정한 때에는 판결로써 이를 기각하여야 한다.

15

위법수집증거에 대한 설명으로 가장 옳은 것은? (다툼이 있는 경우 판례에 의함)

① 통역인 甲이 피고사건의 제1심 공판기일에 증인으로 출석하여 진술한 뒤, 같은 기일에 위 사건의 피해자로서 자신의 사실혼 배우자인 증인 乙의 진술을 통역한 경우, 甲이 통역한 乙의 증인신문조서는 위법수집증거가 아니다.

② 위법한 강제연행상태에서 호흡측정으로 음주측정이 행해진 후 강제연행상태로부터 시간적·장소적으로 단절되었다고 볼 수 없는 상황에서 피의자의 요구로 혈액채취로 음주측정이 이루어진 경우, 그 음주측정결과는 위법수집증거가 아니다.

③ 음주운전죄와 관련한 수사를 위해 미성년자인 피의자의 혈액채취가 필요한 상황에서 피의자에게 의사능력이 없는 경우, 법정대리인의 동의 아래 채취한 피의자의 혈액에 대한 감정결과는 법정대리인의 채혈동의를 허용하는 규정이 없더라도, 위법수집증거가 아니다.

④ 사법경찰관이 변호인 참여를 희망하는 피의자의 명시적 의사표시를 무시한 채 정당한 사유 없이 변호인을 불참시킨 가운데 피의자를 신문 하여 작성한 조서는 「형사소송법」 제308조의2의 위법수집증거이자 제312조 제3항의 '적법한 절차와 방식'에도 반하는 증거이다.

16

체포 또는 구속의 절차에 대한 설명으로 옳지 않은 것은? (다툼이 있는 경우 판례에 의함)

① 법원이 피고인 구속 시에 구속의 이유 등을 알려주는 절차의 일부 또는 전부를 거치지 않고서 피고인에 대해 구속영장을 발부했다면, 그 발부결정은 사전청문절차 규정을 위반한 것으로 언제나 위법하다.

② 법원이 피고인을 구속한 후 공소사실의 요지 등을 알려주도록 한 규정을 위반했더라도, 사후청문절차 규정을 위반한 것으로 구속영장의 효력에는 영향이 없다.

③ 검사나 사법경찰관이 피의자 체포 시에 알려주어야 하는 체포의 이유 등을 체포를 위한실력행사를 한 이후에 알려주었더라도 반드시 위법하다고 볼 수는 없다.

④ 피고인에 대해 구속영장을 집행함에 있어 영장을 소지하지 않은 경우, 급속을 요하는 때에는 피고인에게 공소사실의 요지와 영장이 발부되었음을 고하고, 집행을 완료한 후에 신속히 영장을 제시하고 사본을 교부하더라도 위법이 아니다.

17

다음 중 「형사소송법」 제314조의 '그 밖에 이에 준하는 사유로 인하여 진술할 수 없는 때'에 해당한다고 볼 수 없는 경우는? (다툼이 있는 경우 판례에 의함)

① 소환장이 주소불명 등으로 송달불능이 되어 소재탐지 촉탁까지 하여 소재수사를 하였어도 그 소재를 확인할 수 없는 경우

② 피해자가 공판정에서 진술을 한 경우라도 증인신문 당시 일정한 사항에 관하여 기억이 나지 않는다는 취지로 진술하여 그 진술의 일부가 재현 불가능하게 된 경우

③ 수사기관에서 진술한 참고인이 법정에서 증언을 거부하여 피고인이 반대신문을 하지 못한 경우

④ 제1심에서 증인으로 소환당할 당시부터 노인성치매로 인한 기억력 장애, 분별력 상실 등으로 인하여 진술할 수 없는 상태하에 있었던 경우

18

증거동의에 대한 설명으로 가장 옳지 않은 것은? (다툼이 있는 경우 판례에 의함)

① 재전문진술 또는 이를 기재한 조서는 그에 대해 예외적으로나마 증거능력을 인정하는 규정이 없으므로 피고인이나 변호인의 증거동의가 있더라도 유죄 인정의 증거로 사용할 수 없다.

② 피고인이 공시송달의 방법에 의한 공판기일의 소환을 2회 이상 받고도 출석하지 않아 법원이 피고인의 출정 없이 증거조사를 하는 때에는 피고인의 증거동의가 있는 것으로 간주한다.

③ 피고인의 증거동의가 개개의 증거에 대해 개별적 증거조사방식에 의하지 않고 검사가 제시한 모든 증거에 대해 일괄적으로 이루어졌더라도 그 효력에는 지장이 없다.

④ 긴급체포시 압수한 물건에 관해 법률규정에 따른 압수수색영장을 발부받지 않고서도 즉시 반환하지 않았다면, 피고인이나 변호인의 증거동의가 있더라도 증거능력이 인정되지 않는다.

19

법관의 제척사유에 대한 설명으로 가장 옳은 것은? (다툼이 있는 경우 판례에 의함)

① 제1심판결에서 피고인에 대한 유죄의 증거로 사용된 증거를 조사한 판사(판결은 이후 다른 판사가 선고함)가 항소심 재판에 관여하는 경우는 제척사유에 해당한다.

② 약식명령을 발부한 법관이 그에 대한 정식재판 절차의 항소심 판결에 관여한 경우는 제척사유에 해당하지 않는다.

③ 법관이 선거관리위원장으로서 공직선거법 위반 혐의 사실에 대해 수사기관에 수사를 의뢰하고 그 후 당해 형사 피고사건의 항소심 재판에 관여한 경우는 제척사유에 해당한다.

④ 파기환송 전의 원심에 관여한 법관이 파기환송 후의 재판에 관여하는 경우는 「형사소송법」 제17조 제7호의 '전심재판에 관여한 때'에 해당한다.

20

상소에 대한 설명으로 가장 옳지 <u>않은</u> 것은? (다툼이 있는 경우 판례에 의함)

① 피고인의 배우자, 직계친족, 형제자매 또는 원심의 대리인이나 변호인은 피고인을 위하여 상소할 수 있으나, 피고인의 명시한 의사에 반하여 하지 못한다.

② 교도소 또는 구치소에 있는 피고인이 상소의 제기기간 내에 상소장을 교도소장 또는 구치소장 또는 그 직무를 대리하는 자에게 제출한때에는 상소의 제기기간 내에 상소한 것으로 간주한다.

③ 상고를 포기한 후 그 포기가 무효라고 주장하는 경우 상고제기기간이 경과하기 전이라면상소권회복청구를 하여 상소권회복 후 상고의 적법 여부에 대한 판단을 받아야 한다.

④ 피고인은 사형 또는 무기징역이나 무기금고가 선고된 판결에 대하여는 상소의 포기를 할 수 없다.

21

종국재판에 대한 설명으로 가장 옳은 것은? (다툼이 있는 경우 판례에 의함)

① 유죄판결을 선고하면서 판결이유에 명시해야 할 내용 중 어느 하나를 전부 누락했더라도 그것만으로 파기사유에 해당하지는 않는다.

② 피고인이 즉결심판에 대해 정식재판을 청구했으나 검사가 법원에 사건기록과 증거물을 그대로 송부하지 않고 즉결심판이 청구된 위반 내용과 동일성 있는 범죄사실에 대해 약식명령을 청구한 경우, 법원은 검사의 청구에 대해 공소기각판결을 선고해야 한다.

③ 무죄의 제1심판결에 대해 검사가 항소했으나 공소기각사유가 있다고 인정되는 경우, 항소심법원은 피고인의 이익을 위해 항소를 기각하고 제1심의 무죄판결을 유지해야 한다.

④ 불법구금 또는 구금장소의 임의적 변경등 위법사유가 있는 상태에서 공소가 제기된 경우, 공소제기의 절차가 법률의 규정을 위반하여 무효인 때에 해당하므로 공소기각판결을 선고해야 한다.

22

공소의 효력 범위에 대한 설명으로 가장 옳은 것은? (다툼이 있는 경우 판례에 의함)

① 피의자가 타인의 성명을 모용한 까닭에 공소장에 피모용자가 피고인으로 표시되었다면, 검사가 모용자에 대해 공소를 제기했다고 하더라도 공소의 효력은 피모용자에게 미친다.

② 피의자가 타인의 성명을 모용하여 공소장에 피모용자가 피고인으로 표시된 경우, 검사는 공소장의 인적 사항의 기재를 정정하여 피고인 표시를 바로잡으려면 법원에 공소장변경을 신청해야 한다.

③ 하나의 행위가 부작위범의 구성요건과 작위범의 구성요건을 동시에 충족하는 경우 검사는 재량에 따라 부작위범으로만 공소를 제기할 수도 있는바, 이때 공소의 효력은 작위범에도 미친다.

④ 피모용자가 약식명령을 송달 받고, 그에 대해 정식재판을 청구하여 피모용자를 상대로 심리를 하는 과정에서 성명모용사실이 발각된 경우, 법원은 피모용자에 대해서는 재판 없이 절차에서 배제하면 족하다.

23

불이익변경금지의 원칙에 대한 설명으로 가장 옳지 <u>않은</u> 것은? (다툼이 있는 경우 판례에 의함)

① 피고인이 항소한 사건과 피고인을 위하여 항소한 사건에 대해서는 원심판결의 형보다 무거운 형을 선고할 수 없다.

② 약식명령에 대해 피고인이 정식재판을 청구한 사건에 대하여는 약식명령의 형보다 중한 종류의 형을 선고하지 못한다.

③ 피고인이 항소심 선고 이전에 19세에 도달하여 제1심에서 선고한 부정기형을 파기하고 정기형을 선고함에 있어 불이익변경금지 원칙 위반 여부의 판단은 부정기형의 단기가 기준이 되어야 한다.

④ 제1심의 징역형 선고유예판결에 대하여 피고인만이 항소한 경우에 제2심이 벌금형을 선고한 것은 불이익변경금지 원칙에 위반된다.

24

공소시효에 대한 설명으로 가장 옳지 <u>않은</u> 것은? (다툼이 있는 경우 판례에 의함)

① 공소제기 당시의 공소사실에 대한 법정형을 기준으로 하면 아직 공소시효가 완성되지 않았으나 변경된 공소사실에 대한 법정형을 기준으로 하면 이미 공소시효가 완성된 경우, 수소법원은 면소판결을 선고해야 한다.

② 피고인이 당해 사건으로 처벌받을 가능성이 있음을 인지했다고 보기 어렵더라도, 다른 고소사건과 관련해 형사처분을 면할 목적으로 국외에 있었다면, 당해 사건의 형사처분을 면할 목적으로 국외에 있었다고 볼 수 있다.

③ 공무원이 직무에 관해 금전을 무이자로 차용한 경우에는 차용 당시에 금융이익 상당의 뇌물을 수수한 것이 되므로, 공소시효는 금전을 무이자로 차용한 때로부터 기산한다.

④ 미수범의 범죄행위는 행위를 종료하지 못했거나 결과가 발생하지 않아 더는 범죄가 진행될 수 없는 때에 종료하고, 그때부터 미수범의 공소시효가 진행한다.

25

재심에 대한 설명으로 가장 옳은 것은? (다툼이 있는 경우 판례에 의함)

① 항소심의 유죄판결에 대한 상고심 재판 계속 중에 피고인이 사망하여 공소기각결정이 확정된 때에는 재심절차의 전제가 되는 '유죄의 확정판결'이 존재한다고 할 수 없다.

② 재심의 청구를 받은 법원은 당사자가 재심청구의 이유에 관한 사실조사 신청을 한 경우에 그 신청에 대해 재판을 하여야 한다.

③ 특별사면으로 형선고의 효력이 상실된 유죄의 확정판결에 대해 재심이 청구되어 재심개시결정이 확정된 경우, 재심심판절차를 진행하는 법원은 특별사면이 있음을 이유로 면소판결을 해야 한다.

④ 형사재판에서 재심은 원칙상 유죄의 확정판결 및 유죄판결에 대한 항소 또는 상고를 기각한 확정판결에 대해 허용되나, 면소판결에 대해서도 제한적으로 재심을 청구할 수 있다.

1차 점수   2차 점수   3차 점수

01

소송서류에 관한 설명으로 옳은 것은? (다툼이 있는 경우 판례에 의함)

① 법관의 서명날인란에 서명만 있고 날인이 없는 압수·수색영장이라도 법관의 진정한 의사에 의하여 발부된 것은 적법·유효하다.

② 변호인 선임서를 제출하지 아니한 채 상고이유서만을 제출하고 상고이유서 제출기간이 경과한 후에라도 변호인 선임서를 제출하였다면 그 상고이유서는 적법·유효하다.

③ 공소장에 검사의 간인이 없더라도 그 공소장의 형식과 내용이 연속된 것으로 일체성이 인정되고 동일한 검사가 작성하였다고 인정되는 한 그 공소장을 「형사소송법」 제57조 제2항에 위반되어 효력이 없는 서류라고 할 수 없다.

④ 송달명의인이 체포 또는 구속된 날에 소송기록접수통지서 등의 송달서류가 송달명의인의 종전 주·거소에 송달되었다면 체포 또는 구속된 시각과 송달된 시각의 선후와 관계없이 송달의 효력은 발생하지 않는 것으로 보아야 한다.

⑤ 법원이 피고인의 공판조서 열람·등사 청구에 응하지 아니한 때에는 그 공판조서를 유죄의 증거로 할 수 없으므로, 피고인이 원하는 시기에 공판조서를 열람·등사하지 못하였다면 변론종결 이전에 열람·등사를 하고 그로 인하여 피고인의 방어권 행사에 지장이 없었더라도 그 공판조서를 유죄의 증거로 할 수 없다.

02

변호인의 권리에 관한 설명으로 옳지 않은 것은? (다툼이 있는 경우 판례에 의함)

① 구속 전 피의자심문에 참여할 변호인과 체포·구속적부심사를 청구한 피의자의 변호인은 지방법원판사에게 제출된 구속영장청구서 및 그에 첨부된 고소·고발장, 피의자의 진술을 기재한 서류와 피의자가 제출한 서류를 열람·등사할 수 있다.

② 필요적 변호사건에서 항소법원이 국선변호인을 선정하고 피고인과 국선변호인에게 소송기록접수통지를 한 다음 피고인이 사선변호인을 선임함에 따라 국선변호인의 선정을 취소한 경우 항소법원은 사선변호인에게 다시 소송기록접수통지를 할 의무가 없다.

③ 변호사는 그 업무상 위탁을 받아 소지 또는 보관하는 물건으로 타인의 비밀에 관한 것은 압수를 거부할 수 있고, 그 업무상 위탁을 받은 관계로 알게 된 사실로서 타인의 비밀에 관한 것은 증언을 거부할 수 있다.

④ 피의자신문에 참여한 변호인은 신문 후 의견을 진술할 수 있다. 다만, 신문 중이라도 부당한 신문방법에 대하여 이의를 제기할 수 있고 검사 또는 사법경찰관의 승인을 얻어 의견을 진술할 수 있다.

⑤ 변호인은 검사 또는 사법경찰관의 피의자신문 참여에 관한 처분에 대하여 불복이 있으면 그 직무집행지의 관할법원 또는 검사의 소속검찰청에 대응한 법원에 그 처분의 취소 또는 변경을 청구할 수 있다.

03

수사기관에 관한 설명으로 옳지 <u>않은</u> 것은? (다툼이 있는 경우 판례에 의함)

① 일반 경찰공무원인 사법경찰관리는 검사의 수사지휘를 받지 않으며 1차적 수사종결권이 있는 반면 검찰청 직원인 사법경찰관리는 검사에 대해 수사보조자로서의 지위를 갖는다.

② 고위공직자범죄수사처 수사관은 수사대상범죄가 고위공직자범죄 및 관련 범죄로 한정되고, 고위공직자범죄수사처 검사의 지휘·감독을 받는다.

③ 「공직선거법」상 각급선거관리위원회의 위원·직원은 선거범죄에 관하여 사법경찰관리의 직무를 행하는 특별사법경찰관리로서 선거범죄에 관하여 관계인에 대하여 질문·조사를 하거나 자료제출을 요구할 수 있다.

④ 검사는 사법경찰관으로부터 송치받은 사건에 대해 보완수사가 필요하다고 인정하는 경우에는 특별히 직접 보완수사를 할 필요가 있다고 인정되는 경우를 제외하고는 사법경찰관에게 보완수사를 요구하는 것을 원칙으로 한다.

⑤ 사법경찰관이 송치한 범죄를 제외하고 검사는 자신이 수사개시한 범죄에 대하여는 공소를 제기할 수 없다.

04

고소 및 고발에 관한 설명으로 옳지 <u>않은</u> 것은? (다툼이 있는 경우 판례에 의함)

① 참고인으로 조사하는 과정에서 고소권자가 처벌을 희망하는 의사표시를 하고 그 의사표시가 참고인진술조서에 기재된 경우에도 고소로서의 효력이 인정된다.

② 법원이 선임한 부재자 재산관리인이 그 관리대상인 부재자의 재산에 대한 범죄행위에 관하여 법원으로부터 고소권 행사에 관한 허가를 얻은 경우 부재자 재산관리인은 「형사소송법」 제225조 제1항에서 정한 법정대리인으로서 적법한 고소권자에 해당한다.

③ 세무공무원 등의 고발이 있어야 공소를 제기할 수 있는 조세범처벌법 위반죄에 대하여 고발을 받아 수사한 검사가 불기소처분을 하였다가 나중에 공소를 제기하는 경우에는 세무공무원의 새로운 고발이 있어야 하는 것은 아니다.

④ 제1심 판결이 선고된 이후에는 고소를 취소할 수 없으므로, 항소심에서 종전의 제1심 공소기각판결이 파기되고 사건이 제1심 법원에 환송된 후 다시 진행된 제1심에서 판결선고 전에 고소가 취소되었더라도 고소취소의 효력은 인정되지 않는다.

⑤ 친고죄의 경우 양벌규정은 당해 위법행위와 별개의 범죄를 규정한 것이 아니므로, 행위자에 대한 고소가 있으면 족하고 양벌규정에 의하여 처벌받는 자에 대하여 별도의 고소를 요하지 않는다.

05

피의자신문에 관한 설명으로 옳은 것은? (다툼이 있는 경우 판례에 의함)

① 피의자의 진술을 영상녹화하기 위해서는 피의자 또는 변호인에게 미리 알려 주어야 하며 그 영상녹화물은 본증이나 탄핵증거 또는 기억환기용으로 사용할 수 있다.

② 조사대상자의 진술내용이 단순히 제3자의 범죄에 관한 경우가 아니라 자신의 피의사실에 관한 것이기도 하여 실질이 피의자신문의 성격을 가지는 경우에 수사기관은 진술을 듣기 전에 미리 진술거부권을 고지하여야 한다.

③ 검사 또는 사법경찰관이 직권 또는 피의자·법정대리인의 신청에 따라 피의자와 신뢰관계에 있는 자의 동석을 허락한 경우에는 동석한 사람으로 하여금 피의자를 대신하여 진술하도록 할 수 있다.

④ 검사 또는 사법경찰관은 피의자신문에 참여한 변호인에게 정당한 사유가 없으면 피의자에 대한 법적인 조언·상담을 보장해야 하나 법적인 상담을 위한 메모까지 허용해야 하는 것은 아니다.

⑤ 불구속 피의자나 피고인의 경우 「형사소송법」상 특별한 명문의 규정이 없으므로 스스로 선임한 변호인의 조력을 받기 위하여 수사절차의 개시부터 재판절차의 종료에 이르기까지 언제나 변호인을 옆에 두고 조언과 상담을 구하는 것이 허용되는 것은 아니다.

06

체포 및 구속에 관한 설명으로 옳지 않은 것은? (다툼이 있는 경우 판례에 의함)

① 검사 또는 사법경찰관은 피의자를 체포하거나 구속할 때에는 피의자에게 피의사실의 요지, 체포·구속의 이유와 변호인을 선임할 수 있음을 말하고, 변명할 기회를 주어야 하며, 진술거부권을 알려 주어야 한다.

② 현행범인으로 체포하기 위해서는 행위의 가벌성, 범죄의 현행성·시간적 접착성, 범인·범죄의 명백성 이외에 체포의 필요성, 즉 도망 또는 증거인멸의 염려가 있어야 한다.

③ 체포된 피의자에 대한 구속영장의 제시와 집행이 그 발부 시로부터 정당한 사유 없이 시간이 지체되어 이루어졌다면, 구속영장이 그 유효기간 내에 집행되었다고 하더라도 그 기간 동안의 체포 내지 구금 상태는 위법하다.

④ 긴급체포되었다가 석방된 자는 영장 없이는 동일한 범죄사실에 관하여 재차 긴급체포하지 못하나 판사로부터 체포영장을 발부받은 때에는 다시 체포할 수 있다.

⑤ 구속영장에 의하여 적법하게 구금된 피의자가 수사기관 조사실에 출석을 거부한다면 수사기관은 그 구속영장의 효력에 의하여 피의자를 조사실로 구인할 수 없으므로 별도의 구인을 위한 구속영장을 발부받아야 한다.

07

〈보기〉의 설명에 대하여 옳고(○) 그름(×)을 바르게 표시한 것은? (다툼이 있는 경우 판례에 의함)

⊣ 보기 ⊢

ㄱ. 피해자 등 제3자가 '피의자의 소유·관리에 속하는 정보저장매체'를 영장에 의하지 않고 임의제출한 경우에는 실질적 피압수자인 피의자에게도 참여권을 보장하는 등 피의자의 절차적 권리를 보장하기 위한 적절한 조치가 이루어져야 한다.

ㄴ. 피압수자가 수사기관에 압수·수색영장의 집행에 참여하지 않는다는 의사를 명시하였다면 그 변호인에게는 압수·수색영장의 집행에 참여할 기회를 별도로 보장할 필요는 없다.

ㄷ. 압수·수색영장은 처분을 받는 자에게 반드시 제시하여야 하고 처분을 받는 자가 피의자가 아니라 제3자인 경우에도 그 사본을 교부하여야 한다.

ㄹ. 검사가 공소제기 후 「형사소송법」 제215조에 따라 수소법원 이외의 지방법원 판사에게 청구하여 발부받은 영장에 의하여 압수·수색을 하였다면 그와 같이 수집된 증거는 적법한 절차에 따른 것이 아니다.

ㅁ. 범행 중 또는 범행 직후의 범죄장소에서 긴급을 요하여 법원 판사의 영장을 받을 수 없는 때에는 영장 없이 압수·수색 또는 검증을 할 수 있으나 사후에 지체 없이 영장을 받아야 하고, 이 중 어느 하나라도 갖추지 못한 경우에 그러한 압수·수색 또는 검증은 위법하나 사후에 법원으로부터 영장을 발부받았다면 그 위법성은 치유된다.

```
   ㄱ   ㄴ   ㄷ   ㄹ   ㅁ
① ×   ○   ×   ○   ○
② ○   ×   ○   ○   ×
③ ○   ×   ×   ○   ×
④ ×   ○   ×   ×   ○
⑤ ○   ○   ○   ×   ×
```

08

〈보기〉의 설명에 대하여 옳고(○) 그름(×)을 바르게 표시한 것은? (다툼이 있는 경우 판례에 의함)

⊣ 보기 ⊢

ㄱ. 「마약류 불법거래 방지에 관한 특례법」 제4조 제1항에 따른 조치의 일환으로 특정한 수출입물품을 개봉하여 검사하고 그 내용물의 점유를 취득한 행위는 수출입물품에 대한 적정한 통관 등을 목적으로 하는 조사로서 사전 또는 사후에 영장을 받아야 한다.

ㄴ. 전기통신의 감청은 전기통신이 이루어지고 있는 상황에서 실시간으로 그 전기통신의 내용을 지득·채록하는 경우와 통신의 송·수신을 직접적으로 방해하는 경우를 의미하고, 이미 수신이 완료된 전기통신에 관하여 남아 있는 기록이나 내용을 열어 보는 등의 행위는 포함하지 않는다.

ㄷ. 피고인이 아닌 자가 수사과정에서 진술서를 작성하였지만 수사기관이 그에 대한 조사과정을 기록하지 아니하였다면 특별한 사정이 없는 한 적법한 절차와 방식에 따라 수사과정에서 진술서가 작성되었다 할 수 없다.

ㄹ. 수사기관이 네트워크 카메라 등을 설치·이용하여 피의자의 행동과 피의자가 본 태블릿 개인용 컴퓨터(PC) 화면내용을 촬영한 것은 일반적으로 허용되는 상당한 방법에 의한 것이므로 영장 없이 이루어져도 정당한 것이다.

ㅁ. 수사기관이 압수·수색영장에 적힌 '수색할 장소'에 있는 컴퓨터 등 정보처리장치에 저장된 전자정보 외에 원격지 서버에 저장된 전자정보를 압수·수색하기 위해서 압수·수색영장에 적힌 '압수할 물건'에 별도로 원격지 서버 저장 전자정보가 특정되어 있을 필요는 없다.

```
   ㄱ   ㄴ   ㄷ   ㄹ   ㅁ
① ×   ×   ○   ○   ×
② ○   ○   ○   ×   ×
③ ○   ○   ×   ○   ×
④ ×   ×   ○   ×   ○
⑤ ×   ○   ○   ×   ×
```

09

수사상 검증에 관한 설명으로 옳지 <u>않은</u> 것은? (다툼이 있는 경우 판례에 의함)

① 물건·장소는 물론 사람의 신체·사체도 검증의 대상이 되며, 신체의 내부도 검증의 대상이 될 수 있다.

② 사법경찰관이 작성한 검증조서에 피의자이던 피고인이 사법경찰관 앞에서 자백한 범행내용을 현장에 따라 진술·재연한 내용이 기재되어 있다면, 그러한 기재는 피고인이 공판정에서 그 진술내용 및 범행재연의 상황을 모두 부인하는 이상 증거능력이 없다.

③ 강제채혈과 강제채뇨 모두 감정처분허가장을 받아 '감정에 필요한 처분'으로 할 수 있지만 압수·수색의 방법으로도 할 수 있고 이때 수사기관은 원칙적으로 압수·수색영장을 발부받아 집행해야 한다.

④ 사법경찰관이 작성한 실황조서가 사고가 발생한 직후에 사고장소에서 긴급을 요하여 판사의 영장 없이 시행된 것이라면 이는 「형사소송법」 제216조 제3항에 의한 검증에 해당하고, 사후영장을 발부받지 않았다면 실황조서는 유죄의 증거로 삼을 수 없다.

⑤ 수사보고서에 검증의 결과에 해당하는 기재가 있는 경우 이는 「형사소송법」 제312조 제6항의 '검사 또는 사법경찰관이 검증의 결과를 기재한 조서'라고 할 수 있다.

10

공소장 변경에 관한 설명으로 옳지 <u>않은</u> 것은? (다툼이 있는 경우 판례에 의함)

① 공소장에 기재된 수개의 공소사실이 서로 동일성이 없고 실체적 경합관계에 있는 경우에 그 일부를 소추대상에서 철회하려면 공소장변경의 방식에 의할 것이 아니라 공소의 일부 취소절차에 의하여야 한다.

② 공소제기된 장물취득의 점과 실제로 인정되는 장물보관의 범죄사실 사이에는 법적 평가에 차이가 있을 뿐 공소사실의 동일성이 인정되는 범위 내에 있으나 공소사실의 변경이 없는 한 법원이 직권으로 장물보관의 범죄사실을 유죄로 인정하여야 하는 것은 아니다.

③ 검사가 공소장변경허가신청서를 제출하지 않고 공소사실에 대한 검사의 의견을 기재한 서면을 제출하였더라도 이를 곧바로 공소장변경허가신청서를 제출한 것이라고 볼 수는 없다.

④ 검사가 구술로 공소장변경허가신청을 하면서 변경하려는 공소사실의 일부만 진술하고 나머지는 전자적 형태의 문서로 저장한 저장매체를 제출하였다면, 공소사실의 내용을 구체적으로 진술한 부분에 한하여 공소장변경허가신청이 된 것으로 볼 수 있다.

⑤ 재심심판절차에서는 특별한 사정이 없는 한 검사가 재심대상사건과 별개의 공소사실을 추가하는 내용으로 공소장을 변경하는 것은 허용되지 않는다.

11

공소제기에 관한 설명으로 옳지 않은 것은? (다툼이 있는 경우 판례에 의함)

① 검사가 공판기일에서 피고인 등이 특정되어 있지 않은 공소장변경허가신청서를 공소장에 갈음하는 것으로 구두진술하고 피고인과 변호인이 이의를 제기하지 않은 경우, 이를 적법한 공소제기로 볼 수 없다.

② 공소장의 공소사실 첫머리에 피고인이 전에 받은 소년부송치처분과 직업 없음을 기재하였더라도 이는 피고인의 특정에 관한 사항에 속하는 것으로서 그 공소장 기재는 적법하다.

③ 공소장의 기재가 불명확한 경우 법원은 검사에게 석명을 구한 다음, 그래도 검사가 이를 명확하게 하지 않은 때에야 공소사실의 불특정을 이유로 공소를 기각해야 한다.

④ 공소취소에 의한 공소기각의 결정이 확정되거나 공소사실을 철회하는 공소장변경이 허가된 때에는 그 후 그 범죄사실에 대한 다른 중요한 증거를 발견한 경우가 아닌 한 다시 공소를 제기할 수 없다.

⑤ 제1상습사기범죄에 대하여 약식명령이 발령된 후 다시 행해진 제2상습사기범죄에 대하여 기소되었으나 종전의 약식명령에 대하여 정식재판청구권 회복의 결정이 내려진 경우 제2상습사기범죄에 대한 공소제기는 이중기소에 해당한다.

12

공판준비절차에 관한 설명으로 옳지 않은 것은?

① 공판준비절차의 활용 여부는 수소법원의 판단에 따른 임의적 절차이나 국민참여재판에서는 반드시 거쳐야 하는 필수적 절차이다.

② 공판준비기일은 공개진행을 원칙으로 하되 공개하는 것이 절차의 진행을 방해할 우려가 있는 때에는 비공개로 진행할 수 있다.

③ 법원은 필요하다고 인정하는 때에는 직권 또는 당사자의 신청에 의하여 종결한 공판준비기일을 재개할 수 있다.

④ 검사, 피고인 또는 변호인은 법원에 공판준비기일의 지정을 신청할 수 있고 그 신청에 관한 법원의 결정에 불복할 수 있다.

⑤ 법원은 쟁점 및 증거의 정리를 위하여 필요한 경우에는 제1회 공판기일 후에도 사건을 공판준비절차에 부칠 수 있다.

13

간이공판절차에 관한 설명으로 옳지 않은 것은? (다툼이 있는 경우 판례에 의함)

① 피고인이 공소사실에 대하여 검사가 신문을 할 때에 공소사실을 모두 사실과 다름없다고 진술하였다면, 변호인이 신문을 할 때에 고의나 공소사실을 부인하였더라도 그 공소사실은 간이공판절차에 의하여 심판할 대상이다.

② 제1심 법원이 피고인의 자백에 따라 사건을 간이공판절차에 의해 심판하게 되었다고 하더라도 피고인의 자백에 대한 보강증거가 없으면 피고인을 유죄로 인정할 수 없다.

③ 간이공판절차에서는 정식의 증거조사방식에 의하지 않고 법원이 상당하다고 인정하는 방법으로 증거조사를 할 수 있다.

④ 간이공판절차에서 증인신문은 교호신문의 방식에 의하지 아니할 수 있고, 증거조사 결과에 대한 피고인의 의견을 묻지 않을 수 있다.

⑤ 간이공판절차에서는 전문법칙이 적용되지 않으므로 검사, 피고인 또는 변호인의 이의가 있지 않는 한 전문증거는 「형사소송법」 제318조 제1항의 동의가 있는 것으로 간주된다.

14

증인신문에 관한 설명으로 옳은 것만을 〈보기〉에서 있는 대로 고른 것은? (다툼이 있는 경우 판례에 의함)

┤ 보기 ├

ㄱ. 선서무능력자가 한 선서는 효력이 없으나 증언능력이 있는 한 증언 자체의 효력은 변함이 없다.

ㄴ. 자신에 대한 유죄판결이 확정된 증인이 공범에 대한 피고사건에서 증언할 당시 앞으로 재심을 청구할 예정이라면 이를 이유로 증인에게는 「형사소송법」 제148조에 의한 증언거부권이 인정된다.

ㄷ. 검사가 증인에게 주신문을 하면서 허용되지 않는 유도신문을 하였다면 그다음 공판기일에 피고인과 변호인이 '변경할 점과 이의할 점이 없다'고 진술하였더라도 유도신문에 의한 주신문의 하자는 치유되지 않는다.

ㄹ. 법원이 공판기일에 증인을 채택하여 다음 공판기일에 증인신문을 하기로 피고인에게 고지하였으나 피고인이 정당한 사유 없이 출석하지 아니한 경우, 이미 출석하여 있는 증인에 대하여 공판기일 외의 신문으로서 증인신문을 하고 다음 공판기일에 그 증인신문조서에 대한 서증조사를 하는 것은 증거조사절차로서 적법하다.

① ㄱ, ㄴ
② ㄱ, ㄹ
③ ㄴ, ㄷ
④ ㄱ, ㄷ, ㄹ
⑤ ㄴ, ㄷ, ㄹ

15

증거에 관한 설명으로 옳지 <u>않은</u> 것만을 〈보기〉에서 있는 대로 고른 것은? (다툼이 있는 경우 판례에 의함)

┤ 보기 ├

ㄱ. 몰수·추징의 대상 여부, 추징액은 엄격한 증명의 대상이다.

ㄴ. 증거의 취사와 이를 근거로 한 사실인정은 그것이 경험칙에 위배된다는 등의 특단의 사정이 없는 한 사실심법원의 전권에 속한다.

ㄷ. 사법경찰관(조사자)이 공소제기 전에 피고인 아닌 타인(원진술자)을 조사한 후 원진술자가 법정에 출석하여 수사기관에서 한 진술을 부인하는 취지로 증언하였더라도 그 진술이 특히 신빙할 수 있는 상태하에서 행하여진 때에는 원진술자의 진술을 내용으로 하는 조사자의 증언을 증거로 할 수 있다.

ㄹ. 형사재판에서 이와 관련된 다른 형사사건의 확정판결에서 인정된 사실은 특별한 사정이 없는 한 유력한 증거자료가 되나 당해 형사재판에서 제출된 다른 증거내용에 비추어 관련 형사사건의 확정판결에서의 사실판단을 그대로 채택하기 어렵다고 인정될 경우에는 이를 배척할 수 있다.

① ㄱ, ㄴ
② ㄱ, ㄷ
③ ㄴ, ㄹ
④ ㄱ, ㄷ, ㄹ
⑤ ㄴ, ㄷ, ㄹ

16

위법수집증거배제법칙에 관한 설명으로 옳은 것만을 〈보기〉에서 있는 대로 고른 것은? (다툼이 있는 경우 판례에 의함)

┤ 보기 ├

ㄱ. 위법수집증거배제법칙에 대한 예외를 인정하기 위해서는 검사가 예외적인 경우에 해당한다고 볼 만한 구체적이고 특별한 사정이 존재하고 있음을 입증하여야 한다.

ㄴ. 경찰이 피의자를 체포하여 그곳에서 20m 떨어진 피의자의 집으로 가서 집안을 수색하여 칼을 압수하였으나 적법한 시간 내에 압수수색영장을 발부받지 않았으면 이 칼은 위법하게 압수된 것으로서 증거능력이 없고 이를 기초로 한 압수조서 및 목록 역시 증거능력이 없다.

ㄷ. 제3자가 대화당사자 일방의 동의를 받고 통화내용을 녹음한 경우에는 상대방의 동의가 없었더라도 증거능력이 인정된다.

ㄹ. 선거관리위원회 직원이 관계인에게 진술이 녹음된다는 사실을 미리 알려 주지 아니한 채 진술을 녹음하였다면 그 녹음파일이나 녹취록은 '적법한 절차에 따르지 아니하고 수집한 증거'에 해당하여 원칙적으로 유죄의 증거로 할 수 없다.

① ㄱ
② ㄴ, ㄷ
③ ㄱ, ㄴ, ㄷ
④ ㄱ, ㄴ, ㄹ
⑤ ㄴ, ㄷ, ㄹ

17

자백배제법칙에 관한 설명으로 옳지 <u>않은</u> 것은? (다툼이 있는 경우 판례에 의함)

① 검찰주사가 피의사실을 자백하면 피의사실은 가볍게 처리하고 보호감호의 청구를 하지 않겠다는 각서를 작성하여 주면서 자백을 유도한 경우 그 자백은 기망에 의한 것으로 증거능력이 인정되지 않는다.

② 피고인이 수사기관에서 가혹행위 등으로 인하여 임의성 없는 자백을 하고 법정에서도 같은 심리상태가 계속되어 동일한 내용의 자백을 하였다면 법정에서의 자백도 임의성 없는 자백이라고 보아야 한다.

③ 임의성이 없다고 의심하게 된 사유와 피고인의 자백 사이에 인과관계가 존재하지 않는 것이 명백하여 그 자백의 임의성 있는 것임이 인정되는 때에는 그 자백은 증거능력이 인정된다.

④ 피고인이 피의자신문조서에 기재된 피고인 진술의 임의성을 다투면서 그것이 허위자백이라고 주장하는 경우, 법원은 제반 사정을 참작하여 자유로운 심증으로 진술이 임의로 된 것인지를 판단하여야 한다.

⑤ 수사기관이 피의자를 신문함에 있어서 피의자에게 미리 진술거부권을 고지하지 않았더라도 진술의 임의성이 인정되는 경우에는 그 증거능력이 인정된다.

18

「형사소송법」 제315조에 의하여 당연히 증거능력 있는 서류에 해당하는 것만을 〈보기〉에서 있는 대로 고른 것은? (다툼이 있는 경우 판례에 의함)

┤ 보기 ├

ㄱ. 육군과학수사연구소 실험분석관이 작성한 감정서
ㄴ. 다른 피고인에 대한 형사사건의 공판조서 중 일부인 증인신문조서
ㄷ. 일본 세관서 통괄심리관이 작성한 필로폰에 대한 범칙물건감정서등본과 분석회답서등본
ㄹ. 성매매업소에서 영업에 참고하기 위하여 성매매상대방에 관한 정보를 입력하여 작성한 메모리카드의 내용
ㅁ. 보험사기 사건에서 건강보험심사평가원이 수사기관의 의뢰에 따라 그 보내 온 자료를 토대로 입원진료의 적정성에 대한 의견을 제시하는 내용의 '건강보험심사평가원의 입원진료적정성 여부 등 검토의뢰에 대한 회신'

① ㄱ, ㄴ
② ㄱ, ㄷ, ㄹ
③ ㄴ, ㄷ, ㄹ
④ ㄴ, ㄹ, ㅁ
⑤ ㄷ, ㄹ, ㅁ

19

증거동의에 관한 설명으로 옳은 것은? (다툼이 있는 경우 판례에 의함)

① 검사가 유죄의 자료로 제출한 증거들이 그 진정성립이 인정되지 아니하고 이를 증거로 함에 상대방의 동의가 없더라도 이는 유죄사실을 인정하는 증거로 사용하는 것이 아닌 이상 공소사실과 양립할 수 없는 사실을 인정하는 자료로 쓸 수 있다.

② 제1심에서 피고인에 대하여 무죄판결이 선고되어 검사가 항소한 후 수사기관이 항소심 공판기일에 증인으로 신청하여 신문할 수 있는 사람을 특별한 사정 없이 미리 수사기관에 소환하여 작성한 진술조서는 적법한 절차에 따르지 아니하고 수집한 증거로서 피고인이 증거로 할 수 있음에 동의하더라도 증거능력이 없다.

③ 피고인이 신청한 증인의 증언이 피고인 아닌 타인의 진술을 그 내용으로 하는 전문진술인 경우, 피고인이 그 증인의 증언에 대하여 별 의견이 없다고 진술하였더라도 이를 피고인이 증거로 함에 동의한 것으로 볼 수 없다.

④ 약식명령에 불복하여 정식재판을 청구한 피고인이 정식재판절차에서 2회 불출정하여 법원이 피고인의 출정 없이 증거조사를 하는 경우에는 피고인의 증거동의가 간주되며, 피고인은 증거조사가 완료되기 전까지 철회 또는 취소할 수 없다.

⑤ 상해죄 피해자의 상해부위를 촬영한 사진은 비진술증거로서 전문법칙이 적용되지 않으므로, 피고인이 제1심 공판정에서 증거동의를 하였더라도 항소심에서 피고인이 증거동의의 의사표시를 취소 또는 철회한다면 그 증거능력은 상실된다.

20

공동피고인에 관한 설명으로 옳지 <u>않은</u> 것은? (다툼이 있는 경우 판례에 의함)

① 피고인을 위하여 원심판결을 파기하는 경우 파기의 이유가 상소한 공동피고인에게 공통된다면 그 공동피고인에 대하여도 원심판결을 파기하여야 한다.

② 공범인 공동피고인의 진술은 다른 공동피고인에 대한 범죄사실을 인정하는 증거로 할 수 있을 뿐만 아니라 공범인 공동피고인들의 각 진술은 상호 간에 서로 보강증거가 될 수 있다.

③ 공범인 공동피고인의 공판정에서의 자백은 이에 대한 피고인의 반대신문권이 보장되어 있어 증인으로 신문한 경우와 다를 바 없으므로 피고인들 간에 이해관계가 상반되는 경우를 제외하고는 독립한 증거능력이 있다.

④ 피고인이 공동피고인과 공범관계에 있다고 하더라도 검사는 수사단계에서 피고인에 대한 증거를 미리 보전하기 위하여 필요한 경우라면 판사에게 공동피고인을 증인으로 신문할 것을 청구할 수 있다.

⑤ 공범인 공동피고인은 당해 소송절차에서 다른 공동피고인에 대한 공소사실에 관하여 증인이 될 수 없으나 소송절차가 분리되어 피고인의 지위에서 벗어나게 되면 다른 공동피고인에 대한 공소사실에 관하여 증인이 될 수 있다.

21

재판에 관한 설명으로 옳지 <u>않은</u> 것은? (다툼이 있는 경우 판례에 의함)

① 공소장 기재사실 자체가 법률상 범죄를 구성하지 아니함이 명백하여 공소장변경 등의 절차에 의하더라도 그 공소가 유지될 여지가 없는 경우에는 공소기각 결정을 하여야 한다.

② 「소년법」상의 보호처분을 받은 사건과 동일한 사건에 관하여 다시 공소제기가 되었다면, 이는 공소제기절차가 법률의 규정에 위배하여 무효인 때에 해당한 경우이므로 공소기각의 판결을 하여야 한다.

③ 실체적 경합관계에 있는 공소사실 중 어느 한 공소사실을 철회하는 공소장변경신청이 있는 경우 그 부분의 공소를 취소하는 취지가 명백하다면 비록 공소취소신청의 형식을 갖추지 아니하였더라도 이를 공소취소로 보아 공소기각결정을 하여야 한다.

④ 형벌에 관한 법령이 재심판결 당시 폐지되었다면 면소판결을 선고하여야 하고, 그 폐지가 당초부터 헌법에 위배되어 효력이 없는 법령에 대한 것이었다고 하더라도 무죄판결을 선고하여야 하는 것은 아니다.

⑤ 관할위반을 결정함에 있어서 사물관할의 유무는 공소장에 기재된 공소사실을 기준으로 하고 공소장이 변경되면 변경된 공소사실에 의한다.

22

유죄 또는 무죄 판결에 관한 설명으로 옳은 것만을 〈보기〉에서 있는 대로 고른 것은? (다툼이 있는 경우 판례에 의함)

┤ 보기 ├

ㄱ. 선고유예 판결에서는 그 판결이유에서 선고형을 정해 놓아야 하고 그 형이 벌금형일 경우에는 벌금액뿐만 아니라 환형유치처분까지 해 두어야 한다.

ㄴ. 유죄판결의 판결이유에는 범죄사실, 증거의 요지와 법령의 적용을 명시하여야 하고 유죄판결을 선고하면서 판결이유에 그중 어느 하나를 전부 누락한 경우는 판결에 영향을 미친 법률위반에 해당한다.

ㄷ. 사실인정에 배치되는 증거에 대한 판단을 판결이유에 기재하여야 하므로 피고인이 알리바이를 내세우는 증인들의 증언에 관한 판단을 하지 아니하였다면 위법하다.

ㄹ. 피고인이 주장하는 「형사소송법」 제323조 제2항의 '형의 가중, 감면의 이유되는 사실'에는 형의 필요적 가중·감면의 이유되는 사실뿐만 아니라 형의 감면이 법원의 재량에 맡겨진 경우도 포함된다.

① ㄹ
② ㄱ, ㄴ
③ ㄷ, ㄹ
④ ㄱ, ㄴ, ㄷ
⑤ ㄱ, ㄴ, ㄷ, ㄹ

23

상소에 관한 설명으로 옳지 <u>않은</u> 것은? (다툼이 있는 경우 판례에 의함)

① 항소법원의 소송계속은 제1심 판결에 대한 항소에 의하여 사건이 이심된 때로부터 그 법원의 판결에 대하여 상고가 제기되거나 그 판결이 확정되는 때까지 유지된다.

② 법정대리인이 있는 피고인이 상소의 포기 또는 취하를 함에는 법정대리인의 동의를 얻어야 하므로, 미성년자인 피고인이 상고제기 후 법정대리인인 친권자의 동의 없이 상고취하를 하였다면 친권자의 동의를 얻을 수 없는 때를 제외하고는 그 효력이 없다.

③ 필요적 변호사건에서 국선변호인의 교체가 피고인의 귀책사유에 의하지 아니한 사정으로 이루어진 경우 항소이유서 제출기간은 새로이 선정된 변호인이 소송기록접수통지를 받은 날부터 20일 이내이다.

④ 검사는 반대당사자에게 불이익한 재판에 대하여도 그 위법을 시정하기 위하여 상소로써 불복할 수 있지만 불복은 재판의 주문에 관한 것이어야 하고 재판의 이유만 다투기 위하여 상소하는 것은 허용되지 않는다.

⑤ 항소법원은 피고인이 공판기일에 출정하지 아니한 때에는 다시 기일을 정하지 아니하고 피고인의 진술 없이 판결을 할 수 있다.

24

일부상소에 관한 설명으로 옳지 <u>않은</u> 것은? (다툼이 있는 경우 판례에 의함)

① 상소는 재판의 일부에 대하여 할 수 있고 일부에 대한 상소는 그 일부와 불가분의 관계에 있는 부분에 대하여도 효력이 미친다.

② 원심이 두 개의 죄를 경합범으로 보고 한 죄는 유죄, 다른 한 죄는 무죄를 각각 선고하자 검사가 무죄부분에 대하여 불복하여 상고한 경우, 위 두 죄가 상상적 경합관계에 있다면 무죄부분만 상고심의 심판대상이 된다.

③ 재판 가운데 몰수 또는 추징에 대해서만 상소가 제기되었다 하더라도 이는 적법한 상소로서, 그 부분에 대한 상소의 효력은 그와 불가분의 관계에 있는 본안에까지 미쳐 그 전부가 상소심으로 이심된다.

④ 예비적 공소사실만 유죄로 인정되고 그 부분에 대하여 피고인만 상소하였다고 하더라도 주위적 공소사실까지 함께 상소심의 심판대상에 포함된다.

⑤ 상소장의 불복범위란에 '재판의 일부에 대하여서만 상소한다'는 기재가 없는 한 검사의 청구대로 되지 아니한 판결 전부에 대하여 상소한 것으로 보아야 한다.

25

재심에 관한 설명으로 옳지 <u>않은</u> 것은? (다툼이 있는 경우 판례에 의함)

① 형사재판에서 재심은 유죄 확정판결 및 유죄판결에 대한 항소 또는 상고를 기각한 확정판결에 대하여만 허용된다.

② 항소심에서 파기된 제1심 판결에 대해서는 재심을 청구할 수 없으므로 그 제1심 판결을 대상으로 하는 재심청구는 법률상의 방식에 위반하는 것이다.

③ 재심개시절차에서는 「형사소송법」에서 규정하고 있는 재심사유가 있는지 여부만을 판단하여야 하고, 재심사유가 재심대상판결에 영향을 미칠 가능성이 있는가의 실체적 사유를 고려하여서는 아니 된다.

④ 재심의 청구를 받은 법원은 필요하다고 인정한 때에는 직권으로 재심청구의 이유에 대한 사실조사를 할 수 있고 소송당사자에게도 사실조사신청권이 있다.

⑤ 재심의 청구는 형의 집행을 정지하는 효력이 없으나 관할법원에 대응한 검찰청검사는 재심청구에 대한 재판이 있을 때까지 형의 집행을 정지할 수 있다.

1차 점수   2차 점수   3차 점수

01

결과적 가중범에 관한 설명 중 옳은 것을 모두 고른 것은? (다툼이 있는 경우 판례에 의함)

ㄱ. 사람이 현존하는 건조물을 방화하는 집단행위의 과정에서 일부 집단원이 고의행위로 상해를 가한 경우에도 다른 집단원에게 그 상해의 결과가 예견 가능한 것이었다면, 다른 집단원도 그 결과에 대하여 현존건조물방화치상죄의 책임을 진다.

ㄴ. 결과적 가중범의 공동정범은 기본행위를 공동으로 할 의사가 있으면 성립하고 결과를 공동으로 할 의사는 필요 없다.

ㄷ. 부진정 결과적 가중범에 있어서, 고의로 중한 결과를 발생하게 한 행위가 별도의 구성요건에 해당하고 그 고의범에 대하여 결과적 가중범에 정한 형보다 더 무겁게 처벌하는 규정이 있는 경우에는 그 고의범과 결과적 가중범은 상상적 경합 관계에 있다.

ㄹ. 교사자가 피교사자에 대하여 중상해를 교사하였는데 피교사자가 이를 넘어 살인을 실행한 경우, 교사자에게 피해자의 사망이라는 결과에 대하여 예견가능성이 있는 때에는 상해치사죄의 교사범으로서의 죄책을 지울 수 있다.

ㅁ. 적법하게 직무를 집행하는 공무원에 대하여 위험한 물건을 휴대하여 고의로 상해를 가한 경우에는 특수공무집행방해치상죄가 성립한다.

① ㄱ, ㄴ, ㄷ
② ㄱ, ㄴ, ㄹ, ㅁ
③ ㄱ, ㄷ, ㄹ, ㅁ
④ ㄴ, ㄷ, ㄹ, ㅁ
⑤ ㄱ, ㄴ, ㄷ, ㄹ, ㅁ

02

미수범에 관한 설명 중 옳지 않은 것은? (다툼이 있는 경우 판례에 의함)

① 甲이 위험한 물건인 전기충격기를 사용하여 A에 대한 강간을 시도하다가 미수에 그쳤다 하더라도 그로 인하여 A에게 약 2주간의 치료를 요하는 안면부 좌상 등 치상의 결과를 초래하였다면, 甲에게는 「성폭력범죄의 처벌 등에 관한 특례법」위반의 특수강간치상죄의 기수가 성립한다.

② 甲이 소송비용을 편취할 의사로 소송비용의 지급을 구하는 손해배상청구의 소를 제기하였다가 담당 판사로부터 소송비용의 확정은 소송비용액 확정절차를 통하여 하라는 권유를 받고 위 소를 취하하였다면, 甲에게는 소송사기죄의 불능미수범이 성립한다.

③ 甲이 장롱 안에 있는 옷가지에 불을 놓아 사람이 주거로 사용하는 건물을 불태우려 하였으나 불길이 치솟는 것을 보고 겁이 나서 물을 부어 불을 끈 것이라면, 자의에 의한 현주건조물방화죄의 중지미수가 성립하지 않는다.

④ 甲이 A로부터 위탁받아 식재·관리하여 오던 나무들을 A 모르게 제3자에게 매도하는 계약을 체결하고 그 제3자로부터 계약금을 수령한 상태에서 A에게 적발되어 위 계약이 더 이행되지 아니하고 무위로 그쳤다면, 甲에게는 횡령미수죄가 성립한다.

⑤ 甲이 주간에 재물을 절취할 목적으로 A가 운영하는 주점에 이르러 주점의 잠금장치를 뜯고 침입하여 주점 내 진열장에 있던 양주 45병을 바구니 3개에 담고 있던 중, A가 주점으로 들어오는 소리를 듣고서 담고 있던 양주들을 그대로 둔 채 출입문을 열고 나오다가 A에게 붙잡히자 체포를 면탈할 목적으로 A를 폭행하였다면, 甲에게는 준강도미수죄가 성립한다.

03

위법성에 관한 설명 중 옳지 않은 것을 모두 고른 것은? (다툼이 있는 경우 판례에 의함)

ㄱ. 甲과 乙이 교통사고를 가장하여 보험금을 편취할 것을 공모한 후 乙의 승낙을 받은 甲이 乙에게 상해를 가한 경우, 乙의 승낙이 위법한 목적에 이용하기 위한 것이었다고 할지라도 甲의 행위는 상해죄의 위법성이 조각된다.

ㄴ. 사채업자 甲이 채무자 A에게 채무를 변제하지 않으면 A가 숨기고 싶어하는 과거 행적과 사채를 쓴 사실 등을 남편과 시댁에 알리겠다는 등의 문자메시지를 발송한 경우, 甲의 행위는 사회통념상 용인되는 범위를 넘지 않는 것이어서 협박죄가 성립하지 않는다.

ㄷ. A와 B가 차량 통행 문제로 다투던 중에 A가 차를 몰고 대문 안으로 운전해 들어가려 하자 B가 양팔을 벌리고 제지하였음에도 A가 차를 약 3미터 가량 B의 앞쪽으로 급진시키자, 이때 그 차 운전석 옆에 서 있던 B의 아들 甲이 B를 구하려고 차를 정지시키기 위하여 운전석 옆 창문을 통해 A의 머리카락을 잡아당겨 A의 흉부가 차의 창문틀에 부딪혀 약간의 상처를 입게 하였다면, 甲의 행위는 정당방위에 해당한다.

ㄹ. 임대인의 승낙 없이 건물을 전차한 전차인은 비록 불법 침탈 등의 방법에 의하여 건물의 점유를 개시한 것이 아니고 그동안 평온하게 음식점 영업을 하면서 점유를 계속하여 왔더라도 그 전대차로써 임대인에게 대항할 수 없기 때문에, 임대인이 그 건물의 열쇠를 새로 만들어 잠근 행위는 업무방해죄의 위법성을 조각하는 자구행위에 해당한다.

ㅁ. 싸움의 상황에서 상대방의 공격을 피하기 위하여 소극적으로 방어를 하던 도중 그 상대방을 상해 또는 사망에 이르게 한 경우라 하더라도, 이는 사회통념상 허용될 만한 상당성이 있는 정당행위라고 할 수 없다.

① ㄱ, ㄴ, ㄷ
② ㄴ, ㄷ, ㅁ
③ ㄷ, ㄹ, ㅁ
④ ㄱ, ㄴ, ㄹ, ㅁ
⑤ ㄱ, ㄷ, ㄹ, ㅁ

04

명예훼손죄에 관한 설명 중 옳은 것(○)과 옳지 않은 것(×)을 올바르게 조합한 것은? (다툼이 있는 경우 판례에 의함)

ㄱ. 기자를 통해 사실을 적시하는 경우 기자가 취재를 한 상태에서 아직 기사화하여 보도하지 아니한 때에는 전파가능성이 없어 명예훼손죄의 요건인 공연성이 인정되지 않는다.

ㄴ. 개인블로그의 비공개 대화방에서 1:1로 대화하였다면 명예훼손죄의 요건인 공연성이 인정되지 않는다.

ㄷ. 명예훼손죄는 구체적 위험범이므로 불특정 또는 다수인이 적시된 사실을 실제 인식한 경우에 명예가 훼손된 것이다.

ㄹ. 정보통신망을 통하여 타인의 명예를 훼손하는 글을 게시하였으나 적시된 사실이 진실이고 공공의 이익에 관한 것이어서 비방의 목적이 인정되지 않는 경우에는 「형법」 제310조(위법성의 조각)가 적용된다.

ㅁ. 행위자의 주요한 동기 내지 목적이 공공의 이익을 위한 것이라도 부수적으로 다른 사익적 목적이나 동기가 내포되어 있는 때에는 「형법」 제310조(위법성의 조각)의 적용이 배제된다.

① ㄱ(○), ㄴ(○), ㄷ(○), ㄹ(×), ㅁ(○)
② ㄱ(○), ㄴ(×), ㄷ(○), ㄹ(×), ㅁ(×)
③ ㄱ(○), ㄴ(×), ㄷ(×), ㄹ(○), ㅁ(×)
④ ㄱ(×), ㄴ(×), ㄷ(×), ㄹ(○), ㅁ(×)
⑤ ㄱ(×), ㄴ(○), ㄷ(×), ㄹ(○), ㅁ(○)

05

배임수증재죄에 관한 설명 중 옳지 않은 것은? (다툼이 있는 경우 판례에 의함)

① 배임수재자가 배임증재자로부터 부정한 청탁으로 받은 재물을 그대로 가지고 있다가 증재자에게 반환하였더라도, 이미 기수에 이른 범죄 수익에 불과한 그 재물에 대한 몰수나 가액의 추징은 배임수재자를 대상으로 하여야 한다.

② 배임수재죄에서 타인의 업무를 처리하는 자에게 공여한 금품에 부정한 청탁의 대가로서의 성질과 그 외의 행위에 대한 사례로서의 성질이 불가분적으로 결합되어 있는 경우에는 그 전부가 불가분적으로 부정한 청탁의 대가로서의 성질을 갖는 것으로 보아야 한다.

③ 배임수재죄는 타인의 사무를 처리하는 자가 그 임무에 관하여 부정한 청탁을 받고 재물 또는 재산상의 이익을 취득한 경우는 물론, 제3자로 하여금 이를 취득하게 한 때에도 성립한다.

④ 타인의 사무를 처리하는 자가 증재자로부터 돈이 입금된 계좌의 예금을 인출할 수 있는 현금카드를 교부받아 이를 소지하면서 언제든지 위 현금카드를 이용하여 예금된 돈을 인출할 수 있다면, 예금된 돈을 재물로 취득한 것으로 보아야 한다.

⑤ 공동의 사기 범행으로 인하여 얻은 돈을 공범자끼리 수수한 행위가 공동정범들 사이의 그 범행에 의하여 취득한 돈이나 재산상 이익의 내부적인 분배행위에 지나지 않는 것이라면, 공범자끼리 내부적으로 그 돈을 수수하는 행위가 따로 배임수증재죄를 구성한다고 볼 수 없다.

06

공범에 관한 설명 중 옳은 것은? (다툼이 있는 경우 판례에 의함)

① 공무원이 아닌 사람이 공무원과 공동가공의 의사와 이를 기초로 한 기능적 행위지배를 통하여 공무원의 직무에 관하여 뇌물을 수수하는 범죄를 실행하였다 하더라도 공무원이 아닌 사람은 뇌물수수죄의 공동정범이 될 수 없다.

② 모해의 목적을 가진 甲이 모해의 목적이 없는 乙에게 위증을 교사하여 乙이 위증죄를 범한 경우, 공범종속성에 따라 甲에게는 모해위증교사죄가 성립할 수 없다.

③ 공문서 작성권자의 직무를 보조하는 공무원이 그 직위를 이용하여 행사할 목적으로 허위내용의 공문서의 초안을 작성한 후 문서에 기재된 내용의 허위사실을 모르는 작성권자에게 제출하여 결재하도록 하는 방법으로 작성권자로 하여금 허위의 공문서를 작성하게 한 경우, 그 보조공무원에게는 허위공문서작성죄의 간접정범이 성립하지 않는다.

④ 비신분자가 업무상 타인의 사무를 처리하는 자의 배임행위를 교사한 경우, 그 비신분자는 타인의 사무처리자에 해당하지 않으므로 업무상배임죄의 교사범이 성립하지 않는다.

⑤ 벌금 이상의 형에 해당하는 죄를 범한 甲이 자신의 동거가족 乙에게 자신을 도피시켜 달라고 교사한 경우, 乙이 甲과의 신분관계로 인해 범인도피죄로 처벌될 수 없다 하더라도 甲에게는 범인도피죄의 교사범이 성립한다.

07

부작위범에 관한 설명 중 옳지 않은 것은? (다툼이 있는 경우 판례에 의함)

① 일정 기간 내에 잘못된 상태를 바로잡으라는 행정청의 지시를 이행하지 않았다는 것을 구성요건으로 하는 범죄는 진정부작위범으로서 그 의무이행기간의 경과에 의하여 범행이 기수에 이른 것이다.

② 형법상 방조는 작위에 의하여 정범의 실행행위를 용이하게 하는 경우는 물론, 직무상의 의무가 있는 자가 정범의 범죄행위를 인식하면서도 그것을 방지하여야 할 제반조치를 취하지 아니하는 부작위로 인하여 정범의 실행행위를 용이하게 하는 경우에도 성립한다.

③ 사기죄에서 부작위에 의한 기망은 법률상 고지의무 있는 자가 일정한 사실에 관하여 상대방이 착오에 빠져 있음을 알면서도 이를 고지하지 않는 것을 말한다.

④ 부진정 부작위범의 작위의무는 법령, 법률행위, 선행행위로 인한 경우는 물론, 사회상규 혹은 조리상 작위의무가 기대되는 경우에도 인정된다.

⑤ 甲이 A와 토지 지상에 창고를 신축하는 데 필요한 형틀공사 계약을 체결한 후 그 공사를 완료하였는데, A가 공사대금을 주지 않는다는 이유로 위 토지에 쌓아 둔 건축자재를 단순히 치우지 않은 경우, 甲의 이러한 행위는 적극적으로 A의 추가 공사 업무를 방해한 행위와 동등한 형법적 가치를 가지는 것으로 평가할 수 있으므로 甲에게는 부작위에 의한 업무방해죄가 성립한다.

08

형벌에 관한 설명 중 옳은 것(○)과 옳지 않은 것(×)을 올바르게 조합한 것은? (다툼이 있는 경우 판례에 의함)

ㄱ. 「폭력행위 등 처벌에 관한 법률」 제2조 제3항은 2회 이상 징역형을 받은 사람에 대해서 누범으로 가중처벌하도록 하고 있는데, 집행유예의 선고를 받은 후 그 선고가 실효 또는 취소됨이 없이 유예기간을 경과하여 형의 선고가 효력을 잃은 경우는 위 조항의 '징역형을 받은 경우'에 해당하지 않는다.

ㄴ. 형의 집행을 유예하는 경우에는 보호관찰과 사회봉사 또는 수강을 동시에 명할 수는 없다.

ㄷ. 범죄행위에 이용한 웹사이트 매각을 통해 피고인이 취득한 대가는 「형법」 제48조 제2항의 추징 대상이 된다.

ㄹ. 휴대전화로 촬영한 동영상은 일정한 저장매체에 전자방식이나 자기방식에 의하여 저장된 기록으로서 저장매체를 매개로 존재하는 물건이므로 몰수의 사유가 있는 때에는 그 전자기록을 몰수할 수 있다.

ㅁ. 유기징역형에 대한 법률상 감경을 하면서 「형법」 제55조 제1항 제3호에서 정한 것과 같이 장기와 단기를 모두 2분의 1로 감경하는 것이 아닌 장기 또는 단기 중 어느 하나만을 2분의 1로 감경하는 방식이나 2분의 1보다 넓은 범위의 감경을 하는 방식 등은 죄형법정주의 원칙상 허용될 수 없다.

① ㄱ(×), ㄴ(×), ㄷ(○), ㄹ(○), ㅁ(×)
② ㄱ(○), ㄴ(○), ㄷ(○), ㄹ(×), ㅁ(○)
③ ㄱ(○), ㄴ(×), ㄷ(×), ㄹ(○), ㅁ(○)
④ ㄱ(×), ㄴ(○), ㄷ(×), ㄹ(×), ㅁ(○)
⑤ ㄱ(○), ㄴ(×), ㄷ(○), ㄹ(×), ㅁ(○)

09

형법의 시간적 적용 범위에 관한 설명 중 옳은 것은? (다툼이 있는 경우 판례에 의함)

① 「형법」 제1조 제1항 "범죄의 성립과 처벌은 행위 시의 법률에 따른다."라고 할 때의 '행위 시'라 함은 범죄행위 종료 시를 의미하므로 구법 시행 시 행위가 종료하였으나 결과는 신법 시행 시에 발생한 경우에는 신법이 적용된다.

② 상습강제추행죄가 시행되기 이전에 범해진 강제추행행위는 습벽에 의한 것이라도 상습강제추행죄로 처벌할 수 없고 강제추행죄로 처벌할 수 있을 뿐이다.

③ 범죄 후 법률의 변경이 있더라도 형이 중하게 변경되는 경우나 형의 변경이 없는 경우에는 행위시법을 적용하여서는 안 된다.

④ 헌법재판소가 형벌법규에 대해 위헌결정을 한 경우, 당해 법조를 적용하여 기소한 피고 사건은 범죄 후의 법령개폐로 형이 폐지되었을 때에 해당하므로 면소의 선고를 하여야 한다.

⑤ 형을 종전보다 가볍게 형벌법규를 개정하면서 그 부칙으로 개정된 법의 시행 전의 범죄에 대하여 종전의 형벌법규를 적용하도록 개정하는 경우 신법우선주의에 반한다.

10

개인적 법익에 대한 죄에 관한 설명 중 옳지 않은 것은? (다툼이 있는 경우 판례에 의함)

① 주식회사의 대표이사 甲이 대표이사의 지위에 기하여 그 직무집행행위로서 타인이 적법하게 점유하는 위 회사의 물건을 취거하였다 하더라도, 그 물건은 甲의 소유가 아니므로 甲에게 권리행사방해죄가 성립하지 않는다.

② 甲이 자신의 차를 가로막는 A를 부딪친 것은 아니라고 하더라도, A를 부딪칠 듯이 차를 조금씩 전진시키는 것을 반복하는 행위는 특수폭행죄를 구성한다.

③ 강간치상의 범행을 저지른 甲이 그 범행으로 인하여 실신상태에 있는 피해자를 구호하지 아니하고 방치하였다 하더라도, 유기죄는 성립하지 아니하고 포괄적으로 단일의 강간치상죄만 성립한다.

④ 「형법」은 유사강간죄의 예비·음모행위를 처벌하는 규정을 두고 있다.

⑤ 인신매매죄에 대해서는 세계주의가 적용된다.

11

소송사기에 관한 설명 중 옳지 않은 것을 모두 고른 것은? (다툼이 있는 경우 판례에 의함)

ㄱ. 甲이 자신이 토지의 소유자라고 허위 주장을 하면서 소유권보존등기 명의자를 상대로 보존등기의 말소를 구하는 소송을 제기한 경우, 그 소송에서 위 토지가 甲의 소유임을 인정하여 보존등기 말소를 명하는 내용의 승소확정판결을 받는다면 甲에게 소송사기죄가 성립하고, 이 경우 기수시기는 위 판결이 확정된 때이다.

ㄴ. A가 자기의 비용과 노력으로 건물을 신축하여 소유권을 원시취득한 미등기건물의 소유자임에도, A에 대한 채권담보 등을 위하여 건축허가명의만을 가진 甲과 甲에 대한 채권자 乙이 공모하여 乙이 甲을 상대로 위 건물에 관한 강제경매를 신청하여 법원의 경매개시결정이 내려지고, 그에 따라 甲 앞으로 촉탁에 의한 소유권보존등기가 된 경우, 甲과 乙에게는 A에 대한 관계에서 사기죄의 공동정범이 성립한다.

ㄷ. 허위 채권에 기한 공정증서를 집행권원으로 하여 채무자의 소유권이전등기청구권에 대하여 압류신청을 한 것만으로는 소송사기의 실행에 착수하였다고 볼 수 없다.

ㄹ. 甲이 소송상의 주장이 사실과 다름이 객관적으로 명백하거나 증거가 조작되어 있다는 정을 인식하지 못하는 제3자를 이용하여 그로 하여금 소송의 당사자가 되게 하여 법원을 기망하였다면, 甲에게 간접정범의 형태에 의한 소송사기죄가 성립한다.

ㅁ. 甲이 법원을 기망하여 소송상대방인 직계혈족으로부터 재물을 편취하여 사기죄가 성립하는 경우, 甲에게는 친족상도례가 적용되므로 그 형을 면제하여야 한다.

① ㄱ   ② ㄱ, ㄴ
③ ㄴ, ㄷ   ④ ㄷ, ㄹ
⑤ ㄷ, ㅁ

12

다음 사실관계에 관한 설명 중 옳지 않은 것을 모두 고른 것은? (다툼이 있는 경우 판례에 의함)

(가) 甲은 2018. 5.경 저금리 대출을 해주겠다고 전화로 거짓말을 하여 금원을 편취하는 소위 보이스피싱 범죄단체에 가입한 후 실제로 위와 같이 보이스피싱 범행을 하였다. 乙은 2019. 7.경 甲으로부터 적법한 사업운영에 필요하니 은행계좌, 현금카드, 비밀번호를 빌려달라는 부탁을 받고 甲이 이를 보이스피싱 범행에 사용할 것임을 알지 못한 채 乙 명의의 은행계좌 등을 甲에게 건네주었다. A는 甲으로부터 보이스피싱 기망을 당해 乙 명의의 은행계좌에 1,000만 원을 입금하였다. 乙은 1,000만 원이 입금된 사실을 우연히 알게 되자 순간적으로 욕심이 나 이를 임의로 인출하여 사용하였다.

(나) 이에 화가 난 甲은 乙에게 전화하여 "A가 입금한 1,000만 원을 돌려주지 않으면 죽여버린다."라고 말하였는데, 乙은 甲의 이러한 협박 발언을 녹음한 후, 자신의 동생 丙에게 "내 계좌에 모르는 사람으로부터 1,000만 원이 입금되어 있기에 사용했는데, 이를 안 甲이 나에게 돌려주지 않으면 죽여버린다고 협박했다."라는 내용의 문자메시지를 보냈다. 이후 A와 丙의 신고로 수사가 개시되어 甲이 기소되었고, 검사는 乙이 녹음한 녹음파일 중 甲의 협박 발언 부분 및 문자메시지를 촬영한 사진을 증거로 신청하였다.

ㄱ. (가) 사실관계에서, 甲에게 형법상 범죄단체활동죄와 별개로 사기죄도 성립한다.

ㄴ. (가) 사실관계에서, 乙에게는 횡령죄가 성립하지 않는다.

ㄷ. (나) 사실관계에서, 검사의 입증취지가 甲이 위와 같이 협박한 사실인 경우, 乙이 녹음한 녹음파일 중 甲의 협박 발언 부분은 전문증거이다.

ㄹ. (나) 사실관계에서, 검사의 입증취지가 甲이 위와 같이 협박한 사실인 경우, 문자메시지를 촬영한 사진은 전문증거이다.

① ㄱ, ㄴ   ② ㄱ, ㄷ
③ ㄴ, ㄷ   ④ ㄴ, ㄹ
⑤ ㄷ, ㄹ

13

문서의 죄에 관한 설명 중 옳지 않은 것은? (다툼이 있는 경우 판례에 의함)

① 사진을 바꾸어 붙이는 방법으로 위조한, 외국 공무원이 발행한 국제운전면허증이 유효기간을 경과하여 본래의 용법에 따라 사용할 수 없더라도, 면허증 행사 시 상대방이 유효기간을 쉽게 알 수 없는 등의 사정으로 발급 권한 있는 자로부터 국제운전면허를 받은 것으로 오신하기에 충분한 정도의 형식과 외관을 갖추고 있다면, 문서위조죄의 위조문서에 해당한다.

② 변조 당시 명의인의 명시적, 묵시적 승낙이 없었다면 변조된 문서가 명의인에게 유리하여 결과적으로 그 의사에 합치한다 하더라도 사문서변조죄의 구성요건을 충족한다.

③ 사법인(私法人)이 구축한 전산망 시스템의 설치·운영 주체로부터 각자의 직무 범위에서 개개의 단위정보의 입력 권한을 부여받은 사람이 그 권한을 남용하여 허위의 정보를 입력함으로써 시스템 설치·운영 주체의 의사에 반하는 전자기록을 생성한 경우, 이는 사전자기록등위작죄에서 말하는 전자기록의 '위작'에 포함되지 않는다.

④ 권한 없이 행사할 목적으로 전세계약서 원본을 스캐너로 복사하여 컴퓨터 화면에 띄운 후 그 보증금액란을 포토숍 프로그램을 이용하여 공란으로 만든 다음 이를 프린터로 출력하여 그 공란에 볼펜으로 보증금액을 사실과 달리 기재하여 그 정을 모르는 자에게 교부하였다면, 사문서변조죄 및 변조사문서행사죄가 성립한다.

⑤ 사문서위조죄나 공정증서원본불실기재죄가 성립한 후, 사후에 피해자의 동의 또는 추인 등의 사정으로 문서에 기재된 대로 효과의 승인을 받거나 등기가 실체적 권리관계에 부합하게 되었다 하더라도 이미 성립한 위 범죄에는 아무런 영향이 없다.

14

업무방해죄에 관한 설명 중 옳은 것을 모두 고른 것은? (다툼이 있는 경우 판례에 의함)

ㄱ. 초등학생들이 학교에 등교하여 교실에서 수업을 듣는 것은 업무방해죄의 보호대상인 '직업 기타 사회생활상의 지위에 기하여 계속적으로 종사하는 사무 또는 사업'에 해당한다고 할 수 없다.

ㄴ. 주택재건축조합 조합장이 자신에 대한 감사활동을 방해하기 위하여 조합 사무실에 있던 컴퓨터에 비밀번호를 설정하고 하드디스크를 분리·보관하는 방법으로 그 조합의 정보처리업무를 방해한 경우, 「형법」 제314조 제2항의 컴퓨터등장애업무방해죄가 성립한다.

ㄷ. 지방공사 사장이 신규직원 채용권한을 행사하는 것은 공사의 기관으로서 공사의 업무를 집행하는 것이므로, 이러한 신규직원 채용업무는 위 권한의 귀속주체인 사장 본인에 대한 관계에서도 업무방해죄의 객체인 타인의 업무에 해당한다.

ㄹ. 종중 회장으로서의 사회적인 지위에서 계속적으로 행하여 온 종중 업무수행의 일환으로 행하여진 것이라도, 그것이 종중 정기총회에서 의사진행업무와 같은 1회성 업무인 경우에는 업무방해죄에 의하여 보호되는 업무에 해당하지 않는다.

ㅁ. 법원의 직무집행정지 가처분결정에 의하여 직무집행이 정지된 자가 법원의 결정에 반하여 직무를 수행함으로써 업무를 계속 행하는 경우, 그 업무가 반사회성을 띠는 경우라고까지는 할 수 없으므로 업무방해죄에 의하여 보호되는 업무에 해당한다.

① ㄱ, ㄴ, ㄷ
② ㄱ, ㄹ, ㅁ
③ ㄴ, ㄷ, ㄹ
④ ㄴ, ㄹ, ㅁ
⑤ ㄷ, ㄹ, ㅁ

15

횡령죄에 관한 설명 중 옳은 것을 모두 고른 것은? (다툼이 있는 경우 판례에 의함)

ㄱ. 동업자 사이에 손익분배의 정산이 되지 아니한 상태에서 동업자 중 한 사람이 동업재산을 보관하다가 임의로 횡령하였다면, 지분비율에 관계없이 임의로 횡령한 금액 전부에 대하여 횡령죄가 성립한다.

ㄴ. 부동산 입찰절차에서 수인이 대금을 분담하되 그 중 1인인 甲 명의로 낙찰받기로 약정하여 그에 따라 낙찰이 이루어진 경우, 甲이 낙찰받은 부동산을 임의로 처분하더라도 횡령죄를 구성하지 않는다.

ㄷ. 부동산을 공동으로 상속한 자들 중 1인이 부동산을 혼자 점유하다가 다른 공동상속인의 상속지분을 임의로 처분하여도 횡령죄가 성립하지 않는다.

ㄹ. 甲이 업무상 과실로 장물을 보관함으로써 甲에게 업무상과실장물보관죄가 성립한다면, 그 후 甲이 위 장물을 임의로 처분하더라도 이러한 행위는 업무상과실장물보관죄의 가벌적 평가에 포함되어 별도로 횡령죄를 구성하지 않는다.

① ㄱ
② ㄱ, ㄴ
③ ㄱ, ㄴ, ㄷ
④ ㄴ, ㄷ, ㄹ
⑤ ㄱ, ㄴ, ㄷ, ㄹ

16

고의에 관한 설명 중 옳지 않은 것은? (다툼이 있는 경우 판례에 의함)

① 절도죄에 있어서 재물의 타인성은 고의의 인식대상이다.

② 무고죄의 고의는 신고자가 허위라고 확신한 사실을 신고한 경우뿐만 아니라 진실하다는 확신 없는 사실을 신고하는 경우에도 인정할 수 있다.

③ 업무방해죄에서 업무방해의 고의는 반드시 업무방해의 목적이나 계획적인 업무방해의 의도가 있어야 인정되는 것은 아니고, 자기의 행위로 인하여 타인의 업무가 방해될 것이라는 결과를 발생시킬 만한 가능성 또는 위험이 있음을 인식하거나 예견하면 충분하다.

④ 방조범은 정범의 실행을 방조한다는 이른바 방조의 고의와 정범의 행위가 구성요건에 해당하는 행위인 점에 대한 정범의 고의가 있어야 하고, 방조범에서 요구되는 정범의 고의는 정범에 의하여 실현되는 범죄의 미필적 인식이 아니라 구체적 내용을 인식할 것을 요한다.

⑤ 준강간죄에서 준강간의 고의는 피해자가 심신상실 또는 항거불능의 상태에 있다는 것과 그러한 상태를 이용하여 간음한다는 구성요건적 결과 발생의 가능성을 인식하고 그러한 위험을 용인하는 내심의 의사가 있으면 인정될 수 있다.

17

인과관계에 관한 설명 중 옳지 않은 것은? (다툼이 있는 경우 판례에 의함)

① 의사가 시술의 위험성에 관하여 설명을 하였더라면 환자가 시술을 거부하였을 것이라는 점이 합리적 의심의 여지가 없이 증명되지 못한 경우에는 의사의 설명의무 위반과 환자의 상해 또는 사망 사이에 상당인과관계를 인정할 수 없다.

② 고의의 결과범에서 실행행위와 결과발생 간에 인과관계가 없는 경우 행위자를 기수범으로 처벌할 수 없다.

③ 「아동·청소년의 성보호에 관한 법률」 제7조 제5항 위반의 위계에 의한 간음죄에서 행위자가 간음의 목적으로 피해자에게 오인, 착각, 부지를 일으키고 피해자의 그러한 심적 상태를 이용하여 간음의 목적을 달성하였다면 위계와 간음행위 사이의 인과관계를 인정할 수 있다.

④ 피해자 법인의 대표가 기망행위자와 동일인이거나 기망행위자와 공모하는 등 기망행위임을 알고 있었던 경우에는 기망행위로 인한 착오가 있다고 볼 수 없고, 재물 교부 등의 처분행위가 있었더라도 기망행위와 인과관계가 있다고 보기 어렵다.

⑤ 살인의 실행행위와 피해자의 사망 사이에 다른 사실이 개재되어 그 사실이 사망의 직접적인 원인이 되었다면, 그 사실이 통상 예견할 수 있는 것이라 하더라도 살인의 실행행위와 피해자의 사망 사이에 인과관계가 없는 것으로 보아야 한다.

18

책임에 관한 설명 중 옳지 않은 것은? (다툼이 있는 경우 판례에 의함)

① 성격적 결함을 가진 자에 대하여 자신의 충동을 억제하고 법을 준수하도록 하는 것이 기대할 수 없는 행위를 요구하는 것이라고 할 수 없으므로, 특단의 사정이 없는 한 충동조절장애와 같은 성격적 결함은 원칙적으로 형의 감면사유인 심신장애에 해당하지 않는다.

② 자신의 차를 운전하여 술집에 가서 음주상태에서 교통사고를 일으킬 수 있다는 위험성을 예견하고도 술을 마신 후 심신미약 상태에서 운전을 하다가 교통사고를 일으킨 경우, 심신미약으로 인한 형의 감경을 할 수 없다.

③ 법률 위반 행위 중간에 일시적으로 판례에 따라 그 행위가 처벌대상이 되지 않는 것으로 해석되었던 적이 있었다고 하더라도 그것만으로 자신의 행위가 처벌되지 않는 것으로 믿은 데 정당한 이유가 있다고 할 수 없다.

④ 직장의 상사가 범법행위를 하는 데 가담한 부하가 그 상사와 직무상 지휘·복종관계에 있는 경우, 그 부하에게는 상사의 범법행위에 가담하지 않을 기대가능성이 없다.

⑤ 자신의 범행을 일관되게 부인하였으나 강도상해로 유죄판결이 확정된 甲이 위 강도상해의 공범으로 기소된 乙의 형사사건에서 자신의 범행사실을 부인하는 증언을 한 경우, 행위 당시의 구체적인 상황 하에 행위자 대신에 사회적 평균인을 두고 이 평균인의 관점에서 볼 때 甲에게 사실대로 진술할 기대가능성이 있다.

19

다음 사실관계에 관한 설명 중 옳지 않은 것을 모두 고른 것은? (다툼이 있는 경우 판례에 의함)

> • 甲과 乙은 소위 날치기 범행을 공모한 후 함께 차를 타고 범행 대상을 물색하던 중, 은행에서 나와 거리를 걷고 있는 A를 발견하였다. 甲은 하차 후 A의 뒤에서 접근하여 A 소유의 자기앞수표(액면금 1억 원) 총 5매가 들어있는 손가방의 끈을 갑자기 잡아당겼는데, A는 빼앗기지 않으려고 버티다가 바닥에 넘어진 상태로 약 5미터 가량을 끌려가다 힘이 빠져 손가방을 놓쳤다. 甲은 이를 틈타 A의 손가방을 들고, 현장에서 대기하고 있던 乙이 운전하는 차를 타고 도망갔다.
>
> • 그 뒤 甲은 본인 명의의 계좌를 새로 개설하여 위 자기앞수표 총 5매를 모두 입금하였다가, 며칠 뒤 다시 5억 원 전액을 현금으로 인출한 후, 甲과 따로 살고 있는 사촌 형 丙에게 위 사실관계를 모두 말해 주면서 위 현금 5억 원을 당분간 보관해 달라고 부탁하였다. 이에 동의한 丙은 그 돈을 건네받아 보관하던 중, A의 신고로 수사가 개시되었고 甲, 乙, 丙이 함께 기소되어 공동피고인으로 재판이 계속 중이다.

> ㄱ. 甲에게 특수강도죄가 성립한다.
> ㄴ. 甲에게 「특정경제범죄 가중처벌 등에 관한 법률」 제3조를 적용하여 가중처벌할 수 있다.
> ㄷ. 丙에게 장물보관죄가 성립하지 않는다.
> ㄹ. 만약 丙에게 장물보관죄가 성립한다면, 丙에 대한 장물보관죄에 대하여는 甲과 丙 사이의 친족관계를 이유로 그 형을 감경 또는 면제하여야 한다.
> ㅁ. 甲의 손가방 탈취 범행의 유죄 입증과 관련하여, 자백 취지의 乙에 대한 사법경찰관 작성 피의자신문조서에 대하여 甲이 법정에서 내용부인하더라도, 「형사소송법」 제314조에 의해서 증거능력을 인정할 수 있다.
> ㅂ. 甲의 손가방 탈취 범행의 유죄 입증과 관련하여, 甲과 丙은 서로의 범죄사실에 관하여는 증인의 지위에 있으므로 증인선서 없이 한 丙의 법정진술은 甲의 증거동의가 없는 한 증거능력이 없다.

① ㄱ, ㄴ, ㄹ
② ㄴ, ㄷ, ㅁ
③ ㄷ, ㄹ, ㅁ
④ ㄴ, ㄷ, ㄹ, ㅁ
⑤ ㄷ, ㄹ, ㅁ, ㅂ

20

국가적 법익에 대한 죄에 관한 설명 중 옳지 않은 것은? (다툼이 있는 경우 판례에 의함)

① 수의계약을 체결하는 공무원이 공사업자와 계약금액을 부풀려서 계약하고 부풀린 금액을 자신이 되돌려받기로 사전에 약정한 다음 그에 따라 수수한 돈은 성격상 뇌물이 아니고 횡령금에 해당한다.

② 참고인이 타인의 형사사건 등에 관하여 제3자와 대화를 하면서 허위로 진술하고 위와 같은 허위 진술이 담긴 대화 내용을 녹음한 녹음파일 또는 이를 녹취한 녹취록을 만들어 수사기관에 제출한 것은 증거위조죄를 구성하지 않는다.

③ 공무상비밀누설죄에서의 '법령에 의한 직무상 비밀'이란 반드시 법령에 의하여 비밀로 규정되었거나 비밀로 분류 명시된 사항에 한정되지는 않는다.

④ 무고죄에서의 '징계처분'은 공법상의 감독관계에서 질서유지를 위하여 과하는 신분적 제재를 의미하므로, 사립대학교 교수로 하여금 소속 학교법인에 의한 인사권의 행사로서 징계처분을 받게 할 목적으로 허위의 민원을 제기하더라도 무고죄는 성립하지 않는다.

⑤ 甲의 고소 내용이 허위임이 확인되어 피고소인에 대해 불기소결정이 내려져 재판절차가 개시되지 않고 이후 甲이 무고로 기소된 사안에서, 甲이 위 허위고소로 인한 무고 재판 중 자신의 무고 범행을 자백하였다면, 甲의 위 무고죄에 대하여는 형을 감경 또는 면제하여야 한다.

21

X회사 대표이사 A는 X회사의 자금 3억 원을 횡령한 혐의로 구속·기소되었다. A의 변호인 甲은 구치소에서 의뢰인 A를 접견하면서 선처를 받기 위해서는 횡령금을 모두 X회사에 반환한 것으로 해야 하는데, 반환할 돈이 없으니 A의 지인 乙의 도움을 받아서 X회사 명의의 은행계좌로 돈을 입금한 후 이를 돌려받는 이른바 '돌려막기 방법'을 사용하자고 했다. 며칠 후 甲은 乙을 만나 이러한 방법을 설명하고 乙을 안심시키기 위해 민·형사상 아무런 문제가 되지 않는다는 내용의 법률의견서를 작성해 주었다. 이러한 甲과 乙의 모의에 따라 乙은 5차례에 걸쳐 X회사에 돈을 입금한 후 은행으로부터 받은 입금확인증 5장(반환금 합계 3억 원)을 甲에게 전달했다. 甲은 A의 제1심 재판부에 이를 제출하면서 횡령금 전액을 X회사에 반환하였으니 선처를 해달라는 취지의 변론요지서를 제출하였고, 보석허가신청도 하였다. 이에 대해 제1심 재판부는 A에 대해 보석허가결정을 하였다. 이에 관한 설명 중 옳지 않은 것은? (다툼이 있는 경우 판례에 의함)

① 증거위조죄에서 말하는 '증거'에는 범죄 또는 징계사유의 성립 여부에 관한 것뿐만 아니라 형 또는 징계의 경중에 관계있는 정상을 인정하는 데 도움이 될 자료까지 포함되므로, 위 사례의 입금확인증은 증거위조죄의 객체인 '증거'에 해당한다.

② 증거위조죄 성립 여부와 관련하여 증거위조죄가 규정한 '증거의 위조'란 '증거방법의 위조'를 의미하는 것이 아니므로, 위조에 해당하는지 여부는 증거방법 자체를 기준으로 하여야 하는 것이 아니라 그것을 통해 증명하려는 사실이 허위인지 진실인지 여부에 따라 결정되어야 한다.

③ 甲과 乙에게 증거위조죄 및 위조증거사용죄가 성립하지 않는다.

④ 甲이 乙에게 작성해 준 법률의견서는 「형사소송법」 제313조 제1항에 규정된 '피고인 아닌 자가 작성한 진술서나 그 진술을 기재한 서류'에 해당한다.

⑤ 만일 제1심 재판부가 위와 같은 '돌려막기 방법' 등의 사정이 밝혀져 A에게 보석취소결정을 내리자 甲이 보통항고를 제기한 경우에 이러한 보통항고에는 재판의 집행을 정지하는 효력이 없다.

22

공소시효에 관한 설명 중 옳은 것을 모두 고른 것은? (다툼이 있는 경우 판례에 의함)

ㄱ. 공소장변경절차에 의하여 공소사실이 변경됨에 따라 그 법정형에 차이가 있는 경우에는 변경된 공소사실에 대한 법정형이 공소시효기간의 기준이 된다.

ㄴ. 공소장변경이 있는 경우에 공소시효의 완성 여부는 당초의 공소제기가 있었던 시점을 기준으로 판단할 것이고, 공소장 변경 시를 기준으로 삼을 것은 아니다.

ㄷ. 「형사소송법」 제253조 제2항은 공범 중 1인에 대한 공소의 제기로 다른 공범자에 대하여도 공소시효가 정지되도록 규정하고 있는데, 위 조항에서 말하는 '공범'에는 뇌물공여죄와 뇌물수수죄 사이와 같은 대향범 관계에 있는 자는 포함되지 않는다.

ㄹ. 「형사소송법」 제253조 제3항은 범인이 형사처분을 면할 목적으로 국외에 있는 경우 그 기간 동안 공소시효가 정지되도록 규정하고 있는데, 여기서 '범인이 형사처분을 면할 목적으로 국외에 있는 경우'에는 범인이 국외에서 범죄를 저지르고 형사처분을 면할 목적으로 국외에서 체류를 계속하는 경우도 포함된다.

① ㄱ
② ㄱ, ㄴ
③ ㄴ, ㄷ
④ ㄱ, ㄴ, ㄹ
⑤ ㄱ, ㄴ, ㄷ, ㄹ

23

기판력 등에 관한 설명 중 옳은 것을 모두 고른 것은? (다툼이 있는 경우 판례에 의함)

ㄱ. 헌법 제13조 제1항이 규정하고 있는 이중처벌금지의 원칙 내지 일사부재리의 원칙에서의 '처벌'에는 범죄에 대한 국가의 형벌권 실행으로서의 과벌 이외에도 국가가 행하는 일체의 제재나 불이익 처분이 모두 포함된다.

ㄴ. 상습범으로서 포괄일죄의 관계에 있는 여러 개의 범죄사실 중 일부에 대하여 유죄판결이 확정된 경우에 그 확정판결의 사실심판결 선고 전에 저질러진 나머지 범죄에 대하여 새로 공소가 제기되었다면 이에 대하여 법원은 면소판결을 선고하여야 하는바, 다만 이러한 법리가 적용되기 위해서는 전의 확정판결에서 피고인이 상습범으로 기소되어 처단되었을 것을 필요로 한다.

ㄷ. 제1심 판결에 대하여 항소가 제기된 경우 판결의 확정력이 미치는 시간적 한계는 항소심 판결선고 시라고 보는 것이 상당하고, 항소이유서를 제출하지 아니하여 결정으로 항소가 기각된 경우에는 항소기각 결정 시가 그 기준 시점이 된다.

ㄹ. 한 개의 행위가 여러 개의 죄에 해당하는 「형법」 제40조의 상상적 경합 관계에 있는 경우에는 그 중 일죄에 대한 확정판결의 기판력은 다른 죄에 미치지 않는다.

① ㄱ, ㄴ
② ㄴ, ㄷ
③ ㄷ, ㄹ
④ ㄱ, ㄴ, ㄷ
⑤ ㄴ, ㄷ, ㄹ

24

증언거부권에 관한 설명 중 옳지 않은 것은? (다툼이 있는 경우 판례에 의함)

① 증언거부권이 있는 자에게 증언거부권이 있음을 설명하지 않은 경우라도 증인이 선서하고 증언한 이상 그 증언의 효력에는 영향이 없다.

② 자신에 대한 유죄판결이 확정된 증인이 공범에 대한 형사사건에서 증언할 당시 앞으로 재심을 청구할 예정이라면 증인에게 「형사소송법」 제148조(근친자의 형사책임과 증언 거부)에 의한 증언거부권이 인정된다.

③ 변호사는 그 업무상 위탁을 받은 관계로 알게 된 사실로서 타인의 비밀에 관한 것은 증언을 거부할 수 있고, 다만 본인의 승낙이 있거나 중대한 공익상 필요가 있는 때에는 그러하지 아니하다.

④ 증언거부사유가 있음에도 형사사건의 증인이 증언거부권을 고지받지 못함으로 인하여 그 증언거부권을 행사하는 데 사실상 장애가 초래되었다고 볼 수 있는 경우에는 위증죄가 성립하지 않는다.

⑤ 소송절차가 분리된 공범인 공동피고인이 증인으로 법정에 출석하여 증언거부권을 고지받은 상태에서 자기의 범죄사실에 대하여 허위로 진술한 경우 위증죄가 성립한다.

25

변호인에 관한 설명 중 옳지 않은 것은? (다툼이 있는 경우 판례에 의함)

① 변호인 선임에 관한 서면을 제출하지 않았지만 변호인이 되려는 의사를 표시하고 객관적으로 변호인이 될 가능성이 있는 경우에 이와 같이 변호인이 되려는 자에게도 피의자를 접견할 권한이 있기 때문에 수사기관이 정당한 이유 없이 접견을 거부해서는 안된다.

② 피압수자가 수사기관에 압수·수색영장의 집행에 참여하지 않는다는 의사를 명시한 경우에 그 변호인에게 「형사소송법」 제219조, 제122조의 영장집행과 참여권자에 대한 통지 규정에 따라 미리 집행의 일시와 장소를 통지하는 등으로 압수·수색영장의 집행에 참여할 기회를 별도로 보장하여야 하는 것은 아니다.

③ 수사기관이 피의자신문 시 정당한 사유가 없음에도 변호인 참여를 거부하는 처분을 하는 경우에 변호인은 준항고를 할 수 있다.

④ 피의자 또는 그 변호인은 검사 또는 사법경찰관이 수사 중인 사건에 관한 본인의 진술이 기재된 부분 및 본인이 제출한 서류의 전부 또는 일부에 대한 열람·복사를 신청할 수 있다.

⑤ 직권으로 국선변호인을 선정하여야 하는 사유 중 하나인 「형사소송법」 제33조 제1항 제1호의 '피고인이 구속된 때'라고 함은 피고인이 당해 형사사건에서 구속되어 재판을 받고 있는 경우를 의미하고, 피고인이 별건으로 구속되어 있거나 다른 형사사건에서 유죄로 확정되어 수형 중인 경우는 이에 해당하지 아니한다.

26

유흥주점의 지배인 甲은 피해자 A로부터 신용카드를 강취하고 신용카드 비밀번호를 알아냈다. 甲은 위 주점 직원 乙, 丙과 모의하면서, 자신은 주점에서 A를 붙잡아 두면서 감시하고, 乙과 丙은 위 신용카드를 이용하여 인근 편의점에 있는 현금자동지급기에서 300만 원의 예금을 인출하기로 하였다. 그에 따라 甲이 A를 감시하는 동안 乙과 丙은 위 편의점에 있는 현금자동지급기에 신용카드를 넣고 비밀번호를 입력하여 300만 원의 예금을 인출하였고, 이를 甲, 乙, 丙 각자 100만 원씩 분배하였다. 결국 甲, 乙, 丙은 특수(합동)절도죄로 공소제기되었는데, 甲은 법정에서 범행을 부인하였으나, 甲의 공동피고인 乙과 丙은 법정에서 범행을 자백하였다. 이에 관한 설명 중 옳은 것을 모두 고른 것은? (다툼이 있는 경우 판례에 의함)

ㄱ. 甲이 합동절도의 범행 공모에는 참여하였으나 현장에서 절도의 실행행위를 직접 분담하지 않았더라도, 그가 현장에서 절도 범행을 실행한 乙과 丙의 행위를 자기 의사의 수단으로 하여 합동절도의 범행을 하였다고 평가할 수 있는 정범성의 표지를 갖추고 있다면, 甲에 대하여도 합동절도의 공동정범이 성립될 수 있다.

ㄴ. 만약 위 주점 지배인 甲이 종업원 乙, 丙과 함께 단골손님 A로부터 신용카드를 갈취해 현금을 인출하기로 모의하였고, 甲의 지시를 받은 乙과 丙은 늦은 저녁 한적한 골목길에서 A로부터 신용카드를 갈취하고 비밀번호를 알아내 甲이 일러준 편의점 현금자동지급기에서 300만 원의 예금을 인출하였으며, 이를 甲, 乙, 丙 각자 100만 원씩 분배하였다면, 범죄 장소에 가지 않은 甲에게 폭력행위등처벌등에관한법률위반(공동공갈)의 공동정범은 인정될 여지가 없다.

ㄷ. 공범인 공동피고인 乙, 丙의 법정에서의 자백은 소송절차를 분리하여 증인신문하는 절차를 거치지 않았더라도 甲에 대하여 증거능력이 인정된다.

ㄹ. 만약 위 사례에서 甲이 범행을 자백하였고, 甲이 범행을 자인하는 것을 들었다는 피고인 아닌 제3자의 진술이 있다면, 이는 「형사소송법」 제310조의 피고인 자백에는 포함되지 아니하므로 甲의 자백에 대한 보강증거가 될 수 있다.

① ㄱ, ㄷ
② ㄱ, ㄹ
③ ㄴ, ㄹ
④ ㄱ, ㄷ, ㄹ
⑤ ㄴ, ㄷ, ㄹ

27

甲은 회식 자리에서 직원 A의 옆에 앉아 술을 마시며 대화하던 중 오른손으로 갑자기 A의 엉덩이 부위를 옷 위로 쓰다듬었다. 그 자리에 있던 동료 직원 B는 수사기관에 참고인으로 출석하여 "甲이 A의 엉덩이 부위를 쓰다듬어 A가 매우 놀라며 황급히 일어나 밖으로 나가는 것을 보았다."라고 진술하였다. 결국 甲은 A를 위와 같이 강제추행하였다는 공소사실로 기소되었는데, A는 제2회 공판기일 법정에서 甲으로부터 위와 같이 강제추행을 당하였다고 증언하였고, 동료 직원 B는 같은 공판기일 법정에 출석하였으나 증언거부사유가 없음에도 증언을 거부하였으며, 다른 동료 직원 C는 같은 공판기일 법정에서 "이 사건 다음 날 A로부터 '甲에게 추행을 당했다'는 말을 들었다."라고 증언하였다. 이에 관한 설명 중 옳은 것을 모두 고른 것은? (다툼이 있는 경우 판례에 의함)

ㄱ. 강제추행죄에는 폭행행위 자체가 추행행위라고 인정되는 이른바 기습추행의 경우도 포함되고, 기습추행에 있어서의 폭행행위는 반드시 상대방의 의사를 억압할 정도의 것임을 요하지 않고 상대방의 의사에 반하는 유형력의 행사가 있기만 하면 그 힘의 대소강약을 불문한다.

ㄴ. B가 정당하게 증언거부권을 행사한 것이 아니라고 하더라도 甲이 증언거부 상황을 초래하였다는 등의 특별한 사정이 없다면 B의 증언거부는 「형사소송법」 제314조의 '그 밖에 이에 준하는 사유로 인하여 진술할 수 없는 때'에 해당하지 않는다.

ㄷ. 「형사소송법」 제297조(피고인등의 퇴정)의 규정에 따라 재판장은 증인 A가 피고인 甲의 면전에서 충분한 진술을 할 수 없다고 인정한 때에는 피고인을 퇴정하게 하고 증인신문을 진행함으로써 피고인의 직접적인 증인 대면을 제한할 수 있지만, 이러한 경우 피고인의 반대신문권까지 배제하는 것은 허용될 수 없다.

ㄹ. C가 법정에서 한 증언은 원진술자인 A가 법정에 증인으로 출석하였으므로 「형사소송법」 제316조 제2항의 요건이 충족되지 않아 피고인 甲의 증거 동의가 없는 이상 증거능력이 없다.

① ㄱ
② ㄱ, ㄴ
③ ㄴ, ㄷ
④ ㄱ, ㄷ, ㄹ
⑤ ㄱ, ㄴ, ㄷ, ㄹ

28

증거동의에 관한 설명 중 옳지 않은 것은? (다툼이 있는 경우 판례에 의함)

① 피고인이 출석한 공판기일에서 증거로 함에 부동의한 경우에는 그 후 피고인이 출석하지 아니한 공판기일에 변호인만 출석하여 종전 의견을 번복하여 증거로 함에 동의하였더라도 효력이 없다.

② 개개의 증거에 대하여 개별적으로 증거동의를 받지 아니하고 검사가 제시한 모든 증거에 대하여 피고인이 증거로 함에 동의한다는 방식으로 증거동의가 이루어진 것일지라도 증거동의로서의 효력을 부정할 이유가 되지 못한다.

③ 「형사소송법」 제184조에 의한 증거보전절차에서 증인신문을 하는 경우 피의자에게 증인신문에 참여할 수 있는 기회를 주지 아니하고 작성된 증인신문조서는 피의자였던 피고인이 법정에서 그 증인신문조서를 증거로 할 수 있음에 동의하여 별다른 이의 없이 적법하게 증거조사를 거친 경우라 하더라도 증거능력이 부여되지 않는다.

④ 증거동의의 의사표시는 증거조사가 완료되기 전까지 철회할 수 있으나, 일단 증거조사가 완료된 뒤에는 철회가 인정되지 아니하므로 제1심에서 한 증거동의를 제2심에서 철회할 수 없다.

⑤ 피고인의 출정없이 증거조사를 할 수 있는 경우에 피고인이 출정하지 아니한 때에는 「형사소송법」 제318조 제1항의 증거동의가 있는 것으로 간주되지만, 대리인 또는 변호인이 출정한 때에는 그러하지 아니하다.

29

甲은 자신의 소유 부동산에 근저당권설정등기를 해 주고 A로부터 돈을 빌렸다. 그 후 甲은 사업자금이 더 필요해지자 A에게 근저당권설정등기를 해주기 1주일 전에 인터넷을 통하여 열람·출력한 등기사항전부증명서 하단의 열람 일시 부분을 수정 테이프로 지우고 복사한 것을 B에게 보여 주면서 "사업자금으로 한달만 1억 원을 빌려 달라. 만일 한 달 후 돈을 갚지 못하면 내가 소유하고 있는 부동산에 근저당권을 설정해 주겠다."라고 말했다. 이에 속은 B는 해당 부동산에 충분한 담보가치가 있는 것으로 믿고 甲에게 1억 원을 빌려 주었다. 그러나 B는 변제기일까지 차용금을 변제받지 못하고 A의 선순위근저당권으로 인해 甲 소유 부동산은 담보가치가 거의 없다는 사실을 알게 되자 甲을 고소하였다. 이에 관한 설명 중 옳지 않은 것을 모두 고른 것은? (다툼이 있는 경우 판례에 의함)

> ㄱ. B에게 제시한 위 등기사항전부증명서는 복사한 문서로서 열람 일시가 지워져 있다는 점을 확인하지 못한 책임이 B에게 있으므로 甲에게 사기죄는 성립하지 않는다.
>
> ㄴ. 등기사항전부증명서의 열람 일시는 등기부상 권리관계의 기준 일시를 나타내는 역할을 하므로 甲에게 공문서변조 및 동행사죄가 성립한다.
>
> ㄷ. 만일 B가 甲을 고소한 후 차용금 1억 원을 곧바로 변제받아 甲에 대한 고소를 취소하고자 한다면 공소제기 전에는 고소사건을 담당하는 수사기관에, 공소제기 후에는 고소사건의 수소법원에 대하여 하여야 한다.
>
> ㄹ. 만일 제1심 재판부가 甲에게 사기죄, 공문서변조 및 동행사죄에 대해 유죄를 인정하여 징역 1년을 선고하자 甲만 항소한 경우에 항소심이 甲에 대하여 제1심이 유죄로 인정한 공문서변조 및 동행사의 범죄사실을 무죄로 인정하면서 제1심과 동일한 징역 1년을 선고하였다면 이는 「형사소송법」 제368조 소정의 불이익변경금지 원칙에 위배된다.

① ㄱ, ㄴ   ② ㄱ, ㄹ
③ ㄴ, ㄷ   ④ ㄴ, ㄹ
⑤ ㄷ, ㄹ

30

甲은 혈중알코올농도 0.12%의 술에 취한 상태로 승용차를 운전하다가 편도 2차선 도로에서 중앙선을 침범한 과실로 다른 승용차를 충격하여 상대 차량 운전자인 A에게 상해를 입혔다. 교통사고로 인한 부상자들은 구급차에 실려 병원으로 후송되었는데, 甲은 의식이 없는 상태에 있었다. 교통사고 신고를 받은 사법경찰관 P는 교통사고 현장을 점검하고, 곧바로 甲이 치료를 받고 있는 병원으로 출동하였으며, 甲의 신체나 의복류에 술 냄새가 강하게 나서 甲이 음주운전을 하다가 교통사고를 낸 것으로 보고 甲의 병원 후송 직후에 그에 관한 증거를 수집하고자 한다. 이에 관한 설명 중 옳은 것은? (다툼이 있는 경우 판례에 의함)

① 만약 甲이 교통사고 당시 음주의 영향으로 정상적인 운전이 곤란한 상태였음이 인정된다면, 甲은 도로교통법위반(음주운전) 및 특정범죄가중처벌등에관한법률위반(위험운전치상)의 죄책을 지게 되고, 양 죄는 상상적 경합 관계에 있다.

② 만약 甲이 위 혈중알코올농도(0.12%)에도 불구하고 교통사고 당시 음주의 영향으로 정상적인 운전이 곤란한 상태였음이 인정되지 않고, 수사기관에 피해자 A의 甲에 대한 처벌불원서가 제출되었다면, 검사는 교통사고처리특례법위반(치상)의 점에 대하여는 공소를 제기할 수 없다.

③ 호흡조사에 의한 甲의 음주측정이 불가능하고 혈액채취에 대한 동의를 받을 수도 없을 뿐만 아니라 법원으로부터 혈액채취에 관한 감정처분허가장이나 압수영장을 발부받을 시간적 여유가 없는 경우에 P는 교통사고 발생시각으로부터 사회통념상 범행직후라고 볼 수 있는 시간 내에 증거수집을 위해 「의료법」상 의료인의 자격이 있는 자로 하여금 의료용 기구로 의학적인 방법에 따라 필요 최소한의 혈액을 채취하게 하여 이를 압수할 수 있는데, 다만 이때에는 사후에 압수영장을 발부받아야 한다.

④ 만약 P가 교통사고 소식을 듣고 달려온 甲의 배우자 동의를 받아 「의료법」상 의료인의 자격이 있는 자로 하여금 甲의 혈액을 채취하도록 하였다면 사후에 압수영장을 발부받았는지 여부와 상관없이 이는 적법한 수사이다.

⑤ 강제채혈에 비해 강제채뇨는 피의자에게 더 큰 신체적 고통이나 수치심, 굴욕감을 줄 수 있으므로, 수사기관이 범죄증거를 수집할 목적으로 피의자의 동의 없이 피의자의 소변을 채취하는 것은 법원으로부터 감정처분허가장을 받아 '감정에 필요한 처분'으로는 할 수 있지만, 압수·수색영장을 받아 '압수·수색의 방법'으로는 할 수 없다.

31

고소에 관한 설명 중 옳지 않은 것은? (다툼이 있는 경우 판례에 의함)

① 법원이 선임한 부재자 재산관리인이 그 관리대상인 부재자의 재산에 대한 범죄행위에 관하여 법원으로부터 고소권 행사에 관한 허가를 얻은 경우 부재자 재산관리인은 「형사소송법」 제225조 제1항에서 정한 법정대리인으로서 적법한 고소권자에 해당한다.

② 고소에 있어서 범죄사실의 특정 정도는 고소인의 의사가 수사기관에 대하여 일정한 범죄사실을 지정·신고하여 범인의 소추·처벌을 구하는 의사표시가 있었다고 볼 수 있을 정도면 충분하며, 범인의 성명이 불명이거나 범행의 일시·장소·방법 등이 명확하지 않다고 하더라도 그 효력에는 아무 영향이 없다.

③ 「민법」상 행위능력이 없는 사람이라도 피해를 입은 사실을 이해하고 고소에 따른 사회생활상의 이해관계를 알아차릴 수 있는 사실상의 의사능력을 갖추었다면 고소능력이 인정된다.

④ 피해자의 법정대리인은 피해자의 고소권 소멸 여부에 관계없이 고소할 수 있고, 이러한 고소권은 피해자의 명시한 의사에 반하여도 행사할 수 있다.

⑤ 친고죄에서 적법한 고소가 있었는지는 엄격한 증명의 대상이 되고, 일죄의 관계에 있는 친고죄 범죄사실 일부에 대한 고소의 효력은 일죄 전부에 대하여 미친다.

32

甲은 술에 취한 상태로 조수석에 이혼한 전처 乙을 태우고 빌린 승용차를 캠핑장에서 주차하던 중 액셀을 브레이크로 착각하고 세게 밟아 바위에 충돌하여 위 승용차 차량 뒷 범퍼가 파손되었다. 신고로 출동한 사법경찰관은 甲이 술에 취하여 운전하였다고 판단하고 甲에게 음주측정을 요구하였으나 甲은 거부하였다. 검사는 甲을 도로교통법위반(음주측정거부)죄 및 업무상과실재물손괴로 인한 도로교통법위반죄로 기소하였다. 乙은 위 사건의 제2회 공판기일에 증인으로 출석하여 증언거부권을 고지받고 선서한 후 甲이 아니라 자신이 운전을 하였다고 증언하였고, 증인신문절차가 그대로 종료되었다. 한편, 검사는 공소제기 후 법원영장전담판사(수소법원 이외의 지방법원판사)로부터 위 차량에 대한 압수·수색영장을 발부받아 차량 블랙박스 메모리칩을 압수한 결과 甲이 위 사건 당시 운전하는 장면을 발견하고 위 영상을 CD에 저장하여 추가 증거로 제출하였다. 이후 검사는 乙을 위증죄의 피의자로 소환하여 제2회 공판기일의 증언을 번복시켜 '운전자가 甲이 맞고 제2회 공판기일 당시 위증을 하였다'는 자백을 받아 이를 피의자신문조서에 기재하였다. 법원은 검사의 신청에 따라 乙을 다시 증인으로 채택하였고, 제5회 공판기일에 증인으로 출석한 乙은 위 피의자신문조서의 진정성립을 인정하는 동시에 운전자가 甲이 맞다는 취지로 진술하였다. 이에 관한 설명 중 옳은 것은? (다툼이 있는 경우 판례에 의함)

① 甲은 위 차량에 대한 업무상과실재물손괴로 인한 도로교통법위반의 죄책을 진다.

② 만일 증인소환장을 송달받은 乙이 정당한 사유 없이 증인으로 출석하지 아니한 때에는 법원은 결정으로 당해 불출석으로 인한 소송비용을 증인이 부담하도록 명하고 500만 원 이하의 과태료를 부과할 수 있으며, 乙은 이러한 결정에 대해 즉시항고를 할 수 있다.

③ 검사는 공소제기 후에도 甲에 대한 원활한 공소유지를 위하여 위와 같이 법원의 영장을 받아 「형사소송법」 제215조에 따라 압수·수색을 할 수 있으므로 위 차량 블랙박스 동영상이 저장된 CD는 적법하게 수집된 증거이다.

④ 검사가 乙에 대하여 작성한 피의자신문조서는 당해 사건의 피고인이 아닌 사람의 진술을 기재한 서류로서 「형사소송법」 제312조 제4항에 따라 원진술자에 의한 진정성립이 인정되었으므로 甲의 증거동의가 없더라도 당해 사건에 대해 증거능력이 인정된다.

⑤ 증인의 증언은 그 전체를 일체로 관찰·판단하는 것이어서 선서한 증인이 일단 기억에 반하는 허위의 진술을 하였더라도 그 신문이 끝나기 전에 그 진술을 철회·시정한 경우 위증이 되지 아니하므로 제5회 공판기일에 다시 출석한 乙이 종전의 허위진술을 철회한 이상 乙은 위증죄로 처벌되지 아니한다.

33

체포·구속적부심사에 관한 설명 중 옳지 않은 것은? (다툼이 있는 경우 판례에 의함)

① 체포영장에 의해 체포된 피의자뿐만 아니라 체포영장에 의하지 아니하고 긴급체포된 피의자도 체포적부심사의 청구권자에 해당한다.

② 구속적부심사를 청구한 피의자에 대하여 검사가 공소를 제기한 경우에도 법원이 적부심사를 행하여 청구의 이유 유무에 따라 청구기각결정이나 석방결정을 하여야 한다.

③ 피의자의 진술 등을 기재한 구속적부심문조서는 특별한 사정이 없는 한 피고인이 증거로 함에 부동의하더라도 「형사소송법」 제315조 제3호에 의하여 '기타 특히 신용할 만한 정황에 의하여 작성된 문서'로 당연히 그 증거능력이 인정된다.

④ 구속된 피의자로부터 구속적부심사의 청구를 받은 법원이 보증금납입조건부 피의자석방결정을 내린 경우 보증금이 납입된 후에야 피의자를 석방할 수 있다.

⑤ 법원이 구속된 피의자에 대하여 피의자의 출석을 보증할 만한 보증금납입을 조건으로 석방결정을 한 때에는 「형사소송법」 제402조에 따른 항고를 할 수 없다.

34

증거능력과 증명에 관한 설명 중 옳지 않은 것은? (다툼이 있는 경우 판례에 의함)

① 피고인 甲이 사업주(실질적 경영귀속주체)인 사업체의 종업원 乙이 법규위반행위를 하여 甲이 양벌규정에 의하여 기소되고 사법경찰관이 작성한 乙에 대한 피의자신문조서가 증거로 제출되었으나 甲이 이를 내용부인 취지로 부동의하였고 재판 진행 중 乙이 지병으로 사망한 경우 위 피의자신문 조서는 「형사소송법」 제314조에 의해 증거능력이 인정될 수 있다.

② 제1심에서 피고인에 대하여 무죄판결이 선고되어 검사가 항소한 후 수사기관이 항소심 공판기일에 증인으로 신청하여 신문할 수 있는 사람을 특별한 사정 없이 미리 수사기관에 소환하여 작성한 진술조서는 피고인이 증거로 할 수 있음에 동의하지 않는 한 증거능력이 없다.

③ 피고인 아닌 자의 공판기일에서의 진술이 피고인 아닌 타인의 진술을 그 내용으로 하는 경우 「형사소송법」 제316조 제2항이 요구하는 특히 신빙할 수 있는 상태하에서 행하여졌음에 대한 증명은 단지 그러한 개연성이 있다는 정도로는 부족하고 합리적인 의심의 여지를 배제하는 정도에 이르러야 한다.

④ 목적과 용도를 정하여 위탁한 금전을 수탁자가 임의로 소비하면 횡령죄를 구성할 수 있으며 피해자 등이 목적과 용도를 정하여 금전을 위탁한 사실 및 그 목적과 용도가 무엇인지는 엄격한 증명의 대상이 된다.

⑤ 양심적 병역거부를 주장하는 피고인이 자신의 병역거부가 그에 따라 행동하지 않고서는 인격적 존재가치가 파멸되고 말 것이라는 절박하고 구체적인 양심에 따른 것으로 그 양심이 깊고 확고하며 진실한 것이라는 사실의 존재를 수긍할만한 소명자료를 법원에 제출한 경우, 검사는 제출된 자료의 신빙성을 탄핵하는 방법으로 진정한 양심의 부존재를 증명할 수 있다.

35

압수·수색에 관한 설명 중 옳지 않은 것은? (다툼이 있는 경우 판례에 의함)

① 수사기관이 2022. 9. 12. 甲을 성폭력범죄의처벌등에관한특례법위반(카메라등이용촬영)의 현행범으로 체포하면서 휴대전화를 임의제출받은 후 피의자신문과정에서 甲과 함께 휴대전화를 탐색하던 중 2022. 6.경의 동일한 범행에 관한 영상을 발견하고 그 영상을 甲에게 제시하였으며 甲이 해당 영상을 언제, 어디에서 촬영한 것인지 쉽게 알아보고 그에 관해 구체적으로 진술하였던 경우에 甲에게 전자정보의 파일 명세가 특정된 압수목록이 작성·교부되지 않았더라도 甲의 절차상 권리가 실질적으로 침해되었다고 볼 수 없다.

② 甲이 A 소유 모텔 객실에 위장형 카메라를 몰래 설치해 불법촬영을 하였는데 이후 甲의 범행을 인지한 수사기관이 A로부터 임의제출 형식으로 위 카메라를 압수한 경우, 카메라의 메모리카드에 사실상 대부분 압수의 대상이 되는 전자정보만이 저장되어 있어 해당 전자정보인 불법촬영 동영상을 탐색·출력하는 과정에서 위 임의제출에 따른 통상의 압수절차 외에 별도의 조치가 따로 요구되는 것은 아니므로, 甲에게 참여의 기회를 보장하지 않고 전자정보 압수목록을 작성·교부하지 않았다는 점만으로 곧바로 위 임의제출물의 증거능력을 부정할 수 없다.

③ 정보저장매체를 임의제출한 피압수자에 더하여 임의제출자 아닌 피의자에게도 참여권이 보장되어야 하는 '피의자의 소유·관리에 속하는 정보저장매체'에 해당하는지 여부는 전자정보에 의해 식별되는 정보주체의 정보자기결정권을 고려할 때 압수·수색 당시 외형적·객관적으로 인식 가능한 사실상의 상태가 아니라 민사법상 권리의 귀속에 따른 법률적·사후적 판단을 기준으로 판단하여야 한다.

④ 수사기관은 압수 직후 현장에서 압수물 목록을 바로 작성하여 교부해야 하는 것이 원칙이고 압수된 전자정보의 상세목록에는 정보의 파일 명세가 특정되어 있어야 하며 수사기관은 이를 출력한 서면을 교부하거나 전자파일 형태로 복사해주거나 이메일을 전송하는 등의 방식으로도 할 수 있다.

⑤ 수사기관이 압수·수색영장으로 압수한 휴대전화가 클라우드 서버에 로그인되어 있는 상태를 이용하여 클라우드 서버에서 불법촬영물을 다운로드받아 압수한 경우 압수·수색영장에 적힌 '압수할 물건'에 원격지 서버 저장 전자정보가 기재되어 있지 않았다면 압수한 불법촬영물은 유죄의 증거로 사용할 수 없다.

36

재정신청에 관한 설명 중 옳지 않은 것은? (다툼이 있는 경우 판례에 의함)

① 구금 중인 고소인이 재정신청서를 법정기간 안에 교도소장 또는 그 직무를 대리하는 사람에게 제출하였다면 설령 재정신청서가 그 기간 안에 불기소처분을 한 검사가 소속한 지방검찰청의 검사장 또는 지청장에게 도달하지 않았더라도 적법한 재정신청서의 제출로 보아야 한다.

② 재정신청 제기기간이 경과된 후에 재정신청보충서를 제출하면서 원래의 재정신청 대상으로 포함되어 있지 않은 고발사실을 추가한 경우에 그 재정신청보충서에서 추가한 부분에 관한 재정신청은 부적법하다.

③ 재정신청이 있으면 재정결정이 확정될 때까지 공소시효의 진행이 정지된다.

④ 법원이 재정신청 대상 사건이 아님에도 이를 간과한 채 공소제기결정을 하였더라도, 그에 따른 공소가 제기되어 본안 사건의 절차가 개시된 후에는 다른 특별한 사정이 없는 한 본안 사건에서 위와 같은 잘못을 다툴 수는 없다.

⑤ 「형사소송법」 제262조 제4항 후문은 재정신청 기각결정이 확정된 사건에 대하여는 다른 중요한 증거를 발견한 경우를 제외하고는 소추할 수 없다고 규정하고 있는바, 여기에서 '다른 중요한 증거를 발견한 경우'에는 단순히 재정신청 기각결정의 정당성에 의문이 제기되거나 범죄피해자의 권리를 보호하기 위하여 형사재판절차를 진행할 필요가 있는 정도의 증거가 있는 경우는 포함되지 않는다.

37

건설업을 하는 甲은 시청 건설 담당 공무원인 乙에게 자신의 회사를 신청사 공사의 시공사로 선정해 줄 것을 부탁하면서 현금 1천만 원을 건네주었으나 다른 회사가 시공사로 선정되었다. 이에 甲은 乙에게 전화를 걸어 뇌물로 준 1천만 원을 돌려 줄 것을 요구했으나 乙은 이미 주식투자로 소비하여 이를 거부하였다. 그런데 甲은 乙과 전화로 나눈 대화를 휴대전화로 몰래 녹음하였고, 여기에는 뇌물을 받은 사실을 인정하는 乙의 진술이 포함되었다. 이후 甲은 乙의 집을 찾아가 뇌물로 준 1천만 원을 당장 돌려주지 않으면 녹음한 내용을 수사기관과 언론사에 보내겠다고 말하였다. 이에 겁을 먹은 乙은 甲이 지정한 은행 예금 계좌로 1천만 원을 입금하였다. 乙의 배우자 丙은 乙의 사전 언급에 따라 甲과 乙의 대화 내용을 옆방에서 자신의 휴대전화로 甲 모르게 녹음하였다. 이에 관한 설명 중 옳은 것은? (다툼이 있는 경우 판례에 의함)

① 乙은 甲으로부터 받은 1천만 원을 돌려주지 아니하고 주식투자로 임의 소비하였으므로, 뇌물수수죄와 별도로 횡령죄가 성립한다.

② 만일 甲이 위 예금계좌에 입금된 1천만 원을 인출하지 않았다면 甲에게 공갈죄의 미수범이 성립한다.

③ 甲이 乙과의 전화상 대화를 휴대전화로 몰래 녹음한 것은 「통신비밀보호법」상 비밀녹음에 해당하여 甲의 뇌물공여죄나 乙의 뇌물수수죄에 대한 유죄의 증거로 사용할 수 없다.

④ 丙이 甲과 乙의 대화내용을 휴대전화로 몰래 녹음한 것은 대화 당사자인 乙의 사전 동의에 의한 것이므로, 甲의 공갈죄에 대한 유죄의 증거로 사용할 수 있다.

⑤ 만일 뇌물수수죄로 기소된 乙이 법정에서 뇌물수수의 사실을 부인하는 진술을 하는 경우, 검사가 유죄의 자료로 제출한 사법경찰관 작성의 乙에 대한 피의자신문조서는 乙이 그 내용을 부인하더라도 임의로 작성된 것으로 인정되는 한 乙의 법정진술의 증명력을 다투기 위한 탄핵증거로 사용할 수 있다.

38

위법수집증거배제법칙에 관한 설명 중 옳지 않은 것은? (다툼이 있는 경우 판례에 의함)

① 헌법 제109조, 「법원조직법」 제57조 제1항에서 정한 재판의 공개금지사유가 없음에도 공개금지결정에 따라 비공개로 진행된 증인신문절차에서 증인의 증언은 증거능력이 없고, 변호인의 반대신문권이 보장되었더라도 달리 볼 수 없다.

② 수사기관이 피의자신문 시 피의자에게 미리 진술거부권을 고지하지 않았다고 하더라도 진술의 임의성이 인정되는 경우라면 증거능력이 인정된다.

③ 검찰관이 형사사법공조절차를 거치지 아니한 채 외국으로 현지출장을 나가 참고인진술조서를 작성한 경우 조사 대상자가 우리나라 국민이고 조사에 스스로 응함으로써 조사의 방식이나 절차에 강제력이나 위력은 물론 어떠한 비자발적 요소도 개입될 여지가 없었고 피고인과 해당 국가 사이에 국제법상 관할의 원인이 될 만한 아무런 연관성이 없다면 위 참고인진술조서는 위법수집증거라고 할 수 없다.

④ 피해자 등 제3자가 피의자의 소유·관리에 속하는 정보저장매체를 영장에 의하지 않고 임의제출한 경우에는 특별한 사정이 없는 한 피의자에게도 참여권을 보장하고 압수한 전자정보 목록을 교부하는 등 피의자의 절차적 권리를 보장하기 위한 적절한 조치가 이루어져야 한다.

⑤ 범행현장에서 지문채취 대상물에 대한 지문채취가 먼저 이루어진 이상, 수사기관이 그 이후에 지문채취 대상물을 적법한 절차에 의하지 아니한 채 압수하였다고 하더라도 위와 같이 채취된 지문은 위법하게 압수한 지문채취 대상물로부터 획득한 2차적 증거에 해당하지 않는다.

39

녹음증거 및 「통신비밀보호법」에 관한 설명 중 옳지 않은 것은? (다툼이 있는 경우 판례에 의함)

① 「통신비밀보호법」상 통신사실확인자료 제공요청의 목적이 된 범죄와 관련된 범죄란 통신사실확인자료 제공요청허가서에 기재된 혐의사실과 객관적 관련성이 있고 자료제공 요청 대상자와 피의자 사이에 인적 관련성이 있는 범죄를 의미한다.

② '우당탕' 소리는 사람의 목소리가 아니라 사물에서 발생하는 음향이고 '악' 소리도 사람의 목소리이기는 하나 그것만으로 상대방에게 의사를 전달하는 말이라고 보기는 어려워 특별한 사정이 없는 한 「통신비밀보호법」에서 말하는 타인 간의 '대화'에 해당한다고 볼 수 없다.

③ 수사기관은 통신기관 등에 통신제한조치허가서의 사본을 교부하고 집행을 위탁할 수 있지만, 위탁을 받은 통신기관 등이 허가서에 기재된 집행방법 등을 준수하지 아니한 채 취득한 전기통신의 내용 등은 유죄 인정의 증거로 할 수 없다.

④ 수사기관이 피고인의 마약류관리에관한법률위반(향정)죄의 추가적인 증거를 확보할 목적으로 필로폰 투약혐의로 구속수감 중인 공소외인에게 그의 압수된 휴대전화를 제공하여 그로 하여금 피고인과 통화하고 피고인의 이 사건 공소사실 범행에 관한 통화 내용을 녹음하게 한 경우 그 녹음파일은 '타인 간의 대화'라고 할 수 없으므로 증거능력이 있다.

⑤ 「통신비밀보호법」상 감청은 전기통신이 이루어지고 있는 상황에서 실시간으로 그 전기통신의 내용을 지득·채록하는 경우와 통신의 송·수신을 직접적으로 방해하는 경우를 의미하는 것이지 이미 수신이 완료된 전기통신에 관하여 남아 있는 기록이나 내용을 열어보는 등의 행위는 포함하지 않는다.

40

甲은 A와 재혼하여 함께 생활하다가 A가 외도를 하는 것을 목격하고 A를 살해하기로 마음먹었다. 甲은 전처 소생의 아들 乙에게 자신의 재산 중 일부를 증여하기로 약속하고 A를 살해할 것을 부탁하였다. ㉠ 이를 승낙한 乙은 A를 살해하기 위하여 일정량 이상을 먹으면 사람이 죽을 수도 있는 초우뿌리를 달인 물을 마시게 하였으나 A가 이를 토해버려 사망하지 않았다. ㉡ 그러자 甲은 乙에게 칼을 주며 "이번에는 A를 반드시 죽여 달라"라고 당부하였다. 이에 乙은 甲의 당부대로 A의 집으로 향하였으나, 갑자기 마음이 바뀐 甲은 乙이 실행의 착수에 이르기 전 전화로 "그만 두자"라고 乙을 만류하였다. 그러나 乙은 A를 칼로 찔러 살해하였다. 옷에 피가 묻은 채로 범행현장을 떠나려던 乙은 마침 지나가던 사법경찰관에 의해 현행범으로 체포되었고 乙은 그 현장에서 자신은 단지 시키는 대로 했을 뿐이라며 자발적으로 휴대전화를 임의제출하였다. 이에 사법경찰관은 「형사소송법」 제218조에 따라 휴대전화를 압수한 후 경찰서에서 乙의 휴대전화의 정보를 탐색하여 甲이 범행에 가담한 사실을 알고 甲을 긴급체포하였다. 이에 관한 설명 중 옳은 것은? (다툼이 있는 경우 판례에 의함)

① ㉠의 사실관계에서 乙이 A를 살해하기 위해 초우뿌리를 달인 물을 마시게 하였으나 A가 이를 토해버려 사망하지 않아 乙에게 살인미수죄가 성립한다.

② ㉡의 사실관계에서 법정적 부합설에 따를 경우, 만일 乙이 A의 집 앞에서 기다리고 있다가 B를 A로 착각하여 칼로 찔러 살해했다면 乙에게는 A에 대한 살인미수죄와 B에 대한 과실치사죄가 성립하고 양 죄는 상상적 경합 관계이다.

③ ㉡의 사실관계에서 甲은 乙에게 A를 살해할 것을 교사한 후 乙이 실행의 착수에 이르기 전에 범행을 만류하였으므로, 살인교사의 죄책을 지지 않는다.

④ 사법경찰관이 乙을 현행범으로 체포하는 현장에서 乙로부터 휴대전화를 임의제출받아 적법하게 압수하였다고 하더라도 그 압수를 계속할 필요가 있는 때에는 지체 없이 압수·수색영장을 신청해야 한다.

⑤ 乙로부터 휴대전화를 임의제출받은 이상 사법경찰관이 경찰서에서 휴대전화의 정보를 탐색함에 있어서는 乙 또는 그의 변호인의 참여를 요하지 아니한다.

2024 백광훈 HOT 형사소송법

최근 1년간 기출총정리

해설편

01	②	02	②	03	④	04	①	05	④
06	②	07	②	08	②	09	④	10	③
11	④	12	②	13	③	14	④	15	①
16	①	17	③	18	①	19	④	20	②

01　　　　　　　　　　　　　　　　　　　　　　정답 ②

② [×] 형사소송법 제148조에서 '형사소추'는 증인이 이미 저지른 범죄사실에 대한 것을 의미한다고 할 것이므로, 증인의 증언에 의하여 비로소 범죄가 성립하는 경우에는 형사소송법 제160조, 제148조 소정의 증언거부권 고지대상이 된다고 할 수 없다(대법원 2011.12.8, 2010도2816).

① [O] 자신에 대한 유죄판결이 확정된 증인이 공범에 대한 피고사건에서 증언할 당시 앞으로 재심을 청구할 예정이라고 하여도, 이를 이유로 증인에게 형사소송법 제148조에 의한 증언거부권이 인정되지는 않는다(대법원 2011.11.24, 2011도11994).

③ [O] 범행을 하지 아니한 자가 범인으로 공소제기가 되어 피고인의 지위에서 범행사실을 허위자백하고, 나아가 공범에 대한 증인의 자격에서 증언을 하면서 그 공범과 함께 범행하였다고 허위의 진술을 한 경우에도 그 증언은 자신에 대한 유죄판결의 우려를 증대시키는 것이므로 증언거부권의 대상은 된다고 볼 것이다(대법원 2012.12.13, 2010도10028).

④ [O] 형사소송법 제150조 참조.

> 형사소송법 제149조(업무상비밀과 증언거부) 변호사, 변리사, 공증인, 공인회계사, 세무사, 대서업자, 의사, 한의사, 치과의사, 약사, 약종상, 조산사, 간호사, 종교의 직에 있는 자 또는 이러한 직에 있던 자가 그 업무상 위탁을 받은 관계로 알게 된 사실로서 타인의 비밀에 관한 것은 증언을 거부할 수 있다. 단, 본인의 승낙이 있거나 중대한 공익상 필요있는 때에는 예외로 한다.
> 제150조(증언거부사유의 소명) 증언을 거부하는 자는 거부사유를 소명하여야 한다.

02　　　　　　　　　　　　　　　　　　　　　　정답 ③

③ [×] 공시송달의 명령은 법원의 직권에 의한다. 형사소송규칙 제43조 참조.

> 형사소송규칙 제43조(공시송달을 명하는 재판) 법원은 공시송달의 사유가 있다고 인정한 때에는 직권으로 결정에 의하여 공시송달을 명한다.

① [O] 항소포기와 같은 절차형성적 소송행위가 착오로 인하여 행하여진 경우 그 행위가 무효로 되기 위하여는 그 착오가 행위자 또는 대리인이 책임질 수 없는 사유로 발생하였을 것이 요구된다(대법원 1995.8.17, 95모49).

② [O] 검사에 의한 공소장의 제출은 공소제기라는 소송행위가 성립하기 위한 본질적 요소라고 보아야 할 것이므로, 이러한 공소장의 제출이 없는 경우에는 소송행위로서의 공소제기가 성립되었다고 할 수 없다(대법원 2003.11.14, 2003도2735).

④ [O] 공갈죄의 수단으로서 한 협박은 공갈죄에 흡수될 뿐

별도로 협박죄를 구성하지 않으므로, 그 범죄사실에 대한 피해자의 고소는 결국 공갈죄에 대한 것이라 할 것이어서 그 후 고소가 취소되었다 하여 공갈죄로 처벌하는 데에 아무런 장애가 되지 아니하며, 검사가 공소를 제기할 당시에는 그 범죄사실을 협박죄로 구성하여 기소하였다 하더라도, 그 후 공판 중에 기본적 사실관계가 동일하여 공소사실을 공갈미수로 공소장 변경이 허용된 이상 그 공소제기의 하자는 치유된다(대법원 1996.9.24, 96도2151).

03　　　　　　　　　　　　　　　　　　　　　　정답 ④

④ [×] 공소기각의 판결을 할 경우 중 형사소송법 제327조 제2호에 규정된 공소제기의 절차가 법률의 규정에 의하여 무효인 때라 함은 무권한자에 의하여 공소가 제기되거나 공소제기의 소송조건이 결여되거나 또는 공소장의 현저한 방식 위반이 있는 경우를 가리키는 것인바, 불법구금, 구금장소의 임의적 변경 등의 위법사유가 있다고 하더라도 그 위법한 절차에 의하여 수집된 증거를 배제할 이유는 될지언정 공소제기의 절차 자체가 위법하여 무효인 경우에 해당한다고 볼 수 없다(대법원 1996.5.14, 96도561).

① [O] 형사소송법 제254조 제3항은 공소장에 동항 소정의 사항들을 필요적으로 기재하도록 한 규정에 불과하고 그 이외의 사항의 기재를 금지하고 있는 규정이 아니므로 공소시효가 완성된 범죄사실을 공소범죄 사실 이외의 사실로 기재한 공소장이 위 형사소송법 제254조 제3항의 규정에 위배된다고 볼 수 없다(대법원 1983.11.8, 83도1979).

[보충] 여죄의 기재가 공소장일본주의(형사소송규칙 제118조 제2항)와 충돌할 여지가 있음에도 불구하고, 판례는 위와 같이 위법하지 않다고 보는 입장이다.

> 형사소송법 제254조(공소제기의 방식과 공소장) ① 공소를 제기함에는 공소장을 관할법원에 제출하여야 한다.
> ② 공소장에는 피고인수에 상응한 부본을 첨부하여야 한다.
> ③ 공소장에는 다음 사항을 기재하여야 한다.
> 1. 피고인의 성명 기타 피고인을 특정할 수 있는 사항
> 2. 죄명
> 3. 공소사실
> 4. 적용법조
> ④ 공소사실의 기재는 범죄의 시일, 장소와 방법을 명시하여 사실을 특정할 수 있도록 하여야 한다.
> ⑤ 수개의 범죄사실과 적용법조를 예비적 또는 택일적으로 기재할 수 있다.
> 형사소송규칙 제118조(공소장의 첨부서류) ① 공소장에는, 공소제기전에 변호인이 선임되거나 보조인의 신고가 있는 경우 그 변호인선임서 또는 보조인신고서를, 공소제기전에 특별대리인의 선임이 있는 경우 그 특별대리인 선임결정등본을, 공소제기 당시 피고인이 구속되어 있거나, 체포 또는 구속된 후 석방된 경우 체포영장, 긴급체포서, 구속영장 기타 구속에 관한 서류를 각 첨부하여야 한다.
> ② 공소장에는 제1항에 규정한 서류외에 사건에 관하여 법원에 예단이 생기게 할 수 있는 서류 기타 물건을 첨부하거나 그 내용을 인용하여서는 아니된다.

② [O] 조세범처벌법 제6조의 세무종사 공무원의 고발은 공소제기의 요건이고 수사개시의 요건은 아니므로 수사기관

이 고발에 앞서 수사를 하고 피고인에 대한 구속영장을 발부받은 후 검찰의 요청에 따라 세무서장이 고발조치를 하였다고 하더라도 공소제기 전에 고발이 있은 이상 조세범처벌법 위반사건 피고인에 대한 공소제기의 절차가 법률의 규정에 위반하여 무효라고 할 수 없다(대법원 1995.3.10, 94도3373).

③ [○] 검사가 자의적으로 공소권을 행사하여 피고인에게 실질적인 불이익을 줌으로써 소추재량권을 현저히 일탈하였다고 보여지는 경우에 이를 공소권의 남용으로 보아 공소제기의 효력을 부인할 수 있는 것이고, 여기서 자의적인 공소권의 행사라 함은 단순히 직무상의 과실에 의한 것만으로는 부족하고 적어도 미필적이나마 어떤 의도가 있어야 한다(대법원 1999.12.10, 99도577).

04 정답 ①

① [×] 공무원이 작성하는 서류에는 간인하거나 이에 준하는 조치를 하여야 한다(형사소송법 제57조 제2항). …… (다만) 공소장에 검사의 간인이 없더라도 그 공소장의 형식과 내용이 연속된 것으로 일체성이 인정되고 동일한 검사가 작성하였다고 인정되는 한 그 공소장을 형사소송법 제57조 제2항에 위반되어 효력이 없는 서류라고 할 수 없다. 이러한 공소장 제출에 의한 공소제기는 그 절차가 법률의 규정에 위반하여 무효인 때(형사소송법 제327조 제2호)에 해당한다고 할 수 없다(대법원 2021.12.30, 2019도16259).

② [○] 형사소송법 제328조 제1항 제4호 참조.

> **형사소송법 제328조(공소기각의 결정)** ① 다음 경우에는 결정으로 공소를 기각하여야 한다.
> 4. 공소장에 기재된 사실이 진실하다 하더라도 범죄가 될 만한 사실이 포함되지 아니하는 때

③ [○] 형사소송법 제327조 제1호 참조.

> **형사소송법 제327조(공소기각의 판결)** 다음 각 호의 경우에는 판결로써 공소기각의 선고를 하여야 한다.
> 1. 피고인에 대하여 재판권이 없을 때

④ [○] 동일사건이 사물관할을 달리하는 수개의 법원에 계속된 때에는 합의부가 심판하여야 하고(제12조), 사물관할이 같은 여러 개의 법원에 계속된 때에는 먼저 공소를 받은 법원이 심판함이 원칙이다. 이때 심판할 수 없게 된 법원은 공소기각결정을 한다(관할의 경합).

> **형사소송법 제328조(공소기각의 결정)** ① 다음 경우에는 결정으로 공소를 기각하여야 한다.
> 3. 제12조 또는 제13조의 규정에 의하여 재판할 수 없는 때

05 정답 ④

④ [○] 형사소송법 제18조 제2호의 "불공정한 재판을 할 염려가 있는 때"라 함은 통상인의 판단으로서 법관과 사건과의 관계상 불공평한 재판을 할 것이라는 의혹을 갖는 것이 합리적이라고 인정할 만한 객관적인 사정이 있는 때를 말하는 것이므로 재판부가 당사자의 증거신청을 채택하지 아니하

였다거나 같은 법 제262조에 정한 기간 내에 재정신청사건의 결정을 하지 아니하였다는 사유만으로는 재판의 공평을 기대하기 어려운 객관적인 사정이 있다 할 수 없다(대법원 1990.11.2, 90모44).

① [×] 기피원인에 관한 형사소송법 제18조 제1항 제2호 소정의 "불공평한 재판을 할 염려가 있는 때"라 함은, 당사자가 불공평한 재판이 될지도 모른다고 추측할 만한 주관적인 사정이 있는 때를 말하는 것이 아니라, 통상인의 판단으로써 법관과 사건과의 관계상 불공평한 재판을 할 것이라는 의혹을 갖는 것이 합리적이라고 인정할 만한 객관적인 사정이 있는 때를 말한다(대법원 1995.4.3, 95모10).

② [×] 재판부가 당사자의 증거신청을 채택하지 아니하거나 이미 한 증거결정을 취소하였다 하더라도 그러한 사유만으로는 재판의 공평을 기대하기 어려운 객관적인 사정이 있다고 할 수 없다(대법원 1995.4.3, 95모10).

③ [×] 형사소송법 제299조 규정상 재판장이 피고인의 증인신문권의 본질적인 부분을 침해하였다고 볼 만한 아무런 소명자료가 없다면, 재판장이 피고인의 증인에 대한 신문을 제지한 사실이 있다는 것만으로는 법관과 사건과의 관계상 불공평한 재판을 할 것이라는 의혹을 갖는 것이 합리적이라고 인정할 만한 객관적인 사정이 있는 경우에 해당한다고 볼 수 없다(대법원 1995.4.3, 95모10).

06 정답 ②

② [×] 공판절차상 재판장의 처분이라 함은 재판장의 소송지휘권 행사를 뜻한다. 이러한 재판장의 소송지휘에 관한 처분에 대해서 검사, 피고인 또는 변호인은 이의신청을 할 수 있다(형사소송법 제304조 제1항). 다만, 재판장의 처분에 대한 이의신청은 법령의 위반이 있음을 이유로 하여서만 이를 할 수 있고(형사소송규칙 제136조), 상당하지 아니함 즉, 처분의 합목적성에 대한 불복을 이유로 해서는 할 수 없다.

[보충] 재판장의 처분에 대하여 이의신청이 있는 때에는 수소법원이 즉시 결정하여야 한다(형사소송법 제304조 제2항, 형사소송규칙 제138조). 한편, 재판장의 소송지휘권 행사가 아니라 법원의 소송지휘권 행사에 대해서는 항고 및 이의신청이 허용되지 아니한다(형사소송법 제403조).

> **형사소송법 제304조(재판장의 처분에 대한 이의)** ① 검사, 피고인 또는 변호인은 재판장의 처분에 대하여 이의신청을 할 수 있다.
> ② 전항의 이의신청이 있는 때에는 법원은 결정을 하여야 한다.
> **형사소송규칙 제136조(재판장의 처분에 대한 이의신청의 사유)** 법 제304조제1항의 규정에 의한 이의신청은 법령의 위반이 있음을 이유로 하여서만 이를 할 수 있다.

[비교] 증거조사에 관한 이의신청은 법령의 위반 또는 상당하지 아니함을 이유로 해서 할 수 있다. 다만 증거신청에 대한 법원의 증거결정에 대한 이의신청은 법령위반 사유에 대해서만 가능하다.

> 형사소송법 제295조(증거신청에 대한 결정) 법원은 제294조 및 제294조의2의 증거신청에 대하여 결정을 하여야 하며 직권으로 증거조사를 할 수 있다.
> 제296조(증거조사에 대한 이의신청) ① 검사, 피고인 또는 변호인은 증거조사에 관하여 이의신청을 할 수 있다.
> ② 법원은 전항의 신청에 대하여 결정을 하여야 한다.
> 형사소송규칙 제135조의2(증거조사에 관한 이의신청의 사유) 법 제296조제1항의 규정에 의한 이의신청은 법령의 위반이 있거나 상당하지 아니함을 이유로 하여 이를 할 수 있다. 다만, 법 제295조의 규정에 의한 결정에 대한 이의신청은 법령의 위반이 있음을 이유로 하여서만 이를 할 수 있다.

① [○] 증거의 증명력은 법관의 자유판단에 맡겨져 있으나 그 판단은 논리와 경험칙에 합치하여야 하고, 형사재판에 있어서 유죄로 인정하기 위한 심증형성의 정도는 합리적인 의심을 할 여지가 없을 정도여야 하나, 이는 모든 가능한 의심을 배제할 정도에 이를 것까지 요구하는 것은 아니며, 증명력이 있는 것으로 인정되는 증거를 합리적인 근거가 없는 의심을 일으켜 이를 배척하는 것은 자유심증주의의 한계를 벗어나는 것으로 허용될 수 없다. 여기에서 말하는 합리적인 의심이란 모든 의문, 불신을 포함하는 것이 아니라 논리와 경험칙에 기하여 요증사실과 양립할 수 없는 사실의 개연성에 대한 합리성 있는 의문을 의미하는 것으로서 단순히 관념적인 의심이나 추상적인 가능성에 기초한 의심은 합리적 의심에 포함된다고 할 수 없다(대법원 2019.12.12, 2019도5797).

③ [○] 형사재판에서 이와 관련된 다른 형사사건의 확정판결에서 인정된 사실은 특별한 사정이 없는 한 유력한 증거자료가 되는 것이나, 당해 형사재판에서 제출된 다른 증거 내용에 비추어 관련 형사사건 확정판결의 사실판단을 그대로 채택하기 어렵다고 인정될 경우에는 이를 배척할 수 있다(대법원 2012.6.14, 2011도15653).

④ [○] 공소장일본주의에 위배된 공소제기라고 인정될 경우에는 그 절차가 법률의 규정에 위반하여 무효인 때에 해당하는 것으로 보아 형사소송법 제327조 제2호에 의한 공소기각의 판결을 선고하는 것이 원칙이지만, 공소장 기재의 방식에 관하여 피고인 측으로부터 아무런 이의가 제기되지 아니하였고 법원 역시 범죄사실의 실체를 파악하는 데 지장이 없다고 판단하여 그대로 공판절차를 진행한 결과 증거조사절차가 마무리되어 법관의 심증형성이 이루어진 단계에서는 더 이상 공소장일본주의 위배를 주장하여 이미 진행된 소송절차의 효력을 다툴 수는 없다고 보아야 한다(대법원 2012.8.30, 2012도5220).

07 정답 ②

② [×] 포괄일죄인 영업범에서 공소제기의 효력은 공소가 제기된 범죄사실과 동일성이 인정되는 범죄사실의 전체에 미치므로, 공판심리 중에 그 범죄사실과 동일성이 인정되는 범죄사실이 추가로 발견된 경우에 검사는 공소장변경절차에 의하여 그 범죄사실을 공소사실로 추가할 수 있다. 그러나 공소제기된 범죄사실과 추가로 발견된 범죄사실 사이에 그 범죄사실들과 동일성이 인정되는 또 다른 범죄사실에 대

한 유죄의 확정판결이 있는 때에는, 추가로 발견된 확정판결 후의 범죄사실은 공소제기된 범죄사실과 분단되어 동일성이 없는 별개의 범죄가 된다. 따라서 이때 검사는 공소장변경절차에 의하여 확정판결 후의 범죄사실을 공소사실로 추가할 수는 없고 별개의 독립된 범죄로 공소를 제기하여야 한다(대법원 2017.4.28, 2016도21342).

① [○] 검사의 서면에 의한 공소장변경허가신청이 있는데도 법원이 피고인 또는 변호인에게 공소장변경허가신청서 부본을 송달·교부하지 않은 채 공소장변경을 허가하고 공소장변경허가신청서에 기재된 공소사실에 관하여 유죄판결을 하였다면, 공소장변경허가신청서 부본을 송달·교부하지 않은 법원의 잘못은 판결에 영향을 미친 법령 위반에 해당한다. 다만 공소장변경 내용이 피고인의 방어권과 변호인의 변호권 행사에 지장이 없는 것이거나 피고인과 변호인이 공판기일에서 변경된 공소사실에 대하여 충분히 변론할 기회를 부여받는 등 피고인의 방어권이나 변호인의 변호권이 본질적으로 침해되지 않았다고 볼 만한 특별한 사정이 있다면 판결에 영향을 미친 법령 위반이라고 할 수 없다(대법원 2021.6.30, 2019도7217).

③ [○] 현행법상 형사항소심의 구조가 사후심으로서의 성격만을 가지는 것은 아니므로, 피고인의 상고에 의하여 상고심에서 원심판결을 파기하고 사건을 항소심에 환송한 경우에도 공소사실의 동일성이 인정되면 공소장변경을 허용하여 이를 심판대상으로 삼을 수 있다(대법원 2004.7.22, 2003도8153).

④ [○] 형사소송규칙 제142조 제5항 참조.

> 형사소송규칙 제142조(공소장의 변경) ① 검사가 법 제298조제1항에 따라 공소장에 기재한 공소사실 또는 적용법조의 추가, 철회 또는 변경(이하 "공소장의 변경"이라 한다)을 하고자 하는 때에는 그 취지를 기재한 공소장변경허가신청서를 법원에 제출하여야 한다.
> ⑤ 법원은 제1항의 규정에도 불구하고 피고인이 재정하는 공판정에서는 피고인에게 이익이 되거나 피고인이 동의하는 경우 구술에 의한 공소장변경을 허가할 수 있다.

08 정답 ②

② [×] 피고인에 대한 구속집행정지는 법원의 직권에 의한다.

> 형사소송법 제101조(구속의 집행정지) ① 법원은 상당한 이유가 있는 때에는 결정으로 구속된 피고인을 친족·보호단체 기타 적당한 자에게 부탁하거나 피고인의 주거를 제한하여 구속의 집행을 정지할 수 있다.

[보충] 구속된 피의자에 대해서는 검사 또는 사법경찰관도 구속의 집행을 정지할 수 있다.

> 제209조(준용규정) 제70조제2항, 제71조, 제75조, 제81조제1항 본문·제3항, 제82조, 제83조, 제85조부터 제87조까지, 제89조부터 제91조까지, 제93조, 제101조제1항, 제102조제2항 본문(보석의 취소에 관한 부분은 제외한다) 및 제200조의5는 검사 또는 사법경찰관의 피의자 구속에 관하여 준용한다.

① [○] 구속취소청구권자는 검사, 피고인, 변호인과 피고인의 법정대리인, 배우자, 직계친족, 형제자매이다.

형사소송법 제93조(구속의 취소) <u>구속의 사유가 없거나 소멸된</u> 때에는 법원은 직권 또는 <u>검사</u>, 피고인, 변호인과 제30조제2항에 규정한 자의 <u>청구에 의하여 결정으로 구속을 취소하여야</u> 한다.

③ [○] 피의자에 대한 감정유치 청구권은 검사만 가진다.

형사소송법 제221조의3(감정의 위촉과 감정유치의 청구) ① <u>검사</u>는 제221조의 규정에 의하여 감정을 위촉하는 경우에 <u>제172조 제3항의 유치처분이 필요할 때에는 판사에게 이를 청구하여야</u> 한다.
제221조(제3자의 출석요구 등) ② 검사 또는 사법경찰관은 수사에 필요한 때에는 <u>감정·통역 또는 번역을 위촉할 수 있다.</u>
제172조(법원 외의 감정) ③ 피고인의 정신 또는 신체에 관한 감정에 필요한 때에는 법원은 기간을 정하여 병원 기타 적당한 장소에 피고인을 <u>유치하게 할 수 있고</u> 감정이 완료되면 즉시 유치를 해제하여야 한다.

④ [○] 재심청구권자는 <u>검사</u>, 유죄의 선고를 받은 자, 유죄의 선고를 받은 자의 법정대리인, 유죄의 선고를 받은 자가 사망하거나 심신장애가 있는 경우에는 그 배우자, 직계친족 또는 형제자매이다.

형사소송법 제424조(재심청구권자) <u>다음 각 호의 1에 해당하는 자는 재심의 청구를 할 수 있다.</u>
1. <u>검사</u>
2. 유죄의 선고를 받은 자
3. 유죄의 선고를 받은 자의 법정대리인
4. 유죄의 선고를 받은 자가 사망하거나 심신장애가 있는 경우에는 그 배우자, 직계친족 또는 형제자매

09
정답 ④

④ [×] 형사소송법 제312조 제2항(현 제3항)은 검사 이외의 수사기관이 작성한 당해 피고인에 대한 피의자신문조서를 유죄의 증거로 하는 경우뿐만 아니라 검사 이외의 수사기관이 작성한 당해 피고인과 공범관계에 있는 다른 피고인이나 피의자에 대한 피의자신문조서를 당해 피고인에 대한 유죄의 증거로 채택할 경우에도 적용되는바, <u>당해 피고인과 공범관계가 있는 다른 피의자에 대한 검사 이외의 수사기관 작성의 피의자신문조서는 그 피의자의 법정진술에 의하여 그 성립의 진정이 인정되더라도 당해 피고인이 공판기일에서 그 조서의 내용을 부인하면 증거능력이 부정되므로</u> 그 당연한 결과로 그 피의자신문조서에 대하여는 사망 등 사유로 인하여 법정에서 진술할 수 없는 때에 예외적으로 증거능력을 인정하는 규정인 형사소송법 제314조가 적용되지 아니한다(대법원 2004.7.15, 2003도7185 전원합의체).

① [○] 공소의 취소는 <u>제1심판결 선고 전까지만</u> 가능하다.

형사소송법 제255조(공소의 취소) ① 공소는 <u>제1심판결의 선고 전까지 취소할 수 있다.</u>

② [○] <u>주문 낭독과 이유 요지 설명 등의 모든 절차를 마쳐 종국재판이 외부적으로 성립한 경우에는</u> -재판서의 경정결정 절차 정도를 제외하고는- <u>그 내용을 철회·변경할 수 없다.</u>
[보충] (나아가) 외부적 성립 이전이라 하더라도 주문을 낭

독하여 외부적으로 표시된 이상 특별한 사정이 있는 경우에만 그 변경 선고가 가능하다.

판례
판결선고절차에 있어서 <u>주문을 낭독하였다</u> 하더라도 아직 외부적으로 성립한 것은 아니므로 재판의 구속력은 발생하지 아니하였다는 점에서 <u>주문의 내용의 정정이 가능하다.</u> 다만 주문을 낭독한 것만으로는 아직 외부적 성립 이전이기는 하나, <u>주문을 낭독하여 외부적으로 표시된 이상 재판서에 기재된 주문과 이유를 잘못 낭독하거나 설명하는 등 실수가 있거나 판결 내용에 잘못이 있음이 발견된 경우와 같이 특별한 사정이 있는 경우에만 변경 선고가 가능하다</u>(대법원 2022.5.13, 2017도3884).

③ [○] 형사소송법 제416조 제3항 참조.

형사소송법 제416조(준항고) ① <u>재판장 또는 수명법관이 다음 각 호의 1에 해당한 재판을 고지한 경우에 불복이 있으면 그 법관 소속의 법원에 재판의 취소 또는 변경을 청구할 수 있다.</u>
1. 기피신청을 기각한 재판
2. 구금, 보석, 압수 또는 압수물환부에 관한 재판
3. 감정하기 위하여 피고인의 유치를 명한 재판
4. 증인, 감정인, 통역인 또는 번역인에 대하여 과태료 또는 비용의 배상을 명한 재판
③ 제1항의 청구는 재판의 고지있는 날로부터 <u>7일 이내에</u> 하여야 한다.

[비교] 이에 비하여 수사기관의 처분에 대한 준항고(형사소송법 제417조)는 기간의 제한이 없다.

10
정답 ③

③ [○] <u>재정신청인이 자기 또는 대리인이 책임질 수 없는 사유로 인하여 재정신청 기각결정에 대한 재항고 제기기간을 준수하지 못한 경우에는 형사소송법 제345조에 따라 재항고권 회복을 청구할 수도 있다</u>(대법원 2015.7.16, 2013모2347 전원합의체).

형사소송법 제345조(상소권회복청구권자) 제338조 내지 제341조의 규정에 의하여 상소할 수 있는 자는 <u>자기 또는 대리인이 책임질 수 없는 사유로 인하여 상소의 제기기간 내에 상소를 하지 못한 때에는 상소권회복의 청구를 할 수 있다.</u>

① [×] 법원은 재정신청서를 송부받은 때에는 송부받은 날부터 <u>10일 이내에 피의자에게 그 사실을 통지하여야 하고, 재정신청서를 송부받은 날부터 3개월 이내에 항고의 절차에 준하여 결정한다.</u>

형사소송법 제262조(심리와 결정) ① <u>법원은 재정신청서를 송부받은 때에는 송부받은 날부터 10일 이내에 피의자에게 그 사실을 통지하여야 한다.</u>
② 법원은 재정신청서를 송부받은 날부터 3개월 이내에 항고의 절차에 준하여 다음 각 호의 구분에 따라 결정한다. 이 경우 필요한 때에는 증거를 조사할 수 있다.
1. 신청이 법률상의 방식에 위배되거나 이유 없는 때에는 신청을 기각한다.
2. 신청이 이유 있는 때에는 사건에 대한 공소제기를 결정한다.

② [×] 검사의 내사종결·공소제기·공소취소는 모두 불기소처분이 아니므로 재정신청의 대상이 되지 않는다.

④ [×] <u>재정신청 기각결정에 대한 재항고나 그 재항고 기각결</u>

정에 대한 즉시항고로서의 재항고에 대한 법정기간의 준수
여부는 도달주의 원칙에 따라 재항고장이나 즉시항고장이
법원에 도달한 시점을 기준으로 판단하여야 하고, 거기에
재소자 피고인 특칙은 준용되지 아니한다(대법원 2015.7.16,
2013모2347 전원합의체).

11   정답 ④

④ [○] 변호인의 접견교통의 상대방인 신체구속을 당한 사람
이 그 변호인을 자신의 범죄행위에 공범으로 가담시키려고
하였다는 등의 사정만으로 그 변호인의 신체구속을 당한 사
람과의 접견교통을 금지하는 것이 정당화될 수는 없다. 이
러한 법리는 신체구속을 당한 사람의 변호인이 1명이 아니
라 여러 명이라고 하여 달라질 수 없고, 어느 변호인의 접견
교통권의 행사가 그 한계를 일탈한 것인지의 여부는 해당
변호인을 기준으로 하여 개별적으로 판단하여야 할 것이다
(대법원 2007.1.31, 2006모657).

① [×] 형사소송에 있어서 변호인을 선임할 수 있는 자는 피
고인 및 피의자와 형사소송법 제30조 제2항에 규정된 자에
한정되는 것이고, 피고인 및 피의자로부터 그 선임권을 위
임받은 자가 피고인이나 피의자를 대리하여 변호인을 선임
할 수는 없는 것이므로, 피고인이 법인인 경우에는 형사소
송법 제27조 제1항 소정의 대표자가 피고인인 당해 법인을
대표하여 피고인을 위한 변호인을 선임하여야 하며, 대표자
가 제3자에게 변호인 선임을 위임하여 제3자로 하여금 변
호인을 선임하도록 할 수는 없다(대법원 1994.10.28, 94모25).

② [×] 변호인의 선임은 심급마다 변호인과 연명날인한 서면
으로 제출하여야 한다(형사소송법 제32조 제1항). 따라서
변호인 선임서를 제출하지 않은 채 상고이유서만을 제출하
고 상고이유서 제출기간이 지난 후에 변호인 선임서를 제출
하였다면 그 상고이유서는 적법·유효한 변호인의 상고이유
서가 될 수 없다(대법원 2015.2.26, 2014도12737).

③ [×] 필요적 변호사건에서 변호인 없이 개정하여 심리를 진
행하고 판결한 것은 소송절차의 법령위반에 해당하지만 피
고인의 이익을 위하여 만들어진 필요적 변호의 규정 때문에
피고인에게 불리한 결과를 가져오게 할 수는 없으므로 그와
같은 법령위반은 무죄판결에 영향을 미친 것으로는 되지 아
니한다(대법원 2003.3.25, 2002도5748).

12   정답 ②

② ㄱ, ㄹ

ㄱ. [○] 현행범인 체포의 요건을 갖추었는지 여부는 체포 당시
의 상황을 기초로 판단하여야 하고, 이에 관한 검사나 사법
경찰관 등 수사주체의 판단에는 상당한 재량의 여지가 있지
만, 체포 당시의 상황으로 볼 때 그 요건의 충족 여부에 관
한 검사나 사법경찰관 등의 판단이 경험칙에 비추어 현저히
합리성을 잃은 경우에는 그 체포는 위법하다고 보아야 한다
(대법원 2017.4.7, 2016도19907).

ㄴ. [×] 구속기간 만료일 다음날로부터 기산한다(형사소송규
칙 제98조).

형사소송규칙 제98조(구속기간연장기간의 계산) 구속기간연장허
가결정이 있은 경우에 그 연장기간은 법 제203조의 규정에 의
한 구속기간만료 다음날로부터 기산한다.

ㄷ. [×] 피의자보석 청구제도는 없다. 형사소송법 제94조의
피고인보석 청구 조항에서 피고인을 피의자로 바꿔서 틀린
지문으로 출제된 것이다.

형사소송법 제94조(보석의 청구) 피고인, 피고인의 변호인·법정
대리인·배우자·직계친족·형제자매·가족·동거인 또는 고용주
는 법원에 구속된 피고인의 보석을 청구할 수 있다.

ㄹ. [○] 압수할 전자정보가 저장된 저장매체로서 압수·수색영
장에 기재된 수색장소에 있는 컴퓨터, 하드디스크, 휴대전
화와 같은 컴퓨터 등 정보처리장치와 수색장소에 있지는 않
으나 컴퓨터 등 정보처리장치와 정보통신망으로 연결된 원
격지의 서버 등 저장매체(이하 '원격지 서버'라 한다)는 소
재지, 관리자, 저장 공간의 용량 측면에서 서로 구별된다.
원격지 서버에 저장된 전자정보를 압수·수색하기 위해서는
컴퓨터 등 정보처리장치를 이용하여 정보통신망을 통해 원
격지 서버에 접속하고 그곳에 저장되어 있는 전자정보를 컴
퓨터 등 정보처리장치로 내려 받거나 화면에 현출시키는 절
차가 필요하므로, 컴퓨터 등 정보처리장치 자체에 저장된
전자정보와 비교하여 압수·수색의 방식에 차이가 있다. 원
격지 서버에 저장되어 있는 전자정보와 컴퓨터 등 정보처리
장치에 저장되어 있는 전자정보는 그 내용이나 질이 다르므
로 압수·수색으로 얻을 수 있는 전자정보의 범위와 그로 인
한 기본권 침해 정도도 다르다. 따라서 수사기관이 압수·수
색영장에 적힌 '수색할 장소'에 있는 컴퓨터 등 정보처리장
치에 저장된 전자정보 외에 원격지 서버에 저장된 전자정보
를 압수·수색하기 위해서는 압수·수색영장에 적힌 '압수할
물건'에 별도로 원격지 서버 저장 전자정보가 특정되어 있
어야 한다(대법원 2022.6.30, 2022도1452).

13   정답 ③

③ 단순사기죄의 기판력은 추가 기소된 상습사기죄에 미치지
않으므로 실체판결을 하여야 한다.

> 판례
> 상습범으로서 포괄적 일죄의 관계에 있는 여러 개의 범죄사실 중
> 일부에 대하여 유죄판결이 확정된 경우에, 그 확정판결의 사실심
> 판결 선고 전에 저질러진 나머지 범죄에 대하여 새로이 공소가 제
> 기되었다면 그 새로운 공소는 확정판결이 있었던 사건과 동일한
> 사건에 대하여 다시 제기된 데 해당하므로 이에 대하여는 판결로
> 써 면소의 선고를 하여야 하는 것인바(형사소송법 제326조 제1
> 호), 다만 이러한 법리가 적용되기 위해서는 전의 확정판결에서
> 당해 피고인이 상습범으로 기소되어 처단되었을 것을 필요로 하
> 는 것이고, 상습범 아닌 기본 구성요건의 범죄로 처단되는 데 그
> 친 경우에는, 가사 뒤에 기소된 사건에서 비로소 드러났거나 새로
> 저질러진 범죄사실과 전의 판결에서 이미 유죄로 확정된 범죄사
> 실 등을 종합하여 비로소 그 모두가 상습범으로서의 포괄적 일죄
> 에 해당하는 것으로 판단된다 하더라도 뒤늦게 앞서의 확정판결
> 을 상습범의 일부에 대한 확정판결이라고 보아 그 기판력이 그 사
> 실심판결 선고 전의 나머지 범죄에 미친다고 보아서는 아니 된다
> (대법원 2004.9.16, 2001도3206 전원합의체).

14

④ [×] 판사는 증인신문청구에 따라 증인신문기일을 정한 때에는 피고인·피의자 또는 변호인에게 이를 통지하여 증인신문에 참여할 수 있도록 하여야 한다(07년 개정법 제221조의2 제5항, 규칙 제112조). 다만 통지받은 피의자·피고인 또는 변호인의 출석이 증인신문의 요건이 되는 것은 아니므로, 통지받은 피의자·피고인 또는 변호인이 증인신문절차에 출석하지 아니하여도 증인신문절차를 진행할 수 있다.

[참고] 07년 개정 전 법에 의하면 '특별히 수사에 지장이 있다고 인정되는 경우를 제외하고는' 참여하게 하여야 한다고 규정하여 참여권이 배제될 여지가 있었다(그래서 07년 개정에서 제외사유를 삭제함). 다만 07년 개정 전 법에 의한 판례도 결론적으로는 위 지문과 같은 점을 지적하고 있다. "같은 법 제221조의2 제5항은 판사는 수사에 지장이 없다고 인정할 때에는 피고인·피의자 또는 변호인을 증인신문에 참여하게 할 수 있다고 규정하고 있어, 그 제5항에 의한 증인신문절차에 있어서는 피고인·피의자나 그 변호인의 참여는 필요적 요건이 아니므로 그들에게 참여의 기회가 부여되지 아니하였다 하여 이것만 가지고 위법이라고 할 수는 없다(대법원 1992.9.22, 92도1751)."

① [○] 다른 증거나 증인의 진술에 비추어 굳이 추가 증거조사를 할 필요가 없다는 등 특별한 사정이 없고, 소재탐지나 구인장 발부가 불가능한 것이 아님에도 불구하고, 불출석한 핵심 증인에 대하여 소재탐지나 구인장 발부 없이 증인채택 결정을 취소하는 것은 법원의 재량을 벗어나는 것으로서 위법하다(대법원 2020.12.10, 2020도2623).

② [○] 법원이 공판기일에 증인을 채택하여 다음 공판기일에 증인신문을 하기로 피고인에게 고지하였는데 그 다음 공판기일에 증인은 출석하였으나 피고인이 정당한 사유 없이 출석하지 아니한 경우, 그 사건이 형사소송법 제277조 본문에 규정된 다액 100만 원 이하의 벌금 또는 과료에 해당하거나 공소기각 또는 면소의 재판을 할 것이 명백한 사건이 아니어서 같은 법 제276조의 규정에 의하여 공판기일을 연기할 수밖에 없더라도, 이미 출석하여 있는 증인에 대하여 공판기일 외의 신문으로서 증인신문을 하고 다음 공판기일에 그 증인신문조서에 대한 서증조사를 하는 것은 증거조사절차로서 적법하다(대법원 2000.10.13, 2000도3265).

③ [○] 증인이 변호인을 대면하여 진술함에 있어 심리적인 부담으로 정신의 평온을 현저하게 잃을 우려가 있다고 인정되는 경우는 일반적으로 쉽게 상정할 수 없고, 피고인뿐만 아니라 변호인에 대해서까지 차폐시설을 설치하는 방식으로 증인신문이 이루어지는 경우 피고인과 변호인 모두 증인이 증언하는 모습이나 태도 등을 관찰할 수 없게 되어 그 한도에서 반대신문권이 제한될 수 있으므로, 변호인에 대한 차폐시설의 설치는, 특정범죄신고자 등 보호법 제7조에 따라 범죄신고자 등이나 친족 등이 보복을 당할 우려가 있다고 인정되어 조서 등에 인적사항을 기재하지 아니한 범죄신고자 등을 증인으로 신문하는 경우와 같이, 이미 인적사항에 관하여 비밀조치가 취해진 증인이 변호인을 대면하여 진술

함으로써 자신의 신분이 노출되는 것에 대하여 심한 심리적인 부담을 느끼는 등의 특별한 사정이 있는 경우에 예외적으로 허용될 수 있을 뿐이다(대법원 2015.5.28, 2014도18006).

15

① [×] 전문심리위원은 공판준비 및 공판기일 등 소송절차에 참여하게 할 수 있다.

> 형사소송법 제279조의2(전문심리위원의 참여) ① 법원은 소송관계를 분명하게 하거나 소송절차를 원활하게 진행하기 위하여 필요한 경우에는 직권으로 또는 검사, 피고인 또는 변호인의 신청에 의하여 결정으로 전문심리위원을 지정하여 공판준비 및 공판기일 등 소송절차에 참여하게 할 수 있다.
> ② 전문심리위원은 전문적인 지식에 의한 설명 또는 의견을 기재한 서면을 제출하거나 기일에 전문적인 지식에 의하여 설명이나 의견을 진술할 수 있다. 다만, 재판의 합의에는 참여할 수 없다.
> ③ 전문심리위원은 기일에 재판장의 허가를 받아 피고인 또는 변호인, 증인 또는 감정인 등 소송관계인에게 소송관계를 분명하게 하기 위하여 필요한 사항에 관하여 직접 질문할 수 있다.

② [○] 형사소송법 제279조의2 제4항 참조.

> 형사소송법 제279조의2(전문심리위원의 참여) ④ 법원은 제2항에 따라 전문심리위원이 제출한 서면이나 전문심리위원의 설명 또는 의견의 진술에 관하여 검사, 피고인 또는 변호인에게 구술 또는 서면에 의한 의견진술의 기회를 주어야 한다.

③ [○] 형사소송법 제279조의5 제2항 참조.

> 형사소송법 제279조의5(전문심리위원의 제척 및 기피) ① 제17조부터 제20조까지 및 제23조는 전문심리위원에게 준용한다.
> ② 제척 또는 기피 신청이 있는 전문심리위원은 그 신청에 관한 결정이 확정될 때까지 그 신청이 있는 사건의 소송절차에 참여할 수 없다. 이 경우 전문심리위원은 해당 제척 또는 기피 신청에 대하여 의견을 진술할 수 있다.

④ [○] 형사재판의 담당 법원은 전문심리위원에 관한 위 각각의 규정들을 지켜야 하고 이를 준수함에 있어서도 적법절차 원칙을 특별히 강조하고 있는 헌법 제12조 제1항을 고려하여 전문심리위원과 관련된 절차 진행 등에 관한 사항을 당사자에게 적절한 방법으로 적시에 통지하여 당사자의 참여 기회가 실질적으로 보장될 수 있도록 세심한 배려를 하여야 한다(대법원 2019.5.30, 2018도19051).

16

① [○] 구속적부심에서 보증금납입조건부 피의자석방결정에 의하여 석방된 피의자에 대한 재구속사유로서 형사소송법 제214조의2 제2항 제4호에 해당한다.

> 형사소송법 제214조의3(재체포 및 재구속의 제한) ② 제214조의2제5항에 따라 석방된 피의자에게 다음 각 호의 어느 하나에 해당하는 사유가 있는 경우를 제외하고는 동일한 범죄사실로 재차 체포하거나 구속할 수 없다.
> 1. 도망한 때
> 2. 도망하거나 범죄의 증거를 인멸할 염려가 있다고 믿을 만한 충분한 이유가 있는 때

3. 출석요구를 받고 정당한 이유없이 출석하지 아니한 때
4. 주거의 제한이나 그 밖에 법원이 정한 조건을 위반한 때

② [×] 적부심에서 석방결정에 의하여 석방된 피의자에 대한 재체포·재구속사유는 실제 도망하거나 증거를 인멸한 경우에 한한다.

> 형사소송법 제214조의3(재체포 및 재구속의 제한) ① 제214조의2제4항에 따른 체포 또는 구속 적부심사결정에 의하여 석방된 피의자가 도망하거나 범죄의 증거를 인멸하는 경우를 제외하고는 동일한 범죄사실로 재차 체포하거나 구속할 수 없다.

③ [×] 피고인 보석에 대한 보석취소사유이지, 보증금납입조건부 피의자석방의 재구속사유는 아니다.

> 형사소송법 제102조(보석조건의 변경과 취소 등) ① 법원은 직권 또는 제94조에 규정된 자의 신청에 따라 결정으로 피고인의 보석조건을 변경하거나 일정기간 동안 당해 조건의 이행을 유예할 수 있다.
> ② 법원은 피고인이 다음 각 호의 어느 하나에 해당하는 경우에는 직권 또는 검사의 청구에 따라 결정으로 보석 또는 구속의 집행정지를 취소할 수 있다. 다만, 제101조제4항에 따른 구속영장의 집행정지는 그 회기 중 취소하지 못한다.
> 1. 도망한 때
> 2. 도망하거나 죄증을 인멸할 염려가 있다고 믿을 만한 충분한 이유가 있는 때
> 3. 소환을 받고 정당한 사유 없이 출석하지 아니한 때
> 4. 피해자, 당해 사건의 재판에 필요한 사실을 알고 있다고 인정되는 자 또는 그 친족의 생명·신체·재산에 해를 가하거나 가할 염려가 있다고 믿을 만한 충분한 이유가 있는 때
> 5. 법원이 정한 조건을 위반한 때
> ③ 법원은 피고인이 정당한 사유 없이 보석조건을 위반한 경우에는 결정으로 피고인에 대하여 1천만원 이하의 과태료를 부과하거나 20일 이내의 감치에 처할 수 있다.
> ④ 제3항의 결정에 대하여는 즉시항고를 할 수 있다.

④ [×] 이 내용은 피의자구속의 경우 석방된 자에 대한 재구속 제한사유이지, 영장에 의한 체포의 경우에는 재체포 제한이 적용되지 않는다.

> 형사소송법 제208조(재구속의 제한) ① 검사 또는 사법경찰관에 의하여 구속되었다가 석방된 자는 다른 중요한 증거를 발견한 경우를 제외하고는 동일한 범죄사실에 관하여 재차 구속하지 못한다.

17 　　　　　　　　　　정답 ③

③ [×] 제1심 형사사건에 관하여 지방법원 본원과 지방법원 지원은 소송법상 별개의 법원이자 각각 일정한 토지관할 구역을 나누어 가지는 대등한 관계에 있으므로, 지방법원 본원과 지방법원 지원 사이의 관할의 분배도 지방법원 내부의 사법행정사무로서 행해진 지방법원 본원과 지원 사이의 단순한 사무분배에 그치는 것이 아니라 소송법상 토지관할의 분배에 해당한다(대법원 2015.10.15, 2015도1803).

① [○] 형사재판의 증거법칙과 관련하여서는 소극적 진실주의가 헌법적으로 보장되어 있다 할 것이다. 즉 형사피고인으로서는 형사소송절차에서 단순한 처벌대상이 아니라 절차를 형성·유지하는 절차의 당사자로서의 지위를 향유하며

형사소송절차에서는 검사에 대하여 무기대등의 원칙이 보장되는 절차를 향유할 헌법적 권리를 가진다 할 것이다(헌법재판소 1996.12.26, 94헌바1).

② [○] 검찰사건사무규칙은 검찰청법 제11조의 규정에 따라 각급 검찰청의 사건의 수리·수사·처리 및 공판수행 등에 관한 사항을 정함으로써 사건사무의 적정한 운영을 기함을 목적으로 하여 제정된 것으로서 그 실질은 검찰 내부의 업무처리지침으로서의 성격을 가지는 것이므로, 이를 형사소송법 제57조의 적용을 배제하기 위한 '법률의 다른 규정'으로 볼 수 없다(대법원 2007.10.25, 2007도4961).

④ [○] 군사법원법 개정(2021.9.24. 개정, 2022.7.1. 시행)에도 불구하고, 군인 등의 성폭력범죄라 하더라도 전시 등 국가비상사태 시에는 군사법원법 제2조 제2항 단서에 의하여 군사법원이 재판권을 가진다.

> 군사법원법 제2조(신분적 재판권) ② 제1항에도 불구하고 법원은 다음 각 호에 해당하는 범죄 및 그 경합범 관계에 있는 죄에 대하여 재판권을 가진다. 다만, 전시·사변 또는 이에 준하는 국가비상사태 시에는 그러하지 아니하다.
> 1. 「군형법」 제1조제1항부터 제3항까지에 규정된 사람이 범한 「성폭력범죄의 처벌 등에 관한 특례법」 제2조의 성폭력범죄 및 같은 법 제15조의2의 죄, 「아동·청소년의 성보호에 관한 법률」 제2조제2호의 죄

18 　　　　　　　　　　정답 ①

① [○] 어떠한 내용의 진술을 하였다는 사실 자체에 대한 정황증거로 사용될 것이라는 이유로 서류의 증거능력을 인정한 다음 그 사실을 다시 진술 내용이나 그 진실성을 증명하는 간접사실로 사용하는 경우에 그 서류는 전문증거에 해당한다(대법원 2019.8.29, 2018도14303 전원합의체).

② [×] 검사작성의 피고인아닌 자에 대한 진술조서에 관하여 피고인이 공판정 진술과 배치되는 부분은 부동의한다고 진술한 것은 조서내용의 특정부분에 대하여 증거로 함에 동의한다는 특별한 사정이 있는 때와는 달리 그 조서를 증거로 함에 동의하지 아니한다는 취지로 해석하여야 한다(대법원 1984.10.10, 84도1552).

③ [×] 현행 형사소송법 제314조의 문언과 개정 취지, 증언거부권 관련 규정의 내용 등에 비추어 보면, 법정에 출석한 증인이 형사소송법 제148조, 제149조 등에서 정한 바에 따라 정당하게 증언거부권을 행사하여 증언을 거부한 경우는 형사소송법 제314조의 '그 밖에 이에 준하는 사유로 인하여 진술할 수 없는 때'에 해당하지 아니한다(대법원 2012.5.17, 2009도6788 전원합의체).

④ [×] 조사자의 증언에 증거능력이 인정되기 위해서는 원진술자가 사망, 질병, 외국거주, 소재불명, 그 밖에 이에 준하는 사유로 인하여 진술할 수 없어야 하는 것이라서, 원진술자가 법정에 출석하여 수사기관에서 한 진술을 부인하는 취지로 증언한 이상 원진술자의 진술을 내용으로 하는 조사자의 증언은 증거능력이 없다(대법원 2008.9.25, 2008도6985).

19 정답 ④

④ [×] 간통사건에 대한 유죄판결이 간통죄에 대한 헌법재판
소의 종전 합헌결정 이전에 확정된 경우, 재심심판법원은
면소판결을 하여야 한다.

> **판례**
> 형사소송법 제326조 제4호는 '범죄 후의 법령개폐로 형이 폐지되
> 었을 때'를 면소판결을 선고하여야 하는 경우로 정하고 있으므로,
> 종전 합헌결정일 이전의 범죄행위에 대하여 재심개시결정이 확정
> 되었는데 그 범죄행위에 적용될 법률 또는 법률의 조항이 위헌결
> 정으로 헌법재판소법 제47조 제3항 단서에 의하여 종전 합헌결정
> 일의 다음 날로 소급하여 효력을 상실하였다면 범죄행위 당시 유
> 효한 법률 또는 법률의 조항이 그 이후 폐지된 경우와 마찬가지이
> 므로 법원은 형사소송법 제326조 제4호에 해당하는 것으로 보아
> 면소판결을 선고하여야 하는 점에 비추어 보면, 공소사실 기재 범
> 행일이 종전 합헌결정일 이전이고, 구 형법 제241조가 위 위헌결
> 정으로 인하여 종전 합헌결정일의 다음 날인 2008. 10. 31.로 소
> 급하여 효력을 상실하므로 공소사실을 심판하는 제1심은 형사소
> 송법 제326조 제4호에 따라 면소판결을 선고하여야 한다 (대법원
> 2019.12.24, 2019도15167).

① [○] 헌법은 제13조 제1항에서 "모든 국민은 ··· 동일한
범죄에 대하여 거듭 처벌받지 아니한다."라고 규정하여 이
른바 이중처벌금지의 원칙 내지 일사부재리의 원칙을 선언
하고 있다. 이는 한번 판결이 확정되면 그 후 동일한 사건에
대해서는 다시 심판하는 것이 허용되지 않는다는 원칙을 말
한다. 여기에서 '처벌'이란 원칙적으로 범죄에 대한 국가의
형벌권 실행으로서의 과벌을 의미하고, 국가가 행하는 일체
의 제재나 불이익처분이 모두 여기에 포함되는 것은 아니다
(대법원 2017.8.23, 2016도5423).

② [○] 법원은 '재판서에 잘못된 계산이나 기재, 그 밖에 이와
비슷한 잘못이 있음이 분명한 때'에는 경정결정을 통하여
위와 같은 재판서의 잘못을 바로잡을 수 있다(형사소송규칙
제25조 제1항). 그러나 이미 선고된 판결의 내용을 실질적
으로 변경하는 것은 위 규정에서 예정하고 있는 경정의 범
위를 벗어나는 것으로서 허용되지 않는다. 그리고 경정결정
은 이를 주문에 기재하여야 하고, 판결 이유에만 기재한 경
우 경정결정이 이루어졌다고 할 수 없다(대법원 2021.1.28, 2017
도18536).

③ [○] 형사소송법 제249조 제2항 및 제326조 제3호 참조.

> **형사소송법 제249조(공소시효의 기간)** ② 공소가 제기된 범죄는
> 판결의 확정이 없이 공소를 제기한 때로부터 25년을 경과하면
> 공소시효가 완성한 것으로 간주한다.
> **제326조(면소의 판결)** 다음 경우에는 판결로써 면소의 선고를 하
> 여야 한다.
> 　3. 공소의 시효가 완성되었을 때

20 정답 ②

② [○] 재심의 취지와 특성, 형사소송법의 이익재심 원칙과
재심심판절차에 관한 특칙 등에 비추어 보면, 재심심판절차
에서는 특별한 사정이 없는 한 검사가 재심대상사건과 별개
의 공소사실을 추가하는 내용으로 공소장을 변경하는 것은
허용되지 않고, 재심대상사건에 일반 절차로 진행 중인 별
개의 형사사건을 병합하여 심리하는 것도 허용되지 않는다
(대법원 2019.6.20, 2018도20698 전원합의체).

① [×] 형사소송법 제420조 제5호에 정한 '무죄 등을 인정할
명백한 증거'에 해당하는지 여부를 판단할 때에는 법원으로
서는 새로 발견된 증거만을 독립적·고립적으로 고찰하여
그 증거가치만으로 재심의 개시 여부를 판단할 것이 아니
라, 재심대상이 되는 확정판결을 선고한 법원이 사실인정의
기초로 삼은 증거들 가운데 새로 발견된 증거와 유기적으로
밀접하게 관련되고 모순되는 것들은 함께 고려하여 평가하
여야 하고, 그 결과 단순히 재심대상이 되는 유죄의 확정판
결에 대하여 그 정당성이 의심되는 수준을 넘어 그 판결을
그대로 유지할 수 없을 정도로 고도의 개연성이 인정되는
경우라면 그 새로운 증거는 위 조항의 '명백한 증거'에 해당
한다(대법원 2009.7.16, 2005모472 전원합의체).

③ [×] 특별사면으로 형 선고의 효력이 상실된 유죄의 확정판
결도 형사소송법 제420조의 '유죄의 확정판결'에 해당하여
재심청구의 대상이 되고, 한편 면소판결 사유인 형사소송법
제326조 제2호의 '사면'이란 일반사면을 의미할 뿐 형을 선
고받아 확정된 자를 상대로 이루어지는 특별사면은 이에 해
당하지 아니한다. 따라서 특별사면으로 형 선고의 효력이
상실된 유죄의 확정판결을 대상으로 재심이 청구되어 재심
개시결정이 확정된 경우에, 재심심판절차를 진행하는 법원
으로서는 특별사면이 있음을 들어 면소판결을 할 것이 아니
고 그 심급에 따라 다시 심판하여 실체에 관한 유·무죄 등
의 판단을 하여야 한다(대법원 2015.5.21, 2011도1932 전원합의체).

④ [×] 경합범 관계에 있는 수개의 범죄사실을 유죄로 인정하
여 한 개의 형을 선고한 불가분의 확정판결에서 그 중 일부
의 범죄사실에 대하여만 재심청구의 이유가 있는 것으로 인
정된 경우에는 형식적으로는 1개의 형이 선고된 판결에 대
한 것이어서 그 판결 전부에 대하여 재심개시의 결정을 할
수밖에 없지만, 비상구제수단인 재심제도의 본질상 재심사
유가 없는 범죄사실에 대하여는 재심개시결정의 효력이 그
부분을 형식적으로 심판의 대상에 포함시키는데 그치므로
재심법원은 그 부분에 대하여는 이를 다시 심리하여 유죄인
정을 파기할 수 없고, 다만 그 부분에 관하여 새로이 양형을
하여야 하므로 양형을 위하여 필요한 범위에 한하여만 심리
를 할 수 있을 뿐이다(대법원 2021.7.8, 2021도2738).

01	③	02	①	03	④	04	②	05	④
06	②	07	②	08	②	09	④	10	③
11	④	12	②	13	③	14	④	15	①
16	①	17	③	18	①	19	④	20	②

01
정답 ③

③ [×] 범죄의 피해자인 검사가 그 사건의 수사에 관여하거나, 압수·수색영장의 집행에 참여한 검사가 다시 수사에 관여하였다는 이유만으로 바로 그 수사가 위법하다거나 그에 따른 참고인이나 피의자의 진술에 임의성이 없다고 볼 수는 없다(대법원 2013.9.12, 2011도12918).

① [○] 형사소송법 제215조 제2항은 "사법경찰관이 범죄수사에 필요한 때에는 검사에게 신청하여 검사의 청구로 지방법원 판사가 발부한 영장에 의하여 압수, 수색 또는 검증을 할 수 있다."고 규정하고 있는바, 사법경찰관이 위 규정을 위반하여 영장없이 물건을 압수한 경우 그 압수물은 물론 이를 기초로 하여 획득한 2차적 증거 역시 유죄 인정의 증거로 사용할 수 없는 것이고, 이와 같은 법리는 헌법과 형사소송법이 선언한 영장주의의 중요성에 비추어 볼 때 위법한 압수가 있은 직후에 피고인으로부터 작성받은 그 압수물에 대한 임의제출동의서도 특별한 사정이 없는 한 마찬가지라고 할 것이다(대법원 2010.7.22, 2009도14376).

② [○] 형사소송법 제219조, 제121조는 '수사기관이 압수·수색영장을 집행할 때에는 피압수자 또는 변호인은 그 집행에 참여할 수 있다.'고 정하고 있다. 저장매체에 대한 압수·수색 과정에서 범위를 정하여 출력·복제하는 방법이 불가능하거나 압수의 목적을 달성하기에 현저히 곤란한 예외적인 사정이 인정되어 전자정보가 담긴 저장매체, 하드카피나 이미징(imaging) 등 형태(이하 '복제본'이라 한다)를 수사기관 사무실 등으로 옮겨 복제·탐색·출력하는 경우에도, 피압수자나 변호인에게 참여 기회를 보장하고 혐의사실과 무관한 전자정보의 임의적인 복제 등을 막기 위한 적절한 조치를 취하는 등 영장주의 원칙과 적법절차를 준수하여야 한다(대법원 2019.7.11, 2018도20504).

④ [○] 수사기관이 甲으로부터 피고인의 마약류관리에 관한 법률 위반(향정) 범행에 대한 진술을 듣고 추가적인 증거를 확보할 목적으로, 구속수감되어 있던 甲에게 그의 압수된 휴대전화를 제공하여 피고인과 통화하고 위 범행에 관한 통화 내용을 녹음하게 한 행위는 불법감청에 해당하므로, 그 녹음 자체는 물론 이를 근거로 작성된 녹취록 첨부 수사보고는 피고인의 증거동의에 상관없이 그 증거능력이 없다(대법원 2010.10.14, 2010도9016).

02
정답 ①

① [×] 피의자가 다른 사람의 성명을 모용한 탓으로 공소장에 피모용자가 피고인으로 표시되었다 하더라도 이는 당사자의 표시상의 착오일 뿐이고 검사는 모용자에 대하여 공소를 제기한 것이므로 모용자가 피고인이 되고 피모용자에게 공소의 효력이 미친다고 할 수 없고, 이와 같은 경우 검사는 공소장의 인적 사항의 기재를 정정하여 피고인의 표시를 바로잡아야 하는 것인바, 이는 피고인의 표시상의 착오를 정정하는 것이지 공소장을 변경하는 것이 아니므로 형사소송법 제298조에 따른 공소장변경의 절차를 밟을 필요가 없고 법원의 허가도 필요로 하지 아니한다(대법원 1993.1.19, 92도2554).

② [○] 검사가 공소장의 피고인 표시를 정정하여 모용관계를 바로잡지 아니한 경우에는 외형상 피모용자 명의로 공소가 제기된 것으로 되어 있어 공소제기의 방식이 형사소송법 제254조의 규정에 위반하여 무효라 할 것이므로 법원은 공소기각의 판결을 선고하여야 하고, 검사가 피고인 표시를 바로잡은 경우에는 처음부터 모용자에 대한 공소의 제기가 있었고 피모용자에 대한 공소의 제기가 있었던 것이 아니므로 법원은 모용자에 대하여 심리하고 재판을 하면 되지 원칙적으로 피모용자에 대하여 심판할 것이 아니다(대법원 1993.1.19, 92도2554).

③ [○] 검사는 공소장에 피고인의 성명 기타 피고인을 특정할 수 있는 사항을 기재하여야 하고(형사소송법 제254조 제3항 제1호), 검사가 피고인으로 지정한 사람에게만 공소제기의 효력이 미친다(형사소송법 제248조 제1항).

> 형사소송법 제254조(공소제기의 방식과 공소장) ③ 공소장에는 다음 사항을 기재하여야 한다.
> 1. 피고인의 성명 기타 피고인을 특정할 수 있는 사항
> 2. 죄명
> 3. 공소사실
> 4. 적용법조
> 제248조(공소의 효력 범위) ① 공소의 효력은 검사가 피고인으로 지정한 자에게만 미친다.

④ [○] 판결확정 후 성명모용사실이 판명된 경우, 확정판결의 효력은 피모용자에게만 미치지 아니하고 모용자에게만 미친다. 실무적으로는 규칙 제25조 제1항에 의한 판결경정의 결정으로 처리하고 있다.

03
정답 ④

④ [○] 폭행죄는 피해자의 명시한 의사에 반하여 공소를 제기할 수 없는 반의사불벌죄로서 처벌불원의 의사표시는 의사능력이 있는 피해자가 단독으로 할 수 있는 것이고, 피해자가 사망한 후 그 상속인이 피해자를 대신하여 처벌불원의 의사표시를 할 수는 없다고 보아야 한다(대법원 2010.5.27, 2010도2680).

① [×] 반의사불벌죄의 피해자는 피의자나 피고인 및 그들의 변호인에게 자신을 대리하여 수사기관이나 법원에 자신의 처벌불원의사를 표시할 수 있는 권한을 수여할 수 있다(대법원 2017.9.7, 2017도8989).

② [×] 형사소송법 제232조 제1항, 제3항의 취지는 국가형벌권의 행사가 피해자의 의사에 의하여 좌우되는 현상을 장기간 방치할 것이 아니라 제1심판결선고 이전까지로 제한하자는데 그 목적이있다 할 것이므로 비록 항소심에 이르러

비로소 반의사불벌죄가 아닌 죄에서 반의사불벌죄로 공소
장변경이 있었다 하여 항소심인 제2심을 제1심으로 볼 수는
없다(대법원 1988.3.8, 85도2518).

③ [×] 반의사불벌죄에서 피고인 또는 피의자의 처벌을 희망
하지 않는다는 의사표시 또는 처벌희망 의사표시 철회의 유
무나 그 효력 여부에 관한 사실은 엄격한 증명의 대상이 아
니라 증거능력이 없는 증거나 법률이 규정한 증거조사방법
을 거치지 아니한 증거에 의한 증명, 이른바 자유로운 증명
의 대상이다(대법원 2010.10.14, 2010도5610, 2010전도31).

04

② [○] 공소시효가 완성된 사실을 간과한 채 피고인에 대하여
약식명령을 발령한 원판결은 법령을 위반한 잘못이 있고, 또
한 피고인에게 불이익하다고 할 것인바, 이 점을 지적하는
이 사건 비상상고는 이유가 있다(대법원 2006.10.13, 2006오2).

① [×] 약식명령에 대하여 정식재판 청구가 이루어지고 그 후
진행된 정식재판 절차에서 유죄판결이 선고되어 확정된 경
우, 재심사유가 존재한다고 주장하는 피고인 등은 효력을
잃은 약식명령이 아니라 유죄의 확정판결을 대상으로 재심
을 청구하여야 한다(대법원 2013.4.11, 2011도10626).

③ [×] 비약적 상고는 제1심 판결에 대해서 할 수 있다. 따라
서 제1심 법원의 결정에 대해서는 비약적 상고가 허용되지
않는다.

④ [×] 약식명령을 발부한 법관이 그 정식재판 절차의 항소심
판결에 관여함은 형사소송법 제17조 제7호, 제18조 제1항
제1호 소정의 법관이 사건에 관하여 전심재판 또는 그 기초
되는 조사심리에 관여한 때에 해당하여 제척, 기피의 원인
이 된다(대법원 1985.4.23, 85도281).

05

④ [○] 형사소송법 제18조 제2호의 "불공정한 재판을 할 염려
가 있는 때"라 함은 통상인의 판단으로서 법관과 사건과의
관계상 불공평한 재판을 할 것이라는 의혹을 갖는 것이 합
리적이라고 인정할 만한 객관적인 사정이 있는 때를 말하는
것이므로 재판부가 당사자의 증거신청을 채택하지 아니하
였다거나 같은 법 제262조에 정한 기간 내에 재정신청사건
의 결정을 하지 아니하였다는 사유만으로는 재판의 공평을
기대하기 어려운 객관적인 사정이 있다 할 수 없다(대법원
1990.11.2, 90모44).

① [×] 기피원인에 관한 형사소송법 제18조 제1항 제2호 소
정의 "불공평한 재판을 할 염려가 있는 때"라 함은, 당사자
가 불공평한 재판이 될지도 모른다고 추측할 만한 주관적인
사정이 있는 때를 말하는 것이 아니라, 통상인의 판단으로
써 법관과 사건과의 관계상 불공평한 재판을 할 것이라는
의혹을 갖는 것이 합리적이라고 인정할 만한 객관적인 사정
이 있는 때를 말한다(대법원 1995.4.3, 95모10).

② [×] 재판부가 당사자의 증거신청을 채택하지 아니하거나
이미 한 증거결정을 취소하였다 하더라도 그러한 사유만으
로는 재판의 공평을 기대하기 어려운 객관적인 사정이 있다

고 할 수 없다(대법원 1995.4.3, 95모10).

③ [×] 형사소송법 제299조 규정상 재판장이 피고인의 증인
신문권의 본질적인 부분을 침해하였다고 볼 만한 아무런 소
명자료가 없다면, 재판장이 피고인의 증인에 대한 신문을
제지한 사실이 있다는 것만으로는 법관과 사건과의 관계상
불공평한 재판을 할 것이라는 의혹을 갖는 것이 합리적이라
고 인정할 만한 객관적인 사정이 있는 경우에 해당한다고
볼 수 없다(대법원 1995.4.3, 95모10).

06

② [×] 공판절차상 재판장의 처분이라 함은 재판장의 소송지
휘권 행사를 뜻한다. 이러한 재판장의 소송지휘에 관한 처
분에 대해서 검사, 피고인 또는 변호인은 이의신청을 할 수
있다(형사소송법 제304조 제1항). 다만, 재판장의 처분에
대한 이의신청은 법령의 위반이 있음을 이유로 하여서만 이
를 할 수 있고(형사소송규칙 제136조), 상당하지 아니함
즉, 처분의 합목적성에 대한 불복을 이유로 해서는 할 수
없다.

[보충] 재판장의 처분에 대하여 이의신청이 있는 때에는 수
소법원이 즉시 결정하여야 한다(형사소송법 제304조 제2
항, 형사소송규칙 제138조). 한편, 재판장의 소송지휘권 행
사가 아니라 법원의 소송지휘권 행사에 대해서는 항고 및
이의신청이 허용되지 아니한다(형사소송법 제403조).

> 형사소송법 제304조(재판장의 처분에 대한 이의) ① 검사, 피고
> 인 또는 변호인은 재판장의 처분에 대하여 이의신청을 할 수
> 있다.
> ② 전항의 이의신청이 있는 때에는 법원은 결정을 하여야 한다.
> 형사소송규칙 제136조(재판장의 처분에 대한 이의신청의 사유)
> 법 제304조제1항의 규정에 의한 이의신청은 법령의 위반이 있
> 음을 이유로 하여서만 이를 할 수 있다.

[비교] 증거조사에 관한 이의신청은 법령의 위반 또는 상당
하지 아니함을 이유로 해서 할 수 있다. 다만 증거신청에
대한 법원의 증거결정에 대한 이의신청은 법령위반 사유에
대해서만 가능하다.

> 형사소송법 제295조(증거신청에 대한 결정) 법원은 제294조 및
> 제294조의2의 증거신청에 대하여 결정을 하여야 하며 직권으
> 로 증거조사를 할 수 있다.
> 제296조(증거조사에 대한 이의신청) ① 검사, 피고인 또는 변호
> 인은 증거조사에 관하여 이의신청을 할 수 있다.
> ② 법원은 전항의 신청에 대하여 결정을 하여야 한다.
> 형사소송규칙 제135조의2(증거조사에 관한 이의신청의 사유) 법
> 제296조제1항의 규정에 의한 이의신청은 법령의 위반이 있거
> 나 상당하지 아니함을 이유로 하여 이를 할 수 있다. 다만, 법
> 제295조의 규정에 의한 결정에 대한 이의신청은 법령의 위반
> 이 있음을 이유로 하여서만 이를 할 수 있다.

① [○] 증거의 증명력은 법관의 자유판단에 맡겨져 있으나 그
판단은 논리와 경험칙에 합치하여야 하고, 형사재판에 있어
서 유죄로 인정하기 위한 심증형성의 정도는 합리적인 의심
을 할 여지가 없을 정도여야 하나, 이는 모든 가능한 의심을
배제할 정도에 이를 것까지 요구하는 것은 아니며, 증명력
이 있는 것으로 인정되는 증거를 합리적인 근거가 없는 의

심을 일으켜 이를 배척하는 것은 자유심증주의의 한계를 벗어나는 것으로 허용될 수 없다. 여기에서 말하는 <u>합리적인 의심이란 모든 의문, 불신을 포함하는 것이 아니라 논리와 경험칙에 기하여 요증사실과 양립할 수 없는 사실의 개연성에 대한 합리성 있는 의문을 의미하는 것</u>으로서 단순히 관념적인 의심이나 추상적인 가능성에 기초한 의심은 합리적 의심에 포함된다고 할 수 없다(대법원 2019.12.12, 2019도5797).

③ [○] 형사재판에서 이와 관련된 다른 형사사건의 확정판결에서 인정된 사실은 특별한 사정이 없는 한 유력한 증거자료가 되는 것이나, 당해 형사재판에서 제출된 다른 증거 내용에 비추어 관련 형사사건 확정판결의 사실판단을 그대로 채택하기 어렵다고 인정될 경우에는 이를 배척할 수 있다(대법원 2012.6.14, 2011도15653).

④ [○] 공소장일본주의에 위배된 공소제기라고 인정될 경우에는 그 절차가 법률의 규정에 위반하여 무효인 때에 해당하는 것으로 보아 형사소송법 제327조 제2호에 의한 공소기각의 판결을 선고하는 것이 원칙이지만, <u>공소장 기재의 방식에 관하여 피고인 측으로부터 아무런 이의가 제기되지 아니하였고 법원 역시 범죄사실의 실체를 파악하는 데 지장이 없다고 판단하여 그대로 공판절차를 진행한 결과 증거조사절차가 마무리되어 법관의 심증형성이 이루어진 단계에서는 더 이상 공소장일본주의 위배를 주장하여 이미 진행된 소송절차의 효력을 다툴 수는 없다고 보아야 한다</u>(대법원 2012.8.30, 2012도5220).

07 정답 ②

② [×] 포괄일죄인 영업범에서 공소제기의 효력은 공소가 제기된 범죄사실과 동일성이 인정되는 범죄사실의 전체에 미치므로, 공판심리 중에 그 범죄사실과 동일성이 인정되는 범죄사실이 추가로 발견된 경우에 검사는 공소장변경절차에 의하여 그 범죄사실을 공소사실로 추가할 수 있다. 그러나 <u>공소제기된 범죄사실과 추가로 발견된 범죄사실 사이에 그 범죄사실들과 동일성이 인정되는 또 다른 범죄사실에 대한 유죄의 확정판결이 있는 때에는, 추가로 발견된 확정판결 후의 범죄사실은 공소제기된 범죄사실과 분단되어 동일성이 없는 별개의 범죄가 된다. 따라서 이때 검사는 공소장변경절차에 의하여 확정판결 후의 범죄사실을 공소사실로 추가할 수는 없고 별개의 독립된 범죄로 공소를 제기하여야 한다</u>(대법원 2017.4.28, 2016도21342).

① [○] 검사의 서면에 의한 공소장변경허가신청이 있는데도 법원이 피고인 또는 변호인에게 공소장변경허가신청서 부본을 송달·교부하지 않은 채 공소장변경을 허가하고 공소장변경허가신청서에 기재된 공소사실에 관하여 유죄판결을 하였다면, <u>공소장변경허가신청서 부본을 송달·교부하지 않은 법원의 잘못은 판결에 영향을 미친 법령 위반에 해당한다</u>. 다만 공소장변경 내용이 피고인의 방어권과 변호인의 변호권 행사에 지장이 없는 것이거나 피고인과 변호인이 공판기일에서 변경된 공소사실에 대하여 충분히 변론할 기회를 부여받는 등 <u>피고인의 방어권이나 변호인의 변호권이 본

질적으로 침해되지 않았다고 볼 만한 특별한 사정이 있다면 판결에 영향을 미친 법령 위반이라고 할 수 없다</u>(대법원 2021. 6.30, 2019도7217).

③ [○] 현행법상 형사항소심의 구조가 사후심으로서의 성격만을 가지는 것은 아니므로, 피고인의 상고에 의하여 <u>상고심에서 원심판결을 파기하고 사건을 항소심에 환송한 경우에도 공소사실의 동일성이 인정되면 공소장변경을 허용하여 이를 심판대상으로 삼을 수 있다</u>(대법원 2004.7.22, 2003도8153).

④ [○] 형사소송규칙 제142조 제5항 참조.

> **형사소송규칙 제142조(공소장의 변경)** ① 검사가 법 제298조제1항에 따라 공소장에 기재한 공소사실 또는 적용법조의 추가, 철회 또는 변경(이하 "공소장의 변경"이라 한다)을 하고자 하는 때에는 그 취지를 기재한 공소장변경허가신청서를 법원에 제출하여야 한다.
> ⑤ 법원은 제1항의 규정에도 불구하고 <u>피고인이 재정하는 공판정에서는 피고인에게 이익이 되거나 피고인이 동의하는 경우 구술에 의한 공소장변경을 허가할 수 있다.</u>

08 정답 ②

② [×] 피고인에 대한 구속집행정지는 <u>법원의 직권</u>에 의한다.

> **형사소송법 제101조(구속의 집행정지)** ① <u>법원은 상당한 이유가 있는 때</u>에는 결정으로 구속된 피고인을 친족·보호단체 기타 적당한 자에게 부탁하거나 피고인의 주거를 제한하여 구속의 집행을 정지할 수 있다.

[보충] 구속된 피의자에 대해서는 검사 또는 사법경찰관도 구속의 집행을 정지할 수 있다.

> **제209조(준용규정)** 제70조제2항, 제71조, 제75조, 제81조제1항 본문·제3항, 제82조, 제83조, 제85조부터 제87조까지, 제89조부터 제91조까지, 제93조, <u>제101조제1항</u>, 제102조제2항 본문(보석의 취소에 관한 부분은 제외한다) 및 제200조의5는 <u>검사 또는 사법경찰관의 피의자 구속에 관하여 준용한다.</u>

① [○] 구속취소청구권자는 <u>검사, 피고인, 변호인과 피고인의 법정대리인, 배우자, 직계친족, 형제자매</u>이다.

> **형사소송법 제93조(구속의 취소)** <u>구속의 사유가 없거나 소멸된 때</u>에는 법원은 직권 또는 <u>검사, 피고인, 변호인과 제30조제2항에 규정한 자의 청구</u>에 의하여 결정으로 <u>구속을 취소하여야</u> 한다.

③ [○] 피의자에 대한 감정유치 청구권은 검사만 가진다.

> **형사소송법 제221조의3(감정의 위촉과 감정유치의 청구)** ① <u>검사</u>는 제221조의 규정에 의하여 감정을 위촉하는 경우에 <u>제172조제3항의 유치처분</u>이 필요할 때에는 판사에게 이를 청구하여야 한다.
> **제221조(제3자의 출석요구 등)** ② 검사 또는 사법경찰관은 수사에 필요한 때에는 감정·통역 또는 번역을 <u>위촉</u>할 수 있다.
> **제172조(법원 외의 감정)** ③ 피고인의 정신 또는 신체에 관한 감정에 필요한 때에는 법원은 기간을 정하여 병원 기타 적당한 장소에 피고인을 <u>유치</u>하게 할 수 있고 감정이 완료되면 즉시 유치를 해제하여야 한다.

④ [○] 재심청구권자는 <u>검사, 유죄의 선고를 받은 자, 유죄의 선고를 받은 자의 법정대리인, 유죄의 선고를 받은 자가 사</u>

망하거나 심신장애가 있는 경우에는 그 배우자, 직계친족 또는 형제자매이다.

> **형사소송법 제424조(재심청구권자)** 다음 각 호의 1에 해당하는 자는 재심의 청구를 할 수 있다.
> 1. 검사
> 2. 유죄의 선고를 받은 자
> 3. 유죄의 선고를 받은 자의 법정대리인
> 4. 유죄의 선고를 받은 자가 사망하거나 심신장애가 있는 경우에는 그 배우자, 직계친족 또는 형제자매

09 정답 ④

④ [×] 형사소송법 제312조 제2항(현 제3항)은 검사 이외의 수사기관이 작성한 당해 피고인에 대한 피의자신문조서를 유죄의 증거로 하는 경우뿐만 아니라 검사 이외의 수사기관이 작성한 당해 피고인과 공범관계에 있는 다른 피고인이나 피의자에 대한 피의자신문조서를 당해 피고인에 대한 유죄의 증거로 채택할 경우에도 적용되는바, 당해 피고인과 공범관계가 있는 다른 피의자에 대한 검사 이외의 수사기관 작성의 피의자신문조서는 그 피의자의 법정진술에 의하여 그 성립의 진정이 인정되더라도 당해 피고인이 공판기일에서 그 조서의 내용을 부인하면 증거능력이 부정되므로 그 당연한 결과로 그 피의자신문조서에 대하여는 사망 등 사유로 인하여 법정에서 진술할 수 없는 때에 예외적으로 증거능력을 인정하는 규정인 형사소송법 제314조가 적용되지 아니한다(대법원 2004.7.15, 2003도7185 전원합의체).

① [○] 공소의 취소는 제1심판결 선고 전까지만 가능하다.

> **형사소송법 제255조(공소의 취소)** ① 공소는 제1심판결의 선고 전까지 취소할 수 있다.

② [○] 주문 낭독과 이유 요지 설명 등의 모든 절차를 마쳐 종국재판이 외부적으로 성립한 경우에는 −재판서의 경정결정 절차 정도를 제외하고는− 그 내용을 철회·변경할 수 없다.
[보충] (나아가) 외부적 성립 이전이라 하더라도 주문을 낭독하여 외부적으로 표시된 이상 특별한 사정이 있는 경우에만 그 변경 선고가 가능하다.

> **판례**
> 판결선고절차에 있어서 주문을 낭독하였다 하더라도 아직 외부적으로 성립한 것은 아니므로 재판의 구속력은 발생하지 아니하였다는 점에서 주문의 내용의 정정이 가능하다. 다만 주문을 낭독한 것만으로는 아직 외부적 성립 이전이기는 하나, 주문을 낭독하여 외부적으로 표시된 이상 재판서에 기재된 주문과 이유를 잘못 낭독하거나 설명하는 등 실수가 있거나 판결 내용에 잘못이 있음이 발견된 경우와 같이 특별한 사정이 있는 경우에만 변경 선고가 가능하다(대법원 2022.5.13, 2017도3884).

③ [○] 형사소송법 제416조 제3항 참조.

> **형사소송법 제416조(준항고)** ① 재판장 또는 수명법관이 다음 각 호의 1에 해당한 재판을 고지한 경우에 불복이 있으면 그 법관 소속의 법원에 재판의 취소 또는 변경을 청구할 수 있다.
> 1. 기피신청을 기각한 재판
> 2. 구금, 보석, 압수 또는 압수물환부에 관한 재판
> 3. 감정하기 위하여 피고인의 유치를 명한 재판
> 4. 증인, 감정인, 통역인 또는 번역인에 대하여 과태료 또는 비용의 배상을 명한 재판
> ③ 제1항의 청구는 재판의 고지있는 날로부터 7일 이내에 하여야 한다.

[비교] 이에 비하여 수사기관의 처분에 대한 준항고(형사소송법 제417조)는 기간의 제한이 없다.

10 정답 ③

③ [○] 재정신청인이 자기 또는 대리인이 책임질 수 없는 사유로 인하여 재정신청 기각결정에 대한 재항고 제기기간을 준수하지 못한 경우에는 형사소송법 제345조에 따라 재항고권 회복을 청구할 수도 있다(대법원 2015.7.16, 2013모2347 전원합의체).

> **형사소송법 제345조(상소권회복청구권자)** 제338조 내지 제341조의 규정에 의하여 상소할 수 있는 자는 자기 또는 대리인이 책임질 수 없는 사유로 인하여 상소의 제기기간 내에 상소를 하지 못한 때에는 상소권회복의 청구를 할 수 있다.

① [×] 법원은 재정신청서를 송부받은 때에는 송부받은 날부터 10일 이내에 피의자에게 그 사실을 통지하여야 하고, 재정신청서를 송부받은 날부터 3개월 이내에 항고의 절차에 준하여 결정한다.

> **형사소송법 제262조(심리와 결정)** ① 법원은 재정신청서를 송부받은 때에는 송부받은 날부터 10일 이내에 피의자에게 그 사실을 통지하여야 한다.
> ② 법원은 재정신청서를 송부받은 날부터 3개월 이내에 항고의 절차에 준하여 다음 각 호의 구분에 따라 결정한다. 이 경우 필요한 때에는 증거를 조사할 수 있다.
> 1. 신청이 법률상의 방식에 위배되거나 이유 없는 때에는 신청을 기각한다.
> 2. 신청이 이유 있는 때에는 사건에 대한 공소제기를 결정한다.

② [×] 검사의 내사종결·공소제기·공소취소는 모두 불기소처분이 아니므로 재정신청의 대상이 되지 않는다.

④ [×] 재정신청 기각결정에 대한 재항고나 그 재항고 기각결정에 대한 즉시항고로서의 재항고에 대한 법정기간의 준수 여부는 도달주의 원칙에 따라 재항고장이나 즉시항고장이 법원에 도달한 시점을 기준으로 판단하여야 하고, 거기에 재소자 피고인 특칙은 준용되지 아니한다(대법원 2015.7.16, 2013모2347 전원합의체).

11 정답 ④

④ [○] 변호인의 접견교통의 상대방인 신체구속을 당한 사람이 그 변호인을 자신의 범죄행위에 공범으로 가담시키려고 하였다는 등의 사정만으로 그 변호인의 신체구속을 당한 사람과의 접견교통을 금지하는 것이 정당화될 수는 없다. 이러한 법리는 신체구속을 당한 사람의 변호인이 1명이 아니라 여러 명이라고 하여 달라질 수 없고, 어느 변호인의 접견교통권의 행사가 그 한계를 일탈한 것인지의 여부는 해당

변호인을 기준으로 하여 개별적으로 판단하여야 할 것이다(대법원 2007.1.31, 2006모657).

① [×] 형사소송에 있어서 변호인을 선임할 수 있는 자는 피고인 및 피의자와 형사소송법 제30조 제2항에 규정된 자에 한정되는 것이고, 피고인 및 피의자로부터 그 선임권을 위임받은 자가 피고인이나 피의자를 대리하여 변호인을 선임할 수는 없는 것이므로, <u>피고인이 법인인 경우에는 형사소송법 제27조 제1항 소정의 대표자가 피고인인 당해 법인을 대표하여 피고인을 위한 변호인을 선임하여야 하며, 대표자가 제3자에게 변호인 선임을 위임하여 제3자로 하여금 변호인을 선임하도록 할 수는 없다</u>(대법원 1994.10.28, 94모25).

② [×] 변호인의 선임은 심급마다 변호인과 연명날인한 서면으로 제출하여야 한다(형사소송법 제32조 제1항). 따라서 <u>변호인 선임서를 제출하지 않은 채 상고이유서만을 제출하고 상고이유서 제출기간이 지난 후에 변호인 선임서를 제출하였다면 그 상고이유서는 적법·유효한 변호인의 상고이유서가 될 수 없다</u>(대법원 2015.2.26, 2014도12737).

③ [×] 필요적 변호사건에서 변호인 없이 개정하여 심리를 진행하고 판결한 것은 소송절차의 법령위반에 해당하지만 피고인의 이익을 위하여 만들어진 필요적 변호의 규정 때문에 피고인에게 불리한 결과를 가져오게 할 수는 없으므로 그와 같은 법령위반은 <u>무죄판결에 영향을 미친 것으로는 되지 아니한다</u>(대법원 2003.3.25, 2002도5748).

12 　　　　　　　　　　　　　　　 정답 ②

② ㄱ, ㄹ

ㄱ. [○] 현행범인 체포의 요건을 갖추었는지 여부는 체포 당시의 상황을 기초로 판단하여야 하고, 이에 관한 검사나 사법경찰관 등 수사주체의 판단에는 상당한 재량의 여지가 있지만, 체포 당시의 상황으로 볼 때 그 요건의 충족 여부에 관한 검사나 사법경찰관 등의 판단이 경험칙에 비추어 현저히 합리성을 잃은 경우에는 그 체포는 위법하다고 보아야 한다(대법원 2017.4.7, 2016도19907).

ㄴ. [×] 구속기간 <u>만료일 다음날로부터 기산한다</u>(형사소송규칙 제98조).

> **형사소송규칙 제98조(구속기간연장기간의 계산)** 구속기간연장허가결정이 있는 경우에 그 연장기간은 법 제203조의 규정에 의한 구속기간만료 다음날로부터 기산한다.

ㄷ. [×] 피의자보석 청구제도는 없다. 형사소송법 제94조의 피고인보석 청구 조항에서 피고인을 피의자로 바꿔서 틀린 지문으로 출제된 것이다.

> **형사소송법 제94조(보석의 청구)** <u>피고인</u>, 피고인의 변호인·법정대리인·배우자·직계친족·형제자매·가족·동거인 또는 고용주는 법원에 구속된 <u>피고인</u>의 보석을 청구할 수 있다.

ㄹ. [○] 압수할 전자정보가 저장된 저장매체로서 압수·수색영장에 기재된 수색장소에 있는 컴퓨터, 하드디스크, 휴대전화와 같은 컴퓨터 등 정보처리장치와 수색장소에 있지는 않으나 컴퓨터 등 정보처리장치와 정보통신망으로 연결된 원격지의 서버 등 저장매체(이하 '원격지 서버'라 한다)는 소

재지, 관리자, 저장 공간의 용량 측면에서 서로 구별된다. 원격지 서버에 저장된 전자정보를 압수·수색하기 위해서는 컴퓨터 등 정보처리장치를 이용하여 정보통신망을 통해 원격지 서버에 접속하고 그곳에 저장되어 있는 전자정보를 컴퓨터 등 정보처리장치로 내려 받거나 화면에 현출시키는 절차가 필요하므로, 컴퓨터 등 정보처리장치 자체에 저장된 전자정보와 비교하여 압수·수색의 방식에 차이가 있다. 원격지 서버에 저장되어 있는 전자정보와 컴퓨터 등 정보처리장치에 저장되어 있는 전자정보는 그 내용이나 질이 다르므로 압수·수색으로 얻을 수 있는 전자정보의 범위와 그로 인한 기본권 침해 정도도 다르다. 따라서 <u>수사기관이 압수·수색영장에 적힌 '수색할 장소'에 있는 컴퓨터 등 정보처리장치에 저장된 전자정보 외에 원격지 서버에 저장된 전자정보를 압수·수색하기 위해서는 압수·수색영장에 적힌 '압수할 물건'에 별도로 원격지 서버 저장 전자정보가 특정되어 있어야 한다</u>(대법원 2022.6.30, 2022도1452).

13 　　　　　　　　　　　　　　　 정답 ③

③ 단순사기죄의 기판력은 추가 기소된 상습사기죄에 미치지 않으므로 실체판결을 하여야 한다.

> **판례**
> 상습범으로서 포괄적 일죄의 관계에 있는 여러 개의 범죄사실 중 일부에 대하여 유죄판결이 확정된 경우에, 그 확정판결의 사실심판결 선고 전에 저질러진 나머지 범죄에 대하여 새로이 공소가 제기되었다면 그 새로운 공소는 확정판결이 있었던 사건과 동일한 사건에 대하여 다시 제기된 데 해당하므로 이에 대하여는 판결로써 면소의 선고를 하여야 하는 것인바(형사소송법 제326조 제1호), 다만 이러한 법리가 적용되기 위해서는 <u>전의 확정판결에서 당해 피고인이 상습범으로 기소되어 처단되었을 것을 필요로 하는 것이고, 상습범 아닌 기본 구성요건의 범죄로 처단되는 데 그친 경우에는,</u> 가사 뒤에 기소된 사건에서 비로소 드러났거나 새로 저질러진 범죄사실과 전의 판결에서 이미 유죄로 확정된 범죄사실 등을 종합하여 비로소 그 모두가 상습범으로서의 포괄적 일죄에 해당하는 것으로 판단된다 하더라도 뒤늦게 앞서의 확정판결을 상습범의 일부에 대한 확정판결이라고 보아 <u>그 기판력이 그 사실심판결 선고 전의 나머지 범죄에 미친다고 보아서는 아니 된다</u>(대법원 2004.9.16, 2001도3206 전원합의체).

14 　　　　　　　　　　　　　　　 정답 ④

④ [×] 판사는 증인신문청구에 따라 증인신문기일을 정한 때에는 피고인·피의자 또는 변호인에게 이를 통지하여 증인신문에 참여할 수 있도록 하여야 한다(07년 개정법 제221조의2 제5항, 규칙 제112조). 다만 통지받은 피의자·피고인 또는 변호인의 출석이 증인신문의 요건이 되는 것은 아니므로, <u>통지받은 피의자·피고인 또는 변호인이 증인신문절차에 출석하지 아니하여도 증인신문절차를 진행할 수 있다.</u>

[참고] 07년 개정 전 법에 의하면 '특별히 수사에 지장이 있다고 인정되는 경우를 제외하고는' 참여하게 하여야 한다고 규정하여 참여권이 배제될 여지가 있었다(그래서 07년 개정에서 제외사유를 삭제함). 다만 07년 개정 전 법에 의한 판례도 결론적으로는 위 지문과 같은 점을 지적하고 있다.

"같은 법 제221조의2 제5항은 판사는 수사에 지장이 없다고 인정할 때에는 피고인·피의자 또는 변호인을 증인신문에 참여하게 할 수 있다고 규정하고 있어, 그 제5항에 의한 증인신문절차에 있어서는 피고인·피의자나 그 변호인의 참여는 필요적 요건이 아니므로 그들에게 참여의 기회가 부여되지 아니하였다 하여 이것만 가지고 위법이라고 할 수는 없다(대법원 1992.9.22, 92도1751)."

① [○] 다른 증거나 증인의 진술에 비추어 굳이 추가 증거조사를 할 필요가 없다는 등 특별한 사정이 없고, 소재탐지나 구인장 발부가 불가능한 것이 아님에도 불구하고, 불출석한 핵심 증인에 대하여 소재탐지나 구인장 발부 없이 증인채택 결정을 취소하는 것은 법원의 재량을 벗어나는 것으로서 위법하다(대법원 2020.12.10, 2020도2623).

② [○] 법원이 공판기일에 증인을 채택하여 다음 공판기일에 증인신문을 하기로 피고인에게 고지하였는데 그 다음 공판기일에 증인은 출석하였으나 피고인이 정당한 사유 없이 출석하지 아니한 경우, 그 사건이 형사소송법 제277조 본문에 규정된 다액 100만 원 이하의 벌금 또는 과료에 해당하거나 공소기각 또는 면소의 재판을 할 것이 명백한 사건이 아니어서 같은 법 제276조의 규정에 의하여 공판기일을 연기할 수밖에 없더라도, 이미 출석하여 있는 증인에 대하여 공판기일 외의 신문으로서 증인신문을 하고 다음 공판기일에 그 증인신문조서에 대한 서증조사를 하는 것은 증거조사 절차로서 적법하다(대법원 2000.10.13, 2000도3265).

③ [○] 증인이 변호인을 대면하여 진술함에 있어 심리적인 부담으로 정신의 평온을 현저하게 잃을 우려가 있다고 인정되는 경우는 일반적으로 쉽게 상정할 수 없고, 피고인뿐만 아니라 변호인에 대해서까지 차폐시설을 설치하는 방식으로 증인신문이 이루어지는 경우 피고인과 변호인 모두 증인이 증언하는 모습이나 태도 등을 관찰할 수 없게 되어 그 한도에서 반대신문권이 제한될 수 있으므로, 변호인에 대한 차폐시설의 설치는, 특정범죄신고자 등 보호법 제7조에 따라 범죄신고자 등이나 친족 등이 보복을 당할 우려가 있다고 인정되어 조서 등에 인적사항을 기재하지 아니한 범죄신고자 등을 증인으로 신문하는 경우와 같이, 이미 인적사항에 관하여 비밀조치가 취해진 증인이 변호인을 대면하여 진술함으로써 자신의 신분이 노출되는 것에 대하여 심한 심리적인 부담을 느끼는 등의 특별한 사정이 있는 경우에 예외적으로 허용될 수 있을 뿐이다(대법원 2015.5.28, 2014도18006).

15 정답 ①

① [×] 전문심리위원은 공판준비 및 공판기일 등 소송절차에 참여하게 할 수 있다.

> **형사소송법 제279조의2(전문심리위원의 참여)** ① 법원은 소송관계를 분명하게 하거나 소송절차를 원활하게 진행하기 위하여 필요한 경우에는 직권으로 또는 검사, 피고인 또는 변호인의 신청에 의하여 결정으로 전문심리위원을 지정하여 공판준비 및 공판기일 등 소송절차에 참여하게 할 수 있다.
> ② 전문심리위원은 전문적인 지식에 의한 설명 또는 의견을 기

재한 서면을 제출하거나 기일에 전문적인 지식에 의하여 설명이나 의견을 진술할 수 있다. 다만, 재판의 합의에는 참여할 수 없다.
> ③ 전문심리위원은 기일에 재판장의 허가를 받아 피고인 또는 변호인, 증인 또는 감정인 등 소송관계인에게 소송관계를 분명하게 하기 위하여 필요한 사항에 관하여 직접 질문할 수 있다.

② [○] 형사소송법 제279조의2 제4항 참조.

> **형사소송법 제279조의2(전문심리위원의 참여)** ④ 법원은 제2항에 따라 전문심리위원이 제출한 서면이나 전문심리위원의 설명 또는 의견의 진술에 관하여 검사, 피고인 또는 변호인에게 구술 또는 서면에 의한 의견진술의 기회를 주어야 한다.

③ [○] 형사소송법 제279조의5 제2항 참조.

> **형사소송법 제279조의5(전문심리위원의 제척 및 기피)** ① 제17조부터 제20조까지 및 제23조는 전문심리위원에게 준용한다.
> ② 제척 또는 기피 신청이 있는 전문심리위원은 그 신청에 관한 결정이 확정될 때까지 그 신청이 있는 사건의 소송절차에 참여할 수 없다. 이 경우 전문심리위원은 해당 제척 또는 기피 신청에 대하여 의견을 진술할 수 있다.

④ [○] 형사재판의 담당 법원은 전문심리위원에 관한 위 각각의 규정들을 지켜야 하고 이를 준수함에 있어서도 적법절차 원칙을 특별히 강조하고 있는 헌법 제12조 제1항을 고려하여 전문심리위원과 관련된 절차 진행 등에 관한 사항을 당사자에게 적절한 방법으로 적시에 통지하여 당사자의 참여 기회가 실질적으로 보장될 수 있도록 세심한 배려를 하여야 한다(대법원 2019.5.30, 2018도19051).

16 정답 ①

① [○] 구속적부심에서 보증금납입조건부 피의자석방결정에 의하여 석방된 피의자에 대한 재구속사유로서 형사소송법 제214조의2 제2항 제4호에 해당한다.

> **형사소송법 제214조의3(재체포 및 재구속의 제한)** ② 제214조의2제5항에 따라 석방된 피의자에게 다음 각 호의 어느 하나에 해당하는 사유가 있는 경우를 제외하고는 동일한 범죄사실로 재차 체포하거나 구속할 수 없다.
> 1. 도망한 때
> 2. 도망하거나 범죄의 증거를 인멸할 염려가 있다고 믿을 만한 충분한 이유가 있는 때
> 3. 출석요구를 받고 정당한 이유없이 출석하지 아니한 때
> 4. 주거의 제한이나 그 밖에 법원이 정한 조건을 위반한 때

② [×] 적부심에서 석방결정에 의하여 석방된 피의자에 대한 재체포·재구속사유는 실제 도망하거나 증거를 인멸한 경우에 한한다.

> **형사소송법 제214조의3(재체포 및 재구속의 제한)** ① 제214조의2제4항에 따른 체포 또는 구속 적부심사결정에 의하여 석방된 피의자가 도망하거나 범죄의 증거를 인멸하는 경우를 제외하고는 동일한 범죄사실로 재차 체포하거나 구속할 수 없다.

③ [×] 피고인 보석에 대한 보석취소사유이지, 보증금납입조건부 피의자석방의 재구속사유는 아니다.

형사소송법 제102조(보석조건의 변경과 취소 등) ① 법원은 직권 또는 제94조에 규정된 자의 신청에 따라 결정으로 피고인의 보석조건을 변경하거나 일정기간 동안 당해 조건의 이행을 유예할 수 있다.
② 법원은 피고인이 다음 각 호의 어느 하나에 해당하는 경우에는 직권 또는 검사의 청구에 따라 결정으로 보석 또는 구속의 집행정지를 취소할 수 있다. 다만, 제101조제4항에 따른 구속영장의 집행정지는 그 회기 중 취소하지 못한다.
1. 도망한 때
2. 도망하거나 죄증을 인멸할 염려가 있다고 믿을 만한 충분한 이유가 있는 때
3. 소환을 받고 정당한 사유 없이 출석하지 아니한 때
4. 피해자, 당해 사건의 재판에 필요한 사실을 알고 있다고 인정되는 자 또는 그 친족의 생명·신체·재산에 해를 가하거나 가할 염려가 있다고 믿을 만한 충분한 이유가 있는 때
5. 법원이 정한 조건을 위반한 때
③ 법원은 피고인이 정당한 사유 없이 보석조건을 위반한 경우에는 결정으로 피고인에 대하여 1천만원 이하의 과태료를 부과하거나 20일 이내의 감치에 처할 수 있다.
④ 제3항의 결정에 대하여는 즉시항고를 할 수 있다.

④ [×] 이 내용은 피의자구속의 경우 석방된 자에 대한 재구속 제한사유이지, 영장에 의한 체포의 경우에는 재체포 제한이 적용되지 않는다.

형사소송법 제208조(재구속의 제한) ① 검사 또는 사법경찰관에 의하여 구속되었다가 석방된 자는 다른 중요한 증거를 발견한 경우를 제외하고는 동일한 범죄사실에 관하여 재차 구속하지 못한다.

17
정답 ③

③ [×] 제1심 형사사건에 관하여 지방법원 본원과 지방법원 지원은 소송법상 별개의 법원이자 각각 일정한 토지관할 구역을 나누어 가지는 대등한 관계에 있으므로, 지방법원 본원과 지방법원 지원 사이의 관할의 분배도 지방법원 내부의 사법행정사무로서 행해진 지방법원 본원과 지원 사이의 단순한 사무분배에 그치는 것이 아니라 소송법상 토지관할의 분배에 해당한다(대법원 2015.10.15, 2015도1803).
① [○] 형사재판의 증거법칙과 관련하여서는 소극적 진실주의가 헌법적으로 보장되어 있다 할 것이다. 즉 형사피고인으로서는 형사소송절차에서 단순한 처벌대상이 아니라 절차를 형성·유지하는 절차의 당사자로서의 지위를 향유하며 형사소송절차에서는 검사에 대하여 무기대등의 원칙이 보장되는 절차를 향유할 헌법적 권리를 가진다 할 것이다(헌법재판소 1996.12.26, 94헌바1).
② [○] 검찰사건사무규칙은 검찰청법 제11조의 규정에 따라 각급 검찰청의 사건의 수리·수사·처리 및 공판수행 등에 관한 사항을 정함으로써 사건사무의 적정한 운영을 기함을 목적으로 하여 제정된 것으로서 그 실질은 검찰 내부의 업무처리지침으로서의 성격을 가지는 것이므로, 이를 형사소송법 제57조의 적용을 배제하기 위한 '법률의 다른 규정'으로 볼 수 없다(대법원 2007.10.25, 2007도4961).
④ [○] 군사법원법 개정(2021.9.24. 개정, 2022.7.1. 시행)에도 불구하고, 군인 등의 성폭력범죄라 하더라도 전시 등

국가비상사태 시에는 군사법원법 제2조 제2항 단서에 의하여 군사법원이 재판권을 가진다.

군사법원법 제2조(신분적 재판권) ② 제1항에도 불구하고 법원은 다음 각 호에 해당하는 범죄 및 그 경합범 관계에 있는 죄에 대하여 재판권을 가진다. 다만, 전시·사변 또는 이에 준하는 국가비상사태 시에는 그러하지 아니하다.
1. 「군형법」 제1조제1항부터 제3항까지에 규정된 사람이 범한 「성폭력범죄의 처벌 등에 관한 특례법」 제2조의 성폭력범죄 및 같은 법 제15조의2의 죄, 「아동·청소년의 성보호에 관한 법률」 제2조제2호의 죄

18
정답 ①

① [○] 어떠한 내용의 진술을 하였다는 사실 자체에 대한 정황증거로 사용될 것이라는 이유로 서류의 증거능력을 인정한 다음 그 사실을 다시 진술 내용이나 그 진실성을 증명하는 간접사실로 사용하는 경우에 그 서류는 전문증거에 해당한다(대법원 2019.8.29, 2018도14303 전원합의체).
② [×] 검사작성의 피고인아닌 자에 대한 진술조서에 관하여 피고인이 공판정 진술과 배치되는 부분은 부동의한다고 진술한 것은 조서내용의 특정부분에 대하여 증거로 함에 동의한다는 특별한 사정이 있는 때와는 달리 그 조서를 증거로 함에 동의하지 아니한다는 취지로 해석하여야 한다(대법원 1984.10.10, 84도1552).
③ [×] 현행 형사소송법 제314조의 문언과 개정 취지, 증언거부권 관련 규정의 내용 등에 비추어 보면, 법정에 출석한 증인이 형사소송법 제148조, 제149조 등에서 정한 바에 따라 정당하게 증언거부권을 행사하여 증언을 거부한 경우는 형사소송법 제314조의 '그 밖에 이에 준하는 사유로 인하여 진술할 수 없는 때'에 해당하지 아니한다(대법원 2012.5.17, 2009도6788 전원합의체).
④ [×] 조사자의 증언에 증거능력이 인정되기 위해서는 원진술자가 사망, 질병, 외국거주, 소재불명, 그 밖에 이에 준하는 사유로 인하여 진술할 수 없어야 하는 것이라서, 원진술자가 법정에 출석하여 수사기관에서 한 진술을 부인하는 취지로 증언한 이상 원진술자의 진술을 내용으로 하는 조사자의 증언은 증거능력이 없다(대법원 2008.9.25, 2008도6985).

19
정답 ④

④ [×] 간통사건에 대한 유죄판결이 간통죄에 대한 헌법재판소의 종전 합헌결정 이전에 확정된 경우, 재심심판법원은 면소판결을 하여야 한다.

판례
형사소송법 제326조 제4호는 '범죄 후의 법령개폐로 형이 폐지되었을 때'를 면소판결을 선고하여야 하는 경우로 정하고 있으므로, 종전 합헌결정일 이전의 범죄행위에 대하여 재심개시결정이 확정되었는데 그 범죄행위에 적용될 법률 또는 법률의 조항이 위헌결정으로 헌법재판소법 제47조 제3항 단서에 의하여 종전 합헌결정일의 다음 날로 소급하여 효력을 상실하였다면 범죄행위 당시 유효한 법률 또는 법률의 조항이 그 이후 폐지된 경우와 마찬가지이므로 법원은 형사소송법 제326조 제4호에 해당하는 것으로 보아

면소판결을 선고하여야 하는 점에 비추어 보면, 공소사실 기재 범행일이 종전 합헌결정일 이전이고, 구 형법 제241조가 위 위헌결정으로 인하여 종전 합헌결정일의 다음 날인 2008. 10. 31.로 소급하여 효력을 상실하므로 공소사실을 심판하는 제1심은 형사소송법 제326조 제4호에 따라 면소판결을 선고하여야 한다 (대법원 2019.12.24, 2019도15167).

① [○] 헌법은 제13조 제1항에서 "모든 국민은 ··· 동일한 범죄에 대하여 거듭 처벌받지 아니한다."라고 규정하여 이른바 이중처벌금지의 원칙 내지 일사부재리의 원칙을 선언하고 있다. 이는 한번 판결이 확정되면 그 후 동일한 사건에 대해서는 다시 심판하는 것이 허용되지 않는다는 원칙을 말한다. 여기에서 '처벌'이란 원칙적으로 범죄에 대한 국가의 형벌권 실행으로서의 과벌을 의미하고, 국가가 행하는 일체의 제재나 불이익처분이 모두 여기에 포함되는 것은 아니다 (대법원 2017.8.23, 2016도5423).

② [○] 법원은 '재판서에 잘못된 계산이나 기재, 그 밖에 이와 비슷한 잘못이 있음이 분명한 때'에는 경정결정을 통하여 위와 같은 재판서의 잘못을 바로잡을 수 있다(형사소송규칙 제25조 제1항). 그러나 이미 선고된 판결의 내용을 실질적으로 변경하는 것은 위 규정에서 예정하고 있는 경정의 범위를 벗어나는 것으로서 허용되지 않는다. 그리고 경정결정은 이를 주문에 기재하여야 하고, 판결 이유에만 기재한 경우 경정결정이 이루어졌다고 할 수 없다(대법원 2021.1.28, 2017도18536).

③ [○] 형사소송법 제249조 제2항 및 제326조 제3호 참조.

> **형사소송법 제249조(공소시효의 기간)** ② 공소가 제기된 범죄는 판결의 확정이 없이 공소를 제기한 때로부터 25년을 경과하면 공소시효가 완성한 것으로 간주한다.
> **제326조(면소의 판결)** 다음 경우에는 판결로써 면소의 선고를 하여야 한다.
> 3. 공소의 시효가 완성되었을 때

20 정답 ②

② [○] 재심의 취지와 특성, 형사소송법의 이익재심 원칙과 재심심판절차에 관한 특칙 등에 비추어 보면, 재심심판절차에서는 특별한 사정이 없는 한 검사가 재심대상사건과 별개의 공소사실을 추가하는 내용으로 공소장을 변경하는 것은 허용되지 않고, 재심대상사건에 일반 절차로 진행 중인 별개의 형사사건을 병합하여 심리하는 것도 허용되지 않는다 (대법원 2019.6.20, 2018도20698 전원합의체).

① [×] 형사소송법 제420조 제5호에 정한 '무죄 등을 인정할 명백한 증거'에 해당하는지 여부를 판단할 때에는 법원으로서는 새로 발견된 증거만을 독립적·고립적으로 고찰하여 그 증거가치만으로 재심의 개시 여부를 판단할 것이 아니라, 재심대상이 되는 확정판결을 선고한 법원이 사실인정의 기초로 삼은 증거들 가운데 새로 발견된 증거와 유기적으로 밀접하게 관련되고 모순되는 것들은 함께 고려하여 평가하여야 하고, 그 결과 단순히 재심대상이 되는 유죄의 확정판결에 대하여 그 정당성이 의심되는 수준을 넘어 그 판결을

그대로 유지할 수 없을 정도로 고도의 개연성이 인정되는 경우라면 그 새로운 증거는 위 조항의 '명백한 증거'에 해당한다(대법원 2009.7.16, 2005모472 전원합의체).

③ [×] 특별사면으로 형 선고의 효력이 상실된 유죄의 확정판결도 형사소송법 제420조의 '유죄의 확정판결'에 해당하여 재심청구의 대상이 되고, 한편 면소판결 사유인 형사소송법 제326조 제2호의 '사면'이란 일반사면을 의미할 뿐 형을 선고받아 확정된 자를 상대로 이루어지는 특별사면은 이에 해당하지 아니한다. 따라서 특별사면으로 형 선고의 효력이 상실된 유죄의 확정판결을 대상으로 재심이 청구되어 재심개시결정이 확정된 경우에, 재심심판절차를 진행하는 법원으로서는 특별사면이 있음을 들어 면소판결을 할 것이 아니고 그 심급에 따라 다시 심판하여 실체에 관한 유·무죄 등의 판단을 하여야 한다(대법원 2015.5.21, 2011도1932 전원합의체).

④ [×] 경합범 관계에 있는 수개의 범죄사실을 유죄로 인정하여 한 개의 형을 선고한 불가분의 확정판결에서 그 중 일부의 범죄사실에 대하여만 재심청구의 이유가 있는 것으로 인정된 경우에는 형식적으로는 1개의 형이 선고된 판결에 대한 것이어서 그 판결 전부에 대하여 재심개시의 결정을 할 수밖에 없지만, 비상구제수단인 재심제도의 본질상 재심사유가 없는 범죄사실에 대하여는 재심개시결정의 효력이 그 부분을 형식적으로 심판의 대상에 포함시키는데 그치므로 재심법원은 그 부분에 대하여는 이를 다시 심리하여 유죄인정을 파기할 수 없고, 다만 그 부분에 관하여 새로이 양형을 하여야 하므로 양형을 위하여 필요한 범위에 한하여만 심리를 할 수 있을 뿐이다(대법원 2021.7.8, 2021도2738).

01	④	02	①	03	②	04	③	05	②
06	③	07	①	08	①	09	④	10	①
11	④	12	③	13	②	14	②	15	④
16	④	17	④	18	③	19	①	20	③
21	③	22	③	23	④	24	②	25	②

01

정답 ④

④ [×] 헌법 제27조 제3항 후문, 제109조와 법원조직법 제57조 제1항, 제2항의 취지에 비추어 보면, 헌법 제109조, 법원조직법 제57조 제1항에서 정한 공개금지사유가 없음에도 불구하고 재판의 심리에 관한 공개를 금지하기로 결정하였다면 그러한 공개금지결정은 피고인의 공개재판을 받을 권리를 침해한 것으로서 그 절차에 의하여 이루어진 증인의 증언은 증거능력이 없고, 변호인의 반대신문권이 보장되었더라도 달리 볼 수 없으며, 이러한 법리는 공개금지결정의 선고가 없는 등으로 공개금지결정의 사유를 알 수 없는 경우에도 마찬가지이다(대법원 2013.7.26, 2013도2511).

① [○] 적법절차의 원칙(due process of law)은 공권력에 의한 국민의 생명·자유·재산의 침해는 반드시 합리적이고 정당한 법률에 의거해서 정당한 절차를 밟은 경우에만 유효하다는 원리이다(헌법재판소 2018.4.26, 2016헌바454).

② [○] 형사소송법이 증인의 법정 출석을 강제할 수 있는 권한을 법원에 부여한 취지는, 다른 증거나 증인의 진술에 비추어 굳이 추가 증인신문을 할 필요가 없다는 등 특별한 사정이 없는 한 사건의 실체를 규명하는 데 가장 직접적이고 핵심적인 증인으로 하여금 공개된 법정에 출석하여 선서 후 증언하도록 하고, 법원은 출석한 증인의 진술을 토대로 형성된 유죄·무죄의 심증에 따라 사건의 실체를 규명하도록 하기 위함이다(대법원 2020.12.10, 2020도2623).

③ [○] 공소장일본주의의 위배 여부는 공소사실로 기재된 범죄의 유형과 내용 등에 비추어 볼 때에 공소장에 첨부 또는 인용된 서류 기타 물건의 내용, 그리고 법령이 요구하는 사항 외에 공소장에 기재된 사실이 법관 또는 배심원에게 예단을 생기게 하여 법관 또는 배심원이 범죄사실의 실체를 파악하는 데 장애가 될 수 있는지 여부를 기준으로 당해 사건에서 구체적으로 판단하여야 한다(대법원 2015.1.29, 2012도2957).

02

정답 ①

① [×] 피고인은 양심의 존재를 증명하는 것이 아니라 소명하는 것이다.
[보충] 이에 검사는 이를 탄핵하는 방법으로 진정한 양심의 부존재를 엄격하게 증명하여야 한다.

> **판례**
> 불명확한 사실의 부존재를 증명하는 것은 사회통념상 불가능한 반면 그 존재를 주장·증명하는 것이 좀 더 쉬우므로, 이러한 사정은 검사가 증명책임을 다하였는지를 판단할 때 고려하여야 한다. 따라서 양심상의 이유로 예비군훈련 거부를 주장하는 피고인은 자신의 예비군훈련 거부가 그에 따라 행동하지 않고서는 인격적 존재가치가 파멸되고 말 것이라는 절박하고 구체적인 양심에 따른 것이며 그 양심이 깊고 확고하며 진실한 것이라는 사실의 존재를 수긍할 만한 소명자료를 제시하고, 검사는 제시된 자료의 신빙성을 탄핵하는 방법으로 진정한 양심의 부존재를 증명할 수 있다(대법원 2021.1.28, 2018도4708).

② [○] 허위사실공표죄의 피고인은 의혹을 받은 사실의 존재를 소명해야 한다.
[보충] 이에 검사는 이를 탄핵하는 방법으로 허위성을 엄격하게 증명하여야 한다.

> **판례**
> 공직선거법 제250조 제2항 소정의 허위사실공표죄가 성립하기 위하여는 검사가 공표된 사실이 허위라는 점을 적극적으로 증명할 것이 필요하고, 공표한 사실이 진실이라는 증명이 없다는 것만으로는 위 죄가 성립할 수 없다. 이와 관련하여 그 증명책임의 부담을 결정함에 있어 어느 사실이 적극적으로 존재한다는 것의 증명은 물론이고 어느 사실의 부존재 사실의 증명이라도 특정 기간과 장소에서의 특정 행위의 부존재 사실에 관한 것이라면 여전히 적극적 당사자인 검사가 그를 합리적 의심의 여지가 없이 증명할 의무를 부담한다(대법원 2003.11.28, 2003도5279; 2004.2.26, 99도5190; 2006.11.10, 2005도6375 등). …… 허위사실공표죄에 있어서 의혹을 받을 일을 한 사실이 없다고 주장하는 사람에 대하여 의혹을 받을 사실이 존재한다고 적극적으로 주장하는 자는 그러한 사실의 존재를 수긍할 만한 소명자료를 제시할 부담을 지고, 검사는 제시된 그 자료의 신빙성을 탄핵하는 방법으로 허위성의 증명을 할 수 있다. 이때 제시하여야 할 소명자료는 위 법리에 비추어 단순히 소문을 제시하는 것만으로는 부족하고 적어도 허위성에 관한 검사의 증명활동이 현실적으로 가능할 정도의 구체성은 갖추어야 하며, 이러한 소명자료의 제시가 없거나 제시된 소명자료의 신빙성이 탄핵된 때에는 허위사실 공표로서의 책임을 져야 한다(대법원 2011.12.22, 2008도11847).

③ [○] 공판기일의 소송절차로서 판결 기타의 재판을 선고 또는 고지한 사실은 공판조서에 기재되어야 하는데(형사소송법 제51조 제1항, 제2항 제14호), 공판조서의 기재가 명백한 오기인 경우를 제외하고는, 공판기일의 소송절차로서 공판조서에 기재된 것은 조서만으로써 증명하여야 하고 그 증명력은 공판조서 이외의 자료에 의한 반증이 허용되지 않는 절대적인 것이다(대법원 2023.6.15, 2023도3038).

④ [○] 수사기관이 별개의 증거를 피압수자 등에게 환부하고 후에 임의제출받아 다시 압수하였다면 증거를 압수한 최초의 절차 위반행위와 최종적인 증거수집 사이의 인과관계가 단절되었다고 평가할 수 있으나, 환부 후 다시 제출하는 과정에서 수사기관의 우월적 지위에 의하여 임의제출 명목으로 실질적으로 강제적인 압수가 행하여질 수 있으므로, 제출에 임의성이 있다는 점에 관하여는 검사가 합리적 의심을 배제할 수 있을 정도로 증명하여야 하고, 임의로 제출된 것이라고 볼 수 없는 경우에는 증거능력을 인정할 수 없다(대법원 2016.3.10, 2013도11233).

03

정답 ②

② [×] 배상명령제도는 범죄행위로 인하여 재산상 이익을 침해당한 피해자로 하여금 당해 형사소송절차내에서 신속히

그 피해를 회복하게 하려는데 그 주된 목적이 있으므로 <u>피해자가 이미 그 재산상 피해의 회복에 관한 채무명의를 가지고 있는 경우에는 이와 별도로 배상명령 신청을 할 이익이 없다</u>(대법원 1982.7.27, 82도1217).

> **소송촉진 등에 관한 특례법 제26조(배상신청)** ⑦ 피해자는 피고사건의 범죄행위로 인하여 발생한 피해에 관하여 <u>다른 절차에 따른 손해배상청구가 법원에 계속 중일 때에는 배상신청을 할 수 없다.</u>

① [○] 소송촉진 등에 관한 특례법 제25조 제3항 제4호 참조.

> **소송촉진 등에 관한 특례법 제25조(배상명령) 제25조(배상명령)**
> ① 제1심 또는 제2심의 형사공판 절차에서 다음 각 호의 죄 중 어느 하나에 관하여 유죄판결을 선고할 경우, 법원은 직권에 의하여 또는 피해자나 그 상속인(이하 "피해자"라 한다)의 신청에 의하여 피고사건의 범죄행위로 인하여 발생한 직접적인 물적(物的) 피해, 치료비 손해 및 위자료의 배상을 명할 수 있다.
> 1. 「형법」 제257조제1항, 제258조제1항 및 제2항, 제258조의2제1항(제257조제1항의 죄로 한정한다)·제2항(제258조제1항·제2항의 죄로 한정한다), 제259조제1항, 제262조(존속폭행치사상의 죄는 제외한다), 같은 법 제26장, 제32장(제304조의 죄는 제외한다), 제38장부터 제40장까지 및 제42장에 규정된 죄
> 2. 「성폭력범죄의 처벌 등에 관한 특례법」 제10조부터 제14조까지, 제15조(제3조부터 제9조까지의 미수범은 제외한다), 「아동·청소년의 성보호에 관한 법률」 제12조 및 제14조에 규정된 죄
> 3. 제1호의 죄를 가중처벌하는 죄 및 그 죄의 미수범을 처벌하는 경우 미수의 죄
> ② 법원은 제1항에 규정된 죄 및 그 외의 죄에 대한 피고사건에서 피고인과 피해자 사이에 합의된 손해배상액에 관하여도 제1항에 따라 배상을 명할 수 있다.
> ③ 법원은 다음 각 호의 어느 하나에 해당하는 경우에는 배상명령을 하여서는 아니 된다.
> 1. 피해자의 성명·주소가 분명하지 아니한 경우
> 2. 피해 금액이 특정되지 아니한 경우
> 3. 피고인의 배상책임의 유무 또는 그 범위가 명백하지 아니한 경우
> 4. 배상명령으로 인하여 공판절차가 현저히 지연될 우려가 있거나 형사소송 절차에서 배상명령을 하는 것이 타당하지 아니하다고 인정되는 경우

③ [○] 소송촉진 등에 관한 특례법 제33조 제5항 참조.

> **소송촉진 등에 관한 특례법 제33조(불복)** ⑤ 피고인은 유죄판결에 대하여 상소를 제기하지 아니하고 <u>배상명령에 대하여만 상소 제기기간에 「형사소송법」에 따른 즉시항고(即時抗告)를 할 수 있다. 다만, 즉시항고 제기 후 상소권자의 적법한 상소가 있는 경우에는 즉시항고는 취하된 것으로 본다.</u>

④ [○] 소송촉진 등에 관한 특례법 제34조 제1항 참조.

> **소송촉진 등에 관한 특례법 제34조(배상명령의 효력과 강제집행)** ① 확정된 배상명령 또는 가집행선고가 있는 배상명령이 기재된 유죄판결서의 정본은 「민사집행법」에 따른 강제집행에 관하여는 집행력 있는 민사판결 정본과 동일한 효력이 있다.

04

③ [×] 형사소송법 제18조 제1항 제1호 및 동법 제17조 제7호의 규정에 의하여 법관이 기피 또는 제척의 원인이 되는 '법관이 사건에 관하여 전심재판 또는 그 기초되는 조사심리에 관여한 때'의 사건에 관한 전심이라 함은 불복신청을 한 당해 사건의 전심을 말하는 것으로서 재심청구사건에 있어서 <u>재심대상이 되는 사건은 이에 해당하지 않으므로 원심재판장 판사 (甲)이 재심대상판결의 제1심에 관여했다 하더라도 이 사건 재심청구사건에서 제척 또는 기피의 원인이 되는 것이 아니다</u>(대법원 1982.11.15, 82모11).

① [○] 법관에게 불공평한 재판을 할 염려가 있다고 하여 <u>기피신청이 있는 경우에 형사소송법 제22조에 의하여 정지될 소송진행은 그 피고사건의 실체적 재판에의 도달을 목적으로 하는 본안의 소송절차를 말하고 판결의 선고는 이에 해당하지 않는다</u>(대법원 1987.5.28, 87모10).

② [○] 형사소송법 제17조 제2호는 '법관이 피고인 또는 피해자의 친족 또는 친족관계가 있었던 자인 때에는 직무집행에서 제척된다'고 규정하고 있고, 위 규정은 형사소송법 제25조 제1항에 의하여 통역인에게 준용되나, 사실혼관계에 있는 사람은 민법에서 정한 친족이라고 할 수 없어 형사소송법 제17조 제2호에서 말하는 친족에 해당하지 않으므로, <u>통역인이 피해자의 사실혼 배우자라고 하여도 통역인에게 형사소송법 제25조 제1항, 제17조 제2호에서 정한 제척사유가 있다고 할 수 없다</u>(대법원 2011.4.14, 2010도13583).

④ [○] <u>선거관리위원장으로서 공직선거및선거부정방지법위반 혐의사실에 대하여 수사기관에 수사의뢰를 한 법관이 당해 형사피고사건의 재판을 하는 경우 그것이 적절하다고는 볼 수 없으나 형사소송법 제17조 제6호의 제척원인인 '법관이 사건에 관하여 사법경찰관의 직무를 행한 때'에 해당한다고 할 수 없다</u>(대법원 1999.4.13, 99도155).

05

② [×] <u>변호인선임신고서를 제출하지 아니한 변호인이 변호인 명의로 정식재판청구서만 제출하고, 형사소송법 제453조 제1항이 정하는 정식재판청구기간 경과 후에 비로소 변호인선임신고서를 제출한 경우, 변호인 명의로 제출한 위 정식재판청구서는 적법·유효한 정식재판청구로서의 효력이 없다</u>(대법원 2005.1.20, 2003모429).

① [○] 공소장일본주의에 위배된 공소제기라고 인정되는 때에는, 그 절차가 법률의 규정에 위반하여 무효인 때에 해당하는 것으로 보아 <u>공소기각의 판결을 선고하는 것이 원칙이다</u>(형사소송법 제327조 제2호). 다만 공소장 기재의 방식에 관하여 피고인 측으로부터 아무런 이의가 제기되지 아니하였고 법원 역시 범죄사실의 실체를 파악하는 데 지장이 없다고 판단하여 그대로 공판절차를 진행한 결과 증거조사절차가 마무리되어 법관의 심증형성이 이루어진 단계에 이른 경우에는 소송절차의 동적 안정성 및 소송경제의 이념 등에 비추어 볼 때 <u>더 이상 공소장일본주의 위배를 주장하여 이미 진행된 소송절차의 효력을 다툴 수 없다</u>(대법원

2015.1.29, 2012도2957).

③ [○] 공소장에 피고인인 계주가 조직한 낙찰계의 조직일자, 구좌·계금과 계원들에게 분배하여야 할 계금이 특정되어 있고 피해자인 계원들의 성명과, 피해자 별 피해액만이 명확하지 아니한 경우에는, 법원은 검사에게 석명을 구하여 만약 이를 명확하게 하지 아니한 경우에 공소사실의 불특정을 이유로 공소기각을 할 것이고 이에 이르지 않고 바로 공소기각의 판결을 하였음은 심리미진의 위법이 있다(대법원 1983.6.14, 83도293).

④ [○] 형사소송법 제345조 참조.

> 형사소송법 제345조(상소권회복 청구권자) 제338조부터 제341조까지의 규정에 따라 상소할 수 있는 자는 자기 또는 대리인이 책임질 수 없는 사유로 상소 제기기간 내에 상소를 하지 못한 경우에는 상소권회복의 청구를 할 수 있다.

06   정답 ③

③ ㄴ, ㄹ

ㄱ. [×] 확정판결의 기판력이 미치는 범위는 확정된 사건 자체의 범죄사실과 죄명을 기준으로 정하는 것이 원칙이므로, 그 전의 확정판결에서 조세범 처벌법 제10조 제3항 각 호의 위반죄로 처단되는 데 그친 경우에는, 확정된 사건 자체의 범죄사실이 뒤에 공소가 제기된 사건과 종합하여 특정범죄 가중처벌 등에 관한 법률 제8조의2 제1항 위반의 포괄일죄에 해당하는 것으로 판단된다 하더라도, 뒤늦게 앞서의 확정판결을 포괄일죄의 일부에 대한 확정판결이라고 보아 기판력이 사실심판결 선고 전의 법률조항 위반 범죄사실에 미친다고 볼 수 없다(대법원 2015.6.23, 2015도2207).

ㄴ. [○] 피고인이 경범죄처벌법상 '음주소란' 범칙행위로 범칙금 통고처분을 받아 이를 납부하였는데, 이와 근접한 일시·장소에서 위험한 물건인 과도(果刀)를 들고 피해자를 쫓아가며 "죽여 버린다."고 소리쳐 협박하였다는 내용의 폭력행위 등 처벌에 관한 법률 위반으로 기소된 경우, 피고인에게 적용된 경범죄처벌법 제1조 제25호(음주소란등)의 범칙행위와 폭력행위 등 처벌에 관한 법률 위반 공소사실인 흉기휴대협박행위는, 범행 장소와 일시가 근접하고 모두 피고인과 피해자의 시비에서 발단이 된 것으로 보이는 점에서 일부 중복되는 면이 있으나, 범죄사실의 내용이나 행위의 수단 및 태양, 각 행위에 따른 피해법익이 다르고, 죄질에도 현저한 차이가 있으며, 범칙행위의 내용이나 수단 및 태양 등에 비추어 그 행위과정에서나 이로 인한 결과에 통상적으로 흉기휴대협박행위까지 포함된다거나 이를 예상할 수 있다고 볼 수 없으므로 기본적 사실관계가 동일한 것으로 평가할 수 없다는 이유로, 범칙행위에 대한 범칙금 납부의 효력이 공소사실에 미치지 않는다(대법원 2012.9.13, 2012도6612).

ㄷ. [×] 유죄의 확정판결의 기판력의 시적범위 즉 어느 때까지의 범죄사실에 관하여 기판력이 미치느냐의 기준시점은 사실심리의 가능성이 있는 최후의 시점인 판결선고시를 기준으로 하여 가리게 되고, 판결절차 아닌 약식명령은 그 고지를 검사와 피고인에 대한 재판서 송달로써 하고 따로 선고

하지 않으므로 약식명령에 관하여는 그 기판력의 시적범위를 약식명령의 송달시를 기준으로 할 것인가 또는 그 발령시를 기준으로 할 것인지 이론의 여지가 있으나 그 기판력의 시적 범위를 판결절차와 달리 하여야 할 이유가 없으므로 그 발령시를 기준으로 하여야 한다(대법원 1984.7.24, 84도1129).

ㄹ. [○] 회사의 대표이사가 업무상 보관하던 회사 자금을 빼돌려 횡령한 다음 그 중 일부를 더 많은 장비 납품 등의 계약을 체결할 수 있도록 해달라는 취지의 묵시적 청탁과 함께 배임증재에 공여한 사안에서, 위 횡령의 범행과 배임증재의 범행은 서로 범의 및 행위의 태양과 보호법익을 달리하는 별개의 행위라고 보아, 위 횡령의 점에 대하여 약식명령이 확정되었다고 하더라도 그 기판력이 배임증재의 점에는 미치지 아니한다(대법원 2010.5.13, 2009도13463).

07   정답 ①

① [○] 공소가 제기된 범행에 대한 양형의 조건으로 포섭되지 않는 별도의 범죄사실이 증명되지 않았는데도 핵심적인 형벌가중적 양형조건으로 삼아 형의 양정을 하여 피고인에 대한 사실상 공소가 제기되지 않은 범행을 추가로 처벌한 것과 같은 실질에 이른 경우에는 판결에 영향을 미친 법령위반에 해당하므로 이를 다투는 피고인의 주장은 적법한 상고이유에 해당한다.

> 판례
> 사실심법원이 피고인에게 공소가 제기된 범행을 기준으로 범행의 동기나 결과, 범행 후의 정황 등 형법 제51조가 정한 양형조건으로 포섭되지 않는 별도의 범죄사실에 해당하는 사정에 관하여 합리적인 의심을 배제할 정도의 증명력을 갖춘 증거에 따라 증명되지 않았는데도 핵심적인 형벌가중적 양형조건으로 삼아 형의 양정을 함으로써 피고인에 대하여 사실상 공소가 제기되지 않은 범행을 추가로 처벌한 것과 같은 실질에 이른 경우에는 단순한 양형판단의 부당성을 넘어 죄형 균형 원칙이나 책임주의 원칙의 본질적 내용을 침해하였다고 볼 수 있다. 따라서 그 부당성을 다투는 피고인의 주장은 이러한 사실심법원의 양형심리와 양형판단 방법의 위법성을 지적하는 것으로 보아 적법한 상고이유라고 할 수 있다(대법원 2020.9.3, 2020도8358).

② [×] 항소심이 자신의 양형판단과 일치하지 아니한다고 하여 양형부당을 이유로 제1심판결을 파기하는 것이 바람직하지 아니한 점이 있다고 하더라도 이를 두고 양형심리 및 양형판단 방법이 위법하다고까지 할 수는 없다. 그리고 원심의 판단에 근거가 된 양형자료와 그에 관한 판단 내용이 모순 없이 설시되어 있는 경우에는 양형의 조건이 되는 사유에 관하여 일일이 명시하지 아니하여도 위법하다고 할 수 없다(대법원 2015.7.23, 2015도3260 전원합의체).

③ [×] 검사가 일부 유죄, 일부 무죄로 판단한 제1심판결 전부에 대하여 항소하면서 항소장이나 항소이유서에 단순히 '양형부당'이라는 문구만 기재하였을 뿐 그 구체적인 이유를 기재하지 않은 경우, 항소심이 제1심판결의 유죄 부분의 형이 너무 가볍다는 이유로 파기하고 그보다 무거운 형을 선고할 수 없다.

판례1
일부 유죄, 일부 무죄가 선고된 제1심판결 전부에 대하여 <u>검사가 항소하였더라도 검사가 유죄 부분에 대하여는 아무런 항소이유도 주장하지 아니하였다면</u>(다른 구체적인 이유의 기재 없이 단순히 항소장의 '항소의 범위'란에 '양형부당'이라는 문구 기재) 유죄 부분에 대하여는 법정기간 내에 항소이유서를 제출하지 아니한 경우에 해당하므로, <u>가사 제1심의 양형에 잘못이 있더라도 그러한 사유는 형사소송법 제361조의4 제1항 단서의 직권조사사유나 같은 법 제364조 제2항의 직권심판사항에 해당한다고 볼 수 없다</u>(대법원 2008.1.31, 2007도8117).

판례2
검사가 제1심 유죄판결 또는 일부 유죄, 일부 무죄로 판단한 제1심판결 전부에 대하여 항소하면서, 항소장이나 항소이유서에 단순히 '양형부당'이라는 문구만 기재하였을 뿐 구체적인 이유를 기재하지 않았다면, 이는 적법한 항소이유의 기재라고 볼 수 없다. 한편 검사가 항소한 경우 양형부당의 사유는 직권조사사유나 직권심판사항에 해당하지도 않는다. 그러므로 위와 같은 경우 항소심은 검사의 항소에 의해서든 직권에 의해서든 제1심판결의 양형이 부당한지 여부에 관하여 심리·판단할 수 없고, 따라서 제1심판결의 유죄 부분의 형이 너무 가볍다는 이유로 파기하고 그보다 무거운 형을 선고하는 것은 허용되지 않는다(대법원 2020.8.27, 2020도8615).

④ [×] 사형·무기 또는 10년 이상의 징역·금고가 선고된 사건이 아닌 경우 양형부당은 상고이유에 해당하지 않는다(형사소송법 제383조 제4호).

판례
양형의 조건에 관한 형법 제51조는 형을 정하는 데 참작할 사항을 정하고 있다. 형을 정하는 것은 법원의 재량사항이므로, 형사소송법 제383조 제4호에 따라 사형·무기 또는 10년 이상의 징역·금고가 선고된 사건에서 양형의 당부에 관한 상고이유를 심판하는 경우가 아닌 이상, 사실심법원이 양형의 기초 사실에 관하여 사실을 오인하였다거나 양형의 조건이 되는 정상에 관하여 심리를 제대로 하지 않았다는 주장은 적법한 상고이유가 아니다(대법원 2020.9.3, 2020도8358).

형사소송법 제383조 (상고이유) 다음 사유가 있을 경우에는 원심판결에 대한 상고이유로 할 수 있다.
　4. 사형, 무기 또는 10년 이상의 징역이나 금고가 선고된 사건에 있어서 중대한 사실의 오인이 있어 판결에 영향을 미친 때 또는 형의 양정이 심히 부당하다고 인정할 현저한 사유가 있는 때

08
정답 ①

① [×] <u>거짓말탐지기 검사 결과만으로 범행 당시 상황이나 범행 이후 정황에 부합하는 진술의 신빙성을 부정할 수 없다.</u>

판례
거짓말탐지기 검사 결과가 항상 진실에 부합한다고 단정할 수 없을 뿐 아니라, 검사를 받는 사람의 진술의 신빙성을 가늠하는 정황증거로서 기능을 하는 데 그치므로, 그와 같은 검사결과만으로 범행 당시의 상황이나 범행 이후 정황에 부합하는 공소외 1 진술의 신빙성을 부정할 수 없다(대법원 2017.1.25, 2016도15526).

② [○] 수사기관에서 진술한 참고인이 법정에서 증언을 거부하여 피고인이 반대신문을 하지 못한 경우에는 <u>정당하게 증언거부권을 행사한 것이 아니라도</u>, 피고인이 증인의 증언거

부 상황을 초래하였다는 등의 특별한 사정이 없는 한 형사소송법 제314조의 '그 밖에 이에 준하는 사유로 인하여 진술할 수 없는 때'에 해당하지 않는다고 보아야 한다. 따라서 증인이 정당하게 증언거부권을 행사하여 증언을 거부한 경우와 마찬가지로 수사기관에서 그 증인의 진술을 기재한 서류는 증거능력이 없다(대법원 2019.11.21, 2018도13945 전원합의체).

③ [○] 검사가 공판기일에 증인으로 신청하여 신문할 사람을 특별한 사정 없이 미리 수사기관에 소환하여 면담하는 절차를 거친 후 증인이 법정에서 피고인에게 불리한 내용의 진술을 한 경우, 검사가 증인신문 전 면담 과정에서 증인에 대한 회유나 압박, 답변 유도나 암시 등으로 증인의 법정진술에 영향을 미치지 않았다는 점이 담보되어야 증인의 법정진술을 신빙할 수 있다고 할 것이다(대법원 2021.6.10, 2020도15891).

④ [○] (피고인 아닌 자의 진술을 원진술로 하는 전문진술이 기재된 조서를 출제한 것으로 보이므로, 출제의 의도를 고려하여 해설) <u>전문진술이 기재된 조서는 형사소송법 제312조 또는 제314조에 따라 증거능력이 인정될 수 있는 경우에 해당하여야 함은 물론 형사소송법 제316조 제2항에 따른 요건을 갖추어야 예외적으로 증거능력이 있다</u>(대법원 2017.7.18, 2015도12981, 2015도218).

09
정답 ④

④ [×] 검사 또는 사법경찰관은 통신사실 확인자료제공을 받은 사건에 관하여 불입건, 사건불송치·불기소(수사중지·기소중지·참고인중지 제외), 공소제기 처분을 한 경우에는 <u>처분일로부터 30일 이내</u>에 통신사실 확인자료제공을 받은 사실, 제공요청기관, 제공기간 등을 통신사실 확인자료 제공 대상 당사자에게 서면으로 통지하여야 한다(통비법 제13조의3 제1항 제1호).

[보충] 위 지문에 나오는 '그 처분을 한 날부터 1년이 경과한 때부터 30일 이내에'라는 기간은 수사중지·기소중지·참고인중지결정을 하는 경우(동 제1항 제2호)와 수사가 진행 중인 경우(동 제1항 제3호)에 해당한다.

통신비밀보호법 제13조의3(범죄수사를 위한 통신사실 확인자료제공의 통지) ① 검사 또는 사법경찰관은 제13조에 따라 통신사실 확인자료제공을 받은 사건에 관하여 다음 각 호의 구분에 따라 정한 기간 내에 통신사실 확인자료제공을 받은 사실과 제공요청기관 및 그 기간 등을 통신사실 확인자료제공의 대상이 된 당사자에게 서면으로 통지하여야 한다.
　1. 공소를 제기하거나, 공소제기·검찰송치를 하지 아니하는 처분(기소중지·참고인중지 또는 수사중지 결정은 제외한다) 또는 입건을 하지 아니하는 처분을 한 경우: 그 처분을 한 날부터 30일 이내. 다만, 다음 각 목의 어느 하나에 해당하는 경우 그 통보를 받은 날부터 30일 이내
　　가. 수사처검사가 「고위공직자범죄수사처 설치 및 운영에 관한 법률」 제26조제1항에 따라 서울중앙지방검찰청 소속 검사에게 관계 서류와 증거물을 송부한 사건에 관하여 이를 처리하는 검사로부터 공소를 제기하거나 제기하지 아니하는 처분(기소중지 또는 참고인중지 결정은 제외한다)의 통보를 받은 경우
　　나. 사법경찰관이 「형사소송법」 제245조의5제1호에 따라

검사에게 송치한 사건으로서 검사로부터 공소를 제기하거나 제기하지 아니하는 처분(기소중지 또는 참고인중지 결정은 제외한다)의 통보를 받은 경우

2. 기소중지·참고인중지 또는 수사중지 결정을 한 경우: 그 결정을 한 날부터 1년(제6조제8항 각 호의 어느 하나에 해당하는 범죄인 경우에는 3년)이 경과한 때부터 30일 이내. 다만, 다음 각 목의 어느 하나에 해당하는 경우 그 통보를 받은 날로부터 1년(제6조제8항 각 호의 어느 하나에 해당하는 범죄인 경우에는 3년)이 경과한 때부터 30일 이내

가. 수사처검사가 「고위공직자범죄수사처 설치 및 운영에 관한 법률」 제26조제1항에 따라 서울중앙지방검찰청 소속 검사에게 관계 서류와 증거물을 송부한 사건에 관하여 이를 처리하는 검사로부터 기소중지 또는 참고인중지 결정의 통보를 받은 경우

나. 사법경찰관이 「형사소송법」 제245조의5제1호에 따라 검사에게 송치한 사건으로서 검사로부터 기소중지 또는 참고인중지 결정의 통보를 받은 경우

3. 수사가 진행 중인 경우: 통신사실 확인자료제공을 받은 날부터 1년(제6조제8항 각 호의 어느 하나에 해당하는 범죄인 경우에는 3년)이 경과한 때부터 30일 이내 (이하 중략)

제13조(범죄수사를 위한 통신사실 확인자료제공의 절차) ① 검사 또는 사법경찰관은 수사 또는 형의 집행을 위하여 필요한 경우 전기통신사업법에 의한 전기통신사업자(이하 "전기통신사업자"라 한다)에게 통신사실 확인자료의 열람이나 제출(이하 "통신사실 확인자료제공"이라 한다)을 요청할 수 있다. (이하 생략)

① [○] 대법원 2008.7.10, 2008도2245

② [○] 구 정보통신망 이용촉진 및 정보보호 등에 관한 법률상 음란물 유포의 범죄혐의를 이유로 압수·수색영장을 발부받은 사법경찰리가 피고인의 주거지를 수색하는 과정에서 대마를 발견하자, 피고인을 마약류관리에 관한 법률 위반죄의 현행범으로 체포하면서 대마를 압수하였으나, 그 다음날 피고인을 석방하였음에도 사후 압수·수색영장을 발부받지 않은 사안에서, 위 압수물과 압수조서는 형사소송법상 영장주의를 위반하여 수집한 증거로서 증거능력이 부정된다(대법원 2009.5.14, 2008도10914).

③ [○] 형사소송법 제218조는 "사법경찰관은 소유자, 소지자 또는 보관자가 임의로 제출한 물건을 영장없이 압수할 수 있다"고 규정하고 있는바, 위 규정을 위반하여 소유자, 소지자 또는 보관자가 아닌 자로부터 제출받은 물건을 영장없이 압수한 경우 그 '압수물' 및 '압수물을 찍은 사진'은 이를 유죄 인정의 증거로 사용할 수 없는 것이고, 헌법과 형사소송법이 선언한 영장주의의 중요성에 비추어 볼 때 피고인이나 변호인이 이를 증거로 함에 동의하였다고 하더라도 달리 볼 것은 아니다(대법원 2010.1.28, 2009도10092).

10 정답 ①

① [×] 사법경찰리 작성의 피고인에 대한 피의자신문조서는 피고인이 그 내용을 부인하는 이상 증거능력이 없으나, 그것이 임의로 작성된 것이 아니라고 의심할 만한 사정이 없는 한 피고인의 법정에서의 진술을 탄핵하기 위한 반대증거로 사용할 수 있다(대법원 2005.8.19, 2005도2617).

② [○] 형사소송법 제318조의 2에 규정된 소위 탄핵증거는 범죄사실을 인정하는 증거가 아니므로 그것이 증거서류이

던 진술이던간에 유죄증거에 관한 소송법상의 엄격한 증거능력을 요하지 아니한다(대법원 1985.5.14, 85도441).

③ [○] 증거신청의 방식에 관하여 규정한 형사소송규칙 제132조 제1항의 취지에 비추어 보면 탄핵증거의 제출에 있어서도 상대방에게 이에 대한 공격방어의 수단을 강구할 기회를 사전에 부여하여야 한다는 점에서 그 증거와 증명하고자 하는 사실과의 관계 및 입증취지 등을 미리 구체적으로 명시하여야 할 것이므로, 증명력을 다투고자 하는 증거의 어느 부분에 의하여 진술의 어느 부분을 다투려고 한다는 것을 사전에 상대방에게 알려야 한다(대법원 2005.8.19, 2005도2617).

④ [○] 검사가 탄핵증거로 신청한 체포·구속인접견부 사본은 피고인의 부인진술을 탄핵한다는 것이므로 결국 검사에게 입증책임이 있는 공소사실 자체를 입증하기 위한 것에 불과하므로 형사소송법 제318조의2 제1항 소정의 피고인의 진술의 증명력을 다투기 위한 탄핵증거로 볼 수 없다(대법원 2012.10.25, 2011도5459).

11 정답 ④

④ [×] 공소장변경절차에 의하여 공소사실이 변경됨에 따라 그 법정형에 차이가 있는 경우에는 변경된 공소사실에 대한 법정형이 공소시효기간의 기준이 된다고 보아야 하므로 공소제기 당시의 공소사실에 대한 법정형을 기준으로 하면 공소제기 당시 아직 공소시효가 완성되지 않았으나 변경된 공소사실에 대한 법정형을 기준으로 하면 공소제기 당시 이미 공소시효가 완성된 경우에는 공소시효의 완성을 이유로 면소판결을 선고하여야 한다(대법원 2013.7.26, 2013도6182, 2013전도123).

① [○] 재심대상판결 확정 후에 형 선고의 효력을 상실케 하는 특별사면이 있었다고 하더라도, 재심개시결정이 확정되어 재심심판절차를 진행하는 법원은 그 심급에 따라 다시 심판하여 실체에 관한 유·무죄 등의 판단을 해야지, 특별사면이 있음을 들어 면소판결을 하여서는 아니 된다(대법원 2015.5.21, 2011도1932 전원합의체).

② [○] 범죄 후 법령의 개폐로 그 형이 폐지되었을 경우 면소판결을 선고하여야 함에도, 이에 관하여 무죄로서의 실체적 재판을 한 원심판결은 위법하다(대법원 2010.7.15, 2007도7523).

③ [○] 면소판결은 유죄 확정판결이라 할 수 없으므로 면소판결을 대상으로 한 재심청구는 부적법하다(대법원 2018.5.2, 2015모3243).

12 정답 ③

③ [○] 형사소송법 제266조의13 제1항 제1호 참조.

> **형사소송법 제266조의13(공판준비기일 종결의 효과)** ① 공판준비기일에서 신청하지 못한 증거는 다음 각 호의 어느 하나에 해당하는 경우에 한하여 공판기일에 신청할 수 있다.
> 1. 그 신청으로 인하여 소송을 현저히 지연시키지 아니하는 때
> 2. 중대한 과실 없이 공판준비기일에 제출하지 못하는 등 부득이한 사유를 소명한 때

① [×] 형사소송법 제266조의7 제2항 참조.

> 제266조의7(공판준비기일) ② 검사, 피고인 또는 변호인은 법원에 대하여 공판준비기일의 지정을 신청할 수 있다. 이 경우 당해 신청에 관한 법원의 결정에 대하여는 불복할 수 없다.

② [×] 형사소송법 제266조의8 제1항 및 제5항 참조.

> 제266조의8(검사 및 변호인 등의 출석) ① 공판준비기일에는 검사 및 변호인이 출석하여야 한다.
> ⑤ 법원은 필요하다고 인정하는 때에는 피고인을 소환할 수 있으며, 피고인은 법원의 소환이 없는 때에도 공판준비기일에 출석할 수 있다.

④ [×] 공판조서가 아니라 공판준비기일조서에 기재한다(형사소송법 제266조의10 제2항).

> 형사소송법 제266조의10(공판준비기일 결과의 확인) ① 법원은 공판준비기일을 종료하는 때에는 검사, 피고인 또는 변호인에게 쟁점 및 증거에 관한 정리결과를 고지하고, 이에 대한 이의의 유무를 확인하여야 한다.
> ② 법원은 쟁점 및 증거에 관한 정리결과를 공판준비기일조서에 기재하여야 한다.

13 정답 ②

② [×] 1개의 행위가 여러 개의 죄에 해당하는 경우 형법 제40조는 이를 과형상 일죄로 처벌한다는 것에 지나지 아니하고, 공소시효를 적용함에 있어서는 각 죄마다 따로 따져야 할 것인바, 공무원이 취급하는 사건에 관하여 청탁 또는 알선을 할 의사와 능력이 없음에도 청탁 또는 알선을 한다고 기망하여 금품을 교부받은 경우에 성립하는 사기죄와 변호사법 위반죄는 상상적 경합의 관계에 있으므로, 변호사법 위반죄의 공소시효가 완성되었다고 하여 그 죄와 상상적 경합관계에 있는 사기죄의 공소시효까지 완성되는 것은 아니다(대법원 2006.12.8, 2006도6356).

① [○] 범죄 후 법률의 개정에 의하여 법정형이 가벼워진 경우에는 형법 제1조 제2항에 의하여 당해 범죄사실에 적용될 가벼운 법정형(신법의 법정형)이 공소시효기간의 기준이 된다(대법원 2008.12.11, 2008도4376).

③ [○] 공범의 1인으로 기소된 자가 구성요건에 해당하는 위법행위를 공동으로 하였다고 인정되기는 하나 책임조각을 이유로 무죄로 되는 경우와는 달리 범죄의 증명이 없다는 이유로 공범 중 1인이 무죄의 확정판결을 선고받은 경우에는 그를 공범이라고 할 수 없어 그에 대하여 제기된 공소로써는 진범에 대한 공소시효정지의 효력이 없다(대법원 1999.3.9, 98도4621).

④ [○] 형사소송법 제253조 제2항에서 말하는 '공범'에는 뇌물공여죄와 뇌물수수죄 사이와 같은 대향범 관계에 있는 자는 포함되지 않는다(대법원 2015.2.12, 2012도4842).

14 정답 ②

② [×] 법원은 검사가 공소장변경을 신청한 경우 피고인이나 변호인의 청구가 있는 때에는 피고인으로 하여금 필요한 방어의 준비를 하게 하기 위해 필요한 기간 공판절차를 정지할 수 있다(임의적 정지, 형사소송법 제298조 제4항).

> 제298조(공소장의 변경) ① 검사는 법원의 허가를 얻어 공소장에 기재한 공소사실 또는 적용법조의 추가, 철회 또는 변경을 할 수 있다. 이 경우에 법원은 공소사실의 동일성을 해하지 아니하는 한도에서 허가하여야 한다.
> ④ 법원은 전3항의 규정에 의한 공소사실 또는 적용법조의 추가, 철회 또는 변경이 피고인의 불이익을 증가할 염려가 있다고 인정한 때에는 직권 또는 피고인이나 변호인의 청구에 의하여 피고인으로 하여금 필요한 방어의 준비를 하게 하기 위하여 결정으로 필요한 기간 공판절차를 정지할 수 있다.

① [○] 검사가 제1심이나 항소심에서 상상적 경합의 관계에 있는 수죄 가운데 당초 공소를 제기하지 아니한 공소사실을 추가하는 내용의 공소장변경신청을 하는 경우 법원은 공소사실의 동일성을 해하지 아니함이 명백하므로 그 공소장변경을 허가하여 추가된 공소사실에 대하여 심리판단하여야 하는 것이다(대법원 1990.1.25, 89도1317).

③ [○] 포괄일죄에서는 공소장변경을 통한 종전 공소사실의 철회 및 새로운 공소사실의 추가가 가능한 점에 비추어 공소장변경허가를 결정할 때는 포괄일죄를 구성하는 개개 공소사실별로 종전 것과의 동일성을 따지기보다는 변경된 공소사실이 전체적으로 포괄일죄의 범주 내에 있는지, 즉 단일하고 계속된 범의하에 동종의 범행을 반복하여 행하고 피해법익도 동일한 경우에 해당한다고 볼 수 있는지에 초점을 맞추어야 한다(대법원 2022.10.27, 2022도8806).

④ [○] 법원이 공판의 심리를 종결하기 전에 한 공소장의 변경에 대하여는 공소사실의 동일성을 침해하지 않는 한도에서 허가해야 한다. 그러나 적법하게 공판의 심리를 종결하고 판결선고기일까지 고지한 후에 이르러서 한 검사의 공소장변경에 대하여는 그것이 변론재개신청과 함께 된 것이더라도 법원이 종결한 심리를 재개하여 공소장변경을 허가할 의무는 없다(대법원 2022.7.14, 2022도4624).

15 정답 ④

④ [×] 피고인이 집행유예의 기간중에 있어 집행유예의 결격자라고 하여 보석을 허가할 수 없는 것은 아니고 형사소송법 제95조는 그 제1 내지 5호 이외의 경우에는 필요적으로 보석을 허가하여야 한다는 것이지 여기에 해당하는 경우에는 보석을 허가하지 아니할 것을 규정한 것이 아니므로 집행유예기간중에 있는 피고인의 보석을 허가한 것이 누범과 상습범에 대하여는 보석을 허가하지 아니할 수 있다는 형사소송법 제95조 제2호의 취지에 위배되어 위법이하고 할 수 없다(대법원 1990.4.18, 90모22).

① [○] 동일한 피고인에 대하여 각각 별도로 2개 이상의 사건이 공소제기되었을 경우 반드시 병합심리하여 동시에 판결을 선고하여야만 되는 것은 아니다(대법원 1994.11.4, 94도2354).

> 형사소송법 제300조(변론의 분리와 병합) 법원은 필요하다고 인정한 때에는 직권 또는 검사, 피고인이나 변호인의 신청에 의하여 결정으로 변론을 분리하거나 병합할 수 있다.

② [○] 형사소송법 제33조 제1항 제1호 소정의 '피고인이 구속된 때'라고 함은 피고인이 당해 형사사건에서 이미 구속되어 재판을 받고 있는 경우를 의미하는 것이므로, 불구속 피고인에 대하여 판결을 선고한 다음 법정구속을 하더라도 구속되기 이전까지는 위 규정이 적용된다고 볼 수 없다(대법원 2011.3.10, 2010도17353).

③ [○] 검사가 다수인의 집합에 의하여 구성되는 집합범이나 2인 이상이 공동하여 죄를 범한 공범의 관계에 있는 피고인들에 대하여 여러 개의 사건으로 나누어 공소를 제기한 경우에, 법원이 변론을 병합하지 아니하였다고 하여 형사소송절차에서의 구두변론주의와 직접심리주의에 위반한 것이라고 볼 수 없다(대법원 1990.6.22, 90도764).

16 　　　　　　　　　　　　　　　　　정답 ④

④ [×] 상고법원은 판결에 영향을 미친 법률의 위반이 있는 경우에는 상고이유서에 포함되지 아니한 때에도 직권으로 심판할 수 있는바(형사소송법 제384조, 제383조 제1호), 이는 법률의 해석·적용을 그르친 나머지 피고인을 유죄로 잘못 인정한 원심판결에 대하여 피고인은 상고를 제기하지 아니하고 검사만이 다른 사유를 들어 상고를 제기하였고, 검사의 상고가 피고인의 이익을 위하여 제기된 것이 아님이 명백한 경우라 하더라도 마찬가지이다(대법원 2002.3.15, 2001도6730).

① [○] 피고인을 위한 상소는 피고인에게 불이익한 재판을 시정하여 이익된 재판을 청구함을 그 본질로 하는 것이므로 피고인은 재판이 자기에게 불이익하지 아니하면 이에 대한 상소권이 없다. 공소기각의 재판이 있으면 피고인은 유죄판결의 위험으로부터 벗어나는 것이므로 그 재판은 피고인에게 불이익한 재판이라고 할 수 없어서 이에 대하여 피고인은 상소권이 없다(대법원 2008.5.15, 2007도6793).

② [○] 법원조직법 제8조는 "상급법원의 재판에 있어서의 판단은 당해 사건에 관하여 하급심을 기속한다."고 규정하고, 민사소송법 제436조 제2항 후문도 상고법원이 파기의 이유로 삼은 사실상 및 법률상의 판단은 하급심을 기속한다는 취지를 규정하고 있으며, 형사소송법에서는 이에 상응하는 명문의 규정은 없지만, 법률심을 원칙으로 하는 상고심도 형사소송법 제383조 또는 제384조에 의하여 사실인정에 관한 원심판결의 당부에 관하여 제한적으로 개입할 수 있는 것이므로 조리상 상고심판결의 파기이유가 된 사실상의 판단도 기속력을 가지는 것이며, 이 경우에 파기판결의 기속력은 파기의 직접 이유가 된 원심판결에 대한 소극적인 부정 판단에 한하여 생긴다(대법원 2004.4.9, 2004도340).

③ [○] 피고인이 제1심판결에 대하여 양형부당만을 항소이유로 내세워 항소하였으나 이 주장이 이유없다 하여 피고인의 항소를 기각한 원심판결에 대하여서는 사실오인 내지 법령위반사유를 들어 상고이유로 삼을 수는 없다(대법원 1987.12.8, 87도1561).

17 　　　　　　　　　　　　　　　　　정답 ④

④ ㄷ, ㄹ

ㄱ. [×] 형사소송법 제184조 제4항 참조.

> 형사소송법 제184조(증거보전의 청구와 그 절차) ① 검사, 피고인, 피의자 또는 변호인은 미리 증거를 보전하지 아니하면 그 증거를 사용하기 곤란한 사정이 있는 때에는 제1회 공판기일전이라도 판사에게 압수, 수색, 검증, 증인신문 또는 감정을 청구할 수 있다.
> ④ 제1항의 청구를 기각하는 결정에 대하여는 3일 이내에 항고할 수 있다.

ㄴ. [×] 형사소송법 제433조, 제437조 참조.

> 형사소송법 제433조(청구기각 결정) 재심의 청구가 법률상의 방식에 위반하거나 청구권의 소멸 후인 것이 명백한 때에는 결정으로 기각하여야 한다.
> 제437조(즉시항고) 제433조, 제434조제1항, 제435조제1항과 전조제1항의 결정에 대하여는 즉시항고를 할 수 있다.

ㄷ. [○] 형사소송법 제402조는 "법원의 결정에 대하여 불복이 있으면 항고를 할 수 있다. 단, 이 법률에 특별한 규정이 있는 경우에는 예외로 한다."고 규정하고, 제403조 제1항은 "법원의 관할 또는 판결 전의 소송절차에 관한 결정에 대하여는 특히 즉시항고를 할 수 있는 경우 외에는 항고하지 못한다."고 규정하고 있다. 그런데 형사소송법 제266조의4에 따라 법원이 검사에게 수사서류 등의 열람·등사 또는 서면의 교부를 허용할 것을 명한 결정은 피고사건 소송절차에서의 증거개시(開示)와 관련된 것으로서 제403조에서 말하는 '판결 전의 소송절차에 관한 결정'에 해당한다 할 것인데, 위 결정에 대하여는 형사소송법에서 별도로 즉시항고에 관한 규정을 두고 있지 않으므로 제402조에 의한 항고의 방법으로 불복할 수 없다고 보아야 한다(대법원 2013.1.24, 2012모1393).

ㄹ. [○] 형사소송법 제192조 제1항, 제2항 참조.

> 형사소송법 제192조(제삼자부담의 재판) ① 재판으로 소송절차가 종료되는 경우에 피고인 아닌 자에게 소송비용을 부담하게 하는 때에는 직권으로 결정을 하여야 한다.
> ② 전항의 결정에 대하여는 즉시항고를 할 수 있다.

18 　　　　　　　　　　　　　　　　　정답 ③

③ [×] 형집행의 주체는 검사이다(검사주의, 형사소송법 제460조 제1항 본문). 형집행의 순서는 중형우선집행 원칙이 적용되나(동법 제462조 본문), 법무부장관의 허가에 의하여 중형 집행정지 후 경형 우선 집행의 예외가 인정된다(동조 단서).

> 제462조(형 집행의 순서) 2 이상의 형을 집행하는 경우에 자격상실, 자격정지, 벌금, 과료와 몰수 외에는 무거운 형을 먼저 집행한다. 다만, 검사는 소속 장관의 허가를 얻어 무거운 형의 집행을 정지하고 다른 형의 집행을 할 수 있다.

① [○] 우리 형법이 집행유예기간의 시기(始期)에 관하여 명문의 규정을 두고 있지는 않지만 형사소송법 제459조가 "재판은 이 법률에 특별한 규정이 없으면 확정한 후에 집행한다."고 규정한 취지나 집행유예 제도의 본질 등에 비추어

보면 집행유예를 함에 있어 그 집행유예기간의 시기는 집행유예를 선고한 판결 확정일로 하여야 하고 법원이 판결 확정일 이후의 시점을 임의로 선택할 수는 없다(대법원 2002.2.26, 2000도4637).

② [○] 벌금형에 따르는 노역장유치는 실질적으로 자유형과 동일한 것으로서 그 집행에 대하여는 자유형의 집행에 관한 규정이 준용된다(형사소송법 제492조). 구금되지 아니한 당사자에 대하여 형의 집행기관인 검사는 그 형의 집행을 위하여 당사자를 소환할 수 있고, 당사자가 소환에 응하지 아니한 때에는 형집행장을 발부하여 구인할 수 있다(형사소송법 제473조). 형사소송법 제475조는 이 경우 형집행장의 집행에 관하여 형사소송법 제1편 제9장에서 정하는 피고인의 구속에 관한 규정을 준용한다고 규정하고 있고, 여기서 '피고인의 구속에 관한 규정'은 '피고인의 구속영장의 집행에 관한 규정'을 의미한다고 할 것이므로, 형집행장의 집행에 관하여는 구속의 사유에 관한 형사소송법 제70조나 구속이유의 고지에 관한 형사소송법 제72조가 준용되지 아니한다(대법원 2013.9.12, 2012도2349).

④ [○] 검사가 형을 집행함에 있어 판결에서 산입을 명한 당해 사건의 미결구금일수나 그 사건에서 상소와 관련하여 형사소송법 제482조에 의하여 당연히 산입되는 미결구금일수를 제외하고는 다른 사건에서의 미결구금일수는 법률상 산입할 근거도 없고, 또한 구속은 원칙적으로 구속영장이 발부된 범죄사실에 대한 것이어서 그로 인한 미결구금도 당해 사건의 형의 집행과 실질적으로 동일하다고 보아 그 미결구금일수를 형에 산입하려는 것이므로, 그와 같은 제도의 취지에 비추어 보면 확정된 형을 집행함에 있어 무죄로 확정된 다른 사건에서의 미결구금일수를 산입하지 않는다고 하여 헌법상의 행복추구권이나 평등권을 침해하였다고 볼 수도 없다(대법원 1997.12.29, 97모112).

19 정답 ①

① ㄱ, ㄷ

ㄱ. [○] 국선변호인 제도는 구속영장실질심사, 체포·구속 적부심사의 경우를 제외하고는 공판절차에서 피고인의 지위에 있는 자에게만 인정되고 이 사건과 같이 집행유예의 취소청구 사건의 심리절차에서는 인정되지 않는다(대법원 2019.1.4, 2018모3621).

ㄴ. [×] 헌법상 변호인의 조력을 받을 권리와 형사소송법에 국선변호인 제도를 마련한 취지 등에 비추어 보면, 법원이 국선변호인을 반드시 선정해야 하는 사유로 형사소송법 제33조 제1항 제5호에서 정한 '피고인이 심신장애의 의심이 있는 때'란 진단서나 정신감정 등 객관적인 자료에 의하여 피고인의 심신장애 상태를 확신할 수 있거나 그러한 상태로 추단할 수 있는 근거가 있는 경우는 물론, 범행의 경위, 범행의 내용과 방법, 범행 전후 과정에서 보인 행동 등과 아울러 피고인의 연령·지능·교육 정도 등 소송기록과 소명자료에 드러난 제반 사정에 비추어 피고인의 의식상태나 사물에 대한 변별능력, 행위통제능력이 결여되거나 저하된 상태

로 의심되어 피고인이 공판심리단계에서 효과적으로 방어권을 행사하지 못할 우려가 있다고 인정되는 경우를 포함한다(대법원 2019.9.26, 2019도8531).

ㄷ. [○] 형사소송법 제219조, 제121조가 규정한 변호인의 참여권은 피압수자의 보호를 위하여 변호인에게 주어진 고유권이다. 따라서 설령 피압수자가 수사기관에 압수·수색영장의 집행에 참여하지 않는다는 의사를 명시하였다고 하더라도, 특별한 사정이 없는 한 그 변호인에게는 형사소송법 제219조, 제122조에 따라 미리 집행의 일시와 장소를 통지하는 등으로 압수·수색영장의 집행에 참여할 기회를 별도로 보장하여야 한다(대법원 2020.11.26, 2020도10729).

ㄹ. [×] 형사소송법 제282조에 규정된 필요적 변호사건에 해당하는 사건에서 제1심의 공판절차가 변호인 없이 이루어진 경우, 그와 같은 위법한 공판절차에서 이루어진 소송행위는 무효이므로, 이러한 경우에는 항소심으로서는 변호인이 있는 상태에서 소송행위를 새로이 한 후 위법한 제1심판결을 파기하고, 항소심에서의 진술 및 증거조사 등 심리결과에 기하여 다시 판결하여야 한다(대법원 1995.4.25, 94도2347).

20 정답 ③

③ [○] 법원이 선임한 부재자 재산관리인이 그 관리대상인 부재자의 재산에 대한 범죄행위에 관하여 법원으로부터 고소권행사에 관한 허가를 얻은 경우, 형사소송법 제225조 제1항에서 정한 법정대리인으로서의 적법한 고소권자에 해당한다(대법원 2022.5.26, 2021도2488).

① [×] 형사소송법 제259조 참조

> 형사소송법 제259조(고소인등에의 공소불제기이유고지) 검사는 고소 또는 고발있는 사건에 관하여 공소를 제기하지 아니하는 처분을 한 경우에 고소인 또는 고발인의 청구가 있는 때에는 7일 이내에 고소인 또는 고발인에게 그 이유를 서면으로 설명하여야 한다.

② [×] (위 시험 시행일 기준으로 해설하나, 보충 부분 필히 참조) 고소 또는 고발사건으로 제출된 서류가 불분명하거나 구체적 사실이 적시되어 있지 않을 때에는 진정사건으로 수리할 수 있다(검사규 제224조 제3항 제1호, 경수규 제21조 제2항 제1호).

> 검찰사건사무규칙 제224조(진정 등 수리) ③ 검사는 고소 또는 고발사건으로 제출된 서류가 다음 각 호의 어느 하나에 해당하는 경우에는 이를 진정사건으로 수리할 수 있다.
> 1. 고소인 또는 고발인의 진술이나 고소장 또는 고발장의 내용이 불분명하거나 구체적 사실이 적시되어 있지 않은 경우
> 경찰수사규칙 제21조(고소·고발의 수리) ① 사법경찰관리는 진정인·탄원인 등 민원인이 제출하는 서류가 고소·고발의 요건을 갖추었다고 판단하는 경우 이를 고소·고발로 수리한다.
> ② 사법경찰관리는 고소장 또는 고발장의 명칭으로 제출된 서류가 다음 각 호의 어느 하나에 해당하는 경우에는 이를 진정(陳情)으로 처리할 수 있다.
> 1. 고소인 또는 고발인의 진술이나 고소장 또는 고발장에 따른 내용이 불분명하거나 구체적 사실이 적시되어 있지 않은 경우

2. 피고소인 또는 피고발인에 대한 처벌을 희망하는 의사표시가 없거나 처벌을 희망하는 의사표시가 취소된 경우

[보충] 다만, 2023.11.1. 시행 수사준칙에 의하면 고소 또는 고발이 있는 때에는 수사기관은 이를 수리하여야 한다. 따라서 개정 수사준칙에 의하면 위 지문은 옳은 것이다.

수사준칙 제16조의2(고소·고발 사건의 수리 등) ① 검사 또는 사법경찰관이 고소 또는 고발을 받은 때에는 이를 수리해야 한다.
② 검사 또는 사법경찰관이 고소 또는 고발에 의하여 범죄를 수사할 때에는 고소 또는 고발을 수리한 날로부터 3개월 이내에 수사를 마쳐야 한다.

④ [×] 이의신청권의 주체에서 고발인이 제외되었다(2022. 5.9. 개정 형사소송법 제245조의7 제1항).

형사소송법 제245조의5(사법경찰관의 사건송치 등) 사법경찰관은 고소·고발 사건을 포함하여 범죄를 수사한 때에는 다음 각 호의 구분에 따른다.
1. 범죄의 혐의가 있다고 인정되는 경우에는 지체 없이 검사에게 사건을 송치하고, 관계 서류와 증거물을 검사에게 송부하여야 한다.
2. 그 밖의 경우에는 그 이유를 명시한 서면과 함께 관계 서류와 증거물을 지체 없이 검사에게 송부하여야 한다. 이 경우 검사는 송부받은 날부터 90일 이내에 사법경찰관에게 반환하여야 한다.
제245조의6(고소인 등에 대한 송부통지) 사법경찰관은 제245조의5제2호의 경우에는 그 송부한 날부터 7일 이내에 서면으로 고소인·고발인·피해자 또는 그 법정대리인(피해자가 사망한 경우에는 그 배우자·직계친족·형제자매를 포함한다)에게 사건을 검사에게 송치하지 아니하는 취지와 그 이유를 통지하여야 한다.
제245조의7(고소인 등의 이의신청) ① 제245조의6의 통지를 받은 사람(고발인을 제외한다)은 해당 사법경찰관의 소속 관서의 장에게 이의를 신청할 수 있다.
② 사법경찰관은 제1항의 신청이 있는 때에는 지체 없이 검사에게 사건을 송치하고 관계 서류와 증거물을 송부하여야 하며, 처리결과와 그 이유를 제1항의 신청인에게 통지하여야 한다.

21   정답 ③

③ [○] 형사소송규칙 제134조의10 제1항 참조.

형사소송규칙 제134조의10(피해자등의 의견진술) ① 법원은 필요하다고 인정하는 경우에는 직권으로 또는 법 제294조의2제1항에 정한 피해자등(이하 이 조 및 제134조의11에서 '피해자등'이라 한다)의 신청에 따라 피해자등을 공판기일에 출석하게 하여 법 제294조의2제2항에 정한 사항으로서 범죄사실의 인정에 해당하지 않는 사항에 관하여 증인신문에 의하지 아니하고 의견을 진술하게 할 수 있다.

① [×] 형사소송법 제294조의2 제1항 제2호 참조.

제294조의2(피해자등의 진술권) ① 법원은 범죄로 인한 피해자 또는 그 법정대리인(피해자가 사망한 경우에는 배우자·직계친족·형제자매를 포함한다. 이하 이 조에서 "피해자등"이라 한다)의 신청이 있는 때에는 그 피해자등을 증인으로 신문하여야 한다. 다만, 다음 각 호의 어느 하나에 해당하는 경우에는 그러하지 아니하다.
1. 삭제 〈2007. 6. 1.〉

2. 피해자등 이미 당해 사건에 관하여 공판절차에서 충분히 진술하여 다시 진술할 필요가 없다고 인정되는 경우
3. 피해자등의 진술로 인하여 공판절차가 현저하게 지연될 우려가 있는 경우

② [×] 피해자 증인신문 시 비공개 심리결정에는 피고인의 동의를 요하지 아니한다(형사소송법 제294조의3 제1항).

제294조의3 (피해자 진술의 비공개) ① 법원은 범죄로 인한 피해자를 증인으로 신문하는 경우 당해 피해자·법정대리인 또는 검사의 신청에 따라 피해자의 사생활의 비밀이나 신변보호를 위하여 필요하다고 인정하는 때에는 결정으로 심리를 공개하지 아니할 수 있다.

④ [×] 형사소송법 제294조의2 제3항 참조.

제294조의2(피해자등의 진술권) ③ 법원은 동일한 범죄사실에서 제1항의 규정에 의한 신청인이 여러 명인 경우에는 진술할 자의 수를 제한할 수 있다.

22   정답 ③

③ [×] 검사의 공소를 제기하지 아니하는 처분의 당부에 관한 재정신청에 당하는 법원은 검사의 무혐의 불기소처분이 위법하다 하더라도 기록에 나타난 여러 가지 사정을 고려하여 기소유예의 불기소처분을 할 만한 사건이라고 인정되는 경우에는 재정신청을 기각할 수 있다(대법원 1996.7.16, 96모53).

① [○] 법원이 재정신청 대상 사건이 아님에도 이를 간과한 채 형사소송법 제262조 제2항 제2호에 따라 공소제기결정을 하였더라도, 그에 따른 공소가 제기되어 본안사건의 절차가 개시된 후에는 다른 특별한 사정이 없는 한 본안사건에서 위와 같은 잘못을 다툴 수 없다(대법원 2017.11.14, 2017도13465).

② [○] 대법원 2015.7.16, 2013모2347 전원합의체

④ [○] 형사소송법 제262조 제4항 후문은 재정신청 기각결정이 확정된 사건에 대하여는 다른 중요한 증거를 발견한 경우를 제외하고는 소추할 수 없다고 규정하고 있다. 여기에서 '다른 중요한 증거를 발견한 경우'란 재정신청 기각결정 당시에 제출된 증거에 새로 발견된 증거를 추가하면 충분히 유죄의 확신을 가지게 될 정도의 증거가 있는 경우를 말하고, 단순히 재정신청 기각결정의 정당성에 의문이 제기되거나 범죄피해자의 권리를 보호하기 위하여 형사재판절차를 진행할 필요가 있는 정도의 증거가 있는 경우는 여기에 해당하지 않는다(대법원 2018.12.28, 2014도17182).

23   정답 ④

ㄱ. [○] 소송촉진 등에 관한 특례규칙 제19조 제2항의 규정에 의하면, 제1심 공판절차에서 피고인에 대한 소환이 공시송달로 행하여지는 경우에도 법원이 피고인의 진술 없이 재판을 하기 위하여는 공시송달의 방법으로 소환받은 피고인이 2회 이상 불출석할 것이 요구된다. 그러므로 공시송달의 방법으로 소환한 피고인이 불출석하는 경우 다시 공판기일을 지정하고 공시송달의 방법으로 피고인을 재소환한 후 그 기일

에도 피고인이 불출석하여야 비로소 피고인의 불출석 상태에서 재판절차를 진행할 수 있다(대법원 2011.5.13, 2011도1094).

> **소송촉진 등에 관한 특례규칙 제19조(불출석피고인에 대한 재판)** ① 피고인에 대한 송달불능보고서가 접수된 때로부터 6월이 경과하도록 제18조제2항 및 제3항의 규정에 의한 조치에도 불구하고 피고인의 소재가 확인되지 아니한 때에는 그 후 피고인에 대한 송달은 공시송달의 방법에 의한다.
> ② 피고인이 제1항의 규정에 의한 공판기일의 소환을 2회이상 받고도 출석하지 아니한 때에는 법 제23조의 규정에 의하여 피고인의 진술없이 재판할 수 있다.

ㄴ. [×] 형사소송절차에서도 형사소송법 제65조에 의하여 보충송달에 관한 민사소송법 제172조 제1항이 준용되므로, 피고인의 동거 가족에게 서류가 교부되고 그 동거 가족이 사리를 변식할 지능이 있는 이상 피고인이 그 서류의 내용을 알지 못한 경우에도 송달의 효력이 있고, 사리를 변식할 지능이 있다고 하기 위하여는 사법제도 일반이나 소송행위의 효력까지 이해할 필요는 없더라도 송달의 취지를 이해하고 영수한 서류를 수송달자에게 교부하는 것을 기대할 수 있는 정도의 능력이 있으면 족하다(대법원 2000.2.14, 99모225).

ㄷ. [○] 소송촉진 등에 관한 특례법 제23조와 같은 법 시행규칙 제19조 제1항에 의하면, 피고인의 소재를 확인하기 위하여 필요한 조치를 취하였음에도 불구하고 피고인에 대한 송달불능보고서가 접수된 때로부터 6월이 경과하도록 피고인의 소재가 확인되지 아니한 때에 비로소 공시송달의 방법에 의하도록 하고 있는데, 피고인 주소지에 피고인이 거주하지 아니한다는 이유로 구속영장이 여러 차례에 걸쳐 집행불능되어 반환된 바 있었다고 하더라도 이를 소송촉진 등에 관한 특례법이 정한 '송달불능보고서의 접수'로 볼 수는 없다. 반면에 소재탐지불능보고서의 경우는 경찰관이 직접 송달주소를 방문하여 거주자나 인근 주민 등에 대한 탐문 등의 방법으로 피고인의 소재 여부를 확인하므로 송달불능보고서보다 더 정확하게 피고인의 소재 여부를 확인할 수 있기 때문에 송달불능보고서와 동일한 기능을 한다고 볼 수 있으므로 소재탐지불능보고서의 접수는 소송촉진 등에 관한 특례법이 정한 '송달불능보고서의 접수'로 볼 수 있다(대법원 2014.10.16, 2014모1557).

ㄹ. [○] 송달명의인이 체포 또는 구속된 날 소송기록접수통지서 등의 송달서류가 송달명의인의 종전 주·거소에 송달되었다면 송달의 효력 발생 여부는 체포 또는 구속된 시각과 송달된 시각의 선후에 의하여 결정하되, 선후관계가 명백하지 않다면 송달의 효력은 발생하지 않는 것으로 보아야 한다(대법원 2017.11.7, 2017모2162).

24　　　　　　　　　　　　　　　　　정답 ②

② [○] 형사소송법 제297조의2 참조

> **형사소송법 제297조의2(간이공판절차에서의 증거조사)** 제286조의2의 결정이 있는 사건에 대하여는 제161조의2, 제290조 내지 제293조, 제297조의 규정을 적용하지 아니하며 법원이 상당하다고 인정하는 방법으로 증거조사를 할 수 있다.

[비교] 이에 비해 공소장변경, 증인의 선서, 당사자의 증거

조사참여권·증거신청권 및 증거조사 이의신청권, 무죄판결·공소기각·관할위반판결 등은 간이공판절차에서도 적용되는 제도들이다.

① [×] 피고인이 공소사실에 대하여 검사가 신문을 할 때에는 공소사실을 모두 사실과 다름없다고 진술하였으나 변호인이 신문을 할 때에는 범의나 공소사실을 부인하였다면 그 공소사실은 간이공판절차에 의하여 심판할 대상이 아니고, 따라서 피고인의 법정에서의 진술을 제외한 나머지 증거들은 간이공판절차가 아닌 일반절차에 의한 적법한 증거조사를 거쳐 그에 관한 증거능력이 부여되지 아니하는 한 그 공소사실에 대한 유죄의 증거로 삼을 수 없다(대법원 1998.2.27, 97도3421).

③ [×] 피고인이 제1심법원에서 공소사실에 대하여 자백하여 제1심법원이 이에 대하여 간이공판절차에 의하여 심판할 것을 결정하고, 이에 따라 제1심법원이 제1심판결 명시의 증거들을 증거로 함에 피고인 또는 변호인의 이의가 없어 형사소송법 제318조의3의 규정에 따라 증거능력이 있다고 보고, 상당하다고 인정하는 방법으로 증거조사를 한 이상, 가사 항소심에 이르러 범행을 부인하였다고 하더라도 제1심법원에서 증거로 할 수 있었던 증거는 항소법원에서도 증거로 할 수 있는 것이므로 제1심법원에서 이미 증거능력이 있었던 증거는 항소심에서도 증거능력이 그대로 유지되어 심판의 기초가 될 수 있고 다시 증거조사를 할 필요가 없다(대법원 1998.2.27, 97도3421).

④ [×] 간이공판절차에서 요구되는 자백은 피고인이 공판기일에 공판정에서 할 것을 요하지만, 간이공판절차를 위한 피고인자백의 최종가능시점에 대해서는 명문의 규정은 없다. 학설로는 피고인모두진술시설, 변론종결시설, 피고인신문종결시설이 대립하고, 피고인모두진술시설이 법원실무의 태도이다.

> **형사소송법 제286조의2(간이공판절차의 결정)** 피고인이 공판정에서 공소사실에 대하여 자백한 때에는 법원은 그 공소사실에 한하여 간이공판절차에 의하여 심판할 것을 결정할 수 있다.
> **제287조(재판장의 쟁점정리 및 검사·변호인의 증거관계 등에 대한 진술)** ① 재판장은 피고인의 모두진술이 끝난 다음에 피고인 또는 변호인에게 쟁점의 정리를 위하여 필요한 질문을 할 수 있다.

25　　　　　　　　　　　　　　　　　정답 ②

ㄱ. [○] 형사소송법 제214조의2 제12항 참조.

> **형사소송법 제214조의2(체포와 구속의 적부심사)** ⑫ 체포영장이나 구속영장을 발부한 법관은 제4항부터 제6항까지의 심문·조사·결정에 관여할 수 없다. 다만, 체포영장이나 구속영장을 발부한 법관 외에는 심문·조사·결정을 할 판사가 없는 경우에는 그러하지 아니하다.

ㄴ. [×] 적부심에서 석방결정이 있을 때에는 도망할 우려가 증거를 인멸할 염려로는 재체포·재구속이 불가하다. 형사소송법 제213조의3 제1항 참조.

ㄷ. [×] 검사는 결정권이 아니라 청구권만 있을 뿐이고 <u>법원의 결정</u>에 의한다. 형사소송법 제214조의4 제2항 참조.

ㄹ. [○] 대법원 2004.1.16, 2003도5693

01	④	02	④	03	③	04	①	05	②
06	①	07	④	08	③	09	④	10	②
11	②	12	③	13	②	14	②	15	③
16	①	17	①	18	④	19	③	20	②
21	④	22	④	23	①	24	③	25	③
26	④	27	②	28	②	29	③	30	④
31	④	32	③	33	①	34	①	35	②
36	①	37	③	38	①	39	②	40	④

01
정답 ④

④ [×] 형법의 보호적 기능과 보장적 기능은 상호 긴장 내지 반비례 관계에 있다.
[보충] 법학은 이렇게 상반되는 이념 내지 가치들의 균형을 추구하는 것을 그 사명으로 한다.

① [○] 법익이라 함은 사람이 생활을 함에 있어서 보호해야 할 이익 중에서도 특히 법률이 보호하는 이익을 말한다. 형법은 바로 이러한 생명, 신체, 재산, 명예, 공공의 안전 등의 법익을 보호하는 기능을 한다.
[보충] 형법의 보호적 기능에는 법익보호의 기능만 있는 것은 아니고, 사회윤리적 행위가치의 보호 기능도 있다.

② [○] 형법은 그 법적 효과로써 형벌을 규정하고 있으므로 최후의 수단으로써만 기능해야 하고, 이를 형법의 보충성 원칙이라 한다. 형법의 보충성은 형법의 법익보호 기능과 관련된 원칙이다.

③ [○] 형법은 행위규범인 동시에 재판규범이므로, 일반인들의 행위의 기준이자, 법관으로 하여금 자의적 판결을 내리지 못하게 하는 등 재판의 기준으로 사용된다.

02
정답 ④

④ [×] '게임산업진흥에 관한 법률' 제32조 제1항 제7호는 "누구든지 게임물의 이용을 통하여 획득한 유·무형의 결과물(점수, 경품, 게임 내에서 사용되는 가상의 화폐로서 대통령령이 정하는 게임머니 및 대통령령이 정하는 이와 유사한 것을 말한다)을 환전 또는 환전알선하거나 재매입을 업으로 하는 행위를 하여서는 아니된다"고 정하고 있다. 여러 사정을 종합하여 보면, 위 조항이 정한 '환전'에는 '게임결과물을 수령하고 돈을 교부하는 행위'뿐만 아니라 '게임결과물을 교부하고 돈을 수령하는 행위'도 포함되는 것으로 해석함이 상당하고, 이를 지나친 확장해석이나 유추해석이라고 할 수 없다(대법원 2012.12.13, 2012도11505).

① [○] 구 정보통신망 이용촉진 및 정보보호 등에 관한 법률(2007. 1. 26. 법률 제8289호로 개정되기 전의 것) 제65조 제1항 제3호에서 규정하는 "불안감"은 평가적·정서적 판단을 요하는 규범적 구성요건요소이고, "불안감"이란 개념이 사전적으로 "마음이 편하지 아니하고 조마조마한 느낌"이라고 풀이되고 있어 이를 불명확하다고 볼 수는 없으므로, 위 규정 자체가 죄형법정주의 및 여기에서 파생된 명

확성의 원칙에 반한다고 볼 수 없다(대법원 2008.12.24, 2008도9581).

② [○] 위임입법에 관한 헌법 제75조는 처벌법규에도 적용되는 것이지만 처벌법규의 위임은 특히 긴급한 필요가 있거나 미리 법률로써 자세히 정할 수 없는 부득이한 사정이 있는 경우에 한정되어야 하고 이 경우에도 법률에서 범죄의 구성요건은 처벌대상인 행위가 어떠한 것일 것이라고 이를 예측할 수 있을 정도로 구체적으로 정하고 형벌의 종류 및 그 상한과 폭을 명백히 규정하여야 한다(헌법재판소 1991.7.8, 91헌가4 전원합의체).

> 헌법 제75조 대통령은 법률에서 구체적으로 범위를 정하여 위임받은 사항과 법률을 집행하기 위하여 필요한 사항에 관하여 대통령령을 발할 수 있다.

③ [○] 구 근로기준법 제30조 단서에서 임금·퇴직금 청산기일의 연장합의의 한도에 관하여 아무런 제한을 두고 있지 아니함에도 불구하고, 같은법시행령 제12조에 의하여 같은 법 제30조 단서에 따른 기일연장을 3월 이내로 제한한 것은 같은법시행령 제12조가 같은 법 제30조 단서의 내용을 변경하고 같은 법 제109조와 결합하여 형사처벌의 대상을 확장하는 결과가 된다 할 것인바, 이와 같이 법률이 정한 형사처벌의 대상을 확장하는 내용의 법규는 법률이나 법률의 구체적 위임에 의한 명령 등에 의하지 않으면 아니 된다고 할 것이므로, 결국 모법의 위임에 의하지 아니한 같은법시행령 제12조는 죄형법정주의의 원칙에 위배되고 위임입법의 한계를 벗어난 것으로서 무효이다(대법원 1998.10.15, 98도1759 전원합의체).

03
정답 ③

③ ㉠ [×] ㉡ [○] ㉢ [×] ㉣ [○]
(가)는 상태범, (나)는 계속범이다.
[보충] 상태범은 즉시범에 속한다.

㉠ [×] 상태범의 경우에는 기수 시까지 공범이 성립 가능하다.

㉡ [○] 계속범의 경우에는 범죄 종료 시가 공소시효의 기산점이다.

㉢ [×] 계속범의 경우에는 기수 이후에도 종료 시까지는 정당방위가 가능하다. 또한 상태범의 경우에도 원칙적으로 기수 시까지 정당방위가 가능하나, 기수 이후에도 침해상황이 종료되기 전이라면 정당방위가 가능하다.

> 판례
> 형법 제21조 제1항은 "현재의 부당한 침해로부터 자기 또는 타인의 법익을 방위하기 위하여 한 행위는 상당한 이유가 있는 경우에는 벌하지 아니한다."라고 규정하여 정당방위를 위법성조각사유로 인정하고 있다. 이때 '침해의 현재성'이란 침해행위가 형식적으로 기수에 이르렀는지에 따라 결정되는 것이 아니라 자기 또는 타인의 법익에 대한 침해상황이 종료되기 전까지를 의미하는 것이므로, 일련의 연속되는 행위로 인해 침해상황이 중단되지 아니하거나 일시 중단되더라도 추가 침해가 곧바로 발생할 객관적인 사유가 있는 경우에는 그중 일부 행위가 범죄의 기수에 이르렀더라도 전체적으로 침해상황이 종료되지 않은 것으로 볼 수 있다(대법원 2023.4.27, 2020도6874).

ⓔ [○] 상태범의 경우에는 기수와 종료의 시기가 일치하지만, 계속범의 경우에는 기수와 종료의 시기가 불일치한다.

04 정답 ①

① ㉠ [○] ㉡ [○] ㉢ [○] ㉣ [○]

㉠ [○] 직계존속임을 인식하지 못하고 살인을 한 경우 특별히 무거운 죄가 되는 사실을 인식하지 못한 경우로서 甲은 「형법」 제15조 제1항에 의하여 보통살인죄에 해당한다.

㉡ [○] 구체적 사실의 착오 중 방법의 착오에 관한 문제로 법정적 부합설에 의하면 발생사실에 대한 고의기수범이 성립하므로, 甲에게는 B에 대한 살인죄가 성립한다.

㉢ [○] 추상적 사실의 착오 중 객체의 착오에 관한 문제로 구체적 부합설과 법정적 부합설 모두 인식사실에 대한 '미수'와 발생사실에 대한 '과실'의 상상적 경합을 인정하므로, 甲은 A에 대한 살인미수(A의 사냥개에 대한 과실손괴는 불가벌)가 성립한다.

㉣ [○] 추상적 사실의 착오 중 방법의 착오에 관한 문제로 구체적 부합설과 법정적 부합설 모두 인식사실에 대한 '미수'와 발생사실에 대한 '과실'의 상상적 경합을 인정하므로, 甲은 A에 대한 상해미수(A의 개에 대한 과실손괴는 불가벌)가 성립한다.

05 정답 ①

① [×] 피해자가 피고인의 고소로 조사받는 것을 따지기 위하여 야간에 피고인의 집에 침입한 상태에서 문을 닫으려는 피고인과 열려는 피해자 사이의 실랑이가 계속되는 과정에서 문짝이 떨어져 그 앞에 있던 피해자가 넘어져 2주간의 치료를 요하는 요추부염좌 및 우측 제4수지 타박상의 각 상해를 입게 된 경우, 사회통념상 허용될 만한 정도를 넘어서는 위법성이 있는 행위라고 보기는 어려우므로 정당행위에 해당한다(대법원 2000.3.10, 99도4273).

② [○] 국군보안사령부의 민간인에 대한 정치사찰을 폭로한다는 명목으로 군무를 이탈한 행위가 정당방위나 정당행위에 해당하지 아니한다(대법원 1993.6.8, 93도766).

③ [○] 당해 쟁의행위 자체의 정당성과 이를 구성하거나 부수되는 개개의 행위의 정당성은 구별되어야 하므로 일부 소수의 근로자가 폭력행위 등의 위법행위를 하였다고 하더라도 전체로서의 쟁의행위가 위법하게 되는 것은 아니다(대법원 2003.12.26, 2003두8906).

④ [○] 공직선거및선거부정방지법 제258조 제2항 제1호, 제127조 제3항 소정의 선거비용지출죄는 회계책임자가 아닌 자가 선거비용을 지출한 경우에 성립되는 죄인바, 후보자가 그와 같은 행위가 죄가 되는지 몰랐다고 하더라도 회계책임자가 아닌 후보자가 선거비용을 지출한 이상 그 죄의 성립에 영향이 없고, 회계책임자가 후에 후보자의 선거비용지출을 추인하였다 하더라도 그 위법성이 조각되는 것도 아니다(대법원 1999.10.12, 99도3335).

06 정답 ②

② [×] 자구행위의 경우에는 「형법」 제21조 제3항이 준용되지 아니한다.

① [○] 형법 제23조 제1항

> **형법 제23조(자구행위)** ① 법률에서 정한 절차에 따라서는 청구권을 보전(保全)할 수 없는 경우에 그 청구권의 실행이 불가능해지거나 현저히 곤란해지는 상황을 피하기 위하여 한 행위는 상당한 이유가 있는 때에는 벌하지 아니한다.

③ [○] 자구행위는 과거의 청구권 침해에 대한 '사후적 보전행위'라는 점에서 현재의 침해나 현재의 위난에 대한 정당방위·긴급피난과는 다르다.

④ [○] 자구행위에서 청구권 보전의 불가능이란 법정절차에 따른 권리구제가 불가능하고, 나중에 공적 구제 수단에 의하더라도 그 실효성을 거둘 수 없는 긴급한 사정이 있는 경우를 말한다.

07 정답 ④

④ [×] 아동·청소년의 성보호에 관한 법률 제8조 제1항에서 말하는 '사물을 변별할 능력'이란 사물의 선악과 시비를 합리적으로 판단하여 정할 수 있는 능력을 의미하고, '의사를 결정할 능력'이란 사물을 변별한 바에 따라 의지를 정하여 자기의 행위를 통제할 수 있는 능력을 의미하는데, 이러한 사물변별능력이나 의사결정능력은 판단능력 또는 의지능력과 관련된 것으로서 사실의 인식능력이나 기억능력과는 반드시 일치하는 것은 아니다(대법원 2015.3.20, 2014도17346).

① [○] 형법 제10조 제1항, 제2항 참조

> **형법 제10조(심신장애인)** ① 심신장애로 인하여 사물을 변별할 능력이 없거나 의사를 결정할 능력이 없는 자의 행위는 벌하지 아니한다.
> ② 심신장애로 인하여 전항의 능력이 미약한 자의 행위는 형을 감경할 수 있다.

② [○] 원칙적으로 충동조절장애와 같은 성격적 결함은 형의 감면사유인 심신장애에 해당하지 아니한다고 봄이 타당하다. 다만 충동조절장애와 같은 성격적 결함이라 할지라도 그것이 매우 심각하여 원래의 의미의 정신병을 가진 사람과 동등하다고 평가할 수 있는 경우에는 그로 인한 범행은 심신장애로 인한 범행으로 보아야 한다(대법원 2011.2.10, 2010도14512).

③ [○] 형법에서는 책임능력의 판단방법에 관하여 형사미성년자는 생물학적 방법, 심신장애인은 혼합적 방법, 청각 및 언어 장애인은 생물학적 방법을 규정하고 있다.

> **판례**
> 형법 제10조에 규정된 심신장애는 생물학적 요소로서 정신병 또는 비정상적 정신상태와 같은 정신적 장애가 있는 외에 심리학적 요소로서 이와 같은 정신적 장애로 말미암아 사물에 대한 변별능력과 그에 따른 행위통제능력이 결여되거나 감소되었음을 요한다(대법원 2018.9.13, 2018도7658, 2018전도55, 2018전도54, 2018보도6, 2018모2593).

08   정답 ③

③ [×] 형법 제12조에서 말하는 강요된 행위는 저항할 수 없는 폭력이나 생명, 신체에 위해를 가하겠다는 협박 등 다른 사람의 강요행위에 의하여 이루어진 행위를 의미하는 것이지 어떤 사람의 성장교육과정을 통하여 형성된 내재적인 관념 내지 확신으로 인하여 행위자 스스로의 의사결정이 사실상 강제되는 결과를 낳게 하는 경우까지 의미한다고 볼 수 없다(대법원 1990.3.27, 89도1670).

① [○] 형법 제12조 소정의 저항할 수 없는 폭력은, 심리적인 의미에 있어서 육체적으로 어떤 행위를 절대적으로 하지 아니할 수 없게 하는 경우와 윤리적 의미에 있어서 강압된 경우를 말하고, 협박이란 자기 또는 친족의 생명, 신체에 대한 위해를 달리 막을 방법이 없는 협박을 말하며, 강요라 함은 피강요자의 자유스런 의사결정을 하지 못하게 하면서 특정한 행위를 하게 하는 것을 말한다(대법원 1983.12.13, 83도2276).

② [○] 형법 제12조 소정의 저항할 수 없는 폭력은, 심리적인 의미에 있어서 육체적으로 어떤 행위를 절대적으로 하지 아니할 수 없게 하는 경우와 윤리적 의미에 있어서 강압된 경우를 말하고, 협박이란 자기 또는 친족의 생명, 신체에 대한 위해를 달리 막을 방법이 없는 협박을 말하며, 강요라 함은 피강요자의 자유스런 의사결정을 하지 못하게 하면서 특정한 행위를 하게 하는 것을 말한다(대법원 1983.12.13, 83도2276).

④ [○] 「형법」 제12조의 강요된 행위는 적법행위의 기대가능성이 없어 책임이 조각되는 사유이므로 강요된 행위로 인정되려면 강요자의 폭력·협박과 피강요자의 강요된 행위 간에는 인과관계가 있어야 한다.
[보충] 만일 인과관계가 인정되지 않으면 공범관계가 성립한다.

09   정답 ④

④ [×] 국제우편 등을 통하여 향정신성의약품을 수입하는 경우에는 국내에 거주하는 사람을 수신인으로 명시하여 발신국의 우체국 등에 향정신성의약품이 들어있는 우편물을 제출한 때에 범죄의 실행에 착수하였다고 볼 수 있다(대법원 2019.9.10, 2019도8034).

① [○] 소유권이전등기청구권에 대한 압류는 당해 부동산에 대한 경매의 실시를 위한 사전 단계로서의 의미를 가지나, 전체로서의 강제집행절차를 위한 일련의 시작행위라고 할 수 있으므로, 허위 채권에 기한 공정증서를 집행권원으로 하여 채무자의 소유권이전등기청구권에 대하여 압류신청을 한 시점에 소송사기의 실행에 착수하였다고 볼 것이다(대법원 2015.2.12, 2014도10086).

② [○] 타인의 사무를 처리하는 자가 배임의 범의로, 즉 임무에 위배하는 행위를 한다는 점과 이로 인하여 자기 또는 제3자가 이익을 취득하여 본인에게 손해를 가한다는 점에 대한 인식이나 의사를 가지고 임무에 위배한 행위를 개시한 때 배임죄의 실행에 착수한 것이고, 이러한 행위로 인하여 자기 또는 제3자가 이익을 취득하여 본인에게 손해를 가한 때 배임죄는 기수가 된다(대법원 2017.9.21, 2014도9960).

③ [○] 업무상배임죄는 타인과의 신뢰관계에서 일정한 임무에 따라 사무를 처리할 법적 의무가 있는 자가 그 상황에서 당연히 할 것이 법적으로 요구되는 행위를 하지 않는 부작위에 의해서도 성립할 수 있다. 그러한 부작위를 실행의 착수로 볼 수 있기 위해서는 작위의무가 이행되지 않으면 사무처리의 임무를 부여한 사람이 재산권을 행사할 수 없으리라고 객관적으로 예견되는 등으로 구성요건적 결과 발생의 위험이 구체화한 상황에서 부작위가 이루어져야 한다. 그리고 행위자는 부작위 당시 자신에게 주어진 임무를 위반한다는 점과 그 부작위로 인해 손해가 발생할 위험이 있다는 점을 인식하였어야 한다(대법원 2021.5.27, 2020도15529).

10   정답 ②

② [×] 극단적 종속형식은 정범의 행위가 구성요건해당성, 위법성, 책임까지 갖추면 공범이 성립할 수 있다는 입장이다.
[보충] 정범의 행위가 구성요건에 해당하고 위법하며 유책할 뿐만 아니라 가벌성의 조건(처벌조건)까지 모두 갖추어야 공범이 성립할 수 있다는 것은 초극단적 종속형식이다.

① [○] 공범종속성설은 정범의 성립은 교사범·종범과 같은 협의의 공범의 구성요건의 일부를 형성하고, 교사범·종범이 성립하려면 먼저 정범의 범죄행위가 인정되는 것이 그 전제조건이 된다고 보아야 한다는 입장으로서, 통설과 판례의 입장이다.

③ [○] 공범독립성설에 의하면 공범은 피교사자·피방조자의 범죄실행과는 상관없이 스스로의 교사행위·방조행위만으로도 공범이 성립한다는 입장이다.

④ [○] 제한적 종속형식은 공범이 성립하기 위해서는 정범의 행위가 구성요건에 해당하고 위법할 것을 요하나 유책함은 요하지 않는다는 입장이므로, 비록 정범이 책임무능력자이어서 그 책임이 조각된다 하더라도 공범이 성립할 수 있다고 보게 된다.

11   정답 ②

② [×] 방조범은 정범의 실행행위를 방조한다는 '방조의 고의'와 정범의 행위가 구성요건에 해당하는 행위인 점에 대한 '정범의 고의'를 갖추어야 하며, 목적범의 경우 정범의 목적에 대한 구체적 내용까지 인식할 것을 요하는 것은 아니다.

① [○] 형법 제31조 제1항 참조.

> 형법 제31조(교사범) ① 타인을 교사하여 죄를 범하게 한 자는 죄를 실행한 자와 동일한 형으로 처벌한다.

③ [○] 교사범이란 정범인 피교사자로 하여금 범죄를 결의하게 하여 그 죄를 범하게 한 때에 성립하므로, 교사자의 교사행위에도 불구하고 피교사자가 범행을 승낙하지 아니하거나 피교사자의 범행결의가 교사자의 교사행위에 의하여 생긴 것으로 보기 어려운 경우에는 이른바 실패한 교사로서 형법 제31조 제3항에 의하여 교사자를 음모 또는 예비에 준하여 처벌할 수 있을 뿐이다(대법원 2013.9.12, 2012도2744).

④ [○] 형법 제32조 제1항, 제2항 참조.

12
정답 ③

③ [×] 서로 다른 구성요건에 해당하는 행위는 단일한 범죄의사의 연속성을 인정할 수 없으므로 포괄일죄가 성립할 수 없다. [보충] 판례 중에는 배임과 사기의 행위가 포괄일죄를 구성하지 않는다는 판시도 있다.

> **판례**
> 배임죄와 사기죄는 그 구성요건을 달리하는 별개의 범죄이고 형법상으로도 각각 별개의 장에 규정되어 있어, 1개의 행위에 관하여 사기죄와 배임죄의 각 구성요건이 모두 구비된 때에는 양 죄를 법조경합 관계로 볼 것이 아니라 상상적 경합관계로 봄이 상당하다 할 것이다(대법원 2002.7.18, 2002도669 전원합의체).

① [○] 공무원이 직무관련자에게 제3자와 계약을 체결하도록 요구하여 계약 체결을 하게 한 행위가 제3자뇌물수수죄의 구성요건과 직권남용권리행사방해죄의 구성요건에 모두 해당하는 경우에는, 제3자뇌물수수죄와 직권남용권리행사방해죄가 각각 성립하되, 이는 사회 관념상 하나의 행위가 수개의 죄에 해당하는 경우이므로 두 죄는 형법 제40조의 상상적 경합관계에 있다(대법원 2017.3.15, 2016도19659).

② [○] 허위공문서작성죄와 동행사죄가 수뢰후 부정처사죄와 각각 상상적 경합관계에 있을 때에는 허위공문서작성죄와 동행사죄 상호간은 실체적 경합범관계에 있다고 할지라도 상상적 경합범관계에 있는 수뢰후 부정처사죄와 대비하여 가장 중한 죄에 정한 형으로 처단하면 족한 것이고 따로이 경합가중을 할 필요가 없다(대법원 1983.7.26, 83도1378).

④ [○] 상상적 경합에 해당하는 각 죄 중에서 상한과 하한을 모두 무겁게 처벌해야 한다(결합주의 내지 전체적 대조주의).

> **판례**
> 형법 제40조가 규정하는 1개의 행위가 수개의 죄에 해당하는 경우에는 '가장 중한 죄에 정한 형으로 처벌한다.' 함은 그 수개의 죄명 중 가장 중한 형을 규정한 법조에 의하여 처단한다는 취지와 함께 다른 법조의 최하한의 형보다 가볍게 처단할 수는 없다는 취지 즉, 각 법조의 상한과 하한을 모두 중한 형의 범위 내에서 처단한다는 것을 포함하는 것으로 새겨야 한다(대법원 2006.1.27, 2005도8704).

13
정답 ②

② [×] 구류에 대한 선고유예는 불가하다. 형법 제59조 제1항 참조.

> **형법 제59조(선고유예의 요건)** ① 1년 이하의 징역이나 금고, 자격정지 또는 벌금의 형을 선고할 경우에 제51조의 사항을 고려하여 뉘우치는 정상이 뚜렷할 때에는 그 형의 선고를 유예할 수 있다. 다만, 자격정지 이상의 형을 받은 전과가 있는 사람에 대해서는 예외로 한다.

① [○] 집행유예의 선고를 받은 후 그 선고의 실효 또는 취소됨이 없이 유예기간을 경과한 때에는 형법 제65조가 정하

는 바에 따라 형의 선고는 효력을 잃는 것이고, 그와 같이 유예기간이 경과함으로써 형의 선고가 효력을 잃은 후에는 형법 제62조 단행의 사유가 발각되었다고 하더라도 그와 같은 이유로 집행유예를 취소할 수 없고 그대로 유예기간경과의 효과가 발생한다(대법원 1999.1.12, 98모151).

③ [○] 형법 제62조의2의 규정에 의하여 보호관찰이나 사회봉사 또는 수강을 명한 집행유예를 받은 자가 준수사항이나 명령을 위반한 경우에 그 위반사실이 동시에 범죄행위로 되더라도 그 기소나 재판의 확정여부 등 형사절차와는 별도로 법원이 보호관찰등에관한법률에 의한 검사의 청구에 의하여 형법 제64조 제2항에 규정된 집행유예 취소의 요건에 해당하는가를 심리하여 준수사항이나 명령 위반사실이 인정되고 위반의 정도가 무거운 때에는 집행유예를 취소할 수 있다(대법원 1999.3.10, 99모33).

④ [○] 형법 제72조 제1항, 제2항, 제73조 제2항 참조.

> **형법 제72조(가석방의 요건)** ① 징역이나 금고의 집행 중에 있는 사람이 행상(行狀)이 양호하여 뉘우침이 뚜렷한 때에는 무기형은 20년, 유기형은 형기의 3분의 1이 지난 후 행정처분으로 가석방을 할 수 있다.
> ② 제1항의 경우에 벌금이나 과료가 병과되어 있는 때에는 그 금액을 완납하여야 한다.
> **제73조(판결선고 전 구금과 가석방)** ① 형기에 산입된 판결선고 전 구금일수는 가석방을 하는 경우 집행한 기간에 산입한다.
> ② 제72조 제2항의 경우에 벌금이나 과료에 관한 노역장 유치기간에 산입된 판결선고 전 구금일수는 그에 해당하는 금액이 납입된 것으로 본다.

14
정답 ②

② [×] 자살의 의미를 이해할 능력이 없고 자신의 말은 무엇이나 복종하는 어린 자식을 권유하여 익사하게 하였다면, 물속에 직접 밀어서 빠뜨린 것이 아니더라도 「형법」 제250조 제1항의 보통살인죄(의 간접정범)가 성립한다.

> **판례**
> 피고인이 7세, 3세 남짓된 어린자식들에 대하여 함께 죽자고 권유하여 물속에 따라 들어오게 하여 결국 익사하게 하였다면 비록 피해자들을 물속에 직접 밀어서 빠뜨리지는 않았다고 하더라도 자살의 의미를 이해할 능력이 없고 피고인의 말이라면 무엇이나 복종하는 어린 자식들을 권유하여 익사하게 한 이상 살인죄의 범의는 있었음이 분명하다(대법원 1987.1.20, 86도2395).

① [○] 형법 제255조, 제250조의 살인예비죄가 성립하기 위하여는 형법 제255조에서 명문으로 요구하는 살인죄를 범할 목적 외에도 살인의 준비에 관한 고의가 있어야 하며, 나아가 실행의 착수까지에는 이르지 아니하는 살인죄의 실현을 위한 준비행위가 있어야 한다(대법원 2009.10.29, 2009도7150).

③ [○] 이시의 독립된 상해행위가 경합하여 사망의 결과가 일어난 경우에 그 원인된 행위가 판명되지 아니한 때에는 공동정범의 예에 의하여야 한다(대법원 1981.3.10, 80도3321).

④ [○] 상습존속폭행죄로 처벌되는 경우에는 형법 제260조 제3항이 적용되지 않으므로, 피해자의 명시한 의사에 반하여도 공소를 제기할 수 있다(대법원 2018.4.24, 2017도10956).

15

정답 ③

③ [○] 미성년자와 부모가 거주하는 주거에 침입하여 부모만을 강제로 퇴거시키고 독자적인 생활관계를 형성하기에 이르렀다면 비록 장소적 이전이 없었다 할지라도 형법 제287조의 미성년자약취죄에 해당함이 명백하다(대법원 2008.1.17, 2007도8485).

① [×] 우리 형법은 미성년자약취죄를 포함한 약취·유인, 인신매매의 죄에 대하여 세계주의를 적용하여 외국인의 국외범도 처벌하고 있다.

> 형법 제287조(미성년자의 약취, 유인) 미성년자를 약취 또는 유인한 사람은 10년 이하의 징역에 처한다.
> 제296조의2(세계주의) 제287조부터 제292조까지 및 제294조는 대한민국 영역 밖에서 죄를 범한 외국인에게도 적용한다.

② [×] 체포죄는 계속범으로서 체포의 행위에 확실히 사람의 신체의 자유를 구속한다고 인정할 수 있을 정도의 시간적 계속이 있어야 기수에 이르고, 신체의 자유에 대한 구속이 그와 같은 정도에 이르지 못하고 일시적인 것으로 그친 경우에는 체포죄의 미수범이 성립할 뿐이다(대법원 2020.3.27, 2016도18713).

④ [×] 미성년자를 유인한 자가 계속하여 미성년자를 불법하게 감금하였을 때에는 미성년자유인죄 이외에 감금죄가 별도로 성립한다(대법원 1998.5.26, 98도1036).

16

정답 ①

① 1개

㉠ [×] 형법 제307조 제1항, 제2항, 제310조의 체계와 문언 및 내용에 의하면, 제307조 제1항의 '사실'은 제2항의 '허위의 사실'과 반대되는 '진실한 사실'을 말하는 것이 아니라 가치판단이나 평가를 내용으로 하는 '의견'에 대치되는 개념이다(대법원 2017.4.26, 2016도18024).

㉡ [○] 공연성의 존부는 발언자와 상대방 또는 피해자 사이의 관계나 지위, 대화를 하게 된 경위와 상황, 사실적시의 내용, 적시의 방법과 장소 등 행위 당시의 객관적 제반 사정에 관하여 심리한 다음, 그로부터 상대방이 불특정 또는 다수인에게 전파할 가능성이 있는지 여부를 검토하여 종합적으로 판단하여야 한다. 발언 이후 실제 전파되었는지 여부는 전파가능성 유무를 판단하는 고려요소가 될 수 있으나, 발언 후 실제 전파 여부라는 우연한 사정은 공연성 인정 여부를 판단함에 있어 소극적 사정으로만 고려되어야 한다. 따라서 전파가능성 법리에 따르더라도 위와 같은 객관적 기준에 따라 전파가능성을 판단할 수 있고, 행위자도 발언 당시 공연성 여부를 충분히 예견할 수 있으며, 상대방의 전파의사만으로 전파가능성을 판단하거나 실제 전파되었다는 결과를 가지고 책임을 묻는 것이 아니다(대법원 2020.11.19, 2020도5813 전원합의체).

㉢ [○] 형법 제310조에서 '오로지 공공의 이익에 관한 때'라 함은 적시된 사실이 객관적으로 볼 때, 공공의 이익에 관한 것으로서 행위자도 주관적으로 공공의 이익을 위하여 그 사실을 적시한 것이어야 하는 것인데, 여기의 공공의 이익에

관한 것에는 널리 국가·사회 기타 일반 다수인의 이익에 관한 것뿐만 아니라 특정한 사회집단이나 그 구성원 전체의 관심과 이익에 관한 것도 포함하는 것이다(대법원 2006.5.25, 2005도2049).

㉣ [○] 형법 제309조 제1항 소정의 '사람을 비방할 목적'이란 가해의 의사 내지 목적을 요하는 것으로서 공공의 이익을 위한 것과는 행위자의 주관적 의도의 방향에 있어 서로 상반되는 관계에 있다고 할 것이므로, 형법 제310조의 공공의 이익에 관한 때에는 처벌하지 아니한다는 규정은 사람을 비방할 목적이 있어야 하는 형법 제309조 제1항 소정의 행위에 대하여는 적용되지 아니하고 그 목적을 필요로 하지 않는 형법 제307조 제1항의 행위에 한하여 적용되는 것이고, 반면에 적시한 사실이 공공의 이익에 관한 것인 경우에는 특별한 사정이 없는 한 비방 목적은 부인된다고 봄이 상당하므로 이와 같은 경우에는 형법 제307조 제1항 소정의 명예훼손죄의 성립 여부가 문제될 수 있고 이에 대하여는 다시 형법 제310조에 의한 위법성 조각 여부가 문제로 될 수 있다(대법원 1998.10.9, 97도158).

17

정답 ①

① [×] 관리자가 일정한 토지와 외부의 경계에 인적 또는 물적 설비를 갖추고 외부인의 출입을 제한하고 있더라도 그 토지에 인접하여 건조물로서의 요건을 갖춘 구조물이 존재하지 않는다면 이러한 토지는 건조물침입죄의 객체인 위요지에 해당하지 않는다(대법원 2017.12.22, 2017도690).

② [○] 다가구용 단독주택이나 다세대주택·연립주택·아파트와 같은 공동주택 내부의 엘리베이터, 공용 계단, 복도 등 공용 부분도 그 거주자들의 사실상 주거의 평온을 보호할 필요성이 있으므로 주거침입죄의 객체인 '사람의 주거'에 해당한다(대법원 2022.8.25, 2022도3801).

③ [○] 일반인의 출입이 허용된 음식점에 영업주의 승낙을 받아 통상적인 출입방법으로 들어갔다면 특별한 사정이 없는 한 주거침입죄에서 규정하는 침입행위에 해당하지 않는다. 설령 행위자가 범죄 등을 목적으로 음식점에 출입하였거나 영업주가 행위자의 실제 출입 목적을 알았다면 출입을 승낙하지 않았을 것이라는 사정이 인정되더라도 그러한 사정만으로는 출입 당시 객관적·외형적으로 드러난 행위 태양에 비추어 사실상의 평온상태를 해치는 방법으로 음식점에 들어갔다고 평가할 수 없으므로 침입행위에 해당하지 않는다(대법원 2022.5.12, 2022도2907).

④ [○] 공동거주자 중 한 사람이 법률적인 근거 기타 정당한 이유 없이 다른 공동거주자가 공동생활의 장소에 출입하는 것을 금지한 경우, 다른 공동거주자가 이에 대항하여 공동생활의 장소에 들어갔더라도 이는 사전 양해된 공동주거의 취지 및 특성에 맞추어 공동생활의 장소를 이용하기 위한 방편에 불과할 뿐, 그의 출입을 금지한 공동거주자의 사실상 주거의 평온이라는 법익을 침해하는 행위라고는 볼 수 없으므로 주거침입죄는 성립하지 않는다(대법원 2021.9.9, 2020도6085 전원합의체).

18 정답 ④

④ [○] 형법 제41장의 장물에 관한 죄에 있어서의 '장물'이라 함은 재산범죄로 인하여 취득한 물건 그 자체를 말하므로, 재산범죄를 저지른 이후에 별도의 재산범죄의 구성요건에 해당하는 사후행위가 있었다면 비록 그 행위가 불가벌적 사후행위로서 처벌의 대상이 되지 않는다 할지라도 그 사후행위로 인하여 취득한 물건은 재산범죄로 인하여 취득한 물건으로서 장물이 될 수 있다(대법원 2004.4.16, 2004도353).

① [×] 두 사람으로 된 동업관계 즉, 조합관계에 있어 그 중 1인이 탈퇴하면 조합관계는 해산됨이 없이 종료되어 청산이 뒤따르지 아니하며 조합원의 합유에 속한 조합재산은 남은 조합원의 단독소유에 속하고, 탈퇴자와 남은 자 사이에 탈퇴로 인한 계산을 하여야 한다. 두 사람으로 된 생강농사 동업관계에 불화가 생겨 그 중 1인이 나오지 않자, 남은 동업인이 혼자 생강 밭을 경작하여 생강을 반출한 행위가 절도죄를 구성하지 않는다(대법원 2009.2.12, 2008도11804).

② [×] 절도죄의 성립에 필요한 불법영득의 의사는 영구적으로 그 물건의 경제적 이익을 보유할 의사가 필요치 아니하여도 소유권 또는 이에 준하는 본권을 침해하는 의사 즉 목적물의 물질을 영득할 의사나 물질의 가치만을 영득할 의사이어도 영득의 의사가 있다 할 것이다(대법원 1973.2.26, 73도51).
[보충] 불법영득의사의 객체는 물체 또는 가치(고유한 기능 가치)이다(결합설).

③ [×] 횡령범인이 위탁자가 소유자를 위해 보관하고 있는 물건을 위탁자로부터 보관받아 이를 횡령한 경우에 형법 제361조에 의하여 준용되는 제328조 제2항의 친족간의 범행에 관한 조문은 범인과 피해물건의 소유자 및 위탁자 쌍방 사이에 같은 조문에 정한 친족관계가 있는 경우에만 적용되고, 단지 횡령범인과 피해물건의 소유자간에만 친족관계가 있거나 횡령범인과 피해물건의 위탁자간에만 친족관계가 있는 경우에는 적용되지 않는다(대법원 2008.7.24, 2008도3438).

19 정답 ③

③ [○] 절도범인이 처음에는 흉기를 휴대하지 아니하였으나, 체포를 면탈할 목적으로 폭행 또는 협박을 가할 때에 비로소 흉기를 휴대·사용하게 된 경우에는 형법 제334조의 예에 의한 준강도(특수강도의 준강도)가 된다(대법원 1973.11.13, 73도1553 전원합의체).

① [×] 형법은 제329조에서 절도죄를 규정하고 곧바로 제330조에서 야간주거침입절도죄를 규정하고 있을 뿐, 야간절도죄에 관하여는 처벌규정을 별도로 두고 있지 아니하다. 이러한 형법 제330조의 규정형식과 그 구성요건의 문언에 비추어 보면, 형법은 야간에 이루어지는 주거침입행위의 위험성에 주목하여 그러한 행위를 수반한 절도를 야간주거침입절도죄로 중하게 처벌하고 있는 것으로 보아야 하고, 따라서 주거침입이 주간에 이루어진 경우에는 야간주거침입절도죄가 성립하지 않는다고 해석하는 것이 타당하다(대법원 2011.4.14, 2011도300, 2011감도5).

② [×] 상습절도 등의 범행을 한 자가 추가로 자동차등불법사

용의 범행을 한 경우에 그것이 절도 습벽의 발현이라고 보이는 이상 자동차등불법사용의 범행은 상습절도 등의 죄에 흡수되어 1죄만이 성립하고 이와 별개로 자동차등불법사용죄는 성립하지 않는다(대법원 2002.4.26, 2002도429).

④ [×] 강도살인죄(형법 제338조)의 주체인 강도는 준강도죄(형법 제335조)의 강도범인을 포함한다고 할 것이므로 절도가 체포를 면탈할 목적으로 사람을 살해한 때에는 강도살인죄가 성립한다(대법원 1987.9.22, 87도1592).

20 정답 ②

② [○] 간접정범을 통한 범행에서 피이용자는 간접정범의 의사를 실현하는 수단으로서의 지위를 가질 뿐이므로, 피해자에 대한 사기범행을 실현하는 수단으로서 타인을 기망하여 그를 피해자로부터 편취한 재물이나 재산상 이익을 전달하는 도구로서만 이용한 경우에는 편취의 대상인 재물 또는 재산상 이익에 관하여 피해자에 대한 사기죄가 성립할 뿐 도구로 이용된 타인에 대한 사기죄가 별도로 성립한다고 할 수 없다(대법원 2017.5.31, 2017도3894).

① [×] 민법 제746조의 불법원인급여에 해당하여 급여자가 수익자에 대한 반환청구권을 행사할 수 없다고 하더라도, 수익자가 기망을 통하여 급여자로 하여금 불법원인급여에 해당하는 재물을 제공하도록 하였다면 사기죄가 성립한다고 할 것인바, 피해자로부터 도박자금으로 사용하기 위하여 금원을 차용하였더라도 사기죄의 성립에는 영향이 없다(대법원 2004.5.14, 2004도677).

③ [×] 사기죄의 요건으로서의 기망은 널리 재산상의 거래관계에서 서로 지켜야 할 신의와 성실의 의무를 저버리는 적극적 또는 소극적 행위를 말하는 것으로서, 상대방을 착오에 빠지게 하여 행위자가 희망하는 재산적 처분행위를 하도록 하기 위한 판단의 기초 사실에 관한 것이어야 하고, 그중 소극적 행위로서의 부작위에 의한 기망은 일반거래의 경험칙상 상대방이 그 사실을 알았더라면 당해 법률행위를 하지 아니하였을 것이 명백한 경우에는 신의칙에 비추어 그 사실을 고지할 법률상 의무가 인정된다고 할 것이다(대법원 2021.9.9, 2021도8468).

④ [×] 사기죄는 타인을 기망하여 착오를 일으키게 하고 그로 인한 처분행위를 유발하여 재물·재산상의 이득을 얻음으로써 성립하고, 여기서 처분행위라 함은 재산적 처분행위로서 피해자가 자유의사로 직접 재산상 손해를 초래하는 작위에 나아가거나 또는 부작위에 이른 것을 말하므로, 피해자가 착오에 빠진 결과 채권의 존재를 알지 못하여 채권을 행사하지 아니하였다면 그와 같은 부작위도 재산의 처분행위에 해당한다(대법원 2007.7.12, 2005도9221).

21 정답 ④

④ [×] 서면으로 부동산 증여의 의사를 표시한 증여자는 계약이 취소되거나 해제되지 않는 한 수증자에게 목적부동산의 소유권을 이전할 의무에서 벗어날 수 없다. 그러한 증여자는 '타인의 사무를 처리하는 자'에 해당하고, 그가 수증자에

게 증여계약에 따라 부동산의 소유권을 이전하지 않고 부동산을 제3자에게 처분하여 등기를 하는 행위는 수증자와의 신임관계를 저버리는 행위로서 배임죄가 성립한다(대법원 2018.12.13, 2016도19308).

① [○] 채무자가 금전채무를 담보하기 위하여 그 소유의 동산을 채권자에게 양도담보로 제공함으로써 채권자인 양도담보권자에 대하여 담보물의 담보가치를 유지·보전할 의무 내지 담보물을 타에 처분하거나 멸실, 훼손하는 등으로 담보권 실행에 지장을 초래하는 행위를 하지 않을 의무를 부담하게 되었더라도, 이를 들어 채무자가 통상의 계약에서의 이익대립관계를 넘어서 채권자와의 신임관계에 기초하여 채권자의 사무를 맡아 처리하는 것으로 볼 수 없다. 따라서 채무자를 배임죄의 주체인 '타인의 사무를 처리하는 자'에 해당한다고 할 수 없고, 그가 담보물을 제3자에게 처분하는 등으로 담보가치를 감소 또는 상실시켜 채권자의 담보권 실행이나 이를 통한 채권실현에 위험을 초래하더라도 배임죄가 성립한다고 할 수 없다. 위와 같은 법리는, 채무자가 동산에 관하여 양도담보설정계약을 체결하여 이를 채권자에게 양도할 의무가 있음에도 제3자에게 처분한 경우에도 적용되고, 주식에 관하여 양도담보설정계약을 체결한 채무자가 제3자에게 해당 주식을 처분한 사안에도 마찬가지로 적용된다(대법원 2020.2.20, 2019도9756 전원합의체).

② [○] 동산 매매계약에서의 매도인은 매수인에 대하여 그의 사무를 처리하는 지위에 있지 아니하므로, 매도인이 목적물을 타에 처분하였다 하더라도 형법상 배임죄가 성립하지 아니한다. 위와 같은 법리는 권리이전에 등기·등록을 요하는 동산에 대한 매매계약에서도 동일하게 적용되므로, 자동차 등의 매도인은 매수인에 대하여 그의 사무를 처리하는 지위에 있지 아니하여, 매도인이 매수인에게 소유권이전등록을 하지 아니하고 타에 처분하였다고 하더라도 마찬가지로 배임죄가 성립하지 아니한다(대법원 2020.10.22, 2020도6258 전원합의체).

③ [○] 형법 제357조 제1항에서 정한 배임수재죄의 주체인 '타인의 사무를 처리하는 자'란 타인과의 대내관계에서 신의성실의 원칙에 비추어 사무를 처리할 신임관계가 존재한다고 인정되는 자를 의미하고, 반드시 제3자에 대한 대외관계에서 그 사무에 관한 권한이 존재할 것을 요하지 않는다(대법원 2011.2.24, 2010도11784).

22 정답 ②

② [×] 다른 사람의 소유물을 본래의 용법에 따라 무단으로 사용·수익하는 행위는 소유자를 배제한 채 물건의 이용가치를 영득하는 것이고, 그 때문에 소유자가 물건의 효용을 누리지 못하게 되었더라도 효용 자체가 침해된 것이 아니므로 재물손괴죄에 해당하지 않는다(대법원 2022.11.30, 2022도1410).

판례
재물손괴죄(형법 제366조)는 다른 사람의 재물을 손괴 또는 은닉하거나 그 밖의 방법으로 그 효용을 해한 경우에 성립하는 범죄

로, 행위자에게 다른 사람의 재물을 자기 소유물처럼 그 경제적 용법에 따라 이용·처분할 의사(불법영득의사)가 없다는 점에서 절도, 강도, 사기, 공갈, 횡령 등 영득죄와 구별된다. 다른 사람의 소유물을 본래의 용법에 따라 무단으로 사용·수익하는 행위는 소유자를 배제한 채 물건의 이용가치를 영득하는 것이고, 그 때문에 소유자가 물건의 효용을 누리지 못하게 되었더라도 효용 자체가 침해된 것이 아니므로 재물손괴죄에 해당하지 않는다. 피고인이 타인 소유 토지에 권원 없이 건물을 신축함으로써 그 토지의 효용을 해하였다는 사실로 기소된 경우, 피고인의 행위는 이미 대지화된 토지에 건물을 새로 지어 부지로서 사용·수익함으로써 그 소유자로 하여금 효용을 누리지 못하게 한 것일 뿐 토지의 효용을 해하지 않았으므로, 재물손괴죄가 성립하지 않는다.

① [○] 소유자의 의사에 따라 어느 장소에 게시 중인 문서를 소유자의 의사에 반하여 떼어내는 것과 같이 소유자의 의사에 따라 형성된 종래의 이용상태를 변경시켜 종래의 상태에 따른 이용을 일시적으로 불가능하게 하는 경우에도 문서손괴죄가 성립할 수 있다(대법원 2015.11.27, 2014도13083).

③ [○] 형법 제323조의 권리행사방해죄는 타인의 점유 또는 권리의 목적이 된 자기의 물건을 취거, 은닉 또는 손괴하여 타인의 권리행사를 방해함으로써 성립하므로 그 취거, 은닉 또는 손괴한 물건이 자기의 물건이 아니라면 권리행사방해죄가 성립할 수 없다. 물건의 소유자가 아닌 사람은 형법 제33조 본문에 따라 소유자의 권리행사방해 범행에 가담한 경우에 한하여 그의 공범이 될 수 있을 뿐이다. 그러나 권리행사방해죄의 공범으로 기소된 물건의 소유자에게 고의가 없는 등으로 범죄가 성립하지 않는다면 공동정범이 성립할 여지가 없다(대법원 2017.5.30, 2017도4578).

[유사] 공소외 3이 자기의 물건이 아닌 이 사건 도어락의 비밀번호를 변경하였다고 하더라도 권리행사방해죄가 성립할 수 없고, 이와 같이 정범인 공소외 3의 권리행사방해죄가 인정되지 않는 이상 교사자인 피고인에 대하여 권리행사방해교사죄도 성립할 수 없다(대법원 2022.9.15, 2022도5827).

④ [○] 가압류에는 처분금지적 효력이 있으므로 가압류 후에 목적물의 소유권을 취득한 제3취득자 또는 그 제3취득자에 대한 채권자는 그 소유권 또는 채권으로써 가압류권자에게 대항할 수 없다. 따라서 가압류 후에 목적물의 소유권을 취득한 제3취득자가 다른 사람에 대한 허위의 채무에 기하여 근저당권설정등기 등을 경료하더라도 이로써 가압류채권자의 법률상 지위에 어떤 영향을 미치지 않으므로, 강제집행면탈죄에 해당하지 아니한다(대법원 2008.5.29, 2008도2476).

23 정답 ①

① [○] 공용건조물방화 예비·음모죄를 범한 죄가 그 목적한 죄의 실행에 이른 후라는 것은 최소한 공용건조물방화 미수죄에 해당하므로 이때 수사기관에 자수한 경우에는 보통의 자수에 불과하므로 형법 제52조 제1항에 의하여 형을 감경하거나 면제할 수 있다(임의적 감면).

[비교] 공용건조물방화죄를 범할 목적으로 예비·음모한 자가 그 목적한 죄의 실행에 이르기 전에 자수한 때에는 예비죄의 자수에 해당하여 형법 제175조에 의하여 형을 감경 또는 면제한다(필요적 감면).

> 형법 제175조(예비, 음모) 제164조 제1항, 제165조, 제166조 제1항, 제172조 제1항, 제172조의2 제1항, 제173조 제1항과 제2항의 죄를 범할 목적으로 예비 또는 음모한 자는 5년 이하의 징역에 처한다. 단 그 목적한 죄의 실행에 이르기 전에 자수한 때에는 형을 감경 또는 면제한다.
>
> 제165조(공용건조물 등 방화) 불을 놓아 공용(公用)으로 사용하거나 공익을 위해 사용하는 건조물, 기차, 전차, 자동차, 선박, 항공기 또는 지하채굴시설을 불태운 자는 무기 또는 3년 이상의 징역에 처한다.

② [×] 주거로 사용하지 않고 사람이 현존하지도 않는다는 것은 형법 제164조의 현주건조물 등에 해당하지 않는다는 것으로서, 제166조 제1항의 타인소유 일반건조물 등 방화죄의 객체로 규정된 '일반자동차'에 해당됨을 말한다. 타인소유 일반건조물 방화죄는 공공의 위험이 발생하지 않아도 성립하는 추상적 위험범이다(cf. 자기소유 일반건조물 방화죄는 구체적 위험범). 따라서 방화죄를 구성한다.

> 형법 제164조(현주건조물 등 방화) ① 불을 놓아 사람이 주거로 사용하거나 사람이 현존하는 건조물, 기차, 전차, 자동차, 선박, 항공기 또는 지하채굴시설을 불태운 자는 무기 또는 3년 이상의 징역에 처한다.
>
> 제166조(일반건조물 등 방화) ① 불을 놓아 제164조와 제165조에 기재한 외의 건조물, 기차, 전차, 자동차, 선박, 항공기 또는 지하채굴시설을 불태운 자는 2년 이상의 유기징역에 처한다.

③ [×] 甲이 A의 재물을 강취한 후 A를 살해할 의사로 현주건조물에 방화하여 A가 사망한 경우, 甲의 행위는 강도살인죄와 현주건조물방화치사죄에 모두 해당하고 그 두 죄는 상상적 경합범 관계에 있다(대법원 1998.12.8, 98도3416).

④ [×] 현존건조물방화치사상죄는 미수범 처벌규정을 두고 있지 않다(형법 제174조 참조). 甲이 A를 살해할 의사로 A가 혼자 있는 건조물에 방화하였으나 A가 사망하지 않은 경우 현존건조물방화죄와 살인미수죄의 상상적 경합범을 구성한다.

24 정답 ③

③ [○] 형법 제207조에서 정한 '행사할 목적'이란 유가증권위조의 경우와 달리 위조·변조한 통화를 진정한 통화로서 유통에 놓겠다는 목적을 말하므로, 자신의 신용력을 증명하기 위하여 타인에게 보일 목적으로 통화를 위조한 경우에는 행사할 목적이 있다고 할 수 없다(대법원 2012.3.29, 2011도7704).

① [×] 위조통화를 행사하여 재물을 취득한 경우 위조통화행사죄와 사기죄의 실체적 경합이 성립한다.

> 판례
> 통화위조죄에 관한 규정은 공공의 거래상의 신용 및 안전을 보호하는 공공적인 법익을 보호함을 목적으로 하고 있고 사기죄는 개인의 재산법익에 대한 죄이어서 양죄는 그 보호법익을 달리하고 있으므로 위조통화를 행사하여 재물을 불법영득한 때에는 위조통화행사죄와 사기죄의 양죄가 성립되는 것으로 보아야 할 것이다(대법원 1979.7.10, 79도840).

② [×] 위조유가증권행사죄에 있어서의 유가증권이라 함은 위조된 유가증권의 원본을 말하는 것이지 전자복사기 등을 사용하여 기계적으로 복사한 사본은 이에 해당하지 않는다(대법원 2010.5.13, 2008도10678).

④ [×] 유가증권변조죄에 있어서 변조라 함은 진정으로 성립된 유가증권의 내용에 권한 없는 자가 그 유가증권의 동일성을 해하지 않는 한도에서 변경을 가하는 것을 말하므로, 이미 타인에 의하여 위조된 약속어음의 기재사항을 권한 없이 변경하였다고 하더라도 유가증권변조죄는 성립하지 아니한다(대법원 2006.1.26, 2005도4764).

25 정답 ③

③ ㄴㄹ

㉠ [×] 주식회사의 적법한 대표이사라 하더라도 그 권한을 포괄적으로 위임하여 다른 사람으로 하여금 대표이사의 업무를 처리하게 하는 것은 허용되지 않는다. 따라서 대표이사로부터 포괄적으로 권한 행사를 위임받은 사람이 주식회사 명의로 문서를 작성하는 행위는 원칙적으로 권한 없는 사람의 문서 작성행위로서 자격모용사문서작성 또는 위조에 해당하고, 대표이사로부터 개별적·구체적으로 주식회사 명의의 문서 작성에 관하여 위임 또는 승낙을 받은 경우에만 예외적으로 적법하게 주식회사 명의로 문서를 작성할 수 있다(대법원 2008.11.27, 2006도2016).

㉡ [○] 위조사문서의 행사는 상대방으로 하여금 위조된 문서를 인식할 수 있는 상태에 둠으로써 기수가 되고 상대방이 실제로 그 내용을 인식하여야 하는 것은 아니므로, 위조된 문서를 우송한 경우에는 그 문서가 상대방에게 도달한 때에 기수가 되고 상대방이 실제로 그 문서를 보아야 하는 것은 아니다(대법원 2005.1.28, 2004도4663).

㉢ [×] 공문서의 작성권한이 있는 공무원의 직무를 보좌하는 자가 그 직위를 이용하여 행사할 목적으로 허위의 내용이 기재된 문서 초안을 그 정을 모르는 상사에게 제출하여 결재하도록 하는 등의 방법으로 작성권한이 있는 공무원으로 하여금 허위의 공문서를 작성하게 한 경우에는 간접정범이 성립되고 이와 공모한 자 역시 그 간접정범의 공범으로서의 죄책을 면할 수 없는 것이고, 여기서 말하는 공범은 반드시 공무원의 신분이 있는 자로 한정되는 것은 아니라고 할 것이다(대법원 1992.1.17, 91도2837).

㉣ [○] 주식회사의 발기인 등이 상법 등 법령에 정한 회사설립의 요건과 절차에 따라 회사설립등기를 함으로써 회사가 성립하였다고 볼 수 있는 경우 회사설립등기와 그 기재 내용은 특별한 사정이 없는 한 공정증서원본 불실기재죄나 공전자기록 등 불실기재죄에서 말하는 불실의 사실에 해당하지 않는다. 발기인 등이 회사를 설립할 당시 회사를 실제로 운영할 의사 없이 회사를 이용한 범죄 의도나 목적이 있었다거나, 회사로서의 인적·물적 조직 등 영업의 실질을 갖추지 않았다는 이유만으로는 불실의 사실을 법인등기부에 기록하게 한 것으로 볼 수 없다(대법원 2020.2.27, 2019도9293).

26

④ [×] 판례는 부작위에 의한 공무상표시무효죄의 성립을 인정한다.

> **판례**
> 압류시설의 보관자 지위에 있는 공소외 회사로서는 위 압류시설을 선량한 관리자로서 보관할 주의의무가 있다 할 것이고, 그 대표이사로서 위 압류시설이 위치한 골프장의 개장 및 운영 전반에 걸친 포괄적 권한과 의무를 지닌 피고인으로서는 위와 같은 회사의 대외적 의무사항이 준수될 수 있도록 적절한 조치를 취할 위임계약 혹은 조리상의 작위의무가 존재한다고 보아야 할 것인데, 이러한 작위의무의 내용 중에 불특정의 고객 등 제3자에 의한 위 봉인의 훼손행위를 방지할 일반적 안전조치를 취할 의무까지 있다고 할 수는 없겠지만, 적어도 위 압류, 봉인에 의하여 사용이 금지된 골프장 시설물에 대하여 위 시설물의 사용 및 그 당연한 귀결로서 봉인의 훼손을 초래하게 될 골프장의 개장 및 그에 따른 압류시설 작동을 제한하거나 그 사용 및 훼손을 방지할 수 있는 적절한 조치를 취할 의무는 존재한다고 보아야 할 것이고, 그럼에도 피고인이 그러한 조치 없이 위 개장 및 압류시설 작동을 의도적으로 묵인 내지 방치함으로써 예견된 결과를 유발한 경우에는 부작위에 의한 공무상표시무효죄의 성립을 인정할 수 있다고 보아야 할 것이다(대법원 2005.7.22, 2005도3034).

① [○] 형법 제136조에서 정한 공무집행방해죄는 직무를 집행하는 공무원에 대하여 폭행 또는 협박한 경우에 성립하는 범죄로서 여기서의 폭행은 사람에 대한 유형력의 행사로 족하고 반드시 그 신체에 대한 것임을 요하지 아니하며, 또한 추상적 위험범으로서 구체적으로 직무집행의 방해라는 결과발생을 요하지도 아니한다(대법원 2018.3.29, 2017도21537).

② [○] 형법 제141조 제1항은 공무소에서 사용하는 서류 기타 물건 또는 전자기록 등 특수매체기록을 손상 또는 은닉하거나 기타 방법으로 그 효용을 해한 자를 처벌하도록 규정하고 있다. '공무소에서 사용하는 서류 기타 전자기록'에는 공문서로서의 효력이 생기기 이전의 서류라거나, 정식의 접수 및 결재 절차를 거치지 않은 문서, 결재 상신 과정에서 반려된 문서 등을 포함하는 것으로, 미완성의 문서라고 하더라도 본죄의 성립에는 영향이 없다. (대법원 2020.12.10, 2015도19296).

③ [○] 타인의 소변을 마치 자신의 소변인 것처럼 수사기관에 건네주어 필로폰 음성반응이 나오게 한 경우, 수사기관의 착오를 이용하여 적극적으로 피의사실에 관한 증거를 조작한 것이므로 위계에 의한 공무집행방해죄가 성립한다(대법원 2007.10.11, 2007도6101).

27

② ㉠ [○] ㉡ [○] ㉢ [×] ㉣ [×]

㉠ [○] 형법 제155조 제1항의 증거위조죄에서 말하는 '증거'란 타인의 형사사건 또는 징계사건에 관하여 수사기관이나 법원 또는 징계기관이 국가의 형벌권 또는 징계권의 유무를 확인하는 데 관계있다고 인정되는 일체의 자료를 뜻한다. 따라서 범죄 또는 징계사유의 성립 여부에 관한 것뿐만 아니라 형 또는 징계의 경중에 관계있는 정상을 인정하는 데 도움이 될 자료까지도 본조가 규정한 증거에 포함된다(대법원 2021.1.28, 2020도2642).

㉡ [○] 증거은닉죄는 타인의 형사사건이나 징계사건에 관한 증거를 은닉할 때 성립하고, 범인 자신이 한 증거은닉 행위는 형사소송에 있어서 피고인의 방어권을 인정하는 취지와 상충하여 처벌의 대상이 되지 아니하므로 범인이 증거은닉을 위하여 타인에게 도움을 요청하는 행위 역시 원칙적으로 처벌되지 아니한다. 따라서 피고인 자신이 직접 형사처분을 받게 될 것을 두려워한 나머지 자기의 이익을 위하여 그 증거가 될 자료를 은닉하였다면 증거은닉죄에 해당하지 않고, 제3자와 공동하여 그러한 행위를 하였다고 하더라도 마찬가지이다(대법원 2018.10.25, 2015도1000).

㉢ [×] 형법 제31조 제1항은 협의의 공범의 일종인 교사범이 그 성립과 처벌에 있어서 정범에 종속한다는 일반적인 원칙을 선언한 것에 불과하고, 신분관계로 인하여 형의 경중이 있는 경우에 신분이 있는 자가 신분이 없는 자를 교사하여 죄를 범하게 한 때에는 형법 제33조 단서가 형법 제31조 제1항에 우선하여 적용됨으로써 신분이 있는 교사범이 신분이 없는 정범보다 중하게 처벌된다(대법원 1994.12.23, 93도1002).

㉣ [×] 형법 제156조에서 정한 무고죄는 타인으로 하여금 형사처분 또는 징계처분을 받게 할 목적으로 허위의 사실을 신고하는 것을 구성요건으로 하는 범죄이다. 자기 자신으로 하여금 형사처분 또는 징계처분을 받게 할 목적으로 허위의 사실을 신고하는 행위, 즉 자기 자신을 무고하는 행위는 무고죄의 구성요건에 해당하지 않아 무고죄가 성립하지 않는다. 따라서 자기 자신을 무고하기로 제3자와 공모하고 이에 따라 무고행위에 가담하였더라도 이는 자기 자신에게는 무고죄의 구성요건에 해당하지 않아 범죄가 성립할 수 없는 행위를 실현하고자 한 것에 지나지 않아 무고죄의 공동정범으로 처벌할 수 없다(대법원 2017.4.26, 2013도12592).

28

② [○] 형사소송법 제199조 제1항에 의하여 수사관이 수사과정에서 당사자의 동의를 받는 형식으로 피의자를 수사관서 등에 동행하는 경우 및 제200조의 규정에 의하여 수사기관의 피의자의 임의적 출석을 요구하면서 일정 장소로의 동행을 요구하는 경우, 수사관이 동행에 앞서 피의자에게 동행을 거부할 수 있음을 알려 주었거나 동행한 피의자가 언제든지 자유로이 동행과정에서 이탈 또는 동행장소로부터 퇴거할 수 있었음이 인정되는 등 오로지 피의자의 자발적인 의사에 의하여 수사관서 등에의 동행이 이루어졌음이 객관적인 사정에 의하여 명백하게 입증된 경우에 한하여 그 적법성이 인정된다. 한편 행정경찰 목적의 경찰활동으로 행하여지는 경찰관직무집행법 제3조 제2항 소정의 질문을 위한 동행요구도 형사소송법의 규율을 받는 수사로 이어지는 경우에는 역시 위에서 본 법리가 적용되어야 한다(대법원 2006. 7.6, 2005도6810).

> **형사소송법 제199조(수사와 필요한 조사)** ① 수사에 관하여는 그 목적을 달성하기 위하여 필요한 조사를 할 수 있다. 다만, 강제처분은 이 법률에 특별한 규정이 있는 경우에 한하며, 필요한 최소한도의 범위 안에서만 하여야 한다. 〈개정 1995. 12. 29.〉

① [×] 경찰관직무집행법의 목적, 법 제1조 제1항, 제2항, 제3조 제1항, 제2항, 제3항, 제7항의 내용 및 체계 등을 종합하면, 경찰관이 법 제3조 제1항에 규정된 대상자 해당 여부를 판단할 때에는 불심검문 당시의 구체적 상황은 물론 사전에 얻은 정보나 전문적 지식 등에 기초하여 불심검문 대상자인지를 객관적·합리적인 기준에 따라 판단하여야 하나, 반드시 불심검문 대상자에게 형사소송법상 체포나 구속에 이를 정도의 혐의가 있을 것을 요한다고 할 수는 없다(대법원 2014.2.27, 2011도13999).

③ [×] 경찰관직무집행법 제3조 제4항은 경찰관이 불심검문을 하고자 할 때에는 자신의 신분을 표시하는 증표를 제시하여야 한다고 규정하고, 경찰관직무집행법 시행령 제5조는 위 법에서 규정한 신분을 표시하는 증표는 경찰관의 공무원증이라고 규정하고 있는데, 불심검문을 하게 된 경위, 불심검문 당시의 현장상황과 검문을 하는 경찰관들의 복장, 피고인이 공무원증 제시나 신분 확인을 요구하였는지 여부 등을 종합적으로 고려하여, 검문하는 사람이 경찰관이고 검문하는 이유가 범죄행위에 관한 것임을 피고인이 충분히 알고 있었다고 보이는 경우에는 신분증을 제시하지 않았다고 하여 그 불심검문이 위법한 공무집행이라고 할 수 없다(대법원 2014.12.11, 2014도7976).

④ [×] 임의동행은 상대방의 동의 또는 승낙을 그 요건으로 하는 것이므로 경찰관으로부터 임의동행 요구를 받은 경우 상대방은 이를 거절할 수 있을 뿐만 아니라 임의동행 후 언제든지 경찰관서에서 퇴거할 자유가 있다 할 것이고, 경찰관직무집행법 제3조 제6항이 임의동행한 경우 당해인을 6시간을 초과하여 경찰관서에 머물게 할 수 없다고 규정하고 있다고 하여 그 규정이 임의동행한 자를 6시간 동안 경찰관서에 구금하는 것을 허용하는 것은 아니다(대법원 1997.8.22, 97도1240).

29　　　　　　　　　　　　　　　　정답 ③

③ [○] 피의자가 동행을 거부하는 의사를 표시하였음에도 불구하고 경찰관들이 영장에 의하지 아니하고 피의자를 강제로 연행한 행위는 수사상의 강제처분에 관한 형사소송법상의 절차를 무시한 채 이루어진 것으로 위법한 체포에 해당하고, 이와 같이 위법한 체포상태에서 마약 투약 혐의를 확인하기 위한 채뇨 요구가 이루어진 경우, 채뇨 요구를 위한 위법한 체포와 그에 이은 채뇨 요구는 마약 투약이라는 범죄행위에 대한 증거 수집을 위하여 연속하여 이루어진 것으로서 개별적으로 그 적법 여부를 평가하는 것은 적절하지 아니하므로 그 일련의 과정을 전체적으로 보아 위법한 채뇨 요구가 있었던 것으로 볼 수밖에 없다(대법원 2013.3.14, 2012도13611).

① [×] 누구든지 자기의 얼굴 기타 모습을 함부로 촬영당하지 않을 자유를 가지나 이러한 자유도 국가권력의 행사로부터 무제한으로 보호되는 것은 아니고 국가의 안전보장·질서유지·공공복리를 위하여 필요한 경우에는 상당한 제한이 따르는 것이고, 수사기관이 범죄를 수사함에 있어 현재 범행이 행하여지고 있거나 행하여진 직후이고, 증거보전의 필요성 및 긴급성이 있으며, 일반적으로 허용되는 상당한 방법에 의하여 촬영을 한 경우라면 위 촬영이 영장 없이 이루어졌다 하여 이를 위법하다고 단정할 수 없다(대법원 1999.9.3, 99도2317).

② [×] 음주운전에 대한 수사 과정에서 음주운전 혐의가 있는 운전자에 대하여 구 도로교통법 제44조 제2항에 따른 호흡측정이 이루어진 경우에는 그에 따라 과학적이고 중립적인 호흡측정 수치가 도출된 이상 다시 음주측정을 할 필요성은 사라졌으므로 운전자의 불복이 없는 한 다시 음주측정을 하는 것은 원칙적으로 허용되지 아니한다. 그러나 운전자의 태도와 외관, 운전 행태 등에서 드러나는 주취 정도, 운전자가 마신 술의 종류와 양, 운전자가 사고를 야기하였다면 경위와 피해 정도, 목격자들의 진술 등 호흡측정 당시의 구체적 상황에 비추어 호흡측정기의 오작동 등으로 인하여 호흡측정 결과에 오류가 있다고 인정할 만한 객관적이고 합리적인 사정이 있는 경우라면 그러한 호흡측정 수치를 얻은 것만으로는 수사의 목적을 달성하였다고 할 수 없어 추가로 음주측정을 할 필요성이 있으므로, 경찰관이 음주운전 혐의를 제대로 밝히기 위하여 운전자의 자발적인 동의를 얻어 혈액 채취에 의한 측정의 방법으로 다시 음주측정을 하는 것을 위법하다고 볼 수는 없다. 이 경우 운전자가 일단 호흡측정에 응한 이상 재차 음주측정에 응할 의무까지 당연히 있다고 할 수는 없으므로, 운전자의 혈액 채취에 대한 동의의 임의성을 담보하기 위하여는 경찰관이 미리 운전자에게 혈액 채취를 거부할 수 있음을 알려주었거나 운전자가 언제든지 자유로이 혈액 채취에 응하지 아니할 수 있었음이 인정되는 등 운전자의 자발적인 의사에 의하여 혈액 채취가 이루어졌다는 것이 객관적인 사정에 의하여 명백한 경우에 한하여 혈액 채취에 의한 측정의 적법성이 인정된다(대법원 2015.7.9, 2014도16051).

④ [×] 이 사건 법률조항에 의한 지문채취의 강요는 영장주의에 의하여야 할 강제처분이라 할 수 없다. 또한 수사상 필요에 의하여 수사기관이 직접강제에 의하여 지문을 채취하려 하는 경우에는 반드시 법관이 발부한 영장에 의하여야 하므로 영장주의원칙은 여전히 유지되고 있다고 할 수 있다(헌법재판소 2004.9.23, 2002헌가17·18).

30　　　　　　　　　　　　　　　　정답 ④

④ [×] 형사소송법 제217조 제2항, 제3항에 위반하여 압수수색영장을 청구하여 이를 발부받지 아니하고도 즉시 반환하지 아니한 압수물은 이를 유죄 인정의 증거로 사용할 수 없는 것이고, 헌법과 형사소송법이 선언한 영장주의의 중요성에 비추어 볼 때 피고인이나 변호인이 이를 증거로 함에 동의하였다고 하더라도 달리 볼 것은 아니다(대법원 2009.12.24, 2009도11401).

① [○] 수사기관이 甲 주식회사에서 압수수색영장을 집행하

면서 甲 회사에 팩스로 영장 사본을 송신하기만 하고 영장 원본을 제시하거나 압수조서와 압수물 목록을 작성하여 피압수·수색 당사자에게 교부하지도 않은 채 피고인의 이메일을 압수한 후 이를 증거로 제출한 경우, 위와 같은 방법으로 압수된 이메일은 증거능력이 없다(대법원 2017.9.7, 2015도10648).

② [○] 법원이 피고인에 대하여 구속영장을 발부하기 전에 형사소송법 제72조에서 규정한 절차를 거치지 아니하였다 하더라도 같은 규정에 따른 절차적 권리가 실질적으로 보장되었다는 이유로 그 구속영장발부결정이 위법하다고 볼 것은 아니다(대법원 2000.11.10, 2000모134).

③ [○] 형사소송법 제88조는 "피고인을 구속한 때에는 즉시 공소사실의 요지와 변호인을 선임할 수 있음을 알려야 한다."고 규정하고 있는바, 이는 사후 청문절차에 관한 규정으로서 이를 위반하였다 하여 구속영장의 효력에 어떠한 영향을 미치는 것은 아니다(대법원 2000.11.10, 2000모134).

31

④ ㉠ [×] ㉡ [○] ㉢ [×] ㉣ [○]

㉠ [×] 적정한 한계를 벗어나는 현행범인 체포행위는 그 부분에 관한 한 법령에 의한 행위로 될 수 없다고 할 것이나, 적정한 한계를 벗어나는 행위인가 여부는 결국 정당행위의 일반적 요건을 갖추었는지 여부에 따라 결정되어야 할 것이지 그 행위가 소극적인 방어행위인가 적극적인 공격행위인가에 따라 결정되어야 하는 것은 아니다(대법원 1999.1.26, 98도3029).

㉡ [○] 형사소송법 제211조가 현행범인으로 규정한 "범죄의 실행의 즉후인 자"라고 함은, 범죄의 실행행위를 종료한 직후의 범인이라는 것이 체포하는 자의 입장에서 볼 때 명백한 경우를 일컫는 것으로서, "범죄의 실행행위를 종료한 직후"라고 함은, 범죄행위를 실행하여 끝마친 순간 또는 이에 아주 접착된 시간적 단계를 의미하는 것으로 해석되므로, 시간적으로나 장소적으로 보아 체포를 당하는 자가 방금 범죄를 실행한 범인이라는 점에 관한 죄증이 명백히 존재하는 것으로 인정되는 경우에만 현행범인으로 볼 수 있는 것이다 (대법원 1991.9.24, 91도1314).

㉢ [×] 현행범인은 누구든지 영장 없이 체포할 수 있고(형사소송법 제212조), 검사 또는 사법경찰관리 아닌 이가 현행범인을 체포한 때에는 즉시 검사 등에게 인도하여야 한다(형사소송법 제213조 제1항). 여기서 '즉시'라고 함은 반드시 체포시점과 시간적으로 밀착된 시점이어야 하는 것은 아니고, '정당한 이유 없이 인도를 지연하거나 체포를 계속하는 등으로 불필요한 지체를 함이 없이'라는 뜻으로 볼 것이다(대법원 2011.12.22, 2011도12927).

㉣ [○] ○○자동차 주식회사 △△공장을 점거하여 농성 중이던 ㅁㅁㅁㅁ노동조합 ○○자동차지부 조합원인 공소외 1 등이 2009. 6. 26. 경찰과 부식 반입 문제를 협의하거나 기자회견장 촬영을 위해 공장 밖으로 나오자, 전투경찰대원들은 '고착관리'라는 명목으로 위 공소외 1 등 6명의 조합원을 방패로 에워싸 이동하지 못하게 하였다. 위 조합원들이 어떠한 범죄행위를 목전에서 저지르려고 하거나 이들의 행위로 인하여 인명·신체에 위해를 미치거나 재산에 중대한 손해를 끼칠 우려 등 긴급한 사정이 있는 경우가 아닌데도 방패를 든 전투경찰대원들이 위 조합원들을 둘러싸고 이동하지 못하게 가둔 행위는 구 경찰관 직무집행법 제6조 제1항에 근거한 제지 조치라고 볼 수 없고, 이는 형사소송법상 체포에 해당한다(대법원 2017.3.15, 2013도2168).

[보충] 전투경찰대원들이 위 조합원들을 체포하는 과정에서 체포의 이유 등을 제대로 고지하지 않다가 30~40분이 지난 후 피고인 등의 항의를 받고 나서야 비로소 체포의 이유 등을 고지한 것은 형사소송법상 현행범인 체포의 적법한 절차를 준수한 것이 아니므로 적법한 공무집행이라고 볼 수 없다(위 판례).

32
정답 ③

③ [×] 변호인의 구속된 피고인 또는 피의자와의 접견교통권은 헌법상 보장된 권리로, 수사기관의 처분 등에 의하여 이를 제한할 수 없으며 반드시 법령에 의하여서만 제한 가능하다.

> **판례**
> 피의자 등이 가지는 '변호인이 되려는 자'의 조력을 받을 권리가 실질적으로 확보되기 위해서는 '변호인이 되려는 자'의 접견교통권 역시 헌법상 기본권으로서 보장되어야 한다(헌법재판소 2019.2.28, 2015헌마1204 전원합의체).

① [○] 신체구속을 당한 피의자 또는 피고인이 범한 것으로 의심받고 있는 범죄행위에 해당 변호인이 관련되어 있다는 등의 사유에 기하여 그 변호인의 변호활동을 광범위하게 규제하는 변호인의 제척(제척)과 같은 제도를 두고 있지 아니한 우리 법제 아래에서는, 변호인의 접견교통의 상대방인 신체구속을 당한 사람이 그 변호인을 자신의 범죄행위에 공범으로 가담시키려고 하였다는 등의 사정만으로 그 변호인의 신체구속을 당한 사람과의 접견교통을 금지하는 것이 정당화될 수는 없다(대법원 2007.1.31, 2006모656).

② [○] 형사소송법 제34조는 "변호인 또는 변호인이 되려는 자는 신체구속을 당한 피고인 또는 피의자와 접견하고 서류 또는 물건을 수수할 수 있으며 의사로 하여금 진료하게 할 수 있다."라고 규정하고 있으므로, 변호인이 되려는 의사를 표시한 자가 객관적으로 변호인이 될 가능성이 있다고 인정되는데도, 형사소송법 제34조에서 정한 '변호인 또는 변호인이 되려는 자'가 아니라고 보아 신체구속을 당한 피고인 또는 피의자와 접견하지 못하도록 제한하여서는 아니 된다(대법원 2017.3.9, 2013도16162).

④ [○] 변호인의 조력을 받을 권리를 보장하는 목적은 피의자 또는 피고인의 방어권 행사를 보장하기 위한 것이므로, 미결수용자 또는 변호인이 원하는 특정한 시점에 접견이 이루어지지 못하였다 하더라도 그것만으로 곧바로 변호인의 조력을 받을 권리가 침해되었다고 단정할 수는 없는 것이고, 변호인의 조력을 받을 권리가 침해되었다고 하기 위해서는

접견이 불허된 특정한 시점을 전후한 수사 또는 재판의 진행 경과에 비추어 보아, 그 시점에 접견이 불허됨으로써 피의자 또는 피고인의 방어권 행사에 어느 정도는 불이익이 초래되었다고 인정할 수 있어야만 하며, 그 시점을 전후한 변호인 접견의 상황이나 수사 또는 재판의 진행 과정에 비추어 미결수용자가 방어권을 행사하기 위해 변호인의 조력을 받을 기회가 충분히 보장되었다고 인정될 수 있는 경우에는, 비록 미결수용자 또는 그 상대방인 변호인이 원하는 특정 시점에는 접견이 이루어지지 못하였다 하더라도 변호인의 조력을 받을 권리가 침해되었다고 할 수 없다(헌법재판소 2011.5.26, 2009헌마341).

33
정답 ①

① [×] 임의제출된 정보저장매체에서 압수의 대상이 되는 전자정보의 범위를 넘어서는 전자정보에 대해 수사기관이 영장 없이 압수·수색하여 취득한 증거는 위법수집증거에 해당하고, 사후에 법원으로부터 영장이 발부되었다거나 피고인이나 변호인이 이를 증거로 함에 동의하였다고 하여 그 위법성이 치유되는 것도 아니다(대법원 2021.12.30, 2019도18010).

② [○] 피해자 등 제3자가 피의자의 소유·관리에 속하는 정보저장매체를 영장에 의하지 않고 임의제출한 경우에는 실질적 피압수자인 피의자가 수사기관으로 하여금 그 전자정보 전부를 무제한 탐색하는 데 동의한 것으로 보기 어려울 뿐만 아니라 피의자 스스로 임의제출한 경우 피의자의 참여권 등이 보장되어야 하는 것과 견주어 보더라도 특별한 사정이 없는 한 형사소송법 제219조, 제121조, 제129조에 따라 피의자에게 참여권을 보장하고 압수한 전자정보 목록을 교부하는 등 피의자의 절차적 권리를 보장하기 위한 적절한 조치가 이루어져야 한다(대법원 2021.11.18, 2016도348 전원합의체).

③ [○] 피의자가 휴대전화를 임의제출하면서 휴대전화에 저장된 전자정보가 아닌 클라우드 등 제3자가 관리하는 원격지에 저장되어 있는 전자정보를 수사기관에 제출한다는 의사로 수사기관에게 클라우드 등에 접속하기 위한 아이디와 비밀번호를 임의로 제공하였다면 위 클라우드 등에 저장된 전자정보를 임의제출하는 것으로 볼 수 있다(대법원 2021.7.29, 2020도14654).

④ [○] 범죄를 실행 중이거나 실행 직후의 현행범인은 누구든지 영장 없이 체포할 수 있고(형사소송법 제212조), 검사 또는 사법경찰관은 피의자 등이 유류한 물건이나 소유자, 소지자 또는 보관자가 임의로 제출한 물건을 영장 없이 압수할 수 있으므로(제218조), 현행범 체포현장이나 범죄현장에서도 소지자 등이 임의로 제출하는 물건을 형사소송법 제218조에 의하여 영장 없이 압수하는 것이 허용되고, 이 경우 검사나 사법경찰관은 별도로 사후에 영장을 받을 필요가 없다(대법원 2020.10.15, 2019도16255).

34
정답 ①

① [×] 형법 제6조 본문에 의하여 외국인이 대한민국 영역 외

에서 대한민국 국민에 대하여 범죄를 저지른 경우 우리 형법이 적용되지만, 같은 조 단서에 의하여 행위지 법률에 의하여 범죄를 구성하지 아니하거나 소추 또는 형의 집행을 면제할 경우에는 우리 형법을 적용하여 처벌할 수 없고, 이 경우 행위지 법률에 의하여 범죄를 구성하는지는 엄격한 증명에 의하여 검사가 이를 증명하여야 한다(대법원 2011.8.25, 2011도6507).

② [○] 출입국사범 사건에서 지방출입국·외국인관서의 장의 적법한 고발이 있었는지 여부가 문제 되는 경우에 법원은 증거조사의 방법이나 증거능력의 제한을 받지 아니하고 제반 사정을 종합하여 적당하다고 인정되는 방법에 의하여 자유로운 증명으로 그 고발 유무를 판단하면 된다(대법원 2021.10.28, 2021도404).

③ [○] 비록 전체의 모의과정이 없더라도 여러 사람 사이에 순차적으로 또는 암묵적으로 의사의 결합이 이루어지면 공모관계가 성립한다. 이러한 공모관계를 인정하기 위해서는 엄격한 증명이 요구되지만, 피고인이 범죄의 주관적 요소인 공모관계를 부인하는 경우에는 사물의 성질상 이와 상당한 관련성이 있는 간접사실 또는 정황사실을 증명하는 방법으로 이를 증명할 수밖에 없다(대법원 2018.4.19, 2017도14322 전원합의체).

④ [○] 피고인의 자필로 작성된 진술서의 경우에는 서류의 작성자가 동시에 진술자이므로 진정하게 성립된 것으로 인정되어 형사소송법 제313조 단서에 의하여 그 진술이 특히 신빙할 수 있는 상태하에서 행하여진 때에는 증거능력이 있고, 이러한 특신상태는 증거능력의 요건에 해당하므로 검사가 그 존재에 대하여 구체적으로 주장·입증하여야 하는 것이지만, 이는 소송상의 사실에 관한 것이므로, 엄격한 증명을 요하지 아니하고 자유로운 증명으로 족하다(대법원 2001.9.4, 2000도1743).

35
정답 ①

① 1개

㉠ [×] 이 사건 업무일지 그 자체는 피고인 경영의 주식회사 S건설이 그날그날 현장 및 사무실에서 수행한 업무내용 등을 담당직원이 기재한 것이고, 그 뒷면은 1996. 2. 25.자 태전사 신축 공사계약서, 1998. 2. 25.자 태전사 신축추가 공사계약서 및 1999. 11. 27.자 약정서 등 이 사건 각 문서의 위조를 위해 미리 연습한 흔적이 남아 있는 것에 불과하여, 이를 피고인의 사생활 영역과 관계된 자유로운 인격권의 발현물이라고 볼 수는 없고, 사문서위조·위조사문서행사 및 소송사기로 이어지는 일련의 범행에 대하여 피고인을 형사소추하기 위해서는 이 사건 업무일지가 반드시 필요한 증거로 보이므로, 설령 그것이 제3자에 의하여 절취된 것으로서 위 소송사기 등의 피해자측이 이를 수사기관에 증거자료로 제출하기 위하여 대가를 지급하였다 하더라도, 공익의 실현을 위하여는 이 사건 업무일지를 범죄의 증거로 제출하는 것이 허용되어야 하고, 이로 말미암아 피고인의 사생활 영역을 침해하는 결과가 초래된다 하더라도 이는 피고인이 수인하여야

할 기본권의 제한에 해당된다(대법원 2008.6.26, 2008도1584).

ⓛ [×] 수사기관이 피고인에게 영사통보권 등을 고지하지 않았더라도 그로 인해 피고인에게 실질적인 불이익이 초래되었다고 볼 수 없어 피고인에게 영사통보권 등을 고지하지 않은 사정이 수사기관의 증거 수집이나 이후 공판절차에 상당한 영향을 미쳤다고 보기 어려우므로, 절차 위반의 내용과 정도가 중대하거나 절차 조항이 보호하고자 하는 외국인 피고인의 권리나 법익을 본질적으로 침해하였다고 볼 수 없어 체포나 구속 이후 수집된 증거와 이에 기초한 증거들은 유죄 인정의 증거로 사용할 수 있다(대법원 2022.4.28, 2021도17103).

> **판례**
> 사법경찰관이 인도네시아 국적의 외국인인 피고인을 출입국관리법 위반의 현행범인으로 체포하면서 소변과 모발을 임의제출 받아 압수하였고, 소변검사 결과에서 향정신성의약품인 MDMA(일명 엑스터시) 양성반응이 나오자 피고인은 출입국관리법 위반과 마약류 관리에 관한 법률 위반(향정) 범행을 모두 자백한 후 구속되었는데, 피고인이 검찰 수사 단계에서 자신의 구금 사실을 자국 영사관에 통보할 수 있음을 알게 되었음에도 수사기관에 영사기관 통보를 요구하지 않은 사안에서, 사법경찰관이 체포 당시 피고인에게 영사통보권 등을 지체 없이 고지하지 않았으므로 체포나 구속 절차에 영사관계에 관한 비엔나협약(Vienna Convention on Consular Relations, 1977. 4. 6. 대한민국에 대하여 발효된 조약 제594호) 제36조 제1항 (b)호를 위반한 위법이 있으나, 제반 사정을 종합하면 피고인이 영사통보권 등을 고지받았더라도 영사의 조력을 구하였으리라고 보기 어렵고, 수사기관이 피고인에게 영사통보권 등을 고지하지 않았더라도 그로 인해 피고인에게 실질적인 불이익이 초래되었다고 볼 수 없어 피고인에게 영사통보권 등을 고지하지 않은 사정이 수사기관의 증거 수집이나 이후 공판절차에 상당한 영향을 미쳤다고 보기 어려우므로, 절차 위반의 내용과 정도가 중대하거나 절차 조항이 보호하고자 하는 외국인 피고인의 권리나 법익을 본질적으로 침해하였다고 볼 수 없어 체포나 구속 이후 수집된 증거와 이에 기초한 증거들은 유죄 인정의 증거로 사용할 수 있다(대법원 2022.4.28, 2021도17103).

ⓒ [○] 피고인에게 불리한 증거인 증인이 주신문의 경우와 달리 반대신문에 대하여는 답변을 하지 아니하는 등 진술 내용의 모순이나 불합리를 그 증인신문 과정에서 드러내어 이를 탄핵하는 것이 사실상 곤란하였고, 그것이 피고인 또는 변호인에게 책임 있는 사유에 기인한 것이 아닌 경우라면, 관계 법령의 규정 혹은 증인의 특성 기타 공판절차의 특수성에 비추어 이를 정당화할 수 있는 특별한 사정이 존재하지 아니하는 이상, 이와 같이 실질적 반대신문권의 기회가 부여되지 아니한 채 이루어진 증인의 법정진술은 위법한 증거로서 증거능력을 인정하기 어렵다. 이 경우 피고인의 책문권 포기로 그 하자가 치유될 수 있으나, 책문권 포기의 의사는 명시적인 것이어야 한다(대법원 2022.3.17, 2016도17054).

ⓔ [×] 검사가 공소제기 후 형사소송법 제215조에 따라 수소법원 이외의 지방법원 판사에게 청구하여 발부받은 영장에 의하여 압수·수색을 하였다면, 그와 같이 수집된 증거는 기본적 인권 보장을 위해 마련된 적법한 절차에 따르지 않은 것으로서 원칙적으로 유죄의 증거로 삼을 수 없다(대법원 2011.4.28, 2009도10412).

36

① ㉠ [×] ㉡ [○] ㉢ [×] ㉣ [○]

㉠ [×] 피고인이 범행을 자인하는 것을 들었다는 피고인 아닌 자의 진술내용은 형사소송법 제310조의 피고인의 자백에는 포함되지 아니하나 이는 피고인의 자백의 보강증거로 될 수 없다(대법원 2008.2.14, 2007도10937).

㉡ [○] 일정한 증거가 발견되면 피의자가 자백하겠다고 한 약속이 검사의 강요나 위계에 의하여 이루어졌다던가 또는 불기소나 경한 죄의 소추등 이익과 교환조건으로 된 것으로 인정되지 않는다면 위와 같은 자백의 약속하에 된 자백이라 하여 곧 임의성 없는 자백이라고 단정할 수는 없다(대법원 1983.9.13, 83도712).

㉢ [×] 소변검사 결과는 1995. 1. 17.자 투약행위로 인한 것일 뿐 그 이전의 4회에 걸친 투약행위와는 무관하고, 압수된 약물도 이전의 투약행위에 사용되고 남은 것이 아니므로, 위 소변검사 결과와 압수된 약물은 결국 피고인이 투약습성이 있다는 점에 관한 정황증거에 불과하다 할 것인바, 피고인의 습벽을 범죄구성요건으로 하며 포괄1죄인 상습범에 있어서도 이를 구성하는 각 행위에 관하여 개별적으로 보강증거를 요구하고 있는 점에 비추어 보면 투약습성에 관한 정황증거만으로 향정신성의약품관리법위반죄의 객관적 구성요건인 각 투약행위가 있었다는 점에 관한 보강증거로 삼을 수는 없다(대법원 1996.2.13, 95도1794).

㉣ [○] 자백에 대한 보강증거는 범죄사실의 전부 또는 중요 부분을 인정할 수 있는 정도가 되지 아니하더라도 피고인의 자백이 가공적인 것이 아닌 진실한 것임을 인정할 수 있는 정도만 되면 족할 뿐만 아니라, 직접증거가 아닌 간접증거나 정황증거도 보강증거가 될 수 있다(대법원 2004.5.14, 2004도1066).

37

③ [○] 형사소송법의 규정 및 그 입법 목적 등을 종합하여 보면, 피고인이 아닌 자가 수사과정에서 진술서를 작성하였지만 수사기관이 그에 대한 조사과정을 기록하지 아니하여 형사소송법 제244조의4 제3항, 제1항에서 정한 절차를 위반한 경우에는, 특별한 사정이 없는 한 '적법한 절차와 방식'에 따라 수사과정에서 진술서가 작성되었다 할 수 없으므로 그 증거능력을 인정할 수 없다(대법원 2015.4.23, 2013도3790).

① [×] 제1심에서 피고인에 대하여 무죄판결이 선고되어 검사가 항소한 후, 수사기관이 항소심 공판기일에 증인으로 신청하여 신문할 수 있는 사람을 특별한 사정 없이 미리 수사기관에 소환하여 작성한 진술조서는 피고인이 증거로 할 수 있음에 동의하지 않는 한 증거능력이 없다. 검사가 공소를 제기한 후 참고인을 소환하여 피고인에게 불리한 진술을 기재한 진술조서를 작성하여 이를 공판절차에 증거로 제출할 수 있게 한다면, 피고인과 대등한 당사자의 지위에 있는 검사가 수사기관으로서의 권한을 이용하여 일방적으로 법정 밖에서 유리한 증거를 만들 수 있게 하는 것이므로 당사자주의·공판중심주의·직접심리주의에 반하고 피고인의 공

정한 재판을 받을 권리를 침해하기 때문이다. 위 참고인이 나중에 법정에 증인으로 출석하여 위 진술조서의 성립의 진정을 인정하고 피고인 측에 반대신문의 기회가 부여된다 하더라도 위 진술조서의 증거능력을 인정할 수 없음은 마찬가지이다(대법원 2019.11.28, 2013도6825).

② [×] 피고인과 상대방 사이의 대화 내용에 관한 녹취서가 공소사실의 증거로 제출되어 녹취서의 기재 내용과 녹음테이프의 녹음 내용이 동일한지에 대하여 법원이 검증을 실시한 경우에, 증거자료가 되는 것은 녹음테이프에 녹음된 대화 내용 자체이고, 그 중 피고인의 진술 내용은 실질적으로 형사소송법 제311조, 제312조의 규정 이외에 피고인의 진술을 기재한 서류와 다름없어, 피고인이 녹음테이프를 증거로 할 수 있음에 동의하지 않은 이상 녹음테이프에 녹음된 피고인의 진술 내용을 증거로 사용하기 위해서는 형사소송법 제313조 제1항 단서에 따라 공판준비 또는 공판기일에서 작성자인 상대방의 진술에 의하여 녹음테이프에 녹음된 피고인의 진술 내용이 피고인이 진술한 대로 녹음된 것임이 증명되고 나아가 그 진술이 특히 신빙할 수 있는 상태하에서 행하여진 것임이 인정되어야 한다(대법원 2012.9.13, 2012도7461).

④ [×] 형사소송법 제316조 제2항에 의하면 피고인 아닌 자의 공판준비 또는 공판 기일에서의 진술이 피고인 아닌 타인의 진술을 그 내용으로 하는 것인 때에는 원진술자가 사망, 질병 기타 사유로 인하여 진술할 수 없고 그 진술이 특히 신빙할 수 있는 상태하에서 행하여진 때에 한하여 이를 증거로 할 수 있다고 규정하고 있는데 여기서 말하는 "피고인 아닌 타인"이라 함은 제3자는 말할 것도 없고 공동피고인이나 공범자를 모두 포함한다(대법원 1984.11.27, 84도2279).

38 정답 ①

① [×] 형사소송법이 원진술자 또는 작성자(이하 '참고인'이라 한다)의 소재불명 등의 경우에 참고인이 진술하거나 작성한 진술조서나 진술서에 대하여 증거능력을 인정하는 것은, 형사소송법이 제312조 또는 제313조에서 참고인 진술조서 등 서면증거에 대하여 피고인 또는 변호인의 반대신문권이 보장되는 등 엄격한 요건이 충족될 경우에 한하여 증거능력을 인정할 수 있도록 함으로써 직접심리주의 등 기본원칙에 대한 예외를 인정한 데 대하여 다시 중대한 예외를 인정하여 원진술자 등에 대한 반대신문의 기회조차 없이 증거능력을 부여할 수 있도록 한 것이므로, 그 경우 참고인의 진술 또는 작성이 '특히 신빙할 수 있는 상태하에서 행하여졌음에 대한 증명'은 단지 그러할 개연성이 있다는 정도로는 부족하고 합리적인 의심의 여지를 배제할 정도에 이르러야 한다(대법원 2014.2.21, 2013도12652).

② [○] 형사소송법 제314조의 '특신상태'와 관련된 법리는 마찬가지로 원진술자의 소재불명 등을 전제로 하고 있는 형사소송법 제316조 제2항의 '특신상태'에 관한 해석에도 그대로 적용된다(대법원 2014.4.30, 2012도725).

③ [○] 형사소송법 제314조, 제316조 제2항에서 말하는 '원진술자가 진술을 할 수 없는 때'에는 사망, 질병 등 명시적으로 열거된 사유 외에도 원진술자가 공판정에서 진술을 한 경우라도 증인신문 당시 일정한 사항에 관하여 기억이 나지 않는다는 취지로 진술하여 그 진술의 일부가 재현 불가능하게 된 경우도 포함하는 것이다(대법원 2006.4.14, 2005도9561).

④ [○] 수사기관에서 진술한 참고인이 법정에서 증언을 거부하여 피고인이 반대신문을 하지 못한 경우에는 정당하게 증언거부권을 행사한 것이 아니라도, 피고인이 증인의 증언거부 상황을 초래하였다는 등의 특별한 사정이 없는 한 형사소송법 제314조의 '그 밖에 이에 준하는 사유로 인하여 진술할 수 없는 때'에 해당하지 않는다고 보아야 한다(대법원 2019.11.21, 2018도13945 전원합의체).

39 정답 ②

② [×] 약식명령에 불복하여 정식재판을 청구한 피고인이 정식재판절차의 제1심에서 2회 불출정하여 형사소송법 제318조 제2항에 따른 증거동의가 간주된 후 증거조사를 완료한 이상, 간주의 대상인 증거동의는 증거조사가 완료되기 전까지 철회 또는 취소할 수 있으나 일단 증거조사를 완료한 뒤에는 취소 또는 철회가 인정되지 아니하는 점, 증거동의 간주가 피고인의 진의와는 관계없이 이루어지는 점 등에 비추어, 비록 피고인이 항소심에 출석하여 공소사실을 부인하면서 간주된 증거동의를 철회 또는 취소한다는 의사표시를 하더라도 그로 인하여 적법하게 부여된 증거능력이 상실되는 것이 아니다(대법원 2010.7.15, 2007도5776).

① [○] 형사소송법 제318조 제1항은 전문증거금지의 원칙에 대한 예외로서 반대신문권을 포기하겠다는 피고인의 의사표시에 의하여 서류 또는 물건의 증거능력을 부여하려는 규정이므로 피고인의 의사표시가 위와 같은 내용을 적극적으로 표시하는 것이라고 인정되는 경우이면 증거동의로서의 효력이 있다(대법원 1983.3.8, 82도2873).

③ [○] 형사소송법 제318조에 규정된 증거동의의 주체는 소송 주체인 검사와 피고인이고, 변호인은 피고인을 대리하여 증거동의에 관한 의견을 낼 수 있을 뿐이므로 피고인의 명시한 의사에 반하여 증거로 함에 동의할 수는 없다. 따라서 피고인이 출석한 공판기일에서 증거로 함에 부동의한다는 의견이 진술된 경우에는 그 후 피고인이 출석하지 아니한 공판기일에 변호인만이 출석하여 종전 의견을 번복하여 증거로 함에 동의하였다 하더라도 이는 특별한 사정이 없는 한 효력이 없다고 보아야 한다(대법원 2013.3.28, 2013도3).

④ [○] 필요적 변호사건이라 하여도 피고인이 재판거부의 의사를 표시하고 재판장의 허가 없이 퇴정하고 변호인마저 이에 동조하여 퇴정해 버린 것은 모두 피고인측의 방어권의 남용 내지 변호권의 포기로 볼 수밖에 없는 것이므로 수소법원으로서는 형사소송법 제330조에 의하여 피고인이나 변호인의 재정 없이도 심리판결 할 수 있다. 피고인과 변호인들이 출석하지 않은 상태에서 증거조사를 할 수밖에 없는 경우에는 형사소송법 제318조 제2항의 규정상 피고인의 진의와는 관계없이 형사소송법 제318조 제1항의 동의가 있는 것으로 간주하게 되어 있다(대법원 1991.6.28, 91도865).

40

정답 ④

④ [○] 공범인 공동피고인은 당해 소송절차에서는 피고인의
지위에 있으므로 (변론이 분리되지 아니하는 한) 다른 공동
피고인에 대한 공소사실에 관하여 증인이 될 수 없다(대법원
2008.6.26, 2008도3300). 사례에서 丙에 대해서 변론이 분리
되었다는 조건이 제시되지 않았으므로 丙은 증인적격이 없
어 형법 제152조 제1항의 위증죄의 주체인 법률에 의하여
선서한 증인이 될 수 없다.

① [×] 甲과 乙, 丙 모두에 대해서 「형법」 제331조 제2항의
합동절도가 성립한다.

> **판례**
> 3인 이상의 범인이 합동절도의 범행을 공모한 후 적어도 2인 이
> 상의 범인이 범행 현장에서 시간적, 장소적으로 협동관계를 이루
> 어 절도의 실행행위를 분담하여 절도 범행을 한 경우에, 그 공모
> 에는 참여하였으나 현장에서 절도의 실행행위를 직접 분담하지
> 아니한 다른 범인에 대하여도 그가 현장에서 절도 범행을 실행한
> 위 2인 이상의 범인의 행위를 자기 의사의 수단으로 하여 합동절
> 도의 범행을 하였다고 평가할 수 있는 정범성의 표지를 갖추고 있
> 는 한 공동정범의 일반 이론에 비추어 그 다른 범인에 대하여 합
> 동절도의 공동정범으로 인정할 수 있다. (따라서) 피고인이 甲, 乙
> 과 공모한 후 甲, 乙은 피해자 회사의 사무실 금고에서 현금을 절
> 취하고, 피고인은 위 사무실로부터 약 100m 떨어진 곳에서 망을
> 보는 방법으로 합동하여 재물을 절취하였다고 하여 주위적으로
> 기소된 경우, 제반 사정에 비추어 甲, 乙의 합동절도 범행에 대한
> 공동정범으로서 죄책을 면할 수 없다(대법원 2011.5.13, 2011도2021).

② [×] 사안에서 甲과 乙의 행위가 오전 10시경에 일어났으므
로, 야간에 손괴하고 침입하여 절취함으로써 성립하는 형법
제331조 제1항의 특수절도죄가 적용될 여지가 없다.

> **형법 제331조(특수절도)** ① 야간에 문이나 담 그 밖의 건조물의
> 일부를 손괴하고 제330조의 장소에 침입하여 타인의 재물을
> 절취한 자는 1년 이상 10년 이하의 징역에 처한다.

③ [×] 乙의 피의자신문조서는 乙이 법정에서 그 내용을 인정
하더라도 甲이 내용을 부인하면 甲의 공소사실에 대한 증거
로 사용할 수 없다.

> **판례**
> 형사소송법 제312조 제3항은 검사 이외의 수사기관이 작성한 당
> 해 피고인에 대한 피의자신문조서를 유죄의 증거로 하는 경우뿐
> 만 아니라, 검사 이외의 수사기관이 작성한 당해 피고인과 공범관
> 계에 있는 다른 피고인이나 피의자에 대한 피의자신문조서를 당
> 해 피고인에 대한 유죄의 증거로 채택할 경우에도 적용된다. 따라
> 서 당해 피고인과 공범관계에 있는 공동피고인에 대해 검사 이외
> 의 수사기관이 작성한 피의자신문조서는 그 공동피고인의 법정진
> 술에 의하여 성립의 진정이 인정되더라도 당해 피고인이 공판기
> 일에서 그 조서의 내용을 부인하면 증거능력이 부정된다. 그리고
> 이러한 경우 그 공동피고인이 법정에서 경찰수사 도중 피의자신
> 문조서에 기재된 것과 같은 내용으로 진술하였다는 취지로 증언
> 하였다고 하더라도, 이러한 증언은 원진술자인 공동피고인이 그
> 자신에 대한 경찰 작성의 피의자신문조서의 진정성립을 인정하는
> 취지에 불과하여 위 조서와 분리하여 독자적인 증거가치를 인정
> 할 것은 아니므로, 앞서 본 바와 같은 이유로 위 조서의 증거능력
> 이 부정되는 이상 위와 같은 증언 역시 이를 유죄 인정의 증거로
> 쓸 수 없다(대법원 2009.10.15, 2009도1889).

01	①	02	④	03	③	04	③	05	①
06	②	07	④	08	④	09	③	10	④
11	②	12	④	13	①	14	②	15	③
16	②	17	①	18	④	19	③	20	②
21	④	22	④	23	②	24	③	25	③
26	①	27	③	28	①	29	③	30	①
31	④	32	③	33	②	34	④	35	③
36	②	37	③	38	①	39	④	40	②

01　　　　　　　　　　　　　　　　정답 ①

① [×] '궁박'이나 '현저하게 부당한 이익'이라는 개념도 형법 상의 '지려천박(知慮淺薄)', '기망', '임무에 위배' 등과 같이 범죄구성요건을 형성하는 개념 중 구체적 사안에 있어서 일 정한 해석을 통하여 적용할 수 있는 일반적, 규범적 개념의 하나로서, … 이 사건 법률조항이 지니는 약간의 불명확성 은 법관의 통상적인 해석 작용에 의하여 충분히 보완될 수 있고 건전한 상식과 통상적인 법감정을 가진 일반인이라면 금지되는 행위가 무엇인지를 예측할 수 있으므로 이 사건 법률조항은 죄형법정주의에서 요구되는 명확성의 원칙에 위배되지 아니한다(헌법재판소 2006.7.27, 2005헌바19).

② [○] 형법 제207조 제3항은 "행사할 목적으로 외국에서 통 용하는 외국의 화폐, 지폐 또는 은행권을 위조 또는 변조한 자는 10년 이하의 징역에 처한다."고 규정하고 있는바, 여 기에서 외국에서 통용한다고 함은 그 외국에서 강제통용력 을 가지는 것을 의미하는 것이므로 외국에서 통용하지 아니 하는 즉, 강제통용력을 가지지 아니하는 지폐는 그것이 비 록 일반인의 관점에서 통용할 것이라고 오인할 가능성이 있 다고 하더라도 위 형법 제207조 제3항에서 정한 외국에서 통용하는 외국의 지폐에 해당한다고 할 수 없고, 만일 그와 달리 위 형법 제207조 제3항의 외국에서 통용하는 지폐에 일반인의 관점에서 통용할 것이라고 오인할 가능성이 있는 지폐까지 포함시키면 이는 위 처벌조항을 문언상의 가능한 의미의 범위를 넘어서까지 유추해석 내지 확장해석하여 적 용하는 것이 되어 죄형법정주의의 원칙에 어긋나는 것으로 허용되지 않는다(대법원 2004.5.14, 2003도3487).

③ [○] 사회현상의 복잡다기화와 국회의 전문적·기술적 능력 의 한계 및 시간적 적응능력의 한계로 인하여 형사처벌에 관련된 모든 법규를 예외 없이 형식적 의미의 법률에 의하 여 규정한다는 것은 사실상 불가능할 뿐만 아니라 실제에 적합하지도 아니하기 때문에, 특히 긴급한 필요가 있거나 미리 법률로써 자세히 정할 수 없는 부득이한 사정이 있는 경우에 한하여 수권법률(위임법률)이 구성요건의 점에서는 처벌대상인 행위가 어떠한 것인지 이를 예측할 수 있을 정 도로 구체적으로 정하고, 형벌의 점에서는 형벌의 종류 및 그 상한과 폭을 명확히 규정하는 것을 전제로 위임입법이 허용된다(대법원 2000.10.27, 2000도1007).

④ [○] 가정폭력범죄의 처벌 등에 관한 특례법이 정한 보호처 분 중의 하나인 사회봉사명령은 가정폭력범죄를 범한 자에 대하여 환경의 조정과 성행의 교정을 목적으로 하는 것으로 서 형벌 그 자체가 아니라 보안처분의 성격을 가지는 것이 사실이다. 그러나 한편으로 이는 가정폭력범죄행위에 대하 여 형사처벌 대신 부과되는 것으로서, 가정폭력범죄를 범한 자에게 의무적 노동을 부과하고 여가시간을 박탈하여 실질 적으로는 신체적 자유를 제한하게 되므로, 이에 대하여는 원칙적으로 형벌불소급의 원칙에 따라 행위시법을 적용함 이 상당하다(대법원 2008.7.24, 2008어4).

02　　　　　　　　　　　　　　　　정답 ④

④ [×] 법령이 개정 내지 폐지된 경우가 아니라, 스스로 유효 기간을 구체적인 일자나 기간으로 특정하여 효력의 상실을 예정하고 있던 법령이 그 유효기간을 경과함으로써 더 이상 효력을 갖지 않게 된 경우도 형법 제1조 제2항과 형사소송 법 제326조 제4호에서 말하는 법령의 변경에 해당한다고 볼 수 없다(대법원 2022.12.22, 2020도16420).

① [○] 범죄의 성립과 처벌에 관하여 규정한 형벌법규 자체 또는 그로부터 수권 내지 위임을 받은 법령의 변경에 따라 범죄를 구성하지 아니하게 되거나 형이 가벼워진 경우에는, 종전 법령이 범죄로 정하여 처벌한 것이 부당하였다거나 과 형이 과중하였다는 반성적 고려에 따라 변경된 것인지 여부 를 따지지 않고 원칙적으로 형법 제1조 제2항과 형사소송법 제326조 제4호가 적용된다(대법원 2022.12.22, 2020도16420).

② [○] 형벌법규가 대통령령, 총리령, 부령과 같은 법규명령 이 아닌 고시 등 행정규칙·행정명령, 조례 등(이하 '고시 등 규정')에 구성요건의 일부를 수권 내지 위임한 경우에도 이 러한 고시 등 규정이 위임입법의 한계를 벗어나지 않는 한 형벌법규와 결합하여 법령을 보충하는 기능을 하는 것이므 로, 그 변경에 따라 범죄를 구성하지 아니하게 되거나 형이 가벼워졌다면 마찬가지로 형법 제1조 제2항과 형사소송법 제326조 제4호가 적용된다(대법원 2022.12.22, 2020도16420).

③ [○] 해당 형벌법규 자체 또는 그로부터 수권 내지 위임을 받은 법령이 아닌 다른 법령이 변경된 경우 형법 제1조 제2 항과 형사소송법 제326조 제4호를 적용하려면, 해당 형벌 법규에 따른 범죄의 성립 및 처벌과 직접적으로 관련된 형 사법적 관점의 변화를 주된 근거로 하는 법령의 변경에 해 당하여야 하므로, 이와 관련이 없는 법령의 변경으로 인하 여 해당 형벌법규의 가벌성에 영향을 미치게 되는 경우에는 형법 제1조 제2항과 형사소송법 제326조 제4호가 적용되 지 않는다(대법원 2022.12.22, 2020도16420).

03　　　　　　　　　　　　　　　　정답 ③

③ [○] 대법원 2006.3.24, 2005도3717

① [×] 「형법」 제15조 제1항에 따르면 특별히 무거운 죄가 되는 사실을 인식하지 못한 행위는 무거운 죄로 벌하지 아니한다. [보충] 위 지문의 술어 부분은 형법 제16조의 법률의 착오에 대한 것이다.

> 형법 제15조(사실의 착오) ① 특별히 무거운 죄가 되는 사실을 인 식하지 못한 행위는 무거운 죄로 벌하지 아니한다.

② [×] 구성요건적 고의의 인식대상은 객관적 구성요건요소에 한하므로 <u>친족상도례와 같은 인적처벌조각사유 내지 소추조건에 관한 착오는 범죄의 성립에 영향을 주지 못한다.</u> 甲이 아버지 친구인 B의 지갑을 훔쳤고 타인의 재물을 절취한다는 인식이 있는 이상 절도죄가 성립하고 그 형으로 처벌받는다. "피고인이 본가의 소유물로 오신하여 이를 절취하였다 하더라도 그 오신은 형의 면제사유에 관한 것으로서 이에 범죄의 구성요건 사실에 관한 형법 제15조 제1항은 적용되지 않는 것이므로 그 오신은 범죄의 성립이나 처벌에 아무런 영향도 미치지 아니한다(대법원 1966.6.28, 66도104)."

[기본서 형법총론 159p]

④ [×] 甲이 乙 등 3명과 싸우다가 힘이 달리자 식칼을 가지고 이들 3명을 상대로 휘두르다가 이를 말리면서 식칼을 <u>뺏으려던 피해자 丙에게 상해를 입혔다면 甲에게 상해의 범의가 인정되며 상해를 입은 사람이 목적한 사람이 아닌 다른 사람이라 하여 과실상해죄에 해당한다고 할 수 없다</u>(대법원 1987.10.26, 87도1745).

04 정답 ③

③ [○] 결과 발생을 예견할 수 있고 또 그것을 회피할 수 있음에도 불구하고 정상의 주의의무를 태만히 함으로써 결과 발생을 야기하였다면 과실범의 죄책을 면할 수 없고, 위와 <u>같은 주의의무는 반드시 개별적인 법령에서 일일이 그 근거나 내용이 명시되어 있어야만 하는 것이 아니며, 결과 발생에 즈음한 구체적인 상황에서 이와 관련된 제반 사정들을 종합적으로 평가하여 결과 발생에 대한 예견 및 회피 가능성을 기준으로 삼아 그 결과 발생을 방지하여야 할 주의의무를 인정할 수 있는 것이다</u>(대법원 2009.4.23, 2008도11921).

[보충] 과실범을 처벌하려면 그 처벌규정이 있어야 하나, 과실범의 주의의무의 근거나 내용은 개별 법령에서 일일이 명시되어 있어야 하는 것은 아니다.

① [×] 「형법」 제14조에 따르면 정상적으로 기울여야 할 주의(注意)를 게을리하여 죄의 성립요소인 사실을 인식하지 못한 행위는 <u>법률에 특별한 규정이 있는 경우에만</u> 처벌한다.

[보충] 위 지문의 술어 부분은 형법 제16조의 법률의 착오에 대한 것이다.

> **형법 제14조(과실)** 정상적으로 기울여야 할 주의(注意)를 게을리하여 죄의 성립요소인 사실을 인식하지 못한 행위는 법률에 특별한 규정이 있는 경우에만 처벌한다.

② [×] 의료과오사건에 있어서 의사의 과실을 인정하려면 결과 발생을 예견할 수 있고 또 회피할 수 있었음에도 하지 못한 점을 인정할 수 있어야 하고, 위 과실의 유무를 판단함에는 <u>같은 업무와 직무에 종사하는 일반적 보통인의 주의 정도를 표준으로 하여야 하며</u>, 이때 사고 당시의 일반적인 의학의 수준과 의료환경 및 조건, 의료행위의 특수성 등을 고려하여야 한다(대법원 2017.5.31, 2015도8512).

④ [×] 업무상 과실장물취득죄는 보통과실장물취득죄가 없다는 점을 고려할 때, 본죄의 업무는 형을 가중시키는 신분이 아니라 범죄를 구성하는 신분이다.

05 정답 ①

① [×] 방위행위, 피난행위, 자구행위가 그 정도를 초과한 경우에는 <u>정황(情況)에 따라 그 형을 감경하거나 면제할 수 있다.</u>

[정리] 과잉방위·과잉피난·과잉자구행위는 임의적 감면사유

> **형법 제21조(정당방위)** ② 방위행위가 그 정도를 초과한 경우에는 정황(情況)에 따라 그 형을 감경하거나 면제할 수 있다.
> **제22조(긴급피난)** ③ 전조 제2항과 제3항의 규정은 본조에 준용한다.
> **제23조(자구행위)** ② 제1항의 행위가 그 정도를 초과한 경우에는 정황에 따라 그 형을 감경하거나 면제할 수 있다.

② [○] 가해자의 행위가 피해자의 부당한 공격을 방위하기 위한 것이라기 보다는 서로 공격할 의사로 싸우다가 먼저 공격을 받고 이에 대항하여 가해하게 된 것이라고 봄이 상당한 경우, 그 가해행위는 방어행위인 동시에 공격행위의 성격을 가지므로 정당방위 또는 과잉방위행위라고 볼 수 없다(싸움의 경우에는 정당방위·과잉방위 ×, 대법원 2000.3.28, 2000도228).

③ [○] 형법 제21조 제1항, 제22조 제1항, 제23조 제1항 참조.

[비교] 피해자의 승낙은 '상당한 이유가 있을 것'이 명문의 요건은 아니다(형법 제24조). 다만 통설·판례는 피해자의 승낙에 의한 행위가 위법성이 조각되기 위해서는 사회상규에 어긋나지 않을 것을 필요로 한다는 입장이다.

> **형법 제21조(정당방위)** ① 현재의 부당한 침해로부터 자기 또는 타인의 법익(法益)을 방위하기 위하여 한 행위는 상당한 이유가 있는 경우에는 벌하지 아니한다.
> **제22조(긴급피난)** ① 자기 또는 타인의 법익에 대한 현재의 위난을 피하기 위한 행위는 상당한 이유가 있는 때에는 벌하지 아니한다.
> **제23조(자구행위)** ① 법률에서 정한 절차에 따라서는 청구권을 보전(保全)할 수 없는 경우에 그 청구권의 실행이 불가능해지거나 현저히 곤란해지는 상황을 피하기 위하여 한 행위는 상당한 이유가 있는 때에는 벌하지 아니한다.

[비교]

> **형법 제24조(피해자의 승낙)** 형법 제24조(피해자의 승낙) 처분할 수 있는 자의 승낙에 의하여 그 법익을 훼손한 행위는 법률에 특별한 규정이 없는 한 벌하지 아니한다.

④ [○] 형법 제24조의 규정에 의하여 위법성이 조각되는 피해자의 승낙은 개인적 법익을 훼손하는 경우에 법률상 이를 처분할 수 있는 사람의 승낙을 말할 뿐만 아니라 그 승낙이 윤리적, 도덕적으로 사회상규에 반하는 것이 아니어야 한다(대법원 1985.12.10, 85도1892).

06 정답 ②

② ㉠㉢

㉠ [○] 일반적으로 면허 또는 자격 없이 침술행위를 하는 것은 의료법 제25조의 무면허 의료행위(한방의료행위)에 해당되어 같은 법 제66조에 의하여 처벌되어야 하고, 수지침 시술행위도 위와 같은 침술행위의 일종으로서 의료법에서 금지하고 있는 의료행위에 해당하며, 이러한 수지침 시술행

위가 광범위하고 보편화된 민간요법이고, 그 시술로 인한 위험성이 적다는 사정만으로 그것이 바로 사회상규에 위배되지 아니하는 행위에 해당한다고 보기는 어렵다고 할 것이나, 수지침은 시술부위나 시술방법 등에 있어서 예로부터 동양의학으로 전래되어 내려오는 체침의 경우와 현저한 차이가 있고, 일반인들의 인식도 이에 대한 관용의 입장에 기울어져 있으므로, 이러한 사정과 함께 시술자의 시술의 동기, 목적, 방법, 횟수, 시술에 대한 지식수준, 시술경력, 피시술자의 나이, 체질, 건강상태, 시술행위로 인한 부작용 내지 위험발생 가능성 등을 종합적으로 고려하여 구체적인 경우에 있어서 개별적으로 보아 법질서 전체의 정신이나 그 배후에 놓여 있는 사회윤리 내지 사회통념에 비추어 용인될 수 있는 행위에 해당한다고 인정되는 경우에는 형법 제20조 소정의 사회상규에 위배되지 아니하는 행위로서 위법성이 조각된다고 할 것이다(대법원 2000.4.25. 98도2389).

ⓛ [×] 노동조합 및 노동관계조정법 시행령 제17조에서 규정하고 있는 쟁의행위의 일시·장소·참가인원 및 그 방법에 관한 서면신고의무는 쟁의행위를 함에 있어 그 세부적·형식적 절차를 규정한 것으로서 쟁의행위에 적법성을 부여하기 위하여 필요한 본질적인 요소는 아니므로, 신고절차의 미준수만을 이유로 쟁의행위의 정당성을 부정할 수는 없다(대법원 2007.12.28. 2007도5204).

ⓒ [○] 甲 아파트 입주자대표회의 회장인 피고인이 자신의 승인 없이 동대표들이 관리소장과 함께 게시한 입주자대표회의 소집공고문을 뜯어내 제거함으로써 그 효용을 해하였다고 하여 재물손괴로 기소된 경우, 피고인이 위 공고문을 손괴한 조치는 그에 선행하는 위법한 공고문 작성 및 게시에 따른 위법상태의 구체적 실현이 임박한 상황하에서 그 위법성을 바로잡기 위한 것으로 사회통념상 허용되는 범위를 크게 넘어서지 않는 행위로 볼 수 있다(대법원 2021.12.30. 2021도9680).

ⓔ [×] ⓐ「가정폭력범죄의 처벌 등에 관한 특례법」(이하 '가정폭력처벌법') 제55조의4에 따른 임시보호명령은 피해자의 양해 여부와 관계없이 행위자에게 접근금지, 문언송신금지 등을 명하는 점, ⓑ 피해자의 양해만으로 임시보호명령 위반으로 인한 가정폭력처벌법 위반죄의 구성요건해당성이 조각된다면 개인의 의사로써 법원의 임시보호명령을 사실상 무효화하는 결과가 되어 법적 안정성을 훼손할 우려도 있는 점 등의 사정을 들어, 설령 피고인의 주장과 같이 이 사건 임시보호명령을 위반한 주거지 접근이나 문자메시지 송신을 피해자가 양해 내지 승낙했다고 할지라도 가정폭력처벌법 위반죄의 구성요건에 해당할뿐더러, ⓐ 피고인이 이 사건 임시보호명령의 발령사실을 알면서도 피해자에게 먼저 연락하였고 이에 피해자가 대응한 것으로 보이는 점, ⓑ 피해자가 피고인과 문자메시지를 주고받던 중 수회에 걸쳐 '더 이상 연락하지 말라'는 문자메시지를 보내기도 한 점 등에 비추어 보면, 피고인이 이 사건 임시보호명령을 위반하여 피해자의 주거지에 접근하거나 문자메시지를 보낸 것을 형법 제20조의 정당행위로 볼 수도 없다(대법원 2022.1.4. 2021도14015).

07 　　　　　　　　　　　　　　　　　　　　　　　　　정답 ④

④ [×] 원인에 있어서 자유로운 행위가 인정되기 위해서는 자의로 심신장애를 야기하는 원인행위를 함에 있어서 그 위험의 발생을 예견하거나 최소한 위험의 발생을 예견할 수 있어야 한다. 따라서 원인행위를 함에 있어 위법행위로 나아갈 것을 예견할 수 없는 경우(위 ④의 지문의 예견가능성이 없었던 경우)에는 위험의 발생에 대한 과실조차 인정되지 않으므로 원인에 있어서 자유로운 행위 규정이 적용될 수 없다. "형법 제10조 제3항은 '위험의 발생을 예견하고 자의로 심신장애를 야기한 자의 행위에는 전2항의 규정을 적용하지 아니한다'고 규정하고 있는 바, 이 규정은 고의에 의한 원인에 있어서의 자유로운 행위만이 아니라 과실에 의한 원인에 있어서의 자유로운 행위까지도 포함하는 것으로서 위험의 발생을 예견할 수 있었는데도 자의로 심신장애를 야기한 경우도 그 적용 대상이 된다(대법원 1992.7.28. 92도999)."
[보충] 원인에 있어서 자유로운 행위라 함은 행위자가 고의(위험의 발생을 예견한 경우) 또는 과실(위험의 발생을 예견할 수 있는 경우)에 의하여 자신을 심신장애 상태에 빠지게 한 후 이러한 상태를 이용하여 범죄를 실행하는 것을 말한다.

① [○] 심신미약은 임의적 감경사유이다(형법 제10조 제2항).

제10조(심신장애인) ① 심신장애로 인하여 사물을 변별할 능력이 없거나 의사를 결정할 능력이 없는 자의 행위는 벌하지 아니한다.
② 심신장애로 인하여 전항의 능력이 미약한 자의 행위는 형을 감경할 수 있다.

② [○] 형법 제10조에 규정된 심신장애는 생물학적 요소로서 정신병 또는 비정상적 정신상태와 같은 정신적 장애가 있는 외에 심리학적 요소로서 이와 같은 정신적 장애로 말미암아 사물에 대한 변별능력과 그에 따른 행위통제능력이 결여되거나 감소되었음을 요하므로, 정신적 장애가 있는 자라고 하

여도 범행 당시 정상적인 사물변별능력이나 행위통제능력이 있었다면 심신장애로 볼 수 없다(대법원 2007.2.8, 2006도7900).

③ [○] 형법 제10조 제1항, 제2항에 규정된 심신장애의 유무 및 정도의 판단은 법률적 판단으로서 반드시 전문감정인의 의견에 기속되어야 하는 것은 아니고, 정신분열증의 종류와 정도, 범행의 동기, 경위, 수단과 태양, 범행 전후의 피고인의 행동, 반성의 정도 등 여러 사정을 종합하여 법원이 독자적으로 판단할 수 있다(대법원 1999.1.26, 98도3812).

08 정답 ④

사안은 오상방위에 관한 문제로서 (가)는 소극적 구성요건표지이론, (나)는 엄격책임설, (다)는 (구성요건착오) 유추적용설, (라)는 법효과제한적 책임설이다.

④ [○] (가)와 (라)에 따르면 甲은 처벌되지 않는다.

① [×] (가)와 (다)에 따르면 甲은 구성요건적 고의가 조각되어 과실폭행에 해당하나 과실폭행은 처벌규정이 없으므로 처벌되지 않는다.

② [×] (나)에 따르면 법률의 착오로 파악되고 위 문제는 회피가능성이 있음을 전제로 하므로 그 착오에 정당한 이유가 없어 甲은 폭행죄로 처벌되며, (라)에 따르면 폭행죄의 구성요건적 고의는 인정되나 책임고의가 인정되지 않아 역시 과실폭행에 불과하게 되고 과실폭행은 처벌규정이 없으므로 甲은 처벌되지 않는다.

③ [×] (나)에 따르면 甲은 폭행죄로 처벌되며, (다)에 따르면 甲은 처벌되지 않는다.

09 정답 ③

③ [○] 휴대용 가방에 넣어 비행기에 탑승하려고 한 나머지 400만 ¥에 대하여는 그 휴대용 가방을 보안검색대에 올려놓거나 이를 휴대하고 통과하는 때에 비로소 실행의 착수가 있다고 볼 것이고, 피고인이 휴대용 가방을 가지고 보안검색대에 나아가지 않은 채 공항 내에서 탑승을 기다리고 있던 중에 체포되었다면 일화 400만 ¥에 대하여는 실행의 착수가 있다고 볼 수 없다(대법원 2001.7.27, 2000도4298).

① [×] 피고인이 최초에 작성한 허위내용의 고소장을 경찰관에게 제출하였을 때 이미 허위사실의 신고가 수사기관에 도달되어 무고죄의 기수에 이른 것이라 할 것이므로 그 후에 그 고소장을 되돌려 받았다 하더라도 이는 무고죄의 성립에 아무런 영향이 없다(대법원 1985.2.8, 84도2215).

② [×] 소송비용을 편취할 의사로 소송비용의 지급을 구하는 손해배상청구의 소를 제기한 경우, 사기죄의 불능범에 해당한다(대법원 2005.12.8, 2005도8105).

④ [×] 피고인이 휴대폰을 이용하여 동영상 촬영을 시작하여 일정한 시간이 경과하였다면 설령 촬영 중 경찰관에게 발각되어 저장버튼을 누르지 않고 촬영을 종료하였더라도 카메라 등 이용 촬영 범행은 이미 '기수'에 이르렀다고 볼 여지가 매우 크다(대법원 2011.6.9, 2010도10677).

10 정답 ④

④ [×] 강제추행죄는 사람의 성적 자유 내지 성적 자기결정의 자유를 보호하기 위한 죄로서 정범 자신이 직접 범죄를 실행하여야 성립하는 자수범이라고 볼 수 없으므로, 처벌되지 아니하는 타인을 도구로 삼아 피해자를 강제로 추행하는 간접정범의 형태로도 범할 수 있다. 여기서 강제추행에 관한 간접정범의 의사를 실현하는 도구로서의 타인에는 피해자도 포함될 수 있으므로, 피해자를 도구로 삼아 피해자의 신체를 이용하여 추행행위를 한 경우에도 강제추행죄의 간접정범에 해당할 수 있다(대법원 2018.2.8, 2016도17733).

① [○] 출판물에 의한 명예훼손죄는 간접정범에 의하여 범하여질 수도 있으므로 타인을 비방할 목적으로 허위의 기사 재료를 그 정을 모르는 기자에게 제공하여 신문 등에 보도되게 한 경우에도 성립할 수 있다(대법원 2002.6.28, 2000도3045).

② [○] 범죄는 '어느 행위로 인하여 처벌되지 아니하는 자'를 이용하여서도 이를 실행할 수 있으므로, 내란죄의 경우에도 '국헌문란의 목적'을 가진 자가 그러한 목적이 없는 자를 이용하여 이를 실행할 수 있다(대법원 1997.4.17, 96도3376 전원합의체).

③ [○] 범인도피죄는 범인을 도피하게 함으로써 기수에 이르지만 범인도피행위가 계속되는 동안에는 범죄행위도 계속되고 행위가 끝날 때 비로소 범죄행위가 종료되고, 공범자의 범인도피행위의 도중에 그 범행을 인식하면서 그와 공동의 범의를 가지고 기왕의 범인도피상태를 이용하여 스스로 범인도피행위를 계속한 자에 대하여는 범인도피죄의 공동정범이 성립한다(대법원 1995.9.5, 95도577).

11 정답 ②

② [×] 공동정범이 성립하기 위하여는 반드시 공범자간에 사전에 모의가 있어야 하는 것은 아니며, 우연히 만난 자리에서 서로 협력하여 공동의 범의를 실현하려는 의사가 암묵적으로 상통하여 범행에 공동가공하더라도 공동정범은 성립된다(대법원 1984.12.26, 82도1373).

① [○] 공동정범이 성립하기 위한 주관적 요건으로서 공동가공의 의사는 타인의 범행을 인식하면서도 이를 제지하지 아니하고 용인하는 것만으로 부족하고, 공동의 의사로 특정한 범죄행위를 하기 위하여 일체가 되어 서로 다른 사람의 행위를 이용하여 자기의 의사를 옮기는 것을 내용으로 하는 것이어야 한다(대법원 1999.9.17, 99도2889).

③ [○] 공모공동정범에 있어서 공모자 중의 1인이 다른 공모자가 실행행위에 이르기 전에 그 공모관계에서 이탈한 때에는 그 이후의 다른 공모자의 행위에 관하여는 공동정범으로서의 책임은 지지 않는다 할 것이나, 공모관계에서의 이탈은 공모자가 공모에 의하여 담당한 기능적 행위지배를 해소하는 것이 필요하므로 공모자가 공모에 주도적으로 참여하여 다른 공모자의 실행에 영향을 미친 때에는 범행을 저지하기 위하여 적극적으로 노력하는 등 실행에 미친 영향력을 제거하지 아니하는 한 공모관계에서 이탈하였다고 할 수 없다(대법원 2008.4.10, 2008도1274).

④ [○] 신분관계가 없는 사람이 신분관계로 인하여 성립될 범죄에 가공한 경우에는 신분관계가 있는 사람과 공범이 성립한다(형법 제33조 본문 참조). 이 경우 신분관계가 없는 사람에게 공동가공의 의사와 이에 기초한 기능적 행위지배를 통한 범죄의 실행이라는 주관적·객관적 요건이 충족되면 공동정범으로 처벌한다(대법원 2019.8.29, 2018도2738 전원합의체).

12
정답 ④

④ [×] 피고인은, ㉠ 2020. 12. 21.경부터 보이스피싱 사기 범행에 사용된다는 사정을 알면서도 유령법인 설립, 그 법인 명의 계좌 개설 후 그 접근매체를 텔레그램 대화명 'E'에게 전달·유통하는 등의 행위를 계속하였고, ㉡ 2021. 1. 중순경 보이스피싱 조직원의 제안에 따라 이른바 '전달책' 역할을 승낙하였으며, ㉢ 이에 따라 피고인의 지시를 받은 C은 2021. 1. 20.경부터, 피고인은 2021. 1. 28.부터 모두 '전달책'에 해당하는 실행행위를 한 사실이 인정된다. 위와 같은 인정사실에 앞서 본 법리를 종합하여 보면, 피고인의 이러한 접근매체 전달·유통행위는 보이스피싱 사기 범행에 사용된다는 정을 알면서도 정범이 실행에 착수하기 이전부터 장래의 실행행위를 예상하고서 이를 용이하게 하는 유형적·물질적 방조행위이고, 이러한 상태에서 '전달책' 역할까지 승낙한 행위 역시 정범의 범행 결의를 강화시키는 무형적·정신적 방조행위이므로, 피고인은 '전달책'으로서 실행행위를 한 시기에 관계없이 피해자들에 대한 사기죄의 종범에 해당한다(대법원 2022.4.14, 2022도649).

① [○] 대법원 2022.4.14, 2022도649

② [○] 피고인의 이러한 접근매체 전달·유통행위는 보이스피싱 사기 범행에 사용된다는 정을 알면서도 정범이 실행에 착수하기 이전부터 장래의 실행행위를 예상하고서 이를 용이하게 하는 유형적·물질적 방조행위이고, 이러한 상태에서 '전달책' 역할까지 승낙한 행위 역시 정범의 범행 결의를 강화시키는 무형적·정신적 방조행위이므로, 피고인은 '전달책'으로서 실행행위를 한 시기에 관계없이 피해자들에 대한 사기죄의 종범에 해당한다(대법원 2022.4.14, 2022도649).

③ [○] '전달책' 역할까지 승낙한 행위 역시 정범의 범행 결의를 강화시키는 무형적·정신적 방조행위이므로, 피고인은 '전달책'으로서 실행행위를 한 시기에 관계없이 피해자들에 대한 사기죄의 종범에 해당한다(대법원 2022.4.14, 2022도649).

13
정답 ①

① 0개

㉠ [×] 절도범인이 체포를 면탈할 목적으로 경찰관에게 폭행 협박을 가한 때에는 준강도죄와 공무집행방해죄를 구성하고 양죄는 상상적 경합관계에 있으나, 강도범인이 체포를 면탈할 목적으로 경찰관에게 폭행을 가한 때에는 강도죄와 공무집행방해죄는 실체적 경합관계에 있고 상상적 경합관계에 있는 것이 아니다(대법원 1992.7.28, 92도917).

㉡ [×] 피고인들이 피해자들의 재물을 강취한 후 그들을 살해할 목적으로 현주건조물에 방화하여 사망에 이르게 한 경

우, 피고인들의 행위는 강도살인죄와 현주건조물방화치사죄에 모두 해당하고 그 두 죄는 상상적 경합범 관계에 있다(대법원 1998.12.8, 98도3416).

㉢ [×] 폭력행위 등 처벌에 관한 법률 제4조 제1항은 그 법에 규정된 범죄행위를 목적으로 하는 단체를 구성하거나 이에 가입하는 행위 또는 구성원으로 활동하는 행위를 처벌하도록 정하고 있는데, … 범죄단체의 구성이나 가입은 범죄행위의 실행 여부와 관계없이 범죄단체 구성원으로서의 활동을 예정하는 것이고, 범죄단체 구성원으로서의 활동은 범죄단체의 구성이나 가입을 당연히 전제로 하는 것이므로, 양자는 모두 범죄단체의 생성 및 존속·유지를 도모하는, 범죄행위에 대한 일련의 예비·음모 과정에 해당한다는 점에서 범의의 단일성과 계속성을 인정할 수 있을 뿐만 아니라 피해법익도 다르지 않다. 따라서 범죄단체를 구성하거나 이에 가입한 자가 더 나아가 구성원으로 활동하는 경우, 이는 포괄일죄의 관계에 있다(대법원 2015.9.10, 2015도7081).

㉣ [×] 범죄단체 등에 소속된 조직원이 저지른 폭력행위처벌법 위반(단체 등의 공동강요)죄 등의 개별적 범행과 폭력행위처벌법 위반(단체 등의 활동)죄는 범행의 목적이나 행위 등 측면에서 일부 중첩되는 부분이 있더라도, 일반적으로 구성요건을 달리하는 별개의 범죄로서 범행의 상대방, 범행 수단 내지 방법, 결과 등이 다를 뿐만 아니라 그 보호법익이 일치한다고 볼 수 없다. 또한 폭력행위처벌법 위반(단체 등의 구성·활동)죄와 위 개별적 범행은 특별한 사정이 없는 한 법률상 1개의 행위로 평가되는 경우로 보기 어려워 상상적 경합이 아닌 실체적 경합관계에 있다고 보아야 한다(대법원 2022.9.7, 2022도6993).

14
정답 ②

② [○] 공무집행방해죄는 직무를 집행하는 공무원에 대하여 폭행 또는 협박한 경우에 성립하는 범죄로서 여기서의 폭행은 사람에 대한 유형력(有形力)의 행사로 족하고 반드시 그 신체에 대한 것임을 요하지 아니하며, 또한 추상적 위험범으로서 구체적으로 직무집행의 방해라는 결과발생을 요하지도 아니한다(대법원 2005.10.28, 2005도6725).

① [×] 폭행치사죄와 상해치사죄에는 「형법」 제263조(동시범)가 적용된다는 것이 판례의 입장이다(대법원 2000.7.28, 2000도2466; 1985.5.14, 84도2118).

③ [×] 형법 제255조, 제250조의 살인예비죄가 성립하기 위하여는 형법 제255조에서 명문으로 요구하는 살인죄를 범할 목적 외에도 살인의 준비에 관한 고의가 있어야 하며, 나아가 실행의 착수까지에는 이르지 아니하는 살인죄의 실현을 위한 준비행위가 있어야 한다. 여기서의 준비행위는 물적인 것에 한정되지 아니하며 특별한 정형이 있는 것도 아니지만, 단순히 범행의 의사 또는 계획만으로는 그것이 있다고 할 수 없고 객관적으로 보아서 살인죄의 실현에 실질적으로 기여할 수 있는 외적 행위를 필요로 한다(대법원 2009.10.29, 2009도7150).

④ [×] 피고인이 상습으로 甲을 폭행하고, 어머니 乙을 존속

폭행하였다는 내용으로 기소된 경우, 피고인에게 폭행 범행을 반복하여 저지르는 습벽이 있고 이러한 습벽에 의하여 단순폭행, 존속폭행 범행을 저지른 사실이 인정된다면 <u>단순폭행, 존속폭행의 각 죄별로 상습성을 판단할 것이 아니라 포괄하여 그 중 법정형이 가장 중한 상습존속폭행죄만 성립할 여지가 있다</u>(대법원 2018.4.24, 2017도10956).

15 정답 ③

③ [×] <u>야간 당직간호사가 담당 환자의 심근경색 증상을 당직의사에게 제대로 보고하지 않음으로써 당직의사가 필요한 조치를 취하지 못한 채 환자가 사망한 경우, 병원의 야간당직 운영체계상 당직간호사에게 환자의 사망을 예견하거나 회피하지 못한 업무상 과실이 있고, 당직의사에게는 업무상 과실을 인정하기 어렵다</u>(대법원 2007.9.20, 2006도294).

① [○] 업무상과실치상죄에 있어서의 '업무'란 사람의 사회생활면에서 하나의 지위로서 계속적으로 종사하는 사무를 말하고, 여기에는 수행하는 직무 자체가 위험성을 갖기 때문에 안전배려를 의무의 내용으로 하는 경우는 물론 사람의 생명·신체의 위험을 방지하는 것을 의무내용으로 하는 업무도 포함되는데, 안전배려 내지 안전관리 사무에 계속적으로 종사하여 위와 같은 지위로서의 계속성을 가지지 아니한 채 단지 <u>건물의 소유자로서 건물을 비정기적으로 수리하거나 건물의 일부분을 임대하였다는 사정만으로는 업무상과실치상죄에 있어서의 '업무'로 보기 어렵다</u>(대법원 2009.5.28, 2009도1040).

② [○] 고속도로를 운행하는 자동차의 운전자로서는 일반적인 경우에 고속도로를 횡단하는 보행자가 있을 것까지 예견하여 보행자와의 충돌사고를 예방하기 위하여 급정차 등의 조치를 취할 수 있도록 대비하면서 운전할 주의의무가 없고, 다만 <u>고속도로를 무단횡단하는 보행자를 충격하여 사고를 발생시킨 경우라도 운전자가 상당한 거리에서 보행자의 무단횡단을 미리 예상할 수 있는 사정이 있었고, 그에 따라 즉시 감속하거나 급제동하는 등의 조치를 취하였다면 보행자와의 충돌을 피할 수 있었다는 등의 특별한 사정이 인정되는 경우에만 자동차 운전자의 과실이 인정될 수 있다</u>(대법원 2000.9.5, 2000도2671).

④ [○] 주된 의사와 마취과 의사 간에도 <u>수평적 분업관계에 의하여 신뢰의 원칙이 적용될 수 있다</u>(대법원 2022.12.1, 2022도1499).

16 정답 ②

② [×] 체포죄는 계속범으로서 체포의 행위에 확실히 사람의 신체의 자유를 구속한다고 인정할 수 있을 정도의 시간적 계속이 있어야 기수에 이르고, <u>신체의 자유에 대한 구속이 그와 같은 정도에 이르지 못하고 일시적인 것으로 그친 경우에는 체포죄의 미수범이 성립할 뿐이다</u>(대법원 2020.3.27, 2016도18713).

① [○] 대법원 2007.9.28, 2007도606 전원합의체

③ [○] 강간죄의 성립에 언제나 직접적으로 또 필요한 수단으로서 감금행위를 수반하는 것은 아니므로 <u>감금행위가 강간미수죄의 수단이 되었다 하여 감금행위는 강간미수죄에 흡수되어 범죄를 구성하지 않는다고 할 수는 없는 것이고, 그 때에는 감금죄와 강간미수죄는 1개의 행위에 의하여 실현된 경우로서 형법 제40조의 상상적 경합관계에 있다</u>(대법원 1983.4.26, 83도323).

④ [○] 강요죄는 폭행 또는 협박으로 사람의 권리행사를 방해하거나 의무 없는 일을 하게 하는 범죄이다(형법 제324조 제1항). 여기에서 폭행은 사람에 대한 직접적인 유형력의 행사뿐만 아니라 간접적인 유형력의 행사도 포함하며, 반드시 사람의 신체에 대한 것에 한정되지 않는다. 사람에 대한 간접적인 유형력의 행사를 강요죄의 폭행으로 평가하기 위해서는 <u>피고인이 유형력을 행사한 의도와 방법, 피고인의 행위와 피해자의 근접성, 유형력이 행사된 객체와 피해자의 관계 등을 종합적으로 고려해야 한다</u>(강요죄 불성립, 대법원 2021.11.25, 2018도1346).

17 정답 ①

① [○] 형법 제299조는 '사람의 심신상실 또는 항거불능의 상태를 이용하여 추행을 한 자'를 처벌하도록 규정한다. 이러한 준강제추행죄는 정신적·신체적 사정으로 인하여 성적인 자기방어를 할 수 없는 사람의 성적 자기결정권을 보호해 주는 것을 보호법익으로 하며, 그 <u>성적 자기결정권은 원치 않는 성적 관계를 거부할 권리라는 소극적 측면을 말한다</u>(대법원 2021.2.4, 2018도9781).

② [×] 범인이 피해자를 촬영하기 위하여 육안 또는 캠코더의 줌 기능을 이용하여 피해자가 있는지 여부를 탐색하다가 피해자를 발견하지 못하고 촬영을 포기한 경우에는 <u>촬영을 위한 준비행위에 불과하여 성폭력처벌법위반(카메라등이용촬영)죄의 실행에 착수한 것으로 볼 수 없다</u>(대법원 2021.8.12, 2021도7035).

③ [×] 구 성폭력처벌법 제14조 제2항에서 유포 행위의 한 유형으로 열거하고 있는 '공공연한 전시'란 불특정 또는 다수인이 촬영물 등을 인식할 수 있는 상태에 두는 것을 의미하고, <u>촬영물 등의 '공공연한 전시'로 인한 범죄는 불특정 또는 다수인이 전시된 촬영물 등을 실제 인식하지 못했다고 하더라도 촬영물 등을 위와 같은 상태에 둠으로써 성립한다</u>(대법원 2022.6.9, 2022도1683).

④ [×] 추행이라 함은 객관적으로 일반인에게 성적 수치심이나 혐오감을 일으키게 하고 선량한 성적 도덕관념에 반하는 행위로서 피해자의 성적 자유를 침해하는 것이라고 할 것이고, … <u>강제추행죄의 성립에 필요한 주관적 구성요건요소는 고의만으로 충분하고, 그 외에 성욕을 자극·흥분·만족시키려는 주관적 동기나 목적까지 있어야 하는 것은 아니다</u>(대법원 2020.12.24, 2020도7981).

18 정답 ④

④ [×] <u>피고인이 피해자의 얼굴을 가리는 용도로 동물 그림을 사용하면서 피해자에 대한 부정적인 감정을 다소 해학적으</u>

로 표현하려 한 것에 불과하다고 볼 여지도 상당하므로, 해당 영상이 피해자를 불쾌하게 할 수 있는 표현이기는 하지만 객관적으로 피해자의 인격적 가치에 대한 사회적 평가를 저하시킬 만한 모욕적 표현을 한 경우에 해당한다고 단정하기는 어렵다(대법원 2023.2.2, 2022도4719).

① [○] 사실적시의 내용이 사회 일반의 일부 이익에만 관련된 사항이라도 다른 일반인과의 공동생활에 관계된 사항이라면 공익성을 지닌다고 할 것이고, 이에 나아가 개인에 관한 사항이더라도 그것이 공공의 이익과 관련되어 있고 사회적인 관심을 획득한 경우라면 직접적으로 국가·사회 일반의 이익이나 특정한 사회집단에 관한 것이 아니라는 이유만으로 형법 제310조의 적용을 배제할 것은 아니다. 사인이라도 그가 관계하는 사회적 활동의 성질과 사회에 미칠 영향을 헤아려 공공의 이익에 관련되는지 판단하여야 한다(대법원 2022.2.11, 2021도10827).

② [○] 대법원 2022.7.28, 2020도8336

③ [○] 인터넷 등 공간에서 작성된 단문의 글이라고 하더라도, 그 내용이 자신의 의견을 강조하거나 압축하여 표현한 것이라고 평가할 수 있고 표현도 지나치게 모욕적이거나 악의적이지 않다면 마찬가지로 위법성이 조각될 가능성이 크다(대법원 2022.10.27, 2019도14421).

19　　　　　　　　　　　정답 ③

③ [○] 형법 제316조 제2항 소정의 전자기록등내용탐지죄는 봉함 기타 비밀장치한 전자기록 등 특수매체기록을 기술적 수단을 이용하여 그 내용을 알아낸 자를 처벌하는 규정인바, 전자기록 등 특수매체기록에 해당하더라도 봉함 기타 비밀장치가 되어 있지 아니한 것은 이를 기술적 수단을 동원해서 알아냈더라도 전자기록등내용탐지죄가 성립하지 않는다(대법원 2022.3.31, 2021도8900).

① [×] 피고인들의 '사임제안서' 전달 행위를 협박죄에서의 '협박'으로 볼 수 없고, 설령 '협박'에 해당하더라도 사회통념상 용인할 수 있는 정도이거나 이 사건 회사의 경영 정상화라는 정당한 목적을 위한 상당한 수단에 해당하여 사회상규에 반하지 아니한다(대법원 2022.12.15, 2022도9187).

② [×] 전자기록등내용탐지죄의 보호법익과 그 침해행위의 태양 및 가벌성 등에 비추어 볼 때, 이 사건 아이디 등은 전자방식에 의하여 피해자의 노트북 컴퓨터에 저장된 기록으로서 형법 제316조 제2항의 '전자기록 등 특수매체기록'에 해당한다(대법원 2022.3.31, 2021도8900).

④ [×] 행위자가 거주자의 승낙을 받아 주거에 들어갔으나 범죄 등을 목적으로 한 출입이거나 거주자가 행위자의 실제 출입 목적을 알았더라면 출입을 승낙하지 않았을 것이라는 사정이 인정되는 경우 행위자의 출입행위가 주거침입죄에서 규정하는 침입행위에 해당하려면, 출입하려는 주거 등의 형태와 용도·성질, 외부인에 대한 출입의 통제·관리 방식과 상태, 행위자의 출입 경위와 방법 등을 종합적으로 고려하여 행위자의 출입 당시 객관적·외형적으로 드러난 행위태양에 비추어 주거의 사실상 평온상태가 침해되었다고 평

가되어야 한다. 피고인이 피해자의 안방에 CCTV 카메라와 동영상 저장장치를 부착한 TV인 사실을 숨기고 피해자에게 TV를 설치해주겠다면서 안방까지 들어가 피해자의 주거에 침입하였다는 내용으로 기소된 경우, 피해자의 사실상 평온상태가 침해되었다고 볼 만한 사정이 없으므로 피고인의 출입이 비록 범죄 등의 목적을 숨기고 한 것이라도 주거침입죄가 성립하지 않는다(대법원 2022.4.28, 2022도1717).

20　　　　　　　　　　　정답 ②

② 1개

㉠ [○] 업무상배임죄의 주체는 타인의 사무를 처리하는 지위에 있어야 한다. 따라서 ⓐ 회사직원이 재직 중에 영업비밀 또는 영업상 주요한 자산을 경쟁업체에 유출하거나 스스로의 이익을 위하여 이용할 목적으로 무단으로 반출하였다면 타인의 사무를 처리하는 자로서 업무상의 임무에 위배하여 유출 또는 반출한 것이어서 유출 또는 반출 시에 업무상배임죄의 기수가 된다. 또한 ⓑ 회사직원이 영업비밀 등을 적법하게 반출하여 반출행위가 업무상배임죄에 해당하지 않는 경우라도, 퇴사 시에 영업비밀 등을 회사에 반환하거나 폐기할 의무가 있음에도 경쟁업체에 유출하거나 스스로의 이익을 위하여 이용할 목적으로 이를 반환하거나 폐기하지 아니하였다면, 이러한 행위 역시 퇴사 시에 업무상배임죄의 기수가 된다. 그러나 ⓒ 회사직원이 퇴사한 후에는 특별한 사정이 없는 한 퇴사한 회사직원은 더 이상 업무상배임죄에서 타인의 사무를 처리하는 자의 지위에 있다고 볼 수 없고, 위와 같이 반환하거나 폐기하지 아니한 영업비밀 등을 경쟁업체에 유출하거나 스스로의 이익을 위하여 이용하더라도 이는 이미 성립한 업무상배임 행위의 실행행위에 지나지 아니하므로, 그 유출 내지 이용행위가 부정경쟁방지 및 영업비밀보호에 관한 법률 위반(영업비밀누설등)죄에 해당하는지는 별론으로 하더라도, 따로 업무상배임죄를 구성할 여지는 없다(대법원 2017.6.29, 2017도3808).

㉡ [○] B는 지갑을 습득하여 진정한 소유자에게 돌려주어야 하는 지위에 있으므로 A를 위하여 이를 처분할 수 있는 권능을 갖거나 그 지위에 있었으며, 이러한 처분 권능과 지위에 기초하여 지갑의 소유자라고 주장하는 피고인에게 지갑을 교부하였고 이를 통해 피고인이 지갑을 취득하여 자유로운 처분이 가능한 상태가 되었으므로, B의 행위는 사기죄에서 말하는 처분행위에 해당한다(대법원 2022.12.29, 2022도12494).

㉢ [○] 업무상배임죄는 본인에게 재산상 손해를 가하는 외에 임무위배행위로 인하여 행위자 스스로 재산상 이익을 취득하거나 제3자로 하여금 재산상 이익을 취득하게 할 것을 요건으로 하므로, 본인에게 손해를 가하였다고 할지라도 행위자 또는 제3자가 재산상 이익을 취득한 사실이 없다면 배임죄가 성립할 수 없다(대법원 2021.11.25, 2016도3452).

[보충] 甲 새마을금고 임원인 피고인이 새마을금고의 여유자금 운용에 관한 규정을 위반하여 금융기관으로부터 원금 손실의 위험이 있는 금융상품을 매입함으로써 甲 금고에 액수 불상의 재산상 손해를 가하고 금융기관에 수수료 상당의

재산상 이익을 취득하게 하였다고 하여 업무상배임으로 기소된 경우, 피고인의 임무위배행위로 인하여 본인인 甲 금고에 발생한 액수 불상의 재산상 손해와 금융기관이 취득한 수수료 상당의 이익 사이에 대응관계가 있는 등 관련성이 있다고 볼 수 없고, 금융기관이 용역 제공의 대가로 정당하게 지급받은 위 수수료가 피고인의 임무위배행위로 인하여 취득한 재산상 이익에 해당한다고 단정하기 어렵다(위 판례).

ⓔ [×] B 주류업체 주식회사의 사내이사인 피고인 甲이 피해자 A를 상대로 주류대금 청구소송을 제기한 민사 분쟁 중 피해자가 착오로 피고인이 관리하는 B 회사 명의 계좌로 금원을 송금하여 피고인이 이를 보관하게 되었는데, 피고인은 피해자로부터 위 금원이 착오송금된 것이라는 사정을 문자메시지를 통해 고지받아 위 금원을 반환해야 할 의무가 있었음에도, 피해자와 상계 정산에 관한 합의 없이 피고인이 주장하는 주류대금 채권액을 임의로 상계 정산한 후 반환을 거부하여 횡령죄로 기소된 경우, 피고인이 피해자의 착오로 B 회사 명의 계좌로 송금된 금원 중 B 회사의 피해자에 대한 채권액에 상응하는 부분에 관하여 반환을 거부한 행위는 정당한 상계권의 행사로 볼 여지가 있다(횡령죄 불성립, 대법원 2022.12.29, 2021도2088).

21

④ [×] 절도 범인으로부터 장물보관 의뢰를 받은 자가 그 정을 알면서 이를 인도받아 보관하고 있다가 임의 처분하였다 하여도 장물보관죄가 성립하는 때에는 이미 그 소유자의 소유물 추구권을 침해하였으므로 그 후의 횡령행위는 불가벌적 사후행위에 불과하여 별도로 횡령죄가 성립하지 않는다 (대법원 2004.4.9, 2003도8219).

① [○] 사기죄의 보호법익은 재산권이므로, 기망행위에 의하여 국가적 또는 공공적 법익이 침해되었다는 사정만으로 사기죄가 성립한다고 할 수 없다. 따라서 도급계약이나 물품구매 조달계약 체결 당시 관련 영업 또는 업무를 규제하는 행정법규나 입찰 참가자격, 계약절차 등에 관한 규정을 위반한 사정이 있더라도 그러한 사정만으로 도급계약을 체결한 행위가 기망행위에 해당한다고 단정해서는 안 되고, 그 위반으로 말미암아 계약 내용대로 이행되더라도 일의 완성이 불가능하였다고 평가할 수 있을 만큼 그 위법이 일의 내용에 본질적인 것인지 여부를 심리·판단하여야 한다(대법원 2023.1.12, 2017도14104).

② [○] 예금주인 현금카드 소유자를 협박하여 그 카드를 갈취한 다음 피해자의 승낙에 의하여 현금카드를 사용할 권한을 부여받아 이를 이용하여 현금자동지급기에서 현금을 인출한 행위는 모두 피해자의 예금을 갈취하고자 하는 피고인의 단일하고 계속된 범의 아래에서 이루어진 일련의 행위로서 포괄하여 하나의 공갈죄를 구성하므로, 현금자동지급기에서 피해자의 예금을 인출한 행위를 현금카드 갈취행위와 분리하여 따로 절도죄로 처단할 수는 없다(대법원 2007.5.10, 2007도1375).

③ [○] 대법원 2007.9.6, 2007도4739

22

④ [○] 인출한 현금 총액 중 인출을 위임받은 금액을 넘는 부분의 비율에 상당하는 재산상 이익을 취득한 것으로 볼 수 있으므로 그 차액 상당액에 관하여 컴퓨터 등 사용사기죄가 성립한다(대법원 2006.3.24, 2005도3516).

① [×] 형법 제323조의 권리행사방해죄는 타인의 점유 또는 권리의 목적이 된 자기의 물건을 취거, 은닉 또는 손괴하여 타인의 권리행사를 방해함으로써 성립하므로 취거, 은닉 또는 손괴한 물건이 자기의 물건이 아니라면 권리행사방해죄가 성립할 수 없다. 물건의 소유자가 아닌 사람은 형법 제33조 본문에 따라 소유자의 권리행사방해 범행에 가담한 경우에 한하여 그의 공범이 될 수 있을 뿐이다(대법원 2017.5.30, 2017도4578 등). 이 사건 도어락은 피고인 소유의 물건일 뿐 공소외 3 소유의 물건은 아니라는 것이다. … 공소외 3이 자기의 물건이 아닌 이 사건 도어락의 비밀번호를 변경하였다고 하더라도 권리행사방해죄가 성립할 수 없고, 이와 같이 정범인 공소외 3의 권리행사방해죄가 인정되지 않는 이상 교사자인 피고인에 대하여 권리행사방해교사죄도 성립할 수 없다(대법원 2022.9.15, 2022도5827).

② [×] 재물손괴죄(형법 제366조)는 다른 사람의 재물을 손괴 또는 은닉하거나 그 밖의 방법으로 그 효용을 해한 경우에 성립하는 범죄로, 행위자에게 다른 사람의 재물을 자기 소유물처럼 그 경제적 용법에 따라 이용·처분할 의사(불법영득의사)가 없다는 점에서 절도, 강도, 사기, 공갈, 횡령 등 영득죄와 구별된다. 다른 사람의 소유물을 본래의 용법에 따라 무단으로 사용·수익하는 행위는 소유자를 배제한 채 물건의 이용가치를 영득하는 것이고, 그 때문에 소유자가 물건의 효용을 누리지 못하게 되었더라도 효용 자체가 침해된 것이 아니므로 재물손괴죄에 해당하지 않는다(대법원 2022.11.30, 2022도1410).

③ [×] 건물의 임차인인 피고인 甲이 임대인 A에 대한 임대차보증금반환채권을 B에게 양도하였는데도 A에게 채권양도 통지를 하지 않고 A로부터 남아 있던 임대차보증금을 반환받아 보관하던 중 개인적인 용도로 사용하여 이를 횡령하였다는 내용으로 기소된 경우, 임대차보증금으로 받은 금전의 소유권은 피고인에게 귀속하고, 피고인이 B를 위한 보관자 지위가 인정될 수 있는 신임관계에 있다고 볼 수 없어 횡령죄가 성립하지 않는다(대법원 2022.6.23, 2017도3829 전원합의체).

23

② [×] 자격모용사문서작성죄에서의 '행사할 목적'이라 함은 그 문서가 정당한 권한에 기하여 작성된 것처럼 다른 사람으로 하여금 오신하도록 하게 할 목적을 말한다고 할 것이므로 사문서를 작성하는 자가 주식회사의 대표로서의 자격을 모용하여 문서를 작성한다는 것을 인식, 용인하면서 그 문서를 진정한 문서로서 어떤 효용에 쓸 목적으로 사문서를 작성하였다면, 자격모용에 의한 사문서작성죄의 행사의 목적과 고의를 인정할 수 있다. 작성자가 '행사할 목적'으로 자격을 모용하여 문서를 작성한 이상 문서행사의 상대방이

자격모용 사실을 알았다거나, 작성자가 그 문서에 모용한 자격과 무관한 직인을 날인하였다는 등의 사정이 있다고 하여 달리 볼 것은 아니다(대법원 2022.6.30, 2021도17712).

① [O] 공정증서원본불실기재죄에 있어서의 불실의 기재는 당사자의 허위신고에 의하여 이루어져야 하므로 법원의 촉탁에 의하여 이루어진 경우에는 가령 그 전제절차에 허위적 요소가 있다 하더라도 그것은 법원의 촉탁에 의하여 이루어진 것이지 당사자의 허위신고에 의하여 이루어진 것이 아니므로 공정증서원본불실기재죄를 구성하지 않는다(대법원 1983. 12.27, 83도2442).

③ [O] 명의인을 기망하여 문서를 작성케 하는 경우는 서명, 날인이 정당히 성립된 경우에도 기망자는 명의인을 이용하여 서명 날인자의 의사에 반하는 문서를 작성케 하는 것이므로 사문서위조죄가 성립한다(대법원 2000.6.13, 2000도778).

④ [O] 사용권한자와 용도가 특정되어 있는 공문서를 사용권한 없는 자가 사용한 경우에도 그 공문서 본래의 용도에 따른 사용이 아닌 경우에는 형법 제230조의 공문서부정행사죄가 성립되지 아니한다(대법원 2003.2.26, 2002도4935; 2022.9. 29, 2021도14514).

[보충 1] 피고인이 기왕에 습득한 타인의 주민등록증을 피고인 가족의 것이라고 제시하면서 그 주민등록증상의 명의 또는 가명으로 이동전화 가입신청을 한 경우, 타인의 주민등록증을 본래의 사용용도인 신분확인용으로 사용한 것이라고 볼 수 없어 공문서부정행사죄가 성립하지 않는다(대법원 2003.2.26, 2002도4935).

[보충 2] 장애인사용자동차표지를 사용할 권한이 없는 사람이 장애인전용주차구역에 주차하는 등 장애인사용자동차에 대한 지원을 받을 것으로 합리적으로 기대되는 상황이 아닌 경우, 단순히 이를 자동차에 비치하였더라도 장애인사용자동차표지를 본래의 용도에 따라 사용했다고 볼 수 없어 공문서부정행사죄가 성립하지 아니한다(대법원 2022.9.29, 2021도14514).

24 정답 ③

③ [X] 형법 제127조는 공무원 또는 공무원이었던 자가 법령에 의한 직무상 비밀을 누설하는 것을 구성요건으로 하고 있는바, 여기서 법령에 의한 직무상 비밀이란 반드시 법령에 의하여 비밀로 규정되었거나 비밀로 분류 명시된 사항에 한하지 아니하고, 정치, 군사, 외교, 경제, 사회적 필요에 따라 비밀로 된 사항은 물론 정부나 공무소 또는 국민이 객관적, 일반적인 입장에서 외부에 알려지지 않는 것에 상당한 이익이 있는 사항도 포함하나, 실질적으로 그것을 비밀로서 보호할 가치가 있다고 인정할 수 있는 것이어야 하고, 한편 공무상비밀누설죄는 기밀 그 자체를 보호하는 것이 아니라 공무원의 비밀엄수의무의 침해에 의하여 위험하게 되는 이익, 즉 비밀의 누설에 의하여 위협받는 국가의 기능을 보호하기 위한 것이다(대법원 2007.6.14, 2004도5561).

① [O] 대법원 1994.2.8, 93도3568

② [O] 경찰공무원이 지명수배 중인 범인을 발견하고도 직무

상 의무에 따른 적절한 조치를 취하지 아니하고 오히려 범인을 도피하게 하는 행위를 하였다면, 그 직무위배의 위법상태는 범인도피행위 속에 포함되어 있다고 보아야 할 것이므로, 이와 같은 경우에는 작위범인 범인도피죄만이 성립하고 부작위범인 직무유기죄는 따로 성립하지 아니한다(대법원 2017.3.15, 2015도1456).

④ [O] 통고처분이나 고발을 할 권한이 없는 세무공무원이 그 권한자에게 범칙사건 조사 결과에 따른 통고처분이나 고발조치를 건의하는 등의 조치를 취하지 않았다고 하더라도, 구체적 사정에 비추어 그것이 직무를 성실히 수행하지 못한 것이라고 할 수 있을지언정 그 직무를 의식적으로 방임 내지 포기하였다고 볼 수 없다(대법원 1997.4.11, 96도2753).

25 정답 ③

③ ㉡㉣

㉠ [O] 법령에 기한 임명권자에 의하여 임용되어 공무에 종사하여 온 사람이 나중에 그가 임용결격자이었음이 밝혀져 당초의 임용행위가 무효라고 하더라도, 그가 임용행위라는 외관을 갖추어 실제로 공무를 수행한 이상 공무 수행의 공정과 그에 대한 사회의 신뢰 및 직무행위의 불가매수성은 여전히 보호되어야 한다. 따라서 이러한 사람은 형법 제129조에서 규정한 공무원으로 봄이 타당하고, 그가 그 직무에 관하여 뇌물을 수수한 때에는 수뢰죄로 처벌할 수 있다(대법원 2014.3.27, 2013도11357).

㉡ [X] 뇌물을 수수함에 있어서 공여자를 기망한 점이 있다 하여도 뇌물수수죄, 뇌물공여죄의 성립에는 영향이 없고, 이 경우 뇌물을 수수한 공무원에 대하여는 한 개의 행위가 뇌물죄와 사기죄의 각 구성요건에 해당하므로 형법 제40조에 의하여 상상적 경합으로 처단하여야 할 것이다(대법원 2015. 10.29, 2015도12838).

㉢ [O] 공무원이 직무집행에 빙자하여 타인을 공갈하여 재물을 교부케 한 경우에는 공갈죄만이 성립한다(대법원 1969.7.22, 65도1166).

㉣ [X] 알선수뢰죄는 공무원이 그 지위를 이용하여 다른 공무원의 직무에 속한 사항의 알선에 관하여 뇌물을 수수, 요구 또는 약속하는 것을 그 성립요건으로 하고 있고, 여기서 '공무원이 그 지위를 이용하여'라 함은 친구, 친족관계 등 사적인 관계를 이용하는 경우에는 이에 해당한다고 할 수 없으나, 다른 공무원이 취급하는 사무의 처리에 법률상이거나 사실상으로 영향을 줄 수 있는 관계에 있는 공무원이 그 지위를 이용하는 경우에는 이에 해당하고, 그 사이에 상하관계, 협동관계, 감독권한 등의 특수한 관계가 있음을 요하지 않는다(대법원 2001.10.12, 99도5294).

26 정답 ①

① [O] 대법원 2011.4.28, 2010도14696

② [X] 과속단속카메라에 촬영되더라도 불빛을 반사시켜 차량 번호판이 식별되지 않도록 하는 기능이 있는 제품('파워매직세이퍼')을 차량 번호판에 뿌린 상태로 차량을 운행한

행위만으로는, 교통단속 경찰공무원이 충실히 직무를 수행하더라도 통상적인 업무처리과정 하에서 사실상 적발이 어려운 위계를 사용하여 그 업무집행을 하지 못하게 한 것으로 보기 어렵다(대법원 2010.4.15, 2007도8024).

③ [×] 타인의 소변을 마치 자신의 소변인 것처럼 수사기관에 건네주어 필로폰 음성반응이 나오게 한 경우, 수사기관의 착오를 이용하여 적극적으로 피의사실에 관한 증거를 조작한 것이므로 위계에 의한 공무집행방해죄가 성립한다(대법원 2007.10.11, 2007도6101).

④ [×] 형사 피의자와 수사기관이 대립적 위치에서 서로 공격방어를 할 수 있는 취지의 형사소송법의 규정과 법률에 의한 선서를 한 증인이 허위로 진술을 한 경우에 한하여 위증죄가 성립된다는 형법의 규정 취지에 비추어 수사기관이 범죄사건을 수사함에 있어서는 피의자나 피의자로 자처하는 자 또는 참고인의 진술 여하에 불구하고 피의자를 확정하고 그 피의사실을 인정할 만한 객관적인 제반증거를 수집 조사하여야 할 권리와 의무가 있는 것이라고 할 것이므로 피의자나 참고인이 아닌 자가 자발적이고 계획적으로 피의자를 가장하여 수사기관에 대하여 허위사실을 진술하였다 하여 바로 이를 위계에 의한 공무집행방해죄가 성립된다고 할 수 없다(대법원 1977.2.8, 76도3685).

[보충] 피의자 등이 수사기관에 대하여 ㉠ 허위사실을 진술하거나 피의사실 인정에 필요한 증거를 감추고 허위의 증거를 제출하였다고 하더라도, 수사기관이 충분한 수사를 하지 않은 채 이와 같은 허위의 진술과 증거만으로 증거의 수집·조사를 마쳤다면, 이는 수사기관의 불충분한 수사에 의한 것으로서 피의자 등의 위계에 의하여 수사가 방해되었다고 볼 수 없어 위계에 의한 공무집행방해죄가 성립된다고 할 수 없다. 그러나 ㉡ 피의자 등이 적극적으로 허위의 증거를 조작하여 제출하고 그 증거 조작의 결과 수사기관이 그 진위에 관하여 나름대로 충실한 수사를 하더라도 제출된 증거가 허위임을 발견하지 못할 정도에 이르렀다면, 이는 위계에 의하여 수사기관의 수사행위를 적극적으로 방해한 것으로서 위계공무집행방해죄가 성립된다(대법원 2003.7.25, 2003도1609; 2007.10.11, 2007도6101; 2011.2.10, 2010도15986; 2019.3.14, 2018도18646).

27 정답 ③

③ ㉡㉤

㉠ [×] 위증죄는 법률에 의하여 선서한 증인이 사실에 관하여 기억에 반하는 진술을 한 때에 성립하고, 증인의 진술이 경험한 사실에 대한 법률적 평가이거나 단순한 의견에 지나지 아니하는 경우에는 위증죄에서 말하는 허위의 공술이라고 할 수 없으며, 경험한 객관적 사실에 대한 증인 나름의 법률적·주관적 평가나 의견을 부연한 부분에 다소의 오류나 모순이 있더라도 위증죄가 성립하는 것은 아니라고 할 것이다(대법원 2009.3.12, 2008도11007).

㉡ [○] 증거인멸죄는 타인의 형사사건 또는 징계사건에 관한 증거를 인멸하는 경우에 성립하는 것으로서, 피고인 자신이 직접 형사처분이나 징계처분을 받게 될 것을 두려워한 나머지 자기의 이익을 위하여 그 증거가 될 자료를 인멸하였다면, 그 행위가 동시에 다른 공범자의 형사사건이나 징계사건에 관한 증거를 인멸한 결과가 된다고 하더라도 이를 증거인멸죄로 다스릴 수 없고, 이러한 법리는 그 행위가 피고인의 공범자가 아닌 자의 형사사건이나 징계사건에 관한 증거를 인멸한 결과가 된다고 하더라도 마찬가지이다(대법원 1995.9.29, 94도2608).

㉢ [×] 형법 제155조 제2항 소정의 증인도피죄는 타인의 형사사건 또는 징계사건에 관한 증인을 은닉·도피하게 한 경우에 성립하는 것으로서, 피고인 자신이 직접 형사처분이나 징계처분을 받게 될 것을 두려워한 나머지 자기의 이익을 위하여 증인이 될 사람을 도피하게 하였다면, 그 행위가 동시에 다른 공범자의 형사사건이나 징계사건에 관한 증인을 도피하게 한 결과가 된다고 하더라도 이를 증인도피죄로 처벌할 수 없다(대법원 2003.3.14, 2002도6134).

㉣ [×] 참고인이 타인의 형사사건 등에 관하여 제3자와 대화를 하면서 허위로 진술하고 위와 같은 허위 진술이 담긴 대화 내용을 녹음한 녹음파일 또는 이를 녹취한 녹취록을 만들어 수사기관 등에 제출하는 것은, 참고인이 타인의 형사사건 등에 관하여 수사기관에 허위의 진술을 하거나 이와 다를 바 없는 것으로서 허위의 사실확인서나 진술서를 작성하여 수사기관 등에 제출하는 것과는 달리, 증거위조죄를 구성한다(대법원 2013.12.26, 2013도8085, 2013전도165).

㉤ [○] 무고죄는 국가의 형사사법권 또는 징계권의 적정한 행사를 주된 보호법익으로 하고 다만, 개인의 부당하게 처벌 또는 징계받지 아니할 이익을 부수적으로 보호하는 죄이므로, 설사 무고에 있어서 피무고자의 승낙이 있었다고 하더라도 무고죄의 성립에는 영향을 미치지 못한다(대법원 2005.9.30, 2005도2712).

28 정답 ①

① [×] 그 밖의 경우에는 그 이유를 명시한 서면과 함께 관계 서류와 증거물을 지체 없이 검사에게 송부하여야 한다. 형사소송법 제245조의5 제2호 참조.

> **형사소송법 제245조의5(사법경찰관의 사건송치 등)** 사법경찰관은 고소·고발 사건을 포함하여 범죄를 수사한 때에는 다음 각 호의 구분에 따른다.
> 1. 범죄의 혐의가 있다고 인정되는 경우에는 지체 없이 검사에게 사건을 송치하고, 관계 서류와 증거물을 검사에게 송부하여야 한다.
> 2. 그 밖의 경우에는 그 이유를 명시한 서면과 함께 관계 서류와 증거물을 지체 없이 검사에게 송부하여야 한다. 이 경우 검사는 송부받은 날부터 90일 이내에 사법경찰관에게 반환하여야 한다.

② [○] 수사의 경합 시 검사는 사법경찰관에서 사건송치를 요구할 수 있다. 형사소송법 제197조의4 제1항, 제2항 참조.

> **형사소송법 제197조의4(수사의 경합)** ① 검사는 사법경찰관과 동일한 범죄사실을 수사하게 된 때에는 사법경찰관에게 사건을 송치할 것을 요구할 수 있다.
> ② 제1항의 요구를 받은 사법경찰관은 지체 없이 검사에게 사

건을 송치하여야 한다. 다만, 검사가 영장을 청구하기 전에 동일한 범죄사실에 관하여 사법경찰관이 영장을 신청한 경우에는 해당 영장에 기재된 범죄사실을 계속 수사할 수 있다.

③ [○] 사법경찰관의 사건불송치가 위법 또는 부당한 때 검사는 재수사를 요청할 수 있다(형사소송법 제245조의8 제1항, 제2항).

> 형사소송법 제245조의8(재수사요청 등) ① 검사는 제245조의5 제2호의 경우에 사법경찰관이 사건을 송치하지 아니한 것이 위법 또는 부당한 때에는 그 이유를 문서로 명시하여 사법경찰관에게 재수사를 요청할 수 있다.
> ② 사법경찰관은 제1항의 요청이 있는 때에는 사건을 재수사하여야 한다.

> 수사준칙 제64조(재수사 결과의 처리) ② 검사는 사법경찰관이 제1항 제2호에 따라 재수사 결과를 통보한 사건에 대하여 다시 재수사를 요청하거나 송치 요구를 할 수 없다. 다만, 사법경찰관이 사건을 송치하지 않은 위법 또는 부당이 시정되지 않아 검사가 사건을 송치받아 수사할 필요가 있는 다음 각 호의 경우에는 법 제197조의3에 따라 사건송치를 요구할 수 있다.
> 1. 관련 법령 또는 법리에 위반된 경우
> 2. 범죄 혐의의 유무를 명확히 하기 위해 재수사요청한 사항에 관하여 그 이행이 이루어지지 않은 경우(다만, 불송치 결정의 유지에 영향을 미치지 않음이 명백한 경우는 제외한다)
> 3. 송부받은 관계 서류 및 증거물과 재수사 결과만으로도 범죄 혐의가 명백히 인정되는 경우
> 4. 공소시효 또는 형사소추의 요건을 판단하는 데 오류가 있는 경우
> ③ 검사는 전항 단서의 송치요구 여부를 판단하기 위하여 필요한 경우에는 사법경찰관에게 관계 서류와 증거물의 송부를 요청할 수 있다. 이 경우 요청을 받은 사법경찰관은 이에 협력해야 한다.
> ④ 검사는 재수사 결과를 통보받은 날(전항에 따라 관계 서류와 증거물의 송부를 요청한 경우 이를 송부받은 날)부터 30일 이내에 제2항 단서의 송치요구를 하여야 하고, 그 기간 내에 송치요구를 하지 않을 경우에는 송부받은 관계 서류와 증거물을 사법경찰관에게 반환해야 한다.

④ [○] 검찰청법 제4조 제1항 제1호 가목 참조.

> 검찰청법 제4조(검사의 직무) ① 검사는 공익의 대표자로서 다음 각 호의 직무와 권한이 있다.
> 1. 범죄수사, 공소의 제기 및 그 유지에 필요한 사항. 다만, 검사가 수사를 개시할 수 있는 범죄의 범위는 다음 각 목과 같다.
> 　가. 부패범죄, 경제범죄 등 대통령령으로 정하는 중요 범죄
> 　나. 경찰공무원(다른 법률에 따라 사법경찰관리의 직무를 행하는 자를 포함한다) 및 고위공직자범죄수사처 소속 공무원(「고위공직자범죄수사처 설치 및 운영에 관한 법률」에 따른 파견공무원을 포함한다)이 범한 범죄
> 　다. 가목·나목의 범죄 및 사법경찰관이 송치한 범죄와 관련하여 인지한 각 해당 범죄와 직접 관련성이 있는 범죄

29　　　　　　　　　　　　　　　　　　　　[정답] ②

② [×] 압수·수색영장을 소지하지 아니한 경우에 급속을 요하는 경우라도 피의자에 대하여 공소사실의 요지와 영장이 발부되었음을 고지하고 집행할 수 없다.

[비교] 체포·구속영장을 소지하지 아니한 경우에 급속을 요하는 때에는 피고인에 대하여 공소사실의 요지와 영장이 발부되었음을 고하고 집행할 수 있다.

> 형사소송법 제85조(구속영장집행의 절차) ③ 구속영장을 소지하지 아니한 경우에 급속을 요하는 때에는 피고인에 대하여 공소사실의 요지와 영장이 발부되었음을 고하고 집행할 수 있다.
> ④ 전항의 집행을 완료한 후에는 신속히 구속영장을 제시하고 그 사본을 교부하여야 한다.
> 제200조의6(준용규정) 제75조, 제81조 제1항 본문 및 제3항, 제82조, 제83조, 제85조 제1항·제3항 및 제4항, 제86조, 제87조, 제89조부터 제91조까지, 제93조, 제101조 제4항 및 제102조 제2항 단서의 규정은 검사 또는 사법경찰관이 피의자를 체포하는 경우에 이를 준용한다. 이 경우 "구속"은 이를 "체포"로, "구속영장"은 이를 "체포영장"으로 본다.
> 제201조의2(구속영장 청구와 피의자 심문) ② 제1항 외의 피의자에 대하여 구속영장을 청구받은 판사는 피의자가 죄를 범하였다고 의심할 만한 이유가 있는 경우에 구인을 위한 구속영장을 발부하여 피의자를 구인한 후 심문하여야 한다. 다만, 피의자가 도망하는 등의 사유로 심문할 수 없는 경우에는 그러하지 아니하다.
> ⑩ 제71조, 제71조의2, 제75조, 제81조부터 제83조까지, 제85조 제1항·제3항·제4항, 제86조, 제87조 제1항, 제89조부터 제91조까지 및 제200조의5는 제2항에 따라 구인을 하는 경우에 준용하고, 제48조, 제51조, 제53조, 제56조의2 및 제276조의2는 피의자에 대한 심문의 경우에 준용한다.
> 제209조(준용규정) 제70조 제2항, 제71조, 제75조, 제81조 제1항 본문·제3항, 제82조, 제83조, 제85조부터 제87조까지, 제89조부터 제91조까지, 제93조, 제101조 제1항, 제102조 제2항 본문(보석의 취소에 관한 부분은 제외한다) 및 제200조의5는 검사 또는 사법경찰관의 피의자 구속에 관하여 준용한다.

① [○] 형사소송법 제118조, 제219조 참조.

> 형사소송법 제118조(영장의 제시와 사본교부) 압수·수색영장은 처분을 받는 자에게 반드시 제시하여야 하고, 처분을 받는 자가 피고인인 경우에는 그 사본을 교부하여야 한다. 다만, 처분을 받는 자가 현장에 없는 등 영장의 제시나 그 사본의 교부가 현실적으로 불가능한 경우 또는 처분을 받는 자가 영장의 제시나 사본의 교부를 거부한 때에는 예외로 한다. 〈개정 2022. 2. 3.〉
> 제219조(준용규정) 제106조, 제107조, 제109조 내지 제112조, 제114조, 제115조 제1항 본문, 제2항, 제118조부터 제132조까지, 제134조, 제135조, 제140조, 제141조, 제333조 제2항, 제486조의 규정은 검사 또는 사법경찰관의 본장의 규정에 의한 압수, 수색 또는 검증에 준용한다. 단, 사법경찰관이 제130조, 제132조 및 제134조에 따른 처분을 함에는 검사의 지휘를 받아야 한다.

③ [○] 피의자 또는 변호인은 압수·수색영장의 집행에 참여할 수 있고(형사소송법 제219조, 제121조), 압수·수색영장을 집행함에는 원칙적으로 미리 집행의 일시와 장소를 피의자 등에게 통지하여야 하나(형사소송법 제122조 본문), '급속을 요하는 때'에는 위와 같은 통지를 생략할 수 있다(형사소송법 제122조 단서). 여기서 '급속을 요하는 때'라고 함은 압수·수색영장 집행 사실을 미리 알려주면 증거물을 은닉할 염려 등이 있어 압수·수색의 실효를 거두기 어려울 경우라고 해석함이 옳고, 그와 같이 합리적인 해석이 가능하므로 형사소송법 제122조 단서가 명확성의 원칙 등에 반하여 위헌이라고 볼 수 없다(대법원 2012.10.11. 2012도7455).

④ [○] 수사기관은 위 압수수색영장을 집행할 당시 공소외 1 주식회사에 팩스로 영장 사본을 송신한 사실은 있으나 영장 원본을 제시하지 않았고 또한 압수조서와 압수물 목록을 작성하여 이를 피압수·수색 당사자에게 교부하였다고 볼 수도 없다고 전제한 다음, 위와 같은 방법으로 압수된 위 각 이메일은 헌법과 형사소송법 제219조, 제118조, 제129조가 정한 절차를 위반하여 수집한 위법수집증거로 원칙적으로 유죄의 증거로 삼을 수 없고, 이러한 절차 위반은 헌법과 형사소송법이 보장하는 적법절차 원칙의 실질적인 내용을 침해하는 경우에 해당하고 위법수집증거의 증거능력을 인정할 수 있는 예외적인 경우에 해당한다고 볼 수도 없어 증거능력이 없다(대법원 2017.9.7, 2015도10648).

30
정답 ①

① ㉠㉣

㉠ [×] 피고인에 대한 체포가 체포영장과 관련 없는 새로운 피의사실인 특수공무집행방해치상을 이유로 별도의 현행범 체포 절차에 따라 진행된 이상 집행완료에 이르지 못한 체포영장을 사후에 피고인에게 제시할 필요는 없다.

> **판례**
> 검사 또는 사법경찰관이 체포영장을 집행할 때에는 피의자에게 반드시 체포영장을 제시하여야 한다. 다만 체포영장을 소지하지 아니한 경우에 급속을 요하는 때에는 피의자에게 범죄사실의 요지와 영장이 발부되었음을 고하고 체포영장을 집행할 수 있다. 이 경우 집행을 완료한 후에는 신속히 체포영장을 제시하여야 한다(형사소송법 제200조의6, 제85조 제1항, 제3항, 제4항). … 경찰관들이 체포영장을 근거로 체포절차에 착수하였으나 피고인이 흥분하며 타고 있던 승용차를 출발시켜 경찰관들에게 상해를 입히는 범죄를 추가로 저지르자, 경찰관들이 위 승용차를 멈춘 후 저항하는 피고인을 별도 범죄인 특수공무집행방해치상의 현행범으로 체포한 경우, … 체포영장에 의한 체포절차가 착수된 단계에 불과하였고, 피고인에 대한 체포가 체포영장과 관련 없는 새로운 피의사실인 특수공무집행방해치상을 이유로 별도의 현행범 체포 절차에 따라 진행된 이상, 집행 완료에 이르지 못한 체포영장을 사후에 피고인에게 제시할 필요는 없는 점을 고려하면 피고인에 대한 체포절차는 적법하다

㉡ [○] 긴급체포의 요건을 갖추었는지 여부는 사후에 밝혀진 사정을 기초로 판단하는 것이 아니라 체포 당시의 상황을 기초로 판단하여야 하고, 이에 관한 검사나 사법경찰관 등 수사주체의 판단에는 상당한 재량의 여지가 있다고 할 것이나, 긴급체포 당시의 상황으로 보아서도 그 요건의 충족 여부에 관한 검사나 사법경찰관의 판단이 경험칙에 비추어 현저히 합리성을 잃은 경우에는 그 체포는 위법한 체포라 할 것이다(대법원 2005.11.10, 2004도42).

㉢ [○] 전단은 형사소송법 제200조의4 제6항, 후단은 동 제4항 참조.

> **형사소송법 제200조의4(긴급체포와 영장청구기간)** ④ 검사는 제1항에 따른 구속영장을 청구하지 아니하고 피의자를 석방한 경우에는 석방한 날부터 30일 이내에 서면으로 다음 각 호의 사항을 법원에 통지하여야 한다. 이 경우 긴급체포서의 사본을 첨부하여야 한다.

> 1. 긴급체포 후 석방된 자의 인적사항
> 2. 긴급체포의 일시·장소와 긴급체포하게 된 구체적 이유
> 3. 석방의 일시·장소 및 사유
> 4. 긴급체포 및 석방한 검사 또는 사법경찰관의 성명
> ⑤ 긴급체포 후 석방된 자 또는 그 변호인·법정대리인·배우자·직계친족·형제자매는 통지서 및 관련 서류를 열람하거나 등사할 수 있다.
> ⑥ 사법경찰관은 긴급체포한 피의자에 대하여 구속영장을 신청하지 아니하고 석방한 경우에는 즉시 검사에게 보고하여야 한다.

㉣ [×] 검사 등이 현행범인을 체포하거나 현행범인을 인도받은 후 현행범인을 구속하고자 하는 경우 48시간 이내에 구속영장을 청구하여야 하고 그 기간 내에 구속영장을 청구하지 아니하는 때에는 즉시 석방하여야 한다(형사소송법 제213조의2, 제200조의2 제5항). 위와 같이 체포된 현행범인에 대하여 일정 시간 내에 구속영장 청구 여부를 결정하도록 하고 그 기간 내에 구속영장을 청구하지 아니하는 때에는 즉시 석방하도록 한 것은 영장에 의하지 아니한 체포 상태가 부당하게 장기화되어서는 안 된다는 인권보호의 요청과 함께 수사기관에서 구속영장 청구 여부를 결정하기 위한 합리적이고 충분한 시간을 보장해 주려는 데에도 그 입법취지가 있다고 할 것이다. 따라서 검사 등이 아닌 이에 의하여 현행범인이 체포된 후 불필요한 지체 없이 검사 등에게 인도된 경우 위 48시간의 기산점은 체포시가 아니라 검사 등이 현행범인을 인도받은 때라고 할 것이다(대법원 2011.12.22, 2011도12927).

31
정답 ④

④ [×] 「형사소송법」 제221조의2의 증인신문에 관한 서류는 판사가 지체없이 검사에게 송부하고, 이에 대한 열람 또는 등사가 불가능하다.

> **형사소송법 제221조의2(증인신문의 청구)** ⑥ 판사는 제1항의 청구에 의한 증인신문을 한 때에는 지체없이 이에 관한 서류를 검사에게 송부하여야 한다.

① [○] 증거보전이란 장차 공판에 있어서 사용하여야 할 증거가 멸실되거나 또는 그 사용하기 곤란한 사정이 있을 경우에 당사자의 청구에 의하여 공판전에 미리 그 증거를 수집 보전하여 두는 제도로서 제1심 제1회 공판기일전에 한하여 허용되는 것이므로 재심청구사건에서는 증거보전절차는 허용되지 아니한다(대법원 1984.3.29, 84모15).

② [○] 형사소송법 제221조의2 제2항에 의한 검사의 증인신문청구는 수사단계에서의 피의자 이외의 자의 진술이 범죄의 증명에 없어서는 안될 것으로 인정되는 경우에 공소유지를 위하여 이를 보전하려는데 그 목적이 있으므로 이 증인신문청구를 하려면 증인의 진술로서 증명할 대상인 피의사실이 존재하여야 하고, 피의사실은 수사기관이 어떤 자에 대하여 내심으로 혐의를 품고 있는 정도의 상태만으로는 존재한다고 할 수 없고 고소, 고발 또는 자수를 받거나 또는 수사기관 스스로 범죄의 혐의가 있다고 보아 수사를 개시하는 범죄의 인지 등 수사의 대상으로 삼고 있음을 외부적으

로 표현한 때에 비로소 그 존재를 인정할 수 있다(대법원 1989. 6.20, 89도648).

③ [○] 대법원 1988.11.8, 86도1646

32 정답 ③

③ [×] 형사소송법 제402조, 제403조에서 말하는 법원은 형사소송법상의 수소법원만을 가리키므로, 같은 법 제205조 제1항 소정의 구속기간의 연장을 허가하지 아니하는 지방법원 판사의 결정에 대하여는 같은 법 제402조, 제403조가 정하는 항고의 방법으로는 불복할 수 없고, 나아가 그 지방법원 판사는 수소법원으로서의 재판장 또는 수명법관도 아니므로 그가 한 재판은 같은 법 제416조가 정하는 준항고의 대상이 되지도 않는다(대법원 1997.6.16, 97모1).

① [○] 법원의 피고인 구속에는 재구속 제한이 적용되지 아니한다.

> **판례**
> 항소법원은 항소피고사건의 심리중 또는 판결선고후 상고제기 또는 판결확정에 이르기까지 수소법원으로서 형사소송법 제70조 제1항 각호의 사유있는 불구속 피고인을 구속할 수 있고 또 수소법원의 구속에 관하여는 검사 또는 사법경찰관이 피의자를 구속함을 규율하는 형사소송법 제208조의 규정은 적용되지 아니하므로 구속기간의 만료로 피고인에 대한 구속의 효력이 상실된 후 항소법원이 피고인에 대한 판결을 선고하면서 피고인을 구속하였다 하여 위 법 제208조의 규정에 위배되는 재구속 또는 이중구속이라 할 수 없다(대법원 1985.7.23, 85모12).

② [○] 구속적부심에서의 법원의 기각결정·석방결정에 대해서는 불복할 수 없고, 보증금납입조건부 피의자석방결정에 대해서는 검사와 피의자 모두 보통항고 할 수 있다.

> **판례**
> 형사소송법 제402조의 규정에 의하면, 법원의 결정에 대하여 불복이 있으면 항고를 할 수 있으나 다만 같은 법에 특별한 규정이 있는 경우에는 예외로 하도록 되어 있는바, 체포 또는 구속적부심사절차에서의 법원의 결정에 대한 항고의 허용 여부에 관하여 같은 법 제214조의2 제7항은 제2항과 제3항의 기각결정 및 석방결정에 대하여 항고하지 못하는 것으로 규정하고 있을 뿐이고 제4항에 의한 석방결정(보증금납입조건부 피의자석방결정)에 대하여 항고하지 못한다는 규정은 없을 뿐만 아니라 … 기소 후 보석결정에 대하여 항고가 인정되는 점에 비추어 그 보석결정과 성질 및 내용이 유사한 기소 전 보증금 납입 조건부 석방결정에 대하여도 항고할 수 있도록 하는 것이 균형에 맞는 측면도 있다 할 것이므로, 같은 법 제214조의2 제4항의 석방결정에 대하여는 피의자나 검사가 그 취소의 실익이 있는 한 같은 법 제402조에 의하여 항고할 수 있다(대법원 1997.8.27, 97모21).

④ [○] 구속영장의 효력범위에 관한 사건단위설에 의하여 이중구속의 적법성은 인정된다.

> **판례**
> 형사소송법 제75조 제1항은, "구속영장에는 피고인의 성명, 주거, 죄명, 공소사실의 요지, 인치구금할 장소, 발부연월일, 그 유효기간과 그 기간을 경과하면 집행에 착수하지 못하며 영장을 반환하여야 할 취지를 기재하고 재판장 또는 수명법관이 서명날인하여야 한다."고 규정하고 있는바, 구속의 효력은 원칙적으로 위 방식에 따라 작성된 구속영장에 기재된 범죄사실에만 미치는 것이므로,

---

구속기간이 만료될 무렵에 종전 구속영장에 기재된 범죄사실과 다른 범죄사실로 피고인을 구속하였다는 사정만으로는 피고인에 대한 구속이 위법하다고 할 수 없다(대법원 2000.11.10, 2000모134).

33 정답 ②

② 2개

㉠ [○] 수사기관이 압수·수색영장에 적힌 '수색할 장소'에 있는 컴퓨터 등 정보처리장치에 저장된 전자정보 외에 원격지 서버에 저장된 전자정보를 압수·수색하기 위해서는 압수·수색영장에 적힌 '압수할 물건'에 별도로 원격지 서버 저장 전자정보가 특정되어 있어야 한다. 압수·수색영장에 적힌 '압수할 물건'에 컴퓨터 등 정보처리장치저장 전자정보만 기재되어 있다면 컴퓨터 등 정보처리장치를 이용하여 원격지 서버 저장 전자정보를 압수할 수는 없다(대법원 2022.6.30, 2020모735).

㉡ [×] 만약 전자정보에 대한 압수·수색이 종료되기 전에 범죄혐의사실과 관련된 전자정보를 적법하게 탐색하는 과정에서 별도의 범죄혐의와 관련된 전자정보를 우연히 발견한 경우라면, 수사기관은 더 이상의 추가 탐색을 중단하고 법원으로부터 별도의 범죄혐의에 대한 압수·수색영장을 발부받은 경우에 한하여 그러한 정보에 대하여도 적법하게 압수·수색을 할 수 있다. 따라서 임의제출된 정보저장매체에서 압수의 대상이 되는 전자정보의 범위를 넘어서는 전자정보에 대해 수사기관이 영장 없이 압수·수색하여 취득한 증거는 위법수집증거에 해당하고, 사후에 법원으로부터 영장이 발부되었다거나 피고인이나 변호인이 이를 증거로 함에 동의하였다고 하여 그 위법성이 치유되는 것도 아니다(대법원 2021.11.18, 2016도348 전원합의체).

[참고] 위 지문에서 언급된 '우연한 육안발견 원칙(plain view doctrine)'이라 함은 과거 미국의 판례에서 나타난 것으로서, 수사기관이 적법한 압수·수색을 하는 과정에서 관련성이 명백한 물건을 육안으로 발견한 경우 영장 없이 압수·수색할 수 있다는 이론이며, 특히 디지털증거에 대한 압수·수색절차에서 이를 적용할 수 있을지가 문제되나, 헌법상 영장주의의 예외를 인정하기 위해서는 명시적인 법률적 근거가 필요하다는 점에서 우리의 학계와 대법원은 이를 받아들이지 않는 것으로 보인다.

㉢ [×] 피의자의 이메일 계정에 대한 접근권한에 갈음하여 발부받은 압수·수색영장에 따라 원격지의 저장매체에 적법하게 접속하여 내려받거나 현출된 전자정보를 대상으로 하여 범죄 혐의사실과 관련된 부분에 대하여 압수·수색하는 것은, 압수·수색영장의 집행을 원활하고 적정하게 행하기 위하여 필요한 최소한도의 범위 내에서 이루어지며 그 수단과 목적에 비추어 사회통념상 타당하다고 인정되는 대물적 강제처분 행위로서 허용되며, 형사소송법 제120조 제1항에서 정한 압수·수색영장의 집행에 필요한 처분에 해당한다. 그리고 이러한 법리는 원격지의 저장매체가 국외에 있는 경우라 하더라도 그 사정만으로 달리 볼 것은 아니다(대법원 2017.11.29, 2017도9747).

② [○] 수사기관이 범죄 혐의사실과 관련 있는 정보를 선별하여 압수한 후에도 그와 관련이 없는 나머지 정보를 삭제·폐기·반환하지 아니한 채 그대로 보관하고 있다면 범죄 혐의사실과 관련이 없는 부분에 대하여는 압수의 대상이 되는 전자정보의 범위를 넘어서는 전자정보를 영장 없이 압수·수색하여 취득한 것이어서 <u>위법</u>하고, 사후에 법원으로부터 압수·수색영장이 발부되었다거나 피고인이나 변호인이 이를 증거로 함에 동의하였다고 하여 그 위법성이 치유된다고 볼 수 없다(대법원 2022.1.14, 2021모1586).

⑩ [○] 피의자가 휴대전화를 임의제출하면서 휴대전화에 저장된 전자정보가 아닌 클라우드 등 제3자가 관리하는 원격지에 저장되어 있는 전자정보를 수사기관에 제출한다는 의사로 수사기관에게 클라우드 등에 접속하기 위한 아이디와 비밀번호를 임의로 제공하였다면 위 클라우드 등에 저장된 <u>전자정보를 임의제출하는 것으로 볼 수 있다</u>(대법원 2021.7.29, 2020도14654).

34

정답 ④

④ [×] <u>공연성은 명예훼손죄의 구성요건</u>으로서, 특정 소수에 대한 사실적시의 경우 공연성이 부정되는 유력한 사정이 될 수 있으므로, <u>전파될 가능성에 관하여는 검사의 엄격한 증명이 필요하다</u>(대법원 2020.11.19, 2020도5813 전원합의체).

① [○] 병역법 제88조 제1항은 국방의 의무를 실현하기 위하여 현역입영 또는 소집통지서를 받고도 정당한 사유 없이 이에 응하지 않은 사람을 처벌함으로써 입영기피를 억제하고 병력구성을 확보하기 위한 규정이다. 위 조항에 따르면 정당한 사유가 있는 경우에는 피고인을 벌할 수 없는데, 여기에서 정당한 사유는 구성요건해당성을 조각하는 사유이다. … 정당한 사유가 없다는 사실은 범죄구성요건이므로 검사가 증명하여야 한다. 다만 진정한 양심의 부존재를 증명한다는 것은 마치 특정되지 않은 기간과 공간에서 구체화되지 않은 사실의 부존재를 증명하는 것과 유사하다. 위와 같은 불명확한 사실의 부존재를 증명하는 것은 사회통념상 불가능한 반면 그 존재를 주장·증명하는 것이 좀 더 쉬우므로, 이러한 사정은 검사가 증명책임을 다하였는지를 판단할 때 고려하여야 한다. 따라서 양심적 병역거부를 주장하는 피고인은 자신의 병역거부가 그에 따라 행동하지 않고서는 인격적 존재가치가 파멸되고 말 것이라는 절박하고 구체적인 양심에 따른 것이며 그 양심이 깊고 확고하며 진실한 것이라는 사실의 존재를 수긍할 만한 소명자료를 제시하고, 검사는 제시된 자료의 신빙성을 탄핵하는 방법으로 진정한 양심의 부존재를 증명할 수 있다. 이때 병역거부자가 제시해야 할 소명자료는 적어도 검사가 그에 기초하여 정당한 사유가 없다는 것을 증명하는 것이 가능할 정도로 구체성을 갖추어야 한다(대법원 2018.11.1, 2016도10912 전원합의체).

② [○] 임의성 없는 진술의 증거능력을 부정하는 취지는, 허위진술을 유발 또는 강요할 위험성이 있는 상태하에서 행하여진 진술은 그 자체가 실체적 진실에 부합하지 아니하여 오판을 일으킬 소지가 있을 뿐만 아니라 그 진위를 떠나서 진술자

의 기본적 인권을 침해하는 위법 부당한 압박이 가하여지는 것을 사전에 막기 위한 것이므로, <u>그 임의성에 다툼이 있을 때에는 그 임의성을 의심할 만한 합리적이고 구체적인 사실을 피고인이 증명할 것이 아니고 검사가 그 임의성의 의문점을 없애는 증명을 하여야 할 것이고</u>, 검사가 그 임의성의 의문점을 없애는 증명을 하지 못한 경우에는 그 진술증거는 증거능력이 부정된다(대법원 2006.11.23, 2004도7900).

③ [○] 근거가 박약한 의혹의 제기를 광범위하게 허용할 경우, 비록 나중에 그 의혹이 사실무근으로 밝혀지더라도 잠시나마 후보자의 명예가 훼손됨은 물론, 임박한 선거에서 유권자들의 선택을 오도하는 중대한 결과가 야기되고, 이는 오히려 공익에 현저히 반하는 결과가 된다. … 허위사실공표죄에서 의혹을 받을 일을 한 사실이 없다고 주장하는 사람에 대하여, 의혹을 받을 사실이 존재한다고 적극적으로 주장하는 자는, 그러한 사실의 존재를 수긍할 만한 소명자료를 제시할 부담을 지고, 검사는 제시된 그 자료의 신빙성을 탄핵하는 방법으로 허위성의 증명을 할 수 있다. 이때 제시하여야 할 소명자료는 위 법리에 비추어 단순히 소문을 제시하는 것만으로는 부족하고, 적어도 허위성에 관한 검사의 증명활동이 현실적으로 가능할 정도의 구체성은 갖추어야 하며, 이러한 소명자료의 제시가 없거나 제시된 소명자료의 신빙성이 탄핵된 때에는 허위사실 공표의 책임을 져야 한다(대법원 2018.9.28, 2018도10447).

35

정답 ③

③ [○] 이 사건 사고일인 2008. 11. 11.부터 3개월 가까이 경과한 2009. 2. 2. 이 사건 사고가 발생한 대전차 방호벽의 안쪽 벽면에 부착된 철제구조물에서 발견된 강판조각은 … 형사소송법 제218조에 규정된 유류물에 해당하므로 형사소송법 제218조에 의하여 영장 없이 압수할 수 있으므로 위 각 증거의 수집 과정에 영장주의를 위반한 잘못이 있다 할 수 없고, 나아가 … 압수 후 압수조서의 작성 및 압수목록의 작성·교부 절차가 제대로 이행되지 아니한 잘못이 있다 하더라도, 그것이 적법절차의 실질적인 내용을 침해하는 경우에 해당한다거나 위법수집증거의 배제법칙에 비추어 그 증거능력의 배제가 요구되는 경우에 해당한다고 볼 수는 없다(대법원 2011.5.26, 2011도1902).

① [×] 형사소송법 제215조 제2항은 "사법경찰관이 범죄수사에 필요한 때에는 검사에게 신청하여 검사의 청구로 지방법원 판사가 발부한 영장에 의하여 압수, 수색 또는 검증을 할 수 있다."고 규정하고 있는바, <u>사법경찰관이 위 규정을 위반하여 영장 없이 물건을 압수한 경우 그 압수물은 물론 이를 기초로 하여 획득한 2차적 증거 역시 유죄 인정의 증거로 사용할 수 없는 것이고</u>, 이와 같은 법리는 헌법과 형사소송법이 선언한 영장주의의 중요성에 비추어 볼 때 <u>위법한 압수가 있은 직후에 피고인으로부터 작성받은 그 압수물에 대한 임의제출동의서도 특별한 사정이 없는 한 마찬가지</u>라고 할 것이다(대법원 2010.7.22, 2009도14376).

② [×] 국민의 인간으로서의 존엄과 가치를 보장하는 것은 국

가기관의 기본적인 의무에 속하는 것이고 이는 형사절차에서도 당연히 구현되어야 하는 것이지만, 국민의 사생활 영역에 관계된 모든 증거의 제출이 곧바로 금지되는 것으로 볼 수는 없으므로 법원으로서는 효과적인 형사소추 및 형사소송에서의 진실발견이라는 공익과 개인의 인격적 이익 등의 보호이익을 비교형량하여 그 허용 여부를 결정하여야 한다(대법원 2010.9.9, 2008도3990 등). … 제3자가 위와 같은 방법으로 이 사건 전자우편을 수집한 행위는 … 전자우편을 발송한 피고인의 사생활의 비밀 내지 통신의 자유 등의 기본권을 침해하는 행위에 해당한다는 점에서 일응 그 증거능력을 부인하여야 할 측면도 있어 보이나, 이 사건 전자우편은 ○○시청의 업무상 필요에 의하여 설치된 전자관리시스템에 의하여 전송·보관되는 것으로서 그 공공적 성격을 완전히 배제할 수는 없다고 할 것이다. 또한 이 사건 형사소추의 대상이 된 행위는 구 공직선거법에 의하여 처벌되는 공무원의 지위를 이용한 선거운동행위로서 공무원의 정치적 중립의무를 정면으로 위반하고 이른바 관권선거를 조장할 우려가 있는 중대한 범죄에 해당한다. … 이 사건 전자우편을 이 사건 공소사실에 대한 증거로 제출하는 것은 허용되어야 할 것이고, 이로 말미암아 피고인의 사생활의 비밀이나 통신의 자유가 일정 정도 침해되는 결과를 초래한다 하더라도 이는 피고인이 수인하여야 할 기본권의 제한에 해당한다고 보아야 할 것이다(대법원 2013.11.28, 2010도12244).

④ [×] 압수의 대상이 되는 전자정보와 그렇지 않은 전자정보가 혼재된 정보저장매체나 그 복제본을 압수·수색한 수사기관이 정보저장매체 등을 수사기관 사무실 등으로 옮겨 이를 탐색·복제·출력하는 경우, 그와 같은 일련의 과정에서 형사소송법 제219조, 제121조에서 규정하는 피압수·수색당사자(이하 '피압수자')나 변호인에게 참여의 기회를 보장하고 압수된 전자정보의 파일 명세가 특정된 압수목록을 작성·교부하여야 하며 범죄혐의사실과 무관한 전자정보의 임의적인 복제 등을 막기 위한 적절한 조치를 취하는 등 영장주의 원칙과 적법절차를 준수하여야 한다. 만약 그러한 조치가 취해지지 않았다면 피압수자 측이 참여하지 아니한다는 의사를 명시적으로 표시하였거나 절차 위반행위가 이루어진 과정의 성질과 내용 등에 비추어 피압수자 측에 절차참여를 보장한 취지가 실질적으로 침해되었다고 볼 수 없을 정도에 해당한다는 등의 특별한 사정이 없는 이상 압수·수색이 적법하다고 평가할 수 없고, 비록 수사기관이 정보저장매체 또는 복제본에서 범죄혐의사실과 관련된 전자정보만을 복제·출력하였다 하더라도 달리 볼 것은 아니다. 따라서 수사기관이 피압수자 측에 참여의 기회를 보장하거나 압수한 전자정보 목록을 교부하지 않는 등 영장주의 원칙과 적법절차를 준수하지 않은 위법한 압수·수색 과정을 통하여 취득한 증거는 위법수집증거에 해당하고, 사후에 법원으로부터 영장이 발부되었다거나 피고인이나 변호인이 이를 증거로 함에 동의하였다고 하여 위법성이 치유되는 것도 아니다(대법원 2022.7.28, 2022도2960).

36
정답 ②

② [×] 피고인이 제출한 항소이유서에 '피고인은 돈이 급해지어서는 안될 죄를 지었습니다.', '진심으로 뉘우치고 있습니다.'라고 기재되어 있고 피고인은 항소심 제2회 공판기일에 위 항소이유서를 진술하였으나, 곧 이어서 있은 검사와 재판장 및 변호인의 각 심문에 대하여 피고인은 범죄사실을 부인하였고, 수사단계에서도 일관되게 그와 같이 범죄사실을 부인하여 온 점에 비추어 볼 때, 위와 같이 추상적인 항소이유서의 기재만을 가지고 범죄사실을 자백한 것으로 볼 수 없다(대법원 1999.11.12, 99도3341).

① [○] 수사기관이 피의자를 신문함에 있어서 피의자에게 미리 진술거부권을 고지하지 않은 때에는 그 피의자의 진술은 위법하게 수집된 증거로서 진술의 임의성이 인정되는 경우라도 증거능력이 부인되어야 한다(대법원 1992.6.23, 92도682).

③ [○] 피고인의 자백이 심문에 참여한 검찰주사가 피의사실을 자백하면 피의사실부분은 가볍게 처리하고 보호감호의 청구를 하지 않겠다는 각서를 작성하여 주면서 자백을 유도한 것에 기인한 것이라면 위 자백은 기망에 의하여 임의로 진술한 것이 아니라고 의심할 만한 이유가 있는 때에 해당하여 형사소송법 제309조 및 제312조 제1항의 규정에 따라 증거로 할 수 없다(대법원 1985.12.10, 85도2182, 85감도313).

④ [○] 대법원 1984.11.27, 84도2252

37
정답 ②

② [×] 공소외 2는 전화를 통하여 피고인으로부터 2005. 8.경 건축허가 담당 공무원이 외국연수를 가므로 사례비를 주어야 한다는 말과 2006. 2.경 건축허가 담당 공무원이 4,000만 원을 요구하는데 사례비로 2,000만 원을 주어야 한다는 말을 들었다는 취지로 수사기관, 제1심 및 원심 법정에서 진술하였음을 알 수 있는데, 피고인의 위와 같은 원진술의 존재 자체가 이 사건 알선수재죄에 있어서의 요증사실이므로, 이를 직접 경험한 공소외 2가 피고인으로부터 위와 같은 말들을 들었다고 하는 진술들은 전문증거가 아니라 본래증거에 해당된다(대법원 2008.11.13, 2008도8007).

① [○] 어떤 진술이 기재된 서류가 그 내용의 진실성이 범죄사실에 대한 직접증거로 사용될 때는 전문증거가 되지만, 그와 같은 진술을 하였다는 것 자체 또는 진술의 진실성과 관계없는 간접사실에 대한 정황증거로 사용될 때는 반드시 전문증거가 되는 것이 아니다. 그러나 어떠한 내용의 진술을 하였다는 사실 자체에 대한 정황증거로 사용될 것이라는 이유로 서류의 증거능력을 인정한 다음 그 사실을 다시 진술 내용이나 그 진실성을 증명하는 간접사실로 사용하는 경우에 그 서류는 전문증거에 해당한다. 서류가 그곳에 기재된 원진술의 내용인 사실을 증명하는 데 사용되어 원진술의 내용인 사실이 요증사실이 되기 때문이다. 이러한 경우 형사소송법 제311조부터 제316조까지 정한 요건을 충족하지 못한다면 증거능력이 없다(대법원 2019.8.29, 2018도14303 전원합의체).

③ [○] 정보통신망을 통하여 공포심이나 불안감을 유발하는

글을 반복적으로 상대방에게 도달하게 하는 행위를 하였다는 공소사실에 대하여 휴대전화기에 저장된 문자정보가 그 증거가 되는 경우, 그 문자정보는 범행의 직접적인 수단이고 경험자의 진술에 갈음하는 대체물에 해당하지 않으므로, 형사소송법 제310조의2에서 정한 전문법칙이 적용되지 않는다(대법원 2008.11.13, 2006도2556).

④ [○] 원진술자의 심리적·정신적 상태를 증명하기 위하여 원진술자의 말을 인용하는 경우, 즉 원진술자의 진술을 그 내용의 진실성과 관계없는 간접사실에 대한 정황증거로 사용하는 경우에는 반드시 전문증거가 되는 것은 아니다(대법원 2000.2.25, 99도1252).

38   정답 ①

① [×] A의 원진술을 甲이 듣고 甲의 업무수첩에 기재한 것이므로, 업무수첩은 <u>전문진술(피고인 아닌 A의 진술을 원진술로 하는 甲의 전문진술, 법 제316조 제2항)을 기재한 서류(피고인 甲의 진술서, 법 제313조 제1항·제2항)에 해당</u>한다(재전문서류). 따라서 '피고인이 작성한 진술에 대한 법 제313조 제1항에 따라 증거능력을 판단'한다는 부분은 틀렸고, 우선 전문진술에 대한 증거능력의 예외규정인 법 제316조 제2항이 적용되어야 한다.

> **판례**
> 어떤 진술이 기재된 서류가 그 내용의 진실성이 범죄사실에 대한 직접증거로 사용될 때는 전문증거가 되지만, 그와 같은 진술을 하였다는 것 자체 또는 진술의 진실성과 관계없는 간접사실에 대한 정황증거로 사용될 때는 반드시 전문증거가 되는 것이 아니다. 그러나 어떠한 내용의 진술을 하였다는 사실 자체에 대한 정황증거로 사용될 것이라는 이유로 서류의 증거능력을 인정한 다음 그 사실을 다시 진술 내용이나 그 진실성을 증명하는 간접사실로 사용하는 경우에 그 서류는 전문증거에 해당한다. 서류가 그 곳에 기재된 원진술의 내용인 사실을 증명하는 데 사용되어 원진술의 내용인 사실이 요증사실이 되기 때문이다. 이러한 경우 형사소송법 제311조부터 제316조까지 정한 요건을 충족하지 못한다면 증거능력이 없다. … 제18대 대통령 박근혜(이하 '전 대통령')가 피고인 2에게 말한 내용에 관한 피고인 2의 업무수첩 등에는 '전 대통령이 피고인 2에게 지시한 내용'(이하 '지시 사항 부분')과 '전 대통령과 개별 면담자가 나눈 대화 내용을 전 대통령이 단독 면담 후 피고인 2에게 불러주었다는 내용'(이하 '대화 내용 부분')이 함께 있다. 첫째, 피고인 2의 진술 중 지시 사항 부분은 전 대통령이 피고인 2에게 지시한 사실을 증명하기 위한 것이라면 원진술의 존재 자체가 요증사실인 경우에 해당하여 본래증거이고 전문증거가 아니다. 그리고 피고인 2의 업무수첩 중 지시 사항 부분은 형사소송법 제313조 제1항에 따라 공판준비나 공판기일에서 그 작성자인 피고인 2의 진술로 성립의 진정함이 증명된 경우에는 진술증거로 사용할 수 있다. 둘째, <u>피고인 2의 업무수첩 등의 대화 내용 부분이 전 대통령과 개별 면담자 사이에서 대화한 내용을 증명하기 위한 진술증거인 경우에는 전문진술로서 형사소송법 제316조 제2항에 따라 원진술자가 사망, 질병, 외국거주, 소재불명</u> 그 밖에 이에 준하는 사유로 진술할 수 없고 그 진술이 특히 신빙할 수 있는 상태에서 한 것임이 증명된 때에 한하여 증거로 사용할 수 있다. 이 사건에서 <u>피고인 2의 업무수첩 등이 이 요건을 충족하지 못한다</u>. 따라서 피고인 2의 업무수첩 등은 전 대통령과 개별 면담자가 나눈 <u>대화 내용을 추단할 수 있는 간접사실의 증거로 사용하는 것도 허용되지 않는다</u>. 이를 허용하면 대화 내용을 증명

하기 위한 직접증거로 사용할 수 없는 것을 결국 대화 내용을 증명하는 증거로 사용하는 결과가 되기 때문이다(대법원 2019.8.29, 2018도13792 전원합의체).

② [○] (원진술자의 증언능력을 요구하는 것은 법 제316조 제2항의 피고인 아닌 자의 진술을 원진술로 하는 전문진술의 경우이므로, 피고인의 진술을 원진술로 하는 것을 내용으로 하는 위 지문의 출제는 다소 맞지 않지만, 여기서는 출제의 의도를 고려하여 해설함) 전문의 진술을 증거로 함에 있어서는 <u>전문진술자가 원진술자로부터 진술을 들을 당시 원진술자가 증언능력에 준하는 능력을 갖춘 상태에 있어야 할 것</u>이다(대법원 2006.4.14, 2005도9561).

③ [○] 조사자의 증언에 증거능력이 인정되기 위해서는 원진술자가 사망, 질병, 외국거주, 소재불명, 그 밖에 이에 준하는 사유로 인하여 진술할 수 없어야 하는 것이라서(법 제316조 제2항), <u>원진술자가 법정에 출석하여 수사기관에서 한 진술을 부인하는 취지로 증언한 이상 원진술자의 진술을 내용으로 하는 조사자의 증언은 증거능력이 없다</u>(대법원 2008. 9.25, 2008도6985).

④ [○] <u>구속적부심문조서는 형사소송법 제311조가 규정한 문서에는 해당하지 않는다 할 것이나, 특히 신용할 만한 정황에 의하여 작성된 문서라고 할 것이므로 특별한 사정이 없는 한, 피고인이 증거로 함에 부동의하더라도 형사소송법 제315조 제3호에 의하여 당연히 그 증거능력이 인정된다</u>(대법원 2004.1.16, 2003도5693).

39   정답 ④

④ [×] <u>형사재판에서 이와 관련된 다른 형사사건의 확정판결에서 인정된 사실은 특별한 사정이 없는 한 유력한 증거자료가 되는 것이나, 당해 형사재판에서 제출된 다른 증거 내용에 비추어 관련 형사사건 확정판결의 사실판단을 그대로 채택하기 어렵다고 인정될 경우에는 이를 배척할 수 있다</u>(대법원 2012.6.14, 2011도15653).

① [○] 대법원 1987.6.9, 87도691, 87감도63

② [○] 호흡측정기에 의한 측정의 경우 그 측정기의 상태, 측정방법, 상대방의 협조정도 등에 의하여 그 측정결과의 정확성과 신뢰성에 문제가 있을 수 있다는 사정을 고려하면, 혈액의 채취 또는 검사과정에서 인위적인 조작이나 관계자의 잘못이 개입되는 등 혈액채취에 의한 검사결과를 믿지 못할 <u>특별한 사정이 없는 한, 혈액검사에 의한 음주측정치가 호흡측정기에 의한 음주측정치보다 측정 당시의 혈중알콜농도에 더 근접한 음주측정치라고 보는 것이 경험칙에 부합한다</u>(대법원 2004.2.13, 2003도6905).

③ [○] <u>'성추행 피해자가 추행 즉시 행위자에게 항의하지 않은 사정'이나 '피해 신고 시 성폭력이 아닌 다른 피해사실을 먼저 진술한 사정'만으로 곧바로 피해자 진술의 신빙성을 부정할 것이 아니고, 가해자와의 관계와 피해자의 구체적 상황을 모두 살펴 판단하여야 한다</u>(대법원 2020.9.24, 2020도7869).

② [○] 현행 형사소송법 제312조 제4항은 구 형사소송법이
정한 원진술자의 진정성립 인정 요건 외에 '피고인 또는 변
호인이 공판준비 또는 공판기일에 그 기재 내용에 관하여
원진술자를 신문할 수 있었던 때', 즉 피고인의 반대신문권
이 보장될 것을 증거능력 인정의 요건으로 추가함으로써 피
고인의 반대신문권이 보장되지 않은 참고인에 대한 진술조
서는 원칙적으로 증거능력이 인정되지 않음을 선언하였다.
반대신문권의 보장은 형식적·절차적인 것이 아니라 실질
적·효과적인 것이어야 한다. … 수사기관에서 진술한 참고
인이 법정에서 증언을 거부하여 피고인이 반대신문을 하지
못한 경우에는 정당하게 증언거부권을 행사한 것이 아니라
도, 피고인이 증인의 증언거부 상황을 초래하였다는 등의
특별한 사정이 없는 한 형사소송법 제314조의 '그 밖에 이
에 준하는 사유로 인하여 진술할 수 없는 때'에 해당하지 않
는다고 보아야 한다. 따라서 증인이 정당하게 증언거부권을
행사하여 증언을 거부한 경우(대법원 2012.5.17, 2009도6788 전원
합의체)와 마찬가지로 수사기관에서 그 증인의 진술을 기재
한 서류는 증거능력이 없다(대법원 2019.11.21, 2018도13945).
[보충] 다만 피고인이 증인의 증언거부 상황을 초래하였다
는 등의 특별한 사정이 있는 경우에는 형사소송법 제314조
의 적용을 배제할 이유가 없다. 이러한 경우까지 형사소송
법 제314조의 '그 밖에 이에 준하는 사유로 인하여 진술할
수 없는 때'에 해당하지 않는다고 보면 사건의 실체에 대한
심증 형성은 법관의 면전에서 본래증거에 대한 반대신문이
보장된 증거조사를 통하여 이루어져야 한다는 실질적 직접
심리주의와 전문법칙에 대하여 예외를 정한 형사소송법 제
314조의 취지에 반하고 정의의 관념에도 맞지 않기 때문이
다(위 판례).

① [×] 사기죄에 있어서 동일한 피해자에 대하여 수회에 걸쳐
기망행위를 하여 금원을 편취한 경우, 범의가 단일하고 범
행 방법이 동일하다면 사기죄의 포괄일죄가 성립한다(대법원
2000.2.11, 99도4862).

③ [×] 행위자 상호간에 범죄의 실행을 공모하였다면 다른 공
모자가 이미 실행에 착수한 이후에는 그 공모관계에서 이탈
하였다고 하더라도 공동정범의 책임을 면할 수 없다(대법원
1984.1.31, 83도2941).

④ [×] "기재된 바와 같이 내가 말한 것은 맞다."라고 진술하
였다면 형사소송법 제312조 제4항의 요건인 실질적 진정성
립을 인정한 것이므로, "그건 일부러 거짓말을 한 것이다."
라고 하여 그 내용을 부인하더라도 증거능력이 부정되지 아
니한다.

01	②	02	③	03	②	04	①	05	②
06	③	07	④	08	①	09	③	10	④
11	④	12	③	13	①	14	③	15	④
16	②	17	②	18	②	19	③	20	④

01   정답 ②

② [×] 검사와 피고인 쌍방이 항소한 경우에 1심 선고형기 경과 후 2심 공판이 개정되었다고 하여 이를 위법이라 할 수 없고 신속한 재판을 받을 권리를 박탈한 것이라고 할 수 없다(대법원 1972.5.23, 72도840).

① [○] 헌법재판소 1995.11.30, 92헌마44

③ [○] 구속사건에 대해서는 법원이 구속기간 내에 재판을 하면 되는 것이고 구속만기 25일을 앞두고 제1회 공판이 있었다 하여 헌법에 정한 신속한 재판을 받을 권리를 침해하였다 할 수 없다(대법원 1990.6.12, 90도672).

④ [○] 형사소송법 제267조의2 참조.

> 형사소송법 제267조의2(집중심리) ① 공판기일의 심리는 집중되어야 한다.
> ② 심리에 2일 이상이 필요한 경우에는 부득이한 사정이 없는 한 매일 계속 개정하여야 한다.
> ③ 재판장은 여러 공판기일을 일괄하여 지정할 수 있다.
> ④ 재판장은 부득이한 사정으로 매일 계속 개정하지 못하는 경우에도 특별한 사정이 없는 한 전회의 공판기일부터 14일 이내로 다음 공판기일을 지정하여야 한다.
> ⑤ 소송관계인은 기일을 준수하고 심리에 지장을 초래하지 아니하도록 하여야 하며, 재판장은 이에 필요한 조치를 할 수 있다.

02   정답 ③

③ [×] 법관이 수사단계에서 피고인에 대하여 구속영장을 발부한 경우는 형사소송법 제17조 제7호 소정의 "법관이 사건에 관하여 전심재판 또는 그 기초되는 조사, 심리에 관여한 때"에 해당한다고 볼 수 없다(대법원 1989.9.12, 89도612).

① [○] 제척사유 있는 법관은 스스로 회피해야 하고(형사소송법 제24조 제1항), 검사 또는 피고인도 기피신청을 할 수 있으며(제18조 제1항), 제척사유 있는 법관이 재판에 관여한 때에는 상소이유가 된다(제361조의5 제7호, 제383조 제1호).

> 형사소송법 제24조(회피의 원인 등) ① 법관이 제18조의 규정에 해당하는 사유가 있다고 사료한 때에는 회피하여야 한다.
> 제18조(기피의 원인과 신청권자) ① 검사 또는 피고인은 다음 경우에 법관의 기피를 신청할 수 있다.
> 1. 법관이 전조 각 호의 사유에 해당되는 때
> 2. 법관이 불공평한 재판을 할 염려가 있는 때
> 제361조의5(항소이유) 다음 사유가 있을 경우에는 원심판결에 대한 항소이유로 할 수 있다.
> 7. 법률상 그 재판에 관여하지 못할 판사가 그 사건의 심판에 관여한 때
> 제383조(상고이유) 다음 사유가 있을 경우에는 원심판결에 대한 상고이유로 할 수 있다.
> 1. 판결에 영향을 미친 헌법·법률·명령 또는 규칙의 위반이 있는 때

② [○] 약식명령을 발부한 법관이 그 정식재판 절차의 항소심 판결에 관여함은 형사소송법 제17조 제7호, 제18조 제1항 제1호 소정의 법관이 사건에 관하여 전심재판 또는 그 기초되는 조사심리에 관여한 때에 해당하여 제척, 기피의 원인이 된다(대법원 1985.4.23, 85도281).

[보충] (다만) 제척 또는 기피되는 재판은 불복이 신청된 당해 사건의 판결절차를 말하는 것이므로 약식명령을 발부한 법관이 그 정식재판 절차의 항소심 공판에 관여한 바 있어도 후에 경질되어 그 판결에는 관여하지 아니한 경우는 전심재판에 관여한 법관이 불복이 신청된 당해 사건의 재판에 관여하였다고 할 수 없다(위 판례).

④ [○] 형사소송법 제18조 제1항 제2호의 "불공평한 재판을 할 염려가 있는 때"라 함은 당사자가 불공평한 재판이 될지도 모른다고 추측할 만한 주관적 사정이 있는 때를 의미하는 것이 아니고 법관과 사건과의 관계상 불공평한 재판을 할 것이라는 의혹을 갖는 것이 합리적이라고 인정할 만한 객관적인 사정이 있는 때를 말하는 것이므로, 재판부가 당사자의 증거신청을 채택하지 아니하였다는 사정만으로는 재판의 공평을 기대하기 어려운 객관적인 사유가 있다 할 수 없다(대법원 1991.12.7, 91모79).

03   정답 ②

② [○] 무죄추정을 받는 피의자라고 하더라도 그에게 구속의 사유가 있어 구속영장이 발부, 집행된 이상 신체의 자유가 제한되는 것은 당연한 것이고, 특히 수사기관에서 구속된 피의자의 도주, 항거 등을 억제하는 데 필요하다고 인정할 상당한 이유가 있는 경우에는 필요한 한도 내에서 포승이나 수갑을 사용할 수 있는 것이며, 이러한 조치가 무죄추정의 원칙에 위배되는 것이라고 할 수는 없다(대법원 1996.5.14, 96도561).

① [×] 헌법 제27조 제4항과 형사소송법 제275조의2는 피고인만 규정하고 있으나, 피의자에게도 당연히 무죄추정이 인정된다는 것이 통설·판례이다.

③ [×] 피고인 또는 변호인에게는 공소제기 후 검사가 보관하고 있는 서류 등에 대한 열람·등사권이 인정된다(증거개시, 형사소송법 제266조의3 제1항).

> 형사소송법 제266조의3(공소제기 후 검사가 보관하고 있는 서류 등의 열람·등사) ① 피고인 또는 변호인은 검사에게 공소제기된 사건에 관한 서류 또는 물건(이하 "서류등"이라 한다)의 목록과 공소사실의 인정 또는 양형에 영향을 미칠 수 있는 다음 서류등의 열람·등사 또는 서면의 교부를 신청할 수 있다. 다만, 피고인에게 변호인이 있는 경우에는 피고인은 열람만을 신청할 수 있다.
> 1. 검사가 증거로 신청할 서류등 (이하 생략)

④ [×] 헌법 제12조 제2항은 진술거부권을 보장하고 있으나, 여기서 "진술"이라 함은 생각이나 지식, 경험사실을 정신작용의 일환인 언어를 통하여 표출하는 것을 의미하는 데 반해, 도로교통법 제41조 제2항에 규정된 음주측정은 호흡측정기에 입을 대고 호흡을 불어 넣음으로써 신체의 물리적, 사실적 상태를 그대로 드러내는 행위에 불과하므로 이를 두

고 "진술"이라 할 수 없고, 따라서 주취운전의 혐의자에게 호흡측정기에 의한 주취 여부의 측정에 응할 것을 요구하고 이에 불응할 경우 처벌한다고 하여도 이는 형사상 불리한 "진술"을 강요하는 것에 해당한다고 할 수 없으므로 헌법 제12조 제2항의 진술거부권조항에 위배되지 아니한다(대법원 1997.3.27, 96헌가11 전원합의체).

04
정답 ①

① [×] 증거보전청구권은 검사뿐만 아니라 피고인, 피의자 또는 변호인에게도 인정된다.

> 형사소송법 제184조(증거보전의 청구와 그 절차) ① 검사, 피고인, 피의자 또는 변호인은 미리 증거를 보전하지 아니하면 그 증거를 사용하기 곤란한 사정이 있는 때에는 제1회 공판기일 전이라도 판사에게 압수, 수색, 검증, 증인신문 또는 감정을 청구할 수 있다.

② [○] 대법원 2002.2.22, 2001다23447

③ [○] 형사소송법 제245조의9, 제245조의10 참조.

> 형사소송법 제245조의9(검찰청 직원) ② 사법경찰관의 직무를 행하는 검찰청 직원은 검사의 지휘를 받아 수사하여야 한다.
> 제245조의10(특별사법경찰관리) ② 특별사법경찰관은 모든 수사에 관하여 검사의 지휘를 받는다.

④ [○] 공수처법 제20조 제2항

> 공수처법 제20조(수사처검사의 직무와 권한) ① 수사처검사는 제3조제1항 각 호에 따른 수사와 공소의 제기 및 유지에 필요한 행위를 한다.
> ② 수사처검사는 처장의 지휘·감독에 따르며, 수사처수사관을 지휘·감독한다.
> ③ 수사처검사는 구체적 사건과 관련된 제2항에 따른 지휘·감독의 적법성 또는 정당성에 대하여 이견이 있을 때에는 이의를 제기할 수 있다.

05
정답 ②

② [×] 검사의 불기소처분에는 확정재판에 있어서의 확정력과 같은 효력이 없어 일단 불기소처분을 한 후에도 공소시효가 완성되기 전이면 언제라도 공소를 제기할 수 있으므로, 세무공무원 등의 고발이 있어야 공소를 제기할 수 있는 조세범처벌법 위반죄에 관하여 일단 불기소처분이 있었더라도 세무공무원 등이 종전에 한 고발은 여전히 유효하다. 따라서 나중에 공소를 제기함에 있어 세무공무원 등의 새로운 고발이 있어야 하는 것은 아니다(대법원 2009.10.29, 2009도6614).

① [○] 친고죄나 세무공무원 등의 고발이 있어야 논할 수 있는 죄에 있어서 고소 또는 고발은 이른바 소추조건에 불과하고 당해 범죄의 성립 요건이나 수사의 조건은 아니므로, 위와 같은 범죄에 관하여 고소나 고발이 있기 전에 수사를 하였다고 하더라도, 그 수사가 장차 고소나 고발이 있을 가능성이 없는 상태하에서 행해졌다는 등의 특단의 사정이 없는 한, 고소나 고발이 있기 전에 수사를 하였다는 이유만으로 그 수사가 위법하다고 볼 수는 없다(대법원 1995.2.24, 94도252).

③ [○] 이 사건의 경우 경찰관들이 단속 실적을 올리기 위하

여 손님을 가장하고 들어가 도우미를 불러 줄 것을 요구하였던 점, 피고인 측은 평소 자신들이 손님들에게 도우미를 불러 준 적도 없으며, 더군다나 이 사건 당일 도우미를 불러 달라는 다른 손님들이 있었으나 응하지 않고 모두 돌려보낸 바 있다고 주장하는데, 위 노래방이 평소 손님들에게 도우미 알선 영업을 해 왔다는 아무런 자료도 없는 점, 위 경찰관들도 그와 같은 제보나 첩보를 가지고 이 사건 노래방에 대한 단속을 한 것이 아닌 점, 위 경찰관들이 피고인 측으로부터 한 차례 거절당하였으면서도 다시 위 노래방에 찾아가 도우미를 불러 줄 것을 요구하여 도우미가 오게 된 점 등 여러 사정들을 종합해 보면, 이 사건 단속은 수사기관이 사술이나 계략 등을 써서 피고인의 범의를 유발케 한 것으로서 위법하다(대법원 2008.10.23, 2008도7362).

④ [○] 경찰관이 취객을 상대로 한 이른바 부축빼기 절도범을 단속하기 위하여, 공원 인도에 쓰러져 있는 취객 근처에서 감시하고 있다가, 마침 피고인이 나타나 취객을 부축하여 10m 정도를 끌고 가 지갑을 뒤지자 현장에서 체포하여 기소한 경우, 위법한 함정수사에 기한 공소제기가 아니다(대법원 2007.5.31, 2007도1903).

06
정답 ③

③ [○] 대법원 2022.5.26, 2021도2488

① [×] 구 컴퓨터프로그램 보호법(2009.4.22. 법률 제9625호 저작권법 부칙 제2조로 폐지, 이하 같다) 제48조는 '프로그램저작권자 또는 프로그램배타적발행권자' 등의 고소가 있어야 공소를 제기할 수 있다고 규정하고 있는데, 프로그램저작권이 명의신탁된 경우 대외적인 관계에서는 명의수탁자만이 프로그램저작권자이므로 제3자의 침해행위에 대한 구 컴퓨터프로그램 보호법 제48조에서 정한 고소 역시 명의수탁자만이 할 수 있다(대법원 2013.3.28, 2010도8467).

② [×] 형사소송법 제225조 제1항이 규정한 법정대리인의 고소권은 무능력자의 보호를 위하여 법정대리인에게 주어진 고유권이므로, 법정대리인은 피해자의 고소권 소멸 여부에 관계없이 고소할 수 있고, 이러한 고소권은 피해자의 명시한 의사에 반하여도 행사할 수 있다(대법원 1999.12.24, 99도3784).

④ [×] 피고인들에 대한 이 부분 공소는 피해자(저작재산권자)의 고소가 있어야 논할 사건이고, 저작재산권자와 사이에 국내 상품화 계약을 체결한 사람은 저작재산권침해행위에 대하여 독자적으로 고소할 수 있는 권한이 없어 고소권자에 의한 적법한 고소가 없는 사건이다(대법원 2006.12.22, 2005도4002).

07
정답 ④

④ [×] 피의자신문 시 신뢰관계자 동석은 임의적 동석이다.

> 형사소송법 제244조의5(장애인 등 특별히 보호를 요하는 자에 대한 특칙) 검사 또는 사법경찰관은 피의자를 신문하는 경우 다음 각 호의 어느 하나에 해당하는 때에는 직권 또는 피의자·법정

대리인의 신청에 따라 피의자와 신뢰관계에 있는 자를 동석하게 할 수 있다.
1. 피의자가 신체적 또는 정신적 장애로 사물을 변별하거나 의사를 결정·전달할 능력이 미약한 때
2. 피의자의 연령·성별·국적 등의 사정을 고려하여 그 심리적 안정의 도모와 원활한 의사소통을 위하여 필요한 경우

① [○] 검사가 조사실에서 피의자를 신문할 때 피의자가 신체적으로나 심리적으로 위축되지 않은 상태에서 자기의 방어권을 충분히 행사할 수 있도록 피의자에게 보호장비를 사용하지 말아야 하는 것이 원칙이고, 다만 도주, 자해, 다른 사람에 대한 위해 등 형집행법 제97조 제1항 각호에 규정된 위험이 분명하고 구체적으로 드러나는 경우에만 예외적으로 보호장비를 사용하여야 한다. 따라서 구금된 피의자는 형집행법 제97조 제1항 각호에 규정된 사유에 해당하지 않는 이상 보호장비 착용을 강제당하지 않을 권리를 가진다. 검사는 조사실에서 피의자를 신문할 때 해당 피의자에게 그러한 특별한 사정이 없는 이상 교도관에게 보호장비의 해제를 요청할 의무가 있고, 교도관은 이에 응하여야 한다(대법원 2020.3.17, 2015모2357).

② [○] 대법원 2013.7.25, 2012도8698

③ [○] 검찰사건사무규칙 제45조 제1항 후단 및 경찰수사규칙 제43조 제1항 단서 참조.

> **검찰사건사무규칙 제45조(영상녹화)** ① 검사는 법 제221조제1항 또는 제244조의2제1항에 따라 피의자 또는 피의자가 아닌 사람을 영상녹화하는 경우 해당 조사의 시작부터 종료 시까지의 전 과정을 영상녹화하며, 조사 도중 영상녹화의 필요성이 발생한 경우에는 그 시점에서 진행 중인 조사를 종료하고, 그 다음 조사의 시작부터 종료 시까지의 전 과정을 영상녹화한다.
> **경찰수사규칙 제43조(영상녹화)** ① 사법경찰관리는 법 제221조 제1항 또는 제244조의2 제1항에 따라 피의자 또는 피의자가 아닌 사람을 영상녹화하는 경우 그 조사의 시작부터 조서에 기명날인 또는 서명을 마치는 시점까지의 모든 과정을 영상녹화해야 한다. 다만, 조사 도중 영상녹화의 필요성이 발생한 때에는 그 시점에서 진행 중인 조사를 중단하고, 중단한 조사를 다시 시작하는 때부터 조서에 기명날인 또는 서명을 마치는 시점까지의 모든 과정을 영상녹화해야 한다.

08 정답 ①

① [×] 피고인이 필로폰을 투약한다는 제보를 받은 경찰관이 제보된 주거지에 피고인이 살고 있는지 등 제보의 정확성을 사전에 확인한 후에 제보자를 불러 조사하기 위하여 피고인의 주거지를 방문하였다가, 현관에서 담배를 피우고 있는 피고인을 발견하고 사진을 찍어 제보자에게 전송하여 사진에 있는 사람이 제보한 대상자가 맞다는 확인을 한 후, 가지고 있던 피고인의 전화번호로 전화를 하여 차량 접촉사고가 났으니 나오라고 하였으나 나오지 않고, 또한 경찰관임을 밝히고 만나자고 하는데도 현재 집에 있지 않다는 취지로 거짓말을 하자 피고인의 집 문을 강제로 열고 들어가 피고인을 긴급체포한 경우, 피고인이 마약에 관한 죄를 범하였다고 의심할 만한 상당한 이유가 있었더라도, 경찰관이 이

미 피고인의 신원과 주거지 및 전화번호 등을 모두 파악하고 있었고, 당시 마약투약의 범죄증거가 급속하게 소멸될 상황도 아니었던 점 등의 사정을 감안하면, 긴급체포가 미리 체포영장을 받을 시간적 여유가 없었던 경우에 해당하지 않아 위법하다(대법원 2016.10.13, 2016도5814).

② [○] 수사준칙 제27조 제1항 참조.
[보충] 「연안관리법」 제2조 제2호 나목의 바다에서 긴급체포한 경우는 2023.11.1. 시행 수사준칙에서는 "「해양경비법」 제2조 제2호에 따른 경비수역에서 긴급체포한 경우"로 개정되었다.

③ [○] 대법원 2002.6.11, 2000도5701

④ [○] 형사소송법 제200조의4 제2항·제3항 참조.

> **형사소송법 제200조의4(긴급체포와 영장청구기간)** ① 검사 또는 사법경찰관이 제200조의3의 규정에 의하여 피의자를 체포한 경우 피의자를 구속하고자 할 때에는 지체 없이 검사는 관할지방법원판사에게 구속영장을 청구하여야 하고, 사법경찰관은 검사에게 신청하여 검사의 청구로 관할지방법원판사에게 구속영장을 청구하여야 한다. 이 경우 구속영장은 피의자를 체포한 때부터 48시간 이내에 청구하여야 하며, 제200조의3 제3항에 따른 긴급체포서를 첨부하여야 한다.
> ② 제1항의 규정에 의하여 구속영장을 청구하지 아니하거나 발부받지 못한 때에는 피의자를 즉시 석방하여야 한다.
> ③ 제2항의 규정에 의하여 석방된 자는 영장 없이는 동일한 범죄사실에 관하여 체포하지 못한다.

09 정답 ③

㉠ [×] 구속전피의자심문은 판사의 필요성 판단과 관계없는 필수적 절차이다(형사소송법 제201조의2 제1항 제1문).

㉢ [×] 형사소송법 제201조의2 제2항 참조.

> **형사소송법 제201조의2(구속영장 청구와 피의자 심문)** ① 제200조의2·제200조의3 또는 제212조에 따라 체포된 피의자에 대하여 구속영장을 청구받은 판사는 지체 없이 피의자를 심문하여야 한다. 이 경우 특별한 사정이 없는 한 구속영장이 청구된 날의 다음 날까지 심문하여야 한다.
> ② 제1항 외의 피의자에 대하여 구속영장을 청구받은 판사는 피의자가 죄를 범하였다고 의심할 만한 이유가 있는 경우에 구인을 위한 구속영장을 발부하여 피의자를 구인한 후 심문하여야 한다. 다만, 피의자가 도망하는 등의 사유로 심문할 수 없는 경우에는 그러하지 아니하다.

㉡ [○] 형사소송규칙 제96조의14 참조.

> **형사소송규칙 제96조의14(심문의 비공개)** 피의자에 대한 심문절차는 공개하지 아니한다. 다만, 판사는 상당하다고 인정하는 경우에는 피의자의 친족, 피해자 등 이해관계인의 방청을 허가할 수 있다.

㉣ [○] 형사소송법 제201조의2 제3항·제4항 참조.

> **형사소송법 제201조의2(구속영장 청구와 피의자 심문)** ③ 판사는 제1항의 경우에는 즉시, 제2항의 경우에는 피의자를 인치한 후 즉시 검사, 피의자 및 변호인에게 심문기일과 장소를 통지하여야 한다. 이 경우 검사는 피의자가 체포되어 있는 때에는 심문기일에 피의자를 출석시켜야 한다.

④ 검사와 변호인은 제3항에 따른 심문기일에 출석하여 의견을 진술할 수 있다.

ⓐ [○] 형사소송법 제201조의2 제8항 참조.

10
정답 ④

④ [○] 피의자를 영장에 의한 체포 또는 구속하는 경우의 영장 없는 피의자 수색은 미리 수색영장을 발부받기 어려운 긴급한 사정이 있는 때에 한정하여 할 수 있다. 형사소송법 제216조 제1항 제1호 단서 참조.

> **형사소송법 제216조(영장에 의하지 아니한 강제처분)** ① 검사 또는 사법경찰관은 제200조의2·제200조의3·제201조 또는 제212조의 규정에 의하여 피의자를 체포 또는 구속하는 경우에 필요한 때에는 영장 없이 다음 처분을 할 수 있다.
> 1. 타인의 주거나 타인이 간수하는 가옥, 건조물, 항공기, 선차 내에서의 피의자 수색. 다만, 제200조의2 또는 제201조에 따라 피의자를 체포 또는 구속하는 경우의 피의자 수색은 미리 수색영장을 발부받기 어려운 긴급한 사정이 있는 때에 한정한다.
> 2. 체포현장에서의 압수, 수색, 검증

① [×] 구 정보통신망 이용촉진 및 정보보호 등에 관한 법률상 음란물 유포의 범죄혐의를 이유로 압수·수색영장을 발부받은 사법경찰리가 피고인의 주거지를 수색하는 과정에서 대마를 발견하자, 피고인을 마약류관리에 관한 법률 위반죄의 현행범으로 체포하면서 대마를 압수하였으나, 그 다음 날 피고인을 석방하였음에도 사후 압수·수색영장을 발부받지 않은 경우, 위 압수물과 압수조서는 형사소송법상 영장주의를 위반하여 수집한 증거로서 증거능력이 부정된다(대법원 2009.5.14. 2008도10914).

② [×] 수사에 관한 강제처분은 형사소송법에 특별한 규정이 없으면 하지 못하고(형사소송법 제199조 제1항 단서), 사법경찰관이 범죄수사에 필요한 때에는 검사에게 신청하여 검사의 청구로 지방법원 판사가 발부한 영장에 의하여 압수·수색 또는 검증을 할 수 있으며(형사소송법 제215조 제2항), 다만 범행 중 또는 범행직후의 범죄 장소에서 긴급을 요하여 법원판사의 영장을 받을 수 없는 때에는 영장 없이 압수, 수색 또는 검증을 할 수 있으나, 이 경우에는 사후에 지체 없이 영장을 받아야 한다(형사소송법 제216조 제3항). 형사소송법 제216조 제3항의 요건 중 어느 하나라도 갖추지 못한 경우 그러한 압수·수색 또는 검증은 위법하고, 이에 대하여 사후에 법원으로부터 영장을 발부받았다고 하여 그 위법성이 치유되는 것은 아니다(대법원 2012.2.9. 2009도14884).

③ [×] 범죄를 실행 중이거나 실행 직후의 현행범인은 누구든지 영장 없이 체포할 수 있다(형사소송법 제212조). 검사 또는 사법경찰관은 피의자 등이 유류한 물건이나 소유자·소지자 또는 보관자가 임의로 제출한 물건을 영장 없이 압수할 수 있다(형사소송법 제218조). 따라서 현행범 체포현장이나 범죄현장에서도 소지자 등이 임의로 제출하는 물건을 형사소송법 제218조에 따라 영장 없이 압수하는 것이 허용되고, 이 경우 검사나 사법경찰관은 별도로 사후에 영장을 받을 필요가 없다(대법원 2022.8.31. 2019도15178).

11
정답 ④

④ [×] 피의자는 구속·불구속을 불문하고 감정유치가 허용되고(따라서 위 지문은 틀림)(형사소송법 제221조의3, 제172조 제3항), 구속 중인 피의자에 대하여 감정유치가 집행된 경우 미결구금일수로는 산입되나(제172조 제8항) 구속기간에서는 구속집행정지로 간주한다(제172조의2 제1항). 다만 피의자가 아닌 제3자는 감정유치의 대상이 아니다.

[보충] 신체검사는 피의자가 아닌 제3자도 대상이 될 수 있고(제141조 제2항), 피고인은 수소법원에 의한 감정유치가 가능하므로(제172조 제3항) 수사상 감정유치의 대상이 될 수 없다.

> **형사소송법 제221조의3(감정의 위촉과 감정유치의 청구)** ① 검사는 제221조의 규정에 의하여 감정을 위촉하는 경우에 제172조 제3항의 유치처분이 필요할 때에는 판사에게 이를 청구하여야 한다.
> ② 판사는 제1항의 청구가 상당하다고 인정할 때에는 유치처분을 하여야 한다. 제172조 및 제172조의2의 규정은 이 경우에 준용한다.
> **제221조(제3자의 출석요구 등)** ② 검사 또는 사법경찰관은 수사에 필요한 때에는 감정·통역 또는 번역을 위촉할 수 있다.
> **제172조(법원 외의 감정)** ① 법원은 필요한 때에는 감정인으로 하여금 법원 외에서 감정하게 할 수 있다.
> ② 전항의 경우에는 감정을 요하는 물건을 감정인에게 교부할 수 있다.
> ③ 피고인의 정신 또는 신체에 관한 감정에 필요한 때에는 법원은 기간을 정하여 병원 기타 적당한 장소에 피고인을 유치하게 할 수 있고 감정이 완료되면 즉시 유치를 해제하여야 한다.
> ④ 전항의 유치를 함에는 감정유치장을 발부하여야 한다.
> ⑤ 제3항의 유치를 함에 있어서 필요한 때에는 법원은 직권 또는 피고인을 수용할 병원 기타 장소의 관리자의 신청에 의하여 사법경찰관리에게 피고인의 간수를 명할 수 있다.
> ⑥ 법원은 필요한 때에는 유치기간을 연장하거나 단축할 수 있다.
> ⑦ 구속에 관한 규정은 이 법률에 특별한 규정이 없는 경우에는 제3항의 유치에 관하여 이를 준용한다. 단, 보석에 관한 규정은 그러하지 아니하다.
> ⑧ 제3항의 유치는 미결구금일수의 산입에 있어서는 이를 구속으로 간주한다.
> **제172조의2(감정유치와 구속)** ① 구속 중인 피고인에 대하여 감정유치장이 집행되었을 때에는 피고인이 유치되어 있는 기간 구속은 그 집행이 정지된 것으로 간주한다.
> ② 전항의 경우에 전조 제3항의 유치처분이 취소되거나 유치기간이 만료된 때에는 구속의 집행정지가 취소된 것으로 간주한다.

① [○], ② [○] 형사소송법 제140조, 제141조 참조.

> **형사소송법 제140조(검증과 필요한 처분)** 검증을 함에는 신체의 검사, 사체의 해부, 분묘의 발굴, 물건의 파괴 기타 필요한 처분을 할 수 있다.
> **제141조(신체검사에 관한 주의)** ① 신체의 검사에 관하여는 검사를 받는 사람의 성별, 나이, 건강상태, 그 밖의 사정을 고려하여 그 사람의 건강과 명예를 해하지 아니하도록 주의하여야 한다.
> ② 피고인 아닌 사람의 신체검사는 증거가 될 만한 흔적을 확인할 수 있는 현저한 사유가 있는 경우에만 할 수 있다.
> ③ 여자의 신체를 검사하는 경우에는 의사나 성년 여자를 참여하게 하여야 한다.

④ 시체의 해부 또는 분묘의 발굴을 하는 때에는 예(禮)에 어긋나지 아니하도록 주의하고 미리 유족에게 통지하여야 한다.

③ [○] 수사기관이 법원으로부터 영장 또는 감정처분허가장을 발부받지 아니한 채 피의자의 동의 없이 피의자의 신체로부터 혈액을 채취하고 사후에도 지체 없이 영장을 발부받지 아니한 채 혈액 중 알코올농도에 관한 감정을 의뢰하였다면, 이러한 과정을 거쳐 얻은 감정의뢰회보 등은 형사소송법상 영장주의 원칙을 위반하여 수집하거나 그에 기초하여 획득한 증거로서, 원칙적으로 절차위반행위가 적법절차의 실질적인 내용을 침해하여 피고인이나 변호인의 동의가 있더라도 유죄의 증거로 사용할 수 없다(대법원 2012.11.15, 2011도15258).

12 정답 ③

③ [○] 형사소송법 제245조의6 참조.

> **형사소송법 제245조의6(고소인 등에 대한 송부통지)** 사법경찰관은 제245조의5 제2호의 경우에는 그 송부한 날부터 7일 이내에 서면으로 고소인·고발인·피해자 또는 그 법정대리인(피해자가 사망한 경우에는 그 배우자·직계친족·형제자매를 포함한다)에게 사건을 검사에게 송치하지 아니하는 취지와 그 이유를 통지하여야 한다.

① [×] 60일이 아닌 90일이다. 형사소송법 제245조의5 제2호 후단 참조.

> **제245조의5(사법경찰관의 사건송치 등)** 사법경찰관은 고소·고발 사건을 포함하여 범죄를 수사한 때에는 다음 각 호의 구분에 따른다.
> 1. 범죄의 혐의가 있다고 인정되는 경우에는 지체 없이 검사에게 사건을 송치하고, 관계 서류와 증거물을 검사에게 송부하여야 한다.
> 2. 그 밖의 경우에는 그 이유를 명시한 서면과 함께 관계 서류와 증거물을 지체 없이 검사에게 송부하여야 한다. 이 경우 검사는 송부받은 날부터 90일 이내에 사법경찰관에게 반환하여야 한다.

② [×] 60일이 아닌 30일이다. 수사준칙 제64조 제2항 단서 참조.

> **수사준칙 제64조(재수사 결과의 처리)** ② 검사는 사법경찰관이 제1항 제2호에 따라 재수사 결과를 통보한 사건에 대하여 다시 재수사를 요청하거나 송치 요구를 할 수 없다. 다만, 사법경찰관이 사건을 송치하지 않은 위법 또는 부당이 시정되지 않아 검사가 사건을 송치받아 수사할 필요가 있는 다음 각 호의 경우에는 법 제197조의3에 따라 사건송치를 요구할 수 있다.
> 1. 관련 법령 또는 법리에 위반된 경우
> 2. 범죄 혐의의 유무를 명확히 하기 위해 재수사요청한 사항에 관하여 그 이행이 이루어지지 않은 경우(다만, 불송치 결정의 유지에 영향을 미치지 않음이 명백한 경우는 제외한다)
> 3. 송부받은 관계 서류 및 증거물과 재수사 결과만으로도 범죄 혐의가 명백히 인정되는 경우
> 4. 공소시효 또는 형사소추의 요건을 판단하는 데 오류가 있는 경우
> ③ 검사는 전항 단서의 송치요구 여부를 판단하기 위하여 필요한 경우에는 사법경찰관에게 관계 서류와 증거물의 송부를 요

청할 수 있다. 이 경우 요청을 받은 사법경찰관은 이에 협력해야 한다.
④ 검사는 재수사 결과를 통보받은 날(전항에 따라 관계 서류와 증거물의 송부를 요청한 경우 이를 송부받은 날)부터 30일 이내에 제2항 단서의 송치요구를 하여야 하고, 그 기간 내에 송치요구를 하지 않을 경우에는 송부받은 관계 서류와 증거물을 사법경찰관에게 반환해야 한다.

④ [×] 2022.5.9. 형사소송법 개정에 의하여 고발인은 사법경찰관의 불송치 통지에 대한 이의신청을 할 수 있는 주체에서 제외되었다(제245조의7 제1항).

> **제245조의7(고소인 등의 이의신청)** ① 제245조의6의 통지를 받은 사람(고발인을 제외한다)은 해당 사법경찰관의 소속 관서의 장에게 이의를 신청할 수 있다. 〈개정 2022.5.9.〉
> ② 사법경찰관은 제1항의 신청이 있는 때에는 지체 없이 검사에게 사건을 송치하고 관계 서류와 증거물을 송부하여야 하며, 처리결과와 그 이유를 제1항의 신청인에게 통지하여야 한다.

13 정답 ①

① [×] 공소장의 공소사실에 포괄일죄의 일부를 구성하는 개개의 행위에 관한 구체적인 사실이 기재되지 않았더라도 법원의 심판의 대상을 한정하고 피고인의 방어권 행사를 쉽게 하는 데 지장이 없다면 공소사실이 특정되지 않은 것은 아니다.

> **판례**
> 동일 죄명에 해당하는 수 개의 행위를 단일하고 계속된 범의하에 일정기간 계속하여 행하고 그 피해법익도 동일한 경우에는 이들 각 행위를 통틀어 포괄일죄로 처단하여야 할 것이다. 이 사건 공소사실 기재 범행은 피고인이 2017.10.10.부터 2017.10.12.까지 자신이 운영하던 성매매업소에서 성매매 광고를 보고 방문한 손님들에게 대금 10만 원을 받고 종업원인 태국 국적 여성 6명과의 성매매를 알선하였다는 것으로서 모두 동일한 죄명과 법조에 해당하는 것으로 단일하고 계속된 범의하에 시간적으로 근접하여 동일한 장소에서 동일한 방법으로 이루어졌고 피해법익 역시 동일하여 포괄하여 일죄에 해당할 뿐, 실체적 경합 관계에 있다고 보기 어렵다. 나아가 원심이 공소를 기각한 이 부분 공소사실에는 범행의 시기와 종기, 범행의 장소, 고용한 성매매 여성의 수가 특정되어 있고, 성매매 광고를 보고 연락한 불특정 다수의 남성 손님들에게 10만 원의 성매매 대금을 받고 성매매를 알선하였다는 내용으로 성매매알선의 방법 또한 특정되어 있다. 한편 구체적인 성매수자, 범행횟수 등이 기재되지 않았더라도 법원에 대하여 심판의 대상을 한정하고 피고인에게 방어의 범위를 특정함으로써 방어권 행사를 쉽게 하는 데에 지장이 없는 이상 공소사실이 특정되지 않았다고 볼 것은 아니다. 이러한 사정들을 앞서 본 포괄일죄의 공소사실 특정에 관한 법리에 비추어 살펴보면, 이 부분 공소사실은 특정되었다고 볼 수 있다(대법원 2023.6.29, 2020도3626).

② [○] 대법원 2012.4.26, 2011도11817
③ [○] 대법원 2006.6.2, 2006도48
④ [○] 대법원 2006.10.26, 2006도5147

14 정답 ③

③ [×] 살인범죄로 사형에 해당하는 범죄로서 종범을 제외한 범죄에 대해서는 공소시효가 폐지되어 있다(형사소송법 제253조의2).

형사소송법 제253조의2(공소시효의 적용 배제) 사람을 살해한 범죄(종범은 제외한다)로 사형에 해당하는 범죄에 대하여는 제249조부터 제253조까지에 규정된 공소시효를 적용하지 아니한다.

① [○] 형사소송법 제299조 제2항 참조.
② [○] 형사소송법 제253조 제3항에서 정지의 대상으로 규정한 '공소시효'는 범죄행위가 종료한 때로부터 진행하고 공소의 제기로 정지되는 구 형사소송법 제249조 제1항의 시효를 뜻하고, 그 시효와 별개로 공소를 제기한 때로부터 일정 기간이 경과하면 공소시효가 완성된 것으로 간주된다고 규정한 구 형사소송법 제249조 제2항에서 말하는 '공소시효'는 여기에 포함되지 않는다고 봄이 타당하다. 따라서 공소제기 후 피고인이 처벌을 면할 목적으로 국외에 있는 경우에도, 그 기간 동안 구 형사소송법 제249조 제2항에서 정한 기간의 진행이 정지되지는 않는다(대법원 2022.9.29, 2020도13547).
④ [○] 성폭력처벌법 제21조 제1항, 청소년성보호법 제20조 제1항 참조.

성폭력처벌법 제21조(공소시효에 관한 특례) ① 미성년자에 대한 성폭력범죄의 공소시효는 「형사소송법」 제252조 제1항 및 「군사법원법」 제294조 제1항에도 불구하고 해당 성폭력범죄로 피해를 당한 미성년자가 성년에 달한 날부터 진행한다.
청소년성보호법 제20조(공소시효에 관한 특례) ① 아동·청소년 대상 성범죄의 공소시효는 「형사소송법」 제252조 제1항에도 불구하고 해당 성범죄로 피해를 당한 아동·청소년이 성년에 달한 날부터 진행한다.

15
정답 ④

④ [×] 선서무능력자에 대하여 선서케 하고 신문한 경우라 할지라도 그 선서만이 무효가 되고 그 증언의 효력에 관하여는 영향이 없고 유효하다(대법원 1957.3.8, 4290형상23).
① [○] 법원은 형사소송법 제165조의2 제3호의 요건이 충족될 경우 피고인뿐만 아니라 검사, 변호인, 방청인 등에 대하여도 차폐시설 등을 설치하는 방식으로 증인신문을 할 수 있으며, … 변호인에 대한 차폐시설의 설치는, 특정범죄신고자 등 보호법 제7조에 따라 범죄신고자 등이나 친족 등이 보복을 당할 우려가 있다고 인정되어 조서 등에 인적사항을 기재하지 아니한 범죄신고자 등을 증인으로 신문하는 경우와 같이, 이미 인적사항에 관하여 비밀조치가 취해진 증인이 변호인을 대면하여 진술함으로써 자신의 신분이 노출되는 것에 대하여 심한 심리적인 부담을 느끼는 등의 특별한 사정이 있는 경우에 예외적으로 허용될 수 있을 뿐이다(대법원 2015.5.28, 2014도18006).
② [○] 대법원 2006.5.11, 2006도1944
③ [○] 대법원 2020.12.10, 2020도2623

16
정답 ②

② [×] 공판조서의 배타적 증명력은 공판기일의 소송절차로서 공판조서에 기재된 사항에 대해서만 미친다. 공판조서에 기재되지 않은 사항은 공판조서 외의 자료에 의한 증명이 허용되고, 이는 소송법적 사실에 관한 증명이므로 자유로운 증명으로 족하다.
① [○] 성폭행 피해자의 대처 양상은 피해자의 성정이나 가해자와의 관계 및 구체적인 상황에 따라 다르게 나타날 수밖에 없다. 따라서 개별적, 구체적인 사건에서 성폭행 등의 피해자가 처하여 있는 특별한 사정을 충분히 고려하지 않은 채 피해자 진술의 증명력을 가볍게 배척하는 것은 정의와 형평의 이념에 입각하여 논리와 경험의 법칙에 따른 증거판단이라고 볼 수 없다. 피고인의 친딸로 가족관계에 있던 피해자가 '마땅히 그러한 반응을 보여야만 하는 피해자'로 보이지 않는다는 이유만으로 피해자 진술의 신빙성을 함부로 배척할 수 없다. 그리고 친족관계에 의한 성범죄를 당하였다는 피해자의 진술은 피고인에 대한 이중적인 감정, 가족들의 계속되는 회유와 압박 등으로 인하여 번복되거나 불분명해질 수 있는 특수성이 있다는 점을 고려해야 한다(대법원 2020.8.20, 2020도6965, 2020전도74).
③ [○] 양심에 따른 병역거부, 이른바 양심적 병역거부는 종교적·윤리적·도덕적·철학적 또는 이와 유사한 동기에서 형성된 양심상 결정을 이유로 집총이나 군사훈련을 수반하는 병역의무의 이행을 거부하는 행위를 말한다. 양심적 병역거부자에게 병역의무의 이행을 일률적으로 강제하고 그 불이행에 대하여 형사처벌 등 제재를 하는 것은 양심의 자유를 비롯한 헌법상 기본권 보장체계와 전체 법질서에 비추어 타당하지 않을 뿐만 아니라 소수자에 대한 관용과 포용이라는 자유민주주의 정신에도 위배된다. 따라서 진정한 양심에 따른 병역거부라면, 이는 병역법 제88조 제1항의 '정당한 사유'에 해당한다고 보아야 한다. … 정당한 사유가 없다는 사실은 범죄구성요건이므로 검사가 증명하여야 한다(대법원 2021.1.28, 2018도4708).
④ [○] 대법원 2008.12.11, 2008도7112

17
정답 ②

② [○] 피고인의 검찰에서의 자백은 피고인이 검찰에 연행된 때로부터 약 30시간 동안 잠을 재우지 아니한 채 검사 2명이 교대로 신문을 하면서 회유한 끝에 받아낸 것으로 임의로 진술한 것이 아니라고 의심할 만한 이유가 있는 때에 해당한다고 보아, 형사소송법 제309조의 규정에 의하여 그 피의자신문조서는 증거능력이 없다(대법원 1997.6.27, 95도1964).
① [×] 기록상 진술증거의 임의성에 관하여 의심할 만한 사정이 나타나 있는 경우에는 법원은 직권으로 그 임의성 여부에 관하여 조사를 하여야 하고, 임의성이 인정되지 아니하여 증거능력이 없는 진술증거는 피고인이 증거로 함에 동의하더라도 증거로 삼을 수 없다(대법원 2006.11.23, 2004도7900).
③ [×] 검찰에서의 피고인의 자백이 법정진술과 다르다거나 피고인에게 지나치게 불리한 내용이라는 사유만으로는 그 자백의 신빙성이 의심스럽다고 할 수는 없고, 자백의 신빙성 유무를 판단할 때에는 자백의 진술 내용 자체가 객관적으로 합리성을 띠고 있는지, 자백의 동기나 이유가 무엇이

며, 자백에 이르게 된 경위는 어떠한지 그리고 자백 이외의 정황증거 중 자백과 저촉되거나 모순되는 것이 없는지 하는 점 등을 고려하여 피고인의 자백에 형사소송법 제309조에 정한 사유 또는 자백의 동기나 과정에 합리적인 의심을 갖게 할 상황이 있었는지를 판단하여야 한다(대법원 2019.10.31, 2018도2642).

④ [×] 일정한 증거가 발견되면 피의자가 자백하겠다고 한 약속이 검사의 강요나 위계에 의하여 이루어졌다던가 또는 불기소나 경한 죄의 소추등 이익과 교환조건으로 된 것으로 인정되지 않는다면 위와 같은 자백의 약속하에 된 자백이라 하여 곧 임의성 없는 자백이라고 단정할 수는 없다(대법원 1983.9.13, 83도712).

18
정답 ②

② [×] 전기통신의 감청은 제3자가 전기통신의 당사자인 송신인과 수신인의 동의를 받지 아니하고 전기통신 내용을 녹음하는 등의 행위를 하는 것만을 말한다고 해석함이 타당하므로, 전기통신에 해당하는 전화통화 당사자의 일방이 상대방 모르게 통화 내용을 녹음하는 것은 여기의 감청에 해당하지 아니한다. 그러나 제3자의 경우는 설령 전화통화 당사자 일방의 동의를 받고 그 통화 내용을 녹음하였다 하더라도 그 상대방의 동의가 없었던 이상, 이는 여기의 감청에 해당하여 통신비밀보호법 제3조 제1항 위반이 되고, 이와 같이 제3조 제1항을 위반한 불법감청에 의하여 녹음된 전화통화의 내용은 제4조에 의하여 증거능력이 없다(대법원 2019.3.14, 2015도1900).

① [○] 마약투약 혐의를 받고 있던 피고인이 임의동행을 거부하겠다는 의사를 표시하였는데도 경찰관들이 피고인을 영장 없이 강제로 연행한 상태에서 마약투약 여부의 확인을 위한 1차 채뇨절차가 이루어졌는데, 그 후 피고인의 소변 등 채취에 관한 압수영장에 기하여 2차 채뇨절차가 이루어지고 그 결과를 분석한 소변 감정서 등이 증거로 제출된 경우, 피고인을 강제로 연행한 조치는 위법한 체포에 해당하고, 위법한 체포상태에서 이루어진 채뇨 요구 또한 위법하므로 그에 의하여 수집된 '소변검사시인서'는 유죄인정의 증거로 삼을 수 없다(대법원 2013.3.14, 2012도13611).

③ [○] 형사소송법 제219조가 준용하는 제118조는 "압수·수색영장은 처분을 받는 자에게 반드시 제시하여야 한다."고 규정하고 있으나, 이는 영장제시가 현실적으로 가능한 상황을 전제로 한 규정으로 보아야 하고, 피처분자가 현장에 없거나 현장에서 그를 발견할 수 없는 경우 등 영장제시가 현실적으로 불가능한 경우에는 영장을 제시하지 아니한 채 압수·수색을 하더라도 위법하다고 볼 수 없다(대법원 2015.1.22, 2014도10978).

④ [○] 서명만 있고 날인이 없는 압수·수색영장은 적법하지 않지만 그 영장에 의하여 수집된 압수물의 증거능력은 인정된다고 본 사례이다.

이 사건 영장에는 야간집행을 허가하는 판사의 수기와 날인, 그 아래 서명날인란에 판사 서명, 영장 앞면과 별지 사이에 판사의 간인이 있으므로, 판사의 의사에 기초하여 진정하게 영장이 발부되었다는 점은 외관상 분명하다. 당시 수사기관으로서는 영장이 적법하게 발부되었다고 신뢰할 만한 합리적인 근거가 있었고, 의도적으로 적법절차의 실질적인 내용을 침해한다거나 영장주의를 회피할 의도를 가지고 이 사건 영장에 따른 압수·수색을 하였다고 보기 어렵다. … 수사기관이 이 사건 영장을 발부받아 그에 기초하여 이 사건 파일 출력물을 압수한 것이 위법수집증거의 증거능력을 부정함으로써 달성하려는 목적을 실질적으로 침해한다고 보기도 어렵다. … 요컨대, 이 사건 영장이 형사소송법이 정한 요건을 갖추지 못하여 적법하게 발부되지 못하였다고 하더라도, 그 영장에 따라 수집한 이 사건 파일 출력물의 증거능력을 인정할 수 있다. 이에 기초하여 획득한 2차적 증거인 위 각 증거 역시 증거능력을 인정할 수 있다(대법원 2019.7.11, 2018도20504).

19
정답 ③

㉠ [○] 조세범칙조사를 담당하는 세무공무원은 특별사법경찰관리에 해당하지 않으므로 위 조사 또한 수사과정에 해당하지 않는다. 따라서 위 조서는 형사소송법 제313조 제1항의 수사과정 외에서 피고인 또는 피고인 아닌 자의 진술을 기재한 서류에 해당한다.

조세범칙조사를 담당하는 세무공무원이 피고인이 된 혐의자 또는 참고인에 대하여 심문한 내용을 기재한 조서는 검사·사법경찰관 등 수사기관이 작성한 조서와 동일하게 볼 수 없으므로 형사소송법 제312조에 따라 증거능력의 존부를 판단할 수는 없고, 피고인 또는 피고인이 아닌 자가 작성한 진술서나 그 진술을 기재한 서류에 해당하므로 형사소송법 제313조에 따라 공판준비 또는 공판기일에서 작성자·진술자의 진술에 따라 성립의 진정함이 증명되고 나아가 그 진술이 특히 신빙할 수 있는 상태 아래에서 행하여진 때에 한하여 증거능력이 인정된다(대법원 2022.12.15, 2022도8824).

㉡ [○]

형사소송법 제312조 제2항(현 제3항)은 검사 이외의 수사기관이 작성한 피의자신문조서는 그 피의자였던 피고인이나 변호인이 그 내용을 인정할 때에 한하여 증거로 할 수 있다고 규정하고 있는 바, 피고인이 검사 이외의 수사기관에서 범죄 혐의로 조사받는 과정에서 작성하여 제출한 진술서는 그 형식 여하를 불문하고 당해 수사기관이 작성한 피의자신문조서와 달리 볼 수 없고, 피고인이 수사 과정에서 범행을 자백하였다는 검사 아닌 수사기관의 진술이나 같은 내용의 수사보고서 역시 피고인이 공판 과정에서 앞서의 자백의 내용을 부인하는 이상 마찬가지로 보아야 하며, 여기서 말하는 검사 이외의 수사기관에는 달리 특별한 사정이 없는 한 외국의 권한 있는 수사기관도 포함된다(대법원 2006.1.13, 2003도6548).

㉢ [×] 정보통신망을 통하여 공포심이나 불안감을 유발하는 글을 반복적으로 상대방에게 도달하게 하는 행위를 하였다는 공소사실에 대하여 휴대전화기에 저장된 문자정보가 그 증거가 되는 경우, 그 문자정보는 범행의 직접적인 수단이고 경험자의 진술에 갈음하는 대체물에 해당하지 않으므로, 형사소송법 제310조의2에서 정한 전문법칙이 적용되지 않

는다(대법원 2008.11.13, 2006도2556).

㉣ [×] [다수의견] 수사기관에서 진술한 참고인이 법정에서 증언을 거부하여 피고인이 반대신문을 하지 못한 경우에는 정당하게 증언거부권을 행사한 것이 아니라도, 피고인이 증인의 증언거부 상황을 초래하였다는 등의 특별한 사정이 없는 한 형사소송법 제314조의 '그 밖에 이에 준하는 사유로 인하여 진술할 수 없는 때'에 해당하지 않는다고 보아야 한다. 따라서 증인이 정당하게 증언거부권을 행사하여 증언을 거부한 경우와 마찬가지로 수사기관에서 그 증인의 진술을 기재한 서류는 증거능력이 없다(대법원 2019.11.21, 2018도13945).

㉤ [○] 대법원 2017.12.5, 2017도12671

20 　　　　　　　　　　　　　　　　　　정답 ④

④ [×] 피고인이 재심을 청구한 경우 재심대상이 되는 확정판결의 소송절차 중에 그러한 증거를 제출하지 못한 데 과실이 있는 경우에는 그 증거는 위 조항에서의 '증거가 새로 발견된 때'에서 제외된다고 해석함이 상당하다(대법원 2009.7.16, 2005모472).

① [○] 형사소송법 제452조에서 약식명령의 고지는 검사와 피고인에 대한 재판서의 송달에 의하도록 규정하고 있으므로, 약식명령은 그 재판서를 피고인에게 송달함으로써 효력이 발생하고, 변호인이 있는 경우라도 반드시 변호인에게 약식명령 등본을 송달해야 하는 것은 아니다. 따라서 정식재판 청구기간은 피고인에 대한 약식명령 고지일을 기준으로 하여 기산하여야 한다(대법원 2016.12.2, 2016모2711).

② [○] 법원이 유죄판결을 선고하면서 고지를 누락한 잘못이 있더라도 그 법원은 적법한 내용으로 다시 신상정보 제출의무를 고지할 수 있고, 상급심 법원도 그 사유로 판결을 파기할 필요 없이 적법한 내용의 신상정보 제출의무 등을 새로 고지함으로써 잘못을 바로잡을 수 있으며, 나아가 상급심 법원에서 이와 같이 신상정보 제출의무 등을 새로 고지하더라도 형을 피고인에게 불리하게 변경하는 경우에 해당되지 아니한다(대법원 2014.12.24, 2014도13529).

③ [○] 대법원 2020.10.22, 2020도4140

01	④	02	③	03	④	04	②	05	①
06	①	07	①	08	③	09	③	10	④
11	④	12	②	13	③	14	④	15	①
16	③	17	③	18	④	19	④	20	④
21	④	22	③	23	①	24	③	25	①
26	①	27	②	28	③	29	③	30	②
31	②	32	③	33	②	34	①	35	②
36	③	37	①	38	③	39	③	40	②

01

정답 ④

④ [×] 「형사소송법」은 재판의 지연을 구제하기 위하여 면소판결 사유나 공소기각재판 사유 등에서 별도의 명문의 규정을 두고 있지 않다. 즉, 형사소송법은 공판심리의 현저한 지연을 공소기각의 결정 사유로 명시하고 있지 않다.

[보충] 공소시효완성이 의제된 경우(형사소송법 제249조 제2항)를 제외하고는 소송지연을 이유로 형식재판으로 소송을 종결시킬 수 없다.

> 형사소송법 제328조(공소기각의 결정) ① 다음 경우에는 결정으로 공소를 기각하여야 한다.
> 1. 공소가 취소 되었을 때
> 2. 피고인이 사망하거나 피고인인 법인이 존속하지 아니하게 되었을 때
> 3. 제12조 또는 제13조의 규정에 의하여 재판할 수 없는 때
> 4. 공소장에 기재된 사실이 진실하다 하더라도 범죄가 될 만한 사실이 포함되지 아니하는 때
> ② 전항의 결정에 대하여는 즉시항고를 할 수 있다.
>
> 제249조(공소시효의 기간) ② 공소가 제기된 범죄는 판결의 확정이 없이 공소를 제기한 때로부터 25년을 경과하면 공소시효가 완성한 것으로 간주한다.

① [○] 구속사건에 대해서는 법원이 구속기간내에 재판을 하면 되는 것이고 구속만기 25일을 앞두고 제1회 공판이 있었다 하여 헌법에 정한 신속한 재판을 받을 권리를 침해하였다 할 수 없다(대법원 1990.6.12, 90도672).

② [○] 검사와 피고인 쌍방이 항소한 경우에 1심선고형기 경과후 2심공판이 개정되었다고 하여 이를 위법이라 할 수 없고 신속한 재판을 받을 권리를 박탈한 것이라고 할 수 없다 (대법원 1972.5.23, 72도840).

③ [○] 신속한 재판을 받을 권리는 주로 피고인의 이익을 보호하기 위하여 인정된 기본권이지만 동시에 실체적 진실발견, 소송경제, 재판에 대한 국민의 신뢰와 형벌목적의 달성과 같은 공공의 이익에도 근거가 있기 때문에 어느 면에서는 이중적인 성격을 갖고 있다고 할 수 있어, 형사사법체제 자체를 위하여서도 아주 중요한 의미를 갖는 기본권이다(헌법재판소 1995.11.30, 92헌마44 전원합의체).

02

정답 ③

③ [×] (출제의 의도를 고려하여 해설함) 헌법 제108조에 의하여 대법원은 '법률에 저촉되지 아니하는 범위' 안에서 소송에 관한 절차, 법원의 내부규율과 사무처리에 관한 규칙을 제정할 수 있다. 여기서 법률에 저촉되지 않는 범위에 관해서는, ㉠ 형사소송의 기본구조에 반하지 않는 이상 대법원규칙으로 제정할 수 있다는 견해(차/최), 형사소송법 형성적 규칙으로 보아 형사소송규칙의 규율범위를 넓게 파악하는 견해(배/이/정/이) 등의 입장과 ㉡ 형사절차법정주의의 원칙상 대법원규칙은 형사절차의 기본적 구조나 피의자·피고인을 비롯한 소송관계인의 이해에 영향을 미치지 않는 소송절차에 관한 순수한 기술적 사항만 규율할 수 있다는 입장(多: 신동운, 이/조, 정/백, 진계호 등)과 같은 학설이 대립한다. 후자의 입장이 다수 학설이므로 이에 따르면 위 지문은 틀린 것이다.

[보충] 명시적인 판례는 없고 학설이 대립하는 문제이므로 엄밀히는 논쟁적인 지문에 해당한다.

① [○] 형사소송에 관한 헌법의 규정들은 단순한 지침을 넘어서 그 자체로서 형사절차를 지배하는 최고의 재판규범이라는 성격을 가지고, 이를 헌법적 형사소송법이라 한다.

② [○] 실질적 의의의 형사소송법은 광의의 형사소송법 개념으로서, 그 명칭 여하를 불문하고 그 내용(실질)이 형사절차를 규정하고 있는 법률을 총칭한다. 「법원조직법」, 「소년법」, 「소송촉진 등에 관한 특례법」 등을 그 예로 들 수 있다.

④ [○] 재기수사의 명령이 있는 사건에 관하여 지방검찰청 검사가 다시 불기소처분을 하고자 하는 경우에는 미리 그 명령청의 장의 승인을 얻도록 한 검찰사건사무규칙의 규정은 검찰청 내부의 사무처리지침에 불과한 것일 뿐 법규적 효력을 가진 것이 아니다(헌법재판소 1991.7.8, 91헌마42).

03

정답 ④

④ [×] 형사소송법 제245조의6, 제245조의7 제1항, 제2항 참조.

> 형사소송법 제245조의6(고소인 등에 대한 송부통지) 사법경찰관은 제245조의5제2호의 경우에는 그 송부한 날부터 7일 이내에 서면으로 고소인·고발인·피해자 또는 그 법정대리인(피해자가 사망한 경우에는 그 배우자·직계친족·형제자매를 포함한다)에게 사건을 검사에게 송치하지 아니하는 취지와 그 이유를 통지하여야 한다.
>
> 제245조의7(고소인 등의 이의신청) ① 제245조의6의 통지를 받은 사람(고발인을 제외한다)은 해당 사법경찰관의 소속 관서의 장에게 이의를 신청할 수 있다.
> ② 사법경찰관은 제1항의 신청이 있는 때에는 지체 없이 검사에게 사건을 송치하고 관계 서류와 증거물을 송부하여야 하며, 처리결과와 그 이유를 제1항의 신청인에게 통지하여야 한다.

① [○] 형사소송법 제196조 제2항, 제198조의2 제1항, 제2항 참조.

> 형사소송법 제196조(검사의 수사) ② 검사는 제197조의3제6항, 제198조의2제2항 및 제245조의7제2항에 따라 사법경찰관으로부터 송치받은 사건에 관하여는 해당 사건과 동일성을 해치지 아니하는 범위 내에서 수사할 수 있다.
>
> 제198조의2(검사의 체포·구속장소감찰) ① 지방검찰청 검사장 또는 지청장은 불법체포·구속의 유무를 조사하기 위하여 검사로 하여금 매월 1회 이상 관하수사관서의 피의자의 체포·구속

장소를 감찰하게 하여야 한다. 감찰하는 검사는 체포 또는 구속된 자를 심문하고 관련서류를 조사하여야 한다.

② 검사는 적법한 절차에 의하지 아니하고 체포 또는 구속된 것이라고 의심할 만한 상당한 이유가 있는 경우에는 즉시 체포 또는 구속된 자를 석방하거나 사건을 검찰에 송치할 것을 명하여야 한다.

② [○] 형사소송법 제198조 제4항 참조.

형사소송법 제198조(준수사항) ④ 수사기관은 수사 중인 사건의 범죄 혐의를 밝히기 위한 목적으로 합리적인 근거 없이 별개의 사건을 부당하게 수사하여서는 아니 되고, 다른 사건의 수사를 통하여 확보된 증거 또는 자료를 내세워 관련 없는 사건에 대한 자백이나 진술을 강요하여서도 아니 된다.

③ [○] 형사소송법 제198조 제4항 참조.

형사소송법 제198조(준수사항) ④ 수사기관은 수사 중인 사건의 범죄 혐의를 밝히기 위한 목적으로 합리적인 근거 없이 별개의 사건을 부당하게 수사하여서는 아니 되고, 다른 사건의 수사를 통하여 확보된 증거 또는 자료를 내세워 관련 없는 사건에 대한 자백이나 진술을 강요하여서도 아니 된다.

04
정답 ②

② [×] 자신과의 관련성 유무를 묻지 않고 경찰공무원은 국민참여재판의 배심원으로 선정할 수 없다(직업적 제외사유, 국민의 형사재판 참여에 관한 법률 제18조 제7호).

국민의 형사재판 참여에 관한 법률 제18조(직업 등에 따른 제외사유) 다음 각 호의 어느 하나에 해당하는 사람을 배심원으로 선정하여서는 아니 된다.
1. 대통령
2. 국회의원·지방자치단체의 장 및 지방의회의원
3. 입법부·사법부·행정부·헌법재판소·중앙선거관리위원회·감사원의 정무직 공무원
4. 법관·검사
5. 변호사·법무사
6. 법원·검찰 공무원
7. 경찰·교정·보호관찰 공무원
8. 군인·군무원·소방공무원 또는 「예비군법」에 따라 동원되거나 교육훈련의무를 이행 중인 예비군

① [○] 국민의 형사재판 참여에 관한 법률 제5조 제1항, 제2항 참조.

국민의 형사재판 참여에 관한 법률 제5조(대상사건) ① 다음 각 호에 정하는 사건을 국민참여재판의 대상사건(이하 "대상사건"이라 한다)으로 한다.
1. 「법원조직법」 제32조제1항(제2호 및 제5호는 제외한다)에 따른 합의부 관할 사건
2. 제1호에 해당하는 사건의 미수죄·교사죄·방조죄·예비죄·음모죄에 해당하는 사건
3. 제1호 또는 제2호에 해당하는 사건과 「형사소송법」 제11조에 따른 관련 사건으로서 병합하여 심리하는 사건
② 피고인이 국민참여재판을 원하지 아니하거나 제9조제1항에 따른 배제결정이 있는 경우는 국민참여재판을 하지 아니한다.

③ [○] 국민의 형사재판 참여에 관한 법률 제12조, 제46조 제1항, 제2항, 제3항, 제4항, 제5항 참조.

국민의 형사재판 참여에 관한 법률 제12조(배심원의 권한과 의무) ① 배심원은 국민참여재판을 하는 사건에 관하여 사실의 인정, 법령의 적용 및 형의 양정에 관한 의견을 제시할 권한이 있다.

제46조(재판장의 설명·평의·평결·토의 등) ① 재판장은 변론이 종결된 후 법정에서 배심원에게 공소사실의 요지와 적용법조, 피고인과 변호인 주장의 요지, 증거능력, 그 밖에 유의할 사항에 관하여 설명하여야 한다. 이 경우 필요한 때에는 증거의 요지에 관하여 설명할 수 있다.

② 심리에 관여한 배심원은 제1항의 설명을 들은 후 유·무죄에 관하여 평의하고, 전원의 의견이 일치하면 그에 따라 평결한다. 다만, 배심원 과반수의 요청이 있으면 심리에 관여한 판사의 의견을 들을 수 있다.

③ 배심원은 유·무죄에 관하여 전원의 의견이 일치하지 아니하는 때에는 평결을 하기 전에 심리에 관여한 판사의 의견을 들어야 한다. 이 경우 유·무죄의 평결은 다수결의 방법으로 한다. 심리에 관여한 판사는 평의에 참석하여 의견을 진술한 경우에도 평결에는 참여할 수 없다.

④ 제2항 및 제3항의 평결이 유죄인 경우 배심원은 심리에 관여한 판사와 함께 양형에 관하여 토의하고 그에 관한 의견을 개진한다. 재판장은 양형에 관한 토의 전에 처벌의 범위와 양형의 조건 등을 설명하여야 한다.

⑤ 제2항부터 제4항까지의 평결과 의견은 법원을 기속하지 아니한다.

④ [○] 국민의 형사재판 참여에 관한 법률 제46조 제3항 참조.

국민의 형사재판 참여에 관한 법률 제46조(재판장의 설명·평의·평결·토의 등) ③ 배심원은 유·무죄에 관하여 전원의 의견이 일치하지 아니하는 때에는 평결을 하기 전에 심리에 관여한 판사의 의견을 들어야 한다. 이 경우 유·무죄의 평결은 다수결의 방법으로 한다. 심리에 관여한 판사는 평의에 참석하여 의견을 진술한 경우에도 평결에는 참여할 수 없다.

05
정답 ①

① ㄴ

㉠ [○] 형사소송법이 보장하는 피의자의 진술거부권은 헌법이 보장하는 형사상 자기에 불리한 진술을 강요당하지 않는 자기부죄거부의 권리에 터 잡은 것이므로 수사기관이 피의자를 신문함에 있어서 피의자에게 미리 진술거부권을 고지하지 않은 때에는 그 피의자의 진술은 위법하게 수집된 증거로서 진술의 임의성이 인정되는 경우라도 증거능력이 부인되어야 한다(대법원 2014.4.30, 2012도725).

㉡ [×] 진술거부권이 보장되는 절차에서 진술거부권을 고지받을 권리가 헌법 제12조 제2항에 의하여 바로 도출된다고 할 수는 없고, 이를 인정하기 위해서는 입법적 뒷받침이 필요하다(대법원 2014.1.16, 2013도5441).

㉢ [○] 헌법은 형사상 자기에게 불리한 진술로 규정하나(헌법 제12조 제2항 후단), 형사소송법에서는 불리한 진술로 제한하지 않고 모두 진술거부의 대상으로 규정한다. 형사소송법 제283조의2 제1항, 제2항 참조.

헌법 제12조 ② 모든 국민은 고문을 받지 아니하며, 형사상 자기에게 불리한 진술을 강요당하지 아니한다.

형사소송법 제244조의3(진술거부권 등의 고지) ① 검사 또는 사법경찰관은 피의자를 신문하기 전에 다음 각 호의 사항을 알려

주어야 한다.
1. 일체의 진술을 하지 아니하거나 개개의 질문에 대하여 진술을 하지 아니할 수 있다는 것
2. 진술을 하지 아니하더라도 불이익을 받지 아니한다는 것
3. 진술을 거부할 권리를 포기하고 행한 진술은 법정에서 유죄의 증거로 사용될 수 있다는 것
4. 신문을 받을 때에는 변호인을 참여하게 하는 등 변호인의 조력을 받을 수 있다는 것 (이하 생략)

제283조의2(피고인의 진술거부권) ① 피고인은 진술하지 아니하거나 개개의 질문에 대하여 진술을 거부할 수 있다.
② 재판장은 피고인에게 제1항과 같이 진술을 거부할 수 있음을 고지하여야 한다.

㉣ [○] 현행 형사소송법 제314조의 문언과 개정 취지, 진술거부권 관련 규정의 내용 등에 비추어 보면, 피고인이 증거서류의 진정성립을 묻는 검사의 질문에 대하여 진술거부권을 행사하여 진술을 거부한 경우는 형사소송법 제314조의 '그 밖에 이에 준하는 사유로 인하여 진술할 수 없는 때'에 해당하지 아니한다(대법원 2013.6.13, 2012도16001).

06
정답 ①

① [×] 형사소송법 제197조의4 제1항 참조.

형사소송법 제197조의4(수사의 경합) ① 검사는 사법경찰관과 동일한 범죄사실을 수사하게 된 때에는 사법경찰관에게 사건을 송치할 것을 요구할 수 있다.

② [○] 형사소송법 제245조의5 제1호, 제2호 참조.

형사소송법 제245조의5(사법경찰관의 사건송치 등) 사법경찰관은 고소·고발 사건을 포함하여 범죄를 수사한 때에는 다음 각 호의 구분에 따른다.
1. 범죄의 혐의가 있다고 인정되는 경우에는 지체 없이 검사에게 사건을 송치하고, 관계 서류와 증거물을 검사에게 송부하여야 한다.
2. 그 밖의 경우에는 그 이유를 명시한 서면과 함께 관계 서류와 증거물을 지체 없이 검사에게 송부하여야 한다. 이 경우 검사는 송부받은 날부터 90일 이내에 사법경찰관에게 반환하여야 한다.

③ [○] 형사소송법 제245조의5 제1호, 제2호, 제245조의8 제1항, 제2항 참조.

형사소송법 제245조의5(사법경찰관의 사건송치 등) 사법경찰관은 고소·고발 사건을 포함하여 범죄를 수사한 때에는 다음 각 호의 구분에 따른다.
1. 범죄의 혐의가 있다고 인정되는 경우에는 지체 없이 검사에게 사건을 송치하고, 관계 서류와 증거물을 검사에게 송부하여야 한다.
2. 그 밖의 경우에는 그 이유를 명시한 서면과 함께 관계 서류와 증거물을 지체 없이 검사에게 송부하여야 한다. 이 경우 검사는 송부받은 날부터 90일 이내에 사법경찰관에게 반환하여야 한다.
제245조의8(재수사요청 등) ① 검사는 제245조의5제2호의 경우에 사법경찰관이 사건을 송치하지 아니한 것이 위법 또는 부당한 때에는 그 이유를 문서로 명시하여 사법경찰관에게 재수사를 요청할 수 있다.
② 사법경찰관은 제1항의 요청이 있는 때에는 사건을 재수사하여야 한다.

④ [○] 형사소송법 제245조의10 제1항, 제2항 참조.

형사소송법 제245조의10(특별사법경찰관리) ① 삼림, 해사, 전매, 세무, 군수사기관, 그 밖에 특별한 사항에 관하여 사법경찰관리의 직무를 행할 특별사법경찰관리와 그 직무의 범위는 법률로 정한다.
② 특별사법경찰관은 모든 수사에 관하여 검사의 지휘를 받는다.

07
정답 ①

① [○] 유인자가 수사기관과 직접적인 관련을 맺지 않은 상태에서 피유인자를 상대로 단순히 수차례 반복적으로 범행을 부탁하였을 뿐, 수사기관이 사술이나 계략 등을 사용하였다고 볼 수 없는 경우에는 설령 그로 인하여 피유인자의 범의가 유발되었다 하더라도 위법한 함정수사에 해당하지 않는다(대법원 2020.1.30, 2019도15987).

② [×] 본래 범의를 가지지 아니한 자에 대하여 수사기관이 사술이나 계략 등을 써서 범의를 유발케 하여 범죄인을 검거하는 함정수사는 위법함을 면할 수 없고, 이러한 함정수사에 기한 공소제기는 그 절차가 법률의 규정에 위반하여 무효인 때에 해당한다(대법원 2005.10.28, 2005도1247).

③ [×] 이 사건에 있어서 피고인이 수사기관의 사술이나 계략 등에 의하여 범행을 유발한 것이 아니라, 이미 범행을 저지른 피고인을 검거하기 위하여 수사기관이 정보원을 이용하여 피고인을 검거장소로 유인한 것에 불과하므로, 피고인의 이 사건 범행이 함정수사에 의한 것으로 볼 수도 없다(대법원 2007.7.26, 2007도4532).

④ [×] 「아동·청소년의 성보호에 관한 법률」은 동법 소정의 디지털성범죄에 대한 신분비공개수사를 허용하는 수사 특례규정을 마련하고 있고, 다른 방법으로는 그 범죄의 실행을 저지하거나 범인의 체포 또는 증거의 수집이 어려운 경우에는 신분위장수사도 허용한다.

아동·청소년의 성보호에 관한 법률 제25조의2(아동·청소년대상 디지털 성범죄의 수사 특례) ① 사법경찰관리는 다음 각 호의 어느 하나에 해당하는 범죄(이하 "디지털 성범죄"라 한다)에 대하여 신분을 비공개하고 범죄현장(정보통신망을 포함한다) 또는 범인으로 추정되는 자들에게 접근하여 범죄행위의 증거 및 자료 등을 수집(이하 "신분비공개수사"라 한다)할 수 있다.
1. 제11조(아동·청소년성착취물의 제작·배포 등) 및 제15조의2(아동·청소년에 대한 성착취 목적 대화 등)의 죄
2. 아동·청소년에 대한 「성폭력범죄의 처벌 등에 관한 특례법」 제14조제2항(촬영물반포 등) 및 제3항(영리목적 촬영물반포 등)의 죄
② 사법경찰관리는 디지털 성범죄를 계획 또는 실행하고 있거나 실행하였다고 의심할 만한 충분한 이유가 있고, 다른 방법으로는 그 범죄의 실행을 저지하거나 범인의 체포 또는 증거의 수집이 어려운 경우에 한정하여 수사 목적을 달성하기 위하여 부득이한 때에는 다음 각 호의 행위(이하 "신분위장수사"라 한다)를 할 수 있다.
1. 신분을 위장하기 위한 문서, 도화 및 전자기록 등의 작성, 변경 또는 행사
2. 위장 신분을 사용한 계약·거래
3. 아동·청소년성착취물 또는 「성폭력범죄의 처벌 등에 관한 특례법」 제14조제2항의 촬영물 또는 복제물(복제물의 복제

물을 포함한다)의 소지, 판매 또는 광고

③ 제1항에 따른 수사의 방법 등에 필요한 사항은 대통령령으로 정한다.

제25조의3(아동·청소년대상 디지털 성범죄 수사 특례의 절차)
① 사법경찰관리가 신분비공개수사를 진행하고자 할 때에는 사전에 상급 경찰관서 수사부서의 장의 승인을 받아야 한다. 이 경우 그 수사기간은 3개월을 초과할 수 없다.
② 제1항에 따른 승인의 절차 및 방법 등에 필요한 사항은 대통령령으로 정한다.
③ 사법경찰관리는 신분위장수사를 하려는 경우에는 검사에게 신분위장수사에 대한 허가를 신청하고, 검사는 법원에 그 허가를 청구한다.
④ 제3항의 신청은 필요한 신분위장수사의 종류·목적·대상·범위·기간·장소·방법 및 해당 신분위장수사가 제25조의2제2항의 요건을 충족하는 사유 등의 신청사유를 기재한 서면으로 하여야 하며, 신청사유에 대한 소명자료를 첨부하여야 한다.
⑤ 법원은 제3항의 신청이 이유 있다고 인정하는 경우에는 신분위장수사를 허가하고, 이를 증명하는 서류(이하 "허가서"라 한다)를 신청인에게 발부한다.
⑥ 허가서에는 신분위장수사의 종류·목적·대상·범위·기간·장소·방법 등을 특정하여 기재하여야 한다.
⑦ 신분위장수사의 기간은 3개월을 초과할 수 없으며, 그 수사기간 중 수사의 목적이 달성되었을 경우에는 즉시 종료하여야 한다.
⑧ 제7항에도 불구하고 제25조의2제2항의 요건이 존속하여 그 수사기간을 연장할 필요가 있는 경우에는 사법경찰관리는 소명자료를 첨부하여 3개월의 범위에서 수사기간의 연장을 검사에게 신청하고, 검사는 법원에 그 연장을 청구한다. 이 경우 신분위장수사의 총 기간은 1년을 초과할 수 없다.

제25조의4(아동·청소년대상 디지털 성범죄에 대한 긴급 신분위장수사)
① 사법경찰관리는 제25조의2제2항의 요건을 구비하고, 제25조의3제3항부터 제8항까지에 따른 절차를 거칠 수 없는 긴급을 요하는 때에는 법원의 허가 없이 신분위장수사를 할 수 있다.
② 사법경찰관리는 제1항에 따른 신분위장수사 개시 후 지체 없이 검사에게 허가를 신청하여야 하고, 사법경찰관리는 48시간 이내에 법원의 허가를 받지 못한 때에는 즉시 신분위장수사를 중지하여야 한다.
③ 제1항 및 제2항에 따른 신분위장수사 기간에 대해서는 제25조의3제7항 및 제8항을 준용한다.

제25조의5(아동·청소년대상 디지털 성범죄에 대한 신분비공개수사 또는 신분위장수사로 수집한 증거 및 자료 등의 사용제한) 사법경찰관리가 제25조의2부터 제25조의4까지에 따라 수집한 증거 및 자료 등은 다음 각 호의 어느 하나에 해당하는 경우 외에는 사용할 수 없다.
1. 신분비공개수사 또는 신분위장수사의 목적이 된 디지털 성범죄나 이와 관련되는 범죄를 수사·소추하거나 그 범죄를 예방하기 위하여 사용하는 경우
2. 신분비공개수사 또는 신분위장수사의 목적이 된 디지털 성범죄나 이와 관련되는 범죄로 인한 징계절차에 사용하는 경우
3. 증거 및 자료 수집의 대상자가 제기하는 손해배상청구소송에서 사용하는 경우
4. 그 밖에 다른 법률의 규정에 의하여 사용하는 경우

아동·청소년의 성보호에 관한 법률 시행령 제5조의2(아동·청소년대상 디지털 성범죄의 수사 특례에 따른 사법경찰관리의 준수사항) 사법경찰관리는 법 제25조의2제1항에 따른 신분비공개수사(이하 "신분비공개수사"라 한다) 또는 같은 조 제2항에 따른 신분위장수사(이하 "신분위장수사"라 한다)를 할 때 다음 각 호의 사항을 준수해야 한다.

1. 수사 관계 법령을 준수하고, 본래 범의(犯意)를 가지지 않은 자에게 범의를 유발하는 행위를 하지 않는 등 적법한 절차와 방식에 따라 수사할 것
2. 피해아동·청소년에게 추가 피해가 발생하지 않도록 주의할 것
3. 법 제25조의2제2항제3호에 따른 행위를 하는 경우에는 피해아동·청소년이나 「성폭력방지 및 피해자보호 등에 관한 법률」 제2조제3호의 성폭력피해자에 관한 자료가 유포되지 않도록 할 것

제5조의3(신분비공개수사의 방법) ① 법 제25조의2제1항에 따른 신분 비공개는 경찰관임을 밝히지 않거나 부인(법 제25조의2제2항제1호에 이르지 않는 행위로서 경찰관 외의 신분을 고지하는 방식을 포함한다)하는 방법으로 한다.
② 법 제25조의2제1항에 따른 접근은 대화의 구성원으로서 관찰하는 등 대화에 참여하거나 아동·청소년성착취물,「성폭력범죄의 처벌 등에 관한 특례법」 제14조제2항의 촬영물 또는 복제물(복제물의 복제물을 포함한다)을 구입하거나 무상으로 제공받는 등의 방법으로 한다.

08   정답 ③

③ [O] 친고죄에서 고소는, 고소권 있는 자가 수사기관에 대하여 범죄사실을 신고하고 범인의 처벌을 구하는 의사표시로서 서면뿐만 아니라 구술로도 할 수 있고, 다만 구술에 의한 고소를 받은 검사 또는 사법경찰관은 조서를 작성하여야 하지만 그 조서가 독립된 조서일 필요는 없으며, 수사기관이 고소권자를 증인 또는 피해자로서 신문한 경우에 그 진술에 범인의 처벌을 요구하는 의사표시가 포함되어 있고 그 의사표시가 조서에 기재되면 고소는 적법하다(대법원 2011.6.24, 2011도4451, 2011전도76).

① [×] 형사소송법 제236조의 대리인에 의한 고소의 경우, 대리권이 정당한 고소권자에 의하여 수여되었음이 실질적으로 증명되면 충분하고, 그 방식에 특별한 제한은 없으므로, 고소를 할 때 반드시 위임장을 제출한다거나 '대리'라는 표시를 하여야 하는 것은 아니고, 또 고소기간은 대리고소인이 아니라 정당한 고소권자를 기준으로 고소권자가 범인을 알게 된 날부터 기산한다(대법원 2001.9.4. 2001도3081).

② [×] 특히 친고죄에 있어서의 고소는 고소요건의 충족, 고소기간의 경과, 고소 효력의 범위 등과 관련하여 중요한 의미가 있어 절차의 확실성이 요구되는 점, 현재 형사소송법 제237조 제1항은 고소의 형식으로 서면과 구술로 한정하고 있는 점 등을 고려하여야 한다. …… 피해자가 경찰청 인터넷 홈페이지에 '피고인을 철저히 조사해 달라'는 취지의 민원을 접수하는 형태로 피고인에 대한 조사를 촉구하는 의사표시를 한 것은 형사소송법에 따른 적법한 고소로 보기 어렵다(대법원 2012.2.23, 2010도9524).

④ [×] 고소를 할 때는 소송행위능력, 즉 고소능력이 있어야 하나, 고소능력은 피해를 입은 사실을 이해하고 고소에 따른 사회생활상의 이해관계를 알아차릴 수 있는 사실상의 의사능력으로 충분하므로, 민법상 행위능력이 없는 사람이라도 위와 같은 능력을 갖추었다면 고소능력이 인정된다(대법원 2011.6.24, 2011도4451, 2011전도76).

09

③ [×] 친고죄의 공범중 그 일부에 대하여 제1심판결이 선고된 후에는 제1심판결선고전의 다른 공범자에 대하여는 그 고소를 취소할 수 없고 그 고소의 취소가 있다 하더라도 그 효력을 발생할 수 없으며, 이러한 법리는 필요적 공범이나 임의적 공범이나를 구별함이 없이 모두 적용된다(대법원 1985.11.12, 85도1940).

① [○] 이른바 반의사불벌죄에 있어서 처벌불원의 의사표시의 부존재는 소극적 소송조건으로서 직권조사사항이라 할 것이므로 당사자가 항소이유로 주장하지 아니하였다고 하더라도 원심은 이를 직권으로 조사·판단하여야 한다(대법원 2002.3.15, 2002도158).

② [○] 형사소송법 제232조 제1항 참조.

> 형사소송법 제232조(고소의 취소) ① 고소는 제1심 판결선고 전까지 취소할 수 있다.

④ [○] 형사소송법 제239조, 제237조의 규정상 고소인이 합의서를 피고인에게 작성하여준 것만으로는 고소가 적법히 취소된 것으로 볼 수 없다(대법원 1983.9.27, 83도516).

10

정답 ④

④ [×] 형사소송법 제197조의2 제1항, 제2항 참조.

> 형사소송법 제197조의2(보완수사요구) ① 검사는 다음 각 호의 어느 하나에 해당하는 경우에 사법경찰관에게 보완수사를 요구할 수 있다.
> 1. 송치사건의 공소제기 여부 결정 또는 공소의 유지에 관하여 필요한 경우
> 2. 사법경찰관이 신청한 영장의 청구 여부 결정에 관하여 필요한 경우
> ② 사법경찰관은 제1항의 요구가 있는 때에는 정당한 이유가 없는 한 지체 없이 이를 이행하고, 그 결과를 검사에게 통보하여야 한다.

① [○] 수사준칙 제23조 제1항 참조.

> 수사준칙 제23조(휴식시간 부여) ① 검사 또는 사법경찰관은 조사에 상당한 시간이 소요되는 경우에는 특별한 사정이 없으면 피의자 또는 사건관계인에게 조사 도중에 최소한 2시간마다 10분 이상의 휴식시간을 주어야 한다.

② [○] 형사소송법 제244조의4 제1항 참조.

> 형사소송법 제244조의4(수사과정의 기록) ① 검사 또는 사법경찰관은 피의자가 조사장소에 도착한 시각, 조사를 시작하고 마친 시각, 그 밖에 조사과정의 진행경과를 확인하기 위하여 필요한 사항을 피의자신문조서에 기록하거나 별도의 서면에 기록한 후 수사기록에 편철하여야 한다.

③ [○] 형사소송법 제199조 제1항 참조.

> 형사소송법 제199조(수사와 필요한 조사) ① 수사에 관하여는 그 목적을 달성하기 위하여 필요한 조사를 할 수 있다. 다만, 강제처분은 이 법률에 특별한 규정이 있는 경우에 한하며, 필요한 최소한도의 범위 안에서만 하여야 한다.

11

정답 ④

④ [×] 형사소송법 제208조 소정의 '구속되었다가 석방된 자'라 함은 구속영장에 의하여 구속되었다가 석방된 경우를 말하는 것이지, 긴급체포나 현행범으로 체포되었다가 사후영장발부 전에 석방된 경우는 포함되지 않는다 할 것이므로, 피고인이 수사 당시 긴급체포되었다가 수사기관의 조치로 석방된 후 법원이 발부한 구속영장에 의하여 구속이 이루어진 경우 앞서 본 법조에 위배되는 위법한 구속이라고 볼 수 없다(대법원 2001.9.28, 2001도4291).

① [○] 긴급체포의 요건을 갖추었는지 여부는 사후에 밝혀진 사정을 기초로 판단하는 것이 아니라 체포 당시의 상황을 기초로 판단하여야 하고, 이에 관한 검사나 사법경찰관 등 수사주체의 판단에는 상당한 재량의 여지가 있다고 할 것이나, 긴급체포 당시의 상황으로 보아서도 그 요건의 충족 여부에 관한 검사나 사법경찰관의 판단이 경험칙에 비추어 현저히 합리성을 잃은 경우에는 그 체포는 위법한 체포라 할 것이다(대법원 2003.3.27, 2002모81).

② [○] 수사준칙 제27조 제4항 참조.

> 수사준칙 제27조(긴급체포) ④ 검사는 사법경찰관의 긴급체포 승인 요청이 이유 없다고 인정하는 경우에는 지체 없이 사법경찰관에게 불승인 통보를 해야 한다. 이 경우 사법경찰관은 긴급체포된 피의자를 즉시 석방하고 그 석방 일시와 사유 등을 검사에게 통보해야 한다.

③ [○] 형사소송법 제217조 제2항, 제3항 참조.

> 형사소송법 제216조(영장에 의하지 아니한 강제처분) ① 검사 또는 사법경찰관은 제200조의2·제200조의3·제201조 또는 제212조의 규정에 의하여 피의자를 체포 또는 구속하는 경우에 필요한 때에는 영장없이 다음 처분을 할 수 있다.
> 2. 체포현장에서의 압수, 수색, 검증
> 제217조(영장에 의하지 아니하는 강제처분) ② 검사 또는 사법경찰관은 제1항 또는 제216조제1항제2호에 따라 압수한 물건을 계속 압수할 필요가 있는 경우에는 지체 없이 압수수색영장을 청구하여야 한다. 이 경우 압수수색영장의 청구는 체포한 때부터 48시간 이내에 하여야 한다.
> ③ 검사 또는 사법경찰관은 제2항에 따라 청구한 압수수색영장을 발부받지 못한 때에는 압수한 물건을 즉시 반환하여야 한다.

12

정답 ②

② [×] 영장을 제시하고 사본을 교부하여야 한다(형사소송법 제85조 제1항, 제200조의6 참조).

> 형사소송법 제85조(구속영장집행의 절차) ① 구속영장을 집행함에는 피고인에게 반드시 이를 제시하고 그 사본을 교부하여야 하며 신속히 지정된 법원 기타 장소에 인치하여야 한다.
> 제200조의6(준용규정) 제75조, 제81조제1항 본문 및 제3항, 제82조, 제83조, 제85조제1항·제3항 및 제4항, 제86조, 제87조, 제89조부터 제91조까지, 제93조, 제101조제4항 및 제102조제2항 단서의 규정은 검사 또는 사법경찰관이 피의자를 체포하는 경우에 이를 준용한다. 이 경우 "구속"은 이를 "체포"로, "구속영장"은 이를 "체포영장"으로 본다.

① [○] 형사소송법 제200조의2 제1항 참조.

정답과 해설 07회 239

형사소송법 제200조의2(영장에 의한 체포) ① 피의자가 죄를 범하였다고 의심할 만한 상당한 이유가 있고, 정당한 이유없이 제200조의 규정에 의한 출석요구에 응하지 아니하거나 응하지 아니할 우려가 있는 때에는 검사는 관할 지방법원판사에게 청구하여 체포영장을 발부받아 피의자를 체포할 수 있고, 사법경찰관은 검사에게 신청하여 검사의 청구로 관할지방법원판사의 체포영장을 발부받아 피의자를 체포할 수 있다. 다만, 다액 50만원이하의 벌금, 구류 또는 과료에 해당하는 사건에 관하여는 피의자가 일정한 주거가 없는 경우 또는 정당한 이유없이 제200조의 규정에 의한 출석요구에 응하지 아니한 경우에 한한다.

③ [○] 형사소송법 제87조 제1항, 제2항, 제200조의6 참조.

형사소송법 제87조(구속의 통지) ① 피고인을 구속한 때에는 변호인이 있는 경우에는 변호인에게, 변호인이 없는 경우에는 제30조제2항에 규정한 자 중 피고인이 지정한 자에게 피고사건명, 구속일시·장소, 범죄사실의 요지, 구속의 이유와 변호인을 선임할 수 있는 취지를 알려야 한다.
② 제1항의 통지는 지체없이 서면으로 하여야 한다.
제200조의6(준용규정) 제75조, 제81조제1항 본문 및 제3항, 제82조, 제83조, 제85조제1항·제3항 및 제4항, 제86조, 제87조, 제89조부터 제91조까지, 제93조, 제101조제4항 및 제102조제2항 단서의 규정은 검사 또는 사법경찰관이 피의자를 체포하는 경우에 이를 준용한다. 이 경우 "구속"은 이를 "체포"로, "구속영장"은 이를 "체포영장"으로 본다.

④ [○] 형사소송법 제213조 제1항, 제2항 참조.

형사소송법 제213조(체포된 현행범인의 인도) ① 검사 또는 사법경찰관리 아닌 자가 현행범인을 체포한 때에는 즉시 검사 또는 사법경찰관리에게 인도하여야 한다.
② 사법경찰관리가 현행범인의 인도를 받은 때에는 체포자의 성명, 주거, 체포의 사유를 물어야 하고 필요한 때에는 체포자에 대하여 경찰관서에 동행함을 요구할 수 있다.

13 　　　　　　　　　　　　　정답 ③

③ [×] 구속영장 발부에 의하여 적법하게 구금된 피의자가 피의자신문을 위한 출석요구에 응하지 아니하면서 수사기관 조사실에 출석을 거부한다면 수사기관은 그 구속영장의 효력에 의하여 피의자를 조사실로 구인할 수 있다고 보아야 한다. 다만 이러한 경우에도 그 피의자신문 절차는 어디까지나 법 제199조 제1항 본문, 제200조의 규정에 따른 임의수사의 한 방법으로 진행되어야 하므로, 피의자는 헌법 제12조 제2항과 법 제244조의3에 따라 일체의 진술을 하지 아니하거나 개개의 질문에 대하여 진술을 거부할 수 있고, 수사기관은 피의자를 신문하기 전에 그와 같은 권리를 알려주어야 한다(대법원 2013.7.1, 2013모160).

① [○] 형사소송법 제75조 제1항은, "구속영장에는 피고인의 성명, 주거, 죄명, 공소사실의 요지, 인치구금할 장소, 발부연월일, 그 유효기간과 그 기간을 경과하면 집행에 착수하지 못하며 영장을 반환하여야 할 취지를 기재하고 재판장 또는 수명법관이 서명날인하여야 한다."고 규정하고 있는 바, 구속의 효력은 원칙적으로 위 방식에 따라 작성된 구속영장에 기재된 범죄사실에만 미치는 것이므로, 구속기간이 만

료될 무렵에 종전 구속영장에 기재된 범죄사실과 다른 범죄사실로 피고인을 구속하였다는 사정만으로는 피고인에 대한 구속이 위법하다고 할 수 없다(대법원 2000.11.10, 2000모134).

② [○] 형사소송법 제93조, 제209조 참조.

형사소송법 제93조(구속의 취소) 구속의 사유가 없거나 소멸된 때에는 법원은 직권 또는 검사, 피고인, 변호인과 제30조제2항에 규정한 자의 청구에 의하여 결정으로 구속을 취소하여야 한다.
제209조(준용규정) 제70조제2항, 제71조, 제75조, 제81조제1항 본문·제3항, 제82조, 제83조, 제85조부터 제87조까지, 제89조부터 제91조까지, 제93조, 제101조제1항, 제102조제2항 본문(보석의 취소에 관한 부분은 제외한다) 및 제200조의5는 검사 또는 사법경찰관의 피의자 구속에 관하여 준용한다.

④ [○] 형사소송법 제101조, 제209조 참조.

형사소송법 제101조(구속의 집행정지) ① 법원은 상당한 이유가 있는 때에는 결정으로 구속된 피고인을 친족·보호단체 기타 적당한 자에게 부탁하거나 피고인의 주거를 제한하여 구속의 집행을 정지할 수 있다.
제209조(준용규정) 제70조제2항, 제71조, 제75조, 제81조제1항 본문·제3항, 제82조, 제83조, 제85조부터 제87조까지, 제89조부터 제91조까지, 제93조, 제101조제1항, 제102조제2항 본문(보석의 취소에 관한 부분은 제외한다) 및 제200조의5는 검사 또는 사법경찰관의 피의자 구속에 관하여 준용한다.

14 　　　　　　　　　　　　　정답 ③

③ [×] 형사소송법 제34조가 규정한 변호인의 접견교통권은 신체구속을 당한 피고인이나 피의자의 인권보장과 방어준비를 위하여 필수불가결한 권리이므로, 법령에 의한 제한이 없는 한 수사기관의 처분은 물론, 법원의 결정으로도 이를 제한할 수 없는 것이다(대법원 1990.2.13, 89모37).

① [○] 신체구속을 당한 피의자 또는 피고인이 범한 것으로 의심받고 있는 범죄행위에 해당 변호인이 관련되어 있다는 등의 사유에 기하여 그 변호인의 변호활동을 광범위하게 규제하는 변호인의 제척(제척)과 같은 제도를 두고 있지 아니한 우리 법제 아래에서는, 변호인의 접견교통의 상대방인 신체구속을 당한 사람이 그 변호인을 자신의 범죄행위에 공범으로 가담시키려고 하였다는 등의 사정만으로 그 변호인의 신체구속을 당한 사람과의 접견교통을 금지하는 것이 정당화될 수는 없다(대법원 2007.1.31, 2006모657).

② [○] 형사소송법 제34조는 "변호인 또는 변호인이 되려는 자는 신체구속을 당한 피고인 또는 피의자와 접견하고 서류 또는 물건을 수수할 수 있으며 의사로 하여금 진료하게 할 수 있다."라고 규정하고 있으므로, 변호인이 되려는 의사를 표시한 자가 객관적으로 변호인이 될 가능성이 있다고 인정되는데도, 형사소송법 제34조에서 정한 '변호인 또는 변호인이 되려는 자'가 아니라고 보아 신체구속을 당한 피고인 또는 피의자와 접견하지 못하도록 제한하여서는 아니 된다(대법원 2017.3.9, 2013도16162).

④ [○] 헌법 제12조 제1항, 제4항 본문, 형사소송법 제243조의2 제1항 및 그 입법 목적 등에 비추어 보면, 피의자가 변

호인의 참여를 원한다는 의사를 명백하게 표시하였음에도 수사기관이 정당한 사유 없이 변호인을 참여하게 하지 아니한 채 피의자를 신문하여 작성한 피의자신문조서는 형사소송법 제312조에 정한 '적법한 절차와 방식'에 위반된 증거일 뿐만 아니라, 형사소송법 제308조의2에서 정한 '적법한 절차에 따르지 아니하고 수집한 증거'에 해당하므로 이를 증거로 할 수 없다(대법원 2013.3.28, 2010도3359).

15

정답 ①

① [×] 형사소송법 제216조 제3항 참조.

> **형사소송법 제216조(영장에 의하지 아니한 강제처분)** ③ 범행 중 또는 범행직후의 범죄 장소에서 긴급을 요하여 법원판사의 영장을 받을 수 없는 때에는 영장없이 압수, 수색 또는 검증을 할 수 있다. 이 경우에는 사후에 지체없이 영장을 받아야 한다.

② [○] 형사소송법 제217조 제1항 참조.

> **형사소송법 제217조(영장에 의하지 아니하는 강제처분)** ① 검사 또는 사법경찰관은 제200조의3에 따라 체포된 자가 소유·소지 또는 보관하는 물건에 대하여 긴급히 압수할 필요가 있는 경우에는 체포한 때부터 24시간 이내에 한하여 영장 없이 압수·수색 또는 검증을 할 수 있다.

③ [○] 수사기관이 甲 주식회사에서 압수수색영장을 집행하면서 甲 회사에 팩스로 영장 사본을 송신하기만 하고 영장 원본을 제시하거나 압수조서와 압수물 목록을 작성하여 피압수·수색 당사자에게 교부하지도 않은 채 피고인의 이메일을 압수한 후 이를 증거로 제출한 경우, 위와 같은 방법으로 압수된 이메일은 증거능력이 없다(대법원 2017.9.7, 2015도10648).

④ [○] 영장 발부의 사유로 된 범죄 혐의사실과 무관한 별개의 증거를 압수하였을 경우 이는 원칙적으로 유죄 인정의 증거로 사용할 수 없다. 그러나 압수·수색의 목적이 된 범죄나 이와 관련된 범죄의 경우에는 그 압수·수색의 결과를 유죄의 증거로 사용할 수 있다. 압수·수색영장의 범죄 혐의사실과 관계있는 범죄라는 것은 압수·수색영장에 기재한 혐의사실과 객관적 관련성이 있고 압수·수색영장 대상자와 피의자 사이에 인적 관련성이 있는 범죄를 의미한다(대법원 2020.2.13, 2019도14341, 2019전도130).

16

정답 ③

③ ㉠ [×] ㉡ [○] ㉢ [○] ㉣ [×]

㉠ [×] 피의자의 이메일 계정에 대한 접근권한에 갈음하여 발부받은 압수·수색영장에 따라 원격지의 저장매체에 적법하게 접속하여 내려받거나 현출된 전자정보를 대상으로 하여 범죄 혐의사실과 관련된 부분에 대하여 압수·수색하는 것은, 압수·수색영장의 집행을 원활하고 적정하게 행하기 위하여 필요한 최소한도의 범위 내에서 이루어지며 그 수단과 목적에 비추어 사회통념상 타당하다고 인정되는 대물적 강제처분 행위로서 허용되며, 형사소송법 제120조 제1항에서 정한 압수·수색영장의 집행에 필요한 처분에 해당한다. 그

리고 이러한 법리는 원격지의 저장매체가 국외에 있는 경우라 하더라도 그 사정만으로 달리 볼 것은 아니다(대법원 2017.11.29, 2017도9747).

㉡ [○] 수사기관은 압수의 목적물이 전자정보가 저장된 저장매체인 경우에는 압수·수색영장 발부의 사유로 된 범죄 혐의사실과 관련 있는 정보의 범위를 정하여 출력하거나 복제하여 이를 제출받아야 하고, 이러한 과정에서 혐의사실과 무관한 전자정보의 임의적인 복제 등을 막기 위한 적절한 조치를 취하는 등 영장주의 원칙과 적법절차를 준수하여야 한다. 따라서 저장매체의 소재지에서 압수·수색이 이루어지는 경우는 물론 예외적으로 저장매체에 들어 있는 전자파일 전부를 하드카피나 이미징(imaging) 등의 형태(이하 '복제본'이라 한다)로 수사기관 사무실 등으로 반출한 경우에도 반출한 저장매체 또는 복제본에서 혐의사실 관련성에 대한 구분 없이 임의로 저장된 전자정보를 문서로 출력하거나 파일로 복제하는 행위는 원칙적으로 영장주의 원칙에 반하는 위법한 압수가 된다(대법원 2022.1.14, 2021모1586).

㉢ [○] 임의제출된 정보저장매체에서 압수의 대상이 되는 전자정보의 범위를 초과하여 수사기관이 임의로 전자정보를 탐색·복제·출력하는 것은 원칙적으로 위법한 압수·수색에 해당하므로 허용될 수 없다. 만약 전자정보에 대한 압수·수색이 종료되기 전에 범죄혐의사실과 관련된 전자정보를 적법하게 탐색하는 과정에서 별도의 범죄혐의와 관련된 전자정보를 우연히 발견한 경우라면, 수사기관은 더 이상의 추가 탐색을 중단하고 법원으로부터 별도의 범죄혐의에 대한 압수·수색영장을 발부받은 경우에 한하여 그러한 정보에 대하여도 적법하게 압수·수색을 할 수 있다. 따라서 임의제출된 정보저장매체에서 압수의 대상이 되는 전자정보의 범위를 넘어서는 전자정보에 대해 수사기관이 영장 없이 압수·수색하여 취득한 증거는 위법수집증거에 해당하고, 사후에 법원으로부터 영장이 발부되었다거나 피고인이나 변호인이 이를 증거로 함에 동의하였다고 하여 그 위법성이 치유되는 것도 아니다(대법원 2021.11.18, 2016도348 전원합의체).

㉣ [×] 전자정보에 대한 압수·수색영장의 집행에 있어서는 원칙적으로 영장 발부의 사유로 된 혐의사실과 관련된 부분만을 문서 출력물로 수집하거나 수사기관이 휴대한 저장매체에 해당 파일을 복사하는 방식으로 이루어져야 하고, 집행현장의 사정상 위와 같은 방식에 의한 집행이 불가능하거나 현저히 곤란한 부득이한 사정이 있더라도 그와 같은 경우에 그 저장매체 자체를 직접 또는 하드카피나 이미징 등 형태로 수사기관 사무실 등 외부로 반출하여 해당 파일을 압수·수색할 수 있도록 영장에 기재되어 있고 실제 그와 같은 사정이 발생한 때에 한하여 예외적으로 허용될 수 있을 뿐이다(대법원 2011.5.26, 2009모1190; 2014.2.27, 2013도12155 등).

17

정답 ③

③ [×] 수사기관이 피의자 甲의 공직선거법 위반 범행을 영장 범죄사실로 하여 발부받은 압수·수색영장의 집행 과정에서 乙, 丙 사이의 대화가 녹음된 녹음파일(이하 '녹음파일'이라

한다)을 압수하여 乙, 丙의 공직선거법 위반 혐의사실을 발견한 경우, 압수·수색영장에 기재된 '피의자'인 甲이 녹음파일에 의하여 의심되는 혐의사실과 무관한 이상, 수사기관이 별도의 압수·수색영장을 발부받지 아니한 채 압수한 녹음파일은 형사소송법 제219조에 의하여 수사기관의 압수에 준용되는 형사소송법 제106조 제1항이 규정하는 '피고사건' 내지 같은 법 제215조 제1항이 규정하는 '해당 사건'과 '관계가 있다고 인정할 수 있는 것'에 해당하지 않으며, 이와 같은 압수에는 헌법 제12조 제1항 후문, 제3항 본문이 규정하는 영장주의를 위반한 절차적 위법이 있으므로, 녹음파일은 형사소송법 제308조의2에서 정한 '적법한 절차에 따르지 아니하고 수집한 증거'로서 증거로 쓸 수 없고, 그 절차적 위법은 헌법상 영장주의 내지 적법절차의 실질적 내용을 침해하는 중대한 위법에 해당하여 예외적으로 증거능력을 인정할 수도 없다(대법원 2014.1.16, 2013도7101).

① [○] 인터넷서비스이용자는 인터넷서비스제공자와 체결한 서비스이용계약에 따라 인터넷서비스를 이용하여 개설한 이메일 계정과 관련 서버에 대한 접속권한을 가지고, 해당 이메일 계정에서 생성한 이메일 등 전자정보에 관한 작성·수정·열람·관리 등의 처분권한을 가지며, 전자정보의 내용에 관하여 사생활의 비밀과 자유 등의 권리보호이익을 가지는 주체로서 해당 전자정보의 소유자 내지 소지자라고 할 수 있다. 또한 인터넷서비스제공자는 서비스이용약관에 따라 전자정보가 저장된 서버의 유지·관리책임을 부담하고, 해당 서버 접속을 위해 입력된 아이디와 비밀번호 등이 인터넷서비스이용자가 등록한 것과 일치하면 접속하려는 자가 인터넷서비스이용자인지를 확인하지 아니하고 접속을 허용하여 해당 전자정보를 정보통신망으로 연결되어 있는 컴퓨터 등 다른 정보처리장치로 이전, 복제 등을 할 수 있도록 하는 것이 일반적이다. 따라서 수사기관이 인터넷서비스이용자인 피의자를 상대로 피의자의 컴퓨터 등 정보처리장치 내에 저장되어 있는 이메일 등 전자정보를 압수·수색하는 것은 전자정보의 소유자 내지 소지자를 상대로 해당 전자정보를 압수·수색하는 대물적 강제처분으로 형사소송법의 해석상 허용된다(대법원 2017.11.29, 2017도9747).

② [○] 임의제출된 정보저장매체에서 압수의 대상이 되는 전자정보의 범위를 초과하여 수사기관이 임의로 전자정보를 탐색·복제·출력하는 것은 원칙적으로 위법한 압수·수색에 해당하므로 허용될 수 없다. 만약 전자정보에 대한 압수·수색이 종료되기 전에 범죄혐의사실과 관련된 전자정보를 적법하게 탐색하는 과정에서 별도의 범죄혐의와 관련된 전자정보를 우연히 발견한 경우라면, 수사기관은 더 이상의 추가 탐색을 중단하고 법원으로부터 별도의 범죄혐의에 대한 압수·수색영장을 발부받은 경우에 한하여 그러한 정보에 대하여도 적법하게 압수·수색을 할 수 있다. 따라서 임의제출된 정보저장매체에서 압수의 대상이 되는 전자정보의 범위를 넘어서는 전자정보에 대해 수사기관이 영장 없이 압수·수색하여 취득한 증거는 위법수집증거에 해당하고, 사후에 법원으로부터 영장이 발부되었다거나 피고인이나 변호인이 이를 증거로 함에 동의하였다고 하여 그 위법성이 치유되는 것도 아니다(대법원 2021.11.18, 2016도348 전원합의체).

④ [○] 형사소송법 제219조, 제121조에 의하면, 수사기관이 압수·수색영장을 집행할 때 피의자 또는 변호인은 그 집행에 참여할 수 있다. 압수의 목적물이 컴퓨터용디스크 그 밖에 이와 비슷한 정보저장매체인 경우에는 영장 발부의 사유로 된 범죄 혐의사실과 관련 있는 정보의 범위를 정하여 출력하거나 복제하여 이를 제출받아야 하고, 피의자나 변호인에게 참여의 기회를 보장하여야 한다. 만약 그러한 조치를 취하지 않았다면 이는 형사소송법에 정한 영장주의 원칙과 적법절차를 준수하지 않은 것이다. 수사기관이 정보저장매체에 기억된 정보 중에서 키워드 또는 확장자 검색 등을 통해 범죄 혐의사실과 관련 있는 정보를 선별한 다음 정보저장매체와 동일하게 비트열 방식으로 복제하여 생성한 파일(이하 '이미지 파일'이라 한다)을 제출받아 압수하였다면 이로써 압수의 목적물에 대한 압수·수색 절차는 종료된 것이므로, 수사기관이 수사기관 사무실에서 위와 같이 압수된 이미지 파일을 탐색·복제·출력하는 과정에서도 피의자 등에게 참여의 기회를 보장하여야 하는 것은 아니다(대법원 2018.2.8, 2017도13263).

18

④ [×] 공동피고인과 피고인이 뇌물을 주고 받은 사이로 필요적 공범관계에 있다고 하더라도 검사는 수사단계에서 피고인에 대한 증거를 미리 보전하기 위하여 필요한 경우에는 판사에게 공동피고인을 증인으로 신문할 것을 청구할 수 있다(대법원 1988.11.8, 86도1646).

① [○] 형사소송법 제184조에 의한 증거보전은 피고인 또는 피의자가 형사입건도 되기 전에는 청구할 수 없고, 또 피의자신문에 해당하는 사항을 증거보전의 방법으로 청구할 수 없다(대법원 1979.6.12, 79도792, 형사소송법 제184조 제1항 참조).

> 형사소송법 제184조(증거보전의 청구와 그 절차) ① 검사, 피고인, 피의자 또는 변호인은 미리 증거를 보전하지 아니하면 그 증거를 사용하기 곤란한 사정이 있는 때에는 제1회 공판기일 전이라도 판사에게 압수, 수색, 검증, 증인신문 또는 감정을 청구할 수 있다.

② [○] 형사소송법 제221조의2 제1항 참조.

> 형사소송법 제221조의2(증인신문의 청구) ① 범죄의 수사에 없어서는 아니될 사실을 안다고 명백히 인정되는 자가 전조의 규정에 의한 출석 또는 진술을 거부한 경우에는 검사는 제1회 공판기일 전에 한하여 판사에게 그에 대한 증인신문을 청구할 수 있다.

③ [○] 증거보전이란 장차 공판에 있어서 사용하여야 할 증거가 멸실되거나 또는 그 사용하기 곤란한 사정이 있을 경우에 당사자의 청구에 의하여 공판전에 미리 그 증거를 수집 보전하여 두는 제도로서 제1심 제1회 공판기일전에 한하여 허용되는 것이므로 재심청구사건에서는 증거보전절차는 허용되지 아니한다(대법원 1984.3.29, 84모15).

19

④ [×] 법령위반 외에도 인권침해 또는 현저한 수사권 남용이라고 의심되는 경우에도 검사에게 신고할 수 있다(수사준칙 제54조 제3항 참조).

> 수사준칙 제54조(수사중지 결정에 대한 이의제기 등) ③ 제1항에 따른 통지를 받은 사람은 해당 수사중지 결정이 법령위반, 인권침해 또는 현저한 수사권 남용이라고 의심되는 경우 검사에게 법 제197조의3제1항에 따른 신고를 할 수 있다.
> ④ 사법경찰관은 제53조에 따라 고소인등에게 제51조제1항제4호에 따른 수사중지 결정의 통지를 할 때에는 제3항에 따라 신고할 수 있다는 사실을 함께 고지해야 한다.

① [○] 수사준칙 제51조 제1항 제4호, 제4항 참조.

> 수사준칙 제51조(사법경찰관의 결정) ① 사법경찰관은 사건을 수사한 경우에는 다음 각 호의 구분에 따라 결정해야 한다.
> 4. 수사중지
>   가. 피의자중지
>   나. 참고인중지
> ④ 사법경찰관은 제1항제4호에 따른 수사중지 결정을 한 경우 7일 이내에 사건기록을 검사에게 송부해야 한다. 이 경우 검사는 사건기록을 송부받은 날부터 30일 이내에 반환해야 하며, 그 기간 내에 법 제197조의3에 따라 시정조치요구를 할 수 있다.

② [○] 수사준칙 제53조 제1항 참조.
[주의] 이 경우 통지대상에는 피의자가 포함되지 아니한다.

> 수사준칙 제53조(수사 결과의 통지) ① 검사 또는 사법경찰관은 제51조 또는 제52조에 따른 결정을 한 경우에는 그 내용을 고소인·고발인·피해자 또는 그 법정대리인(피해자가 사망한 경우에는 그 배우자·직계친족·형제자매를 포함한다. 이하 "고소인등"이라 한다)과 피의자에게 통지해야 한다. 다만, 다음 각 호의 어느 하나에 해당하는 경우에는 고소인등에게만 통지한다.
> 1. 제51조제1항제4호가목에 따른 피의자중지 결정 또는 제52조제1항제3호에 따른 기소중지 결정을 한 경우
> 2. 제51조제1항제5호 또는 제52조제1항제7호에 따른 이송(법 제256조에 따른 송치는 제외한다) 결정을 한 경우로서 검사 또는 사법경찰관이 해당 피의자에 대해 출석요구 또는 제16조제1항 각 호의 어느 하나에 해당하는 행위를 하지 않은 경우

③ [○] 수사준칙 제54조 제1항 참조.

> 수사준칙 제54조(수사중지 결정에 대한 이의제기 등) ① 제53조에 따라 사법경찰관으로부터 제51조제1항제4호에 따른 수사중지 결정의 통지를 받은 사람은 해당 사법경찰관이 소속된 바로 위 상급경찰관서의 장에게 이의를 제기할 수 있다.
> ② 제1항에 따른 이의제기의 절차·방법 및 처리 등에 관하여 필요한 사항은 경찰청장 또는 해양경찰청장이 정한다.

[참고] 형사소송법 제245조의7 제1항에 따르면 사법경찰관의 불송치결정의 통지를 받은 사람(고발인은 제외)은 해당 사법경찰관의 소속 관서의 장에게 이의를 신청할 수 있다.

20

④ [○] 검사작성의 피고인에 대한 진술조서가 공소제기 후에 작성된 것이라는 이유만으로는 곧 그 증거능력이 없다고 할 수 없다(대법원 1984.9.25, 84도1646).

---

① [×] 검사가 공소제기 후 형사소송법 제215조에 따라 수소법원 이외의 지방법원 판사에게 청구하여 발부받은 영장에 의하여 압수·수색을 하였다면, 그와 같이 수집된 증거는 기본적 인권 보장을 위해 마련된 적법한 절차에 따르지 않은 것으로서 원칙적으로 유죄의 증거로 삼을 수 없다(대법원 2011. 4.28, 2009도10412).

② [×] 형사소송법은 제215조에서 검사가 압수·수색 영장을 청구할 수 있는 시기를 공소제기 전으로 명시적으로 한정하고 있지는 아니하나, 헌법상 보장된 적법절차의 원칙과 재판받을 권리, 공판중심주의·당사자주의·직접주의를 지향하는 현행 형사소송법의 소송구조, 관련 법규의 체계, 문언 형식, 내용 등을 종합하여 보면, 일단 공소가 제기된 후에는 피고사건에 관하여 검사로서는 형사소송법 제215조에 의하여 압수·수색을 할 수 없다(대법원 2011.4.28, 2009도10412).

③ [×] 제1심에서 피고인에 대하여 무죄판결이 선고되어 검사가 항소한 후, 수사기관이 항소심 공판기일에 증인으로 신청하여 신문할 수 있는 사람을 특별한 사정 없이 미리 수사기관에 소환하여 작성한 진술조서는 피고인이 증거로 할 수 있음에 동의하지 않는 한 증거능력이 없다. 검사가 공소를 제기한 후 참고인을 소환하여 피고인에게 불리한 진술을 기재한 진술조서를 작성하여 이를 공판절차에 증거로 제출할 수 있게 한다면, 피고인과 대등한 당사자의 지위에 있는 검사가 수사기관으로서의 권한을 이용하여 일방적으로 법정 밖에서 유리한 증거를 만들 수 있게 하는 것이므로 당사자주의·공판중심주의·직접심리주의에 반하고 피고인의 공정한 재판을 받을 권리를 침해하기 때문이다. 위 참고인이 나중에 법정에 증인으로 출석하여 위 진술조서의 성립의 진정을 인정하고 피고인 측에 반대신문의 기회가 부여된다 하더라도 위 진술조서의 증거능력을 인정할 수 없음은 마찬가지이다(대법원 2019.11.28, 2013도6825).

21

④ [×] 형사소송법 제253조 제2항 참조.

> 형사소송법 제253조(시효의 정지와 효력) ② 공범의 1인에 대한 전항의 시효정지는 다른 공범자에게 대하여 효력이 미치고 당해 사건의 재판이 확정된 때로부터 진행한다.

① [○] 공소제기의 소송법적 효과들에 대한 설명이다. 이외에도 강제처분권이 수소법원에 귀속되고 피의자가 피고인으로서의 당사자의 지위를 가지게 된다.

② [○] 형사소송법 제327조 제3호 참조.

> 형사소송법 327조(공소기각의 판결) 다음 각 호의 경우에는 판결로써 공소기각의 선고를 하여야 한다.
> 3. 공소가 제기된 사건에 대하여 다시 공소가 제기되었을 때

③ [○] 형사소송법 제248조 제1항 참조.

> 형사소송법 제248조(공소의 효력 범위) ① 공소의 효력은 검사가 피고인으로 지정한 자에게만 미친다.

22

정답 ③

③ [×] 형사소송법 제266조의3 제1항, 제3항, 제5항 참조.

> **형사소송법 제266조의3(공소제기 후 검사가 보관하고 있는 서류 등의 열람·등사)** ② 검사는 국가안보, 증인보호의 필요성, 증거 인멸의 염려, 관련 사건의 수사에 장애를 가져올 것으로 예상되는 구체적인 사유 등 열람·등사 또는 서면의 교부를 허용하지 아니할 상당한 이유가 있다고 인정하는 때에는 열람·등사 또는 서면의 교부를 거부하거나 그 범위를 제한할 수 있다.
> ⑤ 검사는 제2항에도 불구하고 서류등의 목록에 대하여는 열람 또는 등사를 거부할 수 없다.

① [○] 형사소송규칙 제96조의21 제1항 참조.

> **형사소송규칙 제96조의21(구속영장청구서 및 소명자료의 열람)** ① 피의자 심문에 참여할 변호인은 지방법원 판사에게 제출된 구속영장청구서 및 그에 첨부된 고소·고발장, 피의자의 진술을 기재한 서류와 피의자가 제출한 서류를 열람할 수 있다.

② [○] 수사서류에 대해서는 일부 예외를 제외하고는 열람·등사제도가 도입되어 있지 않으므로, 변호인은 공공기관의 정보공개에 관한 법률－이하 정보공개법－에 의하여 수사기관에 대하여 정보공개를 청구할 수 있다(정보공개법 제4조 제1항, 제5조).

[보충] 이에 대해서 수사기관이 공개하지 아니할 수도 있는데(비공개 대상 정보, 제9조 제1항 제4호), 이 경우 변호인은 이의신청(제18조), 행정심판(제19조), 행정소송(제20조)을 제기할 수 있고 나아가 최후의 수단으로써 헌법소원을 제기할 수 있다.

> **정보공개법 제4조(적용 범위)** ① 정보의 공개에 관하여는 다른 법률에 특별한 규정이 있는 경우를 제외하고는 이 법에서 정하는 바에 따른다.
> **제5조(정보공개 청구권자)** ① 모든 국민은 정보의 공개를 청구할 권리를 가진다.
> **제9조(비공개 대상 정보)** ① 공공기관이 보유·관리하는 정보는 공개 대상이 된다. 다만, 다음 각 호의 어느 하나에 해당하는 정보는 공개하지 아니할 수 있다.
> 　4. 진행 중인 재판에 관련된 정보와 범죄의 예방, 수사, 공소의 제기 및 유지, 형의 집행, 교정(矯正), 보안처분에 관한 사항으로서 공개될 경우 그 직무수행을 현저히 곤란하게 하거나 형사피고인의 공정한 재판을 받을 권리를 침해한다고 인정할 만한 상당한 이유가 있는 정보

[참조판례] 2007. 6. 1. 신설되어 2008. 1. 1.부터 시행된 형사소송법 제59조의2의 내용과 취지 등을 고려하면, 형사소송법 제59조의2는 재판이 확정된 사건의 소송기록, 즉 형사재판확정기록의 공개 여부나 공개 범위, 불복절차 등에 관하여 「공공기관의 정보공개에 관한 법률」(이하 '정보공개법'이라 한다)과 달리 규정하고 있는 것으로 정보공개법 제4조 제1항에서 정한 '정보의 공개에 관하여 다른 법률에 특별한 규정이 있는 경우'에 해당한다. 따라서 형사재판확정기록의 공개에 관하여는 정보공개법에 의한 공개청구가 허용되지 않는다(대법원 2016.12.15, 2013두20882; 2017.3.15, 2014두7305 등). 따라서 형사재판확정기록에 관해서는 형사소송법 제59조의2에 따른 열람·등사신청이 허용되고 그 거부나 제한 등에 대한 불복은 준항고에 의하며, 형사재판확정기록

이 아닌 불기소처분으로 종결된 기록(이하 '불기소기록'이라 한다)에 관해서는 정보공개법에 따른 정보공개청구가 허용되고 그 거부나 제한 등에 대한 불복은 항고소송절차에 의한다(대법원 2022.2.11, 2021모3175).

[보충] 공소제기 이후에는 형사소송법 제266조의3에 의한 증거개시도 허용될 수 있다.

④ [○] 형사소송법 제35조 제1항 참조.

> **형사소송법 제35조(서류·증거물의 열람·복사)** ① 피고인과 변호인은 소송계속 중의 관계 서류 또는 증거물을 열람하거나 복사할 수 있다.

23

정답 ①

① [×] 벌금·과료를 선고하는 즉결심판사건에 있어서는 직권에 의한 불출석심판이 가능하나(즉결심판법 제8조의2 제1항), 청구에 의한 불출석심판(동 제2항)에 있어서 구류의 즉결심판이 즉일선고되는 경우에는 불출석심판이 허용되지 아니한다(형사소송법 제277조 제3호).

[보충] 구류에 처하는 경우에는 불개정심판에 의한 즉결심판도 허용되지 아니한다(즉결심판법 제7조 단서).

> **즉결심판에 관한 절차법 제8조의2(불출석심판)** ① 벌금 또는 과료를 선고하는 경우에는 피고인이 출석하지 아니하더라도 심판할 수 있다.
> ② 피고인 또는 즉결심판출석통지서를 받은 자(이하 "被告人등"이라 한다)는 법원에 불출석심판을 청구할 수 있고, 법원이 이를 허가한 때에는 피고인이 출석하지 아니하더라도 심판할 수 있다.
> **형사소송법 제277조(경미사건 등과 피고인의 불출석)** 다음 각 호의 어느 하나에 해당하는 사건에 관하여는 피고인의 출석을 요하지 아니한다. 이 경우 피고인은 대리인을 출석하게 할 수 있다.
> 　3. 장기 3년 이하의 징역 또는 금고, 다액 500만원을 초과하는 벌금 또는 구류에 해당하는 사건에서 피고인의 불출석허가신청이 있고 법원이 피고인의 불출석이 그의 권리를 보호함에 지장이 없다고 인정하여 이를 허가한 사건. 다만, 제284조에 따른 절차를 진행하거나 판결을 선고하는 공판기일에는 출석하여야 한다.
> **즉결심판에 관한 절차법 제7조(개정)** ③ 제1항 및 제2항의 규정에 불구하고 판사는 상당한 이유가 있는 경우에는 개정없이 피고인의 진술서와 제4조의 서류 또는 증거물에 의하여 심판할 수 있다. 다만, 구류에 처하는 경우에는 그러하지 아니하다.

② [○] 형사소송법 제275조 제2항, 제282조 참조.

> **형사소송법 제275조(공판정의 심리)** ② 공판정은 판사와 검사, 법원사무관등이 출석하여 개정한다.
> **제282조(필요적 변호)** 제33조제1항 각 호의 어느 하나에 해당하는 사건 및 같은 조 제2항·제3항의 규정에 따라 변호인이 선정된 사건에 관하여는 변호인 없이 개정하지 못한다. 단, 판결만을 선고할 경우에는 예외로 한다.

③ [○] 형사소송법 제277조 참조.

> **형사소송법 제277조(경미사건 등과 피고인의 불출석)** 다음 각 호의 어느 하나에 해당하는 사건에 관하여는 피고인의 출석을 요하지 아니한다. 이 경우 피고인은 대리인을 출석하게 할 수 있다.
> 　2. 공소기각 또는 면소의 재판을 할 것이 명백한 사건

④ [○] 소송촉진 등에 관한 특례규칙 제19조 제2항 참조.

> **소송촉진 등에 관한 특례규칙 제19조(불출석피고인에 대한 재판)**
> ① 피고인에 대한 송달불능보고서가 접수된 때로부터 6월이 경과하도록 제18조제2항 및 제3항의 규정에 의한 조치에도 불구하고 피고인의 소재가 확인되지 아니한 때에는 그 후 피고인에 대한 송달은 공시송달의 방법에 의한다.
> ② 피고인이 제1항의 규정에 의한 공판기일의 소환을 2회이상 받고도 출석하지 아니한 때에는 법 제23조의 규정에 의하여 피고인의 진술없이 재판할 수 있다.

24 정답 ③

③ [×] 다른 증거나 증인의 진술에 비추어 굳이 추가 증거조사를 할 필요가 없다는 등 특별한 사정이 없고, 소재탐지나 구인장 발부가 불가능한 것이 아님에도 불구하고, 불출석한 핵심 증인에 대하여 소재탐지나 구인장 발부 없이 증인채택 결정을 취소하는 것은 법원의 재량을 벗어나는 것으로서 위법하다(대법원 2020.12.10, 2020도2623).

① [○] 증인은 법원이 직권에 의하여 신문할 수도 있고 증거의 채부는 법원의 직권에 속하는 것이므로 피고인이 철회한 증인을 법원이 직권신문하고 이를 채증하더라도 위법이 아니다(대법원 1983.7.12, 82도3216).

② [○] 원칙적으로 증거의 채부는 법원의 재량에 의하여 판단할 것이지만, 형사사건의 실체를 규명하는 데 가장 직접적이고 핵심적인 증거는 법정에서 증거조사를 하기 곤란하거나 부적절한 경우 또는 다른 증거에 비추어 굳이 추가 증거조사를 할 필요가 없다는 등 특별한 사정이 없는 한 공개된 법정에서 그 증거방법에 가장 적합한 방식으로 증거조사를 하고, 이를 통해 형성된 유죄·무죄의 심증에 따라 사건의 실체를 규명하는 것이 형사사건을 처리하는 법원이 마땅히 취하여야 할 조치이고, 그것이 우리 형사소송법이 채택한 증거재판주의, 공판중심주의 및 그 한 요소인 실질적 직접심리주의의 정신에도 부합한다고 할 것이다(대법원 2019.11.28, 2015도12742).

④ [○] 사실심 변론종결 후 검사나 피해자 등에 의해 피고인에게 불리한 새로운 양형조건에 관한 자료가 법원에 제출되었다면, 사실심 법원으로서는 변론을 재개하여 그 양형자료에 대하여 피고인에게 의견진술 기회를 주는 등 필요한 양형심리절차를 거침으로써 피고인의 방어권을 실질적으로 보장해야 한다(대법원 2021.9.30, 2021도5777).

25 정답 ①

① [○] 형사소송법 제147조 제1항 참조.

> **형사소송법 제147조(공무상 비밀과 증인자격)** ① 공무원 또는 공무원이었던 자가 그 직무에 관하여 알게 된 사실에 관하여 본인 또는 당해 공무소가 직무상 비밀에 속한 사항임을 신고한 때에는 그 소속공무소 또는 감독관공서의 승낙 없이는 증인으로 신문하지 못한다.

② [×] 공동피고인의 자백은 이에 대한 피고인의 반대신문권이 보장되어 있어 증인으로 신문한 경우와 다를 바 없으므

로 독립한 증거능력이 있고, 이는 피고인들간에 이해관계가 상반된다고 하여도 마찬가지라 할 것이다(대법원 2006.5.11, 2006도1944).

③ [×] 헌법 제12조 제2항에 정한 불이익 진술의 강요금지 원칙을 구체화한 자기부죄거부특권에 관한 것이거나 기타 증언거부사유가 있음에도 증인이 증언거부권을 고지받지 못함으로 인하여 그 증언거부권을 행사하는 데 사실상 장애가 초래되었다고 볼 수 있는 경우에는 위증죄의 성립을 부정하여야 할 것이다(대법원 2010.1.21, 2008도942 전원합의체).

④ [×] 형사소송법 제297조에 따라 변호인이 없는 피고인을 일시 퇴정하게 하고 증인신문을 한 다음 피고인에게 실질적인 반대신문의 기회를 부여하지 아니한 채 이루어진 증인의 법정진술은 위법한 증거로서 증거능력이 없다고 볼 여지가 있으나, 그 다음 공판기일에서 재판장이 증인신문 결과 등을 공판조서(증인신문조서)에 의하여 고지하였는데 피고인이 '변경할 점과 이의할 점이 없다'고 진술하여 책문권 포기 의사를 명시하였다면 실질적인 반대신문의 기회를 부여받지 못한 하자가 치유되었다고 볼 수 있다(대법원 2010.1.14, 2009도9344).

26 정답 ①

① [×] 피해자 등의 진술로 인하여 공판절차가 현저하게 지연될 우려가 있는 경우에는 피해자 등의 신청이 있는 때에도 그 피해자 등을 증인으로 신문하지 아니할 수 있다(형사소송법 제294조의2 제1항 제3호 참조).

> **형사소송법 제294조의2(피해자등의 진술권)** ① 법원은 범죄로 인한 피해자 또는 그 법정대리인(피해자가 사망한 경우에는 배우자·직계친족·형제자매를 포함한다. 이하 이 조에서 "피해자등"이라 한다)의 신청이 있는 때에는 그 피해자등을 증인으로 신문하여야 한다. 다만, 다음 각 호의 어느 하나에 해당하는 경우에는 그러하지 아니하다.
> 3. 피해자등의 진술로 인하여 공판절차가 현저하게 지연될 우려가 있는 경우

② [○] 형사소송법 제161조의2 제4항 참조.

> **형사소송법 제161조의2(증인신문의 방식)** ④ 법원이 직권으로 신문할 증인이나 범죄로 인한 피해자의 신청에 의하여 신문할 증인의 신문방식은 재판장이 정하는 바에 의한다

③ [○] 형사소송법 제294조의2 제3항 참조.

> **제294조의2(피해자등의 진술권)** ③ 법원은 동일한 범죄사실에서 제1항의 규정에 의한 신청인이 여러 명인 경우에는 진술할 자의 수를 제한할 수 있다.

④ [○] 형사소송규칙 제134조의10 참조.

> **형사소송규칙 제134조의10(피해자등의 의견진술)** ① 법원은 필요하다고 인정하는 경우에는 직권으로 또는 법 제294조의2제1항에 정한 피해자등(이하 이 조 및 제134조의11에서 '피해자등'이라 한다)의 신청에 따라 피해자등을 공판기일에 출석하게 하여 법 제294조의2제2항에 정한 사항으로서 범죄사실의 인정에 해당하지 않는 사항에 관하여 증인신문에 의하지 아니하고 의견을 진술하게 할 수 있다.

27

② [×] 구성요건에 해당하는 사실은 엄격한 증명에 의하여 이를 인정하여야 하고, 증거능력이 없는 증거는 구성요건 사실을 추인하게 하는 간접사실이나 구성요건 사실을 입증하는 직접증거의 증명력을 보강하는 보조사실의 인정자료로서도 허용되지 아니한다(대법원 2005.1.27, 2004도5493; 2006.12.8, 2006도6356).

① [○] 범죄구성요건에 해당하는 사실을 증명하기 위한 근거가 되는 과학적인 연구 결과는 적법한 증거조사를 거친 증거능력 있는 증거에 의하여 엄격한 증명으로 증명되어야 한다(대법원 2010.2.11, 2009도2338).

③ [○] 형법 제6조 본문에 의하여 외국인이 대한민국 영역 외에서 대한민국 국민에 대하여 범죄를 저지른 경우 우리 형법이 적용되지만, 같은 조 단서에 의하여 행위지 법률에 의하여 범죄를 구성하지 아니하거나 소추 또는 형의 집행을 면제할 경우에는 우리 형법을 적용하여 처벌할 수 없고, 이 경우 행위지 법률에 의하여 범죄를 구성하는지는 엄격한 증명에 의하여 검사가 이를 증명하여야 한다(대법원 2011.8.25, 2011도6507).

④ [○] 공모관계를 인정하기 위해서는 엄격한 증명이 요구되지만, 피고인이 범죄의 주관적 요소인 공모의 점을 부인하는 경우에는 사물의 성질상 이와 상당한 관련성이 있는 간접사실 또는 정황사실을 증명하는 방법으로 이를 증명할 수밖에 없으며, 이때 무엇이 상당한 관련성이 있는 간접사실에 해당할 것인가는 정상적인 경험칙에 바탕을 두고 치밀한 관찰력이나 분석력에 의하여 사실의 연결상태를 합리적으로 판단하는 방법으로 하여야 한다(대법원 2011.12.22, 2011도9721).

28

③ [×] 민사재판에서의 입증책임분배의 원칙은 형사재판에도 동일하게 적용되지 않으므로 형사재판의 거증책임은 원칙적으로 검사에게 있다.

> **판례**
> 형사재판에 있어서 공소가 제기된 범죄사실에 대한 입증책임은 검사에 있고, 유죄의 인정은 법관으로 하여금 합리적인 의심을 할 여지가 없을 정도로 공소사실이 진실한 것이라는 확신을 가지게 하는 증명력을 가진 증거에 의하여야 하므로, 그와 같은 증거가 없다면 설령 피고인에게 유죄의 의심이 간다 하더라도 피고인의 이익으로 판단할 수밖에 없으며, 민사재판이었더라면 입증책임을 지게 되었을 피고인이 그 쟁점이 된 사항에 대하여 자신에게 유리한 입증을 하지 못하고 있다 하여 위와 같은 원칙이 달리 적용되는 것은 아니다(대법원 2003.12.26, 2003도5255).

① [○] 형사재판에서 공소가 제기된 범죄의 구성요건을 이루는 사실은 그것이 주관적 요건이든 객관적 요건이든 그 입증책임이 검사에게 있으므로, 구 성폭력범죄의 처벌 및 피해자보호 등에 관한 법률 제8조의2 제1항에서 정하는 범죄의 성립이 인정되려면, 피고인이 피해자가 13세 미만의 여자임을 알면서 그를 강간하였다는 사실이 검사에 의하여 입증되어야 한다(대법원 2012.8.30, 2012도7377).

[보충] 피해자는 만 12세 6개월인 중학교 1학년생으로 만 13세가 되기까지 6개월 정도 남은 상황이었는데, 피고인은 피해자가 '중학교 1학년이라서 14살이다'라고 하였고(피해자 또한 수사기관에서 "피고인에게 14세라고 말하였다"고 진술하였음) 피해자는 키 약 155cm, 몸무게 약 50kg 정도로 중학교 1학년생으로서는 오히려 큰 편에 속하는 체격이었으며 모텔로 들어갈 때 모텔 관리자로부터 특별한 제지를 받은 바 없었던 것으로 보인다. …… 제반 사정에 비추어 피고인이 범행 당시 이를 미필적으로라도 인식하고 있었다는 것이 합리적 의심의 여지 없이 증명되었다고 단정할 수 없다. 그런데 원심은 "피해자가 13세 미만의 여자인 이상 그 당시의 객관적인 정황에 비추어 피고인이 피해자가 13세 미만의 여자라는 사실을 인식하였더라면 강간행위로 나아가지 아니하였으리라고 인정할 만한 합리적인 근거를 찾을 수 없다면" 13세 미만의 미성년자에 대한 강간죄에 관한 미필적 고의가 인정될 수 있다는 법리에 따라 유죄를 인정하였다. 이러한 원심의 판단에는 형사재판의 증명책임에 관한 법리를 오해하는 등의 위법이 있다(대법원 2012.8.30, 2012도7377).

② [○] 검사 또는 사법경찰관은 범죄수사에 필요한 때에는 피의자가 죄를 범하였다고 의심할 만한 정황이 있는 경우에 판사로부터 발부받은 영장에 의하여 압수·수색을 할 수 있으나, 압수·수색은 영장 발부의 사유로 된 범죄 혐의사실과 관련된 증거에 한하여 할 수 있으므로, 영장 발부의 사유로 된 범죄 혐의사실과 무관한 별개의 증거를 압수하였을 경우 이는 원칙적으로 유죄 인정의 증거로 사용할 수 없다. 다만 수사기관이 별개의 증거를 피압수자 등에게 환부하고 후에 임의제출받아 다시 압수하였다면 증거를 압수한 최초의 절차 위반행위와 최종적인 증거수집 사이의 인과관계가 단절되었다고 평가할 수 있으나, 환부 후 다시 제출하는 과정에서 수사기관의 우월적 지위에 의하여 임의제출 명목으로 실질적으로 강제적인 압수가 행하여질 수 있으므로, 제출에 임의성이 있다는 점에 관하여는 검사가 합리적 의심을 배제할 수 있을 정도로 증명하여야 하고, 임의로 제출된 것이라고 볼 수 없는 경우에는 증거능력을 인정할 수 없다(대법원 2016.3.10, 2013도11233).

④ [○] 방송 등 언론매체가 사실을 적시하여 타인의 명예를 훼손하는 행위를 한 경우 형법 제310조에 의하여 처벌되지 않기 위해서는 적시된 사실이 객관적으로 볼 때 공공의 이익에 관한 것으로서 행위자도 공공의 이익을 위하여 그 사실을 적시한 것이어야 될 뿐만 아니라, 그 적시된 사실이 진실한 것이거나 적어도 행위자가 그 사실을 진실한 것으로 믿었고, 또 그렇게 믿을 만한 상당한 이유가 있어야 할 것이며, 한편 그것이 진실한 사실로서 오로지 공공의 이익에 관한 때에 해당된다는 점은 행위자가 증명하여야 한다(대법원 2007.5.10, 2006도8544).

29

③ [×] 수사기관으로부터 통신제한조치의 집행을 위탁받은 통신기관 등이 집행에 필요한 설비가 없을 때에는 수사기관

에 설비의 제공을 요청하여야 하고, 그러한 요청 없이 통신제한조치허가서에 기재된 사항을 준수하지 아니한 채 통신제한조치를 집행하였다면, 그러한 집행으로 취득한 전기통신의 내용 등은 헌법과 통신비밀보호법이 국민의 기본권인 통신의 비밀을 보장하기 위해 마련한 적법한 절차를 따르지 아니하고 수집한 증거에 해당하므로(형사소송법 제308조의2), 이는 유죄 인정의 증거로 할 수 없다(대법원 2016.10.13, 2016도8137).

① [○] 수사기관이 갑으로부터 피고인의 마약류관리에 관한 법률 위반(향정) 범행에 대한 진술을 듣고 추가적인 증거를 확보할 목적으로, 구속수감되어 있던 甲에게 그의 압수된 휴대전화를 제공하여 피고인과 통화하고 위 범행에 관한 통화 내용을 녹음하게 한 행위는 불법감청에 해당하므로, 그 녹음 자체는 물론 이를 근거로 작성된 녹취록 첨부 수사보고는 피고인의 증거동의에 상관없이 그 증거능력이 없다(대법원 2010.10.14, 2010도9016).

② [○] 검사 작성의 피의자신문조서가 검사에 의하여 피의자에 대한 변호인의 접견이 부당하게 제한되고 있는 동안에 작성된 경우에는 증거능력이 없다(대법원 1990.8.24, 90도1285).

④ [○] 피고인이 범행 후 피해자에게 전화를 걸어오자 피해자가 증거를 수집하려고 그 전화내용을 녹음한 경우, 그 녹음테이프가 피고인 모르게 녹음된 것이라 하여 이를 위법하게 수집된 증거라고 할 수 없다(대법원 1997.3.28, 97도240).

30 정답 ②

② [×] 법이 정한 절차에 따르지 아니하고 수집한 압수물의 증거능력 인정 여부를 최종적으로 판단함에 있어서는, 실체적 진실 규명을 통한 정당한 형벌권의 실현도 헌법과 형사소송법이 형사소송 절차를 통하여 달성하려는 중요한 목표이자 이념이므로, 형식적으로 보아 정해진 절차에 따르지 아니하고 수집한 증거라는 이유만을 내세워 획일적으로 그 증거의 증거능력을 부정하는 것 역시 헌법과 형사소송법이 형사소송에 관한 절차 조항을 마련한 취지에 맞는다고 볼 수 없다(대법원 2007.11.15, 2007도3061 전원합의체).

① [○] 형사소송법 제308조의2는 "적법한 절차에 따르지 아니하고 수집한 증거는 증거로 할 수 없다."고 규정하고 있는데, 수사기관이 헌법과 형사소송법이 정한 절차에 따르지 아니하고 수집한 증거는 유죄 인정의 증거로 삼을 수 없는 것이 원칙이므로, 수사기관이 피고인 아닌 자를 상대로 적법한 절차에 따르지 아니하고 수집한 증거는 원칙적으로 피고인에 대한 유죄 인정의 증거로 삼을 수 없다(대법원 2011. 6.30, 2009도6717).

③ [○] 수사기관이 법원으로부터 영장 또는 감정처분허가장을 발부받지 아니한 채 피의자의 동의 없이 피의자의 신체로부터 혈액을 채취하고 사후에도 지체 없이 영장을 발부받지 아니한 채 혈액 중 알코올농도에 관한 감정을 의뢰하였다면, 이러한 과정을 거쳐 얻은 감정의뢰회보 등은 형사소송법상 영장주의 원칙을 위반하여 수집하거나 그에 기초하여 획득한 증거로서, 원칙적으로 절차위반행위가 적법절차의 실질적인 내용을 침해하여 피고인이나 변호인의 동의가 있

더라도 유죄의 증거로 사용할 수 없다(대법원 2012.11.15, 2011도15258).

④ [○] 적법한 절차에 따르지 아니하고 수집한 증거를 기초로 하여 획득한 2차적 증거의 경우에도 마찬가지여서, 절차에 따르지 아니한 증거 수집과 2차적 증거 수집 사이 인과관계의 희석 또는 단절 여부를 중심으로 2차적 증거 수집과 관련된 모든 사정을 전체적·종합적으로 고려하여 예외적인 경우에는 유죄 인정의 증거로 사용할 수 있다(대법원 2007.11. 15, 2007도3061 전원합의체).

31 정답 ②

② [×] 임의성 없는 진술의 증거능력을 부정하는 취지는, 허위진술을 유발 또는 강요할 위험성이 있는 상태하에서 행하여진 진술은 그 자체가 실체적 진실에 부합하지 아니하여 오판을 일으킬 소지가 있을 뿐만 아니라 그 진위를 떠나서 진술자의 기본적 인권을 침해하는 위법·부당한 압박이 가하여지는 것을 사전에 막기 위한 것이므로, 그 임의성에 다툼이 있을 때에는 그 임의성을 의심할 만한 합리적이고 구체적인 사실을 피고인이 증명할 것이 아니고 검사가 그 임의성의 의문점을 없애는 증명을 하여야 하며, 검사가 그 임의성의 의문점을 없애는 증명을 하지 못한 경우에는 그 진술증거는 증거능력이 부정된다(대법원 2012.11.29, 2010도3029).

① [○] 피고인이 수사기관에서 가혹행위 등으로 인하여 임의성 없는 자백을 하고 그 후 법정에서도 임의성 없는 심리상태가 계속되어 동일한 내용의 자백을 하였다면 법정에서의 자백도 임의성 없는 자백이라고 보아야 한다(대법원 2012.11. 29, 2010도3029).

③ [○] 피고인이 피의자신문조서에 기재된 피고인 진술의 임의성을 다투면서 그것이 허위자백이라고 주장하는 경우, 법원은 구체적인 사건에 따라 피고인의 학력, 경력, 직업, 사회적 지위, 지능 정도, 진술의 내용, 피의자신문조서의 경우 그 조서의 형식 등 제반 사정을 참작하여 자유로운 심증으로 위 진술이 임의로 된 것인지의 여부를 판단하되, 자백의 진술 내용 자체가 객관적인 합리성을 띠고 있는가, 자백의 동기나 이유 및 자백에 이르게 된 경위는 어떠한가, 자백 외의 정황증거 중 자백과 저촉되거나 모순되는 것이 없는가 하는 점 등을 고려하여 그 신빙성 유무를 판단하여야 한다(대법원 2013.7.11, 2011도14044).

④ [○] 기록상 진술증거의 임의성에 관하여 의심할 만한 사정이 나타나 있는 경우에는 법원은 직권으로 그 임의성 여부에 관하여 조사를 하여야 하고, 임의성이 인정되지 아니하여 증거능력이 없는 진술증거는 피고인이 증거로 함에 동의하더라도 증거로 삼을 수 없다(대법원 2006.11.23, 2004도7900).

32 정답 ③

③ [×] 조서 중의 피고인의 진술 및 범행재연에 관하여는 원진술자이며 행위자인 피고인에 의하여 그 진술 내지 재연의 진정함이 인정되지 아니 하였을 뿐 아니라 피고인은 경찰수사 과정에서 엄문을 받았던 사실을 엿볼 수 있다는 원판결

설시 취지에 따라 검증현장에서의 피고인의 진술 및 범행재연은 특히 신빙할 수 있는 상태 하에서 이루어진 것이라 볼 수 없다 할 것이니 위 검증조서 중 피고인의 진술 및 범행재연의 사진 영상에 관한 부분은 증거 능력이 없다고 할 것이다(대법원 1981.4.14, 81도343).

① [○] 녹음테이프에 대한 검증의 내용이 그 진술 당시 진술자의 상태 등을 확인하기 위한 것인 경우에는, 녹음테이프에 대한 검증조서의 기재 중 진술내용을 증거로 사용하는 경우에 관한 위 법리는 적용되지 아니하고, 따라서 위 검증조서는 법원의 검증의 결과를 기재한 조서로서 형사소송법 제311조에 의하여 당연히 증거로 할 수 있다(대법원 2008.7. 10, 2007도10755).

② [○] 수사기관 아닌 사인이 피고인 아닌 사람과의 대화내용을 녹음한 녹음테이프는 형사소송법 제311조, 제312조 규정 이외의 피고인 아닌 자의 진술을 기재한 서류와 다를 바 없으므로, 피고인이 녹음테이프를 증거로 할 수 있음에 동의하지 아니하는 이상 그 증거능력을 부여하기 위해서는, 첫째 녹음테이프가 원본이거나 원본으로부터 복사한 사본일 경우 복사과정에서 편집되는 등의 인위적 개작 없이 원본 내용 그대로 복사된 사본일 것, 둘째 형사소송법 제313조 제1항에 따라 공판준비나 공판기일에서 원진술자의 진술에 의하여 녹음테이프에 녹음된 각자의 진술내용이 자신이 진술한 대로 녹음된 것이라는 점이 인정되어야 한다(대법원 2011.9.8, 2010도7497).

④ [○] 형사소송법 제318조의2 제2항 참조.

> **형사소송법 제318조의2(증명력을 다투기 위한 증거) ②** 제1항에도 불구하고 피고인 또는 피고인이 아닌 자의 진술을 내용으로 하는 영상녹화물은 공판준비 또는 공판기일에 피고인 또는 피고인이 아닌 자가 진술함에 있어서 기억이 명백하지 아니한 사항에 관하여 기억을 환기시켜야 할 필요가 있다고 인정되는 때에 한하여 피고인 또는 피고인이 아닌 자에게 재생하여 시청하게 할 수 있다.

33 　　　　　　　　　　　　　　　정답 ②

② [×] 증거동의가 의제되므로 전문법칙이 배제된다(형사소송법 제318조의3 참조).

> **형사소송법 제318조의3(간이공판절차에서의 증거능력에 관한 특례)** 제286조의2의 결정이 있는 사건의 증거에 관하여는 제310조의2, 제312조 내지 제314조 및 제316조의 규정에 의한 증거에 대하여 제318조제1항의 동의가 있는 것으로 간주한다. 단, 검사, 피고인 또는 변호인이 증거로 함에 이의가 있는 때에는 그러하지 아니하다.

① [○] 형사소송법 제311조 참조.

> **형사소송법 제311조(법원 또는 법관의 조서)** 공판준비 또는 공판기일에 피고인이나 피고인 아닌 자의 진술을 기재한 조서와 법원 또는 법관의 검증의 결과를 기재한 조서는 증거로 할 수 있다. 제184조 및 제221조의2의 규정에 의하여 작성한 조서도 또한 같다.

③ [○] 형사소송법 제318조의2 참조.

> **형사소송법 제318조의2(증명력을 다투기 위한 증거) ①** 제312조부터 제316조까지의 규정에 따라 증거로 할 수 없는 서류나 진술이라도 공판준비 또는 공판기일에서의 피고인 또는 피고인이 아닌 자(공소제기 전에 피고인을 피의자로 조사하였거나 그 조사에 참여하였던 자를 포함한다. 이하 이 조에서 같다)의 진술의 증명력을 다투기 위하여 증거로 할 수 있다.

④ [○] 체포·구속인접견부는 유치된 피의자가 죄증을 인멸하거나 도주를 기도하는 등 유치장의 안전과 질서를 위태롭게 하는 것을 방지하기 위한 목적으로 작성되는 서류로 보일 뿐이어서 형사소송법 제315조 제2, 3호에 규정된 당연히 증거능력이 있는 서류로 볼 수는 없다(대법원 2012.10.25, 2011도5459).

34 　　　　　　　　　　　　　　　정답 ①

① [○] 성매매업소에 고용된 여성들이 성매매를 업으로 하면서 영업에 참고하기 위하여 성매매 상대방의 아이디와 전화번호 및 성매매방법 등을 메모지에 적어두었다가 직접 메모리카드에 입력하거나 업주가 고용한 다른 여직원이 그 내용을 입력한 경우, 위 메모리카드의 내용은 형사소송법 제315조 제2호의 '영업상 필요로 작성한 통상문서'로서 당연히 증거능력 있는 문서에 해당한다(대법원 2007.7.26, 2007도3219).

② [×] 형사소송법 제312조 제1항 참조.

> **형사소송법 제312조(검사 또는 사법경찰관의 조서 등) ①** 검사가 작성한 피의자신문조서는 적법한 절차와 방식에 따라 작성된 것으로서 공판준비, 공판기일에 그 피의자였던 피고인 또는 변호인이 그 내용을 인정할 때에 한정하여 증거로 할 수 있다.

③ [×] 형사소송법 제312조 제2항은 검사 이외의 수사기관이 작성한 당해 피고인에 대한 피의자신문조서를 유죄의 증거로 하는 경우뿐만 아니라 검사 이외의 수사기관이 작성한 당해 피고인과 공범관계에 있는 다른 피고인이나 피의자에 대한 피의자신문조서를 당해 피고인에 대한 유죄의 증거로 채택할 경우에도 적용되는바, 당해 피고인과 공범관계가 있는 다른 피의자에 대한 검사 이외의 수사기관 작성의 피의자신문조서는 그 피의자의 법정진술에 의하여 그 성립의 진정이 인정되더라도 당해 피고인이 공판기일에서 그 조서의 내용을 부인하면 증거능력이 부정되므로 그 당연한 결과로 그 피의자신문조서에 대하여는 사망 등 사유로 인하여 법정에서 진술할 수 없는 때에 예외적으로 증거능력을 인정하는 규정인 형사소송법 제314조가 적용되지 아니한다(대법원 2004. 7.15, 2003도7185 전원합의체).

④ [×] 어떤 진술이 기재된 서류가 그 내용의 진실성이 범죄사실에 대한 직접증거로 사용될 때는 전문증거가 되지만, 그와 같은 진술을 하였다는 것 자체 또는 진술의 진실성과 관계없는 간접사실에 대한 정황증거로 사용될 때는 반드시 전문증거가 되는 것이 아니다(대법원 2019.8.29, 2018도14303 전원합의체).

35 　　　　　　　　　　　　　　　정답 ②

② [×] 동석한 사람이 피의자를 대신하여 진술한 부분이 조서

에 기재되어 있다면 그 부분은 피의자의 진술을 기재한 것이 아니라 동석한 사람의 진술을 기재한 조서에 해당하므로, 그 사람에 대한 진술조서로서의 증거능력을 취득하기 위한 요건을 충족하지 못하는 한 이를 유죄 인정의 증거로 사용할 수 없다(대법원 2009.6.23, 2009도1322).

① [○] 대법원 2022.10.27, 2022도9510
③ [○] 대법원 2019.11.21, 2018도13945 전원합의체
④ [○] 대법원 2012.5.24, 2011도7757

36 정답 ③

③ [×] 진술조서의 원진술자의 법정출석 및 반대신문이 이루어지지 못하는 경우에는 (그 증거능력이 인정된다 하더라도) 그 증명력은 부정되는 것이 원칙이다.

> 판례
> 수사기관이 원진술자의 진술을 기재한 조서는 원본 증거인 원진술자의 진술에 비하여 본질적으로 낮은 정도의 증명력을 가질 수밖에 없다는 한계를 지니는 것이고, 특히 원진술자의 법정 출석 및 반대신문이 이루어지지 못한 경우에는 그 진술이 기재된 조서는 법관의 올바른 심증 형성의 기초가 될 만한 진정한 증거가치를 가진 것으로 인정받을 수 없는 것이 원칙이다. 따라서 피고인이 공소사실 및 이를 뒷받침하는 수사기관이 원진술자의 진술을 기재한 조서 내용을 부인하였음에도 불구하고, 원진술자의 법정 출석과 피고인에 의한 반대신문이 이루어지지 못하였다면, 그 조서에 기재된 진술이 직접 경험한 사실을 구체적인 경위와 정황의 세세한 부분까지 정확하고 상세하게 묘사하고 있어 구태여 반대신문을 거치지 않더라도 진술의 정확한 취지를 명확히 인식할 수 있고 그 내용이 경험칙에 부합하는 등 신빙성에 의문이 없어 조서의 형식과 내용에 비추어 강한 증명력을 인정할 만한 특별한 사정이 있거나, 그 조서에 기재된 진술의 신빙성과 증명력을 뒷받침할 만한 다른 유력한 증거가 따로 존재하는 등의 예외적인 경우가 아닌 이상, 그 조서는 진정한 증거가치를 가진 것으로 인정받을 수 없는 것이어서 이를 주된 증거로 하여 공소사실을 인정하는 것은 원칙적으로 허용될 수 없다. 이는 원진술자의 사망이나 질병 등으로 인하여 원진술자의 법정 출석 및 반대신문이 이루어지지 못한 경우는 물론 수사기관의 조서를 증거로 함에 피고인이 동의한 경우에도 마찬가지이다(대법원 2006.12.8, 2005도9730).

① [○] 대법원 2010.1.28, 2009도10092
② [○] 형사소송법 제318조 제2항 참조.

> 형사소송법 318조(당사자의 동의와 증거능력) ② 피고인의 출정 없이 증거조사를 할 수 있는 경우에 피고인이 출정하지 아니한 때에는 전항의 동의가 있는 것으로 간주한다. 단, 대리인 또는 변호인이 출정한 때에는 예외로 한다.

④ [○] 대법원 2000.6.15, 99도1108 전원합의체

37 정답 ①

① [×] 범죄 후 법령개폐로 형이 폐지된 경우에는 판결로써 면소의 선고를 하여야 한다.

> 형사소송법 제326조(면소의 판결) 다음 경우에는 판결로써 면소의 선고를 하여야 한다.
> 4. 범죄 후의 법령개폐로 형이 폐지되었을 때

② [○] 형사소송법 제329조 참조.

> 형사소송법 제329조 (공소취소와 재기소) 공소취소에 의한 공소기각의 결정이 확정된 때에는 공소취소 후 그 범죄사실에 대한 다른 중요한 증거를 발견한 경우에 한하여 다시 공소를 제기할 수 있다.

③ [○] 형사소송법 제323조 제2항 참조.

> 형사소송법 제323조(유죄판결에 명시될 이유) ② 법률상 범죄의 성립을 조각하는 이유 또는 형의 가중, 감면의 이유되는 사실의 진술이 있은 때에는 이에 대한 판단을 명시하여야 한다.

④ [○] 판결의 범죄사실에 대한 증거를 설시함에 있어서는 어느 증거의 어느 부분에 의하여 어느 범죄사실을 인정한다고 구체적으로 설시하지 아니하고, 또 범죄사실에 배치되는 증거들에 관하여 이를 배척한다는 취지의 판단이나 이유를 설시하지 아니하여도 잘못이라 할 수 없다(대법원 1987.10.13, 87도1240).

38 정답 ③

③ [×] 사기죄에 있어서 동일한 피해자에 대하여 수회에 걸쳐 기망행위를 하여 금원을 편취한 경우, 그 범의가 단일하고 범행 방법이 동일하다면 사기죄의 포괄일죄만이 성립한다 할 것이고, 포괄일죄는 그 중간에 별종의 범죄에 대한 확정판결이 끼어 있어도 그 때문에 포괄적 범죄가 둘로 나뉘는 것은 아니라 할 것이고, 또 이 경우에는 그 확정판결 후의 범죄로서 다루어야 한다(대법원 2002.7.12, 2002도2029).

① [○] 가정폭력처벌법에 따른 보호처분의 결정이 확정된 경우에는 원칙적으로 가정폭력행위자에 대하여 같은 범죄사실로 다시 공소를 제기할 수 없으나(가정폭력처벌법 제16조), 보호처분은 확정판결이 아니고 따라서 기판력도 없으므로, 보호처분을 받은 사건과 동일한 사건에 대하여 다시 공소제기가 되었다면 이에 대해서는 면소판결을 할 것이 아니라 공소제기의 절차가 법률의 규정에 위배하여 무효인 때에 해당한 경우이므로 형사소송법 제327조 제2호의 규정에 의하여 공소기각의 판결을 하여야 한다(대법원 2017.8.23, 2016도5423).

② [○] 행정법상의 질서벌인 과태료의 부과처분과 형사처벌은 그 성질이나 목적을 달리하는 별개의 것이므로 행정법상의 질서벌인 과태료를 납부한 후에 형사처벌을 한다고 하여 이를 일사부재리의 원칙에 반하는 것이라고 할 수는 없다(대법원 1996.4.12, 96도158).

④ [○] 공소의 효력과 판결의 기판력의 기준시점은 사실심리의 가능성이 있는 최후의 시점인 판결선고시라고 할 것이나, 항소된 경우 그 시점은 현행 항소심의 구조에 비추어 항소심 판결선고시라고 함이 타당하고, 그것은 파기자판한 경우이든 항소기각된 경우든 다를 바가 없다(대법원 1983.4.26, 82도2829, 82감도612).

39 정답 ③

③ ㉠㉢㉣의 3개가 적절하지 않다.
㉠ [×] 형사소송법 제359조 참조.

> **형사소송법 제359조(항소제기의 방식)** 항소를 함에는 항소장을 원심법원에 제출하여야 한다.

ⓛ [○] 형사소송법 제361조의2 제1항, 제3항 참조.

> **형사소송법 제361조의2(소송기록접수와 통지)** ① 항소법원이 기록의 송부를 받은 때에는 즉시 항소인과 상대방에게 그 사유를 통지하여야 한다.
> ③ 피고인이 교도소 또는 구치소에 있는 경우에는 원심법원에 대응한 검찰청검사는 제1항의 통지를 받은 날부터 14일이내에 피고인을 항소법원소재지의 교도소 또는 구치소에 이송하여야 한다.

ⓒ [×] 형사소송법은 항소법원이 항소인인 피고인에게 소송기록접수통지를 하기 전에 변호인의 선임이 있는 때에는 변호인에게도 소송기록접수통지를 하도록 정하고 있으므로 (제361조의2 제2항), 피고인에게 소송기록접수통지를 한 다음에 변호인이 선임된 경우에는 변호인에게 다시 같은 통지를 할 필요가 없다. 이는 필요적 변호사건에서 항소법원이 국선변호인을 선정하고 피고인과 그 변호인에게 소송기록접수통지를 한 다음 피고인이 사선변호인을 선임함에 따라 항소법원이 국선변호인의 선정을 취소한 경우에도 마찬가지이다(대법원 2018.11.22, 2015도10651 전원합의체).

ⓔ [×] 형사소송법 제361조의2 제1항에 따라 항소법원이 피고인에게 소송기록 접수통지를 함에 있어 2회에 걸쳐 그 통지서를 송달하였다고 하더라도, 항소이유서 제출기간의 기산일은 최초 송달의 효력이 발생한 날의 다음날부터라고 보아야 한다(대법원 2010.5.27, 2010도3377).

40
정답 ②

② [×] 증거재판주의, 자유심증주의, 자백배제법칙, 위법수집증거배제법칙, 자백보강법칙은 약식절차에도 적용되지만, 서면심리 원칙인 약식절차에서는 공판절차를 전제한 전문법칙(제311조~제316조), 증거동의(제318조)규정이 적용되지 않는다.

① [○] 약식명령은 확정판결과 동일한 효력이 있으며, 재심과 비상상고의 대상이 된다.

> **형사소송법 제457조(약식명령의 효력)** 약식명령은 정식재판의 청구기간이 경과하거나 그 청구의 취하 또는 청구기각의 결정이 확정한 때에는 확정판결과 동일한 효력이 있다.

③ [○] 형사소송법 제453조 제1항 참조.

> **형사소송법 제453조(정식재판의 청구)** ① 검사 또는 피고인은 약식명령의 고지를 받은 날로부터 7일 이내에 정식재판의 청구를 할 수 있다. 단, 피고인은 정식재판의 청구를 포기할 수 없다.

④ [○] 형사소송법 제354조, 제454조, 제458조 참조.

> **형사소송법 제354조(상소포기 후의 재상소의 금지)** 상소를 취하한 자 또는 상소의 포기나 취하에 동의한 자는 그 사건에 대하여 다시 상소를 하지 못한다.
> **제454조(정식재판청구의 취하)** 정식재판의 청구는 제1심판결선고 전까지 취하할 수 있다.

> **제458조(준용규정)** ① 제340조 내지 제342조, 제345조 내지 제352조, 제354조의 규정은 정식재판의 청구 또는 그 취하에 준용한다.

01	①	02	④	03	③	04	①	05	④
06	③	07	④	08	③	09	④	10	③
11	①	12	①	13	②	14	①	15	④
16	②	17	③	18	③	19	①	20	④
21	③	22	③	23	④	24	③	25	②
26	④	27	②	28	①	29	③	30	①
31	③	32	①	33	③	34	④	35	②
36	①	37	③	38	③	39	②	40	②

01

정답 ①

① [×] 형사처벌의 근거가 되는 것은 법률이지 판례가 아니고, 형법 조항에 관한 판례의 변경은 그 법률조항의 내용을 확인하는 것에 지나지 아니하여 이로써 그 법률조항 자체가 변경된 것이라고 볼 수는 없으므로, 행위 당시의 판례에 의하면 처벌대상이 되지 아니하는 것으로 해석되었던 행위를 판례의 변경에 따라 확인된 내용의 형법 조항에 근거하여 처벌한다고 하여 그것이 헌법상 평등의 원칙과 형벌불소급의 원칙에 반한다고 할 수는 없다(대법원 1999.9.17, 97도3349).

② [○] 소급효금지원칙이 적용되는 형벌은 자유형이든 벌금형이든 주형이든 부가형이든 묻지 아니한다.

③ [○] 처벌법규의 입법목적이나 그 전체적 내용, 구조 등을 살펴보아 사물의 변별능력을 제대로 갖춘 일반인의 이해와 판단으로서 그의 구성요건 요소에 해당하는 행위유형을 정형화하거나 한정할 합리적 해석기준을 찾을 수 있다면 죄형법정주의가 요구하는 형벌법규의 명확성의 원칙에 반하는 것이 아니다(대법원 2000.11.16, 98도3665 전원합의체).

④ [○] 위법성 및 책임의 조각사유나 소추조건 또는 처벌조각사유인 형면제 사유에 관하여도 그 범위를 제한적으로 유추적용하게 되면 행위자의 가벌성의 범위는 확대되어 행위자에게 불리하게 되는바, 이는 가능한 문언의 의미를 넘어 범죄구성요건을 유추적용하는 것과 같은 결과가 초래되므로 죄형법정주의의 파생원칙인 유추해석금지의 원칙에 위반하여 허용될 수 없다(대법원 2010.9.30, 2008도4762).

02

정답 ④

④ 4개

가. [○] 개별적·구체적 위임입법은 허용된다. 헌법 제75조 참조.

> 헌법 제75조 대통령은 법률에서 구체적으로 범위를 정하여 위임받은 사항과 법률을 집행하기 위하여 필요한 사항에 관하여 대통령령을 발할 수 있다.

나. [○] 법률의 시행령이나 시행규칙은 법률에 의한 위임이 없으면 개인의 권리·의무에 관한 내용을 변경·보충하거나 법률이 규정하지 아니한 새로운 내용을 정할 수는 없지만, 법률의 시행령이나 시행규칙의 내용이 모법의 입법 취지와 관련 조항 전체를 유기적·체계적으로 살펴보아 모법의 해석상 가능한 것을 명시한 것에 지나지 아니하거나 모법 조항의 취지에 근거하여 이를 구체화하기 위한 것인 때에는 모법의 규율 범위를 벗어난 것으로 볼 수 없으므로, 모법에 이에 관하여 직접 위임하는 규정을 두지 아니하였다고 하더라도 이를 무효라고 볼 수는 없다(대법원 2014.8.20, 2012두19526).

다. [○] 법률의 시행령이 형사처벌에 관한 사항을 규정하면서 법률의 명시적인 위임 범위를 벗어나 그 처벌의 대상을 확장하는 것은 죄형법정주의의 원칙에도 어긋나므로, 그러한 시행령은 위임입법의 한계를 벗어난 것으로서 무효이다(대법원 2017.2.21, 2015도14966).

라. [○] 처벌법규의 위임은 특히 긴급한 필요가 있거나 미리 법률로써 자세히 정할 수 없는 부득이한 사정이 있는 경우에 한정되어야 하며 이러한 경우라도 법률에서 범죄의 구성요건은 처벌대상행위가 어떠한 것일 것이라고 예측할 수 있을 정도로 구체적으로 정하고 형벌의 종류 및 그 상한과 폭을 명백히 규정하여야 한다(헌법재판소 1991.7.8, 91헌가4).

03

정답 ③

③ 나, 다

가. [○] 형법 제230조의 공문서부정행사죄는 공문서의 사용에 대한 공공의 신용을 보호법익으로 하는 범죄로서 추상적 위험범이다(대법원 2022.9.29, 2021도14514).

나. [×] 일반교통방해죄는 이른바 추상적 위험범으로서 교통이 불가능하거나 또는 현저히 곤란한 상태가 발생하면 바로 기수가 되고 교통방해의 결과가 현실적으로 발생하여야 하는 것은 아니다(대법원 2019.4.23, 2017도1056).

다. [×] 장례식방해죄는 장례식의 평온과 공중의 추모감정을 보호법익으로 하는 이른바 추상적 위험범으로서 범인의 행위로 인하여 장례식이 현실적으로 저지 내지 방해되었다고 하는 결과의 발생까지 요하지 않고 방해행위의 수단과 방법에도 아무런 제한이 없으며 일시적인 행위라 하더라도 무방하나, 적어도 객관적으로 보아 장례식의 평온한 수행에 지장을 줄 만한 행위를 함으로써 장례식의 절차와 평온을 저해할 위험이 초래될 수 있는 정도는 되어야 비로소 방해행위가 있다고 보아 장례식방해죄가 성립한다(대법원 2013.2.14, 2010도13450).

라. [○] 명예훼손죄는 추상적 위험범으로 불특정 또는 다수인이 적시된 사실을 실제 인식하지 못하였다고 하더라도 인식할 수 있는 상태에 놓인 것으로도 명예가 훼손된 것으로 보아야 한다(대법원 2020.12.30, 2015도15619).

04

정답 ①

① [×] 산림사업법인 설립 또는 법인 인수 과정에서 자격증 대여가 있었다는 사정만으로는 피고인에게 병해충 방제 또는 숲가꾸기 공사를 완성할 의사나 능력이 없었다고 단정하기 어렵다. 또한 피고인이 운영하는 한국임업은 이러한 공사 완성의 대가로 발주처로부터 공사대금을 지급받은 것이므로, 설령 피고인이 발주처에 대하여 기술자격증 대여 사실을 숨기는 등의 행위를 하였다고 하더라도 그 행위와 공사대금 지급 사이에 상당인과관계를 인정하기도 어렵다(대법원 2022.7.14, 2017도20911).

② [○] 자동차의 운전자가 통상 예견되는 상황에 대비하여 결과를 회피할 수 있는 정도의 주의의무를 다하지 못한 것이 교통사고 발생의 직접적인 원인이 되었다면, 비록 자동차가 보행자를 직접 충격한 것이 아니고 보행자가 자동차의 급정거에 놀라 도로에 넘어져 상해를 입은 경우라고 할지라도, 업무상 주의의무 위반과 교통사고 발생 사이에 상당인과관계를 인정할 수 있다(대법원 2022.6.16, 2022도1401).
[유사] 자동차의 운전자가 그 운전상의 주의의무를 게을리하여 열차건널목을 그대로 건너는 바람에 그 자동차가 열차 좌측 모서리와 충돌하여 20여미터쯤 열차 진행방향으로 끌려가면서 튕겨나갔고 피해자는 타고가던 자전거에서 내려 위 자동차 왼쪽에서 열차가 지나가기를 기다리고 있다가 위 충돌사고로 놀라 넘어져 상처를 입었다면 비록 위 자동차와 피해자가 직접 충돌하지는 아니하였더라도 자동차운전자의 위 과실과 피해자가 입은 상처 사이에는 상당한 인과관계가 있다(사고차량에 직접 충돌되지 않은 피해자의 부상에 대해 운전자의 과실을 인정한 사례, 대법원 1989.9.12, 89도866).

③ [○] 살인의 실행행위가 피해자의 사망이라는 결과를 발생하게 한 유일한 원인이거나 직접적인 원인이어야만 되는 것은 아니므로, 살인의 실행행위와 피해자의 사망과의 사이에 다른 사실이 개재되어 그 사실이 치사의 직접적인 원인이 되었다고 하더라도 그와 같은 사실이 통상 예견할 수 있는 것에 지나지 않는다면 살인의 실행행위와 피해자의 사망과의 사이에 인과관계가 있는 것으로 보아야 한다(대법원 1994.3.22, 93도3612).

④ [○] 의사가 설명의무를 위반한 채 의료행위를 하였다가 환자에게 상해 또는 사망의 결과가 발생한 경우 의사에게 업무상 과실로 인한 형사책임을 지우기 위해서는 의사의 설명의무 위반과 환자의 상해 또는 사망 사이에 상당인과관계가 존재하여야 한다(대법원 2015.6.24, 2014도11315).

05 　　　　정답 ④

④ 4개

가. [○] 부진정부작위범의 고의는 반드시 구성요건적 결과발생에 대한 목적이나 계획적인 범행 의도가 있어야 하는 것은 아니고 법익침해의 결과발생을 방지할 법적 작위의무를 가지고 있는 사람이 의무를 이행함으로써 결과발생을 쉽게 방지할 수 있었음을 예견하고도 결과발생을 용인하고 이를 방관한 채 의무를 이행하지 아니한다는 인식을 하면 족하며, 이러한 작위의무자의 예견 또는 인식 등은 확정적인 경우는 물론 불확정적인 경우이더라도 미필적 고의로 인정될 수 있다(대법원 2015.11.12, 2015도6809 전원합의체).

나. [○] 임금 등 지급의무의 존부와 범위에 관하여 다툴 만한 근거가 있다면 사용자가 그 임금 등을 지급하지 않은 데에 상당한 이유가 있다고 보아야 하므로, 사용자에게 근로기준법 제109조 제1항, 제36조 위반의 고의가 있었다고 보기 어렵다(대법원 2022.5.26, 2022도2188).

다. [○] 형법 제255조, 제250조의 살인예비죄가 성립하기 위하여는 형법 제255조에서 명문으로 요구하는 살인죄를 범

할 목적 외에도 살인의 준비에 관한 고의가 있어야 한다(대법원 2009.10.29, 2009도7150).

라. [○] 형법은 고의가 없으면 벌하지 아니하는 것을 원칙으로 하고, 과실범 처벌은 예외로 한다.

> **형법 제13조(범의)** 죄의 성립요소인 사실을 인식하지 못한 행위는 벌하지 아니한다. 단, 법률에 특별한 규정이 있는 경우에는 예외로 한다.

06 　　　　정답 ③

③ 3개

가. [○] '침해의 현재성'이란 침해행위가 형식적으로 기수에 이르렀는지에 따라 결정되는 것이 아니라 자기 또는 타인의 법익에 대한 침해상황이 종료되기 전까지를 의미하는 것이므로 일련의 연속되는 행위로 인해 침해상황이 중단되지 아니하거나 일시 중단되더라도 추가 침해가 곧바로 발생할 객관적인 사유가 있는 경우에는 그중 일부 행위가 범죄의 기수에 이르렀더라도 전체적으로 침해상황이 종료되지 않은 것으로 볼 수 있다(대법원 2023.4.27, 2020도6874).

나. [×] 상대방을 해치기 위해 의도적으로 도발하고 상대방의 반격을 유발하고 이에 대응하는 것처럼 행한 침해행위는 정당방위로 인정될 수 없다.
[정리] 의도적 도발행위의 경우 정당방위가 금지되고, 유책한 도발행위의 경우 정당방위가 제한된다.

> **판례**
> 피고인이 피해자를 살해하려고 먼저 가격한 이상 피해자의 반격이 있었더라도 피해자를 살해한 소위가 정당방위에 해당한다고 볼 수 없다(대법원 1983.9.13, 83도1467).

다. [○] 피해자의 침해행위에 대하여 자기의 권리를 방위하기 위한 부득이한 행위가 아니고, 그 침해행위에서 벗어난 후 분을 풀려는 목적에서 나온 공격행위는 정당방위에 해당한다고 할 수 없다(대법원 1996.4.9, 96도241).

라. [○] 정당방위의 성립요건으로서의 방어행위에는 순수한 수비적 방어뿐 아니라 적극적 반격을 포함하는 반격방어의 형태도 포함되나, 그 방어행위는 자기 또는 타인의 법익침해를 방위하기 위한 행위로서 상당한 이유가 있어야 한다(대법원 1992.12.22, 92도2540).

07 　　　　정답 ④

④ 가. [×], 나. [×], 다. [×], 라. [×]

가. [×] 자유의사를 가진 자가 그 의사에 의하여 적법한 행위를 할 수 있었음에도 불구하고 위법한 행위를 선택하였으므로 이에 대해 윤리적 비난을 가하는 것이라는 견해는 도의적 책임론이다.
[보충] 심리적 책임론은 책임의 본질을 고의·과실과 같은 심리적 요소의 존재에서 찾는 입장이다.

나. [×] 인간의 행위는 자유의사가 아니라 환경과 소질에 의해 결정되는 것으로 책임의 근거가 행위자의 반사회적 성격에 있다고 보는 견해는 사회적 책임론이다.

[보충] 규범적 책임론은 책임의 본질을 타행위 가능성이 있음에도 위법행위를 했다는 점에 대한 비난가능성에서 찾는 입장이다.

다. [×] 책임을 행위 당시 행위자가 가지고 있었던 고의·과실이라는 심리적 관계로 이해하여 심리적인 사실인 고의·과실이 있으면 책임이 있고, 그것이 없으면 책임도 없다고 보는 견해는 심리적 책임론이다.

라. [×] 책임을 심리적 사실관계로 보지 않고 규범적 평가 관계로 이해하여 행위자가 적법행위를 할 수 있었음에도 위법행위를 한 것에 대한 규범적 비난이 책임이라고 보는 입장은 규범적 책임론이다.

08 정답 ③

③ 3개

가. [○] 형법 제16조에서 "자기가 행한 행위가 법령에 의하여 죄가 되지 아니한 것으로 오인한 행위는 그 오인에 정당한 이유가 있는 때에 한하여 벌하지 아니한다."라고 규정하고 있는 것은 단순한 법률의 부지를 말하는 것이 아니고 일반적으로 범죄가 되는 경우이지만 자기의 특수한 경우에는 법령에 의하여 허용된 행위로서 죄가 되지 아니한다고 그릇 인식하고 그와 같이 그릇 인식함에 정당한 이유가 있는 경우에는 벌하지 않는다는 취지이다(대법원 2005.9.29, 2005도4592).

나. [○] 대법원 2021.11.25, 2021도10903

다. [○] 형법 제16조는 자기가 행한 행위가 법령에 의하여 죄가 되지 않는 것으로 오인한 행위는 그 오인에 정당한 이유가 있는 때에 한하여 벌하지 않는다고 규정하고 있다. 이때 정당한 이유는 행위자에게 자기 행위의 위법 가능성에 대해 심사숙고하거나 조회할 수 있는 계기가 있어 자신의 지적 능력을 다하여 이를 회피하기 위한 진지한 노력을 다하였더라면 스스로의 행위에 대하여 위법성을 인식할 수 있는 가능성이 있었는데도 이를 다하지 못한 결과 자기 행위의 위법성을 인식하지 못한 것인지에 따라 판단하여야 한다(대법원 2017.3.15, 2014도12773).

라. [×] 구 풍속영업의 규제에 관한 법률 제3조 제2호 위반행위를 한 피고인이 그 이전에 그와 유사한 행위로 '혐의없음' 처분을 받은 전력이 있다거나 일정한 시청차단장치를 설치하였다는 등의 사정만으로는, 형법 제16조의 정당한 이유가 있다고 볼 수 없다(대법원 2010.7.15, 2008도11679).

09 정답 ④

④ 4개

가. [○] 형식적 객관설의 내용과 그에 대한 비판이다.

나. [○] 이외에도 실질적 객관설은 밀접행위설이라고도 하는데 밀접한 행위라는 개념이 모호하다는 비판도 받는다.

다. [○] 이외에도 주관설은 예비와 미수를 구별하기 어렵다는 비판도 받는다.

라. [○] 주관적 객관설 내지 개별적 객관설은 행위자의 관념(표상)과 행위(공격)의 직접성을 동시에 중시하는 견해로서, 행위자의 주관적인 범죄계획에 비추어 범죄의사의 분명한 표명이라고 볼 수 있는 행위가 보호법익에 대한 직접적 위험을 발생시킨 때 실행의 착수가 있다는 입장이다(통설).

10 정답 ③

③ [×] (출제가 다소 모호하나, 출제의 의도를 고려하여 해설함) 甲이 乙에게 사기를 교사하였는데 乙이 '기망을 근거로' 공갈을 실행한 경우, 교사내용과 실행행위의 질적 차이가 본질적이지 않으므로 甲은 교사한 범죄에 대한 교사범의 책임을 져야 한다. (따라서 위 지문이 틀림) 예컨대, 사기를 교사하였으나 피교사자가 기망을 하면서 협박을 하여 외포심에 기하여 처분행위를 하게 함으로써 재물을 편취한 경우라면 그 질적 초과가 본질적이지 않아 사기죄의 교사범이 성립한다.

[보충 1] 비슷한 경우로서, 공갈을 교사하였는데 강도를 실행한 경우 질적 차이가 본질적이지 않으므로 공갈죄의 교사범이 성립한다.

[보충 2] 위 지문에서 사기를 교사하였는데 피교사자가 공갈을 실행하였다고만 출제되었는데, 이는 엄밀히는 교사의 질적 착오로서 그 착오가 본질적이므로 교사범이 성립하지 않는다고 볼 수도 있다. 다만 이렇게 보아도 '질적 차이가 본질적이지 않으므로'라고 출제된 부분은 틀렸다. 따라서 정답은 변함이 없다.

[정리] 사기를 교사하였으나 공갈을 실행한 경우로 출제되면 (출제의 의도를 고려하여) 사기죄의 교사범은 성립하는 것으로 정리할 것.

① [○] 강도를 교사했으나, 절도를 실행한 경우에는 절도의 교사범과 형법 제31조 제2항에 의한 강도예비·음모의 상상적 경합이며, 형이 무거운 강도예비·음모로 처벌된다.

② [○] 피교사자의 실행된 범죄가 교사된 범죄와 질적으로 전혀 다른 범죄인 경우, 실행된 범죄에 대한 교사범이 성립되지 않는다. 단, 교사한 범죄의 예비·음모의 처벌규정이 있는 경우에는 예비·음모로 처벌될 수 있다.

④ [○] 피교사자가 결과적 가중범을 실현한 경우에는 교사자에게 무거운 결과에 대한 과실이 있는 경우에 한하여 결과적 가중범의 교사범이 성립할 수 있다.

11 정답 ①

① 가. [○], 나. [○], 다. [○], 라. [○]

가. [○] 어떠한 범죄가 적극적 작위에 의하여 이루어질 수 있음은 물론 결과의 발생을 방지하지 아니하는 소극적 부작위에 의하여도 실현될 수 있는 경우에, 행위자가 자신의 신체적 활동이나 물리적·화학적 작용을 통하여 적극적으로 타인의 법익 상황을 악화시킴으로써 결국 그 타인의 법익을 침해하기에 이르렀다면, 이는 작위에 의한 범죄로 봄이 원칙이고, 작위에 의하여 악화된 법익 상황을 다시 되돌이키지 아니한 점에 주목하여 이를 부작위범으로 볼 것은 아니며, 나아가 악화되기 이전의 법익 상황이, 그 행위자가 과거에 행한 또 다른 작위의 결과에 의하여 유지되고 있었다 하여 이와 달리 볼 이유가 없다(대법원 2004.6.24, 2002도995).

나. [○] 업무상배임죄는 타인과의 신뢰관계에서 일정한 임무에 따라 사무를 처리할 법적 의무가 있는 자가 그 상황에서 당연히 할 것이 법적으로 요구되는 행위를 하지 않는 부작위에 의해서도 성립할 수 있다. 그러한 부작위를 실행의 착수로 볼 수 있기 위해서는 작위의무가 이행되지 않으면 사무처리의 임무를 부여한 사람이 재산권을 행사할 수 없으리라고 객관적으로 예견되는 등으로 구성요건적 결과 발생의 위험이 구체화한 상황에서 부작위가 이루어져야 한다. 그리고 행위자는 부작위 당시 자신에게 주어진 임무를 위반한다는 점과 그 부작위로 인해 손해가 발생할 위험이 있다는 점을 인식하였어야 한다(대법원 2021.5.27, 2020도15529).

다. [○] 부작위에 의해서는 범행결의 형성이 불가능하므로 부작위에 의한 교사는 불가능하지만, 방조자에게 일정한 작위의무 내지 결과발생방지의무가 있음에도 결과발생을 방치한 경우 방조범이 성립할 수 있으므로 부작위에 의한 방조범은 가능하다.

라. [○] 부작위범에 대한 교사와 방조는 모두 인정된다. 부작위를 하라고 작위에 의하여 교사하는 경우이므로 교사범이 성립하며, 마찬가지로 역시 방조범 성립이 인정된다. 대법원은 처(妻)의 남편에 대한 부작위에 의한 살인범행을 담당 의사가 퇴원허용조치행위라는 작위에 의하여 방조하였다고 판시한 바 있다(부작위에 대한 작위에 의한 방조 ○, 대법원 2004.6.24, 2002도995).

12
정답 ①

① [×] 포괄1죄라 함은 각기 따로 존재하는 수개의 행위가 한 개의 구성요건을 한번 충족하는 경우를 말하므로 구성요건을 달리하고 있는 횡령, 배임 등의 행위와 사기의 행위는 포괄1죄를 구성할 수 없다(대법원 1988.2.9, 87도58).

② [○] 집합범이라 함은 다수의 동종의 행위가 동일한 의사에 의하여 반복되지만 영업성, 직업성 또는 상습성에 의하여 개별 범죄를 하나의 죄로 통일하는 효과가 일어나 일괄하여 일죄로 되는 경우로 (직업범) 영업범과 상습범이 있다.

③ [○] 접속범이란 동일한 법익에 대하여 수개의 독립적 구성요건에 해당하는 행위가 불가분하게 접속하여 행하여지는 경우를 말하고, 같은 기회에 하나의 행위로 여러 개의 영업비밀을 취득한 행위가 그 예이다.
[보충] 이러한 경우에는 기업의 영업비밀 보호와 관련한 재산적 가치라는 비전속적 법익이 그 보호법익이므로 상상적 경합이 아니라 일죄가 되는 것이다.

> 판례
> 같은 기회에 하나의 행위로 여러 개의 영업비밀을 취득한 행위는 영업비밀보호법 제18조 제2항 위반죄의 일죄로 평가되어야 한다(대법원 2009.4.9, 2006도9022).

④ [○] 결합범이란 여러 개의 범죄행위가 결합되어 한 개의 구성요건으로 되어 있는 범죄를 말한다.

13
정답 ②

② [×] 여러 개의 형이 병과된 사람에 대하여 그 병과형 중 일부의 집행을 면제하거나 그에 대한 형의 선고의 효력을 상실케 하는 특별사면이 있은 경우, 그 특별사면의 효력이 병과된 나머지 형에까지 미치는 것은 아니므로 징역형의 집행유예와 벌금형이 병과된 신청인에 대하여 징역형의 집행유예의 효력을 상실케 하는 내용의 특별사면이 그 벌금형의 선고의 효력까지 상실케 하는 것은 아니다(대법원 1997.10.13, 96모33).

① [○] 형법 제78조 제5호 참조.

> 형법 제78조(형의 시효의 기간) 시효는 형을 선고하는 재판이 확정된 후 그 집행을 받지 아니하고 다음 각 호의 구분에 따른 기간이 지나면 완성된다.
> 5. 3년 미만의 징역이나 금고 또는 5년 이상의 자격정지: 7년

[보충] 2023.8.8. 형법 개정에 의하여 사형의 형의 시효는 폐지되었다.

③ [○] 형법 제79조 제1호 참조.

> 형법 제79조(시효의 정지) ① 시효는 형의 집행의 유예나 정지 또는 가석방 기타 집행할 수 없는 기간은 진행되지 아니한다.

④ [○] 형법 제79조 제2호 참조.

> 형법 제79조(시효의 정지) ② 시효는 형이 확정된 후 그 형의 집행을 받지 아니한 자가 형의 집행을 면할 목적으로 국외에 있는 기간 동안은 진행되지 아니한다.

14
정답 ①

① [×] 피고인이 강간하려고 피해자의 반항을 억압하는 과정에서 주먹으로 피해자의 얼굴과 머리를 몇 차례 때려 피해자가 코피를 흘리고(흘린 코피가 이불에 손바닥 만큼의 넓이로 묻었음) 콧등이 부었다면 비록 병원에서 치료를 받지 않더라도 일상생활에 지장이 없고 또 자연적으로 치료될 수 있는 것이라 하더라도 강간치상죄에 있어서의 상해에 해당한다(대법원 1991.10.22, 91도1832).

② [○] 상해죄의 상해는 피해자의 신체의 완전성을 훼손하거나 생리적 기능에 장애를 초래하는 것을 의미한다. 폭행에 수반된 상처가 극히 경미한 것으로서 굳이 치료할 필요가 없어서 자연적으로 치유되며 일상생활을 하는 데 아무런 지장이 없는 경우에는 상해죄의 상해에 해당하지 않는다고 볼 수 있으나, 이는 폭행이 없어도 일상생활 중 통상 발생할 수 있는 상처와 같은 정도임을 전제로 하는 것이므로 그러한 정도를 넘는 상처가 폭행에 의하여 생긴 경우라면 상해에 해당한다고 보아야 한다. 피해자의 신체의 완전성을 훼손하거나 생리적 기능에 장애를 초래하였는지는 객관적·일률적으로 판단할 것이 아니라 피해자의 연령·성별·체격 등 신체상·정신상의 구체적 상태 등을 기준으로 판단하여야 한다(대법원 2018.9.13, 2018도4958).

③ [○] 피해자가 강제추행 과정에서 가해자로부터 왼쪽 젖가슴을 꽉 움켜잡힘으로 인하여 왼쪽 젖가슴에 약 10일간의 치료를 요하는 좌상을 입고, 심한 압통과 약간의 종창이 있어 그 치료를 위하여 병원에서 주사를 맞고 3일간 투약을 한 경우, 피해자는 위와 같은 상처로 인하여 신체의 건강상

태가 불량하게 변경되고 생활기능에 장애가 초래되었다 할 것이어서 이는 강제추행치상죄에 있어서의 상해의 개념에 해당한다(대법원 2000.2.11, 99도4794).

④ [○] 오랜 시간 동안의 협박과 폭행을 이기지 못하고 <u>실신</u>하여 범인들이 불러온 구급차 안에서야 정신을 차리게 되었다면, 외부적으로 어떤 상처가 발생하지 않았다고 하더라도 생리적 기능에 훼손을 입어 신체에 대한 상해가 있었다(대법원 1996.12.10, 96도2529).

15 정답 ④

④ [×] <u>상대방의 시비를 만류하면서 조용히 얘기나 하자며 그의 팔을 2, 3회 끈 사실</u>만 가지고는 사람의 신체에 대한 불법한 공격이라고 볼 수 없어 형법 제260조 제1항 소정의 폭행죄에 해당한다고 볼 수 없다(대법원 1986.10.14, 86도1796).

① [○] <u>폭행죄에서 말하는 폭행이란 사람의 신체에 대하여 육체적·정신적으로 고통을 주는 유형력을 행사함을 뜻하는 것으로서 반드시 피해자의 신체에 접촉함을 필요로 하는 것은 아니고, 그 불법성은 행위의 목적과 의도, 행위 당시의 정황, 행위의 태양과 종류, 피해자에게 주는 고통의 유무와 정도 등을 종합하여 판단하여야 한다</u>(대법원 2016.10.27, 2016도9302).

② [○] <u>폭행죄는 피해자의 명시한 의사에 반하여 공소를 제기할 수 없는 반의사불벌죄로서 처벌불원의 의사표시는 의사능력이 있는 피해자가 단독으로 할 수 있는 것이고, 피해자가 사망한 후 그 상속인이 피해자를 대신하여 처벌불원의 의사표시를 할 수는 없다고 보아야 한다</u>(대법원 2010.5.27, 2010도2680).

③ [○] 피해자의 신체에 공간적으로 근접하여 고성으로 폭언이나 욕설을 하거나 동시에 손발이나 물건을 휘두르거나 던지는 행위는 직접 피해자의 신체에 접촉하지 아니하였다 하더라도 피해자에 대한 불법한 유형력의 행사로서 폭행에 해당될 수 있는 것이지만, <u>거리상 멀리 떨어져 있는 사람에게 전화기를 이용하여 전화하면서 고성을 내거나 그 전화 대화를 녹음 후 듣게 하는 경우에는 특수한 방법으로 수화자의 청각기관을 자극하여 그 수화자로 하여금 고통스럽게 느끼게 할 정도의 음향을 이용하였다는 등의 특별한 사정이 없는 한 신체에 대한 유형력의 행사를 한 것으로 보기 어렵다</u>(대법원 2003.1.10, 2000도5716).

16 정답 ②

② [×] <u>화물차를 주차하고 적재함에 적재된 토마토 상자를 운반하던 중 적재된 상자 일부가 떨어지면서 지나가던 피해자에게 상해를 입힌 경우, 교통사고처리 특례법에 정한 '교통사고'에 해당하지 않아</u> (형법 제268조의) 업무상과실치상죄가 성립한다(대법원 2009.7.9, 2009도2390).

① [○] 파도수영장에서 물놀이하던 초등학교 6학년생이 수영장 안에 엎어져 있는 것을 수영장 안전요원이 발견하여 인공호흡을 실시한 뒤 의료기관에 후송하였으나 후송 도중 사망한 사고에 있어서 그 사망원인이 구체적으로 밝혀지지 아니한 상태에서 수영장 안전요원과 수영장 관리책임자에게 업무상 주의의무를 게을리 한 과실이 있고 그 주의의무 위반으로 인하여 피해자가 사망하였다고 인정한 원심판결을 업무상과실치사죄에 있어서의 과실 및 인과관계에 관한 법리오해 및 심리미진 등의 위법을 이유로 파기한다(대법원 2002.4.9, 2001도6601).

③ [○] 내과의사가 신경과 전문의에 대한 협의진료 결과 피해자의 증세와 관련하여 신경과 영역에서 이상이 없다는 회신을 받았고, 그 회신 전후의 진료 경과에 비추어 그 회신 내용에 의문을 품을 만한 사정이 있다고 보이지 않자 그 회신을 신뢰하여 뇌혈관계통 질환의 가능성을 염두에 두지 않고 내과 영역의 진료 행위를 계속하다가 피해자의 증세가 호전되기에 이르자 퇴원하도록 조치한 경우, 피해자의 지주막하 출혈을 발견하지 못한 데 대하여 <u>내과의사의 업무상과실이 부정된다</u>(대법원 2003.1.10, 2001도3292).

④ [○] <u>간호사가 의사의 처방에 의한 정맥주사(Side Injection 방식)를 의사의 입회 없이 간호실습생(간호학과 대학생)에게 실시하도록 하여 발생한 의료사고에 대한 의사의 과실을 부정한다</u>(대법원 2003.8.19, 2001도3667).

17 정답 ③

③ [×] 구 정신보건법(2015. 1. 28. 법률 제13110호로 개정되기 전의 것, 이하 같다) 제23조 제2항은 '정신의료기관의 장은 <u>자의(自意)</u>로 입원 등을 한 환자로부터 퇴원 신청이 있는 경우에는 지체 없이 퇴원을 시켜야 한다'고 정하고 있다(2016. 5. 29. 법률 제14224호로 전부 개정된 정신건강증진 및 정신질환자 복지서비스 지원에 관한 법률 제41조 제2항은 '정신의료기관 등의 장은 자의입원 등을 한 사람이 퇴원 등을 신청한 경우에는 지체 없이 퇴원 등을 시켜야 한다'고 정하고 있다). <u>환자로부터 퇴원 요구가 있는데도 구 정신보건법에 정해진 절차를 밟지 않은 채 방치한 경우에는 위법한 감금행위가 된다</u>(대법원 2017.8.18, 2017도7134).

① [○] 체포죄는 사람의 신체에 대하여 직접적이고 현실적인 구속을 가하여 신체활동의 자유를 박탈하는 죄로서, 그 실행의 착수 시기는 <u>체포의 고의로 타인의 신체적 활동의 자유를 현실적으로 침해하는 행위를 개시한 때이다</u>(대법원 2020.3.27, 2016도18713).

② [○] 체포죄는 계속범으로서 체포의 행위에 확실히 사람의 신체의 자유를 구속한다고 인정할 수 있을 정도의 <u>시간적 계속이 있어야 기수</u>에 이르고, 신체의 자유에 대한 구속이 그와 같은 정도에 이르지 못하고 <u>일시적인 것으로 그친 경우에는 체포죄의 미수범이</u> 성립할 뿐이다(대법원 2020.3.27, 2016도18713).

④ [○] 승용차로 피해자를 가로막아 승차하게 한 후 피해자의 하차 요구를 무시한 채 당초 목적지가 아닌 다른 장소를 향하여 시속 약 60km 내지 70km의 속도로 진행하여 <u>피해자를 차량에서 내리지 못하게 한 행위는 감금죄에 해당한다</u>(대법원 2000.2.11, 99도5286).

18 정답 ③

③ [○] 강요죄는 폭행 또는 협박으로 사람의 권리행사를 방해하거나 의무 없는 일을 하게 하는 것을 말하고, 여기에서 '의무 없는 일'이란 법령, 계약 등에 기하여 발생하는 법률상 의무 없는 일을 말하므로, 법률상 의무 있는 일을 하게 한 경우에는 강요죄가 성립할 여지가 없다(대법원 2012.11.29, 2010도1233).

① [×] 협박죄가 성립되려면 고지된 해악의 내용이 행위자와 상대방의 성향, 고지 당시의 주변 상황, 행위자와 상대방 사이의 친숙의 정도 및 지위 등의 상호관계, 제3자에 의한 해악을 고지한 경우에는 그에 포함되거나 암시된 제3자와 행위자 사이의 관계 등 행위 전후의 여러 사정을 종합하여 볼 때에 일반적으로 사람으로 하여금 공포심을 일으키게 하기에 충분한 것이어야 할 것이지만, 상대방이 그에 의하여 현실적으로 공포심을 일으킬 것까지 요구되는 것은 아니며, 그와 같은 정도의 해악을 고지함으로써 상대방이 그 의미를 인식한 이상, 상대방이 현실적으로 공포심을 일으켰는지 여부와 관계없이 그로써 구성요건은 충족되어 협박죄의 기수에 이른다(대법원 2021.3.11, 2020도14990).

② [×] 강요죄는 폭행 또는 협박으로 사람의 권리행사를 방해하거나 의무 없는 일을 하게 하는 범죄이다(형법 제324조 제1항). 여기에서 폭행은 사람에 대한 직접적인 유형력의 행사뿐만 아니라 간접적인 유형력의 행사도 포함하며, 반드시 사람의 신체에 대한 것에 한정되지 않는다(강요죄의 폭행은 광의의 폭행, 대법원 2021.11.25, 2018도1346).

④ [×] 공무원이 자신의 직무와 관련한 상대방에게 공무원 자신 또는 자신이 지정한 제3자를 위하여 재산적 이익 또는 일체의 유·무형의 이익 등을 제공할 것을 요구하고 상대방은 공무원의 지위에 따른 직무에 관하여 어떠한 이익을 기대하며 그에 대한 대가로서 요구에 응하였다면, 다른 사정이 없는 한 공무원의 위 요구 행위를 객관적으로 사람의 의사결정의 자유를 제한하거나 의사실행의 자유를 방해할 정도로 겁을 먹게 할 만한 해악의 고지라고 단정하기는 어렵다. 공무원인 행위자가 상대방에게 어떠한 이익 등의 제공을 요구한 경우 위와 같은 해악의 고지로 인정될 수 없다면 직권남용이나 뇌물 요구 등이 될 수는 있어도 협박을 요건으로 하는 강요죄가 성립하기는 어렵다(대법원 2019.8.29, 2018도13792 전원합의체).

19 정답 ①

① [×] 甲이 제3자에게 乙이 丙을 선거법 위반으로 고발하였다는 말만 하고 그 고발의 동기나 경위에 관하여 언급하지 않았다면, 그 자체만으로는 乙의 사회적 가치나 평가를 침해하기에 충분한 구체적 사실이 적시되었다고 보기 어렵다(대법원 2009.9.24, 2009도6687).

② [○] 명예훼손죄가 성립하기 위하여는 사실의 적시가 있어야 하고, 적시된 사실은 이로써 특정인의 사회적 가치 내지 평가가 침해될 가능성이 있을 정도로 구체성을 띠어야 한다. 그리고 특정인의 사회적 가치나 평가를 저하시키기에 충분한 구체적인 사실의 적시가 있다고 하기 위해서는, 반드시 그러한 구체적인 사실이 직접적으로 명시되어 있을 것을 요구하는 것은 아니지만, 적어도 적시된 내용 중의 특정 문구에 의하여 그러한 사실이 곧바로 유추될 수 있을 정도는 되어야 한다(대법원 2011.8.18, 2011도6904).

③ [○] 서적·신문 등 기존의 매체에 명예훼손적 내용의 글을 게시하는 경우에 그 게시행위로써 명예훼손의 범행은 종료하는 것이며 그 서적이나 신문을 회수하지 않는 동안 범행이 계속된다고 보지는 않는다는 점을 고려해 보면, 정보통신망을 이용한 명예훼손의 경우에, 게시행위 후에도 독자의 접근가능성이 기존의 매체에 비하여 좀 더 높다고 볼 여지가 있다 하더라도 그러한 정도의 차이만으로 정보통신망을 이용한 명예훼손의 경우에 범죄의 종료시기가 달라진다고 볼 수는 없다(대법원 2007.10.25, 2006도346).

④ [○] 인터넷 신문사 소속 기자 갑이 작성한 기사가 인터넷 포털 사이트의 '핫이슈' 난에 게재되자, 피고인이 "이런걸 기레기라고 하죠?"라는 댓글을 게시함으로써 공연히 갑을 모욕하였다는 내용으로 기소된 사안에서, '기레기'는 모욕적 표현에 해당하나, 위 댓글의 내용, 작성 시기와 위치, 위 댓글 전후로 게시된 다른 댓글의 내용과 흐름 등을 종합하면, 위 댓글을 작성한 행위는 사회상규에 위배되지 않는 행위로서 형법 제20조에 의하여 위법성이 조각된다(대법원 2021.3.25, 2017도17643).

20 정답 ④

④ [×] 다른 사람이 작성한 논문을 피고인 단독 혹은 공동으로 작성한 논문인 것처럼 학술지에 제출하여 발표한 논문연구실적을 부교수 승진심사 서류에 포함하여 제출한 사안에서, 당해 논문을 제외한 다른 논문만으로도 부교수 승진 요건을 월등히 충족하고 있었다는 등의 사정만으로는 승진심사 업무의 적정성이나 공정성을 해할 위험성이 없었다고 단정할 수 없으므로, 위계에 의한 업무방해죄를 구성한다(대법원 2009.9.10, 2009도4772).

① [○] 형법 제314조 제2항의 컴퓨터 등 장애 업무방해죄에서 '기타 방법'이란 컴퓨터의 정보처리에 장애를 초래하는 가해수단으로서 컴퓨터의 작동에 직접·간접으로 영향을 미치는 일체의 행위를 말하나, 위 죄가 성립하기 위해서는 위와 같은 가해행위의 결과 정보처리장치가 그 사용목적에 부합하는 기능을 하지 못하거나 사용목적과 다른 기능을 하는 등 정보처리의 장애가 현실적으로 발생하였을 것을 요한다(대법원 2010.9.30, 2009도12238).

② [○] △△△대 학칙 등에 따라 △△△대의 입학에 관한 업무가 총장인 피고인 3의 권한에 속한다고 하더라도, 그중 면접업무는 면접위원들에게, 신입생 모집과 사정업무는 교무위원들에게 각 위임되었고, 그 수임자들은 각자의 명의와 책임으로 수임받은 권한을 행사하여야 한다. 따라서 위와 같이 위임된 업무는 면접위원들 및 교무위원들의 독립된 업무에 속하고, 총장인 피고인 3과의 관계에서도 타인의 업무에 해당한다(대법원 2018.5.15, 2017도19499).

③ [○] 무자격자에 의해 개설된 의료기관에 고용된 의료인이 환자를 진료한다고 하여 그 진료행위 또한 당연히 반사회성을 띠는 행위라고 볼 수는 없다. 이때 의료인의 진료업무가 업무방해죄의 보호대상이 되는 업무인지는 의료기관의 개설·운영 형태, 해당 의료기관에서 이루어지는 진료의 내용과 방식, 피고인의 행위로 인하여 방해되는 업무의 내용 등 사정을 종합적으로 고려하여 판단해야 한다(대법원 2023.3.16, 2021도16482).

21
정답 ③

③ [×] 피고인이 아파트 놀이터의 의자에 앉아 전화통화를 하고 있던 甲(女, 18세)의 뒤로 몰래 다가가 甲의 머리카락 및 옷 위에 소변을 보아 강제추행하였다는 내용으로 기소된 사안에서, 피고인이 처음 보는 여성인 甲의 뒤로 몰래 접근하여 성기를 드러내고 甲을 향한 자세에서 甲의 등 쪽에 소변을 본 행위는 객관적으로 일반인에게 성적 수치심이나 혐오감을 일으키게 하고 선량한 성적 도덕관념에 반하는 행위로서 甲의 성적 자기결정권을 침해하는 추행행위에 해당한다고 볼 여지가 있고, 행위 당시 甲이 이를 인식하지 못하였더라도 마찬가지이다(대법원 2021.10.28, 2021도7538).

① [○] 강간죄에서의 폭행·협박과 간음 사이에는 인과관계가 있어야 하나, 폭행·협박이 반드시 간음행위보다 선행되어야 하는 것은 아니다(대법원 2017.10.12, 2016도16948, 2016전도156).

② [○] 피해자가 깊은 잠에 빠져 있거나 술·약물 등에 의해 일시적으로 의식을 잃은 상태 또는 완전히 의식을 잃지는 않았더라도 그와 같은 사유로 정상적인 판단능력과 대응·조절능력을 행사할 수 없는 상태에 있었다면 준강간죄 또는 준강제추행죄에서의 심신상실 또는 항거불능 상태에 해당한다(대법원 2021.2.4, 2018도9781).

④ [○] 피고인이 피해자가 심신상실 또는 항거불능의 상태에 있다고 인식하고 그러한 상태를 이용하여 간음할 의사로 피해자를 간음하였으나 피해자가 실제로는 심신상실 또는 항거불능의 상태에 있지 않은 경우, 준강간죄의 불능미수가 성립한다(대법원 2019.3.28, 2018도16002 전원합의체).

22
정답 ③

③ 3개

가. [○] 유가증권도 그것이 정상적으로 발행된 것은 물론 비록 작성권한 없는 자에 의하여 위조된 것이라고 하더라도 절차에 따라 몰수되기까지는 그 소지자의 점유를 보호하여야 한다는 점에서 형법상 재물로서 절도죄의 객체가 된다(대법원 1998.11.24, 98도2967).

나. [×] 강도범행 이후에도 피해자를 계속 끌고 다니거나 차량에 태우고 함께 이동하는 등으로 강도범행으로 인한 피해자의 심리적 저항불능 상태가 해소되지 않은 상태에서 강도범인의 상해행위가 있었다면 강취행위와 상해행위 사이에 다소의 시간적·공간적 간격이 있었다는 것만으로는 강도상해죄의 성립에 영향이 없다(대법원 2014.9.26, 2014도9567).

다. [○] 피고인이 피해자를 살해한 방에서 사망한 피해자 곁에 4시간 30분쯤 있다가 그 곳 피해자의 자취방 벽에 걸려있던 피해자가 소지하는 원심판시 물건들을 영득의 의사로 가지고 나온 사실이 인정되는바, 이와 같은 경우에 피해자가 생전에 가진 점유는 사망 후에도 여전히 계속되는 것으로 보아 이를 보호함이 법의 목적에 맞는 것이라고 할 것이고, 따라서 피고인의 위 행위는 피해자의 점유를 침탈한 것으로서 절도죄에 해당한다(대법원 1993.9.28, 93도2143).

라. [○] 형법 제331조의2, 제332조 및 특정범죄가중처벌등에관한법률 제5조의4 제1항 등의 규정 취지나 자동차등불법사용죄의 성질에 비추어 보면, 상습으로 절도, 야간주거침입절도, 특수절도 또는 그 미수 등의 범행을 저지른 자가 마찬가지로 절도 습벽의 발현으로 자동차등불법사용의 범행도 함께 저지른 경우에 검사가 형법상의 상습절도죄로 기소하는 때는 물론이고, 자동차등불법사용의 점을 제외한 나머지 범행에 대하여 특가법상의 상습절도 등의 죄로 기소하는 때에도 자동차등불법사용의 위법성에 대한 평가는 특가법상의 상습절도 등 죄의 구성요건적 평가 내지 위법성 평가에 포함되어 있다고 보는 것이 타당하고, 따라서 상습절도 등의 범행을 한 자가 추가로 자동차등불법사용의 범행을 한 경우에 그것이 절도 습벽의 발현이라고 보이는 이상 자동차등불법사용의 범행은 상습절도 등의 죄에 흡수되어 1죄만이 성립하고 이와 별개로 자동차등불법사용죄는 성립하지 않는다(대법원 2002.4.26, 2002도429).

23
정답 ④

④ 4개

가. [○] 부동산에 대한 공갈죄는 그 부동산에 관하여 소유권이전등기를 경료받거나 또는 인도를 받은 때에 기수로 되는 것이고, 소유권이전등기에 필요한 서류를 교부 받은 때에 기수로 되어 그 범행이 완료되는 것은 아니다(대법원 1992.9.14, 92도1506).

나. [○] 피해자 법인이나 단체의 대표자 또는 실질적으로 의사결정을 하는 최종결재권자 등 기망의 상대방이 기망행위자와 동일인이거나 기망행위자와 공모하는 등 기망행위를 알고 있었던 경우에는 기망의 상대방에게 기망행위로 인한 착오가 있다고 볼 수 없고, 기망의 상대방이 재물을 교부하는 등의 처분을 했더라도 기망행위와 인과관계가 있다고 보기 어렵다. 이러한 경우에는 사안에 따라 업무상횡령죄 또는 업무상배임죄 등이 성립하는 것은 별론으로 하고 사기죄가 성립한다고 보기 어렵다(대법원 2017.8.29, 2016도18986).

다. [○] 사기죄에서 그 대가가 일부 지급되거나 담보가 제공된 경우에도 편취액은 피해자로부터 교부된 금원으로부터 그 대가 또는 담보 상당액을 공제한 차액이 아니라 교부받은 금원 전부라고 보아야 한다(대법원 2017.12.22, 2017도12649).

라. [○] 甲이 乙의 돈을 절취한 다음 다른 금전과 섞거나 교환하지 않고 쇼핑백 등에 넣어 자신의 집에 숨겨두었는데, 피고인이 乙의 지시로 폭력조직원 丙과 함께 甲에게 겁을 주어 쇼핑백 등에 들어 있던 절취된 돈을 교부받아 갈취하였다고 하여 폭력행위 등 처벌에 관한 법률 위반(공동공갈)으로 기소된 사안에서, 피고인 등이 甲에게서 되찾은 돈은 절

취 대상인 당해 금전이라고 구체적으로 특정할 수 있어 객관적으로 甲의 다른 재산과 구분됨이 명백하므로 이를 타인인 甲의 재물이라고 볼 수 없고, 따라서 비록 피고인 등이 甲을 공갈하여 돈을 교부받았더라도 타인의 재물을 갈취한 행위로서 공갈죄가 성립된다고 볼 수 없다(대법원 2012.8.30, 2012도6157).

정답 ③

③ 3개

가. [○] 건물의 임차인인 피고인이 임대인 甲에 대한 임대차보증금반환채권을 乙에게 양도하였는데도 甲에게 채권양도 통지를 하지 않고 甲으로부터 남아 있던 임대차보증금을 반환받아 보관하던 중 개인적인 용도로 사용하여 이를 횡령하였다는 내용으로 기소된 경우, 임대차보증금으로 받은 금전의 소유권은 피고인에게 귀속하고, 피고인이 乙을 위한 보관자 지위가 인정될 수 있는 신임관계에 있다고 볼 수 없어 횡령죄가 성립하지 않는다(대법원 2022.6.23, 2017도3829 전원합의체).

나. [○] 직무발명에 대한 특허를 받을 수 있는 권리 등을 사용자 등에게 승계한다는 취지를 정한 약정 또는 근무규정의 적용을 받는 종업원 등은 사용자 등이 이를 승계하지 아니하기로 확정되기 전까지는 임의로 위와 같은 승계 약정 또는 근무규정의 구속에서 벗어날 수 없는 상태에 있는 것이어서, 종업원 등이 그 발명의 내용에 관한 비밀을 유지한 채 사용자 등의 특허권 등 권리의 취득에 협력하여야 할 의무는 자기 사무의 처리라는 측면과 아울러 상대방의 재산보전에 협력하는 타인 사무의 처리라는 성격을 동시에 가지게 되므로, 이러한 경우 종업원 등은 배임죄의 주체인 '타인의 사무를 처리하는 자'의 지위에 있다고 할 것이다. 따라서 위와 같은 지위에 있는 종업원 등이 임무를 위반하여 직무발명을 완성하고도 그 사실을 사용자 등에게 알리지 않은 채 그 발명에 대한 특허를 받을 수 있는 권리를 제3자에게 이중으로 양도하여 제3자가 특허권 등록까지 마치도록 하는 등으로 그 발명의 내용이 공개되도록 하였다면, 이는 사용자 등에게 손해를 가하는 행위로서 배임죄를 구성한다(대법원 2012.11.15, 2012도6676).

다. [○] 채무자가 금전채무를 담보하기 위하여 그 소유의 동산을 채권자에게 동산·채권 등의 담보에 관한 법률에 따른 동산담보로 제공함으로써 채권자인 동산담보권자에 대하여 담보물의 담보가치를 유지·보전할 의무 또는 담보물을 타에 처분하거나 멸실, 훼손하는 등으로 담보권 실행에 지장을 초래하는 행위를 하지 않을 의무를 부담하게 되었더라도, 이를 들어 채무자가 통상의 계약에서의 이익대립관계를 넘어서 채권자와의 신임관계에 기초하여 채권자의 사무를 맡아 처리하는 것으로 볼 수 없다. 따라서 이러한 경우 채무자를 배임죄의 주체인 '타인의 사무를 처리하는 자'에 해당한다고 할 수 없고, 그가 담보물을 제3자에게 처분하는 등으로 담보가치를 감소 또는 상실시켜 채권자의 담보권 실행이나 이를 통한 채권실현에 위험을 초래하더라도 배임죄가 성립하지 아니한다(대법원 2020.8.27, 2019도14770 전원합의체).

라. [×] 피고인이, 甲 등이 금융다단계 사기 범행을 통하여 취득한 범죄수익 등인 무기명 양도성예금증서를 乙로부터 건네받아 현금으로 교환한 후 임의로 소비하였다고 하여 특정경제범죄 가중처벌 등에 관한 법률 위반(횡령)으로 기소된 경우, 피고인이 乙로부터 범죄수익 등의 은닉을 위해 교부받은 무기명 양도성예금증서는 불법의 원인으로 급여한 물건에 해당하여 소유권이 피고인에게 귀속되므로, 피고인에 대하여 횡령죄가 성립하지 않는다(대법원 2017.10.26, 2017도9254).

정답 ②

② [×] 모텔 방에 투숙하여 담배를 피운 후 재떨이에 담배를 끄게 되었으나 담뱃불이 완전히 꺼졌는지 여부를 확인하지 않은 채 불이 붙기 쉬운 휴지를 재떨이에 버리고 잠을 잔 과실로 담뱃불이 휴지와 침대시트에 옮겨 붙게 함으로써 화재가 발생한 경우, 위 화재가 중대한 과실 있는 선행행위로 발생한 이상 화재를 소화할 법률상 의무는 있다 할 것이나, 화재 발생 사실을 안 상태에서 모텔을 빠져나오면서도 모텔 주인이나 다른 투숙객들에게 이를 알리지 아니하였다는 사정만으로는 화재를 용이하게 소화할 수 있었다고 보기 어렵다(부작위에 의한 현주건조물방화치사상죄 ×, 대법원 2010.1.14, 2009도12109, 2009감도38).

① [○] 대법원 2013.12.12, 2013도3950

③ [○] 피고인들이 피해자들의 재물을 강취한 후 그들을 살해할 목적으로 현주건조물에 방화하여 사망에 이르게 한 경우, 피고인들의 행위는 강도살인죄와 현주건조물방화치사죄에 모두 해당하고 그 두 죄는 상상적 경합범관계에 있다(대법원 1998.12.8, 98도3416).

④ [○] 부진정결과적가중범인 특수공무방해치사상죄에 있어서 공무집행을 방해하는 집단행위의 과정에서 일부 집단원이 고의로 방화행위를 하여 사상의 결과를 초래한 경우에 다른 집단원이 그 방화행위로 인한 사상의 결과를 예견할 수 있는 상황이었다면 특수공무방해치사상의 죄책을 면할 수 없으나 그 방화행위 자체에 공모가담한 바 없는 이상 방화치사상죄로 의율할 수는 없다(대법원 1990.6.26, 90도765).

정답 ④

④ [×] 공문서의 작성권한이 있는 공무원의 직무를 보좌하는 자가 그 직위를 이용하여 행사할 목적으로 허위의 내용이 기재된 문서 초안을 그 정을 모르는 상사에게 제출하여 결재하도록 하는 등의 방법으로 작성권한이 있는 공무원으로 하여금 허위의 공문서를 작성하게 한 경우에는 간접정범이 성립되고 이와 공모한 자 역시 그 간접정범의 공범으로서의 죄책을 면할 수 없는 것이고, 여기서 말하는 공범은 반드시 공무원의 신분이 있는 자로 한정되는 것은 아니라고 할 것이다(대법원 1992.1.17, 91도2837).

① [○] 피고인이 기왕에 습득한 타인의 주민등록증을 피고인 가족의 것이라고 제시하면서 그 주민등록증상의 명의 또는 가명으로 이동전화 가입신청을 한 경우, 타인의 주민등록증을 본래의 사용용도인 신분확인용으로 사용한 것이라고 볼 수 없어 공문서부정행사죄가 성립하지 않는다(대법원 2003.

2.26, 2002도4935).

② [○] 공무원이 어떠한 위법사실을 발견하고도 직무상 의무에 따른 적절한 조치를 취하지 아니하고 위법사실을 적극적으로 은폐할 목적으로 허위공문서를 작성, 행사한 경우에는 직무위배의 위법상태는 허위공문서작성 당시부터 그 속에 포함되는 것으로 작위범인 허위공문서작성, 동행사죄만이 성립하고 부작위범인 직무유기죄는 따로 성립하지 아니한다(대법원 1999.12.24, 99도2240).

③ [○] 주식회사의 발기인 등이 상법 등 법령에 정한 회사설립의 요건과 절차에 따라 회사설립등기를 함으로써 회사가 성립하였다고 볼 수 있는 경우 회사설립등기와 그 기재 내용은 특별한 사정이 없는 한 공정증서원본 불실기재죄나 공전자기록 등 불실기재죄에서 말하는 불실의 사실에 해당하지 않는다. 발기인 등이 회사를 설립할 당시 회사를 실제로 운영할 의사 없이 회사를 이용한 범죄 의도나 목적이 있었다거나, 회사로서의 인적·물적 조직 등 영업의 실질을 갖추지 않았다는 이유만으로는 불실의 사실을 법인등기부에 기록하게 한 것으로 볼 수 없다(대법원 2020.2.27, 2019도9293).

27
정답 ②

② [×] 법령에서 일정한 행위를 금지하면서 이를 위반하는 행위에 대한 벌칙을 정하고 공무원으로 하여금 금지규정의 위반 여부를 감시·단속하도록 한 경우 ㉠ 공무원에게는 금지규정 위반행위의 유무를 감시하여 확인하고 단속할 권한과 의무가 있으므로 구체적이고 현실적으로 감시·단속 업무를 수행하는 공무원에 대하여 위계를 사용하여 업무집행을 못하게 하였다면 위계에 의한 공무집행방해죄가 성립하지만, ㉡ 단순히 공무원의 감시·단속을 피하여 금지규정을 위반한 것에 지나지 않는다면 그에 대하여 벌칙을 적용하는 것은 별론으로 하고 그 행위가 위계에 의한 공무집행방해죄에 해당한다고 할 수 없다(대법원 2022.4.28, 2020도8030).

① [○] 피고인이, 국민권익위원회 운영지원과 소속 기간제근로자로서 청사 안전관리 및 민원인 안내 등의 사무를 담당한 甲의 공무집행을 방해하였다는 내용으로 기소된 경우, 甲은 국민권익위원회 위원장과 계약기간 1년의 근로계약을 체결한 점 … 등 제반 사정에 비추어 甲은 법령의 근거에 기하여 국가 등의 사무에 종사하는 형법상 공무원이라고 보기 어렵다(대법원 2015.5.29, 2015도3430).

③ [○] 피고인은 평소 집에서 심한 고성과 욕설, 시끄러운 음악 소리 등으로 이웃 주민들로부터 수회에 걸쳐 112신고가 있어 왔던 사람인데, 피고인의 집이 소란스럽다는 112신고를 받고 출동한 경찰관 甲, 乙이 인터폰으로 문을 열어달라고 하였으나 욕설을 하였고, 경찰관들이 피고인을 만나기 위해 전기차단기를 내리자 화가 나 식칼(전체 길이 약 37cm, 칼날 길이 약 24cm)을 들고 나와 욕설을 하면서 경찰관들을 향해 찌를 듯이 협박함으로써 甲, 乙의 112신고 업무 처리에 관한 직무집행을 방해하였다고 하여 특수공무집행방해로 기소된 경우, 피고인이 자정에 가까운 한밤중에 음악을 크게 켜놓거나 소리를 지른 것은 경범죄 처벌법 제3

조 제1항 제21호에서 금지하는 인근소란행위에 해당하고, 그로 인하여 인근 주민들이 잠을 이루지 못하게 될 수 있으며, 甲과 乙이 112신고를 받고 출동하여 눈앞에서 벌어지고 있는 범죄행위를 막고 주민들의 피해를 예방하기 위해 피고인을 만나려 하였으나 피고인은 문조차 열어주지 않고 소란행위를 멈추지 않았던 상황이라면 피고인의 행위를 제지하고 수사하는 것은 경찰관의 직무상 권한이자 의무라고 볼 수 있으므로, 위와 같은 상황에서 甲과 乙이 피고인의 집으로 통하는 전기를 일시적으로 차단한 것은 피고인을 집 밖으로 나오도록 유도한 것으로서, 피고인의 범죄행위를 진압·예방하고 수사하기 위해 필요하고도 적절한 조치로 보이고, 경찰관 직무집행법 제1조의 목적에 맞게 제2조의 직무 범위 내에서 제6조에서 정한 즉시강제의 요건을 충족한 적법한 직무집행으로 볼 여지가 있다(대법원 2018.12.13, 2016도19417).
[보충] 경찰관 직무집행법 제6조는 "경찰관은 범죄행위가 목전에 행하여지려고 하고 있다고 인정될 때에는 이를 예방하기 위하여 관계인에게 필요한 경고를 하고, 그 행위로 인하여 사람의 생명·신체에 위해를 끼치거나 재산에 중대한 손해를 끼칠 우려가 있어 긴급한 경우에는 그 행위를 제지할 수 있다."라고 정하고 있다. 위 조항 중 경찰관의 제지에 관한 부분은 범죄 예방을 위한 경찰 행정상 즉시강제, 즉 눈앞의 급박한 경찰상 장해를 제거할 필요가 있고 의무를 명할 시간적 여유가 없거나 의무를 명하는 방법으로는 그 목적을 달성하기 어려운 상황에서 의무불이행을 전제로 하지 않고 경찰이 직접 실력을 행사하여 경찰상 필요한 상태를 실현하는 권력적 사실행위에 관한 근거조항이다. 경찰관 직무집행법 제6조에 따른 경찰관의 제지 조치가 적법한 직무집행으로 평가되기 위해서는, 형사처벌의 대상이 되는 행위가 눈앞에서 막 이루어지려고 하는 것이 객관적으로 인정될 수 있는 상황이고, 그 행위를 당장 제지하지 않으면 곧 인명·신체에 위해를 미치거나 재산에 중대한 손해를 끼칠 우려가 있는 상황이어서, 직접 제지하는 방법 외에는 위와 같은 결과를 막을 수 없는 절박한 사태이어야 한다. 다만 경찰관의 제지 조치가 적법한지는 제지 조치 당시의 구체적 상황을 기초로 판단하여야 하고 사후적으로 순수한 객관적 기준에서 판단할 것은 아니다(위 판례).

④ [○] 도심광장으로서 '서울특별시 서울광장의 사용 및 관리에 관한 조례'에 의하여 관리되고 있는 '서울광장'에서, 서울시청 및 중구청 공무원들이 행정대집행법이 정한 계고 및 대집행영장에 의한 통지절차를 거치지 아니한 채 위 광장에 무단설치된 천막의 철거대집행에 착수하였고, 이에 피고인들을 비롯한 '광우병위험 미국산 쇠고기 전면 수입을 반대하는 국민대책회의' 소속 단체 회원들이 몸싸움을 하거나 천막을 붙잡고 이를 방해한 경우, 위 서울광장은 비록 공부상 지목이 도로로 되어 있으나 도로법 제65조 제1항 소정의 행정대집행의 특례규정이 적용되는 도로법상 도로라고 할 수 없으므로 위 철거대집행은 구체적 직무집행에 관한 법률상 요건과 방식을 갖추지 못한 것으로서 적법성이 결여되었고 따라서 피고인들이 위 공무원들에 대항하여 폭행·협박

을 가하였더라도 특수공무집행방해죄는 성립되지 않는다(대법원 2010.11.11, 2009도11523).

28
정답 ①

① [×] 무고죄의 범의는 반드시 확정적 고의일 필요가 없고 미필적 고의로도 충분하므로, 신고자가 허위라고 확신한 사실을 신고한 경우뿐만 아니라 진실하다는 확신 없는 사실을 신고하는 경우에도 그 범의를 인정할 수 있다(대법원 2022. 6.30, 2022도3413).

② [○] 모해의 목적은 허위의 진술을 함으로써 피고인에게 불리하게 될 것이라는 인식이 있으면 충분하고 그 결과의 발생까지 희망할 필요는 없다(대법원 2007.12.27, 2006도3575).

③ [○] 증인신문절차에서 법률에 규정된 증인 보호를 위한 규정이 지켜진 것으로 인정되지 않은 경우에는 증인이 허위의 진술을 하였다고 하더라도 위증죄의 구성요건인 "법률에 의하여 선서한 증인"에 해당하지 아니한다고 보아 이를 위증죄로 처벌할 수 없는 것이 원칙이다. 다만, 법률에 규정된 증인 보호 절차라 하더라도 개별 보호절차 규정들의 내용과 취지가 같지 아니하고, 당해 신문 과정에서 지키지 못한 절차 규정과 그 경위 및 위반의 정도 등 제반 사정이 개별 사건마다 각기 상이하므로, 이러한 사정을 전체적·종합적으로 고려하여 볼 때, 당해 사건에서 증인 보호에 사실상 장애가 초래되었다고 볼 수 없는 경우에까지 예외 없이 위증죄의 성립을 부정할 것은 아니라고 할 것이다(대법원 2010.1.21, 2008도942 전원합의체).

④ [○] 성폭행 등의 피해를 입었다는 신고사실에 관하여 불기소처분 내지 무죄판결이 내려졌다고 하여, 그 자체를 무고를 하였다는 적극적인 근거로 삼아 신고내용을 허위라고 단정하여서는 아니된다(대법원 2019.7.11, 2018도2614).

29
정답 ③

③ [×] 수사준칙상 수사의 기본원칙 조항에서는 수사기관이 인적 증거 즉, 진술 위주의 수사를 지양하고 '물적 증거'를 기본으로 할 것을 정하고 있다. 수사준칙 제3조 제3항 제1호 참조.

> **수사준칙 제3조(수사의 기본원칙)** ① 검사와 사법경찰관은 모든 수사과정에서 헌법과 법률에 따라 보장되는 피의자와 그 밖의 피해자·참고인 등(이하 "사건관계인"이라 한다)의 권리를 보호하고, 적법한 절차에 따라야 한다.
> ② 검사와 사법경찰관은 예단(豫斷)이나 편견 없이 신속하게 수사해야 하고, 주어진 권한을 자의적으로 행사하거나 남용해서는 안 된다.
> ③ 검사와 사법경찰관은 수사를 할 때 다음 각 호의 사항에 유의하여 실체적 진실을 발견해야 한다.
> 1. 물적 증거를 기본으로 하여 객관적이고 신빙성 있는 증거를 발견하고 수집하기 위해 노력할 것
> 2. 과학수사 기법과 관련 지식·기술 및 자료를 충분히 활용하여 합리적으로 수사할 것
> 3. 수사과정에서 선입견을 갖지 말고, 근거 없는 추측을 배제하며, 사건관계인의 진술을 과신하지 않도록 주의할 것

> ④ 검사와 사법경찰관은 다른 사건의 수사를 통해 확보된 증거 또는 자료를 내세워 관련이 없는 사건에 대한 자백이나 진술을 강요해서는 안 된다.

① [○] 형사소송법 제197조의2 제8항 및 수사준칙 제47조 참조.

> **형사소송법 제197조의3(시정조치요구 등)** ⑧ 사법경찰관은 피의자를 신문하기 전에 수사과정에서 법령위반, 인권침해 또는 현저한 수사권 남용이 있는 경우 검사에게 구제를 신청할 수 있음을 피의자에게 알려주어야 한다.
> **수사준칙 제47조(구제신청 고지의 확인)** 사법경찰관은 법 제197조의3제8항에 따라 검사에게 구제를 신청할 수 있음을 피의자에게 알려준 경우에는 피의자로부터 고지 확인서를 받아 사건기록에 편철한다. 다만, 피의자가 고지 확인서에 기명날인 또는 서명하는 것을 거부하는 경우에는 사법경찰관이 고지 확인서 끝부분에 그 사유를 적고 기명날인 또는 서명해야 한다.

② [○] 형사소송법 제195조 제1항 및 수사준칙 제6조 제1항 참조.

> **형사소송법 제195조(검사와 사법경찰관의 관계 등)** ① 검사와 사법경찰관은 수사, 공소제기 및 공소유지에 관하여 서로 협력하여야 한다.
> **수사준칙 제6조(상호협력의 원칙)** ① 검사와 사법경찰관은 상호 존중해야 하며, 수사, 공소제기 및 공소유지와 관련하여 협력해야 한다.
> ② 검사와 사법경찰관은 수사와 공소제기 및 공소유지를 위해 필요한 경우 수사·기소·재판 관련 자료를 서로 요청할 수 있다.
> ③ 검사와 사법경찰관의 협의는 신속히 이루어져야 하며, 협의의 지연 등으로 수사 또는 관련 절차가 지연되어서는 안 된다.

④ [○] 수사의 경합 시에는 검사 수사를 원칙으로 하나, 사법경찰관의 영장신청이 선행된 경우에는 사법경찰관의 계속 수사가 가능하다. 형사소송법 제197조의4 제1항, 제2항 참조.

> **형사소송법 제197조의4(수사의 경합)** ① 검사는 사법경찰관과 동일한 범죄사실을 수사하게 된 때에는 사법경찰관에게 사건을 송치할 것을 요구할 수 있다.
> ② 제1항의 요구를 받은 사법경찰관은 지체 없이 검사에게 사건을 송치하여야 한다. 다만, 검사가 영장을 청구하기 전에 동일한 범죄사실에 관하여 사법경찰관이 영장을 신청한 경우에는 해당 영장에 기재된 범죄사실을 계속 수사할 수 있다.
> **수사준칙 제48조(동일한 범죄사실 여부의 판단 등)** ① 검사와 사법경찰관은 법 제197조의4에 따른 수사의 경합과 관련하여 동일한 범죄사실 여부나 영장(「통신비밀보호법」 제6조 및 제8조에 따른 통신제한조치허가서 및 같은 법 제13조에 따른 통신사실 확인자료제공 요청 허가서를 포함한다. 이하 이 조에서 같다) 청구·신청의 시간적 선후관계 등을 판단하기 위해 필요한 경우에는 그 필요한 범위에서 사건기록의 상호 열람을 요청할 수 있다.
> ② 제1항에 따른 영장 청구·신청의 시간적 선후관계는 검사의 영장청구서와 사법경찰관의 영장신청서가 각각 법원과 검찰청에 접수된 시점을 기준으로 판단한다.
> ③ 검사는 제2항에 따른 사법경찰관의 영장신청서의 접수를 거부하거나 지연해서는 안 된다.

30 　　　　　　　　　　　　　　　　　정답 ①

① 가, 나

가. [○] 고소는 범죄의 피해자등이 수사기관에 대하여 범죄사실을 신고하여 범인의 소추처벌을 구하는 의사표시이므로 그 범죄사실 등이 구체적으로 특정되어야 할 것이나, 그 특정의 정도는 고소인의 의사가 수사기관에 대하여 일정한 범죄사실을 지정·신고하여 범인의 소추처벌을 구하는 의사표시가 있었다고 볼 수 있을 정도면 그것으로 충분하고, 범인의 성명이 불명이거나 또는 오기가 있었다거나 범행의 일시·장소·방법 등이 명확하지 않거나 틀리는 것이 있다고 하더라도 그 효력에는 아무 영향이 없다(대법원 1984.10.23, 84도1704).

나. [○] 법원이 선임한 부재자 재산관리인이 그 관리대상인 부재자의 재산에 대한 범죄행위에 관하여 법원으로부터 고소권 행사에 관한 허가를 얻은 경우 부재자 재산관리인은 형사소송법 제225조 제1항에서 정한 법정대리인으로서 적법한 고소권자에 해당한다고 보아야 한다(대법원 2022.5.26, 2021도2488).

다. [×] 피해자는 2008. 1. 31. 수사기관에서 피해자로 조사받으면서 피고인이 이 부분 공소사실과 같이 위 피해자를 강제추행한 사실 등을 진술함과 아울러 피고인의 처벌을 요구하는 의사표시를 하였고 그 의사표시가 당시 작성된 진술조서에 기재되어 있음을 알 수 있으므로, 이 부분 공소사실에 관하여 적법한 고소가 있었다 할 것이고, 위 피해자의 의사표시가 경찰관의 질문에 답변하는 방식으로 이루어졌다 하여 달리 볼 것은 아니다(대법원 2009.7.9, 2009도3860).

라. [×] 친고죄 피해자 A의 법정대리인 甲의 고소기간은 甲이 범인을 알게 된 날로부터 진행하고(아래 판례1), A가 변호사 乙(대리인)을 선임하여 乙이 고소를 제기한 경우에는 A가 범인을 알게 된 날부터 고소기간이 기산된다(아래 판례2).

> 판례 1
> 형사소송법 제225조 제1항이 규정한 법정대리인의 고소권은 무능력자의 보호를 위하여 법정대리인에게 주어진 고유권이어서 피해자의 고소권 소멸여부에 관계없이 고소할 수 있는 것이며, 그 고소기간은 법정대리인 자신이 범인을 알게 된 날로부터 진행한다(대법원 1984.9.11, 84도1579).

> 판례 2
> 형사소송법 제236조의 대리인에 의한 고소의 경우, 대리권이 정당한 고소권자에 의하여 수여되었음이 실질적으로 증명되면 충분하고, 그 방식에 특별한 제한은 없으므로, 고소를 할 때 반드시 위임장을 제출한다거나 '대리'라는 표시를 하여야 하는 것은 아니고, 또 고소기간은 대리고소인이 아니라 정당한 고소권자를 기준으로 고소권자가 범인을 알게 된 날부터 기산한다(대법원 2001.9.4, 2001도3081).

마. [×] 관련 민사사건에서 '이 사건과 관련하여 서로 상대방에 대하여 제기한 형사 고소 사건 일체를 모두 취하한다'는 내용이 포함된 조정이 성립된 것만으로는 고소 취소나 처벌 불원의 의사표시를 한 것으로 보기 어렵다(대법원 2004.3.25, 2003도8136).

31 　　　　　　　　　　　　　　　　　정답 ③

③ [×] 헌법 제12조 제3항의 영장주의는 법관이 발부한 영장에 의하지 아니하고는 수사에 필요한 강제처분을 하지 못한다는 원칙으로 (수형자에게) 소변을 받아 제출하도록 한 것은 교도소의 안전과 질서유지를 위한 것으로 수사에 필요한 처분이 아닐 뿐만 아니라 검사대상자들의 협력이 필수적이어서 강제처분이라고 할 수도 없어 영장주의의 원칙이 적용되지 않는다(헌법재판소 2006.7.27, 2005헌마277 전원합의체).

① [○] 형사소송법 제199조 제2항, 제200조, 221조 제1항, 제2항 등 참조.

② [○] 수사기관이 범죄를 수사하면서 현재 범행이 행하여지고 있거나 행하여진 직후이고, 증거보전의 필요성 및 긴급성이 있으며, 일반적으로 허용되는 상당한 방법으로 촬영한 경우라면 위 촬영이 영장 없이 이루어졌다 하여 이를 위법하다고 할 수 없다(대법원 2023.7.13, 2019도7891).

④ [○] 형사소송법 제244조 제1항, 제2항 참조.

> 형사소송법 244조(피의자신문조서의 작성) ① 피의자의 진술은 조서에 기재하여야 한다.
> ② 제1항의 조서는 피의자에게 열람하게 하거나 읽어 들려주어야 하며, 진술한 대로 기재되지 아니하였거나 사실과 다른 부분의 유무를 물어 피의자가 증감 또는 변경의 청구 등 이의를 제기하거나 의견을 진술한 때에는 이를 조서에 추가로 기재하여야 한다. 이 경우 피의자가 이의를 제기하였던 부분은 읽을 수 있도록 남겨두어야 한다.

32 　　　　　　　　　　　　　　　　　정답 ①

① [×] 피의자신문 전 고지사항에 속하는 진술거부권 및 변호인조력권의 고지는 고지만으로는 불충분하고 반드시 피의자의 답변을 조서에 기재하는 등의 확인절차를 밟아야 한다. 형사소송법 제244조의3 제2항 참조.

> 형사소송법 제244조의3(진술거부권 등의 고지) ① 검사 또는 사법경찰관은 피의자를 신문하기 전에 다음 각 호의 사항을 알려주어야 한다.
> 1. 일체의 진술을 하지 아니하거나 개개의 질문에 대하여 진술을 하지 아니할 수 있다는 것
> 2. 진술을 하지 아니하더라도 불이익을 받지 아니한다는 것
> 3. 진술을 거부할 권리를 포기하고 행한 진술은 법정에서 유죄의 증거로 사용될 수 있다는 것
> 4. 신문을 받을 때에는 변호인을 참여하게 하는 등 변호인의 조력을 받을 수 있다는 것
> ② 검사 또는 사법경찰관은 제1항에 따라 알려 준 때에는 피의자가 진술을 거부할 권리와 변호인의 조력을 받을 권리를 행사할 것인지의 여부를 질문하고, 이에 대한 피의자의 답변을 조서에 기재하여야 한다. 이 경우 피의자의 답변은 피의자로 하여금 자필로 기재하게 하거나 검사 또는 사법경찰관이 피의자의 답변을 기재한 부분에 기명날인 또는 서명하게 하여야 한다.

② [○] 심야조사는 원칙적으로 금지되고(수사준칙 제21조), 총 조사시간은 12시간 이내임을 원칙으로 한다(수사준칙 제22조).

수사준칙 제21조(심야조사 제한) ① 검사 또는 사법경찰관은 조사, 신문, 면담 등 그 명칭을 불문하고 피의자나 사건관계인에 대해 오후 9시부터 오전 6시까지 사이에 조사(이하 "심야조사" 라 한다)를 해서는 안 된다. 다만, 이미 작성된 조서의 열람을 위한 절차는 자정 이전까지 진행할 수 있다.

② 제1항에도 불구하고 다음 각 호의 어느 하나에 해당하는 경우에는 심야조사를 할 수 있다. 이 경우 심야조사의 사유를 조서에 명확하게 적어야 한다.

1. 피의자를 체포한 후 48시간 이내에 구속영장의 청구 또는 신청 여부를 판단하기 위해 불가피한 경우
2. 공소시효가 임박한 경우
3. 피의자나 사건관계인이 출국, 입원, 원거리 거주, 직업상 사유 등 재출석이 곤란한 구체적인 사유를 들어 심야조사를 요청한 경우(변호인이 심야조사에 동의하지 않는다는 의사를 명시한 경우는 제외한다)로서 해당 요청에 상당한 이유가 있다고 인정되는 경우
4. 그 밖에 사건의 성질 등을 고려할 때 심야조사가 불가피하다고 판단되는 경우 등 법무부장관, 경찰청장 또는 해양경찰청장이 정하는 경우로서 검사 또는 사법경찰관의 소속 기관의 장이 지정하는 인권보호 책임자의 허가 등을 받은 경우

제22조(장시간 조사 제한) ① 검사 또는 사법경찰관은 조사, 신문, 면담 등 그 명칭을 불문하고 피의자나 사건관계인을 조사하는 경우에는 대기시간, 휴식시간, 식사시간 등 모든 시간을 합산한 조사시간(이하 "총조사시간"이라 한다)이 12시간을 초과하지 않도록 해야 한다. 다만, 다음 각 호의 어느 하나에 해당하는 경우에는 예외로 한다.

1. 피의자나 사건관계인의 서면 요청에 따라 조서를 열람하는 경우
2. 제21조 제2항 각 호의 어느 하나에 해당하는 경우

③ [○] 헌법재판소 2017.11.30, 2016헌마503

④ [○] 형사소송법 제244조의2 제1항 참조.

형사소송법 제244조의2(피의자진술의 영상녹화) ① 피의자의 진술은 영상녹화할 수 있다. 이 경우 미리 영상녹화사실을 알려주어야 하며, 조사의 개시부터 종료까지의 전 과정 및 객관적 정황을 영상녹화하여야 한다.

33　　　　　　　　　　　　　　　　　　정답 ③

③ [×] 영장에 의한 체포의 사유는 출석요구에 불응하거나 불응할 우려이지, 체포의 필요성 즉, 도망이나 증거인멸의 우려가 아니다. 따라서 체포영장청구서의 기재사항에도 형사소송법 제200조의2 제1항에 규정한 체포의 사유(출석요구에 응하지 아니하거나 응하지 아니할 우려가 있는 때)는 포함되나(형사소송규칙 제95조 제7호), 도망이나 증거인멸의 우려가 있는 사유는 포함되지 아니한다. 형사소송규칙 제95조 참조.

형사소송규칙 제95조(체포영장청구서의 기재사항) 체포영장의 청구서에는 다음 각 호의 사항을 기재하여야 한다.

1. 피의자의 성명(분명하지 아니한 때에는 인상, 체격, 그 밖에 피의자를 특정할 수 있는 사항), 주민등록번호 등, 직업, 주거
2. 피의자에게 변호인이 있는 때에는 그 성명
3. 죄명 및 범죄사실의 요지
4. 7일을 넘는 유효기간을 필요로 하는 때에는 그 취지 및 사유
5. 여러 통의 영장을 청구하는 때에는 그 취지 및 사유

6. 인치구금할 장소
7. 법 제200조의2 제1항에 규정한 체포의 사유
8. 동일한 범죄사실에 관하여 그 피의자에 대하여 전에 체포영장을 청구하였거나 발부받은 사실이 있는 때에는 다시 체포영장을 청구하는 취지 및 이유
9. 현재 수사 중인 다른 범죄사실에 관하여 그 피의자에 대하여 발부된 유효한 체포영장이 있는 경우에는 그 취지 및 그 범죄사실

① [○] 영장에 의한 체포에 있어서 체포의 필요성은 적극적 요건은 아니나 소극적 요건으로서는 기능한다. 형사소송법 제200조의2 제2항 참조.

제200조의2(영장에 의한 체포) ① 피의자가 죄를 범하였다고 의심할 만한 상당한 이유가 있고, 정당한 이유없이 제200조의 규정에 의한 출석요구에 응하지 아니하거나 응하지 아니할 우려가 있는 때에는 검사는 관할 지방법원판사에게 청구하여 체포영장을 발부받아 피의자를 체포할 수 있고, 사법경찰관은 검사에게 신청하여 검사의 청구로 관할지방법원판사의 체포영장을 발부받아 피의자를 체포할 수 있다. 다만, 다액 50만원이하의 벌금, 구류 또는 과료에 해당하는 사건에 관하여는 피의자가 일정한 주거가 없는 경우 또는 정당한 이유없이 제200조의 규정에 의한 출석요구에 응하지 아니한 경우에 한한다.

② 제1항의 청구를 받은 지방법원판사는 상당하다고 인정할 때에는 체포영장을 발부한다. 다만, 명백히 체포의 필요가 인정되지 아니하는 경우에는 그러하지 아니하다.

② [○] 형사소송법 제200조의4 제3항 참조.

형사소송법 제200조의4(긴급체포와 영장청구기간) ① 검사 또는 사법경찰관이 제200조의3의 규정에 의하여 피의자를 체포한 경우 피의자를 구속하고자 할 때에는 지체 없이 검사는 관할지방법원판사에게 구속영장을 청구하여야 하고, 사법경찰관은 검사에게 신청하여 검사의 청구로 관할지방법원판사에게 구속영장을 청구하여야 한다. 이 경우 구속영장은 피의자를 체포한 때부터 48시간 이내에 청구하여야 하며, 제200조의3제3항에 따른 긴급체포서를 첨부하여야 한다.

② 제1항의 규정에 의하여 구속영장을 청구하지 아니하거나 발부받지 못한 때에는 피의자를 즉시 석방하여야 한다.

③ 제2항의 규정에 의하여 석방된 자는 영장없이는 동일한 범죄사실에 관하여 체포하지 못한다.

④ [○] 형사소송법 제200조의6, 제85조 제1항 참조.

형사소송법 제200조의6(준용규정) 제75조, 제81조 제1항 본문 및 제3항, 제82조, 제83조, 제85조 제1항·제3항 및 제4항, 제86조, 제87조, 제89조부터 제91조까지, 제93조, 제101조 제4항 및 제102조 제2항 단서의 규정은 검사 또는 사법경찰관이 피의자를 체포하는 경우에 이를 준용한다. 이 경우 "구속"은 이를 "체포"로, "구속영장"은 이를 "체포영장"으로 본다.

제85조(구속영장집행의 절차) ① 구속영장을 집행함에는 피고인에게 반드시 이를 제시하고 그 사본을 교부하여야 하며 신속히 지정된 법원 기타 장소에 인치하여야 한다.

34　　　　　　　　　　　　　　　　　　정답 ④

④ 가. [○], 나. [×], 다. [×], 라. [○], 마. [×]

가. [○] 헌법재판소 1997.3.27, 96헌바28 전원합의체

나. [×] 구속의 효력은 원칙적으로 위 방식에 따라 작성된 구속영장에 기재된 범죄사실에만 미치는 것이므로, 구속기간

이 만료될 무렵에 종전 구속영장에 기재된 범죄사실과 다른 범죄사실로 피고인을 구속하였다는 사정만으로는 피고인에 대한 구속이 위법하다고 할 수 없다(대법원 2000.11.10, 2000모134).

[보충] 구속영장의 효력범위에 관한 사건단위설에 의할 때 이중구속은 적법하다.

다. [×] 전단이 틀린 내용인데, 영장실질심사(구속전피의자심문)는 판사의 필요성 판단과 무관하게 필수적 절차이기 때문이다. 형사소송법 제201조의2 제1항 참조.

> 형사소송법 제201조의2(구속영장 청구와 피의자 심문) ① 제200조의2·제200조의3 또는 제212조에 따라 체포된 피의자에 대하여 구속영장을 청구받은 판사는 지체 없이 피의자를 심문하여야 한다. 이 경우 특별한 사정이 없는 한 구속영장이 청구된 날의 다음날까지 심문하여야 한다.
> ② 제1항 외의 피의자에 대하여 구속영장을 청구받은 판사는 피의자가 죄를 범하였다고 의심할 만한 이유가 있는 경우에 구인을 위한 구속영장을 발부하여 피의자를 구인한 후 심문하여야 한다. 다만, 피의자가 도망하는 등의 사유로 심문할 수 없는 경우에는 그러하지 아니하다.

라. [○] 피의자구속기간에서 제외되는 경우 중 하나이다. 형사소송법 제201조의2 제7항 참조.

> 형사소송법 제201조의2(구속영장 청구와 피의자 심문) ⑦ 피의자심문을 하는 경우 법원이 구속영장청구서·수사관계서류 및 증거물을 접수한 날부터 구속영장을 발부하여 검찰청에 반환한 날까지의 기간은 제202조 및 제203조의 적용에 있어서 그 구속기간에 산입하지 아니한다.

마. [×] 구속전피의자심문은 비공개로 진행하고, 방청을 허가할 경우에도 일반인의 방청은 허용되지 아니하고 이해관계인의 방청만 제한적으로 허용될 수 있다. 형사소송규칙 제96조의14 참조.

> 형사소송규칙 제96조의14(심문의 비공개) 피의자에 대한 심문절차는 공개하지 아니한다. 다만, 판사는 상당하다고 인정하는 경우에는 피의자의 친족, 피해자 등 이해관계인의 방청을 허가할 수 있다.

35
정답 ②

② 2개

가. [○] 검찰은 1차 압수·수색영장의 집행 과정에서 압수목록 교부서를 작성하여 공소외 1에게 교부하였고, 공소외 1은 이미징(imaging) 등 참관 여부 확인서와 임의제출 동의서를 작성하여 교부하는 등 공소외 1의 참여권이 충분히 보장되었다. 또한 압수·수색영장의 집행 과정에서 피압수자의 지위가 참고인에서 피의자로 전환될 수 있는 증거가 발견되었더라도 그 증거가 압수·수색영장에 기재된 범죄사실과 객관적으로 관련되어 있다면 이는 압수·수색영장의 집행 범위 내에 있다. 따라서 다시 공소외 1에 대하여 영장을 발부받고 헌법상 변호인의 조력을 받을 권리를 고지하거나 압수·수색과정에 참여할 의사를 확인해야 한다고 보기 어렵다(대법원 2017.12.5, 2017도13458).

나. [○] 압수·수색영장은 처분을 받는 자에게 반드시 제시하여야 하는바, 현장에서 압수·수색을 당하는 사람이 여러 명일 경우에는 그 사람들 모두에게 개별적으로 영장을 제시해야 하는 것이 원칙이다. 수사기관이 압수·수색에 착수하면서 그 장소의 관리책임자에게 영장을 제시하였다고 하더라도, 물건을 소지하고 있는 다른 사람으로부터 이를 압수하고자 하는 때에는 그 사람에게 따로 영장을 제시하여야 한다(대법원 2009.3.12, 2008도763).

다. [×] 수사기관이 재항고인의 휴대전화 등을 압수할 당시 재항고인에게 압수·수색영장을 제시하였는데 재항고인이 영장의 구체적인 확인을 요구하였으나 수사기관이 영장의 범죄사실 기재 부분을 보여주지 않았고, 그 후 재항고인의 변호인이 재항고인에 대한 조사에 참여하면서 영장을 확인한 경우, 수사기관이 압수처분 당시 재항고인으로부터 영장 내용의 구체적인 확인을 요구받았음에도 압수·수색영장의 내용을 보여주지 않았던 것으로 보이므로 형사소송법 제219조, 제118조에 따른 적법한 압수·수색영장의 제시라고 인정하기 어렵다는 이유로, 압수처분 당시 수사기관이 법령에서 정한 취지에 따라 재항고인에게 압수·수색영장을 제시하였는지 여부를 판단하지 아니한 채 변호인이 조사에 참여할 당시 영장을 확인하였다는 사정을 들어 압수처분이 위법하지 않다고 본 원심결정에 헌법과 형사소송법의 관련 규정을 위반한 잘못이 있다(대법원 2020.4.16, 2019모3526).

라. [×] 형사소송법 제215조에 의한 압수·수색영장은 수사기관의 압수·수색에 대한 허가장으로서 거기에 기재되는 유효기간은 집행에 착수할 수 있는 종기(終期)를 의미하는 것일 뿐이므로, 수사기관이 압수·수색영장을 제시하고 집행에 착수하여 압수·수색을 실시하고 그 집행을 종료하였다면 이미 그 영장은 목적을 달성하여 효력이 상실되는 것이고, 동일한 장소 또는 목적물에 대하여 다시 압수·수색할 필요가 있는 경우라면 그 필요성을 소명하여 법원으로부터 새로운 압수·수색영장을 발부 받아야 하는 것이지, 앞서 발부 받은 압수·수색영장의 유효기간이 남아있다고 하여 이를 제시하고 다시 압수·수색을 할 수는 없다(대법원 1999.12.1, 99모161).

36
정답 ①

① 1개

가. [×] (위장형 카메라 등 특수한 정보저장매체의 경우에 관한 판례의 법리임) 수사기관이 임의제출받은 정보저장매체가 그 기능과 속성상 임의제출에 따른 적법한 압수의 대상이 되는 전자정보와 그렇지 않은 전자정보가 혼재될 여지가 거의 없어 사실상 대부분 압수의 대상이 되는 전자정보만이 저장되어 있는 경우에는 소지·보관자의 임의제출에 따른 통상의 압수절차 외에 피압수자에게 참여의 기회를 보장하지 않고 전자정보 압수목록을 작성·교부하지 않았다는 점만으로 곧바로 증거능력을 부정할 것은 아니다(대법원 2021.11.25, 2019도7342).

[보충] 임의제출된 이 사건 각 위장형 카메라 및 그 메모리카드에 저장된 전자정보처럼 오직 불법촬영을 목적으로 방실 내 나체나 성행위 모습을 촬영할 수 있는 벽 등에 은밀히

설치되고, 촬영대상 목표물의 동작이 감지될 때에만 카메라가 작동하여 촬영이 이루어지는 등, 그 설치 목적과 장소, 방법, 기능, 작동원리상 소유자의 사생활의 비밀 기타 인격적 법익의 관점에서 그 소지·보관자의 임의제출에 따른 적법한 압수의 대상이 되는 전자정보와 구별되는 별도의 보호가치 있는 전자정보의 혼재 가능성을 상정하기 어려운 경우에는 위 소지·보관자의 임의제출에 따른 통상의 압수절차 외에 별도의 조치가 따로 요구된다고 보기는 어렵다. 따라서 피고인 내지 변호인에게 참여의 기회를 보장하지 않고 전자정보 압수목록을 작성·교부하지 않았다는 점만으로 곧바로 증거능력을 부정할 것은 아니다. 따라서 수사기관이 이 사건 각 위장형 카메라에 저장된 205호, 308호, 507호에서 각 촬영된 영상은 그 증거능력이 인정된다(위 판례).

나. [×] (압수된 전자정보의 상세목록의 교부의 방법은 출력한 서면의 교부뿐 아니라 전자파일 형태로 복사하여 교부하거나 이메일 전송 등의 방식에 의해서도 가능함) 압수물 목록은 피압수자 등이 압수처분에 대한 준항고를 하는 등 권리행사절차를 밟는 가장 기초적인 자료가 되므로, 수사기관은 이러한 권리행사에 지장이 없도록 압수 직후 현장에서 압수물 목록을 바로 작성하여 교부해야 하는 것이 원칙이다. 이러한 압수물 목록 교부 취지에 비추어 볼 때, 압수된 정보의 상세목록에는 정보의 파일 명세가 특정되어 있어야 하고, 수사기관은 이를 출력한 서면을 교부하거나 전자파일 형태로 복사해 주거나 이메일을 전송하는 등의 방식으로도 할 수 있다(대법원 2018.2.8, 2017도13263).

다. [×] 정보저장매체를 임의제출한 피압수자에 더하여 임의제출자 아닌 피의자에게도 참여권이 보장되어야 하는 '피의자의 소유·관리에 속하는 정보저장매체'란, 피의자가 압수·수색 당시 또는 이와 시간적으로 근접한 시기까지 해당 정보저장매체를 현실적으로 지배·관리하면서 그 정보저장매체 내 전자정보 전반에 관한 전속적인 관리처분권을 보유·행사하고, 달리 이를 자신의 의사에 따라 제3자에게 양도하거나 포기하지 아니한 경우로서, 피의자를 그 정보저장매체에 저장된 전자정보에 대하여 실질적인 피압수자로 평가할 수 있는 경우를 말하는 것이다. 이에 해당하는지 여부는 민사법상 권리의 귀속에 따른 법률적·사후적 판단이 아니라 압수·수색 당시 외형적·객관적으로 인식 가능한 사실상의 상태를 기준으로 판단하여야 한다(대법원 2022.1.27, 2021도11170).

라. [×] 수사기관이 압수·수색영장에 적힌 '수색할 장소'에 있는 컴퓨터 등 정보처리장치에 저장된 전자정보 외에 원격지 서버에 저장된 전자정보를 압수·수색하기 위해서는 압수·수색영장에 적힌 '압수할 물건'에 별도로 원격지 서버 저장 전자정보가 특정되어 있어야 한다. 압수·수색영장에 적힌 '압수할 물건'에 컴퓨터 등 정보처리장치 저장 전자정보만 기재되어 있다면 컴퓨터 등 정보처리장치를 이용하여 원격지 서버 저장 전자정보를 압수할 수는 없다(대법원 2022.6.30, 2022도1452).

마. [○] 수사기관이 정보저장매체에 기억된 정보 중에서 키워드 또는 확장자 검색 등을 통해 범죄 혐의사실과 관련 있는

정보를 선별한 다음 정보저장매체와 동일하게 비트열 방식으로 복제하여 생성한 파일(이하 '이미지 파일'이라 한다)을 제출받아 압수하였다면 이로써 압수의 목적물에 대한 압수·수색 절차는 종료된 것이므로, 수사기관이 수사기관 사무실에서 위와 같이 압수된 이미지 파일을 탐색·복제·출력하는 과정에서도 피의자 등에게 참여의 기회를 보장하여야 하는 것은 아니다(대법원 2018.2.8, 2017도13263).

37
정답 ③

③ [×] 이러한 경우 참고인의 진술 또는 작성이 '특히 신빙할 수 있는 상태 하에서 행하여졌음에 대한 증명'은 단지 그러할 개연성이 있다는 정도로는 부족하고 합리적인 의심의 여지를 배제할 정도에 이르러야 한다. 나아가 이러한 법리는 원진술자의 소재불명 등을 전제로 하고 있는 형사소송법 제316조 제2항의 경우에도 그대로 적용된다(대법원 2017.7.18, 2015도12981, 2015전도218).

① [○] (제3자가 공갈목적을 숨기고 피고인의 동의하에 찍은 나체사진 사건에 있어서) 피고인이 이 사건 사진의 촬영일자 부분에 대하여 조작된 것이라고 다툰다고 하더라도 이 부분은 전문증거에 해당되어 별도로 증거능력이 있는지를 살펴보면 족한 것이다(증거동의가 있었으므로 증거능력 인정, 대법원 1997.9.30, 97도1230).

② [○] 어떠한 내용의 진술을 하였다는 사실 자체에 대한 정황증거로 사용될 것이라는 이유로 서류의 증거능력을 인정한 다음 그 사실을 다시 진술 내용이나 그 진실성을 증명하는 간접사실로 사용하는 경우에 그 서류는 전문증거에 해당한다(대법원 2019.8.29, 2018도14303 전원합의체).

④ [○] '영상녹화물이나 그 밖의 객관적인 방법'이란 형사소송법 및 형사소송규칙에 규정된 방식과 절차에 따라 제작된 영상녹화물 또는 그러한 영상녹화물에 준할 정도로 피고인의 진술을 과학적·기계적·객관적으로 재현해 낼 수 있는 방법만을 의미하고, 그 외에 조사관 또는 조사 과정에 참여한 통역인 등의 증언은 이에 해당한다고 볼 수 없다(대법원 2016.2.18, 2015도16586).

38
정답 ③

③ 가. [×], 나. [○], 다. [○], 라. [×]

가. [×] 사법경찰관의 사건불송치결정에 대한 이의신청권자에 고발인은 포함되지 아니한다. 형사소송법 제245조의7 제1항 참조.

> **형사소송법 제245조의7(고소인 등의 이의신청)** ① 제245조의6의 통지를 받은 사람(고발인을 제외한다)은 해당 사법경찰관의 소속 관서의 장에게 이의를 신청할 수 있다.

나. [○] 형사소송법 제245조의5 제2호, 수사준칙 제62조 참조.

> **형사소송법 제245조의5(사법경찰관의 사건송치 등)** 사법경찰관은 고소·고발 사건을 포함하여 범죄를 수사한 때에는 다음 각 호의 구분에 따른다.
> 1. 범죄의 혐의가 있다고 인정되는 경우에는 지체 없이 검사에게 사건을 송치하고, 관계 서류와 증거물을 검사에게 송부

하여야 한다.
2. 그 밖의 경우에는 그 이유를 명시한 서면과 함께 관계 서류와 증거물을 지체 없이 검사에게 송부하여야 한다. 이 경우 검사는 송부받은 날부터 90일 이내에 사법경찰관에게 반환하여야 한다.

수사준칙 제62조(사법경찰관의 사건불송치) ① 사법경찰관은 법 제245조의5제2호 및 이 영 제51조 제1항 제3호에 따라 불송치 결정을 하는 경우 불송치의 이유를 적은 불송치 결정서와 함께 압수물 총목록, 기록목록 등 관계 서류와 증거물을 검사에게 송부해야 한다.

다. [○] 검사의 불기소처분에 대하여 고소하지 않은 피해자(헌법재판소 2008.11.27. 2008헌마399·400)와 기소유예처분을 받은 피의자(헌법재판소 1989.10.27. 89헌마56)는 헌법소원심판을 청구할 수 있다. 다만 고소인은 재정신청이 가능하다는 점에서, 고발인은 자기관련성이 인정되지 않는다는 점에서 헌법소원을 제기할 수 없다.

라. [×] 검사의 불기소처분에 대한 헌법소원심판청구 후에 그 불기소처분의 대상이 된 피의사실에 대하여 공소시효가 완성된 경우에는 그 불기소처분에 대한 헌법소원심판청구는 권리보호의 이익이 없어 부적법하다(헌법재판소 1992.7.23. 92헌마103 전원합의체).

39 [정답] ②

② 2개

가. [○] 甲이 홍보를 위해 광고판(홍보용 배너와 거치대)을 1층 로비에 설치해 두었는데, 피고인이 乙에게 지시하여 乙이 위 광고판을 그 장소에서 제거하여 컨테이너로 된 창고로 옮겨 놓아 甲이 사용할 수 없도록 한 경우, 비록 물질적인 형태의 변경이나 멸실, 감손을 초래하지 않은 채 그대로 옮겼더라도 위 광고판은 본래적 역할을 할 수 없는 상태로 되었으므로 피고인의 행위는 재물손괴죄에서의 재물의 효용을 해하는 행위에 해당한다(대법원 2018.7.24. 2017도18807).

나. [○] ('착오'에 대한 판례의 입장에 의할 것을 조건으로 제시한 것을 볼 때, 출제의 의도는 구성요건착오에 관한 판례의 입장인 법정적 부합설을 묻는 것으로 보인다.) 乙이 丙을 甲으로 오인하고 상해를 한 것은 구체적 사실의 착오 중 객체의 착오로서 학설의 대립이 없이 발생사실에 대한 고의기수범이 인정되는 경우이다.

다. [×] (2)의 사안은 乙에게 정당방위의 주관적 정당화요소는 없으나 丙이 甲에게 총구를 겨누던 객관적 정당화상황이 존재하는 경우 즉, 우연적 방위에 해당하므로, 주관적 정당화요소 필요설(상해죄의 불능미수 또는 상해죄의 기수)과 주관적 정당화요소 불요설(정당방위로서 무죄)이 대립하는 것이지, 오상방위 등의 위법성전제사실의 착오에 관한 학설인 엄격책임설을 적용할 수는 없다.

라. [×] 검사는 무혐의 결정(불기소처분)에는 기판력이 인정되지 않으므로, 불기소처분 이후에도 수사를 재개할 수 있다.

마. [×] 피고인이 공판정에서 법관의 면전에서 행하는 자백에도 허위개입으로 인한 오판의 위험성은 존재하므로 보강법칙이 적용된다(대법원 1960.6.22. 4292형상1043).

40 [정답] ②

② 2개

가. [×] 형법은 야간주거침입을 제320조의 특수주거침입죄의 구성요건으로 규정하고 있지 않다.

형법 제320조(특수주거침입) 단체 또는 다중의 위력을 보이거나 위험한 물건을 휴대하여 전조의 죄를 범한 때에는 5년 이하의 징역에 처한다.

나. [○] 당해 피고인과 공범관계가 있는 다른 피의자에 대한 검사 이외의 수사기관 작성의 피의자신문조서는 그 피의자의 법정진술에 의하여 그 성립의 진정이 인정되더라도 당해 피고인이 공판기일에서 그 조서의 내용을 부인하면 증거능력이 부정된다(형사소송법 제312조 제3항 적용, 대법원 2008. 9.25. 2008도5189).

다. [○] 공동피고인의 (공판정) 자백은 이에 대한 피고인의 반대신문권이 보장되어 있어 증인으로 신문한 경우와 다를 바 없으므로 독립한 증거능력이 있다(대법원 2006.5.11. 2006도1944).

라. [×] 고소인 A가 고소를 취소할 수 있는 시기는 제1심 판결선고 전까지이다. 따라서 항소심 중에 甲에 대한 고소를 취소하였다고 하더라도 이는 甲에 대해서 효력이 없다(甲에 대해서 공소기각판결이 아니라 실체판결). 또한 A는 乙과는 상대적 친고죄를 구성하는 친족관계가 존재하지 아니하므로 원래부터 乙에 대해서는 친고죄가 아니고 검사의 乙에 대한 공소제기에는 A의 고소를 요하지 아니한다(乙에 대해서는 비친고죄이므로 실체판결).

[보충] 만약 1심 판결선고 전에 A가 甲에 대한 고소를 취소하였다 하더라도 乙에 대해서는 역시 고소불가분의 원칙이 적용되지 않는다.

제09회 2023 해경채용 2차 형사법　　　　p. 100-105

01	④	02	③	03	②	04	④	05	①
06	④	07	④	08	③	09	①	10	③
11	①	12	①	13	②	14	④	15	③
16	③	17	④	18	②	19	③	20	①

01　　　정답 ④

④ [○] 교사범이란 정범인 피교사자로 하여금 범죄를 결의하게 하여 그 죄를 범하게 한 때에 성립하는 것이고, 교사범을 처벌하는 이유는 이와 같이 교사범이 피교사자로 하여금 범죄 실행을 결의하게 하였다는 데에 있다. 따라서 교사범이 그 공범관계로부터 이탈하기 위해서는 피교사자가 범죄의 실행행위에 나아가기 전에 교사범에 의하여 형성된 피교사자의 범죄 실행의 결의를 해소하는 것이 필요하고, 이때 교사범이 피교사자에게 교사행위를 철회한다는 의사를 표시하고 이에 피교사자도 그 의사에 따르기로 하거나 또는 교사범이 명시적으로 교사행위를 철회함과 아울러 피교사자의 범죄 실행을 방지하기 위한 진지한 노력을 다하여 당초 피교사자가 범죄를 결의하게 된 사정을 제거하는 등 제반 사정에 비추어 객관적·실질적으로 보아 교사범에게 교사의 고의가 계속 존재한다고 보기 어렵고 당초의 교사행위에 의하여 형성된 피교사자의 범죄 실행의 결의가 더 이상 유지되지 않는 것으로 평가할 수 있다면, 설사 그 후 피교사자가 범죄를 저지르더라도 이는 당초의 교사행위에 의한 것이 아니라 새로운 범죄 실행의 결의에 따른 것이므로 교사자는 형법 제31조 제2항에 의한 죄책을 부담함은 별론으로 하고 형법 제31조 제1항에 의한 교사범으로서의 죄책을 부담하지는 않는다고 할 수 있다(대법원 2012.11.15, 2012도7407).

① [×] 교사범이 성립하기 위해서는 교사자의 교사행위와 정범의 실행행위가 있어야 하는 것이므로, 정범의 성립은 교사범의 구성요건의 일부를 형성하고 교사범이 성립함에는 정범의 범죄행위가 인정되는 것이 그 전제요건이 된다(대법원 2000.2.25, 99도1252).

② [×] 교사자는 피교사자에게 (특정범죄에 대한) 범죄실행의 결의를 갖게 한다는 사실을 인식하여야 한다. 따라서 과실에 의한 교사는 부정된다.

③ [×] 형법 제155조 제1항에서 타인의 형사사건에 관하여 증거를 위조한다 함은 증거 자체를 위조함을 말하는 것으로서, 선서무능력자로서 범죄 현장을 목격하지도 못한 사람으로 하여금 형사법정에서 범죄 현장을 목격한 양 허위의 증언을 하도록 하는 것은 위 조항이 규정하는 증거위조죄를 구성하지 아니한다(대법원 1998.2.10, 97도2961).

02　　　정답 ③

③ [×] 부작위범의 성립요건인 작위의무는 법적인 의무이어야 하므로 단순한 도덕상 또는 종교상의 의무는 포함되지 않으나 작위의무가 법적인 의무인 한 성문법이건 불문법이건 상관이 없고 또 공법이건 사법이건 불문하므로, 법령, 법률행위, 선행행위로 인한 경우는 물론이고 기타 신의성실의 원칙이나 사회상규 혹은 조리상 작위의무가 기대되는 경우에도 법적인 작위의무는 있다(대법원 1996.9.6, 95도2551).

① [○] 백화점에서 바이어를 보조하여 특정매장에 관한 상품관리 및 고객들의 불만사항 확인 등의 업무를 담당하는 직원은 자신이 관리하는 특정매장의 점포에 가짜 상표가 새겨진 상품이 진열·판매되고 있는 사실을 발견하였다면 고객들이 이를 구매하도록 방치하여서는 아니되고 점주나 그 종업원에게 즉시 그 시정을 요구하고 바이어 등 상급자에게 보고하여 이를 시정하도록 할 근로계약상·조리상의 의무가 있다고 할 것임에도 불구하고 이러한 사실을 알고서도 점주 등에게 시정조치를 요구하거나 상급자에게 이를 보고하지 아니함으로써 점주로 하여금 가짜 상표가 새겨진 상품들을 고객들에게 계속 판매하도록 방치한 것은 작위에 의하여 점주의 상표법위반 및 부정경쟁방지법위반 행위의 실행을 용이하게 하는 경우와 동등한 형법적 가치가 있는 것으로 볼 수 있으므로, 백화점 직원인 피고인은 부작위에 의하여 공동피고인인 점주의 상표법위반 및 부정경쟁방지법위반 행위를 방조하였다고 인정할 수 있다(대법원 1997.3.14, 96도1639).

② [○] 작위를 내용으로 하는 범죄를 부작위에 의하여 범하는 부진정 부작위범이 성립하기 위해서는 부작위를 실행행위로서의 작위와 동일시할 수 있어야 한다(대법원 2017.12.22, 2017도13211).

④ [○] 부작위범 사이의 공동정범은 다수의 부작위범에게 공통된 의무가 부여되어 있고 그 의무를 공통으로 이행할 수 있을 때에만 성립한다(대법원 2008.3.27, 2008도89).

03　　　정답 ②

① [×], ② [○] A는 C가 자신의 아버지인 것을 인식하지 못하였으므로 형법 제15조 제1항에 의하여 보통살인죄가 성립하고 B도 이에 대한 공동정범이 성립한다.

③ [×], ④ [×] A에게는 존속살해죄가 성립하지 않는다.

04　　　정답 ④

④ [○] 형법 제38조 제1항 제2호 참조.

> **형법 제38조(경합범과 처벌례)** ① 경합범을 동시에 판결할 때에는 다음 각 호의 구분에 따라 처벌한다.
> 1. 가장 무거운 죄에 대하여 정한 형이 사형, 무기징역, 무기금고인 경우에는 가장 무거운 죄에 대하여 정한 형으로 처벌한다.
> 2. 각 죄에 대하여 정한 형이 사형, 무기징역, 무기금고 외의 같은 종류의 형인 경우에는 가장 무거운 죄에 대하여 정한 형의 장기 또는 다액(多額)에 그 2분의 1까지 가중하되 각 죄에 대하여 정한 형의 장기 또는 다액을 합산한 형기 또는 액수를 초과할 수 없다. 다만, 과료와 과료, 몰수와 몰수는 병과(併科)할 수 있다.
> 3. 각 죄에 대하여 정한 형이 무기징역, 무기금고 외의 다른 종류의 형인 경우에는 병과한다.

① [×] 두개의 공소사실들이 본조 전단 소정의 경합범관계애 있는 경우 그 사실들에 대하여 병합심리를 하고 한 판결로

서 처단하는 이상 본법 제38조 제1항의 소정의 예에 따라 경합가중한 형기범위 내에서 피고인을 단일한 선고형으로 처단하여야 한다(대법원 1972.5.9, 72도597).

② [×] 형법 제37조 참조.

> 형법 제37조(경합범) 판결이 확정되지 아니한 수개의 죄 또는 금고 이상의 형에 처한 판결이 확정된 죄와 그 판결확정전에 범한 죄를 경합범으로 한다.

③ [×] 경합범에서 '확정판결'이란 통상의 불복절차에 의하여 다툴 수 없게 된 판결이다.

05   정답 ①

① [×] 야간에 타인의 재물을 절취하는 것으로 성립되지 않고, 야간에 사람의 주거 등에 침입하여 타인의 재물을 절취하여야 성립한다.

> 판례
> 형법은 제329조에서 절도죄를 규정하고 곧바로 제330조에서 야간주거침입절도죄를 규정하고 있을 뿐, 야간절도죄에 관하여는 처벌규정을 별도로 두고 있지 아니하다. 이러한 형법 제330조의 규정형식과 그 구성요건의 문언에 비추어 보면, 형법은 야간에 이루어지는 주거침입행위의 위험성에 주목하여 그러한 행위를 수반한 절도를 야간주거침입절도죄로 중하게 처벌하고 있는 것으로 보아야 하고, 따라서 주거침입이 주간에 이루어진 경우에는 야간주거침입절도죄가 성립하지 않는다고 해석하는 것이 타당하다(대법원 2011.4.14, 2011도300, 2011감도5).

② [○] 야간주거침입절도죄에 대하여 정하는 형법 제330조에서 "야간에"라고 함은 일몰후부터 다음날 일출 전까지를 말하고, 일반인이 심리적으로 야간이라고 보는 상태를 가리킨다고 할 수 없다(대법원 2011.10.27, 2011도11793).

③ [○] 주거침입이 주간에 이루어진 경우에는 야간주거침입절도죄가 성립하지 않는다고 해석하는 것이 타당하다(대법원 2011.4.14, 2011도300, 2011감도5).

④ [○] 야간에 아파트에 침입하여 물건을 훔칠 의도하에 아파트의 베란다 철제난간까지 올라가 유리창문을 열려고 시도하였다면 야간주거침입절도죄의 실행에 착수한 것으로 보아야 한다(대법원 2003.10.24, 2003도4417).

06   정답 ④

④ [○] 공동정범의 관계에 있는 공범의 일부가 자의로 결과발생을 방지한 경우, 자의로 방지한 자는 중지미수로, 자의성이 없는 나머지 공범은 장애미수로 처벌된다.

① [×] 행위자 상호간에 범죄의 실행을 공모하였다면 다른 공모자가 이미 실행에 착수한 이후에는 그 공모관계에서 이탈하였다고 하더라도 공동정범의 책임을 면할 수 없는 것이므로 피고인 등이 금품을 강취할 것을 공모하고 피고인은 집 밖에서 망을 보기로 하였으나, 다른 공모자들이 피해자의 집에 침입한 후 담배를 사기 위해서 망을 보지 않았다고 하더라도, 피고인은 판시 강도상해죄의 공동정범의 죄책을 면할 수가 없다(대법원 1984.1.31, 83도2941).

② [×] 피고인이 장롱 안에 있는 옷가지에 불을 놓아 건물을

소훼하려 하였으나 불길이 치솟는 것을 보고 겁이 나서 물을 부어 불을 끈 것이라면, 위와 같은 경우 치솟는 불길에 놀라거나 자신의 신체안전에 대한 위해 또는 범행 발각시의 처벌 등에 두려움을 느끼는 것은 일반 사회통념상 범죄를 완수함에 장애가 되는 사정에 해당한다고 보아야 할 것이므로, 이를 자의에 의한 중지미수라고는 볼 수 없다(대법원 1997.6.13, 97도957).

③ [×] 중지범은 범죄의 실행에 착수한 후 자의로 그 행위를 중지한 때를 말하는 것이고 실행의 착수가 있기 전인 예비음모의 행위를 처벌하는 경우에 있어서 중지범의 관념은 이를 인정할 수 없다(대법원 1999.4.9, 99도424).

07   정답 ④

④ [○] 형사소송법 제312조 제6항 참조.

> 제312조(검사 또는 사법경찰관의 조서 등) ⑥ 검사 또는 사법경찰관이 검증의 결과를 기재한 조서는 적법한 절차와 방식에 따라 작성된 것으로서 공판준비 또는 공판기일에서의 작성자의 진술에 따라 그 성립의 진정함이 증명된 때에는 증거로 할 수 있다.

① [×] 증거가 될 만한 흔적을 확인할 수 있는 현저한 사유가 있는 경우에 한한다(형사소송법 제141조 제2항).

> 형사소송법 제141조(신체검사에 관한 주의) ② 피고인 아닌 사람의 신체검사는 증거가 될 만한 흔적을 확인할 수 있는 현저한 사유가 있는 경우에만 할 수 있다.

② [×] 형사소송법 제141조 제4항 참조.

> 형사소송법 제141조(신체검사에 관한 주의) ④ 시체의 해부 또는 분묘의 발굴을 하는 때에는 예(禮)에 어긋나지 아니하도록 주의하고 미리 유족에게 통지하여야 한다.

③ [×] 형사소송법 제143조 제2항 참조.

> 형사소송법 제143조(시각의 제한) ② 일몰 전에 검증에 착수한 때에는 일몰 후라도 검증을 계속할 수 있다.

08   정답 ③

③ [○] 형사소송법 제121조, 제122조 참조.

> 형사소송법 제121조(영장집행과 당사자의 참여) 검사, 피고인 또는 변호인은 압수·수색영장의 집행에 참여할 수 있다.
> 제122조(영장집행과 참여권자에의 통지) 압수·수색영장을 집행함에는 미리 집행의 일시와 장소를 전조에 규정한 자에게 통지하여야 한다. 단, 전조에 규정한 자가 참여하지 아니한다는 의사를 명시한 때 또는 급속을 요하는 때에는 예외로 한다.

① [×] 형사소송법 제106조 제3항 참조.

> 형사소송법 제106조(압수) ③ 법원은 압수의 목적물이 컴퓨터용 디스크, 그 밖에 이와 비슷한 정보저장매체(이하 이 항에서 "정보저장매체등"이라 한다)인 경우에는 기억된 정보의 범위를 정하여 출력하거나 복제하여 제출받아야 한다. 다만, 범위를 정하여 출력 또는 복제하는 방법이 불가능하거나 압수의 목적을 달성하기에 현저히 곤란하다고 인정되는 때에는 정보저장매체등을 압수할 수 있다.

② [×] 형사소송법 제111조 제1항, 제2항 참조.

> **형사소송법 제111조(공무상 비밀과 압수)** ① 공무원 또는 공무원이었던 자가 소지 또는 보관하는 물건에 관하여는 본인 또는 그 당해 공무소가 직무상의 비밀에 관한 것임을 신고한 때에는 그 소속공무소 또는 당해 감독관공서의 승낙 없이는 압수하지 못한다.
> ② 소속공무소 또는 당해 감독관공서는 국가의 중대한 이익을 해하는 경우를 제외하고는 승낙을 거부하지 못한다.

④ [×] 수사기관이 甲 주식회사에서 압수수색영장을 집행하면서 甲 회사에 팩스로 영장 사본을 송신하기만 하고 영장 원본을 제시하거나 압수조서와 압수물 목록을 작성하여 피압수·수색 당사자에게 교부하지도 않은 채 피고인의 이메일을 압수한 후 이를 증거로 제출한 사안에서, 위와 같은 방법으로 압수된 이메일은 증거능력이 없다(대법원 2017.9.7, 2015도10648).

09   정답 ①

① [×] 형사소송법 제200조의3 제1항 참조.

> **형사소송법 제200조의3(긴급체포)** ① 검사 또는 사법경찰관은 피의자가 사형·무기 또는 장기 3년이상의 징역이나 금고에 해당하는 죄를 범하였다고 의심할 만한 상당한 이유가 있고, 다음 각 호의 어느 하나에 해당하는 사유가 있는 경우에 긴급을 요하여 지방법원판사의 체포영장을 받을 수 없는 때에는 그 사유를 알리고 영장없이 피의자를 체포할 수 있다. 이 경우 긴급을 요한다 함은 피의자를 우연히 발견한 경우등과 같이 체포영장을 받을 시간적 여유가 없는 때를 말한다.
> 1. 피의자가 증거를 인멸할 염려가 있는 때
> 2. 피의자가 도망하거나 도망할 우려가 있는 때

② [○] 형사소송법 제200조의3 제1항 참조.

> **형사소송법 제200조의3(긴급체포)** ① 검사 또는 사법경찰관은 피의자가 사형·무기 또는 장기 3년이상의 징역이나 금고에 해당하는 죄를 범하였다고 의심할 만한 상당한 이유가 있고, 다음 각 호의 어느 하나에 해당하는 사유가 있는 경우에 긴급을 요하여 지방법원판사의 체포영장을 받을 수 없는 때에는 그 사유를 알리고 영장없이 피의자를 체포할 수 있다. 이 경우 긴급을 요한다 함은 피의자를 우연히 발견한 경우등과 같이 체포영장을 받을 시간적 여유가 없는 때를 말한다.
> 1. 피의자가 증거를 인멸할 염려가 있는 때
> 2. 피의자가 도망하거나 도망할 우려가 있는 때

③ [○] 형사소송법 제217조 제1항 참조.

> **형사소송법 제217조(영장에 의하지 아니하는 강제처분)** ① 검사 또는 사법경찰관은 제200조의3에 따라 체포된 자가 소유·소지 또는 보관하는 물건에 대하여 긴급히 압수할 필요가 있는 경우에는 체포한 때부터 24시간 이내에 한하여 영장 없이 압수·수색 또는 검증을 할 수 있다.

④ [○] 대법원 2006.9.8, 2006도148

10   정답 ③

③ [×] 민주사회에서 공무원의 직무수행에 대한 시민들의 건전한 비판과 감시는 가능한 한 널리 허용되어야 한다는 점에서 볼 때, 공무원의 직무 수행에 대한 비판이나 시정 등을

요구하는 집회·시위 과정에서 일시적으로 상당한 소음이 발생하였다는 사정만으로는 이를 공무집행방해죄에서의 음향으로 인한 폭행이 있었다고 할 수는 없다(대법원 2009.10.29, 2007도3584).

① [○] 피해자에게 근접하여 욕설을 하면서 때릴 듯이 손발이나 물건을 휘두르거나 던지는 행위는 직접 피해자의 신체에 접촉하지 않았다고 하여도 피해자에 대한 불법한 유형력의 행사로서 폭행에 해당하나, 공소사실 중에 때릴 듯이 위세 또는 위력을 보인 구체적인 행위내용이 적시되어 있지 않다면 결국 욕설을 함으로써 위세 또는 위력을 보였다는 취지로 해석할 수밖에 없고 이와 같이 욕설을 한 것 외에 별다른 행위를 한 적이 없다면 이는 유형력의 행사라고 보기 어려울 것이다(대법원 1990.2.13, 89도1406).

② [○] 형법 제260조에서 말하는 폭행이란 사람의 신체에 대하여 유형력을 행사하는 것을 의미하는 것으로서 피고인이 피해자에게 욕설을 한 것만을 가지고 당연히 폭행을 한 것이라고 할 수는 없을 것이고, 피해자 집의 대문을 발로 찬 것이 막바로 또는 당연히 피해자의 신체에 대하여 유형력을 행사한 경우에 해당한다고 할 수도 없다(대법원 1991.1.29, 90도2153).

④ [○] 피해자의 신체에 공간적으로 근접하여 고성으로 폭언이나 욕설을 하거나 동시에 손발이나 물건을 휘두르거나 던지는 행위는 직접 피해자의 신체에 접촉하지 아니하였다 하더라도 피해자에 대한 불법한 유형력의 행사로서 폭행에 해당될 수 있는 것이지만, 거리상 멀리 떨어져 있는 사람에게 전화기를 이용하여 전화하면서 고성을 내거나 그 전화 대화를 녹음 후 듣게 하는 경우에는 특수한 방법으로 수화자의 청각기관을 자극하여 그 수화자로 하여금 고통스럽게 느끼게 할 정도의 음향을 이용하였다는 등의 특별한 사정이 없는 한 신체에 대한 유형력의 행사를 한 것으로 보기 어렵다(대법원 2003.1.10, 2000도5716).

11   정답 ①

① [×] 공증담당 변호사가 법무사의 직원으로부터 인증촉탁 서류를 제출받았을 뿐 법무사가 공증사무실에 출석하여 사서증서의 날인이 당사자 본인의 것임을 확인한 바 없음에도 마치 그러한 확인을 한 것처럼 인증서에 기재한 경우, 인증 촉탁 대리인이 법무사일 경우 그 직원이 공증사무실에 촉탁서류를 제출할 뿐 법무사 본인이 사서증서의 날인 또는 서명이 당사자 본인의 것임을 확인하지 아니하는 것이 업계의 관행이라고 할지라도 그와 같은 업계의 관행이 정당하다고 볼 수 없어 허위공문서작성죄가 성립한다(대법원 2007.1.25, 2006도3844).

② [○] 허위공문서작성죄에 있어서의 '직무에 관한 문서'라 함은 공무원이 그 직무권한 내에서 작성하는 문서를 말하고, 그 문서는 대외적인 것이거나 내부적인 것(본건의 경우 대내적인 기안문서인 예산품의서)을 구별하지 아니하며, 그 직무권한이 반드시 법률상 근거가 있음을 필요로 하는 것이 아니고, 널리 명령, 내규 또는 관례에 의한 직무집행의 권한

으로써 작성 하는 경우를 포함한다(대법원 1981.12.8, 81도943).

③ [○] 허위공문서작성죄란 공문서에 진실에 반하는 기재를 하는 때에 성립하는 범죄이므로, 고의로 법령을 잘못 적용하여 공문서를 작성하였다고 하더라도 그 법령적용의 전제가 된 사실관계에 대한 내용에 거짓이 없다면 허위공문서작성죄가 성립될 수 없는바 당사자로부터 뇌물을 받고 고의로 적용하여서는 안될 조항을 적용하여 과세표준을 결정하고 그 과세표준에 기하여 세액을 산출하였다고 하더라도, 그 세액계산서에 허위내용의 기재가 없다면 허위공문서작성죄에는 해당하지 않는다(대법원 1996.5.14, 96도554).

④ [○] 자동차 등의 운전자가 경찰공무원에게 다른 사람의 운전면허증 자체가 아니라 이를 촬영한 이미지파일을 휴대전화 화면 등을 통하여 보여주는 행위는 운전면허증의 특정된 용법에 따른 행사라고 볼 수 없는 것이어서 그로 인하여 경찰공무원이 그릇된 신용을 형성할 위험이 있다고 할 수 없으므로, 이러한 행위는 결국 공문서부정행사죄를 구성하지 아니한다(대법원 2019.12.12, 2018도2560).

12 　　　　　　　　　　　　정답 ①

① [×] 「형법」상 피해자의 의사에 반하여 처벌할 수 없는 죄에 있어서 피해자에게 자복한 경우에는 임의적 감면사유에 해당한다(형법 제52조 제2항 참조).

> 형법 제52조(자수, 자복) ② 피해자의 의사에 반하여 처벌할 수 없는 범죄의 경우에는 피해자에게 죄를 자복(自服)하였을 때에도 형을 감경하거나 면제할 수 있다.

② [○] 범죄사실과 범인이 누구인가가 발각된 후라 하더라도 범인이 자발적으로 자기의 범죄사실을 수사기관에 신고한 경우에는 이를 자수로 보아야 한다(대법원 1965.10.5, 65도597).

③ [○] 자수서를 소지하고 수사기관에 자발적으로 출석하였으나 자수서를 제출하지 아니하고 범행사실도 부인하였다면 자수가 성립하지 아니하고, 그 이후 구속까지 된 상태에서 자수서를 제출하고 범행사실을 시인한 것을 자수에 해당한다고 인정할 수 없다(대법원 2004.10.14, 2003도3133).

④ [○] 자수라 함은 범인이 스스로 수사책임이 있는 관서에 자기의 범행을 자발적으로 신고하고 그 처분을 구하는 의사표시를 말하고, 가령 수사기관의 직무상의 질문 또는 조사에 응하여 범죄사실을 진술하는 것은 자백일 뿐 자수로는 되지 않는다(대법원 1992.8.14, 92도962).

13 　　　　　　　　　　　　정답 ②

② [×] 몰수의 취지가 범죄에 의한 이득의 박탈을 목적으로 하는 것이고 추징도 이러한 몰수의 취지를 관철하기 위한 것이라는 점을 고려하면 몰수하기 불능한 때에 추징하여야 할 가액은 범인이 그 물건을 보유하고 있다가 몰수의 선고를 받았더라면 잃게 될 이득상당액을 의미하므로, 추징하여야 할 가액이 몰수의 선고를 받았더라면 잃게 될 이득상당액을 초과하여서는 아니 된다(대법원 2017.9.21, 2017도8611).

① [○] 밀항단속법 제4조 제3항의 취지와 위 법의 입법 목적에 비추어 보면, 밀항단속법상의 몰수와 추징은 일반 형사

법과 달리 범죄사실에 대한 징벌적 제재의 성격을 띠고 있으므로, 여러 사람이 공모하여 죄를 범하고도 몰수대상인 수수 또는 약속한 보수를 몰수할 수 없을 때에는 공범자 전원에 대하여 그 보수액 전부의 추징을 명하여야 한다(대법원 2008.10.9, 2008도7034).

③ [○] 몰수는 범죄에 의한 이득을 박탈하는 데 그 취지가 있고, 추징도 이러한 몰수의 취지를 관철하기 위한 것인 점 등에 비추어 볼 때, 몰수할 수 없는 때에 추징하여야 할 가액은 범인이 그 물건을 보유하고 있다가 몰수의 선고를 받았더라면 잃었을 이득상당액을 의미하므로, 다른 특별한 사정이 없는 한 그 가액산정은 재판선고시의 가격을 기준으로 하여야 한다(대법원 2008.10.9, 2008도6944).

④ [○] 마약류 관리에 관한 법률 제67조의 몰수나 추징을 선고하기 위하여는 몰수나 추징의 요건이 공소가 제기된 범죄사실과 관련되어 있어야 하므로, 법원으로서는 범죄사실에서 인정되지 아니한 사실에 관하여는 몰수나 추징을 선고할 수 없다(대법원 2016.12.15, 2016도16170).

14 　　　　　　　　　　　　정답 ④

④ [×] 수사에 관한 강제처분은 형사소송법에 특별한 규정이 없으면 하지 못하고(형사소송법 제199조 제1항 단서), 사법경찰관이 범죄수사에 필요한 때에는 검사에게 신청하여 검사의 청구로 지방법원 판사가 발부한 영장에 의하여 압수·수색 또는 검증을 할 수 있으며(형사소송법 제215조 제2항), 다만 범행 중 또는 범행직후의 범죄 장소에서 긴급을 요하여 법원판사의 영장을 받을 수 없는 때에는 영장 없이 압수, 수색 또는 검증을 할 수 있으나, 이 경우에는 사후에 지체없이 영장을 받아야 한다(형사소송법 제216조 제3항), 형사소송법 제216조 제3항의 요건 중 어느 하나라도 갖추지 못한 경우 그러한 압수·수색 또는 검증은 위법하고, 이에 대하여 사후에 법원으로부터 영장을 발부 받았다고 하여 그 위법성이 치유되는 것은 아니다(대법원 2012.2.9, 2009도14884).

① [○] 현행범을 체포한 경찰관의 진술이라 하더라도 범행을 목격한 부분에 관하여는 여느 목격자의 진술과 다름없이 증거능력이 있다(대법원 1995.5.9, 95도535).

② [○] 대법원 2018.3.29, 2017도21537

③ [○] 대법원 2017.3.15, 2013도2168

15 　　　　　　　　　　　　정답 ③

③ [×] 준강도죄에 있어서의 폭행이나 협박은 상대방의 반항을 억압하는 수단으로서 일반적 객관적으로 가능하다고 인정하는 정도의 것이면 되고 반드시 현실적으로 반항을 억압하였음을 필요로 하는 것은 아니다(대법원 1981.3.24, 81도409).

① [○] 준강도죄는 재물탈환항거·체포면탈·범죄흔적인멸의 목적을 가져야 한다.

② [○] 형법 제335조 참조

> 형법 제335조(준강도) 절도가 재물의 탈환에 항거하거나 체포를 면탈하거나 범죄의 흔적을 인멸할 목적으로 폭행 또는 협박한 때에는 제333조 및 제334조의 예에 따른다.

④ [○] 절도범인이 체포를 면탈할 목적으로 경찰관에게 폭행 협박을 가한 때에는 준강도죄와 공무집행방해죄를 구성하고 양죄는 상상적 경합관계에 있으나, 강도범인이 체포를 면탈할 목적으로 경찰관에게 폭행을 가한 때에는 강도죄와 공무집행방해죄는 실체적 경합관계에 있고 상상적 경합관계에 있는 것이아니다(대법원 1992.7.28, 92도917).

16 정답 ③

③ [×] 형사소송법 제245조의5 제2호 참조.

> **형사소송법 제245조의5(사법경찰관의 사건송치 등)** 사법경찰관은 고소·고발 사건을 포함하여 범죄를 수사한 때에는 다음 각 호의 구분에 따른다.
> 2. 그 밖의 경우에는 그 이유를 명시한 서면과 함께 관계 서류와 증거물을 지체 없이 검사에게 송부하여야 한다. 이 경우 검사는 송부받은 날부터 90일 이내에 사법경찰관에게 반환하여야 한다.

① [○] 형사소송법 제245조의5 제1호 참조.

> **형사소송법 제245조의5(사법경찰관의 사건송치 등)** 사법경찰관은 고소·고발 사건을 포함하여 범죄를 수사한 때에는 다음 각 호의 구분에 따른다.
> 1. 범죄의 혐의가 있다고 인정되는 경우에는 지체 없이 검사에게 사건을 송치하고, 관계 서류와 증거물을 검사에게 송부하여야 한다.

② [○] 형사소송법 제245조의5 제2호 참조.

> **형사소송법 제245조의5(사법경찰관의 사건송치 등)** 사법경찰관은 고소·고발 사건을 포함하여 범죄를 수사한 때에는 다음 각 호의 구분에 따른다.
> 2. 그 밖의 경우에는 그 이유를 명시한 서면과 함께 관계 서류와 증거물을 지체 없이 검사에게 송부하여야 한다. 이 경우 검사는 송부받은 날부터 90일 이내에 사법경찰관에게 반환하여야 한다.

④ [○] 형사소송법 제245조의6 참조.

> **형사소송법 제245조의6(고소인 등에 대한 송부통지)** 사법경찰관은 제245조의5제2호의 경우에는 그 송부한 날부터 7일 이내에 서면으로 고소인·고발인·피해자 또는 그 법정대리인(피해자가 사망한 경우에는 그 배우자·직계친족·형제자매를 포함한다)에게 사건을 검사에게 송치하지 아니하는 취지와 그 이유를 통지하여야 한다.

17 정답 ④

④ [○] 국민학교 교장이 도 교육위원회의 지시에 따라 교과내용으로 되어 있는 꽃양귀비를 교과식물로 비치하기 위하여 양귀비 종자를 사서 교무실 앞 화단에 심은 것이라면 이는 죄가 되지 아니하는 것으로 오인한 행위로서 그 오인에 정당한 이유가 있는 경우에 해당한다(대법원 1972.3.31, 72도64).

① [×] 압류물을 집달관의 승인 없이 임의로 그 관할구역 밖으로 옮긴 경우에는 압류집행의 효용을 해하게 된다고 할 것이므로 공무상비밀표시무효죄가 성립한다. 이 행위를 하면서 변호사 등에게 문의하여 자문을 받았다는 사정만으로는 자신의 행위가 죄가 되지 않는다고 믿는 데에 정당한 이

유가 있다고 할 수 없다(대법원 1992.5.26, 91도894).

② [×] 피고인은 1971.4.10. 순경으로 임용된 이래 이 사건 범행 당시까지 약 23년간 경찰공무원으로 근무하여 왔고, 이 사건 범행당시에는 관악경찰서 형사과 형사계 G로 근무하고 있는 사람으로서 일반인들 보다도 형벌법규를 잘 알고 있으리라 추단이 되고 이러한 피고인이 검사의 수사지휘만 받으면 허위로 공문서를 작성하여도 죄가 되지 아니하는 것으로 그릇 인식하였다는 것은 납득이 가지 아니하고, 가사 피고인이 그러한 그릇된 인식이 있었다 하여도 피고인의 직업 등에 비추어 그러한 그릇된 인식을 함에 있어 정당한 이유가 있다고 볼 수도 없다(대법원 1995.11.10, 95도2088).

③ [×] 공무원이 그 직무에 관하여 실시한 봉인 등의 표시를 손상 또는 은닉 기타의 방법으로 그 효용을 해함에 있어서 그 봉인 등의 표시가 법률상 효력이 없다고 믿은 것은 법규의 해석을 잘못하여 행위의 위법성을 인식하지 못한 것이라고 할 것이므로 그와 같이 믿은 데에 정당한 이유가 없는 이상, 그와 같이 믿었다는 사정만으로는 공무상표시무효죄의 죄책을 면할 수 없다(대법원 2000.4.21, 99도5563).

18 정답 ②

② [×] 경찰관이 취객을 상대로 한 이른바 부축빼기 절도범을 단속하기 위하여, 공원 인도에 쓰러져 있는 취객 근처에서 감시하고 있다가, 마침 피고인이 나타나 취객을 부축하여 10m 정도를 끌고 가 지갑을 뒤지자 현장에서 체포하여 기소한 경우, 위법한 함정수사에 기한 공소제기가 아니다(대법원 2007.5.31, 2007도1903).

① [○] 대법원 2007.6.29, 2007도3164

③ [○] 대법원 2007.7.26, 2007도4532

④ [○] 수사기관과 직접 관련이 있는 유인자가 피유인자와의 개인적인 친밀관계를 이용하여 피유인자의 동정심이나 감정에 호소하거나, 금전적·심리적 압박이나 위협 등을 가하거나, 거절하기 힘든 유혹을 하거나, 또는 범행방법을 구체적으로 제시하고 범행에 사용할 금전까지 제공하는 등으로 과도하게 개입함으로써 피유인자로 하여금 범의를 일으키게 하는 것은 위법한 함정수사에 해당하여 허용되지 아니하지만, 유인자가 수사기관과 직접적인 관련을 맺지 아니한 상태에서 피유인자를 상대로 단순히 수차례 반복적으로 범행을 부탁하였을 뿐 수사기관이 사술이나 계략 등을 사용하였다고 볼 수 없는 경우는, 설령 그로 인하여 피유인자의 범의가 유발되었다 하더라도 위법한 함정수사에 해당하지 아니한다(대법원 2007.7.12, 2006도2339).

19 정답 ③

③ [×] 형법 제1조 제3항 참조.

> **형법 제1조(범죄의 성립과 처벌)** ③ 재판이 확정된 후 법률이 변경되어 그 행위가 범죄를 구성하지 아니하게 된 경우에는 형의 집행을 면제한다.

① [○] 형법 제7조 참조.

> **형법 제7조(외국에서 집행된 형의 산입)** 죄를 지어 외국에서 형의 전부 또는 일부가 집행된 사람에 대해서는 그 집행된 형의 전부 또는 일부를 선고하는 형에 산입한다.

② [○] 형법 제289조 및 제296조의2 참조.

> **형법 제289조(인신매매)** ① 사람을 매매한 사람은 7년 이하의 징역에 처한다.
> **제296조의2(세계주의)** 제287조부터 제292조까지 및 제294조는 대한민국 영역 밖에서 죄를 범한 외국인에게도 적용한다.

④ [○] 형법 제8조 참조.

> **형법 제8조(총칙의 적용)** 본법 총칙은 타법령에 정한 죄에 적용한다. 단, 그 법령에 특별한 규정이 있는 때에는 예외로 한다.

20

정답 ①

① [×] 甲이 처음 보는 여성인 乙의 뒤로 몰래 접근하여 성기를 드러내고 乙을 향한 자세에서 乙의 등 쪽에 소변을 본 행위는 객관적으로 일반인에게 성적 수치심이나 혐오감을 일으키게 하고 선량한 성적 도덕관념에 반하는 행위로서 乙의 성적 자기결정권을 침해하는 추행행위에 해당한다고 볼 여지가 있고, 행위 당시 乙이 이를 인식하지 못하였더라도 마찬가지이다(대법원 2021.10.28, 2021도7538).

② [○] 대법원 2020.3.26, 2019도15994

③ [○] 대법원 2007.1.25, 2006도5979

④ [○] 대법원 2019.3.28, 2018도16002 전원합의체

01	②	02	③	03	①	04	③	05	④
06	④	07	④	08	②	09	①	10	①
11	③	12	③	13	③	14	①	15	④
16	②	17	②	18	③	19	②	20	③
21	③	22	②	23	④	24	③	25	④
26	②	27	③	28	③	29	③	30	②
31	③	32	③	33	②	34	④	35	④
36	①	37	②	38	②	39	④	40	②

01
정답 ②

② ㉠, ㉢

㉠ 헌법 제12조 제6항 참조.

> 헌법 제12조 ⑥ 누구든지 체포 또는 구속을 당한 때에는 적부의 심사를 법원에 청구할 권리를 가진다.

㉢ 헌법 제28조 참조.

> 헌법 제28조 형사피의자 또는 형사피고인으로서 구금되었던 자가 법률이 정하는 불기소처분을 받거나 무죄판결을 받은 때에는 법률이 정하는 바에 의하여 국가에 정당한 보상을 청구할 수 있다.

㉡㉣ 위법수집증거배제법칙과 영장실질심사제도는 형사소송법의 규정 내용이며, 헌법에서 규정하고 있는 내용이 아니다.

02
정답 ③

③ [×] 헌법 제12조 제1항, 제5항, 형사소송법 제200조의5, 제213조의2, 제308조의2를 종합하면, 적법한 절차에 따르지 아니한 위법행위를 기초로 하여 증거가 수집된 경우에는 당해 증거뿐 아니라 그에 터 잡아 획득한 2차적 증거에 대해서도 증거능력은 부정되어야 한다. 다만, 위와 같은 위법수집증거 배제의 원칙은 수사과정의 위법행위를 억지함으로써 국민의 기본적 인권을 보장하기 위한 것이므로 적법절차에 위배되는 행위의 영향이 차단되거나 소멸되었다고 볼 수 있는 상태에서 수집한 증거는 그 증거능력을 인정하더라도 적법절차의 실질적 내용에 대한 침해가 일어나지는 않는다 할 것이니 그 증거능력을 부정할 이유는 없다(대법원 2013. 3.14, 2010도2094).

① [○] 이 사건 법률조항은 법관의 선고에 의하여 개시된 치료감호를 사회보호위원회가 그 종료 여부를 결정하도록 규정하고 있으나, 피치료감호자 등은 치료감호의 종료 여부를 심사·결정하여 줄 것을 사회보호위원회에 신청할 수 있고, 위원회가 신청을 기각하는 경우에 이들은 그 결정에 대하여 행정소송을 제기하여 법관에 의한 재판을 받을 수 있다고 해석되므로, 피치료감호자 등의 재판청구권이 침해된 것이 아니다(헌법재판소 2005.2.3, 2003헌바1 전원재판부).

② [○] 형사소송구조상 경찰 공무원은 당사자가 아닌 제3자의 지위에 있을 뿐만 아니라, 나아가 경찰 공무원의 증언에 대하여 피고인 또는 변호인은 반대신문권을 보장받고 있다는 점에서, 이 사건 법률조항에 의하여 경찰 공무원의 증인

적격을 인정한다 하더라도 적법절차의 원칙에 반한다거나 그 근거조항인 위 법 조항이 합리적이고 정당한 법률이 아니라고 말할 수는 없다(헌법재판소 2001.11.29, 2001헌바41).

④ [○] 사건 법률조항에서 말하는 '구속기간'은 '법원이 피고인을 구속한 상태에서 재판할 수 있는 기간'을 의미하는 것이지, '법원이 형사재판을 할 수 있는 기간' 내지 '법원이 구속사건을 심리할 수 있는 기간'을 의미한다고 볼 수 없다. 즉, 이 사건 법률조항은 미결구금의 부당한 장기화로 인하여 피고인의 신체의 자유가 침해되는 것을 방지하기 위한 목적에서 미결구금기간의 한계를 설정하고 있는 것이지, 신속한 재판의 실현 등을 목적으로 법원의 재판기간 내지 심리기간 자체를 제한하려는 규정이라 할 수는 없다(헌법재판소 2001.6.28, 99헌가14 전원재판부).

03
정답 ①

① [○] 대법원 2007.6.29, 2007도3164

② [×] 형사소송법 제327조 제2호, 아래 판례 참조.
범의를 가진 자에 대하여 단순히 범행의 기회를 제공하거나 범행을 용이하게 하는 것에 불과한 수사방법이 경우에 따라 허용될 수 있음은 별론으로 하고, 본래 범의를 가지지 아니한 자에 대하여 수사기관이 사술이나 계략 등을 써서 범의를 유발하게 하여 범죄인을 검거하는 함정수사는 위법함을 면할 수 없고, 이러한 함정수사에 기한 공소제기는 그 절차가 법률의 규정에(2020.12.8. 개정: 규정을) 위반하여 무효인 때에 해당한다고 볼 것이다(대법원 2005.10.28, 2005도1247).
[보충] 형사소송법 제327조 제2호에 규정된 공소제기의 절차가 법률의 규정에 위반하여 무효인 때에 해당한다는 이유로 공소기각 판결을 선고하였다. 위법한 함정수사의 처리에 대해서는 공소기각판결설(多·判), 무죄판결설, 유죄판결설이 대립한다.

③ [×] 경찰관이 취객을 상대로 한 이른바 부축빼기 절도범을 단속하기 위하여, 공원 인도에 쓰러져 있는 취객 근처에서 감시하고 있다가, 마침 피고인이 나타나 취객을 부축하여 10m 정도를 끌고 가 지갑을 뒤지자 현장에서 체포하여 기소한 경우, 위법한 함정수사에 기한 공소제기가 아니라고 한 사례(대법원 2007.5.31, 2007도1903).

④ [×] 유인자가 수사기관과 직접적인 관련을 맺지 아니한 상태에서 피유인자를 상대로 단순히 수차례 반복적으로 범행을 부탁하였을 뿐 수사기관이 사술이나 계략 등을 사용하였다고 볼 수 없는 경우는, 설령 그로 인하여 피유인자의 범의가 유발되었다 하더라도 위법한 함정수사에 해당하지 아니한다(대법원 2007.7.12, 2006도2339).
[보충] 수사기관과 직접 관련이 있는 유인자가 피유인자와의 개인적인 친밀관계를 이용하여 피유인자의 동정심이나 감정에 호소하거나, 금전적·심리적 압박이나 위협 등을 가하거나, 거절하기 힘든 유혹을 하거나, 또는 범행방법을 구체적으로 제시하고 범행에 사용할 금전까지 제공하는 등으로 과도하게 개입함으로써 피유인자로 하여금 범의를 일으키게 하는 것은 위법한 함정수사에 해당하여 허용되지 아니한다.

04

③ [×] 상대적 친고죄의 경우에는 모두 신분관계 있을 때에만 고소불가분의 원칙이 적용되고, 일부만 신분관계 있을 때에는 고소불가분의 원칙이 적용되지 않는다.

①④ [○] 형사소송법 제233조 참조.

> **형사소송법 제233조(고소의 불가분)** 친고죄의 공범 중 그 1인 또는 수인에 대한 고소 또는 그 취소는 다른 공범자에 대하여도 효력이 있다.

② [○] 친고죄의 공범 중 그 일부에 대하여 제1심판결이 선고된 후에는 제1심판결 선고 전의 다른 공범자에 대하여는 그 고소를 취소할 수 없고 그 고소의 취소가 있다 하더라도 그 효력을 발생할 수 없으며, 이러한 법리는 필요적 공범이나 임의적 공범이냐를 구별함이 없이 모두 적용된다(대법원 1985.11.12, 85도1940).

05

④ [○] 검문 중이던 경찰관들이, 자전거를 이용한 날치기 사건 범인과 흡사한 인상착의의 피고인이 자전거를 타고 다가오는 것을 발견하고 정지를 요구하였으나 멈추지 않아, 앞을 가로막고 검문에 협조해 달라고 하였음에도 불응하고 그대로 전진하자, 따라가서 재차 앞을 막고 검문에 응하라고 요구하였는데, 이에 피고인이 경찰관들의 멱살을 잡아 밀치는 등 항의하여 공무집행방해 등으로 기소된 사안에서, 경찰관들의 행위는 적법한 불심검문에 해당한다고 보아야 하는데도, 이와 달리 보아 피고인에게 무죄를 선고한 원심판결에 법리오해의 위법이 있다(대법원 2012.9.13, 2010도6203).

① [×] 수사관이 동행에 앞서 피의자에게 동행을 거부할 수 있음을 알려 주었거나 동행한 피의자가 언제든지 자유로이 동행과정에서 이탈 또는 동행장소로부터 퇴거할 수 있었음이 인정되는 등 오로지 피의자의 자발적인 의사에 의하여 수사관서 등에의 동행이 이루어졌음이 객관적인 사정에 의하여 명백하게 입증된 경우에 한하여, 그 적법성이 인정되는 것으로 봄이 상당하다(대법원 2006.7.6, 2005도6810).

② [×] 경찰관은 법 제3조 제1항에 규정된 대상자에게 질문을 하기 위하여 범행의 경중, 범행과의 관련성, 상황의 긴박성, 혐의의 정도, 질문의 필요성 등에 비추어 목적 달성에 필요한 최소한의 범위 내에서 사회통념상 용인될 수 있는 상당한 방법으로 대상자를 정지시킬 수 있고 질문에 수반하여 흉기의 소지 여부도 조사할 수 있다(대법원 2012.9.13, 2010도6203).

③ [×] 불심검문의 임의동행에 있어서 진술거부권을 고지해야 하는 것은 아니다. 또한 변호인조력권은 고지해야 하나 임의동행에 앞서 고지해야 하는 것은 아니고, 동행요구에 따라 임의동행이 된 때 고지하는 것이다. 즉, 질문을 위한 동행요구를 받고 경찰서에 임의동행한 자에게는 변호인의 조력을 받을 수 있는 권리가 있음을 알려서, 변호인과의 접견교통권을 원활하게 행사할 수 있도록 하여야 한다. 경찰관은 동행한 사람의 가족이나 친지 등에게 동행한 경찰관의 신분, 동행 장소, 동행 목적과 이유를 알리거나 본인으로 하

여금 즉시 연락할 수 있는 기회를 주어야 하며, 변호인의 도움을 받을 권리가 있음을 알려야 한다.

> **경찰관 직무집행법 제3조(불심검문)** ④ 경찰관은 제1항이나 제2항에 따라 질문을 하거나 동행을 요구할 경우 자신의 신분을 표시하는 증표를 제시하면서 소속과 성명을 밝히고 질문이나 동행의 목적과 이유를 설명하여야 하며, 동행을 요구하는 경우에는 동행 장소를 밝혀야 한다.
> ⑤ 경찰관은 제2항에 따라 동행한 사람의 가족이나 친지 등에게 동행한 경찰관의 신분, 동행 장소, 동행 목적과 이유를 알리거나 본인으로 하여금 즉시 연락할 수 있는 기회를 주어야 하며, 변호인의 도움을 받을 권리가 있음을 알려야 한다.

06

④ [×] 고소뿐 아니라 고소취소도 대리가 허용된다(형사소송법 제236조 참조).
　　[보충] 고발은 대리가 허용되지 않는다.

> **형사소송법 제236조(대리고소)** 고소 또는 그 취소는 대리인으로 하여금 하게 할 수 있다.

① [○] 대법원 1996.3.12, 94도2423

② [○] 형사소송법 제226조 참조.

> **형사소송법 제226조(동전)** 피해자의 법정대리인이 피의자이거나 법정대리인의 친족이 피의자인 때에는 피해자의 친족은 독립하여 고소할 수 있다.

③ [○] 고소를 함에는 고소능력이 있어야 하는바, 이는 피해를 받은 사실을 이해하고 고소에 따른 사회생활상의 이해관계를 알아차릴 수 있는 사실상의 의사능력으로 충분하므로 민법상의 행위능력이 없는 자라도 위와 같은 능력을 갖춘 자에게는 고소능력이 인정되고, 범행 당시 고소능력이 없던 피해자가 그 후에 비로소 고소능력이 생겼다면 그 고소기간은 고소능력이 생긴 때로부터 기산하여야 한다(대법원 2007.10.11, 2007도4962).

07

④ [×] 피의자신문 시 신뢰관계자 동석은 임의적 동석이다(형사소송법 제244조의5 참조).

> **형사소송법 제244조의5(장애인 등 특별히 보호를 요하는 자에 대한 특칙)** 검사 또는 사법경찰관은 피의자를 신문하는 경우 다음 각 호의 어느 하나에 해당하는 때에는 직권 또는 피의자·법정대리인의 신청에 따라 피의자와 신뢰관계에 있는 자를 동석하게 할 수 있다.
> 1. 피의자가 신체적 또는 정신적 장애로 사물을 변별하거나 의사를 결정·전달할 능력이 미약한 때
> 2. 피의자의 연령·성별·국적 등의 사정을 고려하여 그 심리적 안정의 도모와 원활한 의사소통을 위하여 필요한 경우

① [○] 헌법 제12조 제1항, 제4항 본문, 형사소송법 제243조의2 제1항 및 그 입법 목적 등에 비추어 보면, 피의자가 변호인의 참여를 원한다는 의사를 명백하게 표시하였음에도 수사기관이 정당한 사유 없이 변호인을 참여하게 하지 아니한 채 피의자를 신문하여 작성한 피의자신문조서는 형사소

송법 제312조에 정한 '적법한 절차와 방식'에 위반된 증거일 뿐만 아니라, 형사소송법 제308조의2에서 정한 '적법한 절차에 따르지 아니하고 수집한 증거'에 해당하므로 이를 증거로 할 수 없다(대법원 2013.3.28, 2010도3359).

[보충] 증거능력이 없다는 판시이다.

② [○] 형사소송법 제243조의2 제2항 참조.

> **형사소송법 제243조의2(변호인의 참여 등)** ② 신문에 참여하고자 하는 변호인이 2인 이상인 때에는 피의자가 신문에 참여할 변호인 1인을 지정한다. 지정이 없는 경우에는 검사 또는 사법경찰관이 이를 지정할 수 있다.

③ [○] 피의자신문조서를 작성함에 있어 피고인들에게 그 조서의 기재내용을 알려 주지 아니하였다 하더라도 그 사실만으로는 피의자신문조서의 증거능력이 없다고 할 수 없다(대법원 1993.5.14, 93도486).

> **유사판례**
> 형사소송법 제244조의 규정에 비추어 수사기관이 피의자신문조서를 작성함에 있어서는 그것을 열람하게 하거나 읽어 들려야 하는 것이나 그 절차가 비록 행해지지 안했다 하더라도 그것만으로 그 피의자신문조서가 증거능력이 없게 된다고는 할 수 없고 같은 법 제312조 소정의 요건을 갖추게 되면 그것을 증거로 할 수 있다 (대법원 1988.5.10, 87도2716).

[보충] 위와 같은 과거의 대법원 판례들은 2007년 개정 형사소송법 제312조 제1항(적법한 절차와 방식에 따라 작성될 것) 하에서 그대로 유지되기 어렵다는 견해가 통설에 속한다. 따라서 출제 자체가 다소 적절하지 못한 측면이 있다. 물론, 수험에서는 새로운 판례가 나오기 전까지는 위 판례대로 문제를 풀어야 한다.

08
정답 ②

② [○] 경찰관이 긴급을 요하여 체포영장을 제시하지 않은 채 체포영장에 기한 체포 절차에 착수하였으나, 이에 피고인이 저항하면서 경찰관을 폭행하는 등 행위를 하여 특수공무집행방해의 현행범으로 체포한 후 사후에 체포영장을 별도로 제시하지 않은 것은 적법하다(대법원 2021.6.24, 2021도4648).

① [×] 구속적부심뿐 아니라 체포적부심도 필요적 변호사건에 속한다(형사소송법 제214조의2 제10항 참조).

> **형사소송법 제214조의2(체포와 구속의 적부심사)** ⑩ 체포되거나 구속된 피의자에게 변호인이 없는 때에는 제33조를 준용한다.

③ [×] 현행범인은 누구든지 영장 없이 체포할 수 있다(형사소송법 제212조). 현행범인으로 체포하기 위하여는 행위의 가벌성, 범죄의 현행성과 시간적 접착성, 범인·범죄의 명백성 이외에 체포의 필요성, 즉 도망 또는 증거인멸의 염려가 있어야 한다. 이러한 요건을 갖추지 못한 현행범인 체포는 법적 근거에 의하지 아니한 영장 없는 체포로서 위법한 체포에 해당한다(대법원 2017.4.7, 2016도19907).

[보충] 출제자는 신경을 쓰지 않은 것 같지만, 영장에 의한 체포의 요건은 출석요구에 불응하거나 불응할 우려이고, 도주나 증거인멸의 염려는 이것이 명백히 없을 때 판사가 체포영장을 발부할 수 없게 하는 소극적 요건에 불과하다. 따

라서 영장에 의한 체포 부분도 틀린 것이다. 다만, 여기서는 출제의 의도를 고려하여 현행범체포에 관해서만 해설을 한 것이다.

④ [×] 현행범인은 누구든지 영장 없이 체포할 수 있고(형사소송법 제212조), 검사 또는 사법경찰관리 아닌 이가 현행범인을 체포한 때에는 즉시 검사 등에게 인도하여야 한다(형사소송법 제213조 제1항). 여기서 '즉시'라고 함은 반드시 체포시점과 시간적으로 밀착된 시점이어야 하는 것은 아니고, '정당한 이유 없이 인도를 지연하거나 체포를 계속하는 등으로 불필요한 지체를 함이 없이'라는 뜻으로 볼 것이다. 또한 검사 등이 현행범인을 체포하거나 현행범인을 인도받은 후 현행범인을 구속하고자 하는 경우 48시간 이내에 구속영장을 청구하여야 하고 그 기간 내에 구속영장을 청구하지 아니하는 때에는 즉시 석방하여야 한다(형사소송법 제213조의2, 제200조의2 제5항). 위와 같이 체포된 현행범인에 대하여 일정 시간 내에 구속영장 청구 여부를 결정하도록 하고 그 기간 내에 구속영장을 청구하지 아니하는 때에는 즉시 석방하도록 한 것은 영장에 의하지 아니한 체포 상태가 부당하게 장기화되어서는 안 된다는 인권보호의 요청과 함께 수사기관에서 구속영장 청구 여부를 결정하기 위한 합리적이고 충분한 시간을 보장해 주려는 데에도 그 입법취지가 있다고 할 것이다. 따라서 검사 등이 아닌 이에 의하여 현행범인이 체포된 후 불필요한 지체 없이 검사 등에게 인도된 경우 위 48시간의 기산점은 체포시가 아니라 검사 등이 현행범인을 인도받은 때라고 할 것이다(대법원 2011.12.22, 2011도12927).

09
정답 ①

① [×] 심야조사는 원칙적으로 금지되나, 이미 작성된 조서의 열람을 위한 절차는 '자정 이전까지' 진행할 수 있다(수사준칙 제21조 제1항 단서).

> **수사준칙 제21조(심야조사 제한)** ① 검사 또는 사법경찰관은 조사, 신문, 면담 등 그 명칭을 불문하고 피의자나 사건관계인에 대해 오후 9시부터 오전 6시까지 사이에 조사(이하 "심야조사"라 한다)를 해서는 안 된다. 다만, 이미 작성된 조서의 열람을 위한 절차는 '자정 이전'까지 진행할 수 있다.
> ② 제1항에도 불구하고 다음 각 호의 어느 하나에 해당하는 경우에는 심야조사를 할 수 있다. 이 경우 심야조사의 사유를 조서에 명확하게 적어야 한다.
> 1. 피의자를 체포한 후 48시간 이내에 구속영장의 청구 또는 신청 여부를 판단하기 위해 불가피한 경우
> 2. 공소시효가 임박한 경우
> 3. 피의자나 사건관계인이 출국, 입원, 원거리 거주, 직업상 사유 등 재출석이 곤란한 구체적인 사유를 들어 심야조사를 요청한 경우(변호인이 심야조사에 동의하지 않는다는 의사를 명시한 경우는 제외한다)로서 해당 요청에 상당한 이유가 있다고 인정되는 경우
> 4. 그 밖에 사건의 성질 등을 고려할 때 심야조사가 불가피하다고 판단되는 경우 등 법무부장관, 경찰청장 또는 해양경찰청장이 정하는 경우로서 검사 또는 사법경찰관의 소속 기관의 장이 지정하는 인권보호 책임자의 허가 등을 받은 경우

② [○] 체포 후 48시간 이내에 검사가 구속영장을 청구하지 않으면 석방해야 하는데(제200조의2 제5항), 이 경우 48시간 이내에 검사의 구속영장 청구 또는 사법경찰관의 구속영장 신청 여부를 판단하기 위해 불가피한 경우에는 예외적으로 심야조사가 가능하다(수사준칙 제21조 제2항 제1호).

③ [○] 심야조사가 가능한 예외적인 경우는 ㉠ 체포 후 48시간 이내에 구속영장의 청구 또는 신청 여부를 판단하기 위해 불가피한 경우, ㉡ 공소시효가 임박한 경우, ㉢ 피의자나 사건관계인이 재출석이 곤란한 구체적인 사유를 들어 심야조사를 요청한 경우(이때 변호인의 명시적 부동의가 있으면 심야조사 금지) 그리고 ㉣ 그 밖에 사건의 성질 등을 고려할 때 심야조사가 불가피하다고 판단되는 경우 등 법무부장관, 경찰청장, 해양경찰청장이 정하는 경우의 네 가지 경우가 있다. 마지막 ㉣의 경우에는 검사 또는 사법경찰관의 소속기관의 장이 지정하는 인권보호책임자의 허가 등을 받아야 한다(수사준칙 제21조 제2항).

[참고] 검사 또는 사법경찰관은 피의자나 사건관계인에 대한 조사를 마친 때부터 8시간 내에는 재조사가 금지되나, 역시 위 네 가지 경우에는 8시간 내 재조사가 가능하다.

④ [○] 수사준칙 제22조 제1항 참조.

> **수사준칙 제22조(장시간 조사 제한)** ① 검사 또는 사법경찰관은 조사, 신문, 면담 등 그 명칭을 불문하고 피의자나 사건관계인을 조사하는 경우에는 대기시간, 휴식시간, 식사시간 등 모든 시간을 합산한 조사시간(이하 "총조사시간"이라 한다)이 12시간을 초과하지 않도록 해야 한다. 다만, 다음 각 호의 어느 하나에 해당하는 경우에는 예외로 한다.
> 1. 피의자나 사건관계인의 서면 요청에 따라 조서를 열람하는 경우
> 2. 제21조 제2항 각 호의 어느 하나에 해당하는 경우
> ② 검사 또는 사법경찰관은 특별한 사정이 없으면 총조사시간 중 식사시간, 휴식시간 및 조서의 열람시간 등을 제외한 실제 조사시간이 8시간을 초과하지 않도록 해야 한다.
> ③ 검사 또는 사법경찰관은 피의자나 사건관계인에 대한 조사를 마친 때부터 8시간이 지나기 전에는 다시 조사할 수 없다. 다만, 제1항 제2호에 해당하는 경우에는 예외로 한다.

10 　　　　　　　　　　　　정답 ①

① [✕] 변호인은 구속영장이 청구된 피의자에 대한 심문 시작 전에 피의자와 접견할 수 있고(형사소송규칙 제96조의20 제1항), 피의자는 판사의 심문 도중에도 변호인에게 조력을 구할 수 있다(동 제96조의16 제4항).

② [○] 형사소송법 제201조의2 제7항 참조.

> **형사소송법 제201조의2(구속영장 청구와 피의자 심문)** ⑦ 피의자심문을 하는 경우 법원이 구속영장청구서·수사 관계 서류 및 증거물을 접수한 날부터 구속영장을 발부하여 검찰청에 반환한 날까지의 기간은 제202조 및 제203조의 적용에 있어서 그 구속기간에 산입하지 아니한다.

③ [○] 형사소송법 제201조의2 제8항 참조.

> **형사소송법 제201조의2(구속영장 청구와 피의자 심문)** ⑧ 심문할 피의자에게 변호인이 없는 때에는 지방법원판사는 직권으로

변호인을 선정하여야 한다. 이 경우 변호인의 선정은 피의자에 대한 구속영장 청구가 기각되어 효력이 소멸한 경우를 제외하고는 제1심까지 효력이 있다.

④ [○] 형사소송법 제201조의2 제9항 참조.

> **형사소송법 제201조의2(구속영장 청구와 피의자 심문)** ⑨ 법원은 변호인의 사정이나 그 밖의 사유로 변호인 선정결정이 취소되어 변호인이 없게 된 때에는 직권으로 변호인을 다시 선정할 수 있다.

11 　　　　　　　　　　　　정답 ③

③ ㉡, ㉣

㉠ [○] 순찰 중이던 경찰관이 교통사고를 낸 차량이 도주하였다는 무전연락을 받고 주변을 수색하다가 범퍼 등의 파손상태로 보아 사고차량으로 인정되는 차량에서 내리는 사람을 발견한 경우, 준현행범으로 체포할 수 있다(대법원 2000.7.4. 99도4341).

㉡ [✕] 음주운전을 종료한 후 40분 이상이 경과한 시점에서 길가에 앉아 있던 운전자를 술냄새가 난다는 점만을 근거로 음주운전의 현행범으로 체포한 것은 적법한 공무집행으로 볼 수 없다고 한 사례(대법원 2007.4.13. 2007도1249).

㉢ [○] 현행범을 체포한 경찰관의 진술이라 하더라도 범행을 목격한 부분에 관하여는 여느 목격자와 다름없이 증거능력이 있고, 다만 그 증거의 신빙성 문제되는 것이라 할 것이며, 위와 같은 경찰관의 체포행위를 도운 자가 범인의 범행을 목격하였다는 취지의 진술은 그 사람이 경찰정보원이라 하더라도 그 증거능력을 부인할 아무런 이유가 없다(대법원 1995.5.9. 95도535).

㉣ [○] 공무집행방해죄는 공무원의 적법한 공무집행이 전제로 되는데, 추상적인 권한에 속하는 공무원의 어떠한 공무집행이 적법한지 여부는 행위 당시의 구체적 상황에 기하여 객관적·합리적으로 판단하여야 하고 사후적으로 순수한 객관적 기준에서 판단할 것은 아니다. 마찬가지로 현행범 체포의 적법성은 체포 당시의 구체적 상황을 기초로 객관적으로 판단하여야 하고, 사후에 범인으로 인정되었는지에 의할 것은 아니다(대법원 2013.8.23. 2011도4763).

㉤ [✕] 교사가 교장실에 들어가 불과 약 5분 동안 식칼을 휘두르며 교장을 협박하는 등의 소란을 피운 후 40여분 정도가 지나 경찰관들이 출동하여 교장실이 아닌 서무실에서 그를 연행하려 하자 그가 구속영장의 제시를 요구하면서 동행을 거부하였다면, 체포 당시 서무실에 앉아 있던 위 교사가 방금 범죄를 실행한 범인이라는 죄증이 경찰관들에게 명백히 인식될 만한 상황이었다고 단정할 수 없는데도 이와 달리 그를 "범죄의 실행의 즉후인 자"로서 현행범인이라고 단정한 원심판결에는 현행범인에 관한 법리오해의 위법이 있다(대법원 1991.9.24. 91도1314).

12 　　　　　　　　　　　　정답 ③

③ ㉡, ㉢, ㉤은 구속기간에 산입하지 않는다. 이에 비해, 관할

이전으로 인한 공판절차 정지기간과 호송 중의 가유치 기간은 피고인 구속기간에 산입되는 기간이다.

> 형사소송법 제92조(구속기간과 갱신) ③ 제22조(기피신청과 소송의 정지), 제298조(공소장변경)제4항, 제306조제1항(피고인이 사물의 변별 또는 의사의 결정을 할 능력이 없는 상태에 있는 때에는 법원은 검사와 변호인의 의견을 들어서 결정으로 그 상태가 계속하는 기간 공판절차를 정지하여야 한다) 및 제2항(피고인이 질병으로 인하여 출정할 수 없는 때에는 법원은 검사와 변호인의 의견을 들어서 결정으로 출정할 수 있을 때까지 공판절차를 정지하여야 한다)의 규정에 의하여 공판절차가 정지된 기간 및 공소제기전의 체포·구인·구금 기간은 제1항 및 제2항의 기간에 산입하지 아니한다.

[보충] 피고인 구속기간에 산입되는 기간: 관할지정·이전에 의한 소송절차 정지기간, 토지관할 병합심리로 인한 소송절차 정지기간, 호송 중 가유치(임시유치) 기간 → 관/토(병)/호는 산입해

13
정답 ③

③ [×] 의류·양식·의료품의 수수를 금지하거나 압수할 수는 없다(형사소송법 제91조 단서).

> 형사소송법 제91조(변호인 아닌 자와의 접견·교통) 법원은 도망하거나 범죄의 증거를 인멸할 염려가 있다고 인정할 만한 상당한 이유가 있는 때에는 직권 또는 검사의 청구에 의하여 결정으로 구속된 피고인과 제34조에 규정한 외의 타인과의 접견을 금지할 수 있고, 서류나 그 밖의 물건을 수수하지 못하게 하거나 검열 또는 압수할 수 있다. 다만, 의류·양식·의료품은 수수를 금지하거나 압수할 수 없다.

① [○] 대법원 2017.3.9, 2013도16162
② [○] 대법원 2007.1.31, 2006모656
④ [○] 변호인의 조력을 받을 권리를 보장하는 목적은 피의자 또는 피고인의 방어권 행사를 보장하기 위한 것이므로, 미결수용자 또는 변호인이 원하는 특정한 시점에 접견이 이루어지지 못하였다 하더라도 그것만으로 곧바로 변호인의 조력을 받을 권리가 침해되었다고 단정할 수는 없는 것이고, 변호인의 조력을 받을 권리가 침해되었다고 하기 위해서는 접견이 불허된 특정한 시점을 전후한 수사 또는 재판의 진행 경과에 비추어 보아, 그 시점에 접견이 불허됨으로써 피의자 또는 피고인의 방어권 행사에 어느 정도는 불이익이 초래되었다고 인정할 수 있어야만 하며, 그 시점을 전후한 변호인 접견의 상황이나 수사 또는 재판의 진행 과정에 비추어 미결수용자가 방어권을 행사하기 위해 변호인의 조력을 받을 기회가 충분히 보장되었다고 인정될 수 있는 경우에는, 비록 미결수용자 또는 그 상대방인 변호인이 원하는 특정 시점에는 접견이 이루어지지 못하였다 하더라도 변호인의 조력을 받을 권리가 침해되었다고 할 수 없다(헌법재판소 2011.5.26, 2009헌마341).

14
정답 ①

① [×] 보석청구를 받은 법원의 심문기일 지정은 24시간 이내가 아니라 지체없이 이루어져야 한다(형사소송규칙 제54

조의2). 보석청구에 관한 결정의 기한은 7일이다(형사소송규칙 제55조).

> 규칙 제54조의2(보석의 심리) ① 보석의 청구를 받은 법원은 지체없이 심문기일을 정하여 구속된 피고인을 심문하여야 한다. 다만, 다음 각호의 어느 하나에 해당하는 때에는 그러하지 아니하다.
> 1. 법 제94조에 규정된 청구권자 이외의 사람이 보석을 청구한 때
> 2. 동일한 피고인에 대하여 중복하여 보석을 청구하거나 재청구한 때
> 3. 공판준비 또는 공판기일에 피고인에게 그 이익되는 사실을 진술할 기회를 준 때
> 4. 이미 제출한 자료만으로 보석을 허가하거나 불허가할 것이 명백한 때수 있다. 다만, 이 경우에도 구속통지는 다시 서면으로 하여야 한다.
> 제55조(보석 등의 결정기한) 법원은 특별한 사정이 없는 한 보석 또는 구속취소의 청구를 받은 날부터 7일 이내에 그에 관한 결정을 하여야 한다.

② [○] 형사소송법 제94조 참조.

> 형사소송법 제94조(보석의 청구) 피고인, 피고인의 변호인·법정대리인·배우자·직계친족·형제자매·가족·동거인 또는 고용주는 법원에 구속된 피고인의 보석을 청구할 수 있다.

③ [○] 형사소송법 제102조 참조.

> 형사소송법 제102조(보석조건의 변경과 취소 등) ③ 법원은 피고인이 정당한 사유 없이 보석조건을 위반한 경우에는 결정으로 피고인에 대하여 1천만원 이하의 과태료를 부과하거나 20일 이내의 감치에 처할 수 있다.
> ④ 제3항의 결정에 대하여는 즉시항고를 할 수 있다.

④ [○] 형사소송법 제105조 참조.

> 형사소송법 제105조(상소와 구속에 관한 결정) 상소기간 중 또는 상소 중의 사건에 관하여 구속기간의 갱신, 구속의 취소, 보석, 구속의 집행정지와 그 정지의 취소에 대한 결정은 소송기록이 원심법원에 있는 때에는 원심법원이 하여야 한다.

15
정답 ④

④ [×] 형사소송법 제219조, 제121조에 의하면, 수사기관이 압수·수색영장을 집행할 때 피의자 또는 변호인은 그 집행에 참여할 수 있다. 압수의 목적물이 컴퓨터용디스크 그 밖에 이와 비슷한 정보저장매체인 경우에는 영장 발부의 사유로 된 범죄 혐의사실과 관련 있는 정보의 범위를 정하여 출력하거나 복제하여 이를 제출받아야 하고, 피의자나 변호인에게 참여의 기회를 보장하여야 한다. 만약 그러한 조치를 취하지 않았다면 이는 형사소송법에 정한 영장주의 원칙과 적법절차를 준수하지 않은 것이다. 수사기관이 정보저장매체에 기억된 정보 중에서 키워드 또는 확장자 검색 등을 통해 범죄 혐의사실과 관련 있는 정보를 선별한 다음 정보저장매체와 동일하게 비트열 방식으로 복제하여 생성한 파일(이하 '이미지 파일'이라 한다)을 제출받아 압수하였다면 이로써 압수의 목적물에 대한 압수·수색 절차는 종료된 것이므로, 수사기관이 수사기관 사무실에서 위와 같이 압수된

이미지 파일을 탐색□복제□출력하는 과정에서도 피의자 등에게 참여의 기회를 보장하여야 하는 것은 아니다.

① [○] 수사기관의 전자정보에 대한 압수·수색은 원칙적으로 영장 발부의 사유로 된 범죄 혐의사실과 관련된 부분만을 문서 출력물로 수집하거나 수사기관이 휴대한 저장매체에 해당 파일을 복제하는 방식으로 이루어져야 하고, 저장매체 자체를 직접 반출하거나 저장매체에 들어 있는 전자파일 전부를 하드카피나 이미징 등 형태(이하 '복제본'이라 한다)로 수사기관 사무실 등 외부로 반출하는 방식으로 압수·수색하는 것은 현장의 사정이나 전자정보의 대량성으로 관련 정보 획득에 긴 시간이 소요되거나 전문 인력에 의한 기술적 조치가 필요한 경우 등 범위를 정하여 출력 또는 복제하는 방법이 불가능하거나 압수의 목적을 달성하기에 현저히 곤란하다고 인정되는 때에 한하여 예외적으로 허용될 수 있을 뿐이다(대법원 2015.7.16, 2011모1839 전원합의체).

② [○] 수사기관이 특정 범죄혐의사실과 관련된 전자정보와 그렇지 않은 전자정보가 혼재된 정보저장매체를 임의제출 받은 경우, 그 정보저장매체에 저장된 전자정보 전부가 임의제출되어 압수된 것으로 취급할 수는 없다. 전자정보를 압수하고자 하는 수사기관이 정보저장매체와 거기에 저장된 전자정보를 임의제출의 방식으로 압수할 때, 제출자의 구체적인 제출 범위에 관한 의사를 제대로 확인하지 않는 등의 사유로 인해 임의제출자의 의사에 따른 전자정보 압수의 대상과 범위가 명확하지 않거나 이를 알 수 없는 경우에는 임의제출에 따른 압수의 동기가 된 범죄혐의사실과 관련되고 이를 증명할 수 있는 최소한의 가치가 있는 전자정보에 한하여 압수의 대상이 된다. …… 피의자가 소유·관리하는 정보저장매체를 피의자 아닌 피해자 등 제3자가 임의제출하는 경우에는, 그 임의제출 및 그에 따른 수사기관의 압수가 적법하더라도 임의제출의 동기가 된 범죄혐의사실과 구체적·개별적 연관관계가 있는 전자정보에 한하여 압수의 대상이 되는 것으로 더욱 제한적으로 해석하여야 한다(대법원 2021.11.18, 2016도348 전원합의체).

③ [○] 압수의 대상이 되는 전자정보와 그렇지 않은 전자정보가 혼재된 정보저장매체나 그 복제본을 임의제출받은 수사기관이 그 정보저장매체 등을 수사기관 사무실 등으로 옮겨 이를 탐색·복제·출력하는 경우, 그와 같은 일련의 과정에서 형사소송법 제219조, 제121조에서 규정하는 피압수·수색 당사자(이하 '피압수자'라 한다)나 그 변호인에게 참여의 기회를 보장하고 압수된 전자정보의 파일 명세가 특정된 압수목록을 작성·교부하여야 하며 범죄혐의사실과 무관한 전자정보의 임의적인 복제 등을 막기 위한 적절한 조치를 취하는 등 영장주의 원칙과 적법절차를 준수하여야 한다. 만약 그러한 조치가 취해지지 않았다면 피압수자 측이 참여하지 아니한다는 의사를 명시적으로 표시하였거나 임의제출의 취지와 경과 또는 그 절차 위반행위가 이루어진 과정의 성질과 내용 등에 비추어 피압수자 측에 절차 참여를 보장한 취지가 실질적으로 침해되었다고 볼 수 없을 정도에 해당한다는 등의 특별한 사정이 없는 이상 압수·수색이 적법하다고 평가할 수 없고, 비록 수사기관이 정보저장매체 또는 복제본에서 범죄혐의사실과 관련된 전자정보만을 복제·출력하였다 하더라도 달리 볼 것은 아니다(대법원 2022.1.27, 2021도11170).

16 정답 ②

② [×] 불기소처분을 한 그 검사 소속의 지방검찰청 소재지를 관할하는 고등법원이다(형사소송법 제260조 제1항).

> 형사소송법 제260조(재정신청) ① 고소권자로서 고소를 한 자(「형법」 제123조부터 제126조까지의 죄에 대하여는 고발을 한 자를 포함한다. 이하 이 조에서 같다)는 검사로부터 공소를 제기하지 아니한다는 통지를 받은 때에는 그 검사 소속의 지방검찰청 소재지를 관할하는 고등법원(이하 "관할 고등법원"이라 한다)에 그 당부에 관한 재정을 신청할 수 있다. 다만, 「형법」 제126조의 죄에 대하여는 피공표자의 명시한 의사에 반하여 재정을 신청할 수 없다.

① [○] 형사소송법 제264조 참조.

> 형사소송법 제264조(대리인에 의한 신청과 1인의 신청의 효력, 취소) ① 재정신청은 대리인에 의하여 할 수 있으며 공동신청권자 중 1인의 신청은 그 전원을 위하여 효력을 발생한다.

③ [○] 형사소송법 제264조 참조.

> 형사소송법 제264조(대리인에 의한 신청과 1인의 신청의 효력, 취소) ② 재정신청은 제262조 제2항의 결정이 있을 때까지 취소할 수 있다. 취소한 자는 다시 재정신청을 할 수 없다.

④ [○] 형사소송법 제262조의3 참조.

> 형사소송법 제262조의3(비용부담 등) ② 법원은 직권 또는 피의자의 신청에 따라 재정신청인에게 피의자가 재정신청절차에서 부담하였거나 부담할 변호인선임료 등 비용의 전부 또는 일부의 지급을 명할 수 있다.

17 정답 ②

② [○] 검사가 이 사건 준항고인들의 폐수무단방류 혐의가 인정된다는 이유로 준항고인들의 공장부지, 건물, 기계류 일체 및 폐수운반차량 7대에 대하여 한 압수처분은 수사상의 필요에서 행하는 압수의 본래의 취지를 넘는 것으로 상당성이 없을 뿐만 아니라, 수사상의 필요와 그로 인한 개인의 재산권 침해의 정도를 비교형량해 보면 비례성의 원칙에 위배되어 위법하다고 판단하였는바, 기록과 위의 법리에 비추어 살펴보면, 원심의 위와 같은 판단은 정당한 것으로 수긍이 가고, 거기에 주장과 같은 압수의 요건에 관한 법리오해의 위법이 없다(대법원 2004.3.23, 2003모126).

① [×] 형사소송법 제215조에 의한 압수·수색영장은 수사기관의 압수·수색에 대한 허가장으로서 거기에 기재되는 유효기간은 집행에 착수할 수 있는 종기(終期)를 의미하는 것일 뿐이므로, 수사기관이 압수·수색영장을 제시하고 집행에 착수하여 압수·수색을 실시하고 그 집행을 종료하였다면 이미 그 영장은 목적을 달성하여 효력이 상실되는 것이고, 동일한 장소 또는 목적물에 대하여 다시 압수·수색할 필요가 있는 경우라면 그 필요성을 소명하여 법원으로부터

새로운 압수·수색영장을 발부 받아야 하는 것이지, 앞서 발부 받은 압수·수색영장의 유효기간이 남아있다고 하여 이를 제시하고 다시 압수·수색을 할 수는 없다(대법원 1999.12.1, 99모161).

③ [×] 형사소송법 제118조 참조.

> **형사소송법 제118조(영장의 제시와 사본교부)** 압수·수색영장은 처분을 받는 자에게 반드시 제시하여야 하고, 처분을 받는 자가 피고인인 경우에는 그 사본을 교부하여야 한다.

④ [×] 헌법과 형사소송법이 구현하고자 하는 적법절차와 영장주의의 정신에 비추어 볼 때, 법관이 압수·수색영장을 발부하면서 '압수할 물건'을 특정하기 위하여 기재한 문언은 엄격하게 해석하여야 하고, 함부로 피압수자 등에게 불리한 내용으로 확장 또는 유추 해석하여서는 안 된다. 따라서 압수·수색영장에서 압수할 물건을 '압수장소에 보관중인 물건'이라고 기재하고 있는 것을 '압수장소에 현존하는 물건'으로 해석할 수는 없다(대법원 2009.3.12, 2008도763).

18 정답 ③

③ [×] 대가보관은 <u>임의적</u> 처분이다. 형사소송법 제132조 참조.

> **형사소송법 제132조(압수물의 대가보관)** ① 몰수하여야 할 압수물로서 멸실·파손·부패 또는 현저한 가치 감소의 염려가 있거나 보관하기 어려운 압수물은 매각하여 대가를 보관할 수 있다. ② 환부하여야 할 압수물 중 환부를 받을 자가 누구인지 알 수 없거나 그 소재가 불명한 경우로서 그 압수물의 멸실·파손·부패 또는 현저한 가치 감소의 염려가 있거나 보관하기 어려운 압수물은 매각하여 대가를 보관할 수 있다.

① [○] 형사소송법 제130조 제3항 참조.

> **형사소송법 제130조(압수물의 보관과 폐기)** ③ 법령상 생산·제조·소지·소유 또는 유통이 금지된 압수물로서 부패의 염려가 있거나 보관하기 어려운 압수물은 소유자 등 권한 있는 자의 동의를 받아 폐기할 수 있다.

> **판례**
> 형사소송법은 "몰수하여야 할 압수물로서 멸실, 파손, 부패 또는 현저한 가치 감소의 염려가 있거나 보관하기 어려운 압수물은 매각하여 대가를 보관할 수 있다."라고 규정하면서(제132조 제1항), "법령상 생산·제조·소지·소유 또는 유통이 금지된 압수물로서 부패의 염려가 있거나 보관하기 어려운 압수물은 소유자 등 권한 있는 자의 동의를 받아 폐기할 수 있다."라고 규정하고 있다(제130조 제3항). 따라서 부패의 염려가 있거나 보관하기 어려운 압수물이라 하더라도 법령상 생산·제조·소지·소유 또는 유통이 금지되어 있고, 권한 있는 자의 동의를 받지 못하는 한 이를 폐기할 수 없고, 만약 그러한 요건이 갖추어지지 않았음에도 폐기하였다면 이는 위법하다(대법원 2022.1.14, 2019다282197).

② [○] 형사소송법 제133조 제1항 참조.

> **형사소송법 제133조(압수물의 환부, 가환부)** ① 압수를 계속할 필요가 없다고 인정되는 압수물은 피고사건 종결 전이라도 결정으로 환부하여야 하고 증거에 공할 압수물은 소유자, 소지자, 보관자 또는 제출인의 청구에 의하여 가환부할 수 있다.

④ [○] 형사소송법 제134조 참조.

> **형사소송법 제134조(압수장물의 피해자환부)** 압수한 장물은 피해자에게 환부할 이유가 명백한 때에는 피고사건의 종결 전이라도 결정으로 피해자에게 환부할 수 있다.

19 정답 ②

② [×] 통신제한조치 종료 시에는 30일 이내에 그 대상자에게 통신제한조치 집행사실·집행기관·집행기간 등을 서면으로 통지하여야 한다(통비법 제9조의2 제3항). 다만 통신제한조치 통지로 인하여 <u>국가의 안전보장, 공공의 안녕질서를 위태롭게 할 현저할 우려가 있거나 사람의 생명·신체에 중대한 위험을 초래할 염려가 현저한 때에 한하여 그 사유 해소 시까지 통신제한조치 집행사실 등 통지를 유예할 수 있다(통비법 제9조의2 제4항).</u> 따라서 단지 수사에 방해가 될 우려가 있다는 사유 정도로는 통지 유예 사유가 될 수 없다.

> **통신비밀보호법 제9조의2(통신제한조치의 집행에 관한 통지)** ③ 정보수사기관의 장은 제7조 제1항 제1호 본문 및 제8조 제1항의 규정에 의한 통신제한조치를 종료한 날부터 30일 이내에 우편물 검열의 경우에는 그 대상자에게, 감청의 경우에는 그 대상이 된 전기통신의 가입자에게 통신제한조치를 집행한 사실과 집행기관 및 그 기간 등을 서면으로 통지하여야 한다.
> ④ 제1항 내지 제3항의 규정에 불구하고 다음 각호의 1에 해당하는 사유가 있는 때에는 그 사유가 해소될 때까지 통지를 유예할 수 있다.
> 1. 통신제한조치를 통지할 경우 국가의 안전보장·공공의 안녕질서를 위태롭게 할 현저한 우려가 있는 때
> 2. 통신제한조치를 통지할 경우 사람의 생명·신체에 중대한 위험을 초래할 염려가 현저한 때

① [○] 통신비밀보호법 제6조 참조.

> **통신비밀보호법 제6조(범죄수사를 위한 통신제한조치의 허가절차)** ⑦ 통신제한조치의 기간은 2개월을 초과하지 못하고, 그 기간 중 통신제한조치의 목적이 달성되었을 경우에는 즉시 종료하여야 한다. 다만, 제5조 제1항의 허가요건이 존속하는 경우에는 소명자료를 첨부하여 제1항 또는 제2항에 따라 2개월의 범위에서 통신제한조치기간의 연장을 청구할 수 있다.

③ [○] 통신비밀보호법 제3조 제1항이 "공개되지 아니한 타인간의 대화를 녹음 또는 청취하지 못한다"라고 정한 것은, 대화에 원래부터 참여하지 않는 제3자가 그 대화를 하는 타인들 간의 발언을 녹음해서는 아니 된다는 취지이다. <u>3인 간의 대화에 있어서 그 중 한 사람이 그 대화를 녹음하는 경우에 다른 두 사람의 발언은 그 녹음자에 대한 관계에서 '타인 간의 대화'라고 할 수 없으므로, 이와 같은 녹음행위가 통신비밀보호법 제3조 제1항에 위배된다고 볼 수는 없다</u>(대법원 2006.10.12, 2006도4981).

④ [○] 국가안보를 위한 통신제한조치의 경우 통신의 일방 또는 쌍방당사자가 내국인인 때에는 고등법원 수석판사의 허가를 받아야 하고(통비법 제7조 제1항 제1호 본문), 이외의 경우에는 대통령의 승인을 얻어야 한다.

통신비밀보호법 제7조(국가안보를 위한 통신제한조치) ① 대통령령이 정하는 정보수사기관의 장(이하 "정보수사기관의 장"이라 한다)은 국가안전보장에 상당한 위험이 예상되는 경우 또는 「국민보호와 공공안전을 위한 테러방지법」 제2조제6호의 대테러활동에 필요한 경우에 한하여 그 위해를 방지하기 위하여 이에 관한 정보수집이 특히 필요한 때에는 다음 각호의 구분에 따라 통신제한조치를 할 수 있다.
1. 통신의 일방 또는 쌍방당사자가 내국인인 때에는 고등법원 수석판사의 허가를 받아야 한다. 다만, 군용전기통신법 제2조의 규정에 의한 군용전기통신(작전수행을 위한 전기통신에 한한다)에 대하여는 그러하지 아니하다.
2. 대한민국에 적대하는 국가, 반국가활동의 혐의가 있는 외국의 기관·단체와 외국인, 대한민국의 통치권이 사실상 미치지 아니하는 한반도내의 집단이나 외국에 소재하는 그 산하단체의 구성원의 통신인 때 및 제1항제1호 단서의 경우에는 서면으로 대통령의 승인을 얻어야 한다.

20 정답 ③

③ [×] 공소장의 공소사실 첫머리에 피고인이 전에 받은 소년부송치처분과 직업 없음을 기재하였다 하더라도 이는 형사소송법 제254조 제3항 제1호에서 말하는 피고인을 특정할 수 있는 사항에 속하는 것이어서 <u>그와 같은 내용의 기재가 있다 하여 공소제기의 절차가 법률의 규정에 위반된 것이라고 할 수 없고 또 헌법상의 형사피고인에 대한 무죄추정조항이나 평등조항에 위배되는 것도 아니다</u>(대법원 1990.10.16, 90도1813).

① [○] 형사소송법 제275조의2 참조.

형사소송법 제275조의2(피고인의 무죄추정) 피고인은 유죄의 판결이 확정될 때까지는 무죄로 추정된다.

② [○] 사립학교법 제58조의2 제1항 단서 규정이 제3호 소정의 형사사건으로 기소된 교원에 대하여 필요적으로 직위해제처분을 하도록 규정하고 있는 취지는, 정식기소된 경우 당연퇴직사유가 되는 형의 선고를 받을 개연성이 상당히 크므로 궁극적으로 교직에서 배제되어야 할 자를 가처분적으로 미리 교직에서 배제하기 위한 것이다. 그런데 <u>제소된 사안의 심각한 정도, 증거의 확실성 여부 및 예상되는 판결의 내용 등을 고려하지 아니하고 약식명령을 청구한 사건 이외의 형사사건으로서 공소가 제기된 경우, 당해 교원이 자기에게 유리한 사실의 진술이나 증거를 제출할 방법조차 없이 일률적으로 판결의 확정시까지 직위해제처분을 하는 것은,</u> 징계절차에서도 청문의 기회가 보장되고 정직처분도 3월 이하만 가능한 사정 등과 비교하면, 사립학교법 제58조의2 제1항 단서 규정은 방법의 직정성·피해의 최소성·법익의 균형성을 갖추지 못하였다고 할 것이므로, 헌법 제15조, 제27조 제4항 및 제37조 제2항에 위반되어 위헌이다(헌법재판소 1994.7.29, 93헌가3,7).

④ [○] 대법원의 파기환송 판결에 의하여 사건을 환송받은 법원은 형사소송법 제92조 제1항에 따라 2월의 구속기간이 만료되면 특히 계속할 필요가 있는 경우에는 2차(대법원이 형사소송규칙 제57조 제2항에 의하여 구속기간을 갱신한 경우에는 1차)에 한하여 결정으로 구속기간을 갱신할 수 있는 것이고, 한편 <u>무죄추정을 받는 피고인이라고 하더라도 그에게 구속의 사유가 있어 구속영장이 발부, 집행된 이상 신체의 자유가 제한되는 것은 당연한 것이므로, 이러한 조치가 무죄추정의 원칙에 위배되는 것이라고 할 수는 없다</u>(대법원 2001.11.30, 2001도5225).

21 정답 ③

① 접견교통권, ② 진술거부권, ④ 증거보전청구권은 피의자에게 인정되는 권리이나, ③ 보석청구권은 공소제기된 구속피고인에게 인정되는 권리이지 수사를 받고 있는 피의자에게 인정되는 권리는 아니다.

22 정답 ②

㉠, ㉡ [○] 형사소송법 제258조, 제259조 참조.

형사소송법 제258조(고소인등에의 처분고지) ① 검사는 고소 또는 고발있는 사건에 관하여 공소를 제기하거나 제기하지 아니하는 처분, 공소의 취소 또는 제256조의 송치를 한 때에는 그 처분한 날로부터 7일 이내에 서면으로 고소인 또는 고발인에게 그 취지를 통지하여야 한다.
제259조(고소인등에의 공소불제기이유고지) 검사는 고소 또는 고발있는 사건에 관하여 공소를 제기하지 아니하는 처분을 한 경우에 고소인 또는 고발인의 청구가 있는 때에는 7일 이내에 고소인 또는 고발인에게 그 이유를 서면으로 설명하여야 한다.

㉢ [×] 검사의 불기소처분에는 확정재판에 있어서의 확정력과 같은 효력이 없어 일단 불기소처분을 한 후에도 공소시효가 완성되기 전이면 언제라도 공소를 제기할 수 있으므로, 세무공무원 등의 고발이 있어야 공소를 제기할 수 있는 조세범처벌법 위반죄에 관하여 일단 불기소처분이 있었더라도 <u>세무공무원 등이 종전에 한 고발은 여전히 유효하다</u>(대법원 2009.10.29, 2009도6614).

㉣ [×] 고소한 피해자는 재정신청을 할 수 있으므로 헌법소원심판을 청구할 수 없다. 고발인은 검사의 불기소처분으로 인하여 자기의 기본권이 침해당한 자가 아니므로 역시 헌법소원심판을 청구할 수 없다. 다만 고소하지 않은 피해자는 재정신청을 할 수 없으므로 헌법소원심판을 청구할 수 있다.

판례
불기소처분에 대하여 인정되는 검찰청법 제10조 제1항 및 제3항에 의한 항고 및 재항고의 구제절차는 고소인 또는 고발인이 청구할 수 있도록 규정되어 있으므로, 범죄피해자로서 <u>고소한 사실이 없는 청구인은 검찰청법에 의한 항고 및 재항고의 구제절차를 거칠 필요없이 불기소처분에 대하여 바로 헌법소원심판을 청구할 수 있다</u>(헌법재판소 1998.8.27, 97헌마79).

㉤ [○] 고소 또는 고발 사건에 관하여 고소인 또는 고발인의 진술이나 고소장 또는 고발장에 의하여 혐의없음, 죄가안됨, 공소권없음의 사유에 해당함이 명백한 경우에 행하는 처분이 '각하'이다. 각하 사유에는 이외에도 <u>고소인 또는 고발인이 고소·고발장을 제출한 후 출석요구나 자료제출 등 혐의 확인을 위한 수사기관의 요청에 불응하거나 소재불명이 되는 등 고소·고발사실에 대한 수사를 개시·진행할 자</u>

료가 없는 경우가 있다(검찰사건사무규칙 제115조 제3항 제5호 마목).

> **검찰사건사무규칙 제115조(불기소결정)** ③ 불기소결정의 주문은 다음과 같이 한다.
> 5. 각하
> 　가. 고소 또는 고발이 있는 사건에 관하여 고소인 또는 고발인의 진술이나 고소장 또는 고발장에 의하여 제2호부터 제4호까지의 규정에 따른 사유에 해당함이 명백한 경우
> 　나. 법 제224조, 제232조제2항 또는 제235조에 위반한 고소·고발의 경우
> 　다. 같은 사건에 관하여 검사의 불기소결정이 있는 경우(새로이 중요한 증거가 발견되어 고소인, 고발인 또는 피해자가 그 사유를 소명한 경우는 제외한다)
> 　라. 법 제223조, 제225조부터 제228조까지의 규정에 따른 고소권자가 아닌 자가 고소한 경우
> 　마. <u>고소인 또는 고발인이 고소·고발장을 제출한 후 출석요구나 자료제출 등 혐의 확인을 위한 수사기관의 요청에 불응하거나 소재불명이 되는 등 고소·고발사실에 대한 수사를 개시·진행할 자료가 없는 경우</u>
> 　바. 고발이 진위 여부가 불분명한 언론 보도나 인터넷 등 정보통신망의 게시물, 익명의 제보, 고발 내용과 직접적인 관련이 없는 제3자로부터의 전문(전문)이나 풍문 또는 고발인의 추측만을 근거로 한 경우 등으로서 수사를 개시할만한 구체적인 사유나 정황이 충분하지 않은 경우
> 　사. 고소·고발 사건(진정 또는 신고를 단서로 수사개시된 사건을 포함한다)의 사안의 경중 및 경위, 피해회복 및 처벌의사 여부, 고소인·고발인·피해자와 피고소인·피고발인·피의자와의 관계, 분쟁의 종국적 해결 여부 등을 고려할 때 수사 또는 소추에 관한 공공의 이익이 없거나 극히 적은 경우로서 수사를 개시·진행할 필요성이 인정되지 않는 경우

23　　정답 ④

④ [×] 사실오인, 양형부당 상고이유는 사형, 무기 또는 <u>7년 이상의</u> 징역이나 금고가 선고된 사건이 아니라 <u>10년 이상</u>의 징역이나 금고가 선고된 사건에 대한 것이다(형사소송법 제383조 제4호).

> **형사소송법 제383조(상고이유)** 다음 사유가 있을 경우에는 원심판결에 대한 상고이유로 할 수 있다.
> 1. 판결에 영향을 미친 헌법·법률·명령 또는 규칙의 위반이 있는 때
> 2. 판결후 형의 폐지나 변경 또는 사면이 있는 때
> 3. 재심청구의 사유가 있는 때
> 4. 사형, 무기 또는 <u>10년 이상</u>의 징역이나 금고가 선고된 사건에 있어서 중대한 사실의 오인이 있어 판결에 영향을 미친 때 또는 형의 양정이 심히 부당하다고 인정할 현저한 사유가 있는 때

24　　정답 ③

③ [×] 전격기소(피의자의 체포·구속적부심사청구 후 검사가 공소를 제기하거나 법원이 석방결정을 하고 나서 그 결정서 등본이 검찰청에 송달되기 전에 검사가 공소를 제기한 것) 시에도 적부심 절차는 유지된다(형사소송

법 제214조의2 제4항 제2문 참조).

> **형사소송법 제214조의2(체포와 구속의 적부심사)** ④ 제1항의 청구를 받은 법원은 청구서가 접수된 때부터 48시간 이내에 체포되거나 구속된 피의자를 심문하고 수사 관계 서류와 증거물을 조사하여 그 청구가 이유 없다고 인정한 경우에는 결정으로 기각하고, 이유 있다고 인정한 경우에는 결정으로 체포되거나 구속된 피의자의 석방을 명하여야 한다. <u>심사 청구 후 피의자에 대하여 공소제기가 있는 경우에도 또한 같다.</u>

① [○] 형사소송법 제 214조의2 제4항, 제8항 참조.

> **형사소송법 제214조의2(체포와 구속의 적부심사)** ④ 제1항의 청구를 받은 법원은 청구서가 접수된 때부터 48시간 이내에 체포되거나 구속된 피의자를 심문하고 수사 관계 서류와 증거물을 조사하여 그 청구가 이유 없다고 인정한 경우에는 결정으로 기각하고, 이유 있다고 인정한 경우에는 결정으로 체포되거나 구속된 피의자의 석방을 명하여야 한다. 심사 청구 후 피의자에 대하여 공소제기가 있는 경우에도 또한 같다.
> ⑧ 제3항과 제4항의 결정에 대해서는 항고할 수 없다.
> ⑩ 체포되거나 구속된 피의자에게 변호인이 없는 때에는 제33조를 준용한다.

② [○] 형사소송법 제214조의3 참조.

> **형사소송법 제214조의3(재체포 및 재구속의 제한)** ① 제214조의2 제4항에 따른 체포 또는 구속 적부심사결정에 의하여 석방된 피의자가 도망하거나 범죄의 증거를 인멸하는 경우를 제외하고는 동일한 범죄사실로 재차 체포하거나 구속할 수 없다.

④ [○] 체포·구속적부심사는 <u>필요적 변호사건</u>이다(형사소송법 제214조의2 제10항 참조).

25　　정답 ④

④ [×] 즉결심판이 확정되면 즉결심판서 등은 <u>관할경찰서 또는 지방해양경찰관서가 보존한다</u>(즉심법 제13조 참조).

> **즉결심판에 관한 절차법 제13조(즉결심판서등의 보존)** 즉결심판의 판결이 확정된 때에는 즉결심판서 및 관계서류와 증거는 관할경찰서 또는 지방해양경찰관서가 이를 보존한다.

[보충] 사건을 관할지방검찰청 또는 지청의 장에게 송치하는 경우는 판사가 즉결심판청구를 기각하는 결정을 하는 때이다(즉심법 제5조 제2항).

> **즉결심판에 관한 절차법 제5조(청구의 기각등)** ② <u>제1항의 결정이 있는 때에는 경찰서장은 지체없이 사건을 관할지방검찰청 또는 지청의 장에게 송치하여야 한다.</u>

① [○] 즉결심판에 관한 절차법 제5조 제1항 참조.

> **즉결심판에 관한 절차법 제5조(청구의 기각등)** ① 판사는 사건이 즉결심판을 할 수 없거나 즉결심판절차에 의하여 심판함이 적당하지 아니하다고 인정할 때에는 결정으로 즉결심판의 청구를 기각하여야 한다.

② [○] 즉결심판에 관한 절차법 제3조 제1항 참조.

> **즉결심판에 관한 절차법 제3조(즉결심판청구)** ① 즉결심판은 관할경찰서장 또는 관할해양경찰서장(이하 "경찰서장"이라 한다)이 관할법원에 이를 청구한다.

③ [○] 즉결심판에 관한 절차법 제15조 제1항 참조.

26
정답 ②

② [×] 동일 죄명에 해당하는 수개의 행위를 단일하고 계속된 범의로 일정 기간 계속하여 행하고 그 피해법익도 동일한 경우에는 이들 각 행위를 통틀어 포괄일죄로 처단하여야 하고, 그 경우 공소시효는 최종의 범죄행위가 종료한 때로부터 진행한다(대법원 2021.3.11, 2020도12583).

① [○] 공소시효란 범죄행위가 종료한 후 검사가 일정 기간 공소를 제기하지 않고 방치하는 경우 국가의 소추권이 소멸되는 제도를 말한다.

③ [○] 사기죄로 공소가 제기된 범죄사실에 대하여 예비적으로 배임죄를 추가하는 공소장변경이 된 경우에는 공소장기재의 공소사실의 동일성에 아무런 소장이 없으므로 배임죄에 대한 공소시효의 완성여부는 본래의 공소제기시를 기준으로 하여야 하고 공소장 변경시를 기준으로 삼아서는 아니된다(대법원 1981.2.10, 80도3245).

④ [○] 형사소송법 제253조 제2항 참조.

형사소송법 제253조(시효의 정지와 효력) ① 시효는 공소의 제기로 진행이 정지되고 공소기각 또는 관할위반의 재판이 확정된 때로부터 진행한다.
② 공범의 1인에 대한 전항의 시효정지는 다른 공범자에게 대하여 효력이 미치고 당해 사건의 재판이 확정된 때로부터 진행한다.

27
정답 ③

③ [×] 전단은 맞지만, 후단은 3일 이내 항고할 수 있으므로 틀렸다(형사소송법 제184조 제3항, 제4항 참조).

형사소송법 제184조(증거보전의 청구와 그 절차) ① 검사, 피고인, 피의자 또는 변호인은 미리 증거를 보전하지 아니하면 그 증거를 사용하기 곤란한 사정이 있는 때에는 제1회 공판기일 전이라도 판사에게 압수, 수색, 검증, 증인신문 또는 감정을 청구할 수 있다.
② 전항의 청구를 받은 판사는 그 처분에 관하여 법원 또는 재판장과 동일한 권한이 있다.
③ 제1항의 청구를 함에는 서면으로 그 사유를 소명하여야 한다.
④ 제1항의 청구를 기각하는 결정에 대하여는 3일 이내에 항고할 수 있다.

① [○] 형사소송법 제184조 제1항 참조.

형사소송법 제184조(증거보전의 청구와 그 절차) ① 검사, 피고인, 피의자 또는 변호인은 미리 증거를 보전하지 아니하면 그 증거를 사용하기 곤란한 사정이 있는 때에는 제1회 공판기일 전이라도 판사에게 압수, 수색, 검증, 증인신문 또는 감정을 청구할 수 있다.

② [○] 형사소송규칙 제91조 제1항 제1호 참조.

형사소송규칙 제91조(증거보전처분을 하여야 할 법관) ① 증거보전의 청구는 다음 지역을 관할하는 지방법원 판사에게 하여야 한다.

1. 압수에 관하여는 압수할 물건의 소재지
2. 수색 또는 검증에 관하여는 수색 또는 검증할 장소, 신체 또는 물건의 소재지
3. 증인신문에 관하여는 증인의 주거지 또는 현재지
4. 감정에 관하여는 감정대상의 소재지 또는 현재지

④ [○] 대법원 1988.11.8, 86도1646.

28
정답 ④

④ [×] 공소제기의 효력이 미치는 시간적 범위는 사실심판결 선고시까지이다.

판례
상습범에 있어서 공소제기의 효력은 공소가 제기된 범죄사실과 동일성이 인정되는 범죄사실 전체에 미치는 것이며, 또한 공소제기의 효력이 미치는 시적 범위는 사실심리의 가능성이 있는 최후의 시점인 판결선고시를 기준으로 삼아야 할 것이므로, 검사가 일단 상습사기죄로 공소제기한 후 그 공소의 효력이 미치는 위 기준시까지의 사기행위 일부를 별개의 독립된 상습사기죄로 공소제기를 함은 비록 그 공소사실이 먼저 공소제기를 한 상습사기의 범행 이후에 이루어진 사기 범행을 내용으로 한 것일지라도 공소가 제기된 동일사건에 대한 이중기소에 해당되어 허용될 수 없다(대법원 1999.11.26, 99도3929, 99감도97).

① [○] 대법원 2010.6.24, 2009도9593

② [○] 형사소송법 제298조 제1항 참조.

형사소송법 제298조(공소장의 변경) ① 검사는 법원의 허가를 얻어 공소장에 기재한 공소사실 또는 적용법조의 추가, 철회 또는 변경을 할 수 있다. 이 경우에 법원은 공소사실의 동일성을 해하지 아니하는 한도에서 허가하여야 한다.

③ [○] 대법원 1996.6.28, 95도1270

29
정답 ③

③ ㉠, ㉢, ㉣

㉠ [×] 형사소송법 제457조의2에서 규정한 불이익변경금지의 원칙은 피고인이 약식명령에 불복하여 정식재판을 청구한 사건에서 약식명령의 주문에서 정한 형보다 중한 (종류의) 형을 선고할 수 없다는 것이므로, 그 죄명이나 적용법조가 약식명령의 경우보다 불이익하게 변경되었다고 하더라도 선고한 형이 약식명령과 같거나 약식명령보다 가벼운 경우에는 불이익변경금지의 원칙에 위배된 조치라고 할 수 없다(대법원 2013.2.28, 2011도14986).

㉡ [○] 피고인의 상고에 의하여 상고심에서 원심판결을 파기하고, 사건을 항소심에 환송한 경우에는 환송 전 원심판결과의 관계에서도 불이익변경금지의 원칙이 적용되어 그 파기된 항소심판결보다 중한 형을 선고할 수 없다 할 것이다(대법원 1964.9.17, 64도298 전원합의체).

㉢ [×] 중간형기준설에 의하여 항소심에서 선고하는 정기형은 징역 7년 6개월을 초과하지 않으면 위법하지 않다.

판례
부정기형은 장기와 단기라는 폭의 형태를 가지는 양형인 반면 정기형은 점의 형태를 가지는 양형이므로 불이익변경금지 원칙의 적용과 관련하여 양자 사이의 형의 경중을 단순히 비교할 수 없는

특수한 상황이 발생한다. 결국 피고인이 항소심 선고 이전에 19세에 도달하여 부정기형을 정기형으로 변경해야 할 경우 불이익변경금지 원칙에 반하지 않는 정기형을 정하는 것은 부정기형과 실질적으로 동등하다고 평가될 수 있는 정기형이 부정기형의 장기와 단기 사이의 어느 지점에 존재하는지를 특정하는 문제로 귀결된다. 이는 정기형의 상한으로 단순히 부정기형의 장기와 단기 중 어느 하나를 택일적으로 선택하는 문제가 아니라, 단기부터 장기에 이르는 수많은 형 중 어느 정도의 형이 불이익변경금지 원칙 위반 여부를 판단하는 기준으로 설정되어야 하는지를 정하는 '정도'의 문제이다. 따라서 부정기형과 실질적으로 동등하다고 평가될 수 있는 정기형을 정할 때에는 형의 장기와 단기가 존재하는 특수성으로 인해 발생하는 요소들, 즉 부정기형이 정기형으로 변경되는 과정에서 피고인의 상소권 행사가 위축될 우려가 있는지 여부, 소년법이 부정기형 제도를 채택한 목적과 책임주의 원칙이 종합적으로 고려되어야 한다. 이러한 법리를 종합적으로 고려하면, 부정기형과 실질적으로 동등하다고 평가될 수 있는 정기형은 부정기형의 장기와 단기의 정중앙에 해당하는 형(예를 들어 징역 장기 4년, 단기 2년의 부정기형의 경우 징역 3년의 형이다. 이하 '중간형'이라 한다)이라고 봄이 적절하므로, 피고인이 항소심 선고 이전에 19세에 도달하여 제1심에서 선고한 부정기형을 파기하고 정기형을 선고함에 있어 불이익변경금지 원칙 위반 여부를 판단하는 기준은 부정기형의 장기와 단기의 중간형이 되어야 한다(대법원 2020.10.22, 2020도4140 전원합의체).

[보충] 피고인만이 항소한 이 사건에서 피고인에게 원심이 선고한 부정기형의 장기인 6년과 단기인 4년의 중간형인 징역 5년을 초과하는 형을 선고할 수 없다…(서울고등법원 2022.2.11, 2021노2010).

㉣ [×] 형집행유예는 형집행면제에 비하여 불이익하다 할 수 없다.

판례
관할관의 확인조치에 의하여 변경된 육군본부 보통군법회의의 판결로서 그 내용은 피고인을 징역 1년에 처하되 그 형의 집행을 면제한다는 것이고, 한편 원심판결은 피고인을 징역 8월에 처하되, 위 판결확정일로부터 2년간 위 형의 집행을 유예한다는 것인바, 무릇 불이익변경원칙의 적용에 있어서는 이를 개별적, 형식적으로 고찰할 것이 아니라 전체적, 실질적으로 고찰하여 결정하여야 할 것인데 형의 집행유예의 판결은 소정 유예기간을 특별한 사유 없이 경과한 때에는 그 형의 선고의 효력이 상실되나 형의 집행면제는 그 형의 집행만을 면제하는데 불과하여, 전자가 후자보다 피고인에게 불이익한 것이라 할 수 없다(대법원 1985.9.24, 84도2972 전원합의체).

30 [정답] ②

② [×] 단독판사에게 이송해서는 안 되고, 국민참여재판을 계속 진행한다. 국민의 형사재판 참여에 관한 법률 제6조 제1항 참조.

국민의 형사재판 참여에 관한 법률 제6조(공소사실의 변경 등) ① 법원은 공소사실의 일부 철회 또는 변경으로 인하여 대상사건에 해당하지 아니하게 된 경우에도 이 법에 따른 재판을 계속 진행한다. 다만, 법원은 심리의 상황이나 그 밖의 사정을 고려하여 국민참여재판으로 진행하는 것이 적당하지 아니하다고 인정하는 때에는 결정으로 당해 사건을 지방법원 본원 합의부가 국민참여재판에 의하지 아니하고 심판하게 할 수 있다.

① [○] 형사소송규칙 제4조의2 참조.

형사소송규칙 제4조의2(항소사건의 병합심리) ① 사물관할을 달리하는 수개의 관련 항소사건이 각각 고등법원과 지방법원본원합의부에 계속된 때에는 고등법원은 결정으로 지방법원본원합의부에 계속한 사건을 병합하여 심리할 수 있다. 수개의 관련 항소사건이 토지관할을 달리하는 경우에도 같다.

③ [○] 형사소송법 제1조 참조.

형사소송법 제1조(관할의 직권조사) 법원은 직권으로 관할을 조사하여야 한다.

④ [○] 항소심에서 공소장변경에 의하여 단독판사의 관할사건이 합의부 관할사건으로 된 경우에도 법원은 사건을 관할권이 있는 법원에 이송하여야하고 항소심에서 변경된 합의부 관할사건에 대한 관할권이 있는 법원은 고등법원이라고 봄이 상당하다(대법원 1997.12.12, 97도2463).

31 [정답] ③

③ [×] 고발사실 중 검사가 불기소한 부분에 관한 재정신청을 기각한 법관이 위 고발사실 중 나머지 공소제기 된 부분에 대한 사건에 관여한 경우는 제척사유에 해당하지 않는다(대법원 2014.1.16, 2013도10316).

① [○] 약식명령을 발부한 법관이 정식재판절차의 제1심 판결에 관여하는 경우는 제척사유에 해당하지 않으나, 약식명령을 한 판사가 그 정식재판 절차의 항소심판결에 관여함은 형사소송법 제17조 제7호 소정의 "법관이 사건에 관하여 전심재판 또는 그 기초되는 조사, 심리에 관여한 때"에 해당하여 제척의 원인이 된다(대법원 2011.4.28, 2011도17).

② [○] 재판부가 당사자의 증거신청을 채택하지 아니하거나 이미 한 증거결정을 취소하였다 하더라도 그러한 사유만으로는 재판의 공평을 기대하기 어려운 객관적인 사정이 있다고 할 수 없다(대법원 1995.4.3, 95모10).

④ [○] 형사소송법 제21조 제1항, 제20조 제1항 참조.

형사소송법 제20조 (기피신청기각과 처리) ① 기피신청이 소송의 지연을 목적으로 함이 명백하거나 제19조의 규정에 위배된 때에는 신청을 받은 법원 또는 법관은 결정으로 이를 기각한다.
제21조(기피신청에 대한 재판) ① 기피신청에 대한 재판은 기피당한 법관의 소속법원 합의부에서 결정으로 하여야 한다.

32 [정답] ③

③ [×] 공직선거법 제272조의2 제6항은 선거관리위원회 위원·직원이 선거범죄와 관련하여 질문·조사하거나 자료의 제출을 요구하는 경우에는 관계인에게 그 신분을 표시하는 증표를 제시하고 소속과 성명을 밝히고 그 목적과 이유를 설명하여야 한다고 규정하고 있는데, 이는 선거범죄 조사와 관련하여 조사를 받는 관계인의 사생활의 비밀과 자유 내지 자신에 대한 정보를 결정할 자유, 재산권 등이 침해되지 않도록 하기 위한 절차적 규정이므로, 선거관리위원회 직원이 관계인에게 사전에 설명할 '조사의 목적과 이유'에는 조사할 선거범죄혐의의 요지, 관계인에 대한 조사가 필요한 이유뿐

만 아니라 관계인의 진술을 기록 또는 녹음·녹화한다는 점도 포함된다. 따라서 선거관리위원회 위원·직원이 관계인에게 진술이 녹음된다는 사실을 미리 알려 주지 아니한 채 진술을 녹음하였다면, 그와 같은 조사절차에 의하여 수집한 녹음파일 내지 그에 터 잡아 작성된 녹취록은 형사소송법 제308조의2에서 정하는 '적법한 절차에 따르지 아니하고 수집한 증거'에 해당하여 원칙적으로 유죄의 증거로 쓸 수 없다(대법원 2014.10.15, 2011도3509).

① [○] 수사기관의 강제처분에 관하여 상세한 절차조항을 규정하고 있는 형사소송법의 취지에 비추어 볼 때, 수사기관이 법원으로부터 영장 또는 감정처분허가장을 발부받지 아니한 채 피의자의 동의 없이 피의자의 신체로부터 혈액을 채취하고 사후에도 지체 없이 영장을 발부받지 아니한 채 그 혈액 중 알코올농도에 관한 감정을 의뢰하였다면, 이러한 과정을 거쳐 얻은 감정의뢰회보 등은 형사소송법상 영장주의 원칙을 위반하여 수집하거나 그에 기초하여 획득한 증거로서, 그 절차위반행위가 적법절차의 실질적인 내용을 침해하여 피고인이나 변호인의 동의가 있더라도 유죄의 증거로 사용할 수 없다(대법원 2014.11.13, 2013도1228).

② [○] 통신비밀보호법 제1조, 제3조 제1항 본문, 제4조, 제14조 제1항, 제2항의 문언, 내용, 체계와 입법 취지 등에 비추어 보면, 통신비밀보호법에서 보호하는 타인 간의 '대화'는 원칙적으로 현장에 있는 당사자들이 육성으로 말을 주고받는 의사소통행위를 가리킨다. 따라서 사람의 육성이 아닌 사물에서 발생하는 음향은 타인 간의 '대화'에 해당하지 않는다. 또한 사람의 목소리라고 하더라도 상대방에게 의사를 전달하는 말이 아닌 단순한 비명소리나 탄식 등은 타인과 의사소통을 하기 위한 것이 아니라면 특별한 사정이 없는 한 타인 간의 '대화'에 해당한다고 볼 수 없다(대법원 2017.3.15, 2016도19843).

④ [○] 대법원 1997.3.28, 97도240

33
정답 ②

② [×] 형사소송법 제282조에 규정된 필요적 변호사건에 해당하는 사건에서 제1심의 공판절차가 변호인 없이 이루어진 경우, 그와 같은 위법한 공판절차에서 이루어진 소송행위는 무효이므로, 이러한 경우에는 항소심으로서는 변호인이 있는 상태에서 소송행위를 새로이 한 후 위법한 제1심판결을 파기하고, 항소심에서의 진술 및 증거조사 등 심리결과에 기하여 다시 판결하여야 한다(대법원 1995.4.25, 94도2347).

① [○] 형사소송법 제31조 참조.

> 형사소송법 제31조(변호인의 자격과 특별변호인) 변호인은 변호사 중에서 선임하여야 한다. 단, 대법원 이외의 법원은 특별한 사정이 있으면 변호사 아닌 자를 변호인으로 선임함을 허가할 수 있다.

③ [○] 대법원 2007.1.31, 2006모656

④ [○] 구치소에 구속되어 검사로부터 수사를 받고 있던 피의자들의 변호인으로 선임되었거나 선임되려는 변호사들이

피의자들을 접견하려고 1989.7.31. 구치소장에게 접견신청을 하였으나 같은 해 8.9.까지도 접견이 허용되지 아니하고 있었다면, 수사기관의 구금 등에 관한 처분에 대하여 불복이 있는 경우 행정소송절차와는 다른 특별절차로서 준항고 절차를 마련하고 있는 형사소송법의 취지에 비추어, 위와 같이 피의자들에 대한 접견이 접견신청일로부터 상당한 기간이 경과하도록 허용되지 않고 있는 것은 접견불허처분이 있는 것과 동일시된다고 봄이 상당하다(대법원 1990.2.13, 89모37).

34
정답 ④

④ [×] 자백보강법칙은 일반형사소송절차에는 모두 적용되므로 간이공판절차, 약식명령절차에는 적용된다. 다만, 즉결심판절차에서는 명시적으로 즉결심판에 관한 절차법에서 형사소송법 제310조의 적용을 배제하고 있으므로 이에는 적용된다고 볼 수 없다. 또한, 일반형사소송절차가 아닌 소년보호사건에서도 자백보강법칙이 적용되지 않는다(대법원 1982.10.15, 82모36).

① [○] 전과에 관한 사실은 엄격한 의미에서의 범죄사실과는 구별되는 것으로서 피고인의 자백만으로서도 이를 인정할 수 있다(대법원 1973.3.20, 73도280).

② [○] 공동피고인의 자백은 이에 대한 피고인의 반대신문권이 보장되어 있어 증인으로 신문한 경우와 다를 바 없으므로 독립한 증거능력이 있고(대법원 1985.6.25, 85도691; 1992.7.28, 92도917 등), 이는 피고인들 간에 이해관계가 상반된다고 하여도 마찬가지라 할 것이다(대법원 2006.5.11, 2006도1944).

③ [○] 대법원 2008.5.29, 2008도2343

35
정답 ④

④ [○] 형사소송법 제457조의2 제1항 참조.

> 형사소송법 제457조의2(형종 상향의 금지 등) ① 피고인이 정식재판을 청구한 사건에 대하여는 약식명령의 형보다 중한 종류의 형을 선고하지 못한다.
> ② 피고인이 정식재판을 청구한 사건에 대하여 약식명령의 형보다 중한 형을 선고하는 경우에는 판결서에 양형의 이유를 적어야 한다.

① [×] 구류는 약식명령에서 내릴 수 있는 형벌에 포함되지 아니한다(형사소송법 제448조 제1항: 벌금·과료·몰수).

> 형사소송법 제448조(약식명령을 할 수 있는 사건) ① 지방법원은 그 관할에 속한 사건에 대하여 검사의 청구가 있는 때에는 공판절차없이 약식명령으로 피고인을 벌금, 과료 또는 몰수에 처할 수 있다.
> ② 전항의 경우에는 추징 기타 부수의 처분을 할 수 있다.

② [×] 형사소송법 제458조 제2항, 제365조는 피고인이 출정을 하지 않음으로써 본안에 대한 변론권을 포기한 것으로 보는 일종의 제재적 규정으로, 이와 같은 경우 피고인의 출정 없이도 심리, 판결할 수 있고 공판심리의 일환으로 증거조사가 행해지게 마련이어서 피고인이 출석하지 아니한 상태에서 증거조사를 할 수밖에 없는 경우에는 위 법 제318조

제2항의 규정상 피고인의 진의와는 관계없이 같은 조 제1항의 동의가 있는 것으로 간주하게 되어 있는 점, 위 법 제318조 제2항의 입법 취지가 재판의 필요성 및 신속성 즉, 피고인의 불출정으로 인한 소송행위의 지연 방지 내지 피고인 불출정의 경우 전문증거의 증거능력을 결정하지 못함에 따른 소송지연 방지에 있는 점 등에 비추어, 약식명령에 불복하여 정식재판을 청구한 피고인이 정식재판절차에서 2회 불출정하여 법원이 피고인의 출정 없이 증거조사를 하는 경우에 위 법 제318조 제2항에 따른 피고인의 증거동의가 간주된다(대법원 2010.7.15, 2007도5776).

③ [×] 약식명령의 고지는 검사와 피고인에 대한 재판서의 송달에 의하여야 하고(형사소송법 제452조), 다른 적당한 방법에 의할 수 없다.

> **형사소송법 제452조(약식명령의 고지)** 약식명령의 고지는 검사와 피고인에 대한 재판서의 송달에 의하여 한다.

36
정답 ①

① [×] 사법경찰관의 불송치결정에 대해서는 검사는 재수사를 요청할 수 있는 것이지(형사소송법 제245조의8 제1항) 보완수사를 요구할 수 있는 것이 아니다.

> **형사소송법 제245조의8(재수사요청 등)** ① 검사는 제245조의5 제2호의 경우에 사법경찰관이 사건을 송치하지 아니한 것이 위법 또는 부당한 때에는 그 이유를 문서로 명시하여 사법경찰관에게 재수사를 요청할 수 있다.
> ② 사법경찰관은 제1항의 요청이 있는 때에는 사건을 재수사하여야 한다.

② [○] 형사소송법 제197조의2 제2항 참조.

> **형사소송법 제197조의2(보완수사요구)** ① 검사는 다음 각 호의 어느 하나에 해당하는 경우에 사법경찰관에게 보완수사를 요구할 수 있다.
> 1. 송치사건의 공소제기 여부 결정 또는 공소의 유지에 관하여 필요한 경우
> 2. 사법경찰관이 신청한 영장의 청구 여부 결정에 관하여 필요한 경우
> ② 사법경찰관은 제1항의 요구가 있는 때에는 정당한 이유가 없는 한 지체 없이 이를 이행하고, 그 결과를 검사에게 통보하여야 한다.

③ [○] 형사소송법 제197조의2 제1항 참조.

> **형사소송법 제197조의2(보완수사요구)** ① 검사는 다음 각 호의 어느 하나에 해당하는 경우에 사법경찰관에게 보완수사를 요구할 수 있다.
> 1. 송치사건의 공소제기 여부 결정 또는 공소의 유지에 관하여 필요한 경우
> 2. 사법경찰관이 신청한 영장의 청구 여부 결정에 관하여 필요한 경우

④ [○] 형사소송법 제197조의2 제3항 참조.

> **형사소송법 제197조의2(보완수사요구)** ① 검사는 다음 각 호의 어느 하나에 해당하는 경우에 사법경찰관에게 보완수사를 요구할 수 있다.
> 1. 송치사건의 공소제기 여부 결정 또는 공소의 유지에 관하여 필요한 경우
> 2. 사법경찰관이 신청한 영장의 청구 여부 결정에 관하여 필요한 경우
> ③ 검찰총장 또는 각급 검찰청 검사장은 사법경찰관이 정당한 이유 없이 제1항의 요구에 따르지 아니하는 때에는 권한 있는 사람에게 해당 사법경찰관의 직무배제 또는 징계를 요구할 수 있고, 그 징계 절차는 「공무원 징계령」 또는 「경찰공무원 징계령」에 따른다.

37
정답 ②

② [×] 형사소송법 제266조의15 참조.

> **형사소송법 제266조의15(기일간 공판준비절차)** 법원은 쟁점 및 증거의 정리를 위하여 필요한 경우에는 제1회 공판기일 후에도 사건을 공판준비절차에 부칠 수 있다. 이 경우 기일전 공판준비절차에 관한 규정을 준용한다.

① [○] 형사소송법 제266조의13 제2항 참조.

> **형사소송법 제266조의13(공판준비기일 종결의 효과)** ① 공판준비기일에서 신청하지 못한 증거는 다음 각 호의 어느 하나에 해당하는 경우에 한하여 공판기일에 신청할 수 있다.
> 1. 그 신청으로 인하여 소송을 현저히 지연시키지 아니하는 때
> 2. 중대한 과실 없이 공판준비기일에 제출하지 못하는 등 부득이한 사유를 소명한 때
> ② 제1항에도 불구하고 법원은 직권으로 증거를 조사할 수 있다.

③ [○] 형사소송법 제266조의12 참조.

> **형사소송법 제266조의12(공판준비절차의 종결사유)** 법원은 다음 각 호의 어느 하나에 해당하는 사유가 있는 때에는 공판준비절차를 종결하여야 한다. 다만, 제2호 또는 제3호에 해당하는 경우로서 공판의 준비를 계속하여야 할 상당한 이유가 있는 때에는 그러하지 아니하다.
> 1. 쟁점 및 증거의 정리가 완료된 때
> 2. 사건을 공판준비절차에 부친 뒤 3개월이 지난 때
> 3. 검사·변호인 또는 소환받은 피고인이 출석하지 아니한 때

④ [○] 형사소송법 제266조의7 제3항 참조.

> **형사소송법 제266조의7(공판준비기일)** ③ 법원은 합의부원으로 하여금 공판준비기일을 진행하게 할 수 있다. 이 경우 수명법관은 공판준비기일에 관하여 법원 또는 재판장과 동일한 권한이 있다.

38
정답 ②

② [○] 형사소송법 제266조의3 제5항 참조.

> **형사소송법 제266조의3(공소제기 후 검사가 보관하고 있는 서류 등의 열람·등사)** ⑤ 검사는 제2항에도 불구하고 서류 등의 목록에 대하여는 열람 또는 등사를 거부할 수 없다.

① [×] 열람만 신청할 수 있다(형사소송법 제266조의3 제1항 단서).

> 형사소송법 제266조의3(공소제기 후 검사가 보관하고 있는 서류 등의 열람·등사) ① 피고인 또는 변호인은 검사에게 공소제기된 사건에 관한 서류 또는 물건(이하 "서류 등"이라 한다)의 목록과 공소사실의 인정 또는 양형에 영향을 미칠 수 있는 다음 서류 등의 열람·등사 또는 서면의 교부를 신청할 수 있다. 다만, 피고인에게 변호인이 있는 경우에는 피고인은 열람만을 신청할 수 있다.

③ [×] 검사는 열람·등사 또는 서면의 교부를 거부하거나 그 범위를 제한하는 때에는 신청을 받은 때로부터 24시간 이내가 아니고 지체 없이 그 이유를 서면으로 통지하여야 한다.

> 형사소송법 제266조의3(공소제기 후 검사가 보관하고 있는 서류 등의 열람·등사) ③ 검사는 열람·등사 또는 서면의 교부를 거부하거나 그 범위를 제한하는 때에는 지체 없이 그 이유를 서면으로 통지하여야 한다.

[보충] 증거개시에서 24시간 이내는 아니고, 48시간 이내가 나오는 경우가 있다. 즉, 피고인 또는 변호인은 검사가 증거개시신청을 받은 때부터 48시간 이내에 열람·등사·서면교부 거부·제한의 이유를 서면으로 통지하지 아니하는 때에는 법원에 그 서류등의 열람·등사·서면교부 허용을 신청할 수 있다(형사소송법 제266조의3 제4항).
[정리] ㉠ 검사가 열람·등사·서면교부 거부·제한 시에는 지체없이 그 이유를 서면으로 통지(법 제266조의3 제3항), ㉡ 검사가 피고인·변호인에게 증거개시 거부·제한 사유를 48시간 이내 통지하지 아니하는 때에는 피고인·변호인은 법원에 허용신청(법 제266조의3 제4항)

> 형사소송법 제266조의3(공소제기 후 검사가 보관하고 있는 서류 등의 열람·등사) ① 피고인 또는 변호인은 검사에게 공소제기된 사건에 관한 서류 또는 물건(이하 "서류등"이라 한다)의 목록과 공소사실의 인정 또는 양형에 영향을 미칠 수 있는 다음 서류등의 열람·등사 또는 서면의 교부를 신청할 수 있다. 다만, 피고인에게 변호인이 있는 경우에는 피고인은 열람만을 신청할 수 있다. (중략)
> ③ 검사는 열람·등사 또는 서면의 교부를 거부하거나 그 범위를 제한하는 때에는 지체 없이 그 이유를 서면으로 통지하여야 한다.
> ④ 피고인 또는 변호인은 검사가 제1항의 신청을 받은 때부터 48시간 이내에 제3항의 통지를 하지 아니하는 때에는 제266조의4제1항의 신청을 할 수 있다. (중략)
> 제266조의4(법원의 열람·등사에 관한 결정) ① 피고인 또는 변호인은 검사가 서류등의 열람·등사 또는 서면의 교부를 거부하거나 그 범위를 제한한 때에는 법원에 그 서류등의 열람·등사 또는 서면의 교부를 허용하도록 할 것을 신청할 수 있다.

④ [×] 형사소송법 제266조의3 제6항 참조.

> 형사소송법 제266조의3(공소제기 후 검사가 보관하고 있는 서류 등의 열람·등사) ⑥ 제1항의 서류 등은 도면·사진·녹음테이프·비디오테이프·컴퓨터용 디스크, 그 밖에 정보를 담기 위하여 만들어진 물건으로서 문서가 아닌 특수매체를 포함한다. 이 경우 특수매체에 대한 등사는 필요 최소한의 범위에 한한다.

39 정답 ④

④ [×] 검찰에 송치되기 전에 구속피의자로부터 받은 검사 작성의 피의자신문조서는 극히 이례에 속하는 것으로, 그와 같은 상태에서 작성된 피의자신문조서는 내용만 부인하면 증거능력을 상실하게 되는 사법경찰관 작성의 피의자신문조서상의 자백 등을 부당하게 유지하려는 수단으로 악용될 가능성이 있어, 그렇게 했어야 할 특별한 사정이 보이지 않는 한 송치 후에 작성된 피의자신문조서와 마찬가지로 취급하기는 어렵다(대법원 1994.8.9, 94도1228).

① [○] 정보통신망을 통하여 공포심이나 불안감을 유발하는 글을 반복적으로 상대방에게 도달하게 하는 행위를 하였다는 공소사실에 대하여 휴대전화기에 저장된 문자정보가 그 증거가 되는 경우, 그 문자정보는 범행의 직접적인 수단이고 경험자의 진술에 갈음하는 대체물에 해당하지 않으므로, 형사소송법 제310조의2에서 정한 전문법칙이 적용되지 않는다(대법원 2008.11.13, 2006도2556).

② [○] 형사소송법 제312조 제1항 참조.

> 형사소송법 제312조(검사 또는 사법경찰관의 조서 등) ① 검사가 작성한 피의자신문조서는 적법한 절차와 방식에 따라 작성된 것으로서 공판준비, 공판기일에 그 피의자였던 피고인 또는 변호인이 그 내용을 인정할 때에 한정하여 증거로 할 수 있다.

③ [○] 타인의 진술을 내용으로 하는 진술이 전문증거인지 여부는 요증사실과의 관계에서 정하여지는바, 원진술의 내용인 사실이 요증사실인 경우에는 전문증거이나, 원진술의 존재 자체가 요증사실인 경우에는 본래증거이지 전문증거가 아니다. 피고인의 위와 같은 원진술의 존재 자체가 이 사건 알선수재죄에 있어서의 요증사실이므로, 이를 직접 경험한 공소외 2가 피고인으로부터 위와 같은 말들을 들었다고 하는 진술들은 전문증거가 아니라 본래증거에 해당된다(대법원 2008.9.25, 2008도5347).

40 정답 ②

② [○] 국민참여재판을 시행하는 이유나 '국민의 형사재판 참여에 관한 법률'의 여러 규정에 비추어 볼 때, 위 법에서 정하는 대상 사건에 해당하는 한 피고인은 원칙적으로 국민참여재판으로 재판을 받을 권리를 가지는 것이므로, 피고인이 법원에 국민참여재판을 신청하였는데도 법원이 이에 대한 배제결정도 하지 않은 채 통상의 공판절차로 재판을 진행하는 것은 피고인의 국민참여재판을 받을 권리 및 법원의 배제결정에 대한 항고권 등 중대한 절차적 권리를 침해한 것으로서 위법하고, 국민참여재판제도의 도입 취지나 위 법에서 배제결정에 대한 즉시항고권을 보장한 취지 등에 비추어 이와 같이 위법한 공판절차에서 이루어진 소송행위는 무효라고 보아야 한다(대법원 2011.9.8, 2011도7106).

① [×] 제1심 법원이 국민참여재판 대상인 강제추행치상 사건의 피고인에게 국민참여재판을 원하는지 확인하지 아니한 채 통상의 공판절차에 따라 재판을 진행하여 유죄를 인정하였는데, 원심법원이 제7회 공판기일에 국민참여재판으로 재판받기를 원하는지 물어보고 그에 관한 안내서를 교부한 후 선고기일을 연기한 다음 피고인이 답변서와 국민참여재판 의사 확인서를 제출하면서 '국민참여재판으로 진행하기

를 원하지 않는다'는 의사를 밝히자 제8회 공판기일에 제1
심 판결을 파기하고 무죄를 선고한 사안에서, 제1심이 피고
인의 국민참여재판을 받을 권리를 침해하여 위법하게 절차
를 진행하고 그에 따라 제1심 소송행위가 무효라 하더라도,
원심이 피고인에게 국민참여재판에 관하여 안내하고 숙고
의 기회를 부여하였으며, 피고인도 그에 따라 숙고한 후 제
1심의 절차적 위법을 문제 삼지 않겠다는 의사를 명백히 밝
혔으므로, 제1심의 공판절차상 하자는 치유되었다고 한 사
례(대법원 2012.6. 14, 2011도15484).

③ [×] 헌법과 법률이 정한 법관에 의한 재판을 받을 권리는
직업법관에 의한 재판을 주된 내용으로 하는 것이므로, 국
민참여재판을 받을 권리가 헌법 제27조 제1항에서 규정한
재판을 받을 권리의 보호범위에 속한다고 볼 수 없다(헌법재
판소 2015.7.30, 2014헌바447).

④ [×] 국민의 형사재판 참여에 관한 법률 제43조 제2항 참조.

> **국민의 형사재판 참여에 관한 법률 제43조(간이공판절차 규정의
> 배제)** 국민참여재판에는 「형사소송법」 제286조의2를 적용하지
> 아니한다.

> **형사소송법 제286조의2(간이공판절차의 결정)** 피고인이 공판정
> 에서 공소사실에 대하여 자백한 때에는 법원은 그 공소사실에
> 한하여 간이공판절차에 의하여 심판할 것을 결정할 수 있다.

01	④	02	①	03	④	04	③	05	②
06	③	07	④	08	②	09	③	10	③
11	④	12	③	13	②	14	②	15	①
16	③	17	②	18	④	19	④	20	①
21	④	22	④	23	①	24	④	25	②

01

정답 ④

④ [○] 헌법 제12조 제2항, 형사소송법 제244조의3 제1항, 제2항, 제312조 제3항에 비추어 보면, 비록 사법경찰관이 피의자에게 진술거부권을 행사할 수 있음을 알려 주고 그 행사 여부를 질문하였다 하더라도, 형사소송법 제244조의3 제2항에 규정한 방식에 위반하여 진술거부권 행사 여부에 대한 피의자의 답변이 자필로 기재되어 있지 아니하거나 그 답변 부분에 피의자의 기명날인 또는 서명이 되어 있지 아니한 사법경찰관 작성의 피의자신문조서는 특별한 사정이 없는 한 형사소송법 제312조 제3항에서 정한 '적법한 절차와 방식'에 따라 작성된 조서라 할 수 없으므로 그 증거능력을 인정할 수 없다(대법원 2013.3.28, 2010도3359).

① [×] 피의자에 대한 진술거부권 고지는 피의자의 진술거부권을 실효적으로 보장하여 진술이 강요되는 것을 막기 위해 인정되는 것인데, 이러한 진술거부권 고지에 관한 형사소송법 규정내용 및 진술거부권 고지가 갖는 실질적인 의미를 고려하면 수사기관에 의한 진술거부권 고지 대상이 되는 피의자 지위는 수사기관이 조사대상자에 대한 범죄혐의를 인정하여 수사를 개시하는 행위를 한 때 인정되는 것으로 보아야 한다. 따라서 이러한 피의자 지위에 있지 아니한 자에 대하여는 진술거부권이 고지되지 아니하였더라도 진술의 증거능력을 부정할 것은 아니다(대법원 2011.11.10, 2011도8125).

② [×] 피의자의 진술을 녹취 내지 기재한 서류 또는 문서가 수사기관에서의 조사 과정에서 작성된 것이라면, 그것이 '진술조서, 진술서, 자술서'라는 형식을 취하였다고 하더라도 피의자신문조서와 달리 볼 수 없다. 형사소송법이 보장하는 피의자의 진술거부권은 헌법이 보장하는 형사상 자기에게 불리한 진술을 강요당하지 않는 자기부죄거부의 권리에 터 잡은 것이므로, 수사기관이 피의자를 신문함에 있어서 피의자에게 미리 진술거부권을 고지하지 않은 때에는 그 피의자의 진술은 위법하게 수집된 증거로서 진술의 임의성이 인정되는 경우라도 증거능력이 부인되어야 한다(대법원 2009.8.20, 2008도8213).

③ [×] 형사소송법 제70조 제1항 제1호, 제2호, 제3호, 제199조 제1항, 제200조, 제200조의2 제1항, 제201조 제1항의 취지와 내용에 비추어 보면, 수사기관이 관할 지방법원 판사가 발부한 구속영장에 의하여 피의자를 구속하는 경우, 그 구속영장은 기본적으로 장차 공판정에의 출석이나 형의 집행을 담보하기 위한 것이지만, 이와 함께 법 제202조, 제203조에서 정하는 구속기간의 범위 내에서 수사기관이 법 제200조, 제241조 내지 제244조의5에 규정된 피의자신문의 방식으로 구속된 피의자를 조사하는 등 적정한 방법으로 범죄를 수사하는 것도 예정하고 있다고 할 것이다. 따라서 구속영장 발부에 의하여 적법하게 구금된 피의자가 피의자신문을 위한 출석요구에 응하지 아니하면서 수사기관 조사실에 출석을 거부한다면 수사기관은 그 구속영장의 효력에 의하여 피의자를 조사실로 구인할 수 있다고 보아야 한다. 다만 이러한 경우에도 그 피의자신문 절차는 어디까지나 법 제199조 제1항 본문, 제200조의 규정에 따른 임의수사의 한 방법으로 진행되어야 하므로, 피의자는 헌법 제12조 제2항과 법 제244조의3에 따라 일체의 진술을 하지 아니하거나 개개의 질문에 대하여 진술을 거부할 수 있고, 수사기관은 피의자를 신문하기 전에 그와 같은 권리를 알려 주어야 한다(대법원 2013.7.1, 2013모160).

02

정답 ①

① [×] 헌법이 정한 적법절차와 영장주의 원칙, 형사소송법이 정한 체포된 피의자의 구금을 위한 구속영장의 청구, 발부, 집행절차에 관한 규정을 종합하면, 법관이 검사의 청구에 의하여 체포된 피의자의 구금을 위한 구속영장을 발부하면 검사와 사법경찰관리는 지체 없이 신속하게 구속영장을 집행하여야 한다. 피의자에 대한 구속영장의 제시와 집행이 그 발부 시로부터 정당한 사유 없이 시간이 지체되어 이루어졌다면, 구속영장이 그 유효기간 내에 집행되었다고 하더라도 위 기간 동안의 체포 내지 구금 상태는 위법하다(대법원 2021.4.29, 2020도16438).

② [○] 형사소송법 제85조 제3항 참조.

> 형사소송법 제85조(구속영장집행의 절차) ③ 구속영장을 소지하지 아니한 경우에 급속을 요하는 때에는 피고인에 대하여 공소사실의 요지와 영장이 발부되었음을 고하고 집행할 수 있다.
> 제200조의6(준용규정) 제75조, 제81조제1항 본문 및 제3항, 제82조, 제83조, 제85조 제1항·제3항 및 제4항, 제86조, 제87조, 제89조부터 제91조까지, 제93조, 제101조제4항 및 제102조제2항 단서의 규정은 검사 또는 사법경찰관이 피의자를 체포하는 경우에 이를 준용한다. 이 경우 "구속"은 이를 "체포"로, "구속영장"은 이를 "체포영장"으로 본다.

③ [○] 검사 등이 현행범인을 체포하거나 현행범인을 인도받은 후 현행범인을 구속하고자 하는 경우 48시간 이내에 구속영장을 청구하여야 하고 그 기간 내에 구속영장을 청구하지 아니하는 때에는 즉시 석방하여야 한다(형사소송법 제213조의2, 제200조의2 제5항). 위와 같이 체포된 현행범인에 대하여 일정 시간 내에 구속영장 청구 여부를 결정하도록 하고 그 기간 내에 구속영장을 청구하지 아니하는 때에는 즉시 석방하도록 한 것은 영장에 의하지 아니한 체포 상태가 부당하게 장기화되어서는 안 된다는 인권보호의 요청과 함께 수사기관에서 구속영장 청구 여부를 결정하기 위한 합리적이고 충분한 시간을 보장해 주려는 데에도 그 입법취지가 있다고 할 것이다. 따라서 검사 등이 아닌 이에 의하여 현행범인이 체포된 후 불필요한 지체 없이 검사 등에게 인도된 경우 위 48시간의 기산점은 체포시가 아니라 검사 등이 현행범인을 인도받은 때라고 할 것이다(대법원 2011.12.22, 2011도12927).

④ [○] 긴급체포의 요건을 갖추었는지 여부는 사후에 밝혀진 사정을 기초로 판단하는 것이 아니라 체포 당시의 상황을 기초로 판단하여야 하고, 이에 관한 검사나 사법경찰관 등 수사주체의 판단에는 상당한 재량의 여지가 있다고 할 것이나, 긴급체포 당시의 상황으로 보아서도 그 요건의 충족 여부에 관한 검사나 사법경찰관의 판단이 경험칙에 비추어 현저히 합리성을 잃은 경우에는 그 체포는 위법한 체포라 할 것이고, 이러한 위법은 영장주의에 위배되는 중대한 것이니 그 체포에 의한 유치 중에 작성된 피의자신문조서는 위법하게 수집된 증거로서 특별한 사정이 없는 한 이를 유죄의 증거로 할 수 없다(대법원 2002.6.11, 2000도5701).

03 　　　　　　　　　　　　　　정답 ④

④ [×] 피고인이 재판이 계속 중인 사실을 알면서도 새로운 주소지 등을 법원에 신고하는 등 조치를 하지 않아 소환장이 송달불능되었더라도, 법원은 기록에 주민등록지 이외의 주소가 나타나 있고 피고인의 집 전화번호 또는 휴대전화번호 등이 나타나 있는 경우에는 위 주소지 및 전화번호로 연락하여 송달받을 장소를 확인하여 보는 등의 시도를 해 보아야 하고, 그러한 조치 없이 곧바로 공시송달 방법으로 송달하는 것은 형사소송법 제63조 제1항, 소송촉진 등에 관한 특례법 제23조에 위배되어 허용되지 아니하는데, 이처럼 허용되지 아니하는 잘못된 공시송달에 터 잡아 피고인의 진술 없이 공판이 진행되고 피고인이 출석하지 않은 기일에 판결이 선고된 경우에는, 피고인은 자기 또는 대리인이 책임질 수 없는 사유로 상소 제기기간 내에 상소를 하지 못한 것으로 봄이 타당하다(대법원 2022.5.26, 2022모439).

① [○] 피고인이 구치소나 교도소 등에 수감 중에 있는 경우는 형사소송법 제63조 제1항에 규정된 '피고인의 주거, 사무소, 현재지를 알 수 없는 때'나 '소송촉진 등에 관한 특례법' 제23조에 규정된 '피고인의 소재를 확인할 수 없는 경우'에 해당한다고 할 수 없으므로, 법원이 수감 중인 피고인에 대하여 공소장 부본과 피고인소환장 등을 종전 주소지 등으로 송달한 경우는 물론 공시송달의 방법으로 송달하였더라도 이는 위법하다고 보아야 한다. 따라서 법원은 주거, 사무소, 현재지 등 소재가 확인되지 않는 피고인에 대하여 공시송달을 할 때에는 검사에게 주소보정을 요구하거나 기타 필요한 조치를 취하여 피고인의 수감 여부를 확인할 필요가 있다(대법원 2013.6.27, 2013도2714).

② [○] 구치소에 재감 중인 재항고인이 제1심판결에 대하여 항소하였는데, 항소심법원이 구치소로 소송기록접수통지서를 송달하면서 송달받을 사람을 구치소의 장이 아닌 재항고인으로 하였고 구치소 서무계원이 이를 수령한 사안에서, 송달받을 사람을 재항고인으로 한 송달은 효력이 없고, 달리 재항고인에게 소송기록접수의 통지가 도달하였다는 등의 사정을 발견할 수 없으므로, 소송기록접수의 통지는 효력이 없다(대법원 2017.9.22, 2017모1680).

③ [○] 형사피고사건으로 법원에 재판이 계속 중인 사람은 공소제기 당시의 주소지나 그 후 신고한 주소지를 옮길 때 새로운 주소지를 법원에 신고하거나 기타 소송 진행 상태를 알 수 있는 방법을 강구하여야 하고, 만일 이러한 조치를 하지 않았다면 특별한 사정이 없는 한 소송서류가 송달되지 않아서 공판기일에 출석하지 못하거나 판결 선고사실을 알지 못하여 상소 제기기간을 도과하는 등 불이익을 면할 수 없다(대법원 2022.5.26, 2022모439; 2008.3.10, 2007모795).

04 　　　　　　　　　　　　　　정답 ③

③ [×] 공판조서에 기재되지 않은 소송절차는 공판조서 이외의 자료에 의한 증명이 허용된다. 이는 소송법적 사실에 관한 증명이므로 자유로운 증명으로 족하다. 다만, 공판조서에 기재되지 않았다고 하여 그 소송절차의 부존재가 추정되는 것은 아니고, 법원이 통상 행하는 소송절차인 경우에는 당해 절차가 적법하게 행하여졌다는 점이 사실상 추정된다(적법한 소송절차의 사실상 추정).

> **판례**
> 공판조서에 피고인에 대하여 인정신문을 한 기재가 없다 하여도 같은 조서에 피고인이 공판기일에 출석하여 공소사실신문에 대하여 이를 시정하고 있는 기재가 있으니 인정신문이 있었던 사실이 추정된다 할 것이고 다만 조서의 기재에 이 점에 관한 누락이 있었을 따름인 것이 인정된다(대법원 1972.12.26, 72도2421).

① [○] 피고인에게 증거조사결과에 대한 의견을 묻고 증거조사를 신청할 수 있음을 고지하였을 뿐만 아니라 최종의견진술의 기회를 주었는지 여부와 같은 소송절차에 관한 사실은 공판조서에 기재된 대로 공판절차가 진행된 것으로 증명되고 다른 자료에 의한 반증은 허용되지 않는다(대법원 1990.2.27, 89도2304).

② [○] 동일한 사항에 관하여 두개의 서로 다른 내용이 기재된 공판조서가 병존하는 경우 양자는 동일한 증명력을 가지는 것으로서 그 증명력에 우열이 있을 수 없다고 보아야 할 것이므로 그 중 어느 쪽이 진실한 것으로 볼 것인지는 공판조서의 증명력을 판단하는 문제로서 법관의 자유로운 심증에 따를 수밖에 없다(대법원 1988.11.8, 86도1646).

④ [○] 공소사실이 최초로 심리된 제1심 제4회 공판기일부터 피고인이 공소사실을 일관되게 부인하여 경찰 작성 피의자신문조서의 진술 내용을 인정하지 않는 경우, 제1심 제4회 공판기일에 피고인이 위 서증의 내용을 인정한 것으로 공판조서에 기재된 것은 착오 기재 등으로 보아 위 피의자신문조서의 증거능력을 부정하여야 하고, 이와 반대되는 원심판단에 법리오해의 위법이 있다(대법원 2010.6.24, 2010도5040).

> **유사판례**
> 피고인은 검찰 이래 원심법정에 이르기까지 이 사건 공소사실 중 감금의 점에 대하여 부인하고 있으므로, 이는 감금 부분에 대하여 자백한 취지가 포함되어 있는 경찰 작성의 피의자신문조서의 진술내용을 인정하지 않는 것이라고 보아야 할 것이고, 한편 기록에 편철된 증거목록을 보면 제1심 제1회 공판기일에서 피고인이 경찰 작성의 피의자신문조서의 내용을 인정한 것으로 기재되어 있으나, 이는 착오 기재이었거나 아니면 피고인이 그와 같이 진술한 사실이 있었다는 것을 내용인정으로 조서를 잘못 정리한 것으로 이해될 뿐 이로써 위 피의자신문조서가 증거능력을 가지게 되는 것은 아니다(대법원 2001.9.28, 2001도3997).

05 정답 ②

② [○] 피고인의 항소대리권자인 배우자가 피고인을 위하여 항소한 경우(형사소송법 제341조)에도 소송기록접수통지는 항소인인 피고인에게 하여야 하는데(형사소송법 제361조의2), 피고인이 적법하게 소송기록접수통지서를 받지 못하였다면 항소이유서 제출기간이 지났다는 이유로 항소기각결정을 하는 것은 위법하다(대법원 2018.3.29, 2018모642).

① [×] 공동파기 조항은 검사만 항소한 원심의 공동피고인에게도 적용된다. 즉, 제1심의 공동피고인 중 일부 피고인은 항소하였고, 나머지 피고인은 항소하지 않았는데 검사에 그에 대하여 항소한 경우, 항소한 피고인의 항소를 받아들여 원심판결을 파기하는 경우 파기의 이유가 공통되는 때에는, 검사만 항소한 나머지 피고인도 형사소송법 제364조의2의 '항소한 공동피고인'으로 보아 그에 대해서도 원심판결을 파기하여야 한다.

> **판례**
> 형사소송법 제364조의2는 항소법원이 피고인을 위하여 원심판결을 파기하는 경우에 파기의 이유가 항소한 공동피고인에게 공통되는 때에는 그 공동피고인에 대하여도 원심판결을 파기하여야 함을 규정하였는데, 이는 공동피고인 상호간의 재판의 공평을 도모하려는 취지이다(대법원 2003.2.26, 2002도6834; 2019.8.29, 2018도14303 전원합의체). 이와 같은 형사소송법 제364조의2의 규정 내용과 입법 목적·취지를 고려하면, 위 조항에서 정한 '항소한 공동피고인'은 제1심의 공동피고인으로서 자신이 항소한 경우는 물론 그에 대하여 검사만 항소한 경우까지도 포함한다. 원심이 피고인 C에 대하여도 피고인 A·B에 대한 파기 이유가 공통되고, 비록 피고인 C에 대하여 검사만 항소하였으나 형사소송법 제364조의2의 '항소한 공동피고인'에 해당한다고 보아, 위 조항에 따라 직권으로 제1심 판결 중 피고인 C에 대한 부분을 파기한 후 그 판시와 같이 무죄로 판단한 것에는 법리를 오해한 잘못이 없다.(대법원 2022.7.28, 2021도10579).

③ [×] 피고인 불출석 재판 진행이 가능한 경우인 항소심에서의 2회 연속 불출석 조항(법 제365조)의 "다시 기일을 정하였는데도"의 의미에는 소환장 송달, 소환장 송달의 의제뿐 아니라 공판기일변경명령 송달의 경우도 포함된다.

> **판례**
> 항소심에서도 피고인의 출석 없이 개정하지 못하는 것이 원칙이지만(형사소송법 제370조, 제276조), 피고인이 항소심 공판기일에 출정하지 않아 다시 기일을 정하였는데도 정당한 사유 없이 그 기일에도 출정하지 않은 때에는 피고인의 진술 없이 판결할 수 있다(형사소송법 제365조). 이와 같이 피고인이 불출석한 상태에서 그 진술 없이 판결하기 위해서는 피고인이 적법한 공판기일 통지를 받고서도 2회 연속으로 정당한 이유 없이 출정하지 않은 경우에 해당하여야 한다. 이때 '적법한 공판기일 통지'란 소환장의 송달(형사소송법 제76조) 및 소환장 송달의 의제(형사소송법 제268조)의 경우에 한정되는 것이 아니라 적어도 피고인의 이름·죄명·출석 일시·출석 장소가 명시된 공판기일 변경명령을 송달받은 경우(형사소송법 제270조)도 포함된다(대법원 2022.11.10, 2022도7940).

형사소송법 제76조(소환장의 송달) ① 소환장은 송달하여야 한다.
② 피고인이 기일에 출석한다는 서면을 제출하거나 출석한 피고인에 대하여 차회기일을 정하여 출석을 명한 때에는 소환장의 송달과 동일한 효력이 있다.

③ 전항의 출석을 명한 때에는 그 요지를 조서에 기재하여야 한다.
④ 구금된 피고인에 대하여는 교도관에게 통지하여 소환한다.
⑤ 피고인이 교도관으로부터 소환통지를 받은 때에는 소환장의 송달과 동일한 효력이 있다.

제268조(소환장송달의 의제) 법원의 구내에 있는 피고인에 대하여 공판기일을 통지한 때에는 소환장송달의 효력이 있다.

제270조(공판기일의 변경) ① 재판장은 직권 또는 검사, 피고인이나 변호인의 신청에 의하여 공판기일을 변경할 수 있다.
② 공판기일 변경신청을 기각한 명령은 송달하지 아니한다.

④ [×] 공소사실의 동일성이 인정되는 경우에는 불가분의 관계에 있으므로 그 일부에 대한 피고인의 항소가 제기되면 전부상소로서 전부가 이심되나 피고인의 이익을 위하여 피고인이 항소를 제기한 부분만 판단대상으로 삼아야 한다(편면적 공방대상론).

> **판례**
> 제1심법원이 공소사실의 동일성이 인정되는 범위 내에서 공소가 제기된 범죄사실에 포함된 보다 가벼운 범죄사실을 유죄로 인정하면서 법정형이 보다 가벼운 다른 법조를 적용하여 피고인을 처벌하고, 유죄로 인정된 부분을 제외한 나머지 부분에 대하여는 범죄의 증명이 없다는 이유로 판결 이유에서 무죄로 판단한 경우, 그에 대하여 피고인만이 유죄 부분에 대하여 항소하고 검사는 무죄로 판단된 부분에 대하여 항소하지 아니하였다면, 비록 그 죄 전부가 피고인의 항소와 상소불가분의 원칙으로 인하여 항소심에 이심되었다고 하더라도 무죄 부분은 심판대상이 되지 않는다. 따라서 그 부분에 관한 제1심판결의 위법은 형사소송법 제361조의4 제1항 단서의 '직권조사사유' 또는 같은 법 제364조 제2항에 정한 '항소법원은 판결에 영향을 미친 사유에 관하여는 항소이유서에 포함되지 아니한 경우에도 직권으로 심판할 수 있다'는 경우에 해당하지 않으므로, 항소심법원이 직권으로 심판대상이 아닌 무죄 부분까지 심리한 후 이를 유죄로 인정하여 법정형이 보다 무거운 법조를 적용하여 처벌하는 것은 피고인의 방어권 행사에 불이익을 초래하는 것으로서 허용되지 않는다. 이는 제1심판결에 무죄로 판단된 부분에 대한 이유를 누락한 잘못이 있다고 하더라도 동일하다(대법원 2008.9.25, 2008도4740).

06 정답 ③

① (○), ③ [×] 반대신문권이 배제된 하자를 치유하기 위한 책문권 포기 의사는 명시적이어야 한다.

> **판례**
> 형사소송법은 제161조의2에서 피고인의 반대신문권을 포함한 교호신문제도를 규정하는 한편, 제310조의2에서 법관의 면전에서 진술되지 아니하고 피고인에 의한 반대신문의 기회가 부여되지 아니한 진술에 대하여는 원칙적으로 그 증거능력을 부여하지 아니함으로써, 형사재판에서 증거는 법관의 면전에서 진술·심리되어야 한다는 직접주의와 피고인에게 불리한 증거에 대하여 반대신문할 수 있는 권리를 원칙적으로 보장하고 있는데, 이러한 반대신문권의 보장은 피고인에게 불리한 주된 증거의 증명력을 탄핵할 수 있는 기회가 보장되어야 한다는 점에서 형식적·절차적인 것이 아니라 실질적·효과적인 것이어야 한다. 따라서 피고인에게 불리한 증거인 증인이 주신문의 경우와 달리 반대신문에 대하여는 답변을 하지 아니하는 등 진술 내용의 모순이나 불합리를 그 증인신문 과정에서 드러내어 이를 탄핵하는 것이 사실상 곤란하였고, 그것이 피고인 또는 변호인에게 책임 있는 사유에 기인한

정답과 해설 11회 **289**

것이 아닌 경우라면, 관계 법령의 규정 혹은 증인의 특성 기타 공판절차의 특수성에 비추어 이를 정당화할 수 있는 특별한 사정이 존재하지 아니하는 이상, 이와 같이 실질적 반대신문권의 기회가 부여되지 아니한 채 이루어진 증인의 법정진술은 위법한 증거로서 증거능력을 인정하기 어렵다. 이 경우 피고인의 책문권 포기로 그 하자가 치유될 수 있으나, 책문권 포기의 의사는 '명시적인 것이어야 한다(대법원 2022.3.17, 2016도17054).

② [○] 형사소송법 제297조에 따라 변호인이 없는 피고인을 일시 퇴정하게 하고 증인신문을 한 다음 피고인에게 실질적인 반대신문의 기회를 부여하지 아니한 채 이루어진 증인의 법정진술은 위법한 증거로서 증거능력이 없다고 볼 여지가 있으나, 그 다음 공판기일에서 재판장이 증인신문 결과 등을 공판조서(증인신문조서)에 의하여 고지하였는데 피고인이 '변경할 점과 이의할 점이 없다'고 진술하여 책문권 포기 의사를 명시함으로써 실질적인 반대신문의 기회를 부여받지 못한 하자가 치유되었다(대법원 2010.1.14, 2009도9344).

④ [○] 수사기관에서 진술한 참고인이 법정에서 증언을 거부하여 피고인이 반대신문을 하지 못한 경우에는 정당하게 증언거부권을 행사한 것이 아니라도, 피고인이 증인의 증언거부 상황을 초래하였다는 등의 특별한 사정이 없는 한 형사소송법 제314조의 '그 밖에 이에 준하는 사유로 인하여 진술할 수 없는 때'에 해당하지 않는다고 보아야 한다. 따라서 증인이 정당하게 증언거부권을 행사하여 증언을 거부한 경우와 마찬가지로 수사기관에서 그 증인의 진술을 기재한 서류는 증거능력이 없다(대법원 2019.11.21, 2018도13945 전원합의체).

07 정답 ④

④ [×] 검사 또는 사법경찰관이 피고인이 아닌 자의 진술을 기재한 조서의 증거능력이 인정되려면 '적법한 절차와 방식에 따라 작성된 것'이어야 한다는 법리는 피고인이 아닌 자가 수사과정에서 작성한 진술서의 증거능력에 관하여도 적용된다.

> 판례
> 경찰관이 입당원서 작성자의 주거지·근무지를 방문하여 입당원서 작성 경위 등을 질문한 후 진술서 작성을 요구하여 이를 제출받은 이상 형사소송법 제312조 제5항이 적용되어야 한다. 따라서 형사소송법 제244조의4에서 정한 절차를 준수하지 않았다면 위 증거의 증거능력은 인정되지 않는다(대법원 2022.10.27, 2022도9510).

> 형사소송법 제244조의4(수사과정의 기록) ① 검사 또는 사법경찰관은 피의자가 조사장소에 도착한 시각, 조사를 시작하고 마친 시각, 그 밖에 조사과정의 진행경과를 확인하기 위하여 필요한 사항을 피의자신문조서에 기록하거나 별도의 서면에 기록한 후 수사기록에 편철하여야 한다.
> ② 제244조제2항 및 제3항은 제1항의 조서 또는 서면에 관하여 준용한다.
> ③ 제1항 및 제2항은 피의자가 아닌 자를 조사하는 경우에 준용한다.

① [○] 임의제출된 정보저장매체에서 압수의 대상이 되는 전자정보의 범위를 초과하여 수사기관이 임의로 전자정보를

탐색·복제·출력하는 것은 원칙적으로 위법한 압수·수색에 해당하므로 허용될 수 없다. 만약 전자정보에 대한 압수·수색이 종료되기 전에 범죄혐의사실과 관련된 전자정보를 적법하게 탐색하는 과정에서 별도의 범죄혐의와 관련된 전자정보를 우연히 발견한 경우라면, 수사기관은 더 이상의 추가 탐색을 중단하고 법원으로부터 별도의 범죄혐의에 대한 압수·수색영장을 발부받은 경우에 한하여 그러한 정보에 대하여도 적법하게 압수·수색을 할 수 있다. 따라서 임의제출된 정보저장매체에서 압수의 대상이 되는 전자정보의 범위를 넘어서는 전자정보에 대해 수사기관이 영장 없이 압수·수색하여 취득한 증거는 위법수집증거에 해당하고, 사후에 법원으로부터 영장이 발부되었다거나 피고인이나 변호인이 이를 증거로 함에 동의하였다고 하여 그 위법성이 치유되는 것도 아니다(대법원 2021.11.18, 2016도348 전원합의체).

② [○] 법원조직법 제57조 제1항에서 정한 공개금지사유가 없음에도 불구하고 재판의 심리에 관한 공개를 금지하기로 결정하였다면 그러한 공개금지결정은 피고인의 공개재판을 받을 권리를 침해한 것으로서 그 절차에 의하여 이루어진 증인의 증언은 증거능력이 없고, 변호인의 반대신문권이 보장되었더라도 달리 볼 수 없으며, 이러한 법리는 공개금지결정의 선고가 없는 등으로 공개금지결정의 사유를 알 수 없는 경우에도 마찬가지이다(대법원 2013.7.26, 2013도2511).

> 법원조직법 제57조(재판의 공개) ① 재판의 심리와 판결은 공개한다. 다만, 심리는 국가의 안전보장, 안녕질서 또는 선량한 풍속을 해칠 우려가 있는 경우에는 결정으로 공개하지 아니할 수 있다.
> ② 제1항 단서의 결정은 이유를 밝혀 선고한다.

③ [○] 형사소송법 제221조 제1항, 제244조의4 제1항, 제3항, 제312조 제4항, 제5항 및 그 입법 목적 등을 종합하여 보면, 피고인이 아닌 자가 수사과정에서 진술서를 작성하였지만 수사기관이 그에 대한 조사과정을 기록하지 아니하여 형사소송법 제244조의4 제3항, 제1항에서 정한 절차를 위반한 경우에는, 특별한 사정이 없는 한 '적법한 절차와 방식'에 따라 수사과정에서 진술서가 작성되었다 할 수 없으므로 증거능력을 인정할 수 없다(대법원 2015.4.23, 2013도3790).

08 정답 ②

② [×] 약식명령에 대한 정식재판의 청구는 서면으로 제출하여야 하고(형사소송법 제453조 제2항), 공무원 아닌 자가 작성하는 서류에는 연월일을 기재하고 기명날인(또는 서명)하여야 하는 것이므로(형사소송법 제59조), 정식재판청구서에 청구인의 기명날인(또는 서명)이 없는 경우에는 정식재판의 청구가 법령상의 방식을 위반한 것으로서 그 청구를 결정으로 기각하여야 하고, 이는 정식재판의 청구를 접수하는 법원공무원이 청구인의 기명날인이 없음에도 불구하고, 이에 대한 보정을 구하지 아니하고 적법한 청구가 있는 것으로 오인하여 청구서를 접수한 경우에도 마찬가지이다(대법원 2008.7.11, 2008모605).

① [○] 형사소송법 제254조 제1항은 "공소를 제기함에는 공

소장을 관할법원에 제출하여야 한다"고 정한다. 한편 형사소송법 제57조 제1항은 "공무원이 작성하는 서류에는 법률에 다른 규정이 없는 때에는 작성 연월일과 소속공무소를 기재하고 기명날인 또는 서명하여야 한다"고 정하고 있다. 여기서 '공무원이 작성하는 서류'에는 검사가 작성하는 공소장이 포함되므로, 검사의 기명날인 또는 서명이 없는 상태로 관할법원에 제출된 공소장은 형사소송법 제57조 제1항에 위반된 서류라 할 것이다. 그리고 이와 같이 법률이 정한 형식을 갖추지 못한 공소장 제출에 의한 공소의 제기는 특별한 사정이 없는 한 그 절차가 법률의 규정에 위반하여 무효인 때(형사소송법 제327조 제2호)에 해당한다. 다만 이 경우 공소를 제기한 검사가 공소장에 기명날인 또는 서명을 추완하는 등의 방법에 의하여 공소의 제기가 유효하게 될 수 있다(대법원 2012.9.27, 2010도17052).

③ [○] 형사소송법 제55조 제1항은 공판조서의 정확성을 담보함과 아울러 피고인의 방어권을 충실하게 보장하려는 취지에서 피고인에게 공판조서의 열람 또는 등사청구권을 인정하고, 제3항은 피고인의 위와 같은 청구에 응하지 아니하는 때에는 공판조서를 유죄의 증거로 할 수 없다고 규정하고 있다. 따라서 피고인이 공판조서의 열람 또는 등사를 청구하였음에도 법원이 불응하여 피고인의 열람 또는 등사청구권이 침해된 경우에는 공판조서를 유죄의 증거로 할 수 없을 뿐만 아니라 공판조서에 기재된 당해 피고인이나 증인의 진술도 증거로 할 수 없다고 보아야 한다(대법원 2012.12.27, 2011도15869).

④ [○] 공판조서의 기재가 명백한 오기인 경우를 제외하고는 공판기일의 소송절차로서 공판조서에 기재된 것은 조서만으로써 증명하여야 하고, 그 증명력은 공판조서 이외의 자료에 의한 반증이 허용되지 않는 절대적인 것이다(대법원 2003.10.10, 2003도3282).

09 정답 ③

③ [×] 기피신청을 받은 법관이 형사소송법 제22조에 위반하여 본안의 소송절차를 정지하지 않은 채 그대로 소송을 진행하여서 한 소송행위는 그 효력이 없고, 이는 그 후 그 기피신청에 대한 기각결정이 확정되었다고 하더라도 마찬가지이다(대법원 2012.10.11, 2012도8544).

① [○] 대법원 1985.7.23, 85모19

② [○] 형사소송절차에서 피고인에게 법관의 기피를 신청할 수 있도록 규정하고 있는 이유는 구체적 사건을 담당한 법관에게 제척의 원인이 될 사유가 있거나 불공평한 재판을 할 염려가 있는 경우에 그러한 사유가 있는 법관을 당해사건의 직무집행으로부터 배제시켜 피고인이 공정한 재판을 받을 수 있도록 보장하려는데 있는 것이므로 어떠한 사유에 의했건 기피의 대상으로 하고 있는 법관이 이미 당해 구체적 사건의 직무집행으로부터 배제되어 있다면 그 법관에 대한 피고인의 기피신청은 부적법하다(대법원 1986.9.24, 86모48).

④ [○] 형사소송법 제25조 참조.

형사소송법 제25조(법원사무관등에 대한 제척·기피·회피) ① 본 장의 규정은 제17조제7호의 규정을 제한 외에는 법원서기관·법원사무관·법원주사 또는 법원주사보(이하 "법원사무관등"이라 한다)와 통역인에 준용한다.
② 전항의 법원사무관등과 통역인에 대한 기피재판은 그 소속 법원이 결정으로 하여야 한다. 단, 제20조제1항의 결정은 기피당한 자의 소속법관이 한다.

10 정답 ③

③ [×] 고소의 대상이 된 피고소인의 행위가 친고죄에 해당할 경우 소송요건인 그 친고죄의 고소를 취소할 수 있는 시기를 언제까지로 한정하는가는 형사소송절차운영에 관한 입법정책의 문제이기에 형사소송법의 그 규정은 국가형벌권의 행사가 피해자의 의사에 의하여 좌우되는 현상을 장기간 방치하지 않으려는 목적에서 고소취소의 시한을 획일적으로 제1심판결 선고시까지로 한정한 것이다. 따라서 그 규정을 현실적 심판의 대상이 된 공소사실이 친고죄로 된 당해심급의 판결 선고시까지 고소인이 고소를 취소할 수 있다는 의미로 볼 수는 없다 할 것이어서, 항소심에서 공소장의 변경에 의하여 또는 공소장변경절차를 거치지 아니하고 법원 직권에 의하여 친고죄가 아닌 범죄를 친고죄로 인정하였더라도 항소심을 제1심이라 할 수는 없는 것이므로, 항소심에 이르러 비로소 고소인이 고소를 취소하였다면 이는 친고죄에 대한 고소취소로서의 효력은 없다고 할 것이다(대법원 1999.4.15, 96도1922 전원합의체).

① [○] 법원이 선임한 부재자 재산관리인은 법률에 규정된 사람의 청구에 따라 선임된 부재자의 법정대리인에 해당한다. 부재자 재산관리인의 권한은 원칙적으로 부재자의 재산에 대한 관리행위에 한정되나, 부재자 재산관리인은 재산관리를 위하여 필요한 경우 법원의 허가를 받아 관리행위의 범위를 넘는 행위를 하는 것도 가능하고, 여기에는 관리대상 재산에 관한 범죄행위에 대한 형사고소도 포함된다. 따라서 부재자 재산관리인은 관리대상이 아닌 사항에 관해서는 고소권이 없겠지만, 관리대상 재산에 관한 범죄행위에 대하여 법원으로부터 고소권 행사 허가를 받은 경우에는 독립하여 고소권을 가지는 법정대리인에 해당한다(대법원 2022.5.26, 2021도2488).

② [○] 법원은 검사가 공소를 제기한 범죄사실을 심판하는 것이지 고소권자가 고소한 내용을 심판하는 것이 아니므로, 고소권자가 비친고죄로 고소한 사건이더라도 검사가 사건을 친고죄로 구성하여 공소를 제기하였다면 공소장 변경절차를 거쳐 공소사실이 비친고죄로 변경되지 아니하는 한, 법원으로서는 친고죄에서 소송조건이 되는 고소가 유효하게 존재하는지를 직권으로 조사·심리하여야 한다. 그리고 이 경우 친고죄에서 고소와 고소취소의 불가분 원칙을 규정한 형사소송법 제233조는 당연히 적용되므로, 만일 공소사실에 대하여 피고인과 공범관계에 있는 사람에 대한 적법한 고소취소가 있다면 고소취소의 효력은 피고인에 대하여 미친다(대법원 2015.11.17, 2013도7987).

④ [○] 형사소송법 제232조 제1항, 제3항에 의하면 친고죄에

서 고소의 취소 및 반의사불벌죄에서 처벌을 희망하는 의사표시의 철회는 제1심판결 선고 전까지만 할 수 있고, 따라서 제1심판결 선고 후에 고소가 취소되거나 처벌을 희망하는 의사표시가 철회된 경우에는 효력이 없으므로 형사소송법 제327조 제5호 내지 제6호의 공소기각 재판을 할 수 없다. 그리고 고소의 취소나 처벌을 희망하는 의사표시의 철회는 수사기관 또는 법원에 대한 법률행위적 소송행위이므로 공소제기 전에는 고소사건을 담당하는 수사기관에, 공소제기 후에는 고소사건의 수소법원에 대하여 이루어져야 한다(대법원 2012.2.23, 2011도17264).

11
정답 ④

④ [×] 형사소송규칙 제96조의16 제5항 참조.

> 형사소송규칙 제96조의16(심문기일의 절차) ⑤ 판사는 구속 여부의 판단을 위하여 필요하다고 인정하는 때에는 심문장소에 출석한 피해자 그 밖의 제3자를 심문할 수 있다.

① [○] 구속전피의자심문에 있어서 불출석심문의 경우이다(형사소송규칙 제96조의13 제1항).

> 형사소송규칙 제96조의13(피의자의 심문절차) ① 판사는 피의자가 심문기일에의 출석을 거부하거나 질병 그 밖의 사유로 출석이 현저하게 곤란하고, 피의자를 심문 법정에 인치할 수 없다고 인정되는 때에는 피의자의 출석 없이 심문절차를 진행할 수 있다.

② [○] 형사소송규칙 제96조의16 제3항 참조.

> 형사소송규칙 제96조의16(심문기일의 절차) ③ 검사와 변호인은 판사의 심문이 끝난 후에 의견을 진술할 수 있다. 다만, 필요한 경우에는 심문 도중에도 판사의 허가를 얻어 의견을 진술할 수 있다.

③ [○] 형사소송규칙 제96조의12 제3항 참조.

> 형사소송규칙 제96조의12(심문기일의 지정, 통지) ③ 심문기일의 통지는 서면 이외에 구술·전화·모사전송·전자우편·휴대전화 문자전송 그 밖에 적당한 방법으로 신속하게 하여야 한다. 이 경우 통지의 증명은 그 취지를 심문조서에 기재함으로써 할 수 있다.

12
정답 ③

③ [○] 형사소송법 제343조 제2항에서는, "상소의 제기기간은 재판을 선고 또는 고지한 날로부터 진행한다."고 규정하고 있으므로, 형사소송에 있어서는 판결등본이 당사자에게 송달되는 여부에 관계없이 공판정에서 판결이 선고된 날로부터 상소기간이 기산되며, 이는 피고인이 불출석한 상태에서 재판을 하는 경우에도 마찬가지라고 할 것이다(대법원 2002.9.27, 2002모6).

① [×] 정식재판청구권회복의 청구는 상소권회복 청구 규정을 준용한다(형사소송법 제352조 및 제458조 참조).

> 형사소송법 제345조(상소권회복 청구권자) 제338조부터 제341조까지의 규정에 따라 상소할 수 있는 자는 자기 또는 대리인이 책임질 수 없는 사유로 상소 제기기간 내에 상소를 하지 못한 경우에는 상소권회복의 청구를 할 수 있다.

> 제458조(준용규정) ① 제340조 내지 제342조, 제345조 내지 제352조, 제354조의 규정은 정식재판의 청구 또는 그 취하에 준용한다.

② [×] 상소권회복청구의 경우 법원의 재판집행정지는 필요적이 아니라 임의적 결정에 의한다(형사소송법 제348조 제1항).

> 형사소송법 제348조(상소권회복청구와 집행정지) ① 상소권회복의 청구가 있는 때에는 법원은 전조의 결정을 할 때까지 재판의 집행을 정지하는 결정을 할 수 있다.
> ② 전항의 집행정지의 결정을 한 경우에 피고인의 구금을 요하는 때에는 구속영장을 발부하여야 한다. 단, 제70조의 요건이 구비된 때에 한한다.

④ [×] 상소권회복청구를 할 때 동시에 상소를 제기하여야 한다(형사소송법 제346조 제3항).

> 형사소송법 제346조(상소권회복 청구의 방식) ① 상소권회복을 청구할 때에는 제345조의 사유가 해소된 날부터 상소 제기기간에 해당하는 기간 내에 서면으로 원심법원에 제출하여야 한다.
> ③ 상소권회복을 청구한 자는 그 청구와 동시에 상소를 제기하여야 한다.

13
정답 ②

② [×] 지방법원 본원과 지방법원 지원 사이의 관할의 분배도 지방법원 내부의 사법행정사무로서 행해진 지방법원 본원과 지원 사이의 단순한 사무분배에 그치는 것이 아니라 소송법상 토지관할의 분배에 해당한다. 그러므로 형사소송법 제4조에 의하여 지방법원 본원에 제1심 토지관할이 인정된다고 볼 특별한 사정이 없는 한, 지방법원 지원에 제1심 토지관할이 인정된다는 사정만으로 당연히 지방법원 본원에도 제1심 토지관할이 인정된다고 볼 수는 없다(대법원 2015.10.15, 2015도1803).

① [○] 지방법원과 그 지원의 합의부가 제1심으로 심판하여야 할 사건을 지방법원 지원 단독판사가 제1심으로 심판하고, 그 제1심 사건에 대한 항소심 사건을 지방법원 본원 합의부가 실체에 들어가 심판한 경우, 이는 관할권이 없음에도 이를 간과하고 실체판결을 한 것으로서, 소송절차의 법령을 위반한 잘못을 저지른 것이라 할 것이고, 관할제도의 입법 취지(관할획일의 원칙)와 그 위법의 중대성 등에 비추어 이는 판결에 영향을 미쳤음이 명백하므로, 직권으로 원심판결 및 제1심판결을 파기하고 사건을 관할권이 있는 지방법원 지원 합의부에 이송한다(대법원 1999.11.26, 99도4398).

③ [○] 형사소송법 제4조 제1항은 "토지관할은 범죄지, 피고인의 주소, 거소 또는 현재지로 한다"라고 정하고, 여기서 '현재지'라고 함은 공소제기 당시 피고인이 현재한 장소로서 임의에 의한 현재지뿐만 아니라 적법한 강제에 의한 현재지도 이에 해당한다(대법원 2011.12.22, 2011도12927).

④ [○] 형사소송법 제5조에 정한 관련 사건의 관할은, 이른바 고유관할사건 및 그 관련 사건이 반드시 병합기소되거나 병합되어 심리될 것을 전제요건으로 하는 것은 아니고, 고유관할사건 계속 중 고유관할 법원에 관련 사건이 계속된 이

상 그 후 양 사건이 병합되어 심리되지 아니한 채 고유사건에 대한 심리가 먼저 종결되었다 하더라도 관련 사건에 대한 관할권은 여전히 유지된다(대법원 2008.6.12, 2006도8568).

14 　　　　　　　　　　　　　　　　　　　　　　　　정답 ②

② [○] 형사소송법 제269조 제1항 참조.

> **형사소송법 제269조(제1회 공판기일의 유예기간)** ① 제1회 공판기일은 소환장의 송달 후 5일 이상의 유예기간을 두어야 한다.
> ② 피고인이 이의없는 때에는 전항의 유예기간을 두지 아니할 수 있다.

① [×] 공판준비기일의 출석의무는 검사와 변호인에게 있고(형사소송법 제266조의8 제1항) 피고인은 출석의무가 아니라 출석권이 있다(동 제5항).

> **형사소송법 제266조의8(검사 및 변호인 등의 출석)** ① 공판준비기일에는 검사 및 변호인이 출석하여야 한다.
> ⑤ 법원은 필요하다고 인정하는 때에는 피고인을 소환할 수 있으며, 피고인은 법원의 소환이 없는 때에도 공판준비기일에 출석할 수 있다.

③ [×] 형사소송법 제305조 및 제266조의14 참조.

> **형사소송법 제305조(변론의 재개)** 법원은 필요하다고 인정한 때에는 직권 또는 검사, 피고인이나 변호인의 신청에 의하여 결정으로 종결한 변론을 재개할 수 있다.
> **제266조의14(준용규정)** 제305조는 공판준비기일의 재개에 관하여 준용한다.

④ [×] 증거신청, 증거채부결정은 가능하나(형사소송법 제266조의9 제5호~제8호) 증거조사는 할 수 없다.

> **형사소송법 제266조의9(공판준비에 관한 사항)** ① 법원은 공판준비절차에서 다음 행위를 할 수 있다.
> 1. 공소사실 또는 적용법조를 명확하게 하는 행위
> 2. 공소사실 또는 적용법조의 추가·철회 또는 변경을 허가하는 행위
> 3. 공소사실과 관련하여 주장할 내용을 명확히 하여 사건의 쟁점을 정리하는 행위
> 4. 계산이 어렵거나 그 밖에 복잡한 내용에 관하여 설명하도록 하는 행위
> 5. 증거신청을 하도록 하는 행위
> 6. 신청된 증거와 관련하여 입증 취지 및 내용 등을 명확하게 하는 행위
> 7. 증거신청에 관한 의견을 확인하는 행위
> 8. 증거 채부(採否)의 결정을 하는 행위
> 9. 증거조사의 순서 및 방법을 정하는 행위
> 10. 서류등의 열람 또는 등사와 관련된 신청의 당부를 결정하는 행위
> 11. 공판기일을 지정 또는 변경하는 행위
> 12. 그 밖에 공판절차의 진행에 필요한 사항을 정하는 행위

15 　　　　　　　　　　　　　　　　　　　　　　　　정답 ①

① [×] 공동피고인의 자백은 이에 대한 피고인의 반대신문권이 보장되어 있어 증인으로 신문한 경우와 다를 바 없으므로 독립한 증거능력이 있고, 이는 피고인들간에 이해관계가 상반된다고 하여도 마찬가지라 할 것이다(대법원 2006.5.11,

2006도1944).

② [○] 자백에 대한 보강증거는 범죄사실의 전부 또는 중요부분을 인정할 수 있는 정도가 되지 않더라도 피고인의 자백이 가공적인 것이 아닌 진실한 것임을 인정할 수 있는 정도만 되면 충분하다. 직접증거가 아닌 간접증거나 정황증거도 보강증거가 될 수 있고, 또한 자백과 보강증거가 서로 어울려서 전체로서 범죄사실을 인정할 수 있으면 유죄의 증거로 충분하다(대법원 2017.12.28, 2017도17628).

③ [○] 소변검사 결과는 1995. 1. 17.자 투약행위로 인한 것일 뿐 그 이전의 4회에 걸친 투약행위와는 무관하고, 압수된 약물도 이전의 투약행위에 사용되고 남은 것이 아니므로, 위 소변검사 결과와 압수된 약물은 결국 피고인이 투약습성이 있다는 점에 관한 정황증거에 불과하다 할 것인바, 피고인의 습벽을 범죄구성요건으로 하며 포괄1죄인 상습범에 있어서도 이를 구성하는 각 행위에 관하여 개별적으로 보강증거를 요구하고 있는 점에 비추어 보면 투약습성에 관한 정황증거만으로 향정신성의약품관리법위반죄의 객관적 구성요건인 각 투약행위가 있었다는 점에 관한 보강증거로 삼을 수는 없다(대법원 1996.2.13, 95도1794).

④ [○] 자백에 대한 보강증거는 범죄사실의 전부 또는 중요부분을 인정할 수 있는 정도가 되지 아니하더라도 피고인의 자백이 가공적인 것이 아닌 진실한 것임을 인정할 수 있는 정도만 되면 족한 것으로서, 자백과 서로 어울려서 전체로서 범죄사실을 인정할 수 있으면 유죄의 증거로 충분하고, 나아가 사람의 기억에는 한계가 있는 만큼 자백과 보강증거 사이에 어느 정도의 차이가 있어도 중요부분이 일치하고 그로써 진실성이 담보되면 보강증거로서의 자격이 있다(대법원 2008.5.29, 2008도2343).

16 　　　　　　　　　　　　　　　　　　　　　　　　정답 ③

③ [○] 원래 공소제기가 없었음에도 피고인의 소환이 이루어지는 등 사실상의 소송계속이 발생한 상태에서 검사가 약식명령을 청구하는 공소장을 제1심법원에 제출하고, 위 공소장에 기하여 공판절차를 진행한 경우 제1심법원으로서는 이에 기하여 유·무죄의 실체판단을 하여야 한다(대법원 2003.11.14, 2003도2735).

① [×] 변호인의 선임은 심급마다 변호인과 연명날인한 서면으로 제출하여야 한다(형사소송법 제32조 제1항). 따라서 변호인 선임서를 제출하지 않은 채 상고이유서만을 제출하고 상고이유서 제출기간이 지난 후에 변호인 선임서를 제출하였다면 그 상고이유서는 적법·유효한 변호인의 상고이유서가 될 수 없다(대법원 2015.2.26, 2014도12737).

② [×] 친고죄에서 피해자의 고소가 없거나 고소가 취소되었음에도 친고죄로 기소되었다가 그 후 당초에 기소된 공소사실과 동일성이 인정되는 비친고죄로 공소장변경이 허용된 경우 그 공소제기의 흠은 치유되고, 친고죄로 기소된 후에 피해자의 고소가 취소되더라도 제1심이나 항소심에서 당초에 기소된 공소사실과 동일성이 인정되는 범위 내에서 다른 공소사실로 공소장을 변경할 수 있으며 이러한 경우 변경된

공소사실에 대하여 심리·판단하여야 하는데, 이는 반의사
불벌죄에서 피해자의 '처벌을 희망하지 아니하는 의사표시'
또는 '처벌을 희망하는 의사표시의 철회'가 있는 경우에도
마찬가지로 보아야 한다(대법원 2011.5.13, 2011도2233).

④ [×] 세무공무원의 고발없이 조세범칙사건의 공소가 제기된
후에 세무공무원이 그 고발을 하였다 하여도 그 공소절차의
무효가 치유된다고는 볼 수 없다(대법원 1970.7.28, 70도942).

17 　　　　　　　　　　정답 ②

② [×] 약식명령에 불복하여 정식재판을 청구한 피고인이 정
식재판절차의 제1심에서 2회 불출정하여 형사소송법 제
318조 제2항에 따른 증거동의가 간주된 후 증거조사를 완
료한 이상, 간주의 대상인 증거동의는 증거조사가 완료되기
전까지 철회 또는 취소할 수 있으나 일단 증거조사를 완료
한 뒤에는 취소 또는 철회가 인정되지 아니하는 점, 증거동
의 간주가 피고인의 진의와는 관계없이 이루어지는 점 등에
비추어, 비록 피고인이 항소심에 출석하여 공소사실을 부인
하면서 간주된 증거동의를 철회 또는 취소한다는 의사표시
를 하더라도 그로 인하여 적법하게 부여된 증거능력이 상실
되는 것이 아니다(대법원 2010.7. 15, 2007도5776).

① [○] 형사소송법 제318조에 규정된 증거동의의 주체는 소
송 주체인 검사와 피고인이고, 변호인은 피고인을 대리하여
증거동의에 관한 의견을 낼 수 있을 뿐이므로 피고인의 명
시한 의사에 반하여 증거로 함에 동의할 수는 없다. 따라서
피고인이 출석한 공판기일에서 증거로 함에 부동의한다는
의견이 진술된 경우에는 그 후 피고인이 출석하지 아니한
공판기일에 변호인만이 출석하여 종전 의견을 번복하여 증
거로 함에 동의하였다 하더라도 이는 특별한 사정이 없는
한 효력이 없다고 보아야 한다(대법원 2013.3.28, 2013도3).

③ [○] 기록상 진술증거의 임의성에 관하여 의심할 만한 사정
이 나타나 있는 경우에는 법원은 직권으로 그 임의성 여부
에 관하여 조사를 하여야 하고, 임의성이 인정되지 아니하
여 증거능력이 없는 진술증거는 피고인이 증거로 함에 동의
하더라도 증거로 삼을 수 없다(대법원 2006.11.23, 2004도7900).

④ [○] 개개의 증거에 대하여 개별적인 증거조사방식을 거치
지 아니하고 검사가 제시한 모든 증거에 대하여 피고인이
증거로 함에 동의한다는 방식으로 이루어진 것이라 하여도
증거동의로서의 효력을 부정할 이유가 되지 못한다(대법원
1983.3.8, 82도2873).

18 　　　　　　　　　　정답 ④

④ [○] 검사의 체포영장 또는 구속영장 청구에 대한 지방법원
판사의 재판은 형사소송법 제402조의 규정에 의하여 항고
의 대상이 되는 '법원의 결정'에 해당되지 아니하고, 제416
조 제1항의 규정에 의하여 준항고의 대상이 되는 '재판장 또
는 수명법관의 구금 등에 관한 재판'에도 해당되지 아니함
이 분명하다고 할 것이다(대법원 2006.12.18, 2006모646).

① [×] 법원의 관할이전신청 기각결정에 대해서는 즉시항고,
보통항고 모두 불가하다. 형사소송법 제402조, 제403조
제1항 참조.

형사소송법 제402조(항고할 수 있는 재판) 법원의 결정에 대하여
불복이 있으면 항고를 할 수 있다. 단, 이 법률에 특별한 규정이
있는 경우에는 예외로 한다.
제403조(판결 전의 결정에 대한 항고) ① 법원의 관할 또는 판결
전의 소송절차에 관한 결정에 대하여는 특히 즉시항고를 할 수
있는 경우 외에는 항고를 하지 못한다.

판례
법원의 관할 또는 판결 전의 소송절차에 관한 결정에 대하여는 특
히 즉시항고를 할 수 있는 경우 외에는 항고를 하지 못한다(형사
소송법 제403조 제1항). 그런데 관할이전의 신청을 기각한 결정
에 대하여 즉시항고를 할 수 있다는 규정이 없으므로, 원심결정에
대하여 재항고인이 불복할 수 없다(대법원 2021.4.2, 2020모2561).

---

② [×] 판결에 대한 상소절차에서는 원심법원이 원판결을 고
칠 수 없으나, 결정에 대한 항고절차에서는 원심법원이 원
결정을 고칠 수 있다. 이러한 원심법원의 경정결정은 재도
의 고안이라고도 한다. 형사소송법 제408조 참조.

형사소송법 제408조(원심법원의 갱신결정) ① 원심법원은 항고
가 이유있다고 인정한 때에는 결정을 경정하여야 한다.
② 항고의 전부 또는 일부가 이유없다고 인정한 때에는 항고장
을 받은 날로부터 3일 이내에 의견서를 첨부하여 항고법원에
송부하여야 한다.

---

③ [×] 보통항고의 경우에도 원심법원 또는 항고법원은 항고에 대
한 결정이 있을 때까지 재판의 집행을 정지할 수 있다(임의적 집
행정지, 형사소송법 제409조 단서).

형사소송법 제409조(보통항고와 집행정지) 항고는 즉시항고 외
에는 재판의 집행을 정지하는 효력이 없다. 단, 원심법원 또는
항고법원은 결정으로 항고에 대한 결정이 있을 때까지 집행을
정지할 수 있다.
제410조(즉시항고와 집행정지의 효력) 즉시항고의 제기기간 내와
그 제기가 있는 때에는 재판의 집행은 정지된다.

19 　　　　　　　　　　정답 ④

④ [×] 형사소송법 제372조, 제373조 및 관련 규정의 내용과
취지, 비약적 상고와 항소가 제1심판결에 대한 상소권 행사
로서 갖는 공통성, 이와 관련된 피고인의 불복의사, 피고인
의 상소권 보장의 취지 및 그에 대한 제한의 범위와 정도,
피고인의 재판청구권을 보장하는 헌법합치적 해석의 필요
성 등을 종합하여 보면, 제1심판결에 대하여 피고인은 비약
적 상고를, 검사는 항소를 각각 제기하여 이들이 경합한 경
우 피고인의 비약적 상고에 상고의 효력이 인정되지는 않더
라도, 피고인의 비약적 상고가 항소기간 준수 등 항소로서의
적법요건을 모두 갖추었고, 피고인이 자신의 비약적 상고에
상고의 효력이 인정되지 않는 때에도 항소심에서는 제1심판
결을 다툴 의사가 없었다고 볼 만한 특별한 사정이 없다면,
피고인의 비약적 상고에 항소로서의 효력이 인정된다고 보아
야 한다(대법원 2022.5.19, 2021도17131, 2021전도170 전원합의체).

① [○] 비약적 상고 사유는 법령적용의 위법과 판결 후 형의
폐지·변경 또는 사면의 2가지로 규정되어 있다(형사소송법
제372조).

대시키는 것이므로 증언거부권의 대상은 된다고 볼 것이다
(대법원 2012.12.13, 2010도10028).

④ [○] 형사소송법 제149조 참조.

> **형사소송법 제149조(업무상비밀과 증언거부)** 변호사, 변리사, 공증인, 공인회계사, 세무사, 대서업자, 의사, 한의사, 치과의사, 약사, 약종상, 조산사, 간호사, 종교의 직에 있는 자 또는 이러한 직에 있던 자가 그 업무상 위탁을 받은 관계로 알게 된 사실로서 타인의 비밀에 관한 것은 증언을 거부할 수 있다. 단, 본인의 승낙이 있거나 중대한 공익상 필요있는 때에는 예외로 한다.

---

21   정답 ④

④ [○] 보석취소 시 피고인 재구금에는 새로운 구속영장은 요하지 아니한다(형사소송규칙 제56조 제1항).

> **형사소송규칙 제56조(보석 등의 취소에 의한 재구금절차)** ① 법 제102조 제2항에 따른 보석취소 또는 구속집행정지취소의 결정이 있는 때 또는 기간을 정한 구속집행정지결정의 기간이 만료된 때에는 검사는 그 취소결정의 등본 또는 기간을 정한 구속집행정지결정의 등본에 의하여 피고인을 재구금하여야 한다. 다만, 급속을 요하는 경우에는 재판장, 수명법관 또는 수탁판사가 재구금을 지휘할 수 있다.

① [×] 피고인이 집행유예의 기간중에 있어 집행유예의 결격자라고 하여 보석을 허가할 수 없는 것은 아니고 형사소송법 제95조는 그 제1 내지 5호 이외의 경우에는 필요적으로 보석을 허가하여야 한다는 것이지 여기에 해당하는 경우에는 보석을 허가하지 아니할 것을 규정한 것이 아니므로 집행유예기간중에 있는 피고인의 보석을 허가한 것이 누범과 상습범에 대하여는 보석을 허가하지 아니할 수 있다는 형사소송법 제95조 제2호의 취지에 위배되어 위법하다고 할 수 없다(대법원 1990.4.18, 90모22).

② [×] 검사의 의견청취의 절차는 보석에 관한 결정의 본질적 부분이 되는 것은 아니므로, 설사 법원이 검사의 의견을 듣지 아니한 채 보석에 관한 결정을 하였다고 하더라도 그 결정이 적정한 이상, 절차상의 하자만을 들어 그 결정을 취소할 수는 없다(대법원 1997.11.27, 97모88).

③ [×] 보석보증금이 소송절차 진행 중의 피고인의 출석을 담보하는 기능 외에 형 확정 후의 형 집행을 위한 출석을 담보하는 기능도 담당하는 것이고 형사소송법 제102조 제2항의 규정에 의한 보증금몰수결정은 반드시 보석취소결정과 동시에 하여야만 하는 것이 아니라 보석취소결정 후에 별도로 할 수도 있다고 해석되는 점에 비추어 보면, 위 법 제103조에서 규정하는 "보석된 자"란 보석허가결정에 의하여 석방된 사람 모두를 가리키는 것이지, 판결확정 전에 그 보석이 취소되었으나 도망 등으로 재구금이 되지 않은 상태에 있는 사람이라고 하여 여기에서 제외할 이유가 없다(대법원 2002.5.17, 2001모53).

---

22   정답 ④

④ [×] 국민의 형사재판 참여에 관한 법률 제48조 제4항 참조.

> **형사소송법 제372조(비약적 상고)** 다음 경우에는 제1심판결에 대하여 항소를 제기하지 아니하고 상고를 할 수 있다.
> 1. 원심판결이 인정한 사실에 대하여 법령을 적용하지 아니하였거나 법령의 적용에 착오가 있는 때
> 2. 원심판결이 있은 후 형의 폐지나 변경 또는 사면이 있는 때

② [○] 형사소송법 제372조에 의하면 비약적 상고는 제1심판결이 그 인정한 사실에 대하여 법령을 적용하지 아니하였거나 법령의 적용에 착오가 있는 때 또는 제1심판결이 있은 후 형의 폐지나 변경 또는 사면이 있는 때에 제기할 수 있다. 여기서 말하는 '제1심판결이 인정한 사실에 대하여 법령을 적용하지 아니하거나 법령의 적용에 착오가 있는 때'라 함은 제1심판결이 인정한 사실이 옳다는 것을 전제로 하여 볼 때 그에 대한 법령을 적용하지 아니하거나 법령의 적용을 잘못한 경우를 말한다(대법원 2020.7.9, 2020도4161).

③ [○] 비약적 상고는 제1심판결이 인정한 사실에 대하여 법령을 적용하지 않았거나 법령의 적용에 착오가 있는 때 또는 제1심판결이 있은 후 형의 폐지나 변경 또는 사면이 있는 때에 제기할 수 있다(형사소송법 제372조). 제1심판결에 대한 비약적 상고는 그 사건에 대한 항소가 제기된 때에는 효력을 잃고, 다만 항소의 취하 또는 항소기각의 결정이 있는 때에는 예외로 한다(형사소송법 제373조)(대법원 2022.5.19, 2021도17131, 2021전도170(병합) 전원합의체).

> **형사소송법 제373조(항소와 비약적 상고)** 제1심판결에 대한 상고는 그 사건에 대한 항소가 제기된 때에는 그 효력을 잃는다. 단, 항소의 취하 또는 항소기각의 결정이 있는 때에는 예외로 한다.

---

20   정답 ①

① [×] 형사소송법 제148조에서 '형사소추'는 증인이 이미 저지른 범죄사실에 대한 것을 의미한다고 할 것이므로, 증인의 증언에 의하여 비로소 범죄가 성립하는 경우에는 형사소송법 제160조, 제148조 소정의 증언거부권 고지대상이 된다고 할 수 없다(대법원 2011.12.8, 2010도2816).

② [○] 자신의 유죄 확정판결에 대하여 재심을 청구한 증인에게 증언의무를 부과하는 것이 형사소추 또는 공소제기를 당하거나 유죄판결을 받을 사실이 발로(發露)될 염려 있는 증언을 강제하는 것이라고 볼 수는 없다. 따라서 자신에 대한 유죄판결이 확정된 증인이 공범에 대한 피고사건에서 증언할 당시 앞으로 재심을 청구할 예정이라고 하여도, 이를 이유로 증인에게 형사소송법 제148조에 의한 증언거부권이 인정되지는 않는다(대법원 2011.11.24, 2011도11994).

③ [○] 형사소송법에서 위와 같이 증언거부권의 대상으로 규정한 '공소제기를 당하거나 유죄판결을 받을 사실이 발로될 염려 있는 증언'에는 자신이 범죄를 한 사실뿐 아니라 범행을 한 것으로 오인되어 유죄판결을 받을 우려가 있는 사실 등도 포함된다고 할 것이다. 따라서 범행을 하지 아니한 자가 범인으로 공소제기가 되어 피고인의 지위에서 범행사실을 허위자백하고, 나아가 공범에 대한 증인의 자격에서 증언을 하면서 그 공범과 함께 범행하였다고 허위의 진술을 한 경우에도 그 증언은 자신에 대한 유죄판결의 우려를 증

① [○] 국민의 형사재판 참여에 관한 법률 제8조는 피고인이 공소장 부본을 송달받은 날부터 7일 이내에 국민참여재판을 원하는지 여부에 관한 의사가 기재된 서면(이하 '의사확인서')을 제출하도록 하고, 피고인이 그 기간 내에 의사확인서를 제출하지 아니한 때에는 국민참여재판을 원하지 아니하는 것으로 보며, 공판준비기일이 종결되거나 제1회 공판기일이 열린 이후 등에는 종전의 의사를 바꿀 수 없도록 규정하고 있다. 위 규정의 취지를 위 기한이 지나면 피고인이 국민참여재판 신청을 할 수 없도록 하려는 것으로는 보기 어려운 점 등에 비추어 볼 때, 공소장 부본을 송달받은 날부터 7일 이내에 의사확인서를 제출하지 아니한 피고인도 제1회 공판기일이 열리기 전까지는 국민참여재판 신청을 할 수 있고, 법원은 그 의사를 확인하여 국민참여재판으로 진행할 수 있다고 봄이 상당하다(대법원 2009.10.23, 2009모1032).

② [○] 국민참여재판을 시행하는 이유나 '국민의 형사재판 참여에 관한 법률'의 여러 규정에 비추어 볼 때, 위 법에서 정하는 대상 사건에 해당하는 한 피고인은 원칙적으로 국민참여재판으로 재판을 받을 권리를 가지는 것이므로, 피고인이 법원에 국민참여재판을 신청하였는데도 법원이 이에 대한 배제결정도 하지 않은 채 통상의 공판절차로 재판을 진행하는 것은 피고인의 국민참여재판을 받을 권리 및 법원의 배제결정에 대한 항고권 등 중대한 절차적 권리를 침해한 것으로서 위법하고, 국민참여재판제도의 도입 취지나 위 법에서 배제결정에 대한 즉시항고권을 보장한 취지 등에 비추어 이와 같이 위법한 공판절차에서 이루어진 소송행위는 무효라고 보아야 한다(대법원 2011.9.8, 2011도7106).

③ [○] 국민의 형사재판 참여에 관한 법률 제8조 제4항 참조.

23 [정답] ①

① [×] 부정기형과 실질적으로 동등하다고 평가될 수 있는 정기형은 부정기형의 장기와 단기의 정중앙에 해당하는 형(중간형)이라고 봄이 적절하므로, 피고인이 항소심 선고 이전에 19세에 도달하여 제1심에서 선고한 부정기형을 파기하고 정기형을 선고함에 있어 불이익변경금지 원칙 위반 여부를 판단하는 기준은 부정기형의 장기와 단기의 중간형이 되어야 한다(대법원 2020.10.22, 2020도4140 전원합의체).

② [○] 불이익변경금지원칙의 적용에 있어서는 이를 개별적·형식적으로 고찰할 것이 아니라, 전체적·실질적으로 고찰하여 결정하여야 할 것인바, 항소심에서 주형을 감형하면서 추징액을 증액한 경우(제1심의 형량인 징역 2년에 집행유예 3년 및 금 5억여 원 추징을 항소심에서 징역 1년에 집행

유예 2년 및 금 6억여 원 추징으로 변경), 불이익변경금지원칙에 반하지 않는다(대법원 1998.5.12, 96도2850).

③ [○] 취업제한명령은 범죄인에 대한 사회내 처우의 한 유형으로서 형벌 그 자체가 아니라 보안처분의 성격을 가지는 것이지만, 실질적으로 직업선택의 자유를 제한하는 것이다. 따라서 원심이 제1심판결에서 정한 형과 동일한 형을 선고하면서 제1심에서 정한 취업제한기간보다 더 긴 취업제한명령을 부가하는 것은 전체적·실질적으로 피고인에게 불리하게 변경한 것이므로, 피고인만이 항소한 경우에는 허용되지 않는다(대법원 2019.10.17, 2019도11540).

④ [○] 제1심법원이 소송비용의 부담을 명하는 재판을 하지 않았음에도 항소심법원이 제1심의 소송비용에 관하여 피고인에게 부담하도록 재판을 한 경우, 불이익변경금지원칙에 위배되지 않는다(대법원 2001.4.24, 2001도872).

24 [정답] ④

④ [×] 5. 8.에 소송기록접수통지서를 받은 경우라면 초일을 제외한 5. 9.을 기준으로 20일 내에 항소를 제기하여야 한다. 그러므로 5. 28.까지 항소이유서를 제출하여야 하지만 그 날은 일요일이고, 다음 날인 2023. 5. 29.은 임시공휴일인 관계로 2023. 5. 30.에 이르러서야 법원에 항소이유서가 도착되었다면, 항소이유서는 적법하게 제출된 것이다.

① [○] 형사소송법 제344조의 재소자 특칙에 의해서 상소기간 내에 서울구치소장에게 항소장을 제출하였다면 실제 법원에 상소장이 상소기간 이후에 도착한 경우에도 적법하게 상소를 제기한 것에 해당한다.

② [○] 구속피고인에 대한 소송서류의 송달은 소장에게 하는 것이다. 나아가 통지는 통지의 대상자에게 도달됨으로써 그 효력이 발생한다.

법령에 다른 정함이 있다는 등의 특별한 사정이 없는 한 서면 이외에 구술·전화·모사전송·전자우편·휴대전화 문자전송 그 밖에 적당한 방법으로도 할 수 있고, 통지의 대상자에게 도달됨으로써 효력이 발생한다(대법원 2017.9.22, 2017모1680).

[보충] 구치소에 재감 중인 재항고인이 제1심판결에 대하여 항소하였는데, 항소심법원이 구치소로 소송기록접수통지서를 송달하면서 송달받을 사람을 구치소의 장이 아닌 재항고인으로 하였고 구치소 서무계원이 이를 수령한 경우, 송달받을 사람을 재항고인으로 한 송달은 효력이 없고, 달리 재항고인에게 소송기록접수의 통지가 도달하였다는 등의 사정을 발견할 수 없으므로, 소송기록접수의 통지는 효력이 없다(위 판례).

③ [○] 형사소송법 제361조의3 참조.

> **형사소송법 제361조의3(항소이유서와 답변서)** ① 항소인 또는 변호인은 전조의 통지를 받은 날로부터 20일 이내에 항소이유서를 항소법원에 제출하여야 한다. 이 경우 제344조를 준용한다.

25   정답 ②

② [×] 형사소송법 제219조, 제121조가 규정한 변호인의 참여권은 피압수자의 보호를 위하여 변호인에게 주어진 고유권이다. 따라서 설령 피압수자가 수사기관에 압수·수색영장의 집행에 참여하지 않는다는 의사를 명시하였다고 하더라도, 특별한 사정이 없는 한 그 변호인에게는 형사소송법 제219조, 제122조에 따라 미리 집행의 일시와 장소를 통지하는 등으로 압수·수색영장의 집행에 참여할 기회를 별도로 보장하여야 한다(대법원 2020.11.26, 2020도10729).

> **형사소송법 제121조(영장집행과 당사자의 참여)** 검사, 피고인 또는 변호인은 압수·수색영장의 집행에 참여할 수 있다.
> **제122조(영장집행과 참여권자에의 통지)** 압수·수색영장을 집행함에는 미리 집행의 일시와 장소를 전조에 규정한 자에게 통지하여야 한다. 단, 전조에 규정한 자가 참여하지 아니한다는 의사를 명시한 때 또는 급속을 요하는 때에는 예외로 한다.

① [○] 형사소송법 제118조 참조.

> **형사소송법 제118조(영장의 제시와 사본교부)** 압수·수색영장은 처분을 받는 자에게 반드시 제시하여야 하고, 처분을 받는 자가 피고인인 경우에는 그 사본을 교부하여야 한다. 다만, 처분을 받는 자가 현장에 없는 등 영장의 제시나 그 사본의 교부가 현실적으로 불가능한 경우 또는 처분을 받는 자가 영장의 제시나 사본의 교부를 거부한 때에는 예외로 한다.

③ [○] 형사소송법 제219조, 제121조는 '수사기관이 압수·수색영장을 집행할 때에는 피압수자 또는 변호인은 그 집행에 참여할 수 있다.'고 정하고 있다. 저장매체에 대한 압수·수색 과정에서 범위를 정하여 출력·복제하는 방법이 불가능하거나 압수의 목적을 달성하기에 현저히 곤란한 예외적인 사정이 인정되어 전자정보가 담긴 저장매체, 하드카피나 이미징(imaging) 등 형태(이하 '복제본'이라 한다)를 수사기관 사무실 등으로 옮겨 복제·탐색·출력하는 경우에도, 피압수자나 변호인에게 참여 기회를 보장하고 혐의사실과 무관한 전자정보의 임의적인 복제 등을 막기 위한 적절한 조치를 취하는 등 영장주의 원칙과 적법절차를 준수하여야 한

다. 만일 그러한 조치를 취하지 않았다면 압수·수색이 적법하다고 평가할 수 없다. 다만 피압수자 측이 위와 같은 절차나 과정에 참여하지 않는다는 의사를 명시적으로 표시하였거나 절차 위반행위가 이루어진 과정의 성질과 내용 등에 비추어 피압수자에게 절차 참여를 보장한 취지가 실질적으로 침해되었다고 볼 수 없는 경우에는 압수·수색의 적법성을 부정할 수 없다(대법원 2019.7.11, 2018도20504).

④ [○] 압수·수색영장은 처분을 받는 자에게 반드시 제시하여야 하는바, 현장에서 압수·수색을 당하는 사람이 여러 명일 경우에는 그 사람들 모두에게 개별적으로 영장을 제시해야 하는 것이 원칙이다. 수사기관이 압수·수색에 착수하면서 그 장소의 관리책임자에게 영장을 제시하였다고 하더라도, 물건을 소지하고 있는 다른 사람으로부터 이를 압수하고자 하는 때에는 그 사람에게 따로 영장을 제시하여야 한다(대법원 2009.3.12, 2008도763).

01	④	02	②	03	④	04	③	05	①
06	④	07	③	08	①	09	②	10	③
11	④	12	④	13	②	14	②	15	④
16	①	17	③	18	①	19	①	20	③
21	②	22	③	23	③	24	②	25	①

01
정답 ④

④ [×] 피고인의 관할이전신청이 있으면 직근상급법원이 결정으로 다른 법원으로 이송해야 하는 것은 아니다. 관할이전의 신청을 받은 직근상급법원은 신청이 이유있다고 인정하면 관할법원을 정하는 결정을 하고 그렇지 아니하면 신청기각의 결정을 하는 것이다.

> 형사소송법 제15조(관할이전의 신청) 검사는 다음 경우에는 직근상급법원에 관할이전을 신청하여야 한다. 피고인도 이 신청을 할 수 있다.
> 1. 관할법원이 법률상의 이유 또는 특별한 사정으로 재판권을 행할 수 없는 때
> 2. 범죄의 성질, 지방의 민심, 소송의 상황 기타 사정으로 재판의 공평을 유지하기 어려운 염려가 있는 때

① [○] 상고법원은 관할의 인정이 위법인 경우 파기하고 판결로써 관할권 있는 법원에 이송하여야 한다(형사소송법 제394조).

> 형사소송법 제394조(관할인정과 이송의 판결) 관할의 인정이 법률에 위반됨을 이유로 원심판결 또는 제1심판결을 파기하는 경우에는 판결로써 사건을 관할있는 법원에 이송하여야 한다.

> 판례
> 지방법원과 그 지원의 합의부가 제1심으로 심판하여야 할 사건을 지방법원 지원 단독판사가 제1심으로 심판하고, 그 제1심 사건에 대한 항소심 사건을 지방법원 본원 합의부가 실체에 들어가 심판한 경우, 이는 관할권이 없음에도 이를 간과하고 실체판결을 한 것으로서, 소송절차의 법령을 위반한 잘못을 저지른 것이라 할 것이고, 관할제도의 입법 취지(관할획일의 원칙)와 그 위법의 중대성 등에 비추어 이는 판결에 영향을 미쳤음이 명백하다는 이유로 직권으로 원심판결 및 제1심판결을 파기하고, 사건을 관할권이 있는 지방법원 지원 합의부에 이송한다(대법원 1999.11.26, 99도4398).

② [○] 항소심에서 공소장변경에 의하여 단독판사의 관할사건이 합의부 관할사건으로 된 경우에도 법원은 사건을 관할권이 있는 법원에 이송하여야 하고, 항소심에서 변경된 위 합의부 관할사건에 대한 관할권이 있는 법원은 고등법원이라고 봄이 상당하다(대법원 1997.12.12, 97도2463).

③ [○] 형사소송법 제16조의2 참조.

> 형사소송법 제16조의2(사건의 군사법원 이송) 법원은 공소가 제기된 사건에 대하여 군사법원이 재판권을 가지게 되었거나 재판권을 가졌음이 판명된 때에는 결정으로 사건을 재판권이 있는 같은 심급의 군사법원으로 이송한다. 이 경우에 이송전에 행한 소송행위는 이송후에도 그 효력에 영향이 없다.

02
정답 ②

② [×] 헌법상 변호인의 조력을 받을 권리와 형사소송법에 국선변호인 제도를 마련한 취지 등에 비추어 보면, 법원이 국선변호인을 반드시 선정해야 하는 사유로 형사소송법 제33조 제1항 제5호에서 정한 '피고인이 심신장애의 의심이 있는 때'란 진단서나 정신감정 등 객관적인 자료에 의하여 피고인의 심신장애 상태를 확신할 수 있거나 그러한 상태로 추단할 수 있는 근거가 있는 경우는 물론, 범행의 경위, 범행의 내용과 방법, 범행 전후 과정에서 보인 행동 등과 아울러 피고인의 연령·지능·교육 정도 등 소송기록과 소명자료에 드러난 제반 사정에 비추어 피고인의 의식상태나 사물에 대한 변별능력, 행위통제능력이 결여되거나 저하된 상태로 의심되어 피고인이 공판심리단계에서 효과적으로 방어권을 행사하지 못할 우려가 있다고 인정되는 경우를 포함한다(대법원 2019.9.26, 2019도8531).

① [○] 형사소송규칙 제17조의2 참조.

> 형사소송규칙 제17조의2(국선변호인 선정청구 사유의 소명) 법 제33조제2항에 의하여 국선변호인 선정을 청구하는 경우 피고인은 소명자료를 제출하여야 한다. 다만, 기록에 의하여 그 사유가 소명되었다고 인정될 때에는 그러하지 아니하다.

③ [○] 형사소송법 제33조 제1항 제1호의 '피고인이 구속된 때'라고 함은, 원래 구속제도가 형사소송의 진행과 형벌의 집행을 확보하기 위하여 법이 정한 요건과 절차 아래 피고인의 신병을 확보하는 제도라는 점 등에 비추어 볼 때 피고인이 당해 형사사건에서 구속되어 재판을 받고 있는 경우를 의미하고, 피고인이 별건으로 구속되어 있거나 다른 형사사건에서 유죄로 확정되어 수형중인 경우는 이에 해당하지 아니한다(대법원 2009.5.28, 2009도579).

④ [○] 형사소송법 제33조 제5호에 의한 국선변호인선임청구를 기각한 결정은 판결전의 소송절차이므로 그 결정에 대하여 즉시항고를 할 수 있는 근거가 없는 이상 그 결정에 대하여는 항고도 할 수 없다(대법원 1986.9.5, 86모40).

03
정답 ④

④ [×] 전자정보를 압수하고자 하는 수사기관이 정보저장매체와 거기에 저장된 전자정보를 임의제출의 방식으로 압수할 때, 제출자의 구체적인 제출 범위에 관한 의사를 제대로 확인하지 않는 등의 사유로 인해 임의제출자의 의사에 따른 전자정보 압수의 대상과 범위가 명확하지 않거나 이를 알 수 없는 경우에는 임의제출에 따른 압수의 동기가 된 범죄혐의사실과 관련되고 이를 증명할 수 있는 최소한의 가치가 있는 전자정보에 한하여 압수의 대상이 된다(대법원 2021.11.18, 2016도348 전원합의체).

① [○] 수사기관의 전자정보에 대한 압수·수색은 원칙적으로 영장 발부의 사유로 된 범죄혐의사실과 관련된 부분만을 문서 출력물로 수집하거나 수사기관이 휴대한 정보저장매체에 해당 파일을 복제하는 방식으로 이루어져야 한다(대법원 2021.11.18, 2016도348 전원합의체).

② [○] 정보저장매체 자체를 직접 반출하거나 저장매체에 들어 있는 전자파일 전부를 하드카피나 이미징 등 형태(이하 '복제본'이라 한다)로 수사기관 사무실 등 외부로 반출하는 방식으로 압수·수색하는 것은 현장의 사정이나 전자정보의 대량성으로 인하여 관련 정보 획득에 긴 시간이 소요되거나 전문 인력에 의한 기술적 조치가 필요한 경우 등 범위를 정하여 출력 또는 복제하는 방법이 불가능하거나 압수의 목적을 달성하기에 현저히 곤란하다고 인정되는 때에 한하여 예외적으로 허용될 수 있을 뿐이다(대법원 2021.11.18, 2016도348 전원합의체).

③ [○] 임의제출된 정보저장매체에서 압수의 대상이 되는 전자정보의 범위를 넘어서는 전자정보에 대해 수사기관이 영장 없이 압수·수색하여 취득한 증거는 위법수집증거에 해당하고, 사후에 법원으로부터 영장이 발부되었다거나 피고인이나 변호인이 이를 증거로 함에 동의하였다고 하여 그 위법성이 치유되는 것도 아니다(대법원 2021.11.18, 2016도348 전원합의체).

04   정답 ③

③ [○] 보석보증금을 몰수하려면 반드시 보석취소와 동시에 하여야만 가능한 것이 아니라 보석취소 후에 별도로 보증금몰수결정을 할 수도 있다(대법원 2001.5.29, 2000모22 전원합의체).

① [×] 형사소송법 제96조 참조.

> **형사소송법 제96조(임의적 보석)** 법원은 제95조의 규정에 불구하고 상당한 이유가 있는 때에는 직권 또는 제94조에 규정된 자의 청구에 의하여 결정으로 보석을 허가할 수 있다.

② [×] (출제의 의도를 고려하여 해설함) 검사의 의견청취의 절차는 보석에 관한 결정의 본질적 부분이 되는 것은 아니므로, 설사 법원이 검사의 의견을 듣지 아니한 채 보석에 관한 결정을 하였다고 하더라도 그 결정이 적정한 이상, 절차상의 하자만을 들어 그 결정을 취소할 수는 없다(대법원 1997.11.27, 97모88).

④ [×] 형사소송법 제94조 및 제102조 제1항 참조.

> **형사소송법 제102조(보석조건의 변경과 취소 등)** ① 법원은 직권 또는 제94조에 규정된 자의 신청에 따라 결정으로 피고인의 보석조건을 변경하거나 일정기간 동안 당해 조건의 이행을 유예할 수 있다.
> **제94조(보석의 청구)** 피고인, 피고인의 변호인·법정대리인·배우자·직계친족·형제자매·가족·동거인 또는 고용주는 법원에 구속된 피고인의 보석을 청구할 수 있다.

05   정답 ①

① [×] 압수한 때부터가 아니라 체포한 때부터이다(형사소송법 제217조 제2항).

> **형사소송법 제217조(영장에 의하지 아니하는 강제처분)** ② 검사 또는 사법경찰관은 제1항 또는 제216조제1항제2호에 따라 압수한 물건을 계속 압수할 필요가 있는 경우에는 지체 없이 압수수색영장을 청구하여야 한다. 이 경우 압수수색영장의 청구는 체포한 때부터 48시간 이내에 하여야 한다.

② [○] 형사소송법 제216조 제3항 참조.

> **형사소송법 제216조(영장에 의하지 아니한 강제처분)** ③범행 중 또는 범행직후의 범죄 장소에서 긴급을 요하여 법원판사의 영장을 받을 수 없는 때에는 영장없이 압수, 수색 또는 검증을 할 수 있다. 이 경우에는 사후에 지체없이 영장을 받아야 한다.

③ [○] 형사소송법 제217조 제1항 참조.

> **형사소송법 제217조(영장에 의하지 아니하는 강제처분)** ① 검사 또는 사법경찰관은 제200조의3에 따라 체포된 자가 소유·소지 또는 보관하는 물건에 대하여 긴급히 압수할 필요가 있는 경우에는 체포한 때부터 24시간 이내에 한하여 영장 없이 압수·수색 또는 검증을 할 수 있다.

④ [○] 형사소송법 제218조에 의하면 검사 또는 사법경찰관은 피의자 등이 유류한 물건이나 소유자·소지자 또는 보관자가 임의로 제출한 물건은 영장 없이 압수할 수 있으므로, 현행범 체포 현장이나 범죄 장소에서도 소지자 등이 임의로 제출하는 물건은 위 조항에 의하여 영장 없이 압수할 수 있고, 이 경우에는 검사나 사법경찰관이 사후에 영장을 받을 필요가 없다(대법원 2016.2.18, 2015도13726).

06   정답 ④

④ [×] 약식명령청구 기각결정 제도는 없다. 이 경우 공판절차에 의하여 심판한다(형사소송법 제450조).

> **형사소송법 제450조(보통의 심판)** 약식명령의 청구가 있는 경우에 그 사건이 약식명령으로 할 수 없거나 약식명령으로 하는 것이 적당하지 아니하다고 인정한 때에는 공판절차에 의하여 심판하여야 한다.

① [○] 형사소송법 제449조 참조.

> **형사소송법 제449조(약식명령의 청구)** 약식명령의 청구는 공소의 제기와 동시에 서면으로 하여야 한다.

② [○] 형사소송법 제454조 참조.

> **형사소송법 제454조(정식재판청구의 취하)** 정식재판의 청구는 제1심판결선고 전까지 취하할 수 있다.

③ [○] 형사소송법 제453조 제1항 참조.

> **형사소송법 제453조(정식재판의 청구)** ①검사 또는 피고인은 약식명령의 고지를 받은 날로부터 7일 이내에 정식재판의 청구를 할 수 있다. 단, 피고인은 정식재판의 청구를 포기할 수 없다.

07   정답 ③

③ [×] 영장에 의한 체포는 가능하다(형사소송법 제200조의4 제3항).

> **형사소송법 제200조의4(긴급체포와 영장청구기간)** ② 제1항의 규정에 의하여 구속영장을 청구하지 아니하거나 발부받지 못한 때에는 피의자를 즉시 석방하여야 한다.
> ③ 제2항의 규정에 의하여 석방된 자는 영장없이는 동일한 범죄사실에 관하여 체포하지 못한다.

① [○] 형사소송법 제200조의4 제3항은 영장 없이는 긴급체포 후 석방된 피의자를 동일한 범죄사실에 관하여 체포하지

못한다는 규정으로, 위와 같이 석방된 피의자라도 법원으로부터 구속영장을 발부받아 구속할 수 있음은 물론이고, 같은 법 제208조 소정의 '구속되었다가 석방된 자'라 함은 구속영장에 의하여 구속되었다가 석방된 경우를 말하는 것이지, 긴급체포나 현행범으로 체포되었다가 사후영장발부 전에 석방된 경우는 포함되지 않는다 할 것이므로, <u>피고인이 수사 당시 긴급체포되었다가 수사기관의 조치로 석방된 후 법원이 발부한 구속영장에 의하여 구속이 이루어진 경우</u> 앞서 본 법조에 위배되는 위법한 구속이라고 볼 수 없다(대법원 2001.9.28, 2001도4291).

② [O] 형사소송법 제214조의3 제1항, 제2항 참조.

> **제214조의3(재체포 및 재구속의 제한)** ① 제214조의2제4항에 따른 체포 또는 구속 적부심사결정에 의하여 석방된 피의자가 도망하거나 범죄의 증거를 인멸하는 경우를 제외하고는 동일한 범죄사실로 재차 체포하거나 구속할 수 없다.
> ② 제214조의2제5항에 따라 석방된 피의자에게 다음 각 호의 어느 하나에 해당하는 사유가 있는 경우를 제외하고는 <u>동일한 범죄사실로 재차 체포하거나 구속할 수 없다.</u>
> 1. 도망한 때
> 2. 도망하거나 범죄의 증거를 인멸할 염려가 있다고 믿을 만한 충분한 이유가 있는 때
> 3. 출석요구를 받고 정당한 이유없이 출석하지 아니한 때
> 4. 주거의 제한이나 그 밖에 법원이 정한 조건을 위반한 때

④ [O] 국가보안법 제20조 제4항 참조.

> **국가보안법 제20조(공소보류) 제20조(공소보류)** ① 검사는 이 법의 죄를 범한 자에 대하여 형법 제51조의 사항을 참작하여 공소제기를 보류할 수 있다.
> ② 제1항에 의하여 공소보류를 받은 자가 공소의 제기없이 2년을 경과한 때에는 소추할 수 없다.
> ③ 공소보류를 받은 자가 법무부장관이 정한 감시·보도에 관한 규칙에 위반한 때에는 공소보류를 취소할 수 있다.
> ④ 제3항에 의하여 <u>공소보류가 취소된 경우에는 형사소송법 제208조의 규정에 불구하고 동일한 범죄사실로 재구속할 수 있다.</u>

08   정답 ①

① [×] 검사, 피고인, 변호인은 공판준비기일 지정 신청권이 있다(형사소송법 제266조의7 제2항).

> **형사소송법 제266조의7(공판준비기일)** ① 법원은 검사, 피고인 또는 변호인의 의견을 들어 공판준비기일을 지정할 수 있다.
> ② 검사, 피고인 또는 변호인은 법원에 대하여 공판준비기일의 지정을 신청할 수 있다. 이 경우 당해 신청에 관한 법원의 결정에 대하여는 불복할 수 없다.

② [O] 형사소송법 제266조의7 제4항 참조.

> **형사소송법 제266조의7(공판준비기일)** ④ 공판준비기일은 공개한다. 다만, 공개하면 절차의 진행이 방해될 우려가 있는 때에는 공개하지 아니할 수 있다.

③ [O] 형사소송법 제266조의8 제1항 참조.

> **형사소송법 제266조의8(검사 및 변호인 등의 출석)** ① 공판준비기일에는 검사 및 변호인이 출석하여야 한다.

④ [O] 형사소송법 제266조의8 제4항 참조.

> **형사소송법 제266조의8(검사 및 변호인 등의 출석)** ④ 법원은 공판준비기일이 지정된 사건에 관하여 변호인이 없는 때에는 직권으로 변호인을 선정하여야 한다.

09   정답 ②

② ㄱ, ㄴ, ㄷ

ㄱ. [O] 경찰관이 취객을 상대로 한 이른바 부축빼기 절도범을 단속하기 위하여, 공원 인도에 쓰러져 있는 취객 근처에서 감시하고 있다가, 마침 피고인이 나타나 취객을 부축하여 10m 정도를 끌고 가 지갑을 뒤지자 현장에서 체포하여 기소한 경우, <u>위법한 함정수사에 기한 공소제기가 아니다</u>(대법원 2007.5.31, 2007도1903).

ㄴ. [O] <u>공소장에 검사의 간인이 없더라도 그 공소장의 형식과 내용이 연속된 것으로 일체성이 인정되고 동일한 검사가 작성하였다고 인정되는 한 그 공소장을 형사소송법 제57조 제2항에 위반되어 효력이 없는 서류라고 할 수 없다.</u> 이러한 공소장 제출에 의한 공소제기는 그 절차가 법률의 규정에 위반하여 무효인 때(형사소송법 제327조 제2호)에 해당한다고 할 수 없다(대법원 2021.12.30, 2019도16259).

ㄷ. [O] 공소를 제기하려면 공소장을 관할법원에 제출하여야 한다(형사소송법 제254조 제1항). 공무원이 작성하는 서류에는 법률에 다른 규정이 없는 때에는 작성 연월일과 소속 공무소를 기재하고 기명날인 또는 서명하여야 한다(형사소송법 제57조 제1항). 여기서 '공무원이 작성하는 서류'에는 검사가 작성하는 공소장이 포함되므로, <u>검사가 기명날인 또는 서명이 없는 상태로 공소장을 관할법원에 제출하는 것은 형사소송법 제57조 제1항에 위반된다.</u> 이와 같이 법률이 정한 형식을 갖추지 못한 채 공소장을 제출한 경우에는 특별한 사정이 없는 한 공소제기의 절차가 법률의 규정을 위반하여 무효인 때(형사소송법 제327조 제2호)에 해당한다. 다만 이 경우 공소를 제기한 검사가 공소장에 기명날인 또는 서명을 추후 보완하는 등의 방법으로 공소제기가 유효하게 될 수 있다(대법원 2021.12.16, 2019도17150).

ㄹ. [×] <u>관세포탈죄는 사위 기타 부정한 방법에 의하여 저질러질 것을 구성요건으로 하고 있으므로 검사로서는 피고인이 관세 등을 포탈함에 있어서 이용한 사위 기타 부정한 방법이 어떠한 내용의 것인가를 구체적으로 공소장에 명시하여야 그 구성요건 사실이 특정될 수 있을 것임에도 불구하고 만연히 "사위의 방법으로 …포탈한 것이다." 라고 추상적 구성요건만을 기재함에 그치고,</u> 그 밖에 공소장에 기재된 보세장치장에 장치된 물건을 수입면허를 받지 아니하고 방출하였다 하여 그것이 사위의 방법이라 단정할 수 없으니 본건 공소장에는 범죄의 특별구성요건을 충족하는 구체적 사실의 기재가 특정되어 있지 아니하여 그 공소제기 절차가 부적법한 것이라 하겠다(대법원 1984.5.22, 84도471).

10 　　　　　　　　　　　　　　　정답 ③

③ [×] 형사소송법 제245조의7 제1항 참조.

> **형사소송법 제245조의7(고소인 등의 이의신청)** ① 제245조의6
> 의 통지를 받은 사람(고발인을 제외한다)은 해당 사법경찰관의
> 소속 관서의 장에게 이의를 신청할 수 있다.

① [○] 형사소송법 제245조의5 참조.

> **형사소송법 제245조의5(사법경찰관의 사건송치 등)** 사법경찰관
> 은 고소·고발 사건을 포함하여 범죄를 수사한 때에는 다음 각
> 호의 구분에 따른다.
>   1. 범죄의 혐의가 있다고 인정되는 경우에는 지체 없이 검사에
>   게 사건을 송치하고, 관계 서류와 증거물을 검사에게 송부
>   하여야 한다.

② [○] 형사소송법 제245조의8 제1항 참조.

> **형사소송법 제245조의8(재수사요청 등)** ① 검사는 제245조의5
> 제2호의 경우에 사법경찰관이 사건을 송치하지 아니한 것이 위
> 법 또는 부당한 때에는 그 이유를 문서로 명시하여 사법경찰관
> 에게 재수사를 요청할 수 있다.

④ [○] 형사소송법 제245조의7 제2항 참조.

> **형사소송법 제245조의7(고소인 등의 이의신청)** ② 사법경찰관은
> 제1항의 신청이 있는 때에는 지체 없이 검사에게 사건을 송치하
> 고 관계 서류와 증거물을 송부하여야 하며, 처리결과와 그 이유
> 를 제1항의 신청인에게 통지하여야 한다.

11 　　　　　　　　　　　　　　　정답 ④

④ [×] 이 사건 후방착석요구행위로 얻어질 공익보다는 변호
인의 피의자신문참여권 제한에 따른 불이익의 정도가 크므
로, 법익의 균형성 요건도 충족하지 못한다. 따라서 이 사건
후방착석요구행위는 변호인인 청구인의 변호권을 침해한다
(헌법재판소 2017.11.30, 2016헌마503).

① [○] 형사소송법 제70조 제1항 제1호, 제2호, 제3호, 제
199조 제1항, 제200조, 제200조의2 제1항, 제201조 제1
항의 취지와 내용에 비추어 보면, 수사기관이 관할 지방법
원 판사가 발부한 구속영장에 의하여 피의자를 구속하는 경
우, 그 구속영장은 기본적으로 장차 공판정에의 출석이나
형의 집행을 담보하기 위한 것이지만, 이와 함께 법 제202
조, 제203조에서 정하는 구속기간의 범위 내에서 수사기관
이 법 제200조, 제241조 내지 제244조의5에 규정된 피의
자신문의 방식으로 구속된 피의자를 조사하는 등 적정한 방
법으로 범죄를 수사하는 것도 예정하고 있다고 할 것이다.
따라서 구속영장 발부에 의하여 적법하게 구금된 피의자가
피의자신문을 위한 출석요구에 응하지 아니하면서 수사기
관 조사실에 출석을 거부한다면 수사기관은 그 구속영장의
효력에 의하여 피의자를 조사실로 구인할 수 있다고 보아야
한다(대법원 2013.7.1, 2013모160).

② [○] 대법원 2013.7.1, 2013모160

③ [○] 대법원 2020.3.17, 2015모2357

12 　　　　　　　　　　　　　　　정답 ④

④ [×] 친고죄에 관한 고소의 주관적 불가분원칙을 규정하고
있는 형사소송법 제233조가 공정거래위원회의 고발에도
유추적용된다고 해석한다면 이는 공정거래위원회의 고발이
없는 행위자에 대해서까지 형사처벌의 범위를 확장하는 것
으로서, 결국 피고인에게 불리하게 형벌법규의 문언을 유추
해석한 경우에 해당하므로 죄형법정주의에 반하여 허용될
수 없다(대법원 2010.9.30, 2008도4762).

① [○] 친고죄나 세무공무원 등의 고발이 있어야 논할 수 있는
죄에 있어서 고소 또는 고발은 이른바 소추조건에 불과하고
당해 범죄의 성립 요건이나 수사의 조건은 아니므로, 위와 같
은 범죄에 관하여 고소나 고발이 있기 전에 수사를 하였다고
하더라도, 그 수사가 장차 고소나 고발이 있을 가능성이 없는
상태하에서 행해졌다는 등의 특단의 사정이 없는 한, 고소나
고발이 있기 전에 수사를 하였다는 이유만으로 그 수사가 위
법하다고 볼 수는 없다(대법원 1995.2.24, 94도252).

② [○] 피해자가 고소장을 제출하여 처벌을 희망하는 의사를
분명히 표시한 후 고소를 취소한 바 없다면 비록 고소 전에
피해자가 처벌을 원치 않았다 하더라도 그 후에 한 피해자
의 고소는 유효하다(대법원 1993.10.22, 93도1620).

③ [○] 고소에 있어 범죄사실의 특정의 정도는 고소인의 의사
가 구체적으로 어떤 범죄사실을 지정하여 범인의 처벌을 구
하고 있는 것인가를 확정할 수 있으면 되는 것이고 고소인
자신이 직접 범행일시, 장소와 방법등까지 구체적으로 상세
히 지적하여 그 범죄사실을 특정할 필요까지는 없다(대법원
1985.7.23, 85도1213).

13 　　　　　　　　　　　　　　　정답 ②

② [×] 형사소송법 제312조 제1항 참조.

> **형사소송법 제312조(검사 또는 사법경찰관의 조서 등)** ① 검사가
> 작성한 피의자신문조서는 적법한 절차와 방식에 따라 작성된
> 것으로서 공판준비, 공판기일에 그 피의자였던 피고인 또는 변
> 호인이 그 내용을 인정할 때에 한정하여 증거로 할 수 있다.

① [○] 증거보전절차(형사소송법 제184조)에서 작성된 조서
는 형사소송법 제311조(법원 또는 법관의 면전조서)에 의하
여 증거능력이 있다.

③ [○] 형사소송법 제312조 제3항 참조.

> **형사소송법 제312조(검사 또는 사법경찰관의 조서 등)** ③ 검사
> 이외의 수사기관이 작성한 피의자신문조서는 적법한 절차와 방
> 식에 따라 작성된 것으로서 공판준비 또는 공판기일에 그 피의
> 자였던 피고인 또는 변호인이 그 내용을 인정할 때에 한하여 증
> 거로 할 수 있다.

④ [○] 형사소송법 제315조 제3호 참조.

> **형사소송법 제315조(당연히 증거능력이 있는 서류)** 다음에 게기
> 한 서류는 증거로 할 수 있다.
>   3. 기타 특히 신용할 만한 정황에 의하여 작성된 문서

14　　　　　　　　　　　　　　　　　　　　정답 ②

② [×] 형사소송법 제441조는 "검찰총장은 판결이 확정한 후 그 사건의 심판이 법령에 위반한 것을 발견한 때에는 대법원에 비상상고를 할 수 있다."라고 규정하고 있다. <u>상급심의 파기판결에 의해 효력을 상실한 재판의 법령위반 여부를 다시 심사하는 것은 무익할 뿐만 아니라, 법령의 해석·적용의 통일을 도모하려는 비상상고 제도의 주된 목적과도 부합하지 않는다. 따라서 상급심의 파기판결에 의해 효력을 상실한 재판은 위 조항에 따른 비상상고의 대상이 될 수 없다</u>(대법원 2021.3.11, 2019오1).

① [○] 형사소송법 제441조 참조.

> **형사소송법 제441조(비상상고이유)** 검찰총장은 판결이 확정한 후 그 사건의 심판이 법령에 위반한 것을 발견한 때에는 대법원에 <u>비상상고</u>를 할 수 있다.

③ [○] 형사소송법 제447조 참조.

> **형사소송법 제446조(파기의 판결)** 비상상고가 이유 있다고 인정한 때에는 다음의 구별에 따라 판결을 하여야 한다.
> 1. 원판결이 법령에 위반한 때에는 그 위반된 부분을 파기하여야 한다. 단, 원판결이 피고인에게 불이익한 때에는 원판결을 파기하고 피고사건에 대하여 다시 판결을 한다.
> 2. 원심소송절차가 법령에 위반한 때에는 그 위반된 절차를 파기한다.
> **제447조(판결의 효력)** 비상상고의 판결은 전조제1호 단행의 규정에 의한 판결 외에는 그 효력이 피고인에게 미치지 아니한다.

④ [○] 형사소송법 제445조 참조.

> **형사소송법 제445조(기각의 판결)** 비상상고가 이유 없다고 인정한 때에는 <u>판결로써 이를 기각하여야 한다.</u>

15　　　　　　　　　　　　　　　　　　　　정답 ④

④ [○] 헌법 제12조 제1항, 제4항 본문, 형사소송법 제243조의2 제1항 및 그 입법 목적 등에 비추어 보면, <u>피의자가 변호인의 참여를 원한다는 의사를 명백하게 표시하였음에도 수사기관이 정당한 사유 없이 변호인을 참여하게 하지 아니한 채 피의자를 신문하여 작성한 피의자신문조서는 형사소송법 제312조에 정한 '적법한 절차와 방식'에 위반된 증거일 뿐만 아니라, 형사소송법 제308조의2에서 정한 '적법한 절차에 따르지 아니하고 수집한 증거'에 해당하므로 이를 증거로 할 수 없다</u>(대법원 2013.3.28, 2010도3359).

① [×] 통역인 甲이 피고인들에 대한 특정경제범죄 가중처벌 등에 관한 법률 위반(사기) 사건의 제1심 공판기일에 증인으로 출석하여 진술한 다음, 같은 기일에 위 사건의 피해자로서 자신의 사실혼 배우자인 <u>증인 乙의 진술을 통역한 경우, 제척사유 있는 甲이 통역한 乙의 증인신문조서는 유죄 인정의 증거로 사용할 수 없는데도 원심이 이를 증거로 삼은 것은 잘못이다</u>(대법원 2011.4.14, 2010도13583).

② [×] <u>위법한 강제연행 상태에서 호흡측정 방법에 의한 음주측정을 한 다음 강제연행 상태로부터 시간적·장소적으로 단절되었다고 볼 수도 없고 피의자의 심적 상태 또한 강제</u>

연행 상태로부터 완전히 벗어났다고 볼 수 없는 상황에서 피의자가 호흡측정 결과에 대한 탄핵을 하기 위하여 스스로 혈액채취 방법에 의한 측정을 할 것을 요구하여 혈액채취가 이루어졌다고 하더라도 그 사이에 위법한 체포 상태에 의한 영향이 완전하게 배제되고 피의자의 의사결정의 자유가 확실하게 보장되었다고 볼 만한 다른 사정이 개입되지 않은 이상 불법체포와 증거수집 사이의 인과관계가 단절된 것으로 볼 수는 없다. 따라서 <u>그러한 혈액채취에 의한 측정 결과 역시 유죄 인정의 증거로 쓸 수 없다고 보아야 한다.</u> 그리고 이는 수사기관이 위법한 체포 상태를 이용하여 증거를 수집하는 등의 행위를 효과적으로 억지하기 위한 것이므로, 피고인이나 변호인이 이를 증거로 함에 동의하였다고 하여도 달리 볼 것은 아니다(대법원 2013.3.14, 2010도2094).

③ [×] <u>음주운전과 관련한 도로교통법 위반죄의 범죄수사를 위하여 미성년자인 피의자의 혈액채취가 필요한 경우에도 피의자에게 의사능력이 있다면 피의자 본인만이 혈액채취에 관한 유효한 동의를 할 수 있고, 피의자에게 의사능력이 없는 경우에도 명문의 규정이 없는 이상 법정대리인이 피의자를 대리하여 동의할 수는 없다</u>(대법원 2014.11.13, 2013도1228).

16　　　　　　　　　　　　　　　　　　　　정답 ①

① [×] 형사소송법 제72조는 "피고인에 대하여 범죄사실의 요지, 구속의 이유와 변호인을 선임할 수 있음을 말하고 변명할 기회를 준 후가 아니면 구속할 수 없다."고 규정하고 있는바, 이는 피고인을 구속함에 있어 법관에 의한 사전 청문절차를 규정한 것으로서, 구속영장을 집행함에 있어 집행기관이 취하여야 하는 절차가 아니라 구속영장 발부함에 있어 수소법원 등 법관이 취하여야 하는 절차라 할 것이므로, 법원이 피고인에 대하여 구속영장을 발부함에 있어 사전에 위 규정에 따른 절차를 거치지 아니한 채 구속영장을 발부하였다면 그 발부결정은 위법하다고 할 것이나, 위 규정은 피고인의 절차적 권리를 보장하기 위한 규정이므로 <u>이미 변호인을 선정하여 공판절차에서 변명과 증거의 제출을 다하고 그의 변호 아래 판결을 선고받은 경우 등과 같이 위 규정에서 정한 절차적 권리가 실질적으로 보장되었다고 볼 수 있는 경우에는,</u> 이에 해당하는 절차의 전부 또는 일부를 거치지 아니한 채 구속영장을 발부하였다 하더라도 <u>이러한 점만으로 그 발부결정이 위법하다고 볼 것은 아니다</u>(대법원 2000.11.10, 2000모134).

② [○] <u>법원이 피고인에 대하여 구속영장을 발부하기 전에 형사소송법 제72조에서 규정한 절차를 거치지 아니하였다 하더라도 같은 규정에 따른 절차적 권리가 실질적으로 보장되</u>었다는 이유로 그 구속영장발부결정이 위법하다고 볼 것은 아니다(대법원 2000.11.10, 2000모134).

③ [○] 사법경찰관 등이 체포영장을 소지하고 피의자를 체포하기 위해서는 체포영장을 피의자에게 제시하고(형사소송법 제200조의6, 제85조 제1항), 피의사실의 요지, 체포의 이유와 변호인을 선임할 수 있음을 말하고 변명할 기회를 주어야 한다(형사소송법 제200조의5). 이와 같은 체포영장

의 제시나 고지 등은 체포를 위한 실력행사에 들어가기 이전에 미리 하여야 하는 것이 원칙이다. 그러나 달아나는 피의자를 쫓아가 붙들거나 폭력으로 대항하는 피의자를 실력으로 제압하는 경우에는 붙들거나 제압하는 과정에서 하거나, 그것이 여의치 않은 경우에는 일단 붙들거나 제압한 후에 지체 없이 하여야 한다(대법원 2017.9.21, 2017도10866).

④ [○] 형사소송법 제85조 제3항, 제4항 참조.

> **형사소송법 제85조(구속영장집행의 절차)** ③ 구속영장을 소지하지 아니한 경우에 급속을 요하는 때에는 피고인에 대하여 공소사실의 요지와 영장이 발부되었음을 고하고 집행할 수 있다.
> ④ 전항의 집행을 완료한 후에는 신속히 구속영장을 제시하고 그 사본을 교부하여야 한다.

17　　　　　　　　　　　　　정답 ③

③ [×] 수사기관에서 진술한 참고인이 법정에서 증언을 거부하여 피고인이 반대신문을 하지 못한 경우에는 정당하게 증언거부권을 행사한 것이 아니라도, 피고인이 증인의 증언거부 상황을 초래하였다는 등의 특별한 사정이 없는 한 형사소송법 제314조의 '그 밖에 이에 준하는 사유로 인하여 진술할 수 없는 때'에 해당하지 않는다고 보아야 한다(대법원 2019.11.21, 2018도13945 전원합의체).

① [○] 형사소송법 제314조에서 말하는 "공판준비 또는 공판기일에 진술을 요하는 자가 사망, 질병, 기타 사유로 인하여 진술할 수 없을 때"라고 함은 소환장이 주소불명 등으로 송달불능이 되어 소재탐지촉탁까지 하여 소재수사를 하였어도 그 소재를 확인할 수 없는 경우도 포함한다(대법원 1990.4.10, 90도246).

② [○] 수사기관에서 진술한 피해자인 유아가 공판정에서 진술을 하였더라도 증인신문 당시 일정한 사항에 관하여 기억이 나지 않는다는 취지로 진술하여 그 진술의 일부가 재현불가능하게 된 경우, 형사소송법 제314조, 제316조 제2항에서 말하는 '원진술자가 진술을 할 수 없는 때'에 해당한다(대법원 2006.4.14, 2005도9561).

④ [○] 사법경찰리 작성의 피해자에 대한 진술조서와 검사 및 사법경찰리 작성의 피고인에 대한 각 피의자신문조서 중 피해자의 진술부분은 비록 피고인이 이를 증거로 함에 동의하지 아니하였고 또 피해자가 제1심이나 원심에서 그 진정성립을 인정한 바도 없지만, 피해자는 제1심에서 증인으로 소환당할 당시부터 노인성 치매로 인한 기억력 장애, 분별력 상실 등으로 인하여 진술할 수 없는 상태하에 있었고 나아가 위 각 진술이 그 내용에 있어서 시종 일관되며 특히 검사 및 사법경찰리 작성의 각 피의자신문조서상의 각 진술부분은 피고인과의 대질하에서 이루어진 것인 점 등에 비추어 그 각 진술내용의 신용성이나 임의성을 담보할 만한 구체적인 정황이 있는 경우에 해당되어 특히 신빙할 수 있는 상태하에서 행하여진 것이라고 보여지므로, 각 형사소송법 제314조에 의하여 증거능력이 있는 증거라 할 것이다(대법원 1992.3.13, 91도2281).

18　　　　　　　　　　　　　정답 ①

① [×] 형사소송법은 전문진술에 대하여 제316조에서 실질상 단순한 전문의 형태를 취하는 경우에 한하여 예외적으로 그 증거능력을 인정하는 규정을 두고 있을 뿐, 재전문진술이나 재전문진술을 기재한 조서에 대하여는 달리 그 증거능력을 인정하는 규정을 두고 있지 아니하고 있으므로, 피고인이 증거로 하는 데 동의하지 아니하는 한 형사소송법 제310조의2의 규정에 의하여 이를 증거로 할 수 없다(대법원 2000.3.10, 2000도159).

② [○] 피고인이 공시송달의 방법에 의한 공판기일의 소환을 2회 이상 받고도 출석하지 아니하여 법원이 피고인의 출정 없이 증거조사를 하는 경우에는 형사소송법 제318조 제2항에 따른 피고인의 증거동의가 있는 것으로 간주된다고 할 것이다(대법원 2011.3.10, 2010도15977).

③ [○] 개개의 증거에 대하여 개별적인 증거조사방식을 거치지 아니하고 검사가 제시한 모든 증거에 대하여 피고인이 증거로 함에 동의한다는 방식으로 이루어진 것이라 하여도 증거동의로서의 효력을 부정할 이유가 되지 못한다(대법원 1983.3.8, 82도2873).

④ [○] 형사소송법 제216조 제1항 제2호, 제217조 제2항, 제3항은 사법경찰관은 형사소송법 제200조의3(긴급체포)의 규정에 의하여 피의자를 체포하는 경우에 필요한 때에는 영장 없이 체포현장에서 압수·수색을 할 수 있고, 압수한 물건을 계속 압수할 필요가 있는 경우에는 지체 없이 압수수색영장을 청구하여야 하며, 청구한 압수수색영장을 발부받지 못한 때에는 압수한 물건을 즉시 반환하여야 한다고 규정하고 있는바, 형사소송법 제217조 제2항, 제3항에 위반하여 압수수색영장을 청구하여 이를 발부받지 아니하고도 즉시 반환하지 아니한 압수물은 이를 유죄 인정의 증거로 사용할 수 없는 것이고, 헌법과 형사소송법이 선언한 영장주의의 중요성에 비추어 볼 때 피고인이나 변호인이 이를 증거로 함에 동의하였다고 하더라도 달리 볼 것은 아니다(대법원 2009.12.24, 2009도11401).

19　　　　　　　　　　　　　정답 ①

① [○] 제1심판결에서 피고인에 대한 유죄의 증거로 사용된 증거를 조사한 판사는 형사소송법 제17조 제7호 소정의 전심재판의 기초가 되는 조사, 심리에 관여하였다 할 것이고, 그와 같이 전심재판의 기초가 되는 조사, 심리에 관여한 판사는 직무집행에서 제척되어 항소심 재판에 관여할 수 없다(대법원 1999.10.22, 99도3534).

② [×] 약식명령을 발부한 법관이 그 정식재판 절차의 항소심 판결에 관여함은 형사소송법 제17조 제7호, 제18조 제1항 제1호 소정의 법관이 사건에 관하여 전심재판 또는 그 기초되는 조사심리에 관여한 때에 해당하여 제척, 기피의 원인이 되나, 제척 또는 기피되는 재판은 불복이 신청된 당해 사건의 판결절차를 말하는 것이므로 약식명령을 발부한 법관이 그 정식재판 절차의 항소심 공판에 관여한 바 있어도 후에 경질되어 그 판결에는 관여하지 아니한 경우는 전심재

판에 관여한 법관이 불복이 신청된 당해 사건의 재판에 관여하였다고 할 수 없다(대법원 1985.4.23, 85도281).

③ [×] 형사소송법 제17조 제7호의 제척원인인 '법관이 사건에 관하여 그 기초되는 조사에 관여한 때'라 함은 전심재판의 내용 형성에 사용될 자료의 수집·조사에 관여하여 그 결과가 전심재판의 사실인정 자료로 쓰여진 경우를 말하므로, 법관이 선거관리위원장으로서 공직선거및선거부정방지법위반혐의사실에 대하여 수사기관에 수사의뢰를 하고, 그 후 당해 형사피고사건의 항소심 재판을 하는 경우, 형사소송법 제17조 제7호 소정의 '법관이 사건에 관하여 그 기초되는 조사에 관여한 때'에 해당한다고 볼 수는 없다(대법원 1999.4.13, 99도155).

④ [×] 환송판결전의 원심에 관여한 재판관이 환송후의 원심재판관으로 관여하였다 하여 군법회의법 제48조나 형사소송법 제17조에 위배된다고 볼 수 없다(대법원 1979.2.27, 78도3204).

20
정답 ③

③ [×] 상소권회복은 자기 또는 대리인이 책임질 수 없는 사유로 인하여 상소제기기간 내에 상소를 하지 못한 사람이 이를 청구하는 것이고, 상고를 포기한 후 그 포기가 무효라고 주장하는 경우 상고제기기간이 경과하기 전에는 상고포기의 효력을 다투면서 상고를 제기하여 그 상고의 적법 여부에 대한 판단을 받으면 되고, 별도로 상소권회복청구를 할 여지는 없다(대법원 1999.5.18, 99모40).

① [○] 형사소송법 제341조 제1항, 제2항 참조.

> 형사소송법 제341조(동전) ① 피고인의 배우자, 직계친족, 형제자매 또는 원심의 대리인이나 변호인은 피고인을 위하여 상소할 수 있다.
> ② 전항의 상소는 피고인의 명시한 의사에 반하여 하지 못한다.

② [○] 형사소송법 제344조 제1항 참조.

> 형사소송법 제344조(재소자에 대한 특칙) ① 교도소 또는 구치소에 있는 피고인이 상소의 제기기간 내에 상소장을 교도소장 또는 구치소장 또는 그 직무를 대리하는 자에게 제출한 때에는 상소의 제기기간 내에 상소한 것으로 간주한다.

④ [○] 형사소송법 제349조 참조.

> 형사소송법 제349조(상소의 포기, 취하) 검사나 피고인 또는 제339조에 규정한 자는 상소의 포기 또는 취하를 할 수 있다. 단, 피고인 또는 제341조에 규정한 자는 사형 또는 무기징역이나 무기금고가 선고된 판결에 대하여는 상소의 포기를 할 수 없다.

21
정답 ②

② [○] 피고인이 즉결심판에 대하여 정식재판청구를 한 경우 검사가 법원에 사건기록과 증거물을 그대로 송부하지 않고 즉결심판이 청구된 위반 내용과 동일성 있는 범죄사실에 대하여 약식명령을 청구하면, 법원은 공소가 제기된 사건에 대하여 다시 공소가 제기되었을 때에 해당한다는 이유로 공소기각판결을 선고하여야 한다(대법원 2019.11.29, 2017모3458).

① [×] 형사소송법 제323조 제1항에 따르면, 유죄판결의 판결이유에는 범죄사실, 증거의 요지와 법령의 적용을 명시하여야 하는바, 유죄판결을 선고하면서 판결이유에 이 중 어느 하나를 전부 누락한 경우에는 형사소송법 제383조 제1호에 정한 판결에 영향을 미친 법률위반으로서 파기사유가 된다(대법원 2012.6.28, 2012도4701).

③ [×] 무죄의 제1심판결에 대하여 검사가 채증법칙 위배 등을 들어 항소하였으나 공소기각 사유가 있다고 인정될 경우, 항소심법원은 직권으로 판단하여 제1심판결을 파기하고 피고인에 대한 공소사실에 관하여 무죄라는 판단을 하기에 앞서 공소기각의 판결을 선고하여야 하고, 공소기각 사유가 있으나 피고인의 이익을 위한다는 이유로 검사의 항소를 기각하여 무죄의 제1심판결을 유지할 수 없다(대법원 1994.10.14, 94도1818).

④ [×] 공소기각의 판결을 할 경우 중 형사소송법 제327조 제2호에 규정된 공소제기의 절차가 법률의 규정에 의하여 무효인 때라 함은 무권한자에 의하여 공소가 제기되거나 공소제기의 소송조건이 결여되거나 또는 공소장의 현저한 방식 위반이 있는 경우를 가리키는 것인바, 불법구금, 구금장소의 임의적 변경 등의 위법사유가 있다고 하더라도 그 위법한 절차에 의하여 수집된 증거를 배제할 이유는 될지언정 공소제기의 절차 자체가 위법하여 무효인 경우에 해당한다고 볼 수 없다(대법원 1996.5.14, 96도561).

22
정답 ③

③ [○] 대법원 1999.11.26, 99도1904

① [×] 피의자가 다른 사람의 성명을 모용한 탓으로 공소장에 피모용자가 피고인으로 표시되었다 하더라도 이는 당사자의 표시상의 착오일 뿐이고 검사는 모용자에 대하여 공소를 제기한 것이므로 모용자가 피고인이 되고 피모용자에게 공소의 효력이 미친다고 할 수 없다(대법원 1993.1.19, 92도2554).

② [×] 피의자가 다른 사람의 성명을 모용한 탓으로 공소장에 피모용자가 피고인으로 표시되었다 하더라도 이는 당사자의 표시상의 착오일 뿐이고 검사는 모용자에 대하여 공소를 제기한 것이므로 모용자가 피고인이 되고 피모용자에게 공소의 효력이 미친다고 할 수 없고, 이와 같은 경우 검사는 공소장의 인적 사항의 기재를 정정하여 피고인의 표시를 바로잡아야 하는 것인바, 이는 피고인의 표시상의 착오를 정정하는 것이지 공소장을 변경하는 것이 아니므로 형사소송법 제298조에 따른 공소장변경의 절차를 밟을 필요가 없고 법원의 허가도 필요로 하지 아니한다(대법원 1993.1.19, 92도2554).

④ [×] 피모용자가 약식명령에 대하여 정식재판을 청구하여 피모용자를 상대로 심리를 하는 과정에서 성명모용사실이 발각되어 검사가 공소장을 정정하는 등 사실상의 소송계속이 발생하고 형식상 또는 외관상 피고인의 지위를 갖게 된 경우에 법원으로서는 피모용자에게 적법한 공소의 제기가 없었음을 밝혀 주는 의미에서 형사소송법 제327조 제2호를 유추적용하여 공소기각의 판결을 함으로써 피모용자의 불안정한 지위를 명확히 해소해 주어야 하고, 피모용자가

정식재판을 청구하였다 하여도 모용자에게는 아직 약식명령의 송달이 없었다 할 것이어서 검사는 공소장에 기재된 피고인의 표시를 정정할 수 있으며, 법원은 이에 따라 약식명령의 피고인 표시를 경정할 수 있고, 본래의 약식명령정본과 함께 이 경정결정을 모용자에게 송달하면 이때에 약식명령의 적법한 송달이있다고 볼 것이며, 이에 내하여 소정의 기간 내에 정식재판의 청구가 없으면 약식명령은 확정된다(대법원 1993.1.19, 92도2554).

23
정답 ③

③ [×] 부정기형과 실질적으로 동등하다고 평가될 수 있는 정기형은 부정기형의 장기와 단기의 정중앙에 해당하는 형(예를 들어 징역 장기 4년, 단기 2년의 부정기형의 경우 징역 3년의 형이다. 이하 '중간형'이라 한다)이라고 봄이 적절하므로, 피고인이 항소심 선고 이전에 19세에 도달하여 제1심에서 선고한 부정기형을 파기하고 정기형을 선고함에 있어 불이익변경금지 원칙 위반 여부를 판단하는 기준은 부정기형의 장기와 단기의 중간형이 되어야 한다(대법원 2020.10.22, 2020도4140 전원합의체).

① [○] 형사소송법 제368조 참조.

> 형사소송법 제368조(불이익변경의 금지) 피고인이 항소한 사건과 피고인을 위하여 항소한 사건에 대해서는 원심판결의 형보다 무거운 형을 선고할 수 없다.

② [○] 형사소송법 제457조의2 제1항 참조.

> 형사소송법 제457조의2(형종 상향의 금지 등) ① 피고인이 정식재판을 청구한 사건에 대하여는 약식명령의 형보다 중한 종류의 형을 선고하지 못한다.

④ [○] 제1심의 징역형의 선고유예의 판결에 대하여 피고인만이 항소한 경우 제2심이 벌금형을 선고한 것은 불이익변경금지의 원칙에 반한다(대법원 1999.11.26, 99도3776).

24
정답 ②

② [×] 피고인이 당해 사건으로 처벌받을 가능성이 있음을 인지하였다고 보기 어려운 경우라면 피고인이 다른 고소사건과 관련하여 형사처분을 면할 목적으로 국외에 있는 경우라고 하더라도 당해 사건의 형사처분을 면할 목적으로 국외에 있었다고 볼 수 없다(대법원 2014.4.24, 2013도9162).

① [○] 공소제기 당시의 공소사실에 대한 법정형을 기준으로 하면 공소제기 당시 아직 공소시효가 완성되지 않았으나 변경된 공소사실에 대한 법정형을 기준으로 하면 공소제기 당시 이미 공소시효가 완성된 경우에는 공소시효의 완성을 이유로 면소판결을 선고하여야 한다(대법원 2001.8.24, 2001도2902).

③ [○] 공소시효는 범죄행위를 종료한 때로부터 진행하는데(형사소송법 제252조 제1항), 공무원이 직무에 관하여 금전을 무이자로 차용한 경우에는 차용 당시에 금융이익 상당의 뇌물을 수수한 것으로 보아야 하므로, 공소시효는 금전을 무이자로 차용한 때로부터 기산한다(대법원 2012.2.23, 2011

도7282).

④ [○] 공소시효는 범죄행위가 종료한 때부터 진행한다(형사소송법 제252조 제1항). 미수범은 범죄의 실행에 착수하여 행위를 종료하지 못하였거나 결과가 발생하지 아니한 때에 처벌받게 되므로(형법 제25조 제1항), 미수범의 범죄행위는 행위를 종료하지 못하였거나 결과가 발생하지 아니하여 더 이상 범죄가 진행될 수 없는 때에 종료하고, 그때부터 미수범의 공소시효가 진행한다(대법원 2017.7.11, 2016도14820).

25
정답 ①

① [○] 형사소송법 제420조 본문에 의하면 재심은 유죄의 확정판결에 대하여 그 선고를 받은 자의 이익을 위하여 청구할 수 있다. 항소심의 유죄판결에 대하여 상고가 제기되어 상고심 재판이 계속되던 중 피고인이 사망하여 형사소송법 제382조, 제328조 제1항 제2호에 따라 공소기각결정이 확정되었다면 항소심의 유죄판결은 이로써 당연히 그 효력을 상실하게 되므로, 이러한 경우에는 형사소송법상 재심절차의 전제가 되는 '유죄의 확정판결'이 존재하는 경우에 해당한다고 할 수 없다(대법원 2013.6.27, 2011도7931).

② [×] 재심의 청구를 받은 법원은 필요하다고 인정한 때에는 형사소송법 제431조에 의하여 직권으로 재심청구의 이유에 대한 사실조사를 할 수 있으나, 소송당사자에게 사실조사신청권이 있는 것이 아니다. 그러므로 당사자가 재심청구의 이유에 관한 사실조사신청을 한 경우에도 이는 단지 법원의 직권발동을 촉구하는 의미밖에 없는 것이므로, 법원은 이 신청에 대하여는 재판을 할 필요가 없고, 설령 법원이 이 신청을 배척하였다고 하여도 당사자에게 이를 고지할 필요가 없다(대법원 2021.3.12, 2019모3554).

③ [×] 면소판결 사유인 형사소송법 제326조 제2호의 '사면이 있는 때'에서 말하는 '사면'이란 일반사면을 의미할 뿐, 형을 선고받아 확정된 자를 상대로 이루어지는 특별사면은 여기에 해당하지 않으므로, 재심대상판결 확정 후에 형 선고의 효력을 상실케 하는 특별사면이 있었다고 하더라도, 재심개시결정이 확정되어 재심심판절차를 진행하는 법원은 그 심급에 따라 다시 심판하여 실체에 관한 유·무죄 등의 판단을 해야지, 특별사면이 있음을 들어 면소판결을 하여서는 아니 된다(대법원 2015.5.21, 2011도1932 전원합의체).

④ [×] 형사재판에서 재심은 형사소송법 제420조, 제421조 제1항의 규정에 의하여 유죄 확정판결 및 유죄판결에 대한 항소 또는 상고를 기각한 확정판결에 대하여만 허용된다. 면소판결은 유죄 확정판결이라 할 수 없으므로 면소판결을 대상으로 한 재심청구는 부적법하다(대법원 2018.5.2, 2015모3243).

01	③	02	①	03	③④	04	④	05	②
06	⑤	07	③	08	⑤	09	⑤	10	②
11	④	12	④	13	①	14	②	15	②
16	④	17	⑤	18	③	19	①	20	③
21	④	22	②	23	⑤	24	②	25	④

01
정답 ③

③ [○] 대법원 2021.12.30, 2019도16259

① [×] 압수·수색영장에는 피의자의 성명, 죄명, 압수할 물건, 수색할 장소, 신체, 물건, 발부 연월일, 유효기간과 그 기간을 경과하면 집행에 착수하지 못하며 영장을 반환하여야 한다는 취지 그 밖에 대법원규칙으로 정한 사항을 기재하고 영장을 발부하는 법관이 서명날인하여야 한다(형사소송법 제219조, 제114조 제1항 본문). 이 사건 영장은 법관의 서명날인란에 서명만 있고 날인이 없으므로, 형사소송법이 정한 요건을 갖추지 못하여 적법하게 발부되었다고 볼 수 없다. 그런데도 원심이 이와 달리 이 사건 영장이 법관의 진정한 의사에 따라 발부되었다는 등의 이유만으로 이 사건 영장이 유효라고 판단한 것은 잘못이다(대법원 2019.7.11, 2018도20504).

② [×] 변호인 선임의 추완은 인정되지 아니한다.

> 형사소송법 제379조(상고이유서와 답변서) ① 상고인 또는 변호인이 전조의 통지를 받은 날로부터 20일 이내에 상고이유서를 상고법원에 제출하여야 한다. 이 경우 제344조를 준용한다.
> 제380조(상고기각 결정) ① 상고인이나 변호인이 전조 제1항의 기간 내에 상고이유서를 제출하지 아니한 때에는 결정으로 상고를 기각하여야 한다. 단, 상고장에 이유의 기재가 있는 때에는 예외로 한다.

> 판례
> 변호인의 선임은 심급마다 변호인과 연명날인한 서면으로 제출하여야 한다(형사소송법 제32조 제1항). 따라서 변호인 선임서를 제출하지 않은 채 상고이유서만을 제출하고 상고이유서 제출기간이 지난 후에 변호인 선임서를 제출하였다면 그 상고이유서는 적법·유효한 변호인의 상고이유서가 될 수 없다(대법원 2013.4.11, 2012도15128; 2015.2.26, 2014도12737).

> 유사판례
> 변호인선임신고서를 제출하지 아니한 변호인이 변호인 명의로 정식재판청구서만 제출하고, 형사소송법 제453조 제1항이 정하는 정식재판청구기간 경과 후에 비로소 변호인선임신고서를 제출한 경우, 변호인 명의로 제출한 위 정식재판청구서는 적법·유효한 정식재판청구로서의 효력이 없다(대법원 1969.10.4, 69모68; 2001.11.1, 2001도4839; 2005.1.20, 2003모429).

④ [×] 형사소송법 제65조, 민사소송법 제182조에 의하면 교도소·구치소 또는 국가경찰관서의 유치장에 수감된 사람에게 할 송달을 교도소·구치소 또는 국가경찰관서의 장에게 하지 아니하고 수감되기 전의 종전 주·거소에 하였다면 부적법하여 무효이고, 법원이 피고인의 수감 사실을 모른 채 종전 주·거소에 송달하였다고 하여도 마찬가지로 송달의 효력은 발생하지 않는다. 그리고 송달명의인이 체포 또는 구속된 날 소송기록접수통지서 등의 송달서류가 송달명의인의 종전 주·거소에 송달되었다면 송달의 효력 발생 여부는 체포 또는 구속된 시각과 송달된 시각의 선후에 의하여 결정되되, 선후관계가 명백하지 않다면 송달의 효력은 발생하지 않는 것으로 보아야 한다(대법원 2017.11.7, 2017모2162).

⑤ [×] 형사소송법 제55조 제1항이 피고인에게 공판조서의 열람 또는 등사청구권을 부여한 이유는 공판조서의 열람 또는 등사를 통하여 피고인으로 하여금 진술자의 진술내용과 그 기재된 조서의 기재 내용의 일치 여부를 확인할 수 있도록 기회를 줌으로써 그 조서의 정확성을 담보함과 아울러 피고인의 방어권을 충실하게 보장하려는 데 있으므로(대법원 2003.10.10, 2003도3282 참조), 비록 피고인이 차회 공판기일 전 등 원하는 시기에 공판조서를 열람·등사하지 못하였다 하더라도 그 변론종결 이전에 이를 열람·등사한 경우에는 그 열람·등사가 늦어짐으로 인하여 피고인의 방어권 행사에 지장이 있었다는 등의 특별한 사정이 없는 한 형사소송법 제55조 제1항 소정의 피고인의 공판조서의 열람·등사청구권이 침해되었다고 볼 수 없어, 그 공판조서를 유죄의 증거로 할 수 있다고 보아야 한다.

02
정답 ①

① [×] 열람은 가능하나 등사는 불가하다. 형사소송규칙 제96조의21 제1항, 제104조의2 참조.

> 형사소송규칙 제96조의21(구속영장청구서 및 소명자료의 열람)
> ① 피의자심문에 참여할 변호인은 지방법원 판사에게 제출된 구속영장청구서 및 그에 첨부된 고소·고발장, 피의자의 진술을 기재한 서류와 피의자가 제출한 서류를 열람할 수 있다.
> 제104조의2(준용규정) 제96조의21의 규정은 체포·구속의 적부심사를 청구한 피의자의 변호인에게 이를 준용한다.

② [○] 형사소송법은 항소법원이 항소인인 피고인에게 소송기록접수통지를 하기 전에 변호인의 선임이 있는 때에는 변호인에게도 소송기록접수통지를 하도록 정하고 있으므로(제361조의2 제2항), 피고인에게 소송기록접수통지를 한 다음에 변호인이 선임된 경우에는 변호인에게 다시 같은 통지를 할 필요가 없다. 이는 필요적 변호사건에서 항소법원이 국선변호인을 선정하고 피고인과 그 변호인에게 소송기록접수통지를 한 다음 피고인이 사선변호인을 선임함에 따라 항소법원이 국선변호인의 선정을 취소한 경우에도 마찬가지이다. 이러한 경우 항소이유서 제출기간은 국선변호인 또는 피고인이 소송기록접수통지를 받은 날부터 계산하여야 한다(대법원 2018.11.22, 2015도10651).

③ [○] 형사소송법 제112조, 제149조 참조.

> 형사소송법 제112조(업무상비밀과 압수) 변호사, 변리사, 공증인, 공인회계사, 세무사, 대서업자, 의사, 한의사, 치과의사, 약사, 약종상, 조산사, 간호사, 종교의 직에 있는 자 또는 이러한 직에 있던 자가 그 업무상 위탁을 받아 소지 또는 보관하는 물건으로 타인의 비밀에 관한 것은 압수를 거부할 수 있다. 단, 그 타인의 승낙이 있거나 중대한 공익상 필요가 있는 때에는 예외로 한다.
> 제149조(업무상비밀과 증언거부) 변호사, 변리사, 공증인, 공인회

계사, 세무사, 대서업자, 의사, 한의사, 치과의사, 약사, 약종상, 조산사, 간호사, 종교의 직에 있는 자 또는 이러한 직에 있던 자가 그 업무상 위탁을 받은 관계로 알게 된 사실로서 타인의 비밀에 관한 것은 증언을 거부할 수 있다. 단, 본인의 승낙이 있거나 중대한 공익상 필요 있는 때에는 예외로 한다.

④ [○] 형사소송법 제243조의2 제3항 참조.
⑤ [○] 형사소송법 제417조 참조.

> **형사소송법 제417조(동전)** 검사 또는 사법경찰관의 구금, 압수 또는 압수물의 환부에 관한 처분과 제243조의2에 따른 변호인의 참여 등에 관한 처분에 대하여 불복이 있으면 그 직무집행지의 관할법원 또는 검사의 소속검찰청에 대응한 법원에 그 처분의 취소 또는 변경을 청구할 수 있다.

03
정답 ③④

③ [×] 선거관리위원회의 본질적 기능은 선거의 공정한 관리 등 행정기능이고, 그 효과적인 기능 수행과 집행의 실효성을 확보하기 위한 수단으로서 선거범죄 조사권을 인정하고 있다. 심판대상조항에 의한 자료제출요구는 위와 같은 조사권의 일종으로서 행정조사에 해당하고, 선거범죄 혐의 유무를 명백히 하여 공소의 제기와 유지 여부를 결정하려는 목적으로 범인을 발견·확보하고 증거를 수집·보전하기 위한 수사기관의 활동인 수사와는 근본적으로 그 성격을 달리한다(헌법재판소 2019.9.26, 2016헌바381).

> **공직선거법 제272조의2(선거범죄의 조사등)** ① 각급선거관리위원회(읍·면·동선거관리위원회를 제외한다) 위원·직원은 선거범죄에 관하여 그 범죄의 혐의가 있다고 인정되거나, 후보자(경선후보자를 포함한다)·예비후보자·선거사무장·선거연락소장 또는 선거사무원이 제기한 그 범죄의 혐의가 있다는 소명이 이유 있다고 인정되는 경우 또는 현행범의 신고를 받은 경우에는 그 장소에 출입하여 관계인에 대하여 질문·조사를 하거나 관련 서류 기타 조사에 필요한 자료의 제출을 요구할 수 있다.

> **형사소송법 제245조의10(특별사법경찰관리)** ① 삼림, 해사, 전매, 세무, 군수사기관, 그 밖에 특별한 사항에 관하여 사법경찰관리의 직무를 행할 특별사법경찰관리와 그 직무의 범위는 법률로 정한다.

④ [×] 구 수사준칙에 의하면 맞지만(구 수사준칙 제59조 제1항), 2023.11.1. 시행 개정 수사준칙에 의하면 검사가 직접 보완수사하거나 사법경찰관에게 보완수사를 요구할 수 있는 것을 원칙으로 한다.

> **수사준칙 제59조(보완수사요구의 대상과 범위)** ① 검사는 사법경찰관으로부터 송치받은 사건에 대해 보완수사가 필요하다고 인정하는 경우 직접 보완수사하거나 법 제197조의2 제1항 제1호에 따라 사법경찰관에게 보완수사를 요구할 수 있다. 다만, 법 제197조의2 제1항 제1호 전단의 경우로서 다음 각 호의 어느 하나에 해당하는 때에는 특별히 사법경찰관에게 보완수사를 요구할 필요가 있다고 인정되는 경우를 제외하고는 검사가 직접 보완수사를 하는 것을 원칙으로 한다.
> 1. 사건을 수리한 날(이미 보완수사요구가 있었던 사건의 경우 보완수사 이행 결과를 통보받은 날)로부터 1개월이 경과한 경우

> 2. 사건이 송치된 이후 검사에 의하여 해당 피의자 및 피의사실에 대해 상당한 정도의 보완수사가 이루어진 경우
> 3. 법 제197조의3제5항, 제197조의4제1항, 제198조의2제2항에 따라 사법경찰관으로부터 송치받은 경우
> 4. 제7조 또는 제8조에 따라 검사와 사법경찰관이 사건 송치 전에 수사할 사항, 증거수집의 대상, 법령의 적용 등에 관하여 협의를 마치고 송치한 경우

① [○] 일반 경찰공무원인 사법경찰관리가 검사의 수사지휘를 받지 않는다는 것은 형사소송법 제195조 제1항, 1차적 수사종결권이 있다는 것은 형사소송법 제245조의5 및 수사준칙 제51조, 검찰청 직원인 사법경찰관리가 검사에 대한 수사보조자로서의 지휘를 받는다는 것은 형사소송법 제245조의9 제2항·제3항 참조.

> **형사소송법 제195조(검사와 사법경찰관의 관계 등)** ① 검사와 사법경찰관은 수사, 공소제기 및 공소유지에 관하여 서로 협력하여야 한다.
> **제245조의5(사법경찰관의 사건송치 등)** 사법경찰관은 고소·고발 사건을 포함하여 범죄를 수사한 때에는 다음 각 호의 구분에 따른다.
> 1. 범죄의 혐의가 있다고 인정되는 경우에는 지체 없이 검사에게 사건을 송치하고, 관계 서류와 증거물을 검사에게 송부하여야 한다.
> 2. 그 밖의 경우에는 그 이유를 명시한 서면과 함께 관계 서류와 증거물을 지체 없이 검사에게 송부하여야 한다. 이 경우 검사는 송부받은 날부터 90일 이내에 사법경찰관에게 반환하여야 한다.
> **수사준칙 제51조(사법경찰관의 결정)** ① 사법경찰관은 사건을 수사한 경우에는 다음 각 호의 구분에 따라 결정해야 한다.
> 1. 법원송치
> 2. 검찰송치
> 3. 불송치 (이하 중략)
> **형사소송법 제245조의9(검찰청 직원)** ② 사법경찰관의 직무를 행하는 검찰청 직원은 검사의 지휘를 받아 수사하여야 한다.
> ③ 법경리의 직무를 행하는 검찰청 직원은 검사 또는 사법경찰관의 직무를 행하는 검찰청 직원의 수사를 보조하여야 한다.

② [○] 공수처법 제21조 참조.

> **공수처법 제21조(수사처수사관의 직무)** ① 수사처수사관은 수사처검사의 지휘·감독을 받아 직무를 수행한다.
> ② 수사처수사관은 고위공직자범죄등에 대한 수사에 관하여 「형사소송법」 제197조 제1항에 따른 사법경찰관의 직무를 수행한다.
> **제2조(정의)** 이 법에서 사용하는 용어의 정의는 다음과 같다.
> 3. "고위공직자범죄"란 고위공직자로 재직 중에 본인 또는 본인의 가족이 범한 다음 각 목의 어느 하나에 해당하는 죄를 말한다. 다만, 가족의 경우에는 고위공직자의 직무와 관련하여 범한 죄에 한정한다. (이하 중략)
> 4. "관련범죄"란 다음 각 목의 어느 하나에 해당하는 죄를 말한다.
>   가. 고위공직자와 「형법」 제30조부터 제32조까지의 관계에 있는 자가 범한 제3호 각 목의 어느 하나에 해당하는 죄 (이하 중략)
> 5. "고위공직자범죄등"이란 제3호와 제4호의 죄를 말한다.
> **형사소송법 제197조(사법경찰관리)** ① 경무관, 총경, 경정, 경감, 경위는 사법경찰관으로서 범죄의 혐의가 있다고 사료하는 때에는 범인, 범죄사실과 증거를 수사한다.

⑤ [○] 검찰청법 제4조 제2항 참조.

> **검찰청법 제4조(검사의 직무)** ② 검사는 자신이 수사개시한 범죄에 대하여는 공소를 제기할 수 없다. 다만, 사법경찰관이 송치한 범죄에 대하여는 그러하지 아니하다.

04

정답 ④

④ [×] 형사소송법 제232조 제1항은 고소를 제1심판결 선고 전까지 취소할 수 있도록 규정하여 친고죄에서 고소취소의 시한을 한정하고 있다. 그런데 상소심에서 형사소송법 제366조 또는 제393조 등에 의하여 법률위반을 이유로 제1심 공소기각판결을 파기하고 사건을 제1심법원에 환송함에 따라 다시 제1심 절차가 진행된 경우, 종전의 제1심판결은 이미 파기되어 효력을 상실하였으므로 환송 후의 제1심판결 선고 전에는 고소취소의 제한사유가 되는 제1심판결 선고가 없는 경우에 해당한다. 뿐만 아니라 특히 간통죄 고소는 제1심판결 선고 후 이혼소송이 취하된 경우 또는 피고인과 고소인이 다시 혼인한 경우에도 소급적으로 효력을 상실하게 되는 점까지 감안하면, 환송 후의 제1심판결 선고 전에 간통죄의 고소가 취소되면 형사소송법 제327조 제5호에 의하여 판결로써 공소를 기각하여야 한다(대법원 2011.8.25, 2009도9112).

① [○] 친고죄에 있어서의 고소는 수사기관에 대하여 범죄사실을 신고하고 범인의 처벌을 구하는 의사표시로서 서면뿐만 아니라 구술로도 할 수 있는바, 구술에 의한 고소를 받은 검사 또는 사법경찰관이 작성하는 조서는 독립한 조서일 필요는 없으므로, 고소권자가 수사기관으로부터 피해자 또는 참고인으로서 신문받으면서 범인의 처벌을 요구하는 의사표시가 포함되어 있는 진술을 하고 그 의사표시가 조서에 기재되면, 적법한 고소에 해당한다(대법원 2009.7.9, 2009도3860).

② [○] 대법원 2022.5.26, 2021도2488

③ [○] 검사의 불기소처분에는 확정재판에 있어서의 확정력과 같은 효력이 없어 일단 불기소처분을 한 후에도 공소시효가 완성되기 전이면 언제라도 공소를 제기할 수 있으므로, 세무공무원 등의 고발이 있어야 공소를 제기할 수 있는 조세범처벌법 위반죄에 관하여 일단 불기소처분이 있었더라도 세무공무원 등이 종전에 한 고발은 여전히 유효하다. 따라서 나중에 공소를 제기함에 있어 세무공무원 등의 새로운 고발이 있어야 하는 것은 아니다(대법원 2009.10.29, 2009도6614).

⑤ [○] 고소는 범죄의 피해자 또는 그와 일정한 관계가 있는 고소권자가 수사기관에 대하여 범죄사실을 신고하여 범인의 처벌을 구하는 의사표시이므로, 고소인은 범죄사실을 특정하여 신고하면 족하고 범인이 누구인지 나아가 범인 중 처벌을 구하는 자가 누구인지를 적시할 필요도 없는바, 저작권법 제103조의 양벌규정은 직접 위법행위를 한 자 이외에 아무런 조건이나 면책조항 없이 그 업무의 주체 등을 당연하게 처벌하도록 되어 있는 규정으로서 당해 위법행위와 별개의 범죄를 규정한 것이라고는 할 수 없으므로, 친고죄의 경우에 있어서도 행위자의 범죄에 대한 고소가 있으면 족하고, 나아가 양벌규정에 의하여 처벌받는 자에 대하여 별도의 고소를 요한다고 할 수는 없다(대법원 1996.3.12, 94도2423).

05

정답 ②

② [○] 조사대상자의 진술내용이 단순히 제3자의 범죄에 관한 경우가 아니라 자신과 제3자에게 공동으로 관련된 범죄에 관한 것이거나 제3자의 피의사실 뿐만 아니라 자신의 피의사실에 관한 것이기도 하여 그 실질이 피의자신문조서의 성격을 가지는 경우에 수사기관은 그 진술을 듣기 전에 미리 진술거부권을 고지하여야 한다(대법원 2013.7.25, 2012도8698).

① [×] 기억환기용으로는 사용할 수 있으나(형사소송법 제318조의2 제2항), 본증이나 탄핵증거로는 사용할 수 없다(본증으로 사용할 수 없다는 것은 아래 판례참조).

> **형사소송법 제318조의2(증명력을 다투기 위한 증거)** ① 제312조부터 제316조까지의 규정에 따라 증거로 할 수 없는 서류나 진술이라도 공판준비 또는 공판기일에서의 피고인 또는 피고인이 아닌 자(공소제기 전에 피고인을 피의자로 조사하였거나 그 조사에 참여하였던 자를 포함한다. 이하 이 조에서 같다)의 진술의 증명력을 다투기 위하여 증거로 할 수 있다.
> ② 제1항에도 불구하고 피고인 또는 피고인이 아닌 자의 진술을 내용으로 하는 영상녹화물은 공판준비 또는 공판기일에 피고인 또는 피고인이 아닌 자가 진술함에 있어서 기억이 명백하지 아니한 사항에 관하여 기억을 환기시켜야 할 필요가 있다고 인정되는 때에 한하여 피고인 또는 피고인이 아닌 자에게 재생하여 시청하게 할 수 있다.

> **판례**
> 2007.6.1. 법률 제8496호로 개정되기 전의 형사소송법에는 없던 수사기관에 의한 피의자 아닌 자(이하 '참고인'이라 한다) 진술의 영상녹화를 새로 정하면서 그 용도를 참고인에 대한 진술조서의 실질적 진정성립을 증명하거나 참고인의 기억을 환기시키기 위한 것으로 한정하고 있는 현행 형사소송법의 규정 내용을 영상물에 수록된 성범죄 피해자의 진술에 대하여 독립적인 증거능력을 인정하고 있는 성폭력범죄의 처벌 등에 관한 특례법 제30조 제6항 또는 아동·청소년의 성보호에 관한 법률 제26조 제6항의 규정과 대비하여 보면, 수사기관이 참고인을 조사하는 과정에서 형사소송법 제221조 제1항에 따라 작성한 영상녹화물은, 다른 법률에서 달리 규정하고 있는 등의 특별한 사정이 없는 한, 공소사실을 직접 증명할 수 있는 독립적인 증거로 사용될 수는 없다고 해석함이 타당하다(대법원 2014.7.10, 2012도5041).

③ [×] 형사소송법 제244조의5는, 검사 또는 사법경찰관은 피의자를 신문하는 경우 피의자가 신체적 또는 정신적 장애로 사물을 변별하거나 의사를 결정·전달할 능력이 미약한 때나 피의자의 연령·성별·국적 등의 사정을 고려하여 그 심리적 안정의 도모와 원활한 의사소통을 위하여 필요한 경우에는, 직권 또는 피의자·법정대리인의 신청에 따라 피의자와 신뢰관계에 있는 자를 동석하게 할 수 있도록 규정하고 있다. 구체적인 사안에서 위와 같은 동석을 허락할 것인지는 원칙적으로 검사 또는 사법경찰관이 피의자의 건강 상태 등 여러 사정을 고려하여 재량에 따라 판단하여야 할 것이나, 이를 허락하는 경우에도 동석한 사람으로 하여금 피

의자를 대신하여 진술하도록 하여서는 안 된다(대법원 2009. 6.23, 2009도1322).

④ [×] 법적인 조언·상담을 보장해야 하므로, 이를 위한 변호인의 메모를 허용해야 한다(수사준칙 제13조 제1항).

> **수사준칙 제13조(변호인의 피의자신문 참여·조력)** ① 검사 또는 사법경찰관은 피의자신문에 참여한 변호인이 피의자의 옆자리 등 실질적인 조력을 할 수 있는 위치에 앉도록 해야 하고, 정당한 사유가 없으면 피의자에 대한 법적인 조언·상담을 보장해야 하며, 법적인 조언·상담을 위한 변호인의 메모를 허용해야 한다.

⑤ [×] 불구속 피의자나 피고인의 경우 수사절차의 개시부터 재판절차의 종료까지 변호인을 옆에 두고 조언과 상담을 구하는 것은 특별한 명문의 규정이 없어도 언제나 가능하다.

> **판례**
> 불구속 피의자나 피고인의 경우 형사소송법상 특별한 명문의 규정이 없더라도 스스로 선임한 변호인의 조력을 받기 위하여 변호인을 옆에 두고 조언과 상담을 구하는 것은 수사절차의 개시에서부터 재판절차의 종료에 이르기까지 언제나 가능하다. 따라서 불구속 피의자가 피의자신문 시 변호인을 대동하여 신문과정에서 조언과 상담을 구하는 것은 신문과정에서 필요할 때마다 퇴거하여 변호인으로부터 조언과 상담을 구하는 번거로움을 피하기 위한 것으로서 불구속 피의자가 피의자신문장소를 이탈하여 변호인의 조언과 상담을 구하는 것과 본질적으로 아무런 차이가 없다. 형사소송법 제243조는 피의자신문 시 의무적으로 참여하여야 하는 자를 규정하고 있을 뿐 적극적으로 위 조항에서 규정한 자 이외의 자의 참여나 입회를 배제하고 있는 것은 아니다. 따라서 불구속 피의자가 피의자신문 시 변호인의 조언과 상담을 원한다면, 위법한 조력의 우려가 있어 이를 제한하는 다른 규정이 있고 그가 이에 해당한다고 하지 않는 한 수사기관은 피의자의 위 요구를 거절할 수 없다(헌법재판소 2004.9.23, 2000헌마138).

06
정답 ⑤

⑤ [×] 구속영장 발부에 의하여 적법하게 구금된 피의자가 피의자신문을 위한 출석요구에 응하지 아니하면서 수사기관 조사실에 출석을 거부한다면 수사기관은 그 구속영장의 효력에 의하여 피의자를 조사실로 구인할 수 있다고 보아야 한다. 다만 이러한 경우에도 그 피의자신문 절차는 어디까지나 법 제199조 제1항 본문, 제200조의 규정에 따른 임의수사의 한 방법으로 진행되어야 하므로, 피의자는 헌법 제12조 제2항과 법 제244조의3에 따라 일체의 진술을 하지 아니하거나 개개의 질문에 대하여 진술을 거부할 수 있고, 수사기관은 피의자를 신문하기 전에 그와 같은 권리를 알려주어야 한다(대법원 2013.7.1, 2013모160).

① [○] 수사준칙 제32조 제1항 참조.

> **제32조(체포·구속영장 집행 시의 권리 고지)** ① 검사 또는 사법경찰관은 피의자를 체포하거나 구속할 때에는 법 제200조의5(법 제209조에서 준용하는 경우를 포함한다)에 따라 피의자에게 피의사실의 요지, 체포·구속의 이유와 변호인을 선임할 수 있음을 말하고, 변명할 기회를 주어야 하며, 진술거부권을 알려주어야 한다.

② [○] 현행범인은 누구든지 영장 없이 체포할 수 있으므로 사인의 현행범인 체포는 법령에 의한 행위로서 위법성이 조

각된다고 할 것인데, 현행범인 체포의 요건으로서는 행위의 가벌성, 범죄의 현행성·시간적 접착성, 범인·범죄의 명백성 외에 체포의 필요성 즉, 도망 또는 증거인멸의 염려가 있을 것을 요한다(대법원 1999.1.26, 98도3029).

③ [○] 헌법이 정한 적법절차와 영장주의 원칙, 형사소송법이 정한 체포된 피의자의 구금을 위한 구속영장의 청구, 발부, 집행절차에 관한 규정을 종합하면, 법관이 검사의 청구에 의하여 체포된 피의자의 구금을 위한 구속영장을 발부하면 검사와 사법경찰관리는 지체 없이 신속하게 구속영장을 집행하여야 한다. 피의자에 대한 구속영장의 제시와 집행이 그 발부 시로부터 정당한 사유 없이 시간이 지체되어 이루어졌다면, 구속영장이 그 유효기간 내에 집행되었다고 하더라도 위 기간 동안의 체포 내지 구금 상태는 위법하다(대법원 2021.4.29, 2020도16438).

④ [○] 형사소송법 제200조의4 제3항은 영장 없이 긴급체포 후 석방된 피의자를 동일한 범죄사실에 관하여 체포하지 못한다는 규정으로, 위와 같이 석방된 피의자라도 법원으로부터 구속영장을 발부받아 구속할 수 있음은 물론이고, 같은 법 제208조 소정의 '구속되었다가 석방된 자'라 함은 구속영장에 의하여 구속되었다가 석방된 경우를 말하는 것이지, 긴급체포나 현행범으로 체포되었다가 사후영장 발부 전에 석방된 경우는 포함되지 않는다 할 것이므로, 피고인이 수사 당시 긴급체포되었다가 수사기관의 조치로 석방된 후 법원이 발부한 구속영장에 의하여 구속이 이루어진 경우 앞서 본 법조에 위배되는 위법한 구속이라고 볼 수 없다(대법원 2001.9.28, 2001도4291).

07
정답 ③

③ ○ × × ○ ×

ㄱ. [○] 피해자 등 제3자가 피의자의 소유·관리에 속하는 정보저장매체를 영장에 의하지 않고 임의제출한 경우에는 실질적 피압수·수색 당사자(이하 '피압수자'라 한다)인 피의자가 수사기관으로 하여금 그 전자정보 전부를 무제한 탐색하는 데 동의한 것으로 보기 어려울 뿐만 아니라 피의자 스스로 임의제출한 경우 피의자의 참여권 등이 보장되어야 하는 것과 견주어 보더라도 특별한 사정이 없는 한 형사소송법 제219조, 제121조, 제129조에 따라 피의자에게 참여권을 보장하고 압수한 전자정보 목록을 교부하는 등 피의자의 절차적 권리를 보장하기 위한 적절한 조치가 이루어져야 한다(대법원 2022.1.27, 2021도11170).

ㄴ. [×] 형사소송법 제219조, 제121조가 규정한 변호인의 참여권은 피압수자의 보호를 위하여 변호인에게 주어진 고유권이다. 따라서 설령 피압수자가 수사기관에 압수·수색영장의 집행에 참여하지 않는다는 의사를 명시하였다고 하더라도, 특별한 사정이 없는 한 그 변호인에게는 형사소송법 제219조, 제122조에 따라 미리 집행의 일시와 장소를 통지하는 등으로 압수·수색영장의 집행에 참여할 기회를 별도로 보장하여야 한다(대법원 2020.11.26, 2020도10729).

ㄷ. [×] 처분을 받는 자가 피고인·피의자인 경우에 한하여 그

사본을 교부하여야 한다(형사소송법 제118조 참조).

> **형사소송법 제118조(영장의 제시와 사본교부)** 압수·수색영장은 처분을 받는 자에게 반드시 제시하여야 하고, 처분을 받는 자가 피고인인 경우에는 그 사본을 교부하여야 한다. 다만, 처분을 받는 자가 현장에 없는 등 영장의 제시나 그 사본의 교부가 현실적으로 불가능한 경우 또는 처분을 받는 자가 영장의 제시나 사본의 교부를 거부한 때에는 예외로 한다.

ㄹ. [○] 형사소송법은 제215조에서 검사가 압수·수색 영장을 청구할 수 있는 시기를 공소제기 전으로 명시적으로 한정하고 있지는 아니하나, 헌법상 보장된 적법절차의 원칙과 재판받을 권리, 공판중심주의·당사자주의·직접주의를 지향하는 현행 형사소송법의 소송구조, 관련 법규의 체계, 문언형식, 내용 등을 종합하여 보면, 일단 공소가 제기된 후에는 피고사건에 관하여 검사로서는 형사소송법 제215조에 의하여 압수·수색을 할 수 없다고 보아야 하며, 그럼에도 검사가 공소제기 후 형사소송법 제215조에 따라 수소법원 이외의 지방법원 판사에게 청구하여 발부받은 영장에 의하여 압수·수색을 하였다면, 그와 같이 수집된 증거는 기본적 인권보장을 위해 마련된 적법한 절차에 따르지 않은 것으로서 원칙적으로 유죄의 증거로 삼을 수 없다.

ㅁ. [×] 범행 중 또는 범행 직후의 범죄장소에서 긴급을 요하여 법원 판사의 영장을 받을 수 없는 때에는 영장 없이 압수·수색 또는 검증을 할 수 있으나, 사후에 지체 없이 영장을 받아야 한다(형사소송법 제216조 제3항). 형사소송법 제216조 제3항의 요건 중 어느 하나라도 갖추지 못한 경우에 그러한 압수·수색 또는 검증은 위법하며, 이에 대하여 사후에 법원으로부터 영장을 발부받았다고 하여 그 위법성이 치유되지 아니한다(대법원 2017.11.29, 2014도16080).

08
정답 ⑤

ㄱ. [×] 마약류 불법거래 방지에 관한 특례법 제4조 제1항에 따른 조치의 일환으로 특정한 수출입물품을 개봉하여 검사하고 그 내용물의 점유를 취득한 행위는 위에서 본 수출입물품에 대한 적정한 통관 등을 목적으로 조사를 하는 경우와는 달리, 범죄수사인 압수 또는 수색에 해당하여 사전 또는 사후에 영장을 받아야 한다(대법원 2017.7.18, 2014도8719).

ㄴ. [○] 통신비밀보호법에 규정된 '통신제한조치'는 '우편물의 검열 또는 전기통신의 감청'을 말하는 것으로(제3조 제2항), 여기서 '전기통신'은 전화·전자우편·모사전송 등과 같이 유선·무선·광선 및 기타의 전자적 방식에 의하여 모든 종류의 음향·문언·부호 또는 영상을 송신하거나 수신하는 것을 말하고(제2조 제3호), '감청'은 전기통신에 대하여 당사자의 동의 없이 전자장치·기계장치 등을 사용하여 통신의 음향·문언·부호·영상을 청취·공독하여 그 내용을 지득 또는 채록하거나 전기통신의 송·수신을 방해하는 것을 말한다고 규정되어 있다(제2조 제7호). 따라서 '전기통신의 감청'은 '감청'의 개념 규정에 비추어 전기통신이 이루어지고 있는 상황에서 실시간으로 전기통신의 내용을 지득·채록하는 경우와 통신의 송·수신을 직접적으로 방해하는 경

우를 의미하는 것이지, 이미 수신이 완료된 전기통신에 관하여 남아 있는 기록이나 내용을 열어보는 등의 행위는 포함하지 않는다(대법원 2016.10.13, 2016도8137).

ㄷ. [○] 형사소송법 제221조 제1항, 제244조의4 제1항, 제3항, 제312조 제4항, 제5항 및 그 입법 목적 등을 종합하여 보면, 피고인이 아닌 자가 수사과정에서 진술서를 작성하였지만 수사기관이 그에 대한 조사과정을 기록하지 아니하여 형사소송법 제244조의4 제3항, 제1항에서 정한 절차를 위반한 경우에는, 특별한 사정이 없는 한 '적법한 절차와 방식'에 따라 수사과정에서 진술서가 작성되었다 할 수 없으므로 증거능력을 인정할 수 없다(대법원 2015.4.23, 2013도3790).

ㄹ. [×] 수사기관이 2013.11.2. 네트워크 카메라 등을 설치·이용하여 피고인의 행동과 피고인이 본 태블릿 개인용 컴퓨터(PC) 화면내용을 촬영한 것은 수사의 비례성·상당성 원칙과 영장주의 등을 위반한 것이므로 그로 인해 취득한 영상물 등의 증거는 증거능력이 없다. 또한 위 촬영은 일반적으로 허용되는 상당한 방법에 의한 것이 아니므로 영장 없이 이루어져 위법하다(대법원 2017.11.29, 2017도9747).

ㅁ. [×] 수사기관이 압수·수색영장에 적힌 '수색할 장소'에 있는 컴퓨터 등 정보처리장치에 저장된 전자정보 외에 원격지 서버에 저장된 전자정보를 압수·수색하기 위해서는 압수·수색영장에 적힌 '압수할 물건'에 별도로 원격지 서버 저장 전자정보가 특정되어 있어야 한다. 압수·수색영장에 적힌 '압수할 물건'에 컴퓨터 등 정보처리장치 저장 전자정보만 기재되어 있다면 컴퓨터 등 정보처리장치를 이용하여 원격지 서버 저장 전자정보를 압수할 수는 없다(대법원 2022.6.30, 2022도1452).

09
정답 ⑤

⑤ [×] 수사보고서에 검증의 결과에 해당하는 기재가 있는 경우, 그 기재 부분은 검찰사건사무규칙 제17조에 의하여 검사가 범죄의 현장 기타 장소에서 실황조사를 한 후 작성하는 실황조서 또는 사법경찰관리집무규칙 제49조 제1항, 제2항에 의하여 사법경찰관이 수사상 필요하다고 인정하여 범죄현장 또는 기타 장소에 임하여 실황을 조사할 때 작성하는 실황조사서에 해당하지 아니하며, 단지 수사의 경위 및 결과를 내부적으로 보고하기 위하여 작성된 서류에 불과하므로 그 안에 검증의 결과에 해당하는 기재가 있다고 하여 이를 형사소송법 제312조 제1항의 '검사 또는 사법경찰관이 검증의 결과를 기재한 조서'라고 할 수 없을 뿐만 아니라 이를 같은 법 제313조 제1항의 '피고인 또는 피고인이 아닌 자가 작성한 진술서나 그 진술을 기재한 서류'라고 할 수도 없고, 같은 법 제311조, 제315조, 제316조의 적용대상이 되지 아니함이 분명하므로 그 기재 부분은 증거로 할 수 없다(대법원 2001.5.29, 2000도2933).

① [○] 체내검증, 체내물의 강제채취, 연하물의 강제배출과 같은 체내검사도 신체검사로서 검증에 해당한다. 형사소송법 제140조, 제141조 제1항 참조.

> 형사소송법 제140조(검증과 필요한 처분) 검증을 함에는 신체의 검사, 사체의 해부, 분묘의 발굴, 물건의 파괴 기타 필요한 처분을 할 수 있다.
>
> 제141조(신체검사에 관한 주의) ① 신체의 검사에 관하여는 검사를 받는 사람의 성별, 나이, 건강상태, 그 밖의 사정을 고려하여 그 사람의 건강과 명예를 해하지 아니하도록 주의하여야 한다.

② [○] 사법경찰관이 작성한 검증조서에 피의자이던 피고인이 검사 이외의 수사기관 앞에서 자백한 범행내용을 현장에 따라 진술·재연한 내용이 기재되고 그 재연 과정을 촬영한 사진이 첨부되어 있다면, 그러한 기재나 사진은 피고인이 공판정에서 그 진술내용 및 범행재연의 상황을 모두 부인하는 이상 증거능력이 없다(대법원 2006.1.13, 2003도6548).

③ [○] 수사기관이 범죄 증거를 수집할 목적으로 피의자의 동의 없이 피의자의 혈액을 취득·보관하는 행위는 법원으로부터 감정처분허가장을 받아 형사소송법 제221조의4 제1항, 제173조 제1항에 의한 '감정에 필요한 처분'으로도 할 수 있지만, 형사소송법 제219조, 제106조 제1항에 정한 압수의 방법으로도 할 수 있고, 압수의 방법에 의하는 경우 혈액의 취득을 위하여 피의자의 신체로부터 혈액을 채취하는 행위는 혈액의 압수를 위한 것으로서 형사소송법 제219조, 제120조 제1항에 정한 '압수영장의 집행에 있어 필요한 처분'에 해당한다(대법원 2012.11.15, 2011도15258).

④ [○] 사법경찰관 사무취급이 작성한 실황조서가 사고발생 직후 사고장소에서 긴급을 요하여 판사의 영장 없이 시행된 것으로서 형사소송법 제216조 제3항에 의한 검증에 따라 작성된 것이라면 사후영장을 받지 않는 한 유죄의 증거로 삼을 수 없다(대법원 1989.3.14, 88도1399).

10 　　　　　　　　　　　　　　　　　정답 ②

② [×] 공소제기된 장물취득의 점과 실제로 인정되는 장물보관의 범죄사실 사이에는 법적 평가에 차이가 있을 뿐 공소사실의 동일성이 인정되는 범위 내에 있으므로 따로 공소사실의 변경이 없더라도 법원이 직권으로 장물보관의 범죄사실을 유죄로 인정하여야 한다(대법원 2003.5.13, 2003도1366).

① [○] 대법원 1992.4.24, 91도1438

③ [○] 검사는 법원의 허가를 얻어 공소장에 기재한 공소사실 또는 적용법조의 추가·철회 또는 변경을 할 수 있다. 이 경우에 법원은 공소사실의 동일성을 해하지 아니하는 한도에서 허가하여야 한다(형사소송법 제298조 제1항). 검사가 형사소송법 제298조 제1항에 따라 공소장에 기재한 공소사실 또는 적용법조의 추가·철회 또는 변경을 하고자 하는 때에는 그 취지를 기재한 공소장변경허가신청서를 법원에 제출하여야 하고, 다만 피고인이 재정하는 공판정에서는 피고인에게 이익이 되거나 피고인이 동의하는 경우 구술에 의한 공소장변경을 허가할 수 있다(형사소송규칙 제142조 제1항, 제5항). 따라서 검사가 공소장변경허가신청서를 제출하지 않고 공소사실에 대한 검사의 의견을 기재한 서면을 제출하였더라도 이를 곧바로 공소장변경허가신청서를 제출한 것이라고 볼 수는 없다(대법원 2022.1.13, 2021도13108).

④ [○] 대법원 2016.12.29, 2016도11138

⑤ [○] 대법원 2019.6.20, 2018도20698 전원합의체

11 　　　　　　　　　　　　　　　　　정답 ④

④ [×] 공소취소에 의한 공소기각결정이 확정된 경우에는 다른 중요한 증거를 발견한 경우에 한하여 다시 공소를 제기할 수 있다(형사소송법 제329조). 다만 공소사실을 철회하는 공소장변경이 허가된 경우에는 위와 같은 재기소제한은 적용되지 아니한다.

[보충] 물론 동일법원에 동일사건을 이중기소한 것에 해당된다면 공소기각판결사유에 해당한다(형사소송법 제327조 제3호).

> 형사소송법 제329조(공소취소와 재기소) 공소취소에 의한 공소기각의 결정이 확정된 때에는 공소취소 후 그 범죄사실에 대한 다른 중요한 증거를 발견한 경우에 한하여 다시 공소를 제기할 수 있다.

① [○] 대법원 2009.2.26, 2008도11813

② [○] 공소장의 공소사실 첫머리에 피고인이 전에 받은 소년부송치처분과 직업 없음을 기재하였다 하더라도 이는 형사소송법 제254조 제3항 제1호에서 말하는 피고인을 특정할 수 있는 사항에 속하는 것이어서 그와 같은 내용의 기재가 있다 하여 공소제기의 절차가 법률의 규정에 위반된 것이라고 할 수 없고 또 헌법상의 형사피고인에 대한 무죄추정조항이나 평등조항에 위배되는 것도 아니다(대법원 1990.10.16, 90도1813).

③ [○] 재판장은 소송관계를 명료하게 하기 위하여 검사, 피고인 또는 변호인에게 사실상과 법률상의 사항에 관하여 석명을 구하거나 입증을 촉구할 수 있다(형사소송규칙 제141조 제1항). 공소장의 기재가 불분명한 경우에는 법원은 형사소송규칙 제141조에 따라 검사에게 석명을 한 다음, 그래도 검사가 이를 명확하게 하지 않은 때에야 공소사실의 불특정을 이유로 공소를 기각해야 한다(대법원 2022.1.13, 2021도13108).

⑤ [○] 검사가 일단 상습사기죄로 공소제기한 후 그 공소의 효력이 미치는 위 기준시까지의 사기행위 일부를 별개의 독립된 상습사기죄로 공소제기를 하는 것은 동일사건에 대한 이중기소에 해당되어 허용될 수 없다.

> 판례
> 이중기소의 경우 공소기각판결을 하도록 규정한 형사소송법 제327조 제3호의 취지는 동일 사건에 대하여 피고인으로 하여금 이중위험을 받지 아니하게 하고 법원이 2개의 실체판결을 하지 아니하도록 함에 있는 것이고(대법원 1996.10.11, 96도1698), 상습범에 있어서 공소제기의 효력은 공소가 제기된 범죄사실과 동일성이 인정되는 범죄사실 전체에 미치는 것이며, 또한 공소제기의 효력이 미치는 시적 범위는 사실심리의 가능성이 있는 최후의 시점인 판결 선고시를 기준으로 삼아야 할 것이므로, 검사가 일단 상습사기죄로 공소제기한 후 그 공소의 효력이 미치는 위 기준시까지의 사기행위 일부를 별개의 독립된 상습사기죄로 공소제기를 하는 것은 비록 그 공소사실이 먼저 공소제기를 한 상습사기의 범행 이후에 이루어진 사기 범행을 내용으로 한 것일지라도 공소가

제기된 동일사건에 대한 이중기소에 해당되어 허용될 수 없는 것이다(대법원 2001.7.24, 2001도2196). 따라서 제1상습사기범죄에 대하여 약식명령이 발령된 후 다시 행해진 제2상습사기범죄에 대하여 기소되었으나 종전의 약식명령에 대하여 정식재판청구권 회복의 결정이 내려진 경우, 제2상습사기범죄에 대한 공소제기는 이중기소에 해당한다(대법원 2004.8.20, 2004도3331).

12 정답 ④

④ [×] 불복할 수 없다. 형사소송법 제266조의7 제2항 참조.

> **형사소송법 제266조의7(공판준비기일)** ② 검사, 피고인 또는 변호인은 법원에 대하여 공판준비기일의 지정을 신청할 수 있다. 이 경우 당해 신청에 관한 법원의 결정에 대하여는 불복할 수 없다.

① [○] 형사소송법 제266조의5 제1항, 국민참여재판법 제36조 제1항 참조.

> **형사소송법 제266조의5(공판준비절차)** ① 재판장은 효율적이고 집중적인 심리를 위하여 사건을 공판준비절차에 부칠 수 있다.
> **국민참여재판법 제36조(공판준비절차)** ① 재판장은 제8조에 따라 피고인이 국민참여재판을 원하는 의사를 표시한 경우에 사건을 공판준비절차에 부쳐야 한다. 다만, 공판준비절차에 부치기 전에 제9조제1항의 배제결정이 있는 때에는 그러하지 아니하다.

② [○] 형사소송법 제266조의7 제4항 참조.

> **형사소송법 제266조의7(공판준비기일)** ④ 공판준비기일은 공개한다. 다만, 공개하면 절차의 진행이 방해될 우려가 있는 때에는 공개하지 아니할 수 있다.

③ [○] 형사소송법 제266조의14 참조.

> **형사소송법 제266조의14(준용규정)** 제305조는 공판준비기일의 재개에 관하여 준용한다.
> **제305조(변론의 재개)** 법원은 필요하다고 인정한 때에는 직권 또는 검사, 피고인이나 변호인의 신청에 의하여 결정으로 종결한 변론을 재개할 수 있다.

⑤ [○] 형사소송법 제266조의15 참조.

> **형사소송법 제266조의15(기일간 공판준비절차)** 법원은 쟁점 및 증거의 정리를 위하여 필요한 경우에는 제1회 공판기일 후에도 사건을 공판준비절차에 부칠 수 있다. 이 경우 기일전 공판준비절차에 관한 규정을 준용한다.

13 정답 ①

① [×] 피고인이 공소사실에 대하여 검사가 신문을 할 때에는 공소사실을 모두 사실과 다름없다고 진술하였으나 변호인이 신문을 할 때에는 범의나 공소사실을 부인하였다면 그 공소사실은 간이공판절차에 의하여 심판할 대상이 아니고, 따라서 피고인의 법정에서의 진술을 제외한 나머지 증거들은 간이공판절차가 아닌 일반절차에 의한 적법한 증거조사를 거쳐 그에 관한 증거능력이 부여되지 아니하는 한 그 공소사실에 대한 유죄의 증거로 삼을 수 없다(대법원 1998.2.27, 97도3421).

② [○] 간이공판절차일지라도 자백보강법칙은 그대로 적용된다.

> **형사소송법 제310조(불이익한 자백의 증거능력)** 피고인의 자백이 그 피고인에게 불이익한 유일의 증거인 때에는 이를 유죄의 증거로 하지 못한다.

③ [○], ④ [○] 간이공판절차에서 법원이 상당하다고 인정하는 방법으로 증거조사를 할 수 있다. 따라서 증인신문은 교호신문의 방식(제161조의2)에 의할 필요가 없고, 증거조사 결과에 대한 피고인의 의견(제297조)을 물을 필요도 없다. 형사소송법 제297조 참조.

> **형사소송법 제297조의2(간이공판절차에서의 증거조사)** 제286조의2의 결정이 있는 사건에 대하여는 제161조의2, 제290조 내지 제293조, 제297조의 규정을 적용하지 아니하며 법원이 상당하다고 인정하는 방법으로 증거조사를 할 수 있다.

⑤ [○] 간이공판절차에서는 증거동의가 의제되므로 전문법칙이 배제된다.

> **형사소송법 제318조의3(간이공판절차에서의 증거능력에 관한 특례)** 제286조의2의 결정이 있는 사건의 증거에 관하여는 제310조의2, 제312조 내지 제314조 및 제316조의 규정에 의한 증거에 대하여 제318조제1항의 동의가 있는 것으로 간주한다. 단, 검사, 피고인 또는 변호인이 증거로 함에 이의가 있는 때에는 그러하지 아니하다.

14 정답 ②

ㄱ. [○] 선서무능력자에 대하야 선서케 하고 신문한 경우라 할지라도 그 선서만이 무효가 되고 그 증언의 효력에 관하여는 영향이 없고 유효하다(대법원 1957.3.8, 4290형상23).

ㄴ. [×] 자신에 대한 유죄판결이 확정된 증인이 재심을 청구한다 하더라도, 이미 유죄의 확정판결이 있는 사실에 대해서는 일사부재리의 원칙에 의하여 거듭 처벌받지 않는다는 점에 변함이 없고, 형사소송법상 피고인의 불이익을 위한 재심청구는 허용되지 아니하며(형사소송법 제420조), 재심사건에는 불이익변경 금지 원칙이 적용되어 원판결의 형보다 중한 형을 선고하지 못하므로(형사소송법 제439조), 자신의 유죄 확정판결에 대하여 재심을 청구한 증인에게 증언의무를 부과하는 것이 형사소추 또는 공소제기를 당하거나 유죄판결을 받을 사실이 발로(發露)될 염려 있는 증언을 강제하는 것이라고 볼 수는 없다. 따라서 자신에 대한 유죄판결이 확정된 증인이 공범에 대한 피고사건에서 증언할 당시 앞으로 재심을 청구할 예정이라고 하여도, 이를 이유로 증인에게 형사소송법 제148조에 의한 증언거부권이 인정되지는 않는다(대법원 2011.11.24, 2011도11994).

ㄷ. [×] 검사가 제1심 증인신문 과정에서 증인 甲 등에게 주신문을 하면서 형사소송규칙상 허용되지 않는 유도신문을 하였다고 볼 여지가 있었는데, 그 다음 공판기일에 재판장이 증인신문 결과 등을 각 공판조서(증인신문조서)에 의하여 고지하였음에도 피고인과 변호인이 '변경할 점과 이의할 점이 없다'고 진술한 경우, 피고인이 책문권 포기의사를 명시함으로써 유도신문에 의하여 이루어진 주신문의 하자가 치유되었다고 할 수 있다(대법원 2012.7.26, 2012도2937).

ㄹ. [○] 대법원 2000.10.13, 2000도3265

15 정답 ②

ㄱ. [×] 몰수·추징의 대상이 되는지 여부나 추징액은 증거에 의하여 인정해야 하지만, 엄격한 증명이 있어야만 하는 것은 아니다(대법원 2017.4.26, 2016도13602).

ㄴ. [○] 대법원 1988.4.12, 87도2709

ㄷ. [×] 형사소송법 제316조 제2항은 "피고인 아닌 자의 공판준비 또는 공판기일에서의 진술이 피고인 아닌 타인의 진술을 그 내용으로 하는 것인 때에는 원진술자가 사망, 질병, 외국거주, 소재불명, 그 밖에 이에 준하는 사유로 인하여 진술할 수 없고, 그 진술이 특히 신빙할 수 있는 상태하에서 행하여졌음이 증명된 때에 한하여 이를 증거로 할 수 있다"고 규정하고 있고, 같은 조 제1항에 따르면 위 '피고인 아닌 자'에는 공소제기 전에 피고인 아닌 타인을 조사하였거나 그 조사에 참여하였던 자(이하 '조사자'라고 한다)도 포함된다. 따라서 조사자의 증언에 증거능력이 인정되기 위해서는 원진술자가 사망, 질병, 외국거주, 소재불명, 그 밖에 이에 준하는 사유로 인하여 진술할 수 없어야 하는 것이라서, 원진술자가 법정에 출석하여 수사기관에서 한 진술을 부인하는 취지로 증언한 이상 원진술자의 진술을 내용으로 하는 조사자의 증언은 증거능력이 없다(대법원 2008.9.25, 2008도6985).

ㄹ. [○] 대법원 2012.6.14, 2011도15653

16 정답 ④

ㄱ. [○] 대법원 2009.3.12, 2008도763; 2011.4.28, 2009도10412

ㄴ. [○] 경찰이 피고인의 집에서 20m 떨어진 곳에서 피고인을 체포한 후 피고인의 집안을 수색하여 칼과 합의서를 압수하였을 뿐만 아니라 적법한 시간 내에 압수수색영장을 청구하여 발부받지도 않은 사안에서, 위 칼과 합의서는 위법하게 압수된 것으로서 증거능력이 없고, 이를 기초로 한 2차 증거인 '임의제출동의서', '압수조서 및 목록', '압수품 사진' 역시 증거능력이 없다(대법원 2010.7.22, 2009도14376).

ㄷ. [×] 제3자의 경우는 설령 전화통화 당사자 일방의 동의를 받고 그 통화내용을 녹음하였다 하더라도 그 상대방의 동의가 없었던 이상, 사생활 및 통신의 불가침을 국민의 기본권의 하나로 선언하고 있는 헌법규정과 통신비밀의 보호와 통신의 자유신장을 목적으로 제정된 통신비밀보호법의 취지에 비추어 이는 동법 제3조 제1항 위반이 된다고 해석하여야 할 것이다(이 점은 제3자가 공개되지 아니한 타인 간의 대화를 녹음한 경우에도 마찬가지이다)(대법원 2002.10.8, 2002도123).

ㄹ. [○] 따라서 선거관리위원회 위원·직원이 관계인에게 진술이 녹음된다는 사실을 미리 알려 주지 아니한 채 진술을 녹음하였다면, 그와 같은 조사절차에 의하여 수집한 녹음파일 내지 그에 터 잡아 작성된 녹취록은 형사소송법 제308조의2에서 정하는 '적법한 절차에 따르지 아니하고 수집한 증거'에 해당하여 원칙적으로 유죄의 증거로 쓸 수 없다(대법원 2014.10.15, 2011도3509).

17 정답 ⑤

⑤ [×] 피의자의 진술을 녹취 내지 기재한 서류 또는 문서가 수사기관에서의 조사과정에서 작성된 것이라면, 그것이 '진술조서, 진술서, 자술서'라는 형식을 취하였다고 하더라도 피의자신문조서와 달리 볼 수 없다. 형사소송법이 보장하는 피의자의 진술거부권은 헌법이 보장하는 형사상 자기에게 불리한 진술을 강요당하지 않는 자기부죄거부의 권리에 터 잡은 것이므로, 수사기관이 피의자를 신문함에 있어서 피의자에게 미리 진술거부권을 고지하지 않은 때에는 그 피의자의 진술은 위법하게 수집된 증거로서 진술의 임의성이 인정되는 경우라도 증거능력이 부인되어야 한다(대법원 2009.8.20, 2008도8213).

① [○] 피고인의 자백이 심문에 참여한 검찰주사가 피의사실을 자백하면 피의사실부분은 가볍게 처리하고 보호감호의 청구를 하지 않겠다는 각서를 작성하여 주면서 자백을 유도한 것에 기인한 것이라면 위 자백은 기망에 의하여 임의로 진술한 것이 아니라고 의심할 만한 이유가 있는 때에 해당하여 형사소송법 제309조 및 제312조 제1항의 규정에 따라 증거로 할 수 없다(대법원 1985.12.10, 85도2182,85감도313).

②[○], ④[○] 피고인이 피의자신문조서에 기재된 피고인의 진술 및 공판기일에서의 피고인의 진술의 임의성을 다투면서 그것이 허위자백이라고 다투는 경우, 법원은 구체적인 사건에 따라 피고인의 학력, 경력, 직업, 사회적 지위, 지능정도, 진술의 내용, 피의자신문조서의 경우 그 조서의 형식 등 제반 사정을 참작하여 자유로운 심증으로 위 진술이 임의로 된 것인지의 여부를 판단하면 된다. 또한 피고인이 수사기관에서 가혹행위 등으로 인하여 임의성 없는 자백을 하고 그 후 법정에서도 임의성 없는 심리상태가 계속되어 동일한 내용의 자백을 하였다면 법정에서의 자백도 임의성 없는 자백이라고 보아야 한다(대법원 2012.11.29, 2010도3029).

③ [○] 피고인의 자백이 임의성이 없다고 의심할 만한 사유가 있는 때에 해당한다 할지라도 그 임의성이 없다고 의심하게 된 사유들과 피고인의 자백과의 사이에 인과관계가 존재하지 않은 것이 명백한 때에는 그 자백은 임의성이 있는 것으로 인정된다(대법원 1984.11.27, 84도2252).

18 정답 ③

ㄱ. [×] 육군과학수사연구소 실험분석관이 작성한 감정서는 피고인들이 이를 증거로 함에 동의하지 아니하는 경우에는 유죄의 증거로 할 수 있는 증거능력이 없다(대법원 1976.10.12, 76도2960).

ㄴ. [○] 다른 피고인에 대한 형사사건의 공판조서는 형사소송법 제315조 제3호에 정한 서류로서 당연히 증거능력이 있는바, 공판조서 중 일부인 증인신문조서 역시 형사소송법 제315조 제3호에 정한 서류로서 당연히 증거능력이 있다고 보아야 할 것이다(대법원 2005.4.28, 2004도4428).

ㄷ. [○] 외국공무원이 직무상 증명할 수 있는 사항에 관하여 작성한 문서는 이를 증거로 할 수 있으므로(형사소송법 제315조 제1호), 원심이 이 사건 일본하관 세관서 통괄심리관 작성

의 범칙물건감정서등본과 분석의뢰서 및 분석 회답서등본 등을 증거로 하였음은 적법하다(대법원 1984.2.28, 83도3145).

ㄹ. [○] 성매매업소에 고용된 여성들이 성매매를 업으로 하면서 영업에 참고하기 위하여 성매매 상대방의 아이디와 전화번호 및 성매매방법 등을 메모지에 적어두었다가 직접 메모리카드에 입력하거나 업주가 고용한 다른 여직원이 그 내용을 입력한 경우, 위 메모리카드의 내용은 형사소송법 제315조 제2호의 '영업상 필요로 작성한 통상문서'로서 당연히 증거능력 있는 문서에 해당한다(대법원 2007.7.26, 2007도3219).

ㅁ. [×] 사무처리 내역을 계속적, 기계적으로 기재한 문서가 아니라 범죄사실의 인정 여부와 관련 있는 어떠한 의견을 제시하는 내용을 담고 있는 문서는 형사소송법 제315조 제3호에서 규정하는 당연히 증거능력이 있는 서류에 해당한다고 볼 수 없으므로, 이른바 보험사기 사건에서 건강보험심사평가원이 수사기관의 의뢰에 따라 그 보내온 자료를 토대로 입원진료의 적정성에 대한 의견을 제시하는 내용의 '건강보험심사평가원의 입원진료 적정성 여부 등 검토의뢰에 대한 회신'은 형사소송법 제315조 제3호의 '기타 특히 신용할 만한 정황에 의하여 작성된 문서'에 해당하지 않는다(대법원 2017.12.5, 2017도12671).

19   정답 ①

① [○] 대법원 1994.11.11, 94도1159

② [×] 제1심에서 피고인에 대하여 무죄판결이 선고되어 검사가 항소한 후, 수사기관이 항소심 공판기일에 증인으로 신청하여 신문할 수 있는 사람을 특별한 사정 없이 미리 수사기관에 소환하여 작성한 진술조서는 피고인이 증거로 할 수 있음에 동의하지 않는 한 증거능력이 없다(대법원 2019.11.28, 2013도6825).

③ [×] 피고인이 신청한 증인의 증언이 피고인 아닌 타인의 진술을 그 내용으로 하는 전문진술이라고 하더라도 피고인이 그 증언에 대하여 별 의견이 없다고 진술하였다면 그 증언을 증거로 함에 동의한 것으로 볼 수 있으므로 이는 증거능력이 있다(대법원 1983.9.27, 83도516).

④ [×] 약식명령에 불복하여 정식재판을 청구한 피고인이 정식재판절차의 제1심에서 2회 불출정하여 형사소송법 제318조 제2항에 따른 증거동의가 간주된 후 증거조사를 완료한 이상, 간주의 대상인 증거동의는 증거조사가 완료되기 전까지 철회 또는 취소할 수 있으나 일단 증거조사를 완료한 뒤에는 취소 또는 철회가 인정되지 아니하는 점, 증거동의 간주가 피고인의 진의와는 관계없이 이루어지는 점 등에 비추어, 비록 피고인이 항소심에 출석하여 공소사실을 부인하면서 간주된 증거동의를 철회 또는 취소한다는 의사표시를 하더라도 그로 인하여 적법하게 부여된 증거능력이 상실되는 것이 아니다(대법원 2010.7.15, 2007도5776).

⑤ [×] 피고인은 제1심 제1회 공판기일에 위 사진을 증거로 함에 동의하였고, 이에 따라 제1심법원이 위 사진에 대한 증거조사를 완료하였음을 알 수 있으므로, 상고이유의 주장과 같이 피고인이 원심에 이르러 위 사진에 대한 증거동의의 의사표시를 취소 또는 철회하였다 하여, 위 사진의 증거

능력이 상실되지 않는다(대법원 2007.7.26, 2007도3906).

20   정답 ③

③ [×] 공동피고인의 자백은 이에 대한 피고인의 반대신문권이 보장되어 있어 증인으로 신문한 경우와 다를 바 없으므로 독립한 증거능력이 있고, 이는 피고인들 간에 이해관계가 상반된다고 하여도 마찬가지라 할 것이다(대법원 2006.5.11, 2006도1944).

① [○] 형사소송법 제364조의2 참조.

> **형사소송법 제364조의2(공동피고인을 위한 파기)** 피고인을 위하여 원심판결을 파기하는 경우에 파기의 이유가 항소한 공동피고인에게 공통되는 때에는 그 공동피고인에게 대하여도 원심판결을 파기하여야 한다.

② [○] 형사소송법 제310조의 피고인의 자백에는 공범인 공동피고인의 진술이 포함되지 아니하므로 공범인 공동피고인의 진술은 다른 공동피고인에 대한 범죄사실을 인정하는 데 있어서 증거로 쓸 수 있다(대법원 1986.10.28, 86도1773).

④ [○] 공동피고인과 피고인이 뇌물을 주고받은 사이로 필요적 공범관계에 있다고 하더라도 검사는 수사단계에서 피고인에 대한 증거를 미리 보전하기 위하여 필요한 경우에는 판사에게 공동피고인을 증인으로 신문할 것을 청구할 수 있다(대법원 1988.11.8, 86도1646).

⑤ [○] 대법원 2008.6.26, 2008도3300

21   정답 ④

④ [×] 형벌에 관한 법령이 헌법재판소의 위헌결정으로 인하여 소급하여 그 효력을 상실하였거나 법원에서 위헌·무효로 선언된 경우, 당해 법령을 적용하여 공소가 제기된 피고사건에 대하여는 형사소송법 제325조에 따라 무죄를 선고하여야 한다. 나아가 재심이 개시된 사건에서 형벌에 관한 법령이 재심판결 당시 폐지되었다 하더라도 그 폐지가 당초부터 헌법에 위반되어 효력이 없는 법령에 대한 것이었다면 형사소송법 제325조 전단이 규정하는 '범죄로 되지 아니한 때'의 무죄사유에 해당하는 것이지, 형사소송법 제326조 제4호 소정의 면소사유에 해당한다고 할 수 없다(대법원 2013.7.11, 2011도14044).

① [○] 형사소송법 제328조 제1항 제4호 참조.

> **형사소송법 제328조(공소기각의 결정)** ① 다음 경우에는 결정으로 공소를 기각하여야 한다.
> 4. 공소장에 기재된 사실이 진실하다 하더라도 범죄가 될 만한 사실이 포함되지 아니하는 때

> **판례**
> 형사소송법 제328조 1항 4호에 "공소장에 기재된 사실이 진실하다 하더라도 범죄가 될만한 사실이 포함되지 아니한 때"라고 함은 공소장 기재사실 자체가 일견하여 법률상 범죄를 구성하지 아니함이 명백하여 공소장의 변경 등 절차에 의하더라도 그 공소가 유지될 여지가 없는 형식적 소송요건의 흠결이라고 볼 수 있는 경우를 뜻한다고 할 것이다(대법원 1977.9.28, 77도2603).

② [○] 소년법 제30조의 보호처분을 받은 사건과 동일한 사건에 대하여 다시 공소제기가 되었다면 동조의 보호처분은 확정판결이 아니고 따라서 기판력도 없으므로 이에 대하여 면소판결을 할 것이 아니라 공소제기절차가 동법 제47조의 규정에 위배하여 무효인 때에 해당한 경우이므로 공소기각의 판결을 하여야 한다(대법원 1985.5.28, 85도21).

③ [○] 실체적 경합관계에 있는 수개의 공소사실 중 어느 한 공소사실을 전부 철회하거나 그 공소사실의 소추대상에서 피고인을 완전히 제외하는 검사의 공소장변경신청이 있는 경우 이것이 그 부분의 소송을 취소하는 취지가 명백하다면 공소취소신청이라는 형식을 갖추지 아니하였더라도 이를 공소취소로 보아 공소기각을 하여야 한다(대법원 1988.3.22, 88도67).

⑤ [○] 사물관할의 유무는 공소장에 기재된 공소사실을 기준으로 하되, 공소장이 변경되면 변경된 공소사실을 기준으로 판단한다. 예컨대 단독판사의 관할사건이 공소장변경에 의하여 합의부 관할사건으로 변경된 경우에는 법원은 결정으로 관할권이 있는 법원에 이송한다(형사소송법 제8조 제2항).

22   정답 ②

ㄱ. [○] 형법 제59조에 의하여 형의 선고를 유예하는 판결을 할 경우에도 선고가 유예된 형에 대한 판단을 하여야 하므로, 선고유예 판결에서도 그 판결 이유에서는 선고형을 정해 놓아야 하고 그 형이 벌금형일 경우에는 벌금액뿐만 아니라 환형유치처분까지 해 두어야 한다(대법원 2015.1.29, 2014도15120).

ㄴ. [○] 형사소송법 제457조의2는 "피고인이 정식재판을 청구한 사건에 대해서는 약식명령의 형보다 중한 형을 선고하지 못한다."고 규정하고 있고, 한편 형사소송법 제323조 제1항에 따르면, 유죄판결의 판결이유에는 범죄사실, 증거의 요지와 법령의 적용을 명시하여야 하는 것인바, 유죄판결을 선고하면서 판결이유에 이 중 어느 하나를 전부 누락한 경우에는 형사소송법 제383조 제1호에 정한 판결에 영향을 미친 법률위반으로서 파기사유가 된다(대법원 2010.10.14, 2010도9151).

ㄷ. [×] 사실인정에 배치되는 증거에 대한 판단을 반드시 판결이유에 기재하여야 하는 것은 아니므로 피고인이 알리바이를 내세우는 증인들의 증언에 관한 판단을 하지 아니하였다 하여 위법이라 할 수 없다(대법원 1982.9.28, 82도1798, 82감도368).

ㄹ. [×] 형사소송법 제323조 제2항에 규정된 법률상 형의 가중감면의 이유가 되는 사실이라 함은 법률상 형의 필요적 가중감면의 이유가 되는 사실을 말하는 것으로서 법원의 임의적 감면사유에 해당하는 형법 제52조 제1항 소정의 자수에 관한 주장은 여기에 해당하지 않는다(대법원 1985.3.12, 84도3042).

23   정답 ⑤

⑤ [×] 형사소송법 제370조, 제276조에 의하면, 항소심에서도 피고인의 출석 없이는 원칙적으로 개정하지 못하며, 다만 같은 법 제365조에 의하여 피고인이 항소심 공판기일에 출정하지 아니한 때에는 다시 기일을 정하고 피고인이 정당한 사유 없이 다시 정한 기일에도 출정하지 아니한 경우에

피고인의 진술 없이 판결할 수 있다. 이와 같이 피고인의 진술 없이 판결할 수 있기 위해서는 피고인이 적법한 공판기일 소환을 받고도 정당한 사유 없이 출정하지 아니할 것을 필요로 한다(대법원 2012.2.9, 2010도11199).

> **형사소송법 제365조(피고인의 출정)** ① 피고인이 공판기일에 출정하지 아니한 때에는 다시 기일을 정하여야 한다.
> ② 피고인이 정당한 사유 없이 다시 정한 기일에 출정하지 아니한 때에는 피고인의 진술 없이 판결을 할 수 있다.

① [○] 다수설인 소송기록송부시설에 의하면 상고가 제기된 후 상고심법원에 소송기록이 송부되기 전까지일 것이나, 판례는 위와 같이 표현한 예가 있다.

> 판례
> 형사사건에 있어 항소법원의 소송계속은 제1심판결에 대한 항소에 의하여 사건이 이심된 때로부터 그 법원의 판결에 대하여 상고가 제기되거나 그 판결이 확정되는 때까지 유지된다 할 것이니, 항소법원은 항소피고사건의 심리 중 또는 판결선고 후 상고제기 또는 판결확정에 이르기까지 수소법원으로서 형사소송법 제70조 제1항 각호의 사유있는 불구속피고인을 구속할 수 있다 할 것이고 …… 구속기간의 만료로 피고인에 대한 구속의 효력이 상실된 후 원심법원이 피고인에 대한 판결을 선고하면서 피고인을 구속하였다 하여 위법하다 할 수 없다(대법원 1985.7.23, 85모12).

② [○] 형사소송법 제350조 참조.

> **형사소송법 제350조(상소의 포기등과 법정대리인의 동의)** 법정대리인이 있는 피고인이 상소의 포기 또는 취하를 함에는 법정대리인의 동의를 얻어야 한다. 단, 법정대리인의 사망 기타 사유로 인하여 그 동의를 얻을 수 없는 때에는 예외로 한다.

③ [○] 국선변호인의 교체가 피고인의 귀책사유에 의하지 아니한 사정으로 이루어진 경우에는 법원은 형사소송규칙 제156조의2 규정을 적용하여 새로이 선정된 국선변호인에게 소송기록접수통지를 하여야 하고, 그 경우 항소이유서 제출기간은 새로이 선정된 변호인이 소송기록접수통지를 받은 날로부터 20일 이내라 할 것이다(대법원 2006.3.9, 2005모304).

④ [○] 검사는 공익의 대표자로서 법령의 정당한 적용을 청구할 임무를 가지므로 반대당사자에게 불이익한 재판에 대하여도 그것이 위법일 때에는 위법을 시정하기 위하여 상소로써 불복할 수 있지만 불복은 재판의 주문에 관한 것이어야 하고 재판의 이유만을 다투기 위하여 상소하는 것은 허용되지 않는다(대법원 2017.2.21, 2016도20488).

24   정답 ②

② [×] 원심이 두개의 죄를 경합범으로 보고 한 죄는 유죄, 다른 한 죄는 무죄를 각 선고하자 검사가 무죄부분만에 대하여 불복상고 하였다고 하더라도 위 두죄가 상상적 경합관계에 있다면 유죄부분도 상고심의 심판대상이 된다(대법원 1980.12.9, 80도384).

① [○] 형사소송법 제342조 참조.

> **형사소송법 제342조(일부상소)** ① 상소는 재판의 일부에 대하여 할 수 있다.
> ② 일부에 대한 상소는 그 일부와 불가분의 관계에 있는 부분에 대하여도 효력이 미친다.

③ [○] 피고사건의 재판 가운데 몰수 또는 추징에 관한 부분만을 불복대상으로 삼아 상소가 제기되었다 하더라도, 상소심으로서는 이를 적법한 상소제기로 다루어야 하고, 그 부분에 대한 상소의 효력은 그 부분과 불가분의 관계에 있는 본안에 관한 판단 부분에까지 미쳐 그 전부가 상소심으로 이심된다(대법원 2008.11.20, 2008도5596).

④ [○] 대법원 2006.5.25, 2006도1146

⑤ [○] 검사가 제출한 항소장의 불복의 범위란에 재판의 일부에 대하여서만 상소한다는 기재가 없는 한 검사의 청구대로 되지 아니한 판결 전부에 대하여 상소한 것이라고 보아야 할 것이고, 검사가 항소장에 판결주문을 기재함에 있어 재판의 일부를 기재하지 아니하였다 하여 무죄부분에 대하여는 항소하지 아니한 것이라고 단정한 것은 성급한 조치이다 (대법원 1991.11.26, 91도1937).

25
정답 ④

④ [×] 재심의 청구를 받은 법원은 필요하다고 인정한 때에는 형사소송법 제431조에 의하여 직권으로 재심청구의 이유에 대한 사실조사를 할 수 있으나, 소송당사자에게 사실조사신청권이 있는 것이 아니다. 그러므로 당사자가 재심청구의 이유에 관한 사실조사신청을 한 경우에도 이는 단지 법원의 직권발동을 촉구하는 의미밖에 없는 것이므로, 법원은 이 신청에 대하여는 재판을 할 필요가 없고, 설령 법원이 이 신청을 배척하였다고 하여도 당사자에게 이를 고지할 필요가 없다(대법원 2021.3.12, 2019모3554).

① [○] 형사재판에서 재심은 형사소송법 제420조, 제421조 제1항의 규정에 의하여 유죄 확정판결(제1심의 유죄판결과 상소심에서 파기자판에 의한 유죄판결) 및 유죄판결에 대한 항소 또는 상고를 기각한 확정판결에 대하여 허용된다(대법원 2022.6.16, 2022모509).

② [○] 형사소송법 제420조, 제421조가 유죄의 확정판결 또는 유죄판결에 대한 항소 또는 상고의 기각판결에 대하여만 재심을 청구할 수 있도록 규정하고 있는 이상, 항소심에서 파기되어버린 제1심판결에 대해서는 재심을 청구할 수 없는 것이므로, 위 제1심판결을 대상으로 하는 재심청구는 법률상의 방식에 위반하는 것으로 보지 않을 수 없다(대법원 2004.2.13, 2003모464).

③ [○] 형사소송법상 재심절차는 재심개시절차와 재심심판절차로 구별되는 것이므로, 재심개시절차에서는 형사소송법을 규정하고 있는 재심사유가 있는지 여부만을 판단하여야 하고, 나아가 재심사유가 재심대상판결에 영향을 미칠 가능성이 있는가의 실체적 사유는 고려하여서는 아니 된다(대법원 2008.4.24, 2008모77).

⑤ [○] 형사소송법 제428조 참조.

> 형사소송법 제428조(재심과 집행정지의 효력) 재심의 청구는 형의 집행을 정지하는 효력이 없다. 단 관할법원에 대응한 검찰청 검사는 재심청구에 대한 재판이 있을 때까지 형의 집행을 정지할 수 있다.

01	⑤	02	②	03	④	04	③	05	①
06	⑤	07	⑤	08	③	09	②	10	①
11	③	12	③	13	③	14	①	15	⑤
16	④	17	⑤	18	③	19	④	20	②
21	②	22	⑤	23	②	24	②	25	②
26	⑤	27	③	28	③	29	③	30	③
31	⑤	32	②	33	⑤	34	①	35	③
36	①	37	⑤	38	②	39	④	40	①

01

정답 ⑤

⑤ ㄱ, ㄴ, ㄷ, ㄹ, ㅁ

ㄱ. [○] 현존건조물방화치상죄와 같은 이른바 부진정결과적가 중범은 예견가능한 결과를 예견하지 못한 경우뿐만 아니라 그 결과를 예견하거나 고의가 있는 경우까지도 포함하는 것 이므로 이 사건에서와 같이 사람이 현존하는 건조물을 방화 하는 집단행위의 과정에서 일부 집단원이 고의행위로 살상 을 가한 경우에도 다른 집단원에게 그 사상의 결과가 예견 가능한 것이었다면 다른 집단원도 그 결과에 대하여 현존건 조물방화치사상의 책임을 면할 수 없다(대법원 1996.4.12, 96도 215).

ㄴ. [○] 대법원 1997.10.10, 97도1720

ㄷ. [○] 고의로 중한 결과를 발생케 한 경우에 무겁게 벌하는 구성요건이 따로 마련되어 있는 경우에는 당연히 무겁게 벌 하는 구성요건에서 정하는 형으로 처벌하여야 할 것이고, 결과적가중범의 형이 더 무거운 경우에는 결과적가중범에 정한 형으로 처벌할 수 있도록 하여야 할 것이므로, 기본범 죄를 통하여 고의로 중한 결과를 발생케 한 부진정결과적가 중범의 경우에 그 중한 결과가 별도의 구성요건에 해당한다 면 이는 결과적가중범과 중한 결과에 대한 고의범의 상상적 경합관계에 있다고 보아야 할 것이다(대법원 1995.1.20, 94도 2842).

ㄹ. [○] 교사자가 피교사자에 대하여 상해 또는 중상해를 교사 하였는데 피교사자가 이를 넘어 살인을 실행한 경우 일반적 으로 교사자는 상해죄 또는 중상해죄의 교사범이 되지만 이 경우 교사자에게 피해자의 사망이라는 결과에 대하여 과실 내지 예견가능성이 있는 때에는 상해치사죄의 교사범으로 서의 죄책을 질 수 있다(대법원 1993.10.8, 93도1873).

ㅁ. [○] 기본범죄를 통하여 고의로 중한 결과를 발생하게 한 경우에 가중 처벌하는 부진정결과적가중범에 있어서, 고의 로 중한 결과를 발생하게 한 행위가 별도의 구성요건에 해 당하고 그 고의범에 대하여 결과적가중범에 정한 형보다 더 무겁게 처벌하는 규정이 있는 경우에는 그 고의범과 결과적 가중범이 상상적 경합관계에 있다고 보아야 할 것이지만, 위와 같이 고의범에 대하여 더 무겁게 처벌하는 규정이 없 는 경우에는 결과적가중범이 고의범에 대하여 특별관계에 있다고 해석되므로 결과적가중범만 성립하고 이와 법조경 합의 관계에 있는 고의범에 대하여는 별도로 죄를 구성한다 고 볼 수 없다. 따라서 직무를 집행하는 공무원에 대하여

위험한 물건을 휴대하여 고의로 상해를 가한 경우에는 특수 공무집행방해치상죄만 성립할 뿐, 이와는 별도로 폭력행위 등 처벌에 관한 법률 위반(집단·흉기 등 상해)죄를 구성한 다고 볼 수 없다(대법원 2009.7.23, 2008도11407).

02

정답 ②

② [×] 소송비용을 편취할 의사로 소송비용의 지급을 구하는 손해배상청구의 소를 제기한 경우, 사기죄의 불능범에 해당 한다.

> 판례
> 불능범의 판단 기준으로서 위험성 판단은 피고인이 행위 당시에 인식한 사정을 놓고 이것이 객관적으로 일반인의 판단으로 보아 결과 발생의 가능성이 있느냐를 따져야 하고, 한편 민사소송법상 소송비용의 청구는 소송비용액 확정절차에 의하도록 규정하고 있 으므로, 위 절차에 의하지 아니하고 손해배상금 청구의 소 등으로 소송비용의 지급을 구하는 것은 소의 이익이 없는 부적법한 소로 서 허용될 수 없다고 할 것이다. 따라서 소송비용을 편취할 의사로 소송비용의 지급을 구하는 손해배상청구의 소를 제기하였다고 하 더라도 이는 객관적으로 소송비용의 청구방법에 관한 법률적 지 식을 가진 일반인의 판단으로 보아 결과 발생의 가능성이 없어 위 험성이 인정되지 않는다고 할 것이다(대법원 2005.12.8, 2005도 8105).

① [○] 성폭력범죄의 처벌 및 피해자보호 등에 관한 법률 제9 조 제1항에 의하면 같은 법 제6조 제1항에서 규정하는 특수 강간의 죄를 범한 자뿐만 아니라, 특수강간이 미수에 그쳤 다고 하더라도 그로 인하여 피해자가 상해를 입었으면 특수 강간치상죄가 성립하는 것이고, 같은 법 제12조에서 규정 한 위 제9조 제1항에 대한 미수범 처벌규정은 제9조 제1항 에서 특수강간치상죄와 함께 규정된 특수강간상해죄의 미 수에 그친 경우, 즉 특수강간의 죄를 범하거나 미수에 그친 자가 피해자에 대하여 상해의 고의를 가지고 피해자에게 상 해를 입히려다가 미수에 그친 경우 등에 적용된다. 위험한 물건인 전자충격기를 사용하여 강간을 시도하다가 미수에 그치고, 피해자에게 약 2주간의 치료를 요하는 안면부 좌상 등의 상해를 입힌 사안에서, 성폭력범죄의 처벌 및 피해자 보호등에 관한 법률에 의한 특수강간치상죄가 성립한다(대 법원 2008.4.24, 2007도10058).

③ [○] 사안의 경우에는 현주건조물방화죄의 장애미수가 성 립한다.

> 판례
> 피고인이 장롱 안에 있는 옷가지에 불을 놓아 건물을 소훼하려 하 였으나 불길이 치솟는 것을 보고 겁이 나서 물을 부어 불을 끈 것 이라면, 위와 같은 경우 치솟는 불길에 놀라거나 자신의 신체안전 에 대한 위해 또는 범행 발각시의 처벌 등에 두려움을 느끼는 것 은 일반 사회통념상 범죄를 완수함에 장애가 되는 사정에 해당한 다고 보아야 할 것이므로, 이를 자의에 의한 중지미수라고는 볼 수 없다(대법원 1997.6.13, 97도957).

④ [○] 피고인이 보관하던 이 사건 수목을 함부로 제3자에 매 도하는 계약을 체결하고 계약금을 수령·소비하여 이 사건 수목을 횡령하였다는 공소사실에 관하여 횡령미수죄를 인 정한 조치는 정당하다(대법원 2012.8.17, 2011도9113).

⑤ [○] 절도행위가 미수에 그쳤으므로 뛰에게는 준강도미수
죄가 성립한다.

> **판례**
> 형법 제335조에서 절도가 재물의 탈환을 항거하거나 체포를 면
> 탈하거나 죄적을 인멸할 목적으로 폭행 또는 협박을 가한 때에 준
> 강도로서 강도죄의 예에 따라 처벌하는 취지는, 강도죄와 준강도
> 죄의 구성요건인 재물탈취와 폭행·협박 사이에 시간적 순서상 전
> 후의 차이가 있을 뿐 실질적으로 위법성이 같다고 보기 때문인바,
> 이와 같은 준강도죄의 입법 취지, 강도죄와의 균형 등을 종합적으
> 로 고려해 보면, 준강도죄의 기수 여부는 절도행위의 기수 여부를
> 기준으로 하여 판단하여야 한다(대법원 2004.11.18, 2004도5074 전
> 원합의체).

03

정답 ④

④ ㄱ, ㄴ, ㄹ, ㅁ

ㄱ. [×] 형법 제24조의 규정에 의하여 위법성이 조각되는 피
해자의 승낙은 개인적 법익을 훼손하는 경우에 법률상 이를
처분할 수 있는 사람의 승낙이어야 할 뿐만 아니라 그 승낙이
윤리적·도덕적으로 사회상규에 반하는 것이 아니어야 한다.
피고인이 피해자와 공모하여 교통사고를 가장하여 보험금
을 편취할 목적으로 피해자에게 상해를 가하였다면 피해자
의 승낙이 있었다고 하더라도 이는 위법한 목적에 이용하기
위한 것이므로 피고인의 행위가 피해자의 승낙에 의하여 위
법성이 조각된다고 할 수 없다(대법원 2008.12.11, 2008도9606).

ㄴ. [×] 사채업자인 피고인이 채무자 뛰에게, 채무를 변제하지
않으면 뛰이 숨기고 싶어하는 과거 행적과 사채를 쓴 사실
등을 남편과 시댁에 알리겠다는 등의 문자메시지를 발송한
경우 피고인에게 협박죄가 성립하고 이는 정당행위에 해당
하지 아니한다(대법원 2011.5.26, 2011도2412).

ㄷ. [○] 차량통행문제를 둘러싸고 피고인의 부와 다툼이 있던
피해자가 그 소유의 차량에 올라타 문안으로 운전해 들어가
려 하자 피고인의 부가 양팔을 벌리고 이를 제지하였으나
위 피해자가 이에 불응하고 그대로 그 차를 피고인의 부 앞
쪽으로 약 3미터 가량 전진시키자 위 차의 운전석 부근 옆
에 서 있던 피고인이 부가 위 차에 다치겠으므로 이에 당황
하여 위 차를 정지시키기 위하여 운전석 옆 창문을 통하여
피해자의 머리털을 잡아당겨 그의 흉부가 위 차의 창문틀에
부딪혀 약간의 상처를 입게 한 행위는 부의 생명, 신체에
대한 현재의 부당한 침해를 방위하기 위한 행위로서 정당방
위에 해당한다(대법원 1986.10.14, 86도1091).

ㄹ. [×] 건물의 전차인이 임대인의 승낙 없이 전차하였다고 하
더라도 전차인이 불법침탈 등의 방법에 의하여 위 건물의
점유를 개시한 것이 아니고 그동안 평온하게 음식점등 영업
을 하면서 점유를 계속하여 온 이상 위 전차인의 업무를 업
무방해죄에 의하여 보호받지 못하는 권리라고 단정할 수 없
다. … 피고인으로서는 마땅히 정당한 소송절차에 의하여
점유를 회복하여야 하고 위력으로 그 권리를 행사할 수 없
다(대법원 1986.12.23, 86도1372).

ㅁ. [×] 외관상 서로 격투를 하는 것처럼 보이는 경우라 할지
라도 실지로는 한쪽 당사자가 일방적으로 불법한 공격을 가

하고 상대방은 이러한 불법한 공격으로부터 자신을 보호하
고 이를 벗어나기 위한 저항수단으로 유형물을 행사한 경우
라면 그 행위가 적극적인 반격이 아니라 소극적인 방어의
한도를 벗어나지 않는 한 그 행위에 이르게 된 경위와 그
목적·수단 및 행위자의 의사 등 제반사정에 비추어 볼 때,
사회통념상 허용될만한 상당성이 있는 행위로서 위법성이
조각된다고 하겠다(대법원 1984.9.11, 84도1440).
[보충] 피해자가 술에 취한 상태에서 별다른 이유 없이 함께
술을 마시던 피고인의 뒤통수를 때리므로 피고인도 순간적
으로 이에 대항하여 손으로 피해자의 얼굴을 1회 때리고 피
해자가 주먹으로 피고인의 눈을 강하게 때리므로 더 이상
때리는 것을 제지하려고 피해자를 붙잡은 정도의 행위의 결
과로 인하여 피해자가 원발성쇼크로 사망하였다 하더라도
피고인의 위 폭행행위는 소극적 방어행위에 지나지 않아 사
회통념상 허용될 수 있는 상당성이 있어 위법성이 없다(술
에 취한 피해자의 돌연한 공격을 소극적으로 방어한 행위를
정당행위로 본 사례, 대법원 1991.1.15, 89도2239).

04

정답 ③

③ ㄱ. [○], ㄴ. [×], ㄷ. [×], ㄹ. [○], ㅁ. [×]

ㄱ. [○] 통상 기자가 아닌 보통 사람에게 사실을 적시할 경우
에는 그 자체로서 적시된 사실이 외부에 공표되는 것이므로
그 때부터 곧 전파가능성을 따져 공연성 여부를 판단하여야
할 것이지만, 그와는 달리 기자를 통해 사실을 적시하는 경
우에는 기사화되어 보도되어야만 적시된 사실이 외부에 공
표된다고 보아야 할 것이므로 기자가 취재를 한 상태에서 아
직 기사화하여 보도하지 아니한 경우에는 전파가능성이 없
다고 할 것이어서 공연성이 없다(대법원 2000.5.16, 99도5622).

ㄴ. [×] 개인 블로그의 비공개 대화방에서 상대방으로부터 비
밀을 지키겠다는 말을 듣고 일대일로 대화하였다고 하더라
도, 그 사정만으로 대화 상대방이 대화내용을 불특정 또는
다수에게 전파할 가능성이 없다고 할 수 없으므로, 명예훼
손죄의 요건인 공연성을 인정할 여지가 있다(대법원 2008.2.
14, 2007도8155).

ㄷ. [×] 추상적 위험범으로서 명예훼손죄는 개인의 명예에 대
한 사회적 평가를 진위에 관계없이 보호함을 목적으로 하
고, 적시된 사실이 특정인의 사회적 평가를 침해할 가능성
이 있을 정도로 구체성을 띠어야 하나, 위와 같이 침해할
위험이 발생한 것으로 족하고 침해의 결과를 요구하지 않으
므로, 다수의 사람에게 사실을 적시한 경우뿐만 아니라 소
수의 사람에게 발언하였다고 하더라도 그로 인해 불특정 또
는 다수인이 인식할 수 있는 상태를 초래한 경우에도 공연
히 발언한 것으로 해석할 수 있다(대법원 2020.11.19, 2020도
5813 전원합의체).

ㄹ. [○] 정보통신망을 통하여 타인의 명예를 훼손하는 행위에
대하여 비방의 목적이 인정되어 명예훼손죄가 성립한 경우
에는 형법 제310조가 적용되지 않지만, 비방의 목적이 인
정되지 않고 적시된 사실이 진실한 사실인 경우에는 형법
제307조 제1항의 구성요건에 해당하게 되어 그 위법성조각

사유로서 형법 제310조가 적용된다.

ㅁ. [×] 공연히 사실을 적시하여 사람의 명예를 훼손한 행위가 처벌되지 않기 위하여는 적시된 사실이 객관적으로 볼 때 공공의 이익에 관한 것으로서 행위자도 공공의 이익을 위하여 그 사실을 적시한 것이어야 될 뿐만 아니라, 그 적시된 사실이 진실한 것이거나 적어도 행위자가 그 사실을 진실한 것으로 믿었고, 또 그렇게 믿을 만한 상당한 이유가 있어야 하는 것인바, … '공공의 이익'에는 널리 국가·사회 기타 일반 다수인의 이익에 관한 것뿐만 아니라 특정한 사회집단이나 그 구성원 전체의 관심과 이익에 관한 것도 포함되는 것으로서 … 행위자의 주요한 동기 내지 목적이 공공의 이익을 위한 것이라면 부수적으로 다른 사익적 목적이나 동기가 내포되어 있더라도 형법 제310조의 적용을 배제할 수 없다 (대법원 2002.9.24, 2002도3570).

05
정답 ①

① [×] 배임수재죄와 배임증재죄는 이른바 대향범으로서 위 제3항에서 필요적 몰수 또는 추징을 규정한 것은 범행에 제공된 재물과 재산상 이익을 박탈하여 부정한 이익을 보유하지 못하게 하기 위한 것이므로, 제3항에서 몰수의 대상으로 규정한 '범인이 취득한 제1항의 재물'은 배임수재죄의 범인이 취득한 목적물이자 배임증재죄의 범인이 공여한 목적물을 가리키는 것이지 배임수재죄의 목적물만을 한정하여 가리키는 것이 아니다. 그러므로 수재자가 증재자로부터 받은 재물을 그대로 가지고 있다가 증재자에게 반환하였다면 증재자로부터 이를 몰수하거나 그 가액을 추징하여야 한다(대법원 2017.4.7, 2016도18104).

② [○] 배임수재죄에서 '부정한 청탁'은 반드시 업무상 배임의 내용이 되는 정도에 이를 필요는 없고, 사회상규 또는 신의성실의 원칙에 반하는 것을 내용으로 하면 충분하다. '부정한 청탁'에 해당하는지를 판단할 때에는 청탁의 내용 및 이에 관련한 대가의 액수, 형식, 보호법익인 거래의 청렴성 등을 종합적으로 고찰하여야 하고, 그 청탁이 반드시 명시적으로 이루어져야 하는 것은 아니며 묵시적으로 이루어지더라도 무방하다. 그리고 타인의 업무를 처리하는 사람에게 공여한 금품에 부정한 청탁의 대가로서의 성질과 그 외의 행위에 대한 사례로서의 성질이 불가분적으로 결합되어 있는 경우에는 그 전부가 불가분적으로 부정한 청탁의 대가로서의 성질을 갖는 것으로 보아야 한다(대법원 2021.9.30, 2019도17102).

③ [○] 형법 제357조 제1항 참조.

> **형법 제357조(배임수증재)** ① 타인의 사무를 처리하는 자가 그 임무에 관하여 부정한 청탁을 받고 재물 또는 재산상의 이익을 취득하거나 제3자로 하여금 이를 취득하게 한 때에는 5년 이하의 징역 또는 1천만원 이하의 벌금에 처한다.

④ [○] 타인의 사무를 처리하는 자가 증재자로부터 돈이 입금된 계좌의 예금통장이나 이를 인출할 수 있는 현금카드나 신용카드를 교부받아 이를 소지하면서 언제든지 위 예금통장 등을 이용하여 예금된 돈을 인출할 수 있어 예금통장의 돈을 자신이 지배하고 입금된 돈에 대한 실질적인 사용권한

과 처분권한을 가지고 있는 것으로 평가될 수 있다면, 예금된 돈을 취득한 것으로 보아야 한다(대법원 2017.12.5, 2017도11564).

⑤ [○] 공동의 사기 범행으로 인하여 얻은 돈을 공범자끼리 수수한 행위가 공동정범들 사이의 범행에 의하여 취득한 돈이나 재산상 이익의 내부적인 분배행위에 지나지 않는다면 돈의 수수행위가 따로 배임수증재죄를 구성한다고 볼 수는 없다(대법원 2016.5.24, 2015도18795).

06
정답 ⑤

⑤ [○] 범인이 자신을 위하여 타인으로 하여금 허위의 자백을 하게 하여 범인도피죄를 범하게 하는 행위는 방어권의 남용으로 범인도피교사죄에 해당하는바, 이 경우 그 타인이 형법 제151조 제2항에 의하여 처벌을 받지 아니하는 친족 또는 동거 가족에 해당한다 하여 달리 볼 것은 아니다(대법원 2006.12.7, 2005도3707).

① [×] 공무원이 아닌 사람이 공무원과 공동가공의 의사와 이를 기초로 한 기능적 행위지배를 통하여 공무원의 직무에 관하여 뇌물을 수수하는 범죄를 실행하였다면 공무원이 직접 뇌물을 받은 것과 동일하게 평가할 수 있으므로 공무원과 비공무원에게 형법 제129조 제1항에서 정한 뇌물수수죄의 공동정범이 성립한다(대법원 2019.8.29, 2018도13792 전원합의체).

② [×] 甲에게는 형법 제33조 단서가 적용되어 모해위증교사죄가 성립한다는 것이 판례의 입장이다. "피고인이 甲을 모해할 목적으로 乙에게 위증을 교사한 이상, 가사 정범인 乙에게 모해의 목적이 없었다고 하더라도, 형법 제33조 단서의 규정에 의하여 피고인을 모해위증교사죄로 처단할 수 있다(대법원 1994.12.23, 93도1002)."

③ [×] 공문서의 작성권한이 있는 공무원의 직무를 보좌하는 자가 그 직위를 이용하여 행사할 목적으로 허위의 내용이 기재된 문서 초안을 그 정을 모르는 상사에게 제출하여 결재하도록 하는 등의 방법으로 작성권한이 있는 공무원으로 하여금 허위의 공문서를 작성하게 한 경우에는 간접정범이 성립한다(대법원 1992.1.17, 91도2837).

④ [×] 비신분자가 업무상 타인의 사무를 처리하는 자의 배임행위를 교사한 경우, 그 비신분자는 업무상배임죄의 교사범이 성립하고 형법 제33조 단서에 의하여 단순배임죄에 정한 형으로 처단한다.

> **판례**
> 업무상배임죄는 업무상 타인의 사무를 처리하는 지위에 있는 사람이 그 임무에 위배하는 행위로써 재산상의 이익을 취득하거나 제3자로 하여금 이를 취득하게 하여 본인에게 손해를 가한 때에 성립하는 것으로서, 이는 타인의 사무를 처리하는 지위라는 점에서 보면 신분관계로 인하여 성립될 범죄이고, 업무상 타인의 사무를 처리하는 지위라는 점에서 보면 단순배임죄에 대한 가중규정으로서 신분관계로 인하여 형의 경중이 있는 경우라고 할 것이므로, 그와 같은 신분관계가 없는 자가 그러한 신분관계가 있는 자와 공모하여 업무상배임죄를 저질렀다면 그러한 신분관계가 없는 자에 대하여는 형법 제33조 단서에 의하여 단순배임죄에 정한 형으로 처단하여야 할 것이다(대법원 1999.4.27, 99도883).

정답 ⑤

⑤ [×] 피고인이 甲과 토지 지상에 창고를 신축하는 데 필요한 형틀공사 계약을 체결한 후 그 공사를 완료하였는데, 甲이 공사대금을 주지 않는다는 이유로 위 토지에 쌓아 둔 건축자재를 치우지 않고 공사현장을 막는 방법으로 위력으로써 甲의 창고 신축 공사 업무를 방해하였다는 내용으로 기소된 경우, 피고인이 일부러 건축자재를 甲의 토지 위에 쌓아 두어 공사현장을 막은 것이 아니라 당초 자신의 공사를 위해 쌓아 두었던 건축자재를 공사 완료 후 치우지 않은 것에 불과하므로, 비록 공사대금을 받을 목적으로 건축자재를 치우지 않았더라도, 피고인이 자신의 공사를 위하여 쌓아 두었던 건축자재를 공사 완료 후에 단순히 치우지 않은 행위가 위력으로써 甲의 추가 공사 업무를 방해하는 업무방해죄의 실행행위로서 甲의 업무에 대하여 하는 적극적인 방해행위와 동등한 형법적 가치를 가진다고 볼 수 없다(대법원 2017.12.22, 2017도13211).

① [○] 일정한 기간 내에 잘못된 상태를 바로잡으라는 행정청의 지시를 이행하지 않았다는 것을 구성요건으로 하는 범죄는 이른바 진정부작위범으로서 그 의무이행기간의 경과에 의하여 범행이 기수에 이름과 동시에 작위의무를 발생시킨 행정청의 지시 역시 그 기능을 다한 것으로 보아야 한다(대법원 1994.4.26, 93도1731).

② [○] 형법상 방조는 작위에 의하여 정범의 실행을 용이하게 하는 경우는 물론, 직무상의 의무가 있는 자가 정범의 범죄행위를 인식하면서도 그것을 방지하여야 할 제반 조치를 취하지 아니하는 부작위로 인하여 정범의 실행행위를 용이하게 하는 경우에도 성립된다(대법원 1996.9.6, 95도2551).

③ [○] 사기죄의 요건으로서의 기망은 널리 재산상의 거래관계에 있어 서로 지켜야 할 신의와 성실의 의무를 저버리는 모든 적극적 또는 소극적 행위를 말하는 것이고, 이러한 소극적 행위로서의 부작위에 의한 기망은 법률상 고지의무 있는 자가 일정한 사실에 관하여 상대방이 착오에 빠져 있음을 알면서도 이를 고지하지 아니함을 말하는 것으로서, 일반거래의 경험칙상 상대방이 그 사실을 알았더라면 당해 법률행위를 하지 않았을 것이 명백한 경우에는 신의칙에 비추어 그 사실을 고지할 법률상 의무가 인정되는 것이다(대법원 1998.12.8, 98도3263).

④ [○] 형법상 부작위범이 인정되기 위해서는 형법이 금지하고 있는 법익침해의 결과 발생을 방지할 법적인 작위의무를 지고 있는 자가 그 의무를 이행함으로써 결과 발생을 쉽게 방지할 수 있었음에도 불구하고 그 결과의 발생을 용인하고 이를 방관한 채 그 의무를 이행하지 아니한 경우에, 그 부작위가 작위에 의한 법익침해와 동등한 형법적 가치가 있는 것이어서 그 범죄의 실행행위로 평가될 만한 것이라면, 작위에 의한 실행행위와 동일하게 부작위범으로 처벌할 수 있고, 여기서 작위의무는 법적인 의무이어야 하므로 단순한 도덕상 또는 종교상의 의무는 포함되지 않으나 작위의무가 법적인 의무인 한 성문법이건 불문법이건 상관이 없고 또 공법이건 사법이건 불문하므로, 법령, 법률행위, 선행행위로 인한 경우는 물론이고 기타 신의성실의 원칙이나 사회상규 혹은 조리상 작위의무가 기대되는 경우에도 법적인 작위의무는 있다(대법원 1996.9.6, 95도2551).

정답 ③

③ ㄱ. [○], ㄴ. [×], ㄷ. [×], ㄹ. [○], ㅁ. [○]

ㄱ. [○] 폭력행위 등 처벌에 관한 법률(이하 '폭력행위처벌법'이라 한다) 제2조 제3항은 "이 법(형법 각 해당 조항 및 각 해당 조항의 상습범, 특수범, 상습특수범, 각 해당 조항의 상습범의 미수범, 특수범의 미수범, 상습특수범의 미수범을 포함한다)을 위반하여 2회 이상 징역형을 받은 사람이 다시 제2항 각 호에 규정된 죄를 범하여 누범으로 처벌할 경우에는 다음 각 호의 구분에 따라 가중처벌한다."라고 규정하고 있다. … 형법 제65조에 따라 형의 선고가 효력을 잃는 경우에도 그 전과는 폭력행위 등 처벌에 관한 법률 제2조 제3항에서 말하는 '징역형을 받은 경우'라고 할 수 없다(대법원 2016.6.23, 2016도5032).

ㄴ. [×] 형법 제62조의2 제1항은 "형의 집행을 유예하는 경우에는 보호관찰을 받을 것을 명하거나 사회봉사 또는 수강을 명할 수 있다."고 규정하고 있는바, 그 문리에 따르면, 보호관찰과 사회봉사는 각각 독립하여 명할 수 있다는 것이지, 반드시 그 양자를 동시에 명할 수 없다는 취지로 해석되지는 아니한다는 점 … 등을 종합하여 볼 때, 형법 제62조에 의하여 집행유예를 선고할 경우에는 같은 법 제62조의2 제1항에 규정된 보호관찰과 사회봉사 또는 수강을 동시에 명할 수 있다고 해석함이 상당하다(대법원 1998.4.24, 98도98).

ㄷ. [×] 피고인이 甲, 乙과 공모하여 정보통신망을 통하여 음란한 화상 또는 영상을 배포하고, 도박 사이트를 홍보하였다는 공소사실로 기소되었는데, 원심이 공소사실을 유죄로 인정하면서 피고인이 범죄행위에 이용한 웹사이트 매각을 통해 취득한 대가를 형법 제48조에 따라 추징한 경우, 위 웹사이트는 범죄행위에 제공된 무형의 재산에 해당할 뿐 형법 제48조 제1항 제2호에서 정한 '범죄행위로 인하여 생하였거나 이로 인하여 취득한 물건'에 해당하지 않으므로, 피고인이 위 웹사이트 매각을 통해 취득한 대가는 형법 제48조 제1항 제2호, 제2항이 규정한 추징의 대상에 해당하지 않는다(대법원 2021.10.14, 2021도7168).

ㄹ. [○] 범죄의 대상이 된 피해자의 인격권을 현저히 침해하는 성격의 전자정보를 담고 있는 불법촬영물은 범죄행위로 인해 생성된 것으로서 몰수의 대상이기도 하므로 임의제출된 휴대전화에서 해당 전자정보를 신속히 압수·수색하여 불법촬영물의 유통 가능성을 적시에 차단함으로써 피해자를 보호할 필요성이 크다(대법원 2021.11.18, 2016도348 전원합의체).

ㅁ. [○] 형법 제55조 제1항은 형벌의 종류에 따라 법률상 감경의 방법을 규정하고 있는데, 형법 제55조 제1항 제3호는 "유기징역 또는 유기금고를 감경할 때에는 그 형기의 2분의 1로 한다."라고 규정하고 있다. 이와 같이 유기징역형을 감경할 경우에는 '단기'나 '장기'의 어느 하나만 2분의 1로 감경하는 것이 아니라 '형기' 즉 법정형의 장기와 단기를 모두

2분의 1로 감경함을 의미한다는 것은 법문상 명확하다. 처단형은 선고형의 최종적인 기준이 되므로 그 범위는 법률에 따라서 엄격하게 정하여야 하고, 별도의 명시적인 규정이 없는 이상 형법 제56조에서 열거하고 있는 가중·감경할 사유에 해당하지 않는 다른 성질의 감경사유를 인정할 수는 없다. 따라서 유기징역형에 대한 법률상 감경을 하면서 형법 제55조 제1항 제3호에서 정한 것과 같이 장기와 단기를 모두 2분의 1로 감경하는 것이 아닌 장기 또는 단기 중 어느 하나만을 2분의 1로 감경하는 방식이나 2분의 1보다 넓은 범위의 감경을 하는 방식 등은 죄형법정주의 원칙상 허용될 수 없다(대법원 2021.1.21, 2018도5475 전원합의체).

09 　　　　　　　　　　　　　　　　　　　정답 ②

② [○] 포괄일죄에 관한 기존 처벌법규에 대하여 그 표현이나 형량과 관련한 개정을 하는 경우가 아니라 애초에 죄가 되지 아니하던 행위를 구성요건의 신설로 포괄일죄의 처벌대상으로 삼는 경우에는 신설된 포괄일죄 처벌법규가 시행되기 이전의 행위에 대하여는 신설된 법규를 적용하여 처벌할 수 없다(형법 제1조 제1항). 이는 신설된 처벌법규가 상습범을 처벌하는 구성요건인 경우에도 마찬가지라고 할 것이므로, 구성요건이 신설된 상습강제추행죄가 시행되기 이전의 범행은 상습강제추행죄로는 처벌할 수 없고 행위시법에 기초하여 강제추행죄로 처벌할 수 있을 뿐이며, 이 경우 그 소추요건도 상습강제추행죄에 관한 것이 아니라 강제추행죄에 관한 것이 구비되어야 한다(대법원 2016.1.28, 2015도15669).

① [×] 「형법」 제1조 제1항 "범죄의 성립과 처벌은 행위 시의 법률에 따른다."라고 할 때의 '행위 시'라 함은 범죄행위 종료 시를 말하며, 결과범에서도 결과발생 시가 아니라 행위 종료 시를 말한다. 따라서 위 지문에서는 행위시법인 구법이 적용된다.
　[보충] 만일 신법이 구법보다 경하다면 신법이 적용된다(형법 제1조 제2항).

③ [×] 범죄 후 법률의 변경이 있더라도 형이 중하게 변경되는 경우나 형의 변경이 없는 경우에는 형법 제1조 제1항에 따라 행위시법을 적용하여야 할 것이다(대법원 2020.11.12, 2016도8627).

④ [×] 헌법재판소가 형벌법규에 대해 위헌결정을 한 경우, 당해 법조를 적용하여 기소한 피고 사건은 무죄판결을 내려야 한다.

> 판례
> 위헌결정으로 인하여 형벌에 관한 법률 또는 법률조항이 소급하여 그 효력을 상실한 경우에는 당해 법조를 적용하여 기소한 피고 사건이 범죄로 되지 아니한 때에 해당한다고 할 것이고, 범죄 후의 법령의 개폐로 형이 폐지 되었을때에 해당한다거나, 혹은 공소장에 기재된 사실이 진실하다 하더라도 범죄가 될 만한 사실이 포함되지 아니하는 때에 해당한다고는 할 수 없다(대법원 1992.5.8, 91도2825).

⑤ [×] 범죄 후 피고인에게 유리하게 법령이 변경된 경우라도 입법자는 경과규정을 둠으로써 재판시법의 적용을 배제하고 행위시법을 적용하도록 할 수 있다. 피고인에게 유리하게 형벌법규를 개정하면서 부칙에서 신법 시행 전의 범죄에 대하여는 종전 형벌법규를 적용하도록 규정한다고 하여 헌법상의 형벌불소급의 원칙이나 신법우선주의에 반한다고 할 수 없다(대법원 2022.12.22, 2020도16420).

10 　　　　　　　　　　　　　　　　　　　정답 ①

① [×] 주식회사의 대표이사가 대표이사의 지위에 기하여 그 직무집행행위로서 타인이 점유하는 위 회사의 물건을 취거한 경우에는, 위 행위는 위 회사의 대표기관으로서의 행위라고 평가되므로, 위 회사의 물건도 권리행사방해죄에 있어서의 "자기의 물건"이라고 보아야 할 것이다(권리행사방해죄 성립, 대법원 1992.1.21, 91도1170).

② [○] 자신의 차를 가로막는 피해자를 부딪친 것은 아니라고 하더라도, 피해자를 부딪칠 듯이 차를 조금씩 전진시키는 것을 반복하는 행위 역시 피해자에 대해 위법한 유형력을 행사한 것이라고 보아야 한다(특수폭행죄 성립, 대법원 2016.10.27, 2016도9302).

③ [○] 강간치상의 범행을 저지른 자가 그 범행으로 인하여 실신상태에 있는 피해자를 구호하지 아니하고 방치하였다고 하더라도 그 행위는 포괄적으로 단일의 강간치상죄만을 구성한다(강간치상죄만 성립하고 유기죄는 불성립, 대법원 1980.6.24, 80도726).

④ [○] 유사강간도 예비·음모를 처벌한다. 형법 제397조의2, 제305조의3 참조.

> 형법 제297조의2(유사강간) 폭행 또는 협박으로 사람에 대하여 구강, 항문 등 신체(성기는 제외한다)의 내부에 성기를 넣거나 성기, 항문에 손가락 등 신체(성기는 제외한다)의 일부 또는 도구를 넣는 행위를 한 사람은 2년 이상의 유기징역에 처한다.
> 제305조의3(예비, 음모) 제297조, 제297조의2, 제299조(준강간죄에 한정한다), 제301조(강간 등 상해죄에 한정한다) 및 제305조의 죄를 범할 목적으로 예비 또는 음모한 사람은 3년 이하의 징역에 처한다.

⑤ [○] 약취·유인, 인신매매의 죄는 세계주의의 적용대상이다. 형법 제296조의2 참조.

> 형법 제289조(인신매매) ① 사람을 매매한 사람은 7년 이하의 징역에 처한다.
> ② 추행, 간음, 결혼 또는 영리의 목적으로 사람을 매매한 사람은 1년 이상 10년 이하의 징역에 처한다.
> ③ 노동력 착취, 성매매와 성적 착취, 장기적출을 목적으로 사람을 매매한 사람은 2년 이상 15년 이하의 징역에 처한다.
> ④ 국외에 이송할 목적으로 사람을 매매하거나 매매된 사람을 국외로 이송한 사람도 제3항과 동일한 형으로 처벌한다.
> 제296조의2(세계주의) 제287조부터 제292조까지 및 제294조는 대한민국 영역 밖에서 죄를 범한 외국인에게도 적용한다.

11 　　　　　　　　　　　　　　　　　　　정답 ③

③ ㄴ, ㄷ

ㄱ. [○] 피고인 또는 그와 공모한 자가 자신이 토지의 소유자라고 허위의 주장을 하면서 소유권보존등기 명의자를 상대로 보존등기의 말소를 구하는 소송을 제기한 경우 그 소송에서 위 토지가 피고인 또는 그와 공모한 자의 소유임을 인

정하여 보존등기 말소를 명하는 내용의 승소확정판결을 받는다면, 이에 터 잡아 언제든지 단독으로 상대방의 소유권 보존등기를 말소시킨 후 위 판결을 부동산등기법 제130조 제2호 소정의 소유권을 증명하는 판결로 하여 자기 앞으로의 소유권보존등기를 신청하여 그 등기를 마칠 수 있게 되므로, 이는 법원을 기망하여 유리한 판결을 얻음으로써 '대상 토지의 소유권에 대한 방해를 제거하고 그 소유명의를 얻을 수 있는 지위'라는 재산상 이익을 취득한 것이고, <u>그 경우 기수시기는 위 판결이 확정된 때이다</u>(대법원 2006.4.7, 2005도9858 전원합의체).

ㄴ. [×] 자기의 비용과 노력으로 건물을 신축하여 그 소유권을 원시취득한 미등기건물의 소유자가 있고 그에 대한 채권담보 등을 위하여 <u>건축허가명의만을 가진 자 따로 있는 상황에서, 건축허가명의자에 대한 채권자가 위 명의자와 공모하여 명의자를 상대로 위 건물에 관한 강제경매를 신청하여 법원의 경매개시결정이 내려지고, 그에 따라 위 명의자 앞으로 촉탁에 의한 소유권보존등기가 되고 나아가 그 경매절차에서 건물이 매각되었다고 하더라도, 위와 같은 경매신청행위 등이 진정한 소유자에 대한 관계에서 사기죄가 된다고 볼 수는 없다.</u> 왜냐하면 위 경매절차에서 한 법원의 재판이나 법원의 촉탁에 의한 소유권보존등기의 효력은 그 재판의 당사자도 아닌 위 진정한 소유자에게는 미치지 아니하는 것이어서, 피기망자인 법원의 재판이 피해자의 처분행위에 갈음하는 내용과 효력이 있는 것이라고 보기는 어렵기 때문이다(대법원 2013.11.28, 2013도459).

ㄷ. [×] <u>강제집행절차를 통한 소송사기는 집행절차의 개시신청을 한 때 또는 진행 중인 집행절차에 배당신청을 한 때에 실행에 착수하였다고 볼 것이다.</u> 민사집행법 제244조에서 규정하는 부동산에 관한 권리이전청구권에 대한 강제집행은 그 자체를 처분하여 대금으로 채권에 만족을 기하는 것이 아니고, 부동산에 관한 권리이전청구권을 압류하여 청구권의 내용을 실현시키고 부동산을 채무자의 책임재산으로 귀속시킨 다음 다시 부동산에 대한 경매를 실시하여 매각대금으로 채권에 만족을 기하는 것이다. 이러한 경우 소유권이전등기청구권에 대한 압류는 당해 부동산에 대한 경매의 실시를 위한 사전 단계로서의 의미를 가지나, 전체로서의 강제집행절차를 위한 일련의 시작행위라고 할 수 있으므로, <u>허위 채권에 기한 공정증서를 집행권원으로 하여 채무자의 소유권이전등기청구권에 대하여 압류신청을 한 시점에 소송사기의 실행에 착수하였다고 볼 것이다</u>(대법원 2015.2.12, 2014도10086).

ㄹ. [○] 자기에게 유리한 판결을 얻기 위하여 <u>소송상의 주장이 사실과 다름이 객관적으로 명백하거나 증거가 조작되어 있다는 정을 인식하지 못하는 제3자를 이용하여 그로 하여금 소송의 당사자가 되게 하고 법원을 기망하여 소송 상대방의 재물 또는 재산상 이익을 취득하려 하였다면 간접정범의 형태에 의한 소송사기죄가 성립하게 된다</u>(대법원 2007.9.6, 2006도3591).

ㅁ. [○] 사기죄의 보호법익은 재산권이라고 할 것이므로 사기죄에 있어서는 재산상의 권리를 가지는 자가 아니면 피해자

가 될 수 없다. 그러므로 법원을 기망하여 제3자로부터 재물을 편취한 경우에 피기망자인 법원은 피해자가 될 수 없고 재물을 편취당한 제3자가 피해자라고 할 것이므로 <u>피해자인 제3자와 사기죄를 범한 자가 직계혈족의 관계에 있을 때에는 그 범인에 대하여는 형법 제354조에 의하여 준용되는 형법 제328조 제1항에 의하여 그 형을 면제하여야 할 것이다</u>(대법원 2018.1.25, 2016도6757).

12 [정답] ③

③ ㄴ, ㄷ

ㄱ. [○] 피고인이 보이스피싱 사기 범죄단체에 가입한 후 사기 범죄의 피해자들로부터 돈을 편취하는 등 그 구성원으로서 활동하였다는 내용의 공소사실이 유죄로 인정된 사안에서, <u>범죄단체 가입행위 또는 범죄단체 구성원으로서 활동하는 행위와 사기행위는 각각 별개의 범죄구성요건을 충족하는 독립된 행위이고 서로 보호법익도 달라 법조경합 관계로 목적된 범죄인 사기죄만 성립하는 것은 아니다</u>(대법원 2017.10.26, 2017도8600).

ㄴ. [×] 계좌명의인은 피해자와 사이에 아무런 법률관계 없이 송금·이체된 사기피해금 상당의 돈을 피해자에게 반환하여야 하므로, <u>피해자를 위하여 사기피해금을 보관하는 지위에 있다고 보아야 하고, 만약 계좌명의인이 그 돈을 영득할 의사로 인출하면 피해자에 대한 횡령죄가 성립한다</u>(대법원 2018.7.19, 2017도17494 전원합의체).

ㄷ. [×] (나) 사실관계에서, 검사의 입증취지가 甲이 위와 같이 협박한 사실인 경우, 乙이 녹음한 녹음파일 중 甲의 협박 발언 부분은 <u>전문증거가 아니라 원본증거(본래증거)이다.</u>

ㄹ. [○] (나) 사실관계에서, 乙이 자신의 동생 丙에게 보낸 문자메시지의 내용은 乙이 작성한 진술서로서 전문증거에 해당한다. "피해자가 피고인으로부터 당한 공갈 등 피해 내용을 담아 남동생에게 보낸 문자메시지를 촬영한 사진은 <u>형사소송법 제313조에 규정된 '피해자의 진술서'에 준하는 것이다</u>(대법원 2010.11.25, 2010도8735)."

13 [정답] ③

③ [×] 시스템을 설치·운영하는 주체와의 관계에서 전자기록의 생성에 관여할 권한이 없는 사람이 전자기록을 작출하거나 전자기록의 생성에 필요한 단위정보의 입력을 하는 경우는 물론 <u>시스템의 설치·운영 주체로부터 각자의 직무 범위에서 개개의 단위정보의 입력 권한을 부여받은 사람이 그 권한을 남용하여 허위의 정보를 입력함으로써 시스템 설치·운영 주체의 의사에 반하는 전자기록을 생성하는 경우도 형법 제227조의2에서 말하는 전자기록의 '위작'에 포함된다고 판시하였다. 위 법리는 형법 제232조의2의 사전자기록등위작죄에서 행위의 태양으로 규정한 '위작'에 대해서도 마찬가지로 적용된다</u>(대법원 2020.8.27, 2019도11294 전원합의체).

① [○] 문서위조죄는 문서의 진정에 대한 공공의 신용을 그 보호법익으로 하는 것이므로, 피고인이 위조하였다는 <u>국제운전면허증이 그 유효기간을 경과하여 본래의 용법에 따라</u>

사용할 수는 없게 되었다고 하더라도, 이를 행사하는 경우 그 상대방이 유효기간을 쉽게 알 수 없도록 되어 있거나 위 문서 자체가 진정하게 작성된 것으로서 피고인이 명의자로부터 국제운전면허를 받은 것으로 오신하기에 충분한 정도의 형식과 외관을 갖추고 있다면 피고인의 행위는 문서위조죄에 해당한다(대법원 1998.4.10, 98도164, 98감도12).

② [○] 사문서변조에 있어서 그 변조 당시 명의인의 명시적, 묵시적 승낙없이 한 것이면 변조된 문서가 명의인에게 유리하여 결과적으로 그 의사에 합치한다 하더라도 사문서변조죄의 구성요건을 충족한다(대법원 1985.1.22, 84도2422).

④ [○] "피고인이 사무실전세계약서 원본을 스캐너로 복사하여 컴퓨터 화면에 띄운 후 그 보증금액란을 공란으로 만든 다음 이를 프린터로 출력하여 검정색 볼펜으로 보증금액을 '삼천만 원(30,000,000원)'으로 변조하고, 이와 같이 변조된 사무실전세계약서를 팩스로 송부하여 행사하였다."는 것이므로, 이 부분 공소사실에서 적시된 범죄사실은 '컴퓨터 모니터 화면상의 이미지'를 변조하고 이를 행사한 행위가 아니라 '프린터로 출력된 문서'인 사무실전세계약서를 변조하고 이를 행사한 행위임을 알 수 있다(대법원 2011.11.10, 2011도10468).

⑤ [○] 사문서위조나 공정증서원본 불실기재가 성립한 후, 사후에 피해자의 동의 또는 추인 등의 사정으로 문서에 기재된 대로 효과의 승인을 받거나, 등기가 실체적 권리관계에 부합하게 되었다 하더라도, 이미 성립한 범죄에는 아무런 영향이 없다(대법원 1999.5.14, 99도202).

14
정답 ①

① ㄱ, ㄴ, ㄷ

ㄱ. [○] 형법상 업무방해죄의 보호대상이 되는 '업무'라 함은 직업 기타 사회생활상의 지위에 기하여 계속적으로 종사하는 사무 또는 사업을 말하는 것인데, 초등학생들이 학교에 등교하여 교실에서 수업을 듣는 것은 헌법 제31조가 정하고 있는 무상으로 초등교육을 받을 권리 및 초·중등교육법 제12, 13조가 정하고 있는 국가의 의무교육 실시의무와 부모들의 취학의무 등에 기하여 학생들 본인의 권리를 행사하는 것이거나 국가 내지 부모들의 의무를 이행하는 것에 불과할 뿐 그것이 '직업 기타 사회생활상의 지위에 기하여 계속적으로 종사하는 사무 또는 사업'에 해당한다고 할 수 없다(대법원 2013.6.14, 2013도3829).

ㄴ. [○] 주택재건축조합 조합장인 피고인이 자신에 대한 감사 활동을 방해하기 위하여 조합 사무실에 있던 컴퓨터에 비밀번호를 설정하고 하드디스크를 분리·보관함으로써 조합 업무를 방해하였다는 내용으로 기소된 경우, 위와 같은 방법으로 조합의 정보처리에 관한 업무를 방해한 행위는 형법 제314조 제2항의 컴퓨터 등 장애 업무방해죄에 해당한다(대법원 2012.5.24, 2011도7943).

ㄷ. [○] 지방공사 사장이 신규직원 채용권한을 행사하는 것은 공사의 기관으로서 공사의 업무를 집행하는 것이므로, 위 권한의 귀속주체인 사장 본인에 대한 관계에서도 업무방해

죄의 객체인 타인의 업무에 해당한다(대법원 2007.12.27, 2005도6404).

ㄹ. [×] 종중 정기총회를 주재하는 종중 회장의 의사진행업무 자체는 1회성을 갖는 것이라고 하더라도 그것이 종중 회장으로서의 사회적인 지위에서 계속적으로 행하여 온 종중 업무수행의 일환으로 행하여진 것이라면, 그와 같은 의사진행업무도 형법 제314조 소정의 업무방해죄에 의하여 보호되는 업무에 해당되고, 또 종중 회장의 위와 같은 업무는 종중 원들에 대한 관계에서는 타인의 업무이다(대법원 1995.10.12, 95도1589).

ㅁ. [×] 법원의 직무집행정지 가처분결정에 의하여 그 직무집행이 정지된 자가 법원의 결정에 반하여 직무를 수행함으로써 업무를 계속 행하는 경우 그 업무는 국법질서와 재판의 존엄성을 무시하는 것으로서 사실상 평온하게 이루어지는 사회적 활동의 기반이 되는 것이라 할 수 없고, 비록 그 업무가 반사회성을 띠는 경우라고까지는 할 수 없다고 하더라도 법적 보호라는 측면에서는 그와 동등한 평가를 받을 수밖에 없으므로, 그 업무자체는 법의 보호를 받을 가치를 상실하였다고 하지 않을 수 없어 업무방해죄에서 말하는 업무에 해당하지 않는다(대법원 2002.8.23, 2001도5592).

15
정답 ⑤

⑤ ㄱ, ㄴ, ㄷ, ㄹ

ㄱ. [○] 동업자 사이에 손익분배 정산이 되지 아니하였다면 동업자 한 사람이 임의로 동업자들의 합유에 속하는 동업재산을 처분할 권한이 없는 것이므로, 동업자 한 사람이 동업재산을 보관 중 임의로 횡령하였다면 지분비율에 관계없이 횡령한 금액 전부에 대하여 횡령죄의 죄책을 부담한다(대법원 2011.6.10, 2010도17684).

ㄴ. [○] 부동산 입찰절차에서 수인이 대금을 분담하되 그 중 1인 명의로 낙찰받기로 약정하여 그에 따라 낙찰이 이루어진 경우, 그 입찰절차에서 낙찰인의 지위에 서게 되는 사람은 어디까지나 그 명의인이므로 입찰목적부동산의 소유권은 경락대금을 실질적으로 부담한 자가 누구인가와 상관없이 그 명의인이 취득한다 할 것이므로 그 부동산은 횡령죄의 객체인 타인의 재물이라고 볼 수 없어 명의인이 이를 임의로 처분하더라도 횡령죄를 구성하지 않는다(대법원 2000.9.8, 2000도258).

ㄷ. [○] 부동산에 관한 횡령죄에 있어서 타인의 재물을 보관하는 자의 지위는 동산의 경우와는 달리 부동산에 대한 점유의 여부가 아니라 부동산을 제3자에게 유효하게 처분할 수 있는 권능의 유무에 따라 결정하여야 하므로, 부동산을 공동으로 상속한 자들 중 1인이 부동산을 혼자 점유하던 중 다른 공동상속인의 상속지분을 임의로 처분하여도 그에게는 그 처분권능이 없어 횡령죄가 성립하지 아니한다(대법원 2000.4.11, 2000도565).

ㄹ. [○] 절도 범인으로부터 장물보관 의뢰를 받은 자가 그 정을 알면서 이를 인도받아 보관하고 있다가 임의 처분하였다 하여도 장물보관죄가 성립하는 때에는 이미 그 소유자의 소

유물 추구권을 침해하였으므로 그 후의 횡령행위는 불가벌적 사후행위에 불과하여 별도로 <u>횡령죄가 성립하지 않는다</u>(대법원 2004.4.9, 2003도8219).

16

정답 ④

④ [×] 형법상 방조행위는 정범이 범행을 한다는 정을 알면서 그 실행행위를 용이하게 하는 직접·간접의 행위를 말하므로, 방조범은 정범의 실행을 방조한다는 이른바 방조의 고의와 정범의 행위가 구성요건에 해당하는 행위인 점에 대한 정범의 고의가 있어야 하나, 이와 같은 고의는 내심적 사실이므로 피고인이 이를 부정하는 경우에는 사물의 성질상 고의와 상당한 관련성이 있는 간접사실을 증명하는 방법에 의하여 증명할 수밖에 없다. 이때 무엇이 상당한 관련성이 있는 간접사실에 해당할 것인가는 정상적인 경험칙에 바탕을 두고 치밀한 관찰력이나 분석력에 의하여 사실의 연결상태를 합리적으로 판단하여야 하고, <u>방조범에서 요구되는 정범의 고의는 정범에 의하여 실현되는 범죄의 구체적 내용을 인식할 것을 요하는 것은 아니고 미필적 인식이나 예견으로 족하다</u>(대법원 2018.9.13, 2018도7658, 2018전도55, 2018전도54, 2018보도6, 2018모2593).

① [○] 재물의 타인성이란 재물이 타인의 소유라는 것이며 이는 절도죄의 객관적 구성요건요소이므로 구성요건적 고의의 인식대상에 해당한다.
   [보충] 따라서 타인의 재물임을 인식하지 못한 경우에는 절도죄의 구성요건적 고의가 인정되지 않아 절도죄가 성립하지 않는다.

② [○] 무고죄에 있어서의 범의는 반드시 확정적 고의일 필요가 없고 미필적 고의로도 충분하므로 신고자가 허위라고 확신한 사실을 신고한 경우뿐 아니라 <u>진실하다는 확신 없는 사실을 신고하는 경우에도 그 범의를 인정할 수 있다</u>(대법원 2013.2.28, 2010도14859).
   [보충] 판례가 표현한 '진실하다는 확신이 없다'는 것은 허위일지 모른다는 미필적 인식이 있었다는 의미이다.

③ [○] <u>업무방해죄에서 업무방해의 범의는 반드시 업무방해의 목적이나 계획적인 업무방해의 의도가 있어야 인정되는 것은 아니고, 자기의 행위로 인하여 타인의 업무가 방해될 것이라는 결과를 발생시킬 만한 가능성 또는 위험이 있음을 인식하거나 예견하면 족한 것이며, 그 인식이나 예견은 확정적인 것은 물론 불확정적인 것이라도</u> 이른바 미필적 고의로 인정된다(대법원 2021.3.11, 2016도14415).

⑤ [○] 형법은 폭행 또는 협박의 방법이 아닌 심신상실 또는 항거불능의 상태를 이용하여 간음한 행위를 강간죄에 준하여 처벌하고 있으므로, <u>준강간의 고의는 피해자가 심신상실 또는 항거불능의 상태에 있다는 것과 그러한 상태를 이용하여 간음한다는 구성요건적 결과 발생의 가능성을 인식하고 그러한 위험을 용인하는 내심의 의사를 말한다</u>(대법원 2019.3.28, 2018도16002 전원합의체).

17

정답 ⑤

⑤ [×] 살인의 실행행위가 피해자의 사망이라는 결과를 발생하게 한 유일한 원인이거나 직접적인 원인이어야만 되는 것은 아니므로, 살인의 실행행위와 피해자의 사망과의 사이에 <u>다른 사실이 개재되어 그 사실이 치사의 직접적인 원인이 되었다고 하더라도 그와 같은 사실이 통상 예견할 수 있는 것에 지나지 않는다면 살인의 실행행위와 피해자의 사망과의 사이에 인과관계가 있는 것으로 보아야 한다</u>(대법원 1994.3.22, 93도3612).

① [○] 의사가 설명의무를 위반한 채 의료행위를 하였다가 환자에게 상해 또는 사망의 결과가 발생한 경우 의사에게 업무상 과실로 인한 형사책임을 지우기 위해서는 <u>의사의 설명의무 위반과 환자의 상해 또는 사망 사이에 상당인과관계가 존재하여야 한다</u>(대법원 2011.4.14, 2010도10104 등). … 피해자는 피고인이 수술의 위험성에 관하여 설명하였는지 여부에 관계없이 간경변증을 앓고 있는 피해자에게 이 사건 수술이 위험할 수 있다는 점을 이미 충분히 인식하고 있었던 것으로 보인다. 그렇다면 피고인이 피해자에게 수술의 위험성에 관하여 설명하였다고 하더라도 피해자가 수술을 거부하였을 것이라고 단정하기 어렵다. (따라서) <u>피고인의 설명의무 위반과 피해자의 사망 사이에 상당인과관계가 있다는 사실이 합리적 의심의 여지가 없이 증명되었다고 보기 어렵다</u>(업무상 과실치사죄 불성립, 대법원 2015.6.24, 2014도11315).

② [○] 결과범의 경우 행위와 결과 사이에 인과관계가 있어야 기수범이 성립할 수 있다.
   [보충] 고의의 결과범에서 인과관계가 없으면 기수범이 아니라 미수범이 성립한다.

③ [○] 행위자가 간음의 목적으로 피해자에게 <u>오인, 착각, 부지를 일으키고 피해자의 그러한 심적 상태를 이용하여 간음의 목적을 달성하였다면 위계와 간음행위 사이의 인과관계를 인정할 수 있다</u>(대법원 2020.8.27, 2015도9436 전원합의체).

④ [○] <u>피해자 법인이나 단체의 대표자 또는 실질적으로 의사결정을 하는 최종결재권자 등이 기망행위자와 동일인이거나 기망행위자와 공모하는 등 기망행위임을 알고 있었던 경우에는 기망행위로 인한 착오가 있다고 볼 수 없고, 재물 교부 등의 처분행위가 있었더라도 기망행위와 인과관계가 있다고 보기 어렵다</u>. 이러한 경우에는 사안에 따라 업무상횡령죄 또는 업무상배임죄 등이 성립하는 것은 별론으로 하고 사기죄가 성립한다고 볼 수 없다(대법원 2017.9.26, 2017도8449).

18

정답 ④

④ [×] <u>직장의 상사가 범법행위를 하는데 가담한 부하에게 직무상 지휘·복종관계에 있다 하여 범법행위에 가담하지 않을 기대가능성이 없다고 할 수 없다</u>(대법원 1999.7.23, 99도1911).

① [○] 자신의 충동을 억제하지 못하여 범죄를 저지르게 되는 현상은 정상인에게서도 얼마든지 찾아볼 수 있는 일로서, 특단의 사정이 없는 한 위와 같은 <u>성격적 결함을 가진자에 대하여 자신의 충동을 억제하고 법을 준수하도록 요구하는 것이 기대할 수 없는 행위를 요구하는 것이라고는 할 수 없</u>

으므로, 원칙적으로 충동조절장애와 같은 성격적 결함은 그 것이 매우 심각하여 본래의 의미의 정신병과 동등하다고 평가될 수 있는 경우가 아닌 한 형의 감면사유인 심신장애에 해당하지 않는다(대법원 2019.1.31, 2018도18389).

② [○] 형법 제10조 3항에 의하면 "위험의 발생을 예견하고 자의로 심신장애를 야기한 자의 행위에는 전 2항의 규정을 적용하지 아니한다"고 규정하고 있는바, 피고인이 자신의 승용차를 운전하여 술집에 가서 술을 마신 후 운전을 하여 교통사고를 일으킨 것이라면 음주할 때 교통사고를 일으킬 수 있다는 위험성을 예견하면서 자의로 심신장애를 야기한 경우에 해당한다 할 것이므로 심신미약으로 인한 형의 감경을 할 수 없다(대법원 1994.2.8, 93도2400).

③ [○] 법률 위반 행위 중간에 일시적으로 판례에 따라 그 행위가 처벌대상이 되지 않는 것으로 해석되었던 적이 있었다고 하더라도 그것만으로 자신의 행위가 처벌되지 않는 것으로 믿은 데에 정당한 이유가 있다고 할 수 없다(대법원 2021. 11.25, 2021도10903).

⑤ [○] 자기에게 형사상 불리한 진술을 강요당하지 아니할 권리가 결코 적극적으로 허위의 진술을 할 권리를 보장하는 취지는 아니며, 이미 유죄의 확정판결을 받은 경우에는 일사부재리의 원칙에 의해 다시 처벌되지 아니하므로 증언을 거부할 수 없는바, 이는 사실대로의 진술 즉 자신의 범행을 시인하는 진술을 기대할 수 있기 때문이다. 이러한 점 등에 비추어 보면, 이미 유죄의 확정판결을 받은 피고인은 공범의 형사사건에서 그 범행에 대한 증언을 거부할 수 없을 뿐만 아니라 나아가 사실대로 증언하여야 하고, 설사 피고인이 자신의 형사사건에서 시종일관 그 범행을 부인하였다 하더라도 이러한 사정은 위증죄에 관한 양형참작사유로 볼 수 있음은 별론으로 하고 이를 이유로 피고인에게 사실대로 진술할 것을 기대할 가능성이 없다고 볼 수는 없다(대법원 2008. 10.23, 2005도10101).

19 정답 ④

④ ㄴ, ㄷ, ㄹ, ㅁ

ㄱ. [○] 甲은 乙과 합동하여 강도죄를 범하였으므로 형법 제334조 제2항의 특수강도죄가 성립한다.

> **판례**
> 날치기 수법의 점유탈취 과정에서 이를 알아채고 재물을 빼앗기지 않으려는 상대방의 반항에 부딪혔음에도 계속하여 피해자를 끌고 가면서 억지로 재물을 빼앗은 행위는 피해자의 반항을 억압한 후 재물을 강취한 것으로서 강도에 해당한다(대법원 2007.12.13, 2007도7601).

> **형법 제334조(특수강도)** ① 야간에 사람의 주거, 관리하는 건조물, 선박이나 항공기 또는 점유하는 방실에 침입하여 제333조의 죄를 범한 자는 무기 또는 5년 이상의 징역에 처한다.
> ② 흉기를 휴대하거나 2인 이상이 합동하여 전조의 죄를 범한 자도 전항의 형과 같다.

ㄴ. [×] 특정경제범죄 가중처벌 등에 관한 법률에서는 사기, 공갈, 횡령, 배임의 죄의 이득액이 5억원 이상일 때 가중처벌하는 규정을 두고 있고(특정경제범죄 가중처벌 등에 관한

법률 제3조), 절도와 강도의 죄를 가중처벌하는 규정을 두고 있지는 않다.

> **특정경제범죄 가중처벌 등에 관한 법률 제3조(특정재산범죄의 가중처벌)** ① 「형법」 제347조(사기), 제347조의2(컴퓨터등 사용사기), 제350조(공갈), 제350조의2(특수공갈), 제351조(제347조, 제347조의2, 제350조 및 제350조의2의 상습범만 해당한다), 제355조(횡령·배임) 또는 제356조(업무상의 횡령과 배임)의 죄를 범한 사람은 그 범죄행위로 인하여 취득하거나 제3자로 하여금 취득하게 한 재물 또는 재산상 이익의 가액(이하 이 조에서 "이득액"이라 한다)이 5억원 이상일 때에는 다음 각 호의 구분에 따라 가중처벌한다.
> 1. 이득액이 50억원 이상일 때: 무기 또는 5년 이상의 징역
> 2. 이득액이 5억원 이상 50억원 미만일 때: 3년 이상의 유기징역
> ② 제1항의 경우 이득액 이하에 상당하는 벌금을 병과(倂科)할 수 있다.

ㄷ. [×] 장물인 현금을 금융기관에 예금의 형태로 보관하였다가 이를 반환받기 위하여 동일한 액수의 현금을 인출한 경우에 예금계약의 성질상 인출된 현금은 당초의 현금과 물리적인 동일성은 상실되었지만 액수에 의하여 표시되는 금전적 가치에는 아무런 변동이 없으므로 장물로서의 성질은 그대로 유지된다고 봄이 상당하고, 자기앞수표도 그 액면금을 즉시 지급받을 수 있는 등 현금에 대신하는 기능을 가지고 거래상 현금과 동일하게 취급되고 있는 점에서 금전의 경우와 동일하게 보아야 한다(대법원 2000.3.10, 98도2579).

ㄹ. [×] 형법 제365조 제2항은 장물범(丙)과 본범(甲) 간에 형법 제328조 제1항의 신분관계(직계혈족, 배우자, 동거친족, 동거가족 또는 그 배우자)가 있는 때 적용되는 조항이다. 그런데 丙은 甲과 따로 살고 있는 사촌형에 불과하므로 동 조항은 적용될 수 없다.

> **형법 제365조(친족간의 범행)** ① 전3조의 죄를 범한 자와 피해자 간에 제328조 제1항, 제2항의 신분관계가 있는 때에는 동조의 규정을 준용한다.
> ② 전3조의 죄를 범한 자와 본범간에 제328조 제1항의 신분관계가 있는 때에는 그 형을 감경 또는 면제한다. 단, 신분관계가 없는 공범에 대하여는 예외로 한다.

ㅁ. [×] 형사소송법 제312조 제3항이 적용되므로 제314조는 적용되지 아니한다.

> **판례**
> 형사소송법 제312조 제3항은 검사 이외의 수사기관이 작성한 해당 피고인에 대한 피의자신문조서를 유죄의 증거로 하는 경우뿐만 아니라 검사 이외의 수사기관이 작성한 해당 피고인과 공범관계에 있는 다른 피고인이나 피의자에 대한 피의자신문조서를 해당 피고인에 대한 유죄의 증거로 채택할 경우에도 적용된다. 따라서 해당 피고인과 공범관계가 있는 다른 피의자에 대하여 검사 이외의 수사기관이 작성한 피의자신문조서는 그 피의자의 법정진술에 의하여 성립의 진정이 인정되는 등 형사소송법 제312조 제4항의 요건을 갖춘 경우라도 해당 피고인이 공판기일에서 그 조서의 내용을 부인한 이상 이를 유죄 인정의 증거로 사용할 수 없고, 그 당연한 결과로 위 피의자신문조서에 대하여는 사망 등 사유로 인하여 법정에서 진술할 수 없는 때에 예외적으로 증거능력을 인정하는 규정인 형사소송법 제314조가 적용되지 아니한다(대법원 2020. 6.11, 2016도9367).

ㅂ. [○] 피고인과 별개의 범죄사실로 기소되어 병합심리중인 공동피고인은 피고인의 범죄사실에 관하여는 증인의 지위에 있다 할 것이므로 선서 없이 한 공동피고인의 법정진술이나 피고인이 증거로 함에 동의한 바 없는 공동피고인에 대한 피의자 신문조서는 피고인의 공소 범죄사실을 인정하는 증거로 할 수 없다(대법원 1982.9.14, 82도1000).

20

정답 ②

② [×] 참고인이 타인의 형사사건 등에 관하여 제3자와 대화를 하면서 허위로 진술하고 위와 같은 허위 진술이 담긴 대화 내용을 녹음한 녹음파일 또는 이를 녹취한 녹취록은 참고인의 허위진술 자체 또는 참고인 작성의 허위 사실확인서 등과는 달리 그 진술내용만이 증거자료로 되는 것이 아니고 녹음 당시의 현장음향 및 제3자의 진술 등이 포함되어 있어 그 일체가 증거자료가 된다고 할 것이므로, 이는 증거위조죄에서 말하는 '증거'에 해당한다(대법원 2013.12.26, 2013도8085, 2013전도165).

① [○] 수의계약을 체결하는 공무원이 해당 공사업자와 적정한 금액 이상으로 계약금액을 부풀려서 계약하고 부풀린 금액을 자신이 되돌려 받기로 사전에 약정한 다음 그에 따라 수수한 돈은 성격상 뇌물이 아니고 횡령금에 해당한다(대법원 2007.10.12, 2005도7112).

③ [○] 형법 제127조는 공무원 또는 공무원이었던 자가 법령에 의한 직무상 비밀을 누설하는 것을 구성요건으로 하고, 비밀 그 자체를 보호하는 것이 아니라 공무원의 비밀엄수의무의 침해에 의하여 위험하게 되는 이익, 즉 비밀 누설에 의하여 위협받는 국가의 기능을 보호하기 위한 것이다. 여기에서 '법령에 의한 직무상 비밀'이란 반드시 법령에서 비밀로 규정되었거나 비밀로 분류 명시된 사항에 한정되지 않고, 정치·군사·외교·경제·사회적 필요에 따라 비밀로 된 사항은 물론 정부나 공무소 또는 국민이 객관적, 일반적인 입장에서 외부에 알려지지 않는 것에 상당한 이익이 있는 사항도 포함하나, 실질적으로 그것을 비밀로서 보호할 가치가 있다고 인정할 수 있는 것이어야 한다(대법원 2018.2.13, 2014도11441).

④ [○] 피고인이 사립대학교 교수인 피해자들로 하여금 징계처분을 받게 할 목적으로 국민권익위원회에서 운영하는 범정부 국민포털인 국민신문고에 민원을 제기한 경우, 피해자들은 사립학교 교원이므로 피고인의 행위가 무고죄에 해당하지 않는다(대법원 2014.7.24, 2014도6377).

⑤ [○] 형법 제157조, 제153조는 무고죄를 범한 자가 그 신고한 사건의 재판 또는 징계처분이 확정되기 전에 자백 또는 자수한 때에는 형을 감경 또는 면제한다고 하여 이러한 재판확정 전의 자백을 필요적 감경 또는 면제사유로 정하고 있다. 위와 같은 자백의 절차에 관해서는 아무런 법령상의 제한이 없으므로 그가 신고한 사건을 다루는 기관에 대한 고백이나 그 사건을 다루는 재판부에 증인으로 다시 출석하여 전에 그가 한 신고가 허위의 사실이었음을 고백하는 것은 물론 무고 사건의 피고인 또는 피의자로서 법원이나 수

사기관에서의 신문에 의한 고백 또한 자백의 개념에 포함된다(대법원 2021.1.14, 2020도13077).
[보충] 형법 제153조는 그 공술 내지 신고한 사건의 재판 또는 징계처분이 확정되기 '전'이라는 시간적 제한만 두고 있으므로, 자백 또는 자수는 위 시간적 제한만 준수하면 되고 그 자백 또는 자수가 어느 절차에서 이루어지는가는 따지지 아니한다.

21

정답 ②

② [×] 형법 제155조 제1항이 규정한 '증거의 위조'란 '증거방법의 위조'를 의미하므로, 위조에 해당하는지 여부는 증거방법 자체를 기준으로 하여야 하고 그것을 통해 증명하려는 사실이 허위인지 진실인지 여부에 따라 위조 여부가 결정되어서는 안 된다. 제출된 증거방법의 증거가치를 평가하고 이를 기초로 사실관계를 확정할 권한과 의무는 법원에 있기 때문이다(대법원 2021.1.28, 2020도2642).
[보충] (따라서) 피고인이 제출한 이 사건 입금확인증이 해당 금원을 공소외 2 회사 측에 모두 반환하였다는 허위의 주장 사실을 증명하기 위해 만들어진 것이라 하더라도 그 자체에 허위가 없는 이상 이를 허위의 주장과 관련지어 '허위의 증거'에 해당한다고 볼 수는 없다.

① [○] 형법 제155조 제1항의 증거위조죄에서 말하는 '증거'란 타인의 형사사건 또는 징계사건에 관하여 수사기관이나 법원 또는 징계기관이 국가의 형벌권 또는 징계권의 유무를 확인하는 데 관계있다고 인정되는 일체의 자료를 뜻한다. 따라서 범죄 또는 징계사유의 성립 여부에 관한 것뿐만 아니라 형 또는 징계의 경중에 관계있는 정상을 인정하는 데 도움이 될 자료까지도 본조가 규정한 증거에 포함된다(대법원 2021.1.28, 2020도2642).
[보충] 양형자료에 관한 증거도 당연히 증거에 해당한다.

③ [○] 형법 제155조 제1항은 타인의 형사사건 또는 징계사건에 관한 증거를 인멸, 은닉, 위조 또는 변조하거나 위조 또는 변조한 증거를 사용한 자를 처벌하고 있고, 여기서의 '위조'란 문서에 관한 죄의 위조 개념과는 달리 새로운 증거의 창조를 의미한다. 그러나 사실의 증명을 위해 작성된 문서가 그 사실에 관한 내용이나 작성명의 등에 아무런 허위가 없다면 '증거위조'에 해당한다고 볼 수 없다. 설령 사실 증명에 관한 문서가 형사사건 또는 징계사건에서 허위의 주장에 관한 증거로 제출되어 그 주장을 뒷받침하게 되더라도 마찬가지이다. 피고인이 제출한 입금확인증 등은 금융기관이 금융거래에 관한 사실을 증명하기 위해 작성한 문서로서 그 내용이나 작성명의 등에 아무런 허위가 없는 이상 이를 증거의 '위조'에 해당한다고 볼 수 없고, 나아가 '위조한 증거를 사용'한 행위에 해당한다고 볼 수도 없다(대법원 2021.1.28, 2020도2642).

④ [○] 변호사가 작성해준 법률의견서는 수사과정 외에서 피고인 아닌 자가 작성한 진술서나 그 진술을 기재한 서류에 해당하므로 형사소송법 제313조 제1항(및 제2항)이 적용된다.

변호사가 법률자문 과정에 작성하여 甲 회사 측에 전송한 전자문서를 출력한 '법률의견서'에 대하여 피고인들이 증거로 함에 동의하지 아니하고, 변호사가 원심 공판기일에 증인으로 출석하였으나 증언할 내용이 甲 회사로부터 업무상 위탁을 받은 관계로 알게 된 타인의 비밀에 관한 것임을 소명한 후 증언을 거부한 경우, 위 법률의견서는 압수된 디지털 저장매체로부터 출력한 문건으로서 실질에 있어서 형사소송법 제313조 제1항에 규정된 '피고인 아닌 자가 작성한 진술서나 그 진술을 기재한 서류'에 해당한다(대법원 2012.5.17, 2009도6788 전원합의체).

⑤ [○] 제1심 법원이 한 보석취소결정에 대하여 불복이 있으면 보통항고를 할 수 있고(형사소송법 제102조 제2항, 제402조, 제403조 제2항), 보통항고에는 재판의 집행을 정지하는 효력이 없다(형사소송법 제409조).

22 정답 ⑤

⑤ ㄱ, ㄴ, ㄷ, ㄹ

ㄱ. [○] 공소장변경절차에 의하여 공소사실이 변경됨에 따라 그 법정형에 차이가 있는 경우에는 변경된 공소사실에 대한 법정형이 공소시효기간의 기준이 된다(대법원 2001.8.24, 2001도2902).

ㄴ. [○] 공소장 변경이 있는 경우에 공소시효의 완성 여부는 당초의 공소제기가 있었던 시점을 기준으로 판단할 것이고 공소장 변경시를 기준으로 삼을 것은 아니다(대법원 2001.8.24, 2001도2902).

ㄷ. [○] 뇌물공여죄와 뇌물수수죄 사이와 같은 이른바 대향범 관계에 있는 자는 강학상으로는 필요적 공범이라고 불리고 있으나, 서로 대향된 행위의 존재를 필요로 할 뿐 각자 자신의 구성요건을 실현하고 별도의 형벌규정에 따라 처벌되는 것이어서, 2인 이상이 가공하여 공동의 구성요건을 실현하는 공범관계에 있는 자와는 본질적으로 다르며, 대향범 관계에 있는 자 사이에서는 각자 상대방의 범행에 대하여 형법 총칙의 공범규정이 적용되지 아니한다. 이러한 점들에 비추어 보면, 형사소송법 제253조 제2항에서 말하는 '공범'에는 뇌물공여죄와 뇌물수수죄 사이와 같은 대향범 관계에 있는 자는 포함되지 않는다(대법원 2015.2.12, 2012도4842).

ㄹ. [○] 형사소송법 제253조 제3항은 "범인이 형사처분을 면할 목적으로 국외에 있는 경우 그 기간 동안 공소시효는 정지된다."라고 규정하고 있다. 위 규정의 입법 취지는 범인이 우리나라의 사법권이 실질적으로 미치지 못하는 국외에 체류한 것이 도피의 수단으로 이용된 경우에 체류기간 동안은 공소시효가 진행되는 것을 저지하여 범인을 처벌할 수 있도록 하여 형벌권을 적정하게 실현하고자 하는 데 있다. 따라서 위 규정이 정한 '범인이 형사처분을 면할 목적으로 국외에 있는 경우'는 범인이 국내에서 범죄를 저지르고 형사처분을 면할 목적으로 국외로 도피한 경우에 한정되지 아니하고, 범인이 국외에서 범죄를 저지르고 형사처분을 면할 목적으로 국외에서 체류를 계속하는 경우도 포함된다(대법원 2015.6.24, 2015도5916).

23 정답 ②

② ㄴ, ㄷ

ㄱ. [×] 헌법은 제13조 제1항에서 "모든 국민은 … 동일한 범죄에 대하여 거듭 처벌받지 아니한다."라고 규정하여 이른바 이중처벌금지의 원칙 내지 일사부재리의 원칙을 선언하고 있다. 이는 한번 판결이 확정되면 그 후 동일한 사건에 대해서는 다시 심판하는 것이 허용되지 않는다는 원칙을 말한다. 여기에서 '처벌'이란 원칙적으로 범죄에 대한 국가의 형벌권 실행으로서의 과벌을 의미하고, 국가가 행하는 일체의 제재나 불이익처분이 모두 여기에 포함되는 것은 아니다(가정폭력처벌법에 따른 보호처분의 결정 또는 불처분결정에 확정된 형사판결에 준하는 효력을 인정할 수 없다는 사례, 대법원 2017.8.23, 2016도5423).

[비교] 무죄추정원칙에서 말하는 불이익은 비단 형사절차 내에서의 불이익뿐만 아니라 기타 일반 법생활 영역에서의 기본권 제한과 같은 경우에도 적용된다.

우리 헌법 제27조 제4항은 "형사피고인은 유죄의 판결이 확정될 때까지는 무죄로 추정된다."고 하여 무죄추정의 원칙을 천명하고 있다. 무죄추정의 원칙이라 함은, 아직 공소제기가 없는 피의자는 물론 공소가 제기된 피고인이라도 유죄의 확정판결이 있기까지는 원칙적으로 죄가 없는 자에 준하여 취급하여야 하고 불이익을 입혀서는 안 되며 가사 그 불이익을 입힌다 하여도 필요한 최소한도에 그쳐야 한다는 원칙을 말한다(헌법재판소 1990.11.19, 90헌가48; 2010.9.2, 2010헌마418). 그리고 무죄추정의 원칙상 금지되는 '불이익'이란 '범죄사실의 인정 또는 유죄를 전제로 그에 대하여 법률적·사실적 측면에서 유형·무형의 차별취급을 가하는 유죄인정의 효과로서의 불이익'을 뜻하고, 이는 비단 형사절차 내에서의 불이익뿐만 아니라 기타 일반 법생활 영역에서의 기본권 제한과 같은 경우에도 적용된다(헌법재판소 2005.5.26, 2002헌마699; 2010.9.2, 2010헌마418; 2011.4.28, 2010헌마474).

ㄴ. [○] 상습범으로서 포괄적 일죄의 관계에 있는 여러 개의 범죄사실 중 일부에 대하여 유죄판결이 확정된 경우에, 그 확정판결의 사실심판결 선고 전에 저질러진 나머지 범죄에 대하여 새로이 공소가 제기되었다면 그 새로운 공소는 확정판결이 있었던 사건과 동일한 사건에 대하여 다시 제기된 데 해당하므로 이에 대하여는 판결로써 면소의 선고를 하여야 하는 것인바(형사소송법 제326조 제1호), 다만 이러한 법리가 적용되기 위해서는 전의 확정판결에서 당해 피고인이 상습범으로 기소되어 처단되었을 것을 필요로 하는 것이고, 상습범 아닌 기본 구성요건의 범죄로 처단되는 데 그친 경우에는, 가사 뒤에 기소된 사건에서 비로소 드러났거나 새로 저질러진 범죄사실과 전의 판결에서 이미 유죄로 확정된 범죄사실 등을 종합하여 비로소 그 모두가 상습범으로서의 포괄적 일죄에 해당하는 것으로 판단된다 하더라도 뒤늦게 앞서의 확정판결을 상습범의 일부에 대한 확정판결이라고 보아 그 기판력이 그 사실심판결 선고 전의 나머지 범죄에 미친다고 보아서는 아니 된다(대법원 2004.9.16, 2001도3206 전원합의체).

ㄷ. [○] 판결의 확정력은 사실심리의 가능성이 있는 최후의 시점인 판결선고시를 기준으로 하여 그때까지 행하여진 행위

에 대하여만 미치는 것으로서, 제1심 판결에 대하여 항소가 된 경우 판결의 확정력이 미치는 시간적 한계는 현행 형사 항소심의 구조와 운용실태에 비추어 볼 때 항소심 판결선고 시라고 보는 것이 상당한데 항소이유서를 제출하지 아니하여 결정으로 항소가 기각된 경우에도 형사소송법 제361조 의4 제1항에 의하면 피고인이 항소한 때에는 법정기간 내에 항소이유서를 제출하지 아니하였다 하더라도 판결에 영향을 미친 사실오인이 있는 등 직권조사사유가 있으면 항소법원이 직권으로 심판하여 제1심 판결을 파기하고 다시 판결할 수도 있으므로 사실심리의 가능성이 있는 최후시점은 <u>항소 기각 결정시라고 보는 것이 옳다</u>(대법원 1993.5.25, 93도836).

ㄹ. [×] 형법 제40조의 상상적 경합관계의 경우에는 그 중 <u>1죄 에 대한 확정판결의 기판력은 다른 죄에 대하여도 미친다</u>(대 법원 2011.2.24, 2010도13801).

24   정답 ②

② [×] 자신에 대한 유죄판결이 확정된 증인이 재심을 청구한 다 하더라도, 이미 유죄의 확정판결이 있는 사실에 대해서 는 일사부재리의 원칙에 의하여 거듭 처벌받지 않는다는 점 에 변함이 없고, 형사소송법상 피고인의 불이익을 위한 재 심청구는 허용되지 아니하며(형사소송법 제420조), 재심 사건에는 불이익변경 금지 원칙이 적용되어 원판결의 형보 다 중한 형을 선고하지 못하므로(형사소송법 제439조), 자 신의 유죄 확정판결에 대하여 재심을 청구한 증인에게 증언 의무를 부과하는 것이 형사소추 또는 공소제기를 당하거나 유죄판결을 받을 사실이 발로(發露)될 염려 있는 증언을 강 제하는 것이라고 볼 수는 없다. 따라서 <u>자신에 대한 유죄판 결이 확정된 증인이 공범에 대한 피고사건에서 증언할 당시 앞으로 재심을 청구할 예정이라고 하여도, 이를 이유로 증 인에게 형사소송법 제148조에 의한 증언거부권이 인정되 지는 않는다</u>(대법원 2011.11.24, 2011도11994).

① [○] 증인신문에 있어서 <u>증언거부권 있음을 설명하지 아니 한 경우라 할지라도 증인이 선서하고 증언한 이상 그 증언 의 효력에 관하여는 역시 영향이 없고 유효하다고 해석함이 타당하다</u>(대법원 1957.3.8, 4290형상23).

③ [○] 형사소송법 제149조 참조.

> **형사소송법 제149조(업무상비밀과 증언거부)** 변호사, 변리사, 공 증인, 공인회계사, 세무사, 대서업자, 의사, 한의사, 치과의사, 약사, 약종상, 조산사, 간호사, 종교의 직에 있는 자 또는 이러 한 직에 있던 자가 그 업무상 위탁을 받은 관계로 알게 된 사실 로서 타인의 비밀에 관한 것은 증언을 거부할 수 있다. 단, 본인 의 승낙이 있거나 중대한 공익상 필요있는 때에는 예외로 한다.

④ [○] 헌법 제12조 제2항에 정한 불이익 진술의 강요금지 원 칙을 구체화한 자기부죄거부특권에 관한 것이거나 기타 증 언거부사유가 있음에도 증인이 증언거부권을 고지받지 못 함으로 인하여 그 증언거부권을 행사하는 데 사실상 장애가 초래되었다고 볼 수 있는 경우에는 <u>위증죄의 성립을 부정하 여야 할 것이다</u>(대법원 2010.1.21, 2008도942 전원합의체).

⑤ [○] 형사소송법 제148조는 피고인의 자기부죄거부특권을

보장하기 위하여 자기가 유죄판결을 받을 사실이 발로될 염 려 있는 증언을 거부할 수 있는 권리를 인정하고 있고, 그와 같은 증언거부권 보장을 위하여 형사소송법 제160조는 재 판장이 신문 전에 증언거부권을 고지하여야 한다고 규정하 고 있으므로, 소송절차가 분리된 공범인 공동피고인에 대하 여 증인적격을 인정하고 그 자신의 범죄사실에 대하여 신문 한다 하더라도 피고인으로서의 진술거부권 내지 자기부죄 거부특권을 침해한다고 할 수 없다 .따라서 증인신문절차에 서 형사소송법 제160조에 정해진 <u>증언거부권이 고지되었 음에도 불구하고 위 피고인이 자기의 범죄사실에 대하여 증 언거부권을 행사하지 아니한 채 허위로 진술하였다면 위증 죄가 성립된다고 할 것이다</u>(대법원 2012.10.11, 2012도6848, 2012 전도143).

25   정답 ②

② [×] 형사소송법 제219조, 제121조가 규정한 변호인의 참 여권은 피압수자의 보호를 위하여 변호인에게 주어진 고유 권이다. 따라서 설령 <u>피압수자가 수사기관에 압수·수색영 장의 집행에 참여하지 않는다는 의사를 명시하였다고 하더 라도, 특별한 사정이 없는 한 그 변호인에게는 형사소송법 제219조, 제122조에 따라 미리 집행의 일시와 장소를 통지 하는 등으로 압수·수색영장의 집행에 참여할 기회를 별도 로 보장하여야 한다</u>(대법원 2020.11.26, 2020도10729).

① [○] 형사소송법 제34조는 "변호인 또는 변호인이 되려는 자는 신체구속을 당한 피고인 또는 피의자와 접견하고 서류 또는 물건을 수수할 수 있으며 의사로 하여금 진료하게 할 수 있다."라고 규정하고 있으므로, <u>변호인이 되려는 의사를 표시한 자가 객관적으로 변호인이 될 가능성이 있다고 인정 되는데도, 형사소송법 제34조에서 정한 '변호인 또는 변호 인이 되려는 자'가 아니라고 보아 신체구속을 당한 피고인 또는 피의자와 접견하지 못하도록 제한하여서는 아니 된다</u> (대법원 2017.3.9, 2013도16162).

③ [○] 형사소송법 제417조는 검사 또는 사법경찰관의 구금 에 관한 처분에 불복이 있으면 법원에 그 처분의 취소 또는 변경을 청구할 수 있다고 규정하고 있는바, 이는 피의자의 구금 또는 구금 중에 행하여지는 검사 또는 사법경찰관의 처분에 대한 유일한 불복방법인 점에 비추어 볼 때, 영장에 의하지 아니한 구금이나 변호인 또는 변호인이 되려는 자와 의 접견교통권을 제한하는 처분뿐만 아니라 구금된 피의자 에 대한 신문에 변호인의 참여(입회)를 불허하는 처분 역시 구금에 관한 처분에 해당하는 것으로 보아야 한다(대법원 2003.11.11, 2003모402).

④ [○] 수사준칙 제69조 제1항 참조.

> **수사준칙 제69조(수사서류 등의 열람·복사)** ① 피의자, 사건관계 인 또는 그 변호인은 검사 또는 사법경찰관이 수사 중인 사건에 관한 본인의 진술이 기재된 부분 및 본인이 제출한 서류의 전부 또는 일부에 대해 열람·복사를 신청할 수 있다.

⑤ [○] 형사소송법 제33조 제1항은 국선변호인을 반드시 선 정해야 하는 사유를 정하고 있는데, 그 제1호에서 정한 '피

고인이 구속된 때'라고 함은, 피고인이 형사사건에서 구속되어 재판을 받고 있는 경우를 의미하고, 피고인이 별건으로 구속되어 있거나 다른 형사사건에서 유죄로 확정되어 수형 중인 경우는 이에 해당하지 않는다(대법원 2017.5.17, 2017도3780).

26

정답 ①

① ㄱ, ㄷ

ㄱ. [○] 3인 이상의 범인이 합동절도의 범행을 공모한 후 적어도 2인 이상의 범인이 범행 현장에서 시간적, 장소적으로 협동관계를 이루어 절도의 실행행위를 분담하여 절도 범행을 한 경우에는 공동정범의 일반 이론에 비추어 그 공모에는 참여하였으나 현장에서 절도의 실행행위를 직접 분담하지 아니한 다른 범인에 대하여도 그가 현장에서 절도 범행을 실행한 위 2인 이상의 범인의 행위를 자기 의사의 수단으로 하여 합동절도의 범행을 하였다고 평가할 수 있는 정범성의 표지를 갖추고 있다고 보여지는 한 그 다른 범인에 대하여 합동절도의 공동정범의 성립을 부정할 이유가 없다(대법원 1998.5.21, 98도321 전원합의체).

ㄴ. [×] 甲이 범죄장소에 가지 않았더라도 공모공동정범의 요건을 갖춘 것이므로 폭력행위등처벌등에관한법률위반(공동공갈)의 공동정범이 성립될 수 있다.

> **판례**
> ① 폭력행위 등 처벌에 관한 법률 제2조 제2항의 '2인 이상이 공동하여 제1항 각 호에 열거된 죄를 범한 때'라고 함은 그 수인 간에 소위 공범관계가 존재하는 것을 요건으로 하고, 수인이 동일 장소에서 동일 기회에 상호 다른 자의 범행을 인식하고 이를 이용하여 범행을 한 경우임을 요하는 것이며(대법원 2000.2.25, 99도4305 등), ② 또한 여러 사람이 폭력행위 등 처벌에 관한 법률 제2조 제1항에 열거된 죄를 범하기로 공모한 다음 그 중 2인 이상이 범행장소에서 범죄를 실행한 경우에는 범행장소에 가지 아니한 자도 같은 법 제2조 제2항에 규정된 죄의 공모공동정범으로 처벌할 수 있다(대법원 1996.12.10, 96도2529; 2007.6.28, 2007도2590 등).

ㄷ. [○] 공범자인 공동피고인의 공판정에서의 자백은 이에 대한 피고인의 반대신문권이 보장되어 있어 증인으로 신문한 경우와 다를 바 없으므로 독립한 증거능력이 있다(대법원 1985.6.25, 85도691).

ㄹ. [×] 피고인이 범행을 자인하는 것을 들었다는 피고인 아닌 자의 진술내용은 형사소송법 제310조의 피고인의 자백에는 포함되지 아니하나 이는 피고인의 자백의 보강증거로 될 수 없다(대법원 2008.2.14, 2007도10937).

27

정답 ⑤

⑤ ㄱ, ㄴ, ㄷ, ㄹ

ㄱ. [○] 강제추행죄는 상대방에 대하여 폭행 또는 협박을 가하여 항거를 곤란하게 한 뒤에 추행행위를 하는 경우뿐만 아니라 폭행행위 자체가 추행행위라고 인정되는 이른바 기습추행의 경우도 포함되며, 이 경우의 폭행은 반드시 상대방의 의사를 억압할 정도의 것임을 요하지 않고 상대방의 의

사에 반하는 유형력의 행사가 있는 이상 그 힘의 대소강약을 불문한다(대법원 2019.7.11, 2018도2614).

ㄴ. [○] 수사기관에서 진술한 참고인이 법정에서 증언을 거부하여 피고인이 반대신문을 하지 못한 경우에는 정당하게 증언거부권을 행사한 것이 아니라도, 피고인이 증인의 증언거부 상황을 초래하였다는 등의 특별한 사정이 없는 한 형사소송법 제314조의 '그 밖에 이에 준하는 사유로 인하여 진술할 수 없는 때'에 해당하지 않는다고 보아야 한다. 따라서 증인이 정당하게 증언거부권을 행사하여 증언을 거부한 경우와 마찬가지로 수사기관에서 그 증인의 진술을 기재한 서류는 증거능력이 없다(대법원 2019.11.21, 2018도13945 전원합의체).

ㄷ. [○] 형사소송법 제297조의 규정에 따라 재판장은 증인이 피고인의 면전에서 충분한 진술을 할 수 없다고 인정한 때에는 피고인을 퇴정하게 하고 증인신문을 진행함으로써 피고인의 직접적인 증인 대면을 제한할 수 있지만, 이러한 경우에도 피고인의 반대신문권을 배제하는 것은 허용되지 않는다(대법원 2022.4.14, 2021도17410).

ㄹ. [○] C의 법정증언은 피고인 아닌 A의 진술을 그 내용으로 하는 것이므로 원진술자인 A가 진술할 수 없는 때에 해당하여야 이를 증거로 할 수 있다(형사소송법 제316조 제2항). 그런데 위 사례에서는 A가 공판기일에 출석하였으므로 C의 전문진술은 피고인 甲의 증거동의가 없는 이상 그 증거능력이 인정되지 아니한다.

> **형사소송법 제316조(전문의 진술)** ② 피고인 아닌 자의 공판준비 또는 공판기일에서의 진술이 피고인 아닌 타인의 진술을 그 내용으로 하는 것인 때에는 원진술자가 사망, 질병, 외국거주, 소재불명 그 밖에 이에 준하는 사유로 인하여 진술할 수 없고, 그 진술이 특히 신빙할 수 있는 상태하에서 행하여졌음이 증명된 때에 한하여 이를 증거로 할 수 있다.

28

정답 ③

③ [×] 판사가 형사소송법 제184조에 의한 증거보전절차로 증인신문을 하는 경우에는 동법 제221조의2에 의한 증인신문의 경우와는 달라 동법 제163조에 따라 검사, 피의자 또는 변호인에게 증인신문의 시일과 장소를 미리 통지하여 증인신문에 참여할 수 있는 기회를 주어야 하나 참여의 기회를 주지 아니한 경우라도 피고인과 변호인이 증인신문조서를 증거로 할 수 있음에 동의하여 별다른 이의없이 적법하게 증거조사를 거친 경우에는 위 증인신문조서는 증인신문절차가 위법하였는지의 여부에 관계없이 증거능력이 부여된다(대법원 1988.11.8, 86도1646).

① [○] 형사소송법 제318조에 규정된 증거동의의 주체는 소송 주체인 검사와 피고인이고, 변호인은 피고인을 대리하여 증거동의에 관한 의견을 낼 수 있을 뿐이므로 피고인의 명시한 의사에 반하여 증거로 함에 동의할 수는 없다. 따라서 피고인이 출석한 공판기일에서 증거로 함에 부동의한다는 의견이 진술된 경우에는 그 후 피고인이 출석하지 아니한 공판기일에 변호인만이 출석하여 종전 의견을 번복하여 증거로 함에 동의하였다 하더라도 이는 특별한 사정이 없는

한 효력이 없다고 보아야 한다(대법원 2013.3.28, 2013도3).

② [○] 개개의 증거에 대하여 개별적인 증거조사방식을 거치지 아니하고 검사가 제시한 모든 증거에 대하여 피고인이 증거로 함에 동의한다는 방식으로 이루어진 것이라 하여도 증거동의로서의 효력을 부정할 이유가 되지 못한다(대법원 1983.3.8, 82도2873).

④ [○] 형사소송법 제318조에 의하여 증거로 할 수 있음을 동의한 경우에 그 동의의 의사표시는 증거조사가 완료되기 전까지 취소 또는 철회할 수 있으나 일단 증거조사가 완료된 뒤에는 취소 또는 철회할 수 없으므로, 1심에서 한 증거동의를 2심에서 취소할 수 없다(대법원 1983.4.26, 83도267).

⑤ [○] 대리인 또는 변호인은 증거동의에 관한 대리권이 있으므로 대리인 또는 변호인이 출정한 경우 피고인의 증거동의가 의제되지 아니한다(형사소송법 제318조 제2항 단서 참조).

> 형사소송법 제318조(당사자의 동의와 증거능력) ② 피고인의 출정없이 증거조사를 할 수 있는 경우에 피고인이 출정하지 아니한 때에는 전항의 동의가 있는 것으로 간주한다. 단, 대리인 또는 변호인이 출정한 때에는 예외로 한다.

29
정답 ②

② ㄱ, ㄹ

ㄱ. [×] 피고인은 이 사건 부동산에 아무런 담보가 설정되어 있지 않은 것처럼 열람일시를 지우고 복사해둔 변경 후 등기사항전부증명서를 교부하여 기망하였고 피해자는 이 사건 부동산에 담보가 설정되어 있지 않다고 속아 돈을 빌려주었다고 인정할 수 있다

ㄴ. [○] 피고인이 인터넷을 통하여 열람·출력한 등기사항전부증명서 하단의 열람 일시 부분을 수정 테이프로 지우고 복사해 두었다가 이를 타인에게 교부하여 공문서변조 및 변조공문서행사로 기소된 경우, 등기사항전부증명서의 열람 일시는 등기부상 권리관계의 기준 일시를 나타내는 역할을 하는 것으로서 권리관계나 사실관계의 증명에서 중요한 부분에 해당하고, … 법률가나 관련 분야의 전문가가 아닌 평균인 수준의 사리분별력을 갖는 일반인의 관점에서 볼 때 그 등기사항전부증명서가 조금만 주의를 기울여 살펴보기만 해도 그 열람 일시가 삭제된 것임을 쉽게 알아볼 수 있을 정도로 공문서로서의 형식과 외관을 갖추지 못했다고 보기 어려운 점을 종합하면, 피고인이 등기사항전부증명서의 열람 일시를 삭제하여 복사한 행위는 등기사항전부증명서가 나타내는 권리·사실관계와 다른 새로운 증명력을 가진 문서를 만든 것에 해당하고 그로 인하여 공공적 신용을 해할 위험성도 발생하였다고 볼 수 있으므로 공문서변조 및 동행사죄가 성립한다(대법원 2021.2.25, 2018도19043).

ㄷ. [○] 고소의 취소나 처벌을 희망하는 의사표시의 철회는 수사기관 또는 법원에 대한 법률행위적 소송행위이므로 공소제기 전에는 고소사건을 담당하는 수사기관에, 공소제기 후에는 고소사건의 수소법원에 대하여 이루어져야 한다(대법원 2012.2.23, 2011도17264).

ㄹ. [×] 피고인만이 항소한 사건에서 항소심이 피고인에 대하

여 제1심이 인정한 범죄사실의 일부를 무죄로 인정하면서도 제1심과 동일한 형을 선고하였다 하여 그것이 형사소송법 제368조 소정의 불이익변경금지 원칙에 위배된다고 볼 수 없다(대법원 2003.2.11, 2002도5679).

30
정답 ③

③ [○] 형사소송법 제211조 제2항 제3호가 정하는 범죄의 증적이 현저한 준현행범인의 요건이 갖추어져 있고 교통사고 발생 시각으로부터 사회통념상 범행 직후라고 볼 수 있는 시간 내라면, 피의자의 생명·신체를 구조하기 위하여 사고 현장으로부터 곧바로 후송된 병원 응급실 등의 장소는 형사소송법 제216조 제3항의 범죄 장소에 준한다 할 것이므로, 검사 또는 사법경찰관은 피의자의 혈중알코올농도 등 증거의 수집을 위하여 의료법상 의료인의 자격이 있는 자로 하여금 의료용 기구로 의학적인 방법에 따라 필요최소한의 한도 내에서 피의자의 혈액을 채취하게 한 후 그 혈액을 영장 없이 압수할 수 있다. 다만 이 경우에도 형사소송법 제216조 제3항 단서, 형사소송규칙 제58조, 제107조 제1항 제3호에 따라 사후에 지체 없이 강제채혈에 의한 압수의 사유 등을 기재한 영장청구서에 의하여 법원으로부터 압수영장을 받아야 한다(대법원 2012.11.15, 2011도15258).

① [×] 음주로 인한 특정범죄가중처벌 등에 관한 법률 위반(위험운전치사상)죄와 도로교통법 위반(음주운전)죄는 입법 취지와 보호법익 및 적용영역을 달리하는 별개의 범죄이므로, 양 죄가 모두 성립하는 경우 두 죄는 실체적 경합관계에 있다(대법원 2008.11.13, 2008도7143).

② [×] 중앙선침범과 음주운전에 해당하는 사안이므로 피해자의 명시한 의사에 반해서도 검사는 공소를 제기할 수 있다(교통사고처리특례법 제3조 제2항 단서 및 제2호와 제8호 참조).

> 교통사고처리 특례법 제3조(처벌의 특례) ① 차의 운전자가 교통사고로 인하여 「형법」 제268조의 죄를 범한 경우에는 5년 이하의 금고 또는 2천만원 이하의 벌금에 처한다.
> ② 차의 교통으로 제1항의 죄 중 업무상과실치상죄(業務上過失致傷罪) 또는 중과실치상죄(重過失致傷罪)와 「도로교통법」 제151조의 죄를 범한 운전자에 대하여는 피해자의 명시적인 의사에 반하여 공소(公訴)를 제기할 수 없다. 다만, 차의 운전자가 제1항의 죄 중 업무상과실치상죄 또는 중과실치상죄를 범하고도 피해자를 구호(救護)하는 등 「도로교통법」 제54조 제1항에 따른 조치를 하지 아니하고 도주하거나 피해자를 사고 장소로부터 옮겨 유기(遺棄)하고 도주한 경우, 같은 죄를 범하고 「도로교통법」 제44조 제2항을 위반하여 음주측정 요구에 따르지 아니한 경우(운전자가 채혈 측정을 요청하거나 동의한 경우는 제외한다)와 다음 각 호의 어느 하나에 해당하는 행위로 인하여 같은 죄를 범한 경우에는 그러하지 아니하다.
> 2. 「도로교통법」 제13조 제3항을 위반하여 중앙선을 침범하거나 같은 법 제62조를 위반하여 횡단, 유턴 또는 후진한 경우
> 8. 「도로교통법」 제44조 제1항을 위반하여 술에 취한 상태에서 운전을 하거나 같은 법 제45조를 위반하여 약물의 영향으로 정상적으로 운전하지 못할 우려가 있는 상태에서 운전한 경우

[참고] 정상적 운전이 곤란할 상태이어야 함을 요구하는 구성요건은 특가법상 위험운전치사상죄이다(특가법 제5조의11 제1항). 이는 다시 도로교통법 제45조의 약물운전죄가 정상적으로 운전하지 못할 우려가 있는 상태에 이르러야만 하는 것은 아니라는 점(대법원 2020.12.25, 2010도11272)과 구별된다.

> **참고조문**
> **특정범죄 가중처벌 등에 관한 법률 제5조의11(위험운전 등 치사상)** ① 음주 또는 약물의 영향으로 정상적인 운전이 곤란한 상태에서 자동차등을 운전하여 사람을 상해에 이르게 한 사람은 1년 이상 15년 이하의 징역 또는 1천만원 이상 3천만원 이하의 벌금에 처하고, 사망에 이르게 한 사람은 무기 또는 3년 이상의 징역에 처한다.

④ [×] 음주운전과 관련한 도로교통법 위반죄의 범죄수사를 위하여 미성년자인 피의자의 혈액채취가 필요한 경우에도 피의자에게 의사능력이 있다면 피의자 본인만이 혈액채취에 관한 유효한 동의를 할 수 있고, 피의자에게 의사능력이 없는 경우에도 명문의 규정이 없는 이상 법정대리인이 피의자를 대리하여 동의할 수는 없다(대법원 2014.11.13, 2013도1228).

⑤ [×] 수사기관이 범죄 증거를 수집할 목적으로 피의자의 동의 없이 피의자의 소변을 채취하는 것은 법원으로부터 감정허가장을 받아 형사소송법 제221조의4 제1항, 제173조 제1항에서 정한 '감정에 필요한 처분'으로 할 수 있지만(피의자를 병원 등에 유치할 필요가 있는 경우에는 형사소송법 제221조의3에 따라 법원으로부터 감정유치장을 받아야 한다), 형사소송법 제219조, 제106조 제1항, 제109조에 따른 압수·수색의 방법으로도 할 수 있다(대법원 2018.7.12, 2018도6219).

31 　　　　　　　　　　　　　 정답 ⑤

⑤ [×] 친고죄에서 적법한 고소가 있었는지는 자유로운 증명의 대상이 되고, 일죄의 관계에 있는 범죄사실 일부에 대한 고소의 효력은 일죄 전부에 대하여 미친다(대법원 2011.6.24, 2011도4451, 2011전도76).

① [○] 법원이 선임한 부재자 재산관리인이 그 관리대상인 부재자의 재산에 대한 범죄행위에 관하여 법원으로부터 고소권 행사에 관한 허가를 얻은 경우 부재자 재산관리인은 형사소송법 제225조 제1항에서 정한 법정대리인으로서 적법한 고소권자에 해당한다(대법원 2022.5.26, 2021도2488).

② [○] 고소는 범죄의 피해자등이 수사기관에 대하여 범죄사실을 신고하여 범인의 소추처벌을 구하는 의사표시이므로 그 범죄사실 등이 구체적으로 특정되어야 할 것이나, 그 특정의 정도는 고소인의 의사가 수사기관에 대하여 일정한 범죄사실을 지정·신고하여 범인의 소추·처벌을 구하는 의사표시가 있었다고 볼 수 있을 정도면 그것으로 충분하고, 범인의 성명이 불명이거나 또는 오기가 있었다거나 범행의 일시·장소·방법 등이 명확하지 않거나 틀리는 것이 있다고 하더라도 그 효력에는 아무 영향이 없다(대법원 1984.10.23, 84도1704).

③ [○] 고소를 할 때는 소송행위능력, 즉 고소능력이 있어야 하나, 고소능력은 피해를 입은 사실을 이해하고 고소에 따른 사회생활상의 이해관계를 알아차릴 수 있는 사실상의 의사능력으로 충분하므로, 민법상 행위능력이 없는 사람이라도 위와 같은 능력을 갖추었다면 고소능력이 인정된다(대법원 2011.6.24, 2011도4451, 2011전도76).

④ [○] 형사소송법 제225조 제1항이 규정한 법정대리인의 고소권은 무능력자의 보호를 위하여 법정대리인에게 주어진 고유권이므로, 법정대리인은 피해자의 고소권 소멸 여부에 관계없이 고소할 수 있고, 이러한 고소권은 피해자의 명시한 의사에 반하여도 행사할 수 있다(대법원 1999.12.24, 99도3784).

32 　　　　　　　　　　　　　 정답 ②

② [○] 형사소송법 제151조 제1항, 제2항, 제8항 참조.

> **형사소송법 제151조(증인이 출석하지 아니한 경우의 과태료 등)**
> ① 법원은 소환장을 송달받은 증인이 정당한 사유 없이 출석하지 아니한 때에는 결정으로 당해 불출석으로 인한 소송비용을 증인이 부담하도록 명하고, 500만원 이하의 과태료를 부과할 수 있다. 제153조에 따라 준용되는 제76조 제2항·제5항에 따라 소환장의 송달과 동일한 효력이 있는 경우에도 또한 같다.
> ② 법원은 증인이 제1항에 따른 과태료 재판을 받고도 정당한 사유 없이 다시 출석하지 아니한 때에는 결정으로 증인을 7일 이내의 감치에 처한다.
> ⑧ 제1항과 제2항의 결정에 대하여는 즉시항고를 할 수 있다. 이 경우 제410조는 적용하지 아니한다.

① [×] 차 또는 노면전차의 운전자가 업무상 필요한 주의를 게을리하거나 중대한 과실로 다른 사람의 건조물이나 그 밖의 재물을 손괴한 경우에는 2년 이하의 금고나 500만원 이하의 벌금에 처한다(도로교통법 제151조). 따라서 운전자 본인 운행 차량은 위 업무상과실재물손괴죄의 객체에 해당하지 아니한다.

> **판례**
> 구 도로교통법 제108조는 "차의 운전자가 업무상 필요한 주의를 게을리 하거나 중대한 과실로 다른 사람의 건조물이나 그 밖의 재물을 손괴한 때에는 2년 이하의 금고나 500만 원 이하의 벌금의 형으로 벌한다."고 규정하고 있는바, 원래 형법에서는 고의가 아닌 과실로 재물을 손괴한 경우를 처벌하지 않고 있으나 도로운송에 즈음하여 차량운행과 관련 없는 제3자의 재물을 보호하려는 입법 취지에서 도로교통법에 특별히 위와 같은 처벌 규정을 둔 것이므로, 위 법조의 '그 밖의 재물' 중에는 범행의 수단 또는 도구로 제공된 차량 자체는 포함되지 아니한다(대법원 1986.7.8, 86도620; 2007.3.15, 2007도291).

③ [×] 일단 공소가 제기된 후에는 피고사건에 관하여 검사로서는 형사소송법 제215조에 의하여 압수·수색을 할 수 없다고 보아야 하며, 그럼에도 검사가 공소제기 후 형사소송법 제215조에 따라 수소법원 이외의 지방법원 판사에게 청구하여 발부받은 영장에 의하여 압수·수색을 하였다면, 그와 같이 수집된 증거는 기본적 인권 보장을 위해 마련된 적법한 절차에 따르지 않은 것으로서 원칙적으로 유죄의 증거로 삼을 수 없다(대법원 2011.4.28, 2009도10412).

④ [×] 공판준비 또는 공판기일에서 이미 증언을 마친 증인을 검사가 소환한 후 피고인에게 유리한 증언 내용을 추궁하여 <u>이를 일방적으로 번복시키는 방식으로 작성한 진술조서를 유죄의 증거로 삼는 것은</u> 당사자주의·공판중심주의·직접주의를 지향하는 현행 형사소송법의 소송구조에 어긋나는 것일 뿐만 아니라, 헌법 제27조가 보장하는 기본권, 즉 법관의 면전에서 모든 증거자료가 조사·진술되고 이에 대하여 피고인이 공격·방어할 수 있는 기회가 실질적으로 부여되는 재판을 받을 권리를 침해하는 것이므로, 이러한 진술조서는 피고인이 증거로 할 수 있음에 동의하지 아니하는 한 <u>증거능력이 없고</u>, 그 후 원진술자인 종전 증인이 다시 법정에 출석하여 증언을 하면서 그 진술조서의 성립의 진정함을 인정하고 피고인 측에 반대신문의 기회가 부여되었다고 하더라도 그 증언 자체를 유죄의 증거로 할 수 있음은 별론으로 하고 위와 같은 진술조서의 증거능력이 없다는 결론은 달리할 것이 아니다. 이는 검사가 공판준비 또는 공판기일에서 이미 증언을 마친 증인에게 수사기관에 출석할 것을 요구하여 그 증인을 상대로 위증의 혐의를 조사한 내용을 담은 피의자신문조서의 경우도 마찬가지이다(대법원 2013. 8.14. 2012도13665).

⑤ [×] ㉠ 증인의 증언은 그 전부를 일체로 관찰·판단하는 것이므로 선서한 증인이 일단 기억에 반하는 허위의 진술을 하였더라도 <u>그 신문이 끝나기 전에 그 진술을 철회·시정한 경우 위증이 되지 아니한다</u>고 할 것이나, ㉡ 증인이 1회 또는 수회의 기일에 걸쳐 이루어진 1개의 <u>증인신문절차에서 허위의 진술을 하고 그 진술이 철회·시정된 바 없이 그대로 증인신문절차가 종료된 경우 그로써 위증죄는 기수에 달하고</u>, 그 후 별도의 증인 신청 및 채택 절차를 거쳐 그 증인이 다시 신문을 받는 과정에서 종전 신문절차에서의 진술을 철회·시정한다 하더라도 그러한 사정은 형법 제153조가 정한 형의 감면사유에 해당할 수 있을 뿐, <u>이미 종결된 종전 증인신문절차에서 행한 위증죄의 성립에 어떤 영향을 주는 것은 아니다</u>(대법원 2010.9.30. 2010도7525).

33 　　　　　　　　　　　　　　　　　　　정답 ⑤

⑤ [×] 형사소송법 제402조의 규정에 의하면, 법원의 결정에 대하여 불복이 있으면 항고를 할 수 있으나 다만 같은 법에 특별한 규정이 있는 경우에는 예외로 하도록 되어 있는바, 체포 또는 구속적부심사절차에서의 법원의 결정에 대한 항고의 허용 여부에 관하여 같은 법 <u>제214조의2 제7항은 제2항과 제3항의 기각결정 및 석방결정에 대하여 항고하지 못하는 것으로 규정하고 있을 뿐이고 제4항에 의한 석방결정에 대하여 항고하지 못한다는 규정은 없을 뿐만 아니라</u>, … 기소 후 보석결정에 대하여 항고가 인정되는 점에 비추어 그 보석결정과 성질 및 내용이 유사한 기소 전 보증금 납입 조건부 석방결정에 대하여도 항고할 수 있도록 하는 것이 균형에 맞는 측면도 있다 할 것이므로, <u>같은 법 제214조의2 제4항의 석방결정에 대하여는 피의자나 검사가 그 취소의 실익이 있는 한 같은 법 제402조에 의하여 항고할 수 있다</u>(대법원 1997.8.27. 97모21).

① [○] 헌법 제12조 제6항은 누구든지 체포 또는 구속을 당한 때에는 적부의 심사를 법원에 청구할 권리를 가진다고 규정하고 있고, 형사소송법 제214조의2 제1항은 체포영장 또는 구속영장에 의하여 체포 또는 구속된 피의자 등이 체포 또는 구속의 적부심사를 청구할 수 있다고 규정하고 있는바, 형사소송법의 위 규정이 체포영장에 의하지 아니하고 체포된 피의자의 적부심사청구권을 제한한 취지라고 볼 것은 아니므로 <u>긴급체포 등 체포영장에 의하지 아니하고 체포된 피의자의 경우에도 헌법과 형사소송법의 위 규정에 따라 그 적부심사를 청구할 권리를 가진다</u>(대법원 1997.8.27. 97모21).

② [○] 전격기소의 경우에도 적부심 절차는 유지된다. 형사소송법 제214조의2 제4항 제2문 참조.

> **형사소송법 제214조의2(체포와 구속의 적부심사)** ④ 제1항의 청구를 받은 법원은 청구서가 접수된 때부터 48시간 이내에 체포되거나 구속된 피의자를 심문하고 수사 관계 서류와 증거물을 조사하여 그 청구가 이유 없다고 인정한 경우에는 결정으로 기각하고, 이유 있다고 인정한 경우에는 결정으로 체포되거나 구속된 피의자의 석방을 명하여야 한다. <u>심사 청구 후 피의자에 대하여 공소제기가 있는 경우에도 또한 같다.</u>

③ [○] <u>구속적부심문조서는</u> 형사소송법 제311조가 규정한 문서에는 해당하지 않는다 할 것이나, 특히 신용할 만한 정황에 의하여 작성된 문서라고 할 것이므로 특별한 사정이 없는 한, <u>피고인이 증거로 함에 부동의하더라도 형사소송법 제315조 제3호에 의하여 당연히 그 증거능력이 인정된다</u>(대법원 2004.1.16. 2003도5693).

④ [○] <u>보증금을 납입한 후가 아니면 피의자보석결정을 집행하지 못한다</u>(형사소송법 제214조의2 제7항, 제100조 제1항 전단).

[보충] 다만 법원은 유가증권 또는 피의자 외의 자가 제출한 보증서로써 보증금에 갈음함을 허가할 수 있다(형사소송법 제214조의2 제7항, 제100조 제3항). 이 보증서에는 보증금액을 언제든지 납입할 것을 기재하여야 한다(동법 제100조 제4항).

34 　　　　　　　　　　　　　　　　　　　정답 ①

① [×] <u>형사소송법 제312조 제3항은</u> 검사 이외의 수사기관이 작성한 해당 피고인에 대한 피의자신문조서를 유죄의 증거로 하는 경우뿐만 아니라 검사 이외의 수사기관이 작성한 <u>해당 피고인과 공범관계에 있는 다른 피고인이나 피의자에 대한 피의자신문조서를 해당 피고인에 대한 유죄의 증거로 채택할 경우에도 적용된다.</u> 따라서 해당 피고인과 공범관계가 있는 다른 피의자에 대하여 검사 이외의 수사기관이 작성한 피의자신문조서는 그 피의자의 법정진술에 의하여 성립의 진정이 인정되는 등 형사소송법 제312조 제4항의 요건을 갖춘 경우라도 해당 피고인이 공판기일에서 그 조서의 <u>내용을 부인한 이상 이를 유죄 인정의 증거로 사용할 수 없고</u>, 그 당연한 결과로 위 피의자신문조서에 대하여는 사망 등 사유로 인하여 법정에서 진술할 수 없는 때에 예외적으로 증거능력을 인정하는 규정인 형사소송법 제314조가 적용되지 아니한다. 그리고 이러한 법리는 공동정범이나 교사

범, 방조범 등 공범관계에 있는 자들 사이에서뿐만 아니라, 법인의 대표자나 법인 또는 개인의 대리인, 사용인, 그 밖의 종업원 등 행위자의 위반행위에 대하여 행위자가 아닌 법인 또는 개인이 양벌규정에 따라 기소된 경우, 이러한 법인 또는 개인과 행위자 사이의 관계에서도 마찬가지로 적용된다고 보아야 한다(대법원 2020.6.11, 2016도9367).

② [○] 제1심에서 피고인에 대하여 무죄판결이 선고되어 검사가 항소한 후, 수사기관이 항소심 공판기일에 증인으로 신청하여 신문할 수 있는 사람을 특별한 사정 없이 미리 수사기관에 소환하여 작성한 진술조서는 피고인이 증거로 할 수 있음에 동의하지 않는 한 증거능력이 없다(대법원 2019.11.28, 2013도6825).

[보충] 위 참고인이 나중에 법정에 증인으로 출석하여 위 진술조서의 성립의 진정을 인정하고 피고인 측에 반대신문의 기회가 부여된다 하더라도 위 진술조서의 증거능력을 인정할 수 없음은 마찬가지이다. 위 참고인이 법정에서 위와 같이 증거능력이 없는 진술조서와 같은 취지로 피고인에게 불리한 내용의 진술을 한 경우, 그 진술에 신빙성을 인정하여 유죄의 증거로 삼을 것인지는 증인신문 전 수사기관에서 진술조서가 작성된 경위와 그것이 법정진술에 영향을 미쳤을 가능성 등을 종합적으로 고려하여 신중하게 판단하여야 한다(위 판례).

③ [○] 제314조, 제316조 제2항에서 말하는 '그 진술 또는 작성이 특히 신빙할 수 있는 상태하에서 행하여진 때'라 함은 그 진술내용이나 조서 또는 서류의 작성에 허위개입의 여지가 거의 없고 그 진술내용의 신빙성이나 임의성을 담보할 구체적이고 외부적인 정황이 있는 경우를 가리키며, 위 조항들은 직접심리주의 등 기본원칙에 대한 예외를 인정한 데 대하여 다시 중대한 예외를 인정하여 원진술자 등에 대한 반대신문의 기회조차 없이 증거능력을 부여할 수 있도록 한 것이므로 '특히 신빙할 수 있는 상태하에서 행하여졌음에 대한 증명'은 단지 그러할 개연성이 있다는 정도로는 부족하고 합리적인 의심의 여지를 배제할 정도에 이르러야 하고, 나아가 법원이 제314조에 따라 증거능력을 인정하기 위하여는 단순히 진술이나 조서의 작성과정에 뚜렷한 절차적 위법이 보이지 않는다거나 진술의 임의성을 의심할 만한 구체적 사정이 없다는 것만으로는 부족하고, 이를 넘어 법정에서의 반대신문 등을 통한 검증을 굳이 거치지 않더라도 진술의 신빙성과 임의성을 충분히 담보할 수 있는 구체적이고 외부적인 정황이 있어 그에 기초하여 법원이 유죄의 심증을 형성하더라도 증거재판주의의 원칙에 어긋나지 않는다고 평가할 수 있는 정도에 이르러야 한다(대법원 2014.4.30, 2012도725).

④ [○] 목적과 용도를 정하여 위탁한 금전을 수탁자가 임의로 소비하면 횡령죄를 구성할 수 있으나, 이 경우 피해자 등이 목적과 용도를 정하여 금전을 위탁한 사실 및 그 목적과 용도가 무엇인지는 엄격한 증명의 대상이라고 보아야 한다(대법원 2013.11.14, 2013도8121).

⑤ [○] 양심적 병역거부를 주장하는 피고인은 자신의 병역거부가 그에 따라 행동하지 않고서는 인격적 존재가치가 파멸되고 말 것이라는 절박하고 구체적인 양심에 따른 것이며 그 양심이 깊고 확고하며 진실한 것이라는 사실의 존재를

수긍할 만한 소명자료를 제시하고, 검사는 제시된 자료의 신빙성을 탄핵하는 방법으로 진정한 양심의 부존재를 증명할 수 있다(대법원 2020.11.26, 2019도12787).

35 정답 ③

③ [×] 정보저장매체를 임의제출한 피압수자에 더하여 임의제출자 아닌 피의자에게도 참여권이 보장되어야 하는 '피의자의 소유·관리에 속하는 정보저장매체'란, 피의자가 압수·수색 당시 또는 이와 시간적으로 근접한 시기까지 해당 정보저장매체를 현실적으로 지배·관리하면서 그 정보저장매체 내 전자정보 전반에 관한 전속적인 관리처분권을 보유·행사하고, 달리 이를 자신의 의사에 따라 제3자에게 양도하거나 포기하지 아니한 경우로써, 피의자를 그 정보저장매체에 저장된 전자정보에 대하여 실질적인 피압수자로 평가할 수 있는 경우를 말하는 것이다. 이에 해당하는지 여부는 민사법상 권리의 귀속에 따른 법률적·사후적 판단이 아니라 압수·수색 당시 외형적·객관적으로 인식 가능한 사실상의 상태를 기준으로 판단하여야 한다. 이러한 정보저장매체의 외형적·객관적 지배·관리 등 상태와 별도로 단지 피의자나 그 밖의 제3자가 과거 그 정보저장매체의 이용 내지 개별 전자정보의 생성·이용 등에 관여한 사실이 있다거나 그 과정에서 생성된 전자정보에 의해 식별되는 정보주체에 해당한다는 사정만으로 그들을 실질적으로 압수·수색을 받는 당사자로 취급하여야 하는 것은 아니다(대법원 2022.1.27, 2021도11170).

① [○] 수사기관이 휴대전화를 임의제출받은 후 피의자신문 과정에서 피의자와 함께 휴대전화를 탐색하던 중 그 이전의 동일한 범행에 관한 영상을 발견하고 그 영상을 피의자에게 제시하였으며 피의자가 해당 영상을 언제, 어디에서 촬영한 것인지 쉽게 알아보고 그에 관해 구체적으로 진술하였던 경우에는 피의자가 위 휴대전화의 압수 과정에 참여하였다고 볼 수 있으므로, 피의자에게 전자정보의 파일 명세가 특정된 압수목록이 작성·교부되지 않았더라도 피의자의 절차상 권리가 실질적으로 침해되었다고 보기도 어렵다.

[판례1]
다른 범행에 관한 영상은 임의제출에 따른 압수의 동기가 된 범행의 동기와 경위, 범행 수단과 방법 등을 증명하기 위한 간접증거나 정황증거 등으로 사용될 수 있으므로 구체적·개별적 연관관계가 인정되어 관련성이 있는 증거에 해당하고, 경찰이 1회 피의자신문 당시 휴대전화를 피고인과 함께 탐색하는 과정에서 다른 범행에 관한 영상을 발견하였으므로 피고인이 휴대전화의 탐색 과정에 참여하였다고 볼 수 있으며, 경찰은 같은 날 곧바로 진행된 2회 피의자신문에서 이 사건 사진을 피고인에게 제시하였고, 5장에 불과한 이 사건 사진은 모두 동일한 일시, 장소에서 촬영된 다른 범행에 관한 영상을 출력한 것임을 육안으로 쉽게 알 수 있으므로, 비록 피고인에게 전자정보의 파일 명세가 특정된 압수목록이 작성·교부되지 않았더라도 절차 위반행위가 이루어진 과정의 성질과 내용 등에 비추어 피고인의 절차상 권리가 실질적으로 침해되었다고 보기도 어렵다(대법원 2022.1.13, 2016도9596).

[판례2]
피고인이 휴대전화로 성명 불상 피해자들의 신체를 그 의사에 반하여 촬영하거나(이하 '1~7번 범행'이라고 한다), 짧은 치마를 입고 횡단보도 앞에서 신호를 기다리던 피해자의 다리를 몰래 촬영

하여(이하 '8번 범행'이라고 한다) 성폭력범죄의 처벌 등에 관한 특례법 위반(카메라등이용촬영)으로 기소되었는데, 8번 범행 피해자의 신고를 받고 출동한 경찰관이 현장에서 피고인으로부터 임의제출 받아 압수한 휴대전화를 사무실에서 탐색하는 과정에서 1~7번 범행의 영상을 발견한 경우, 1~7번 범행에 관한 동영상은 촬영 기간이 8번 범행 일시와 가깝고, 8번 범행과 마찬가지로 버스정류장 등 공공장소에서 촬영되어 임의제출의 동기가 된 8번 범죄혐의사실과 관련성 있는 증거인 점, 경찰관은 임의제출 받은 휴대전화를 피고인이 있는 자리에서 살펴보고 8번 범행이 아닌 영상을 발견하였으므로 피고인이 탐색에 참여하였다고 볼 수 있는 점, 경찰관이 피의자신문 시 1~7번 범행 영상을 제시하자 피고인은 그 영상이 언제 어디에서 찍은 것인지 쉽게 알아보고 그에 관해 구체적으로 진술하였으므로, 비록 피고인에게 압수된 전자정보가 특정된 목록이 교부되지 않았더라도 절차 위반행위가 이루어진 과정의 성질과 내용 등에 비추어 절차상 권리가 실질적으로 침해되었다고 보기 어려운 점 등을 종합하면, 1~7번 범행으로 촬영한 영상의 출력물과 파일 복사본을 담은 시디(CD)는 임의제출에 의해 적법하게 압수된 전자정보에서 생성된 것으로서 증거능력이 인정된다(대법원 2022.2.17, 2019도4938).

② [○] 대법원 2021.11.25, 2019도7342

④ [○] 압수물 목록은 피압수자 등이 압수처분에 대한 준항고를 하는 등 권리행사절차를 밟는 가장 기초적인 자료가 되므로, 수사기관은 이러한 권리행사에 지장이 없도록 압수 직후 현장에서 압수물 목록을 바로 작성하여 교부해야 하는 것이 원칙이다. 이러한 압수물 목록 교부 취지에 비추어 볼 때, 압수된 정보의 상세목록에는 정보의 파일 명세가 특정되어 있어야 하고, 수사기관은 이를 출력한 서면을 교부하거나 전자파일 형태로 복사해 주거나 이메일을 전송하는 등의 방식으로도 할 수 있다(대법원 2018.2.8, 2017도13263).

⑤ [○] 수사기관이 압수·수색영장에 적힌 '수색할 장소'에 있는 컴퓨터 등 정보처리장치에 저장된 전자정보 외에 원격지 서버에 저장된 전자정보를 압수·수색하기 위해서는 압수·수색영장에 적힌 '압수할 물건'에 별도로 원격지 서버 저장 전자정보가 특정되어 있어야 한다. 압수·수색영장에 적힌 '압수할 물건'에 컴퓨터 등 정보처리장치 저장 전자정보만 기재되어 있다면 컴퓨터 등 정보처리장치를 이용하여 원격지 서버 저장 전자정보를 압수할 수는 없다(대법원 2022.6.30, 2022도1452).

36 정답 ①

① [×] 재정신청에는 재소자특칙이 적용되지 아니한다.

> 판례
> 재정신청서에 대하여는 형사소송법에 제344조 제1항과 같은 특례규정이 없으므로 재정신청서는 같은 법 제260조 제2항이 정하는 기간 안에 불기소 처분을 한 검사가 소속한 지방검찰청의 검사장 또는 지청장에게 도달하여야 하고, 설령 구금중인 고소인이 재정신청서를 그 기간 안에 교도소장 또는 그 직무를 대리하는 사람에게 제출하였다 하더라도 재정신청서가 위의 기간 안에 불기소처분을 한 검사가 소속한 지방검찰청의 검사장 또는 지청장에게 도달하지 아니한 이상 이를 적법한 재정신청서의 제출이라고 할 수 없다(대법원 1998.12.14, 98모127).

② [○] 재정신청 제기기간이 경과된 후에 재정신청보충서를

제출하면서 원래의 재정신청에 재정신청 대상으로 포함되어 있지 않은 고발사실을 재정신청의 대상으로 추가한 경우, 그 재정신청보충서에서 추가한 부분에 관한 재정신청은 법률상 방식에 어긋난 것으로서 부적법하다(대법원 1997.4.22, 97모30).

③ [○] 형사소송법 제262조의4 제1항 참조.

> 형사소송법 제262조의4(공소시효의 정지 등) ① 제260조에 따른 재정신청이 있으면 제262조에 따른 재정결정이 확정될 때까지 공소시효의 진행이 정지된다.

④ [○] 법원이 재정신청 대상 사건이 아님에도 이를 간과한 채 형사소송법 제262조 제2항 제2호에 따라 공소제기결정을 하였더라도, 그에 따른 공소가 제기되어 본안사건의 절차가 개시된 후에는 다른 특별한 사정이 없는 한 본안사건에서 위와 같은 잘못을 다툴 수 없다(대법원 2017.11.14, 2017도13465).

⑤ [○] 형사소송법 제262조 제4항 후문은 재정신청 기각결정이 확정된 사건에 대하여는 다른 중요한 증거를 발견한 경우를 제외하고는 소추할 수 없다고 규정하고 있다. 여기에서 '다른 중요한 증거를 발견한 경우'란 재정신청 기각결정 당시에 제출된 증거에 새로 발견된 증거를 추가하면 충분히 유죄의 확신을 가지게 될 정도의 증거가 있는 경우를 말하고, 단순히 재정신청 기각결정의 정당성에 의문이 제기되거나 범죄피해자의 권리를 보호하기 위하여 형사재판절차를 진행할 필요가 있는 정도의 증거가 있는 경우는 여기에 해당하지 않는다(대법원 2018.12.28, 2014도17182).

37 정답 ⑤

⑤ [○] 검사가 유죄의 자료로 제출한 사법경찰리 작성의 피고인에 대한 피의자신문조서는 피고인이 그 내용을 부인하는 이상 증거능력이 없으나, 그것이 임의로 작성된 것이 아니라고 의심할 만한 사정이 없는 한 피고인의 법정에서의 진술을 탄핵하기 위한 반대증거로 사용할 수 있다(대법원 2005.8.19, 2005도2617).

① [×] 乙이 금원을 교부받은 것은 불법원인으로 인하여 지급받은 것으로서 이를 돌려주지 않고 임의로 소비하였다고 해서 타인의 물건을 보관하던 중 횡령하였다고 볼 수는 없다.

> 판례
> 민법 제746조에 불법의 원인으로 인하여 재산을 급여하거나 노무를 제공한 때에는 그 이익의 반환을 청구하지 못한다고 규정한 뜻은 급여를 한 사람은 그 원인행위가 법률상 무효임을 내세워 상대방에게 부당이득반환청구를 할 수 없고, 또 급여한 물건의 소유권이 자기에게 있다고 하여 소유권에 기한 반환청구도 할 수 없어서 결국 급여한 물건의 소유권은 급여를 받은 상대방에게 귀속된다는 것이므로 조합장이 조합으로부터 공무원에게 뇌물로 전달하여 달라고 금원을 교부받은 것은 불법원인으로 인하여 지급 받은 것으로서 이를 뇌물로 전달하지 않고 타에 소비하였다고 해서 타인의 재물을 보관 중 횡령하였다고 볼 수는 없다(대법원 1988.9.20, 86도628).

② [×] 乙이 甲이 지정한 계좌로 1천만 원을 입금하여 甲이 이를 송금받은 때 공갈죄는 기수에 이른 것이다.

③ [×] 전기통신의 감청은 제3자가 전기통신의 당사자인 송신인과 수신인의 동의를 받지 아니하고 전기통신 내용을 녹음하는 등의 행위를 하는 것만을 말한다고 해석함이 타당하므로, 전기통신에 해당하는 전화통화 당사자의 일방이 상대방 모르게 통화 내용을 녹음하는 것은 여기의 감청에 해당하지 않는다(대법원 2021.8.26, 2021다236999).

④ [×] 丙이 甲과 乙의 대화내용을 휴대전화로 몰래 녹음한 것은 乙의 사전 동의에 의한 것이고, 甲의 동의가 없으므로 통신비밀보호법에서 금지하는 감청에 해당하여 유죄의 증거로 사용할 수 없다.

> **판례**
> 제3자가 전화통화자 중 일방만의 동의를 얻어 통화내용을 녹음한 경우, 통신비밀보호법 제3조 제1항 소정의 전기통신감청에 해당한다(대법원 2002.10.8, 2002도123).

38
정답 ②

② [×] 형사소송법이 보장하는 피의자의 진술거부권은 헌법이 보장하는 형사상 자기에게 불리한 진술을 강요당하지 않는 자기부죄거부의 권리에 터 잡은 것이므로, 수사기관이 피의자를 신문함에 있어서 피의자에게 미리 진술거부권을 고지하지 않은 때에는 그 피의자의 진술은 위법하게 수집된 증거로서 진술의 임의성이 인정되는 경우라도 증거능력이 부인되어야 한다(대법원 2009.8.20, 2008도8213).

① [○] 원심이 증인신문절차의 공개금지사유로 삼은 사정이 '국가의 안녕질서를 방해할 우려가 있는 때'에 해당하지 아니하고, 달리 헌법 제109조, 법원조직법 제57조 제1항이 정한 공개금지사유를 찾아볼 수도 없어, 원심의 공개금지결정은 피고인의 공개재판을 받을 권리를 침해한 것으로서 그 절차에 의하여 이루어진 증인의 증언은 증거능력이 없다(대법원 2005.10.28, 2005도5854).

③ [○] 검찰관이 피고인을 뇌물수수 혐의로 기소한 후, 형사사법공조절차를 거치지 아니한 채 과테말라공화국에 현지 출장하여 그곳 호텔에서 뇌물공여자 甲을 상대로 참고인 진술조서를 작성한 경우, 검찰관의 甲에 대한 참고인조사가 증거수집을 위한 수사행위에 해당하고 그 조사 장소가 우리나라가 아닌 과테말라공화국의 영역에 속하기는 하나, 조사의 상대방이 우리나라 국민이고 그가 조사에 스스로 응함으로써 조사의 방식이나 절차에 강제력이나 위력은 물론 어떠한 비자발적 요소도 개입될 여지가 없었음이 기록상 분명한 이상, 이는 서로 상대방 국민의 여행과 거주를 허용하는 우호국 사이에서 당연히 용인되는 우호국 국가기관과 그 국민 사이의 자유로운 의사연락의 한 형태에 지나지 않으므로 어떠한 영토주권 침해의 문제가 생겨날 수 없고, 더욱이 이는 우리나라와 과테말라공화국 사이의 국제법적 문제로서 피고인은 그 일방인 과테말라공화국과 국제법상 관할의 원인이 될 만한 아무런 연관성도 갖지 아니하므로, 피고인에 대한 국내 형사소송절차에서 위와 같은 사유로 인하여 위법수집증거배제법칙이 적용된다고 볼 수 없다(대법원 2011.7.14, 2011도3809).

④ [○] 피해자 등 제3자가 피의자의 소유·관리에 속하는 정보저장매체를 영장에 의하지 않고 임의제출한 경우에는 실질적 피압수·수색 당사자인 피의자가 수사기관으로 하여금 그 전자정보 전부를 무제한 탐색하는 데 동의한 것으로 보기 어려울 뿐만 아니라 피의자 스스로 임의제출한 경우 피의자의 참여권 등이 보장되어야 하는 것과 견주어 보더라도 특별한 사정이 없는 한 형사소송법 제219조, 제121조, 제129조에 따라 피의자에게 참여권을 보장하고 압수한 전자정보 목록을 교부하는 등 피의자의 절차적 권리를 보장하기 위한 적절한 조치가 이루어져야 한다(대법원 2022.1.27, 2021도11170).

⑤ [○] 범행 현장에서 지문채취 대상물에 대한 지문채취가 먼저 이루어진 이상, 수사기관이 그 이후에 지문채취 대상물을 적법한 절차에 의하지 아니한 채 압수하였다고 하더라도, 위와 같이 채취된 지문은 위법하게 압수한 지문채취 대상물로부터 획득한 2차적 증거에 해당하지 아니함이 분명하여, 이를 가리켜 위법수집증거라고 할 수 없다(대법원 2008.10.23, 2008도7471).

39
정답 ④

④ [×] 수사기관이 甲으로부터 피고인의 마약류관리에 관한 법률 위반(향정) 범행에 대한 진술을 듣고 추가적인 증거를 확보할 목적으로, 구속수감되어 있던 甲에게 그의 압수된 휴대전화를 제공하여 피고인과 통화하고 위 범행에 관한 통화 내용을 녹음하게 한 행위는 불법감청에 해당하므로, 그 녹음 자체는 물론 이를 근거로 작성된 녹취록 첨부 수사보고는 피고인의 증거동의에 상관없이 그 증거능력이 없다(대법원 2010.10.14, 2010도9016).

① [○] 통신비밀보호법은 통신제한조치의 집행으로 인하여 취득된 전기통신의 내용은 통신제한조치의 목적이 된 범죄나 이와 관련되는 범죄를 수사·소추하거나 그 범죄를 예방하기 위한 경우 등에 한정하여 사용할 수 있도록 규정하고(제12조 제1호), 통신사실확인자료의 사용제한에 관하여 이 규정을 준용하도록 하고 있다(제13조의5). 따라서 통신사실확인자료 제공요청에 의하여 취득한 통화내역 등 통신사실확인자료를 범죄의 수사·소추를 위하여 사용하는 경우 대상 범죄는 통신사실확인자료 제공요청의 목적이 된 범죄 및 이와 관련된 범죄에 한정되어야 한다. 여기서 통신사실확인자료 제공요청의 목적이 된 범죄와 관련된 범죄란 통신사실확인자료제공요청 허가서에 기재한 혐의사실과 객관적 관련성이 있고 자료제공 요청대상자와 피의자 사이에 인적 관련성이 있는 범죄를 의미한다(대법원 2017.1.25, 2016도13489).

② [○] 통신비밀보호법 제1조, 제3조 제1항 본문, 제4조, 제14조 제1항, 제2항의 문언, 내용, 체계와 입법 취지 등에 비추어 보면, 통신비밀보호법에서 보호하는 타인 간의 '대화'는 원칙적으로 현장에 있는 당사자들이 육성으로 말을 주고받는 의사소통행위를 가리킨다. 따라서 사람의 육성이 아닌 사물에서 발생하는 음향은 타인 간의 '대화'에 해당하지 않는다. 또한 사람의 목소리라고 하더라도 상대방에게 의사를 전달하는 말이 아닌 단순한 비명소리나 탄식 등은

타인과 의사소통을 하기 위한 것이 아니라면 특별한 사정이 없는 한 타인 간의 '대화'에 해당한다고 볼 수 없다(대법원 2017.3.15, 2016도19843).

③ [○] 통신제한조치허가서에는 통신제한조치의 종류·목적·대상·범위·기간 및 집행장소와 방법을 특정하여 기재하여야 하고(통신비밀보호법 제6조 제6항), 수사기관은 허가서에 기재된 허가의 내용과 범위 및 집행방법 등을 준수하여 통신제한조치를 집행하여야 한다. 이때 수사기관은 통신기관 등에 통신제한조치허가서의 사본을 교부하고 집행을 위탁할 수 있으나(통신비밀보호법 제9조 제1항, 제2항), 그 경우에도 집행의 위탁을 받은 통신기관 등은 수사기관이 직접 집행할 경우와 마찬가지로 허가서에 기재된 집행방법 등을 준수하여야 함은 당연하다. 따라서 허가된 통신제한조치의 종류가 전기통신의 '감청'인 경우, 수사기관 또는 수사기관으로부터 통신제한조치의 집행을 위탁받은 통신기관 등은 통신비밀보호법이 정한 감청의 방식으로 집행하여야 하고 그와 다른 방식으로 집행하여서는 아니 된다. 한편 수사기관이 통신기관 등에 통신제한조치의 집행을 위탁하는 경우에는 집행에 필요한 설비를 제공하여야 한다(통신비밀보호법 시행령 제21조 제3항). 그러므로 수사기관으로부터 통신제한조치의 집행을 위탁받은 통신기관 등이 집행에 필요한 설비가 없을 때에는 수사기관에 설비의 제공을 요청하여야 하고, 그러한 요청 없이 통신제한조치허가서에 기재된 사항을 준수하지 아니한 채 통신제한조치를 집행하였다면, 그러한 집행으로 취득한 전기통신의 내용 등은 헌법과 통신비밀보호법이 국민의 기본권인 통신의 비밀을 보장하기 위해 마련한 적법한 절차를 따르지 아니하고 수집한 증거에 해당하므로(형사소송법 제308조의2), 이는 유죄 인정의 증거로 할 수 없다(대법원 2016.10.13, 2016도8137).

⑤ [○] '전기통신의 감청'은 '감청'의 개념 규정에 비추어 전기통신이 이루어지고 있는 상황에서 실시간으로 전기통신의 내용을 지득·채록하는 경우와 통신의 송·수신을 직접적으로 방해하는 경우를 의미하는 것이지, 이미 수신이 완료된 전기통신에 관하여 남아 있는 기록이나 내용을 열어보는 등의 행위는 포함하지 않는다(대법원 2016.10.13, 2016도8137).

40　　　　　　　　　　　　　　　　　　　　정답 | ①

① [○] 기록에 의하면 '초우뿌리'나 '부자'는 만성관절염 등에 효능이 있으나 유독성 물질을 함유하고 있어 과거 사약(死藥)으로 사용된 약초로서 그 독성을 낮추지 않고 다른 약제를 혼합하지 않은 채 달인 물을 복용하면 용량 및 체질에 따라 다르나 부작용으로 사망의 결과가 발생할 가능성을 배제할 수 없는 사실을 알 수 있는바, 원심이 그 설시 증거를 종합하여 피고인이 원심 공동피고인 공소외 1과 공모하여 일정량 이상을 먹으면 사람이 사망에 이를 수도 있는 '초우뿌리' 또는 '부자' 달인 물을 피해자(공소외 1의 남편)에게 마시게 하여 피해자를 살해하려고 하였으나 피해자가 이를 토해버림으로써 미수에 그친 행위를 불능범이 아닌 살인미수죄로 본 제1심의 판단을 유지한 것은 정당하고 거기에 앞

서 본 불능범에 관한 법리오해 또는 채증법칙 위배 등의 위법이 없다(대법원 2007.7.26, 2007도3687).

② [×] 법정적 부합설에 따를 경우, 만일 乙이 A의 집 앞에서 기다리고 있다가 B를 A로 착각하여 칼로 찔러 살해했다면 乙에게는 B에 대한 살인죄가 성립한다.
[보충] 구체적 사실의 착오 중 객체의 착오에 속하므로 이러한 결론에는 학설의 대립이 없다.

③ [×] 교사한 후 범행을 만류한 것으로는 살인죄의 교사범의 관계에서 이탈할 수 없다.

판례
교사범이 그 공범관계로부터 이탈하기 위해서는 피교사자가 범죄의 실행행위에 나아가기 전에 교사범에 의하여 형성된 피교사자의 범죄 실행의 결의를 해소하는 것이 필요하고, 이때 교사범이 피교사자에게 교사행위를 철회한다는 의사를 표시하고 이에 피교사자도 그 의사에 따르기로 하거나 또는 교사범이 명시적으로 교사행위를 철회함과 아울러 피교사자의 범죄 실행을 방지하기 위한 진지한 노력을 다하여 당초 피교사자가 범죄를 결의하게 된 사정을 제거하는 등 제반 사정에 비추어 객관적·실질적으로 보아 교사범에게 교사의 고의가 계속 존재한다고 보기 어렵고 당초의 교사행위에 의하여 형성된 피교사자의 범죄 실행의 결의가 더 이상 유지되지 않는 것으로 평가할 수 있다면, 설사 그 후 피교사자가 범죄를 저지르더라도 이는 당초의 교사행위에 의한 것이 아니라 새로운 범죄 실행의 결의에 따른 것이므로 교사자는 형법 제31조 제2항에 의한 죄책을 부담함은 별론으로 하고 형법 제31조 제1항에 의한 교사범으로서의 죄책을 부담하지는 않는다고 할 수 있다. 한편 교사범이 성립하기 위해 교사범의 교사가 정범의 범행에 대한 유일한 조건일 필요는 없으므로, 교사행위에 의하여 피교사자가 범죄 실행을 결의하게 된 이상 피교사자에게 다른 원인이 있어 범죄를 실행한 경우에도 교사범의 성립에는 영향이 없다(대법원 1991.5.14, 91도542; 2012.11.15, 2012도7407).

④ [×] 형사소송법 제218조에 의하면 검사 또는 사법경찰관은 피의자 등이 유류한 물건이나 소유자·소지자 또는 보관자가 임의로 제출한 물건은 영장 없이 압수할 수 있으므로, 현행범 체포 현장이나 범죄 장소에서도 소지자 등이 임의로 제출하는 물건은 위 조항에 의하여 영장 없이 압수할 수 있고, 이 경우에는 검사나 사법경찰관이 사후에 영장을 받을 필요가 없다(대법원 2016.2.18, 2015도13726).

⑤ [×] 피의자 스스로 임의제출한 경우에도 유관정보와 무관정보가 혼재되어 있는 위 휴대전화를 탐색함에 있어서는 피의자 또는 그의 변호인의 참여권은 보장되어야 한다(대법원 2015.7.16, 2011모1839 전원합의체; 2021.11.18, 2016도348 전원합의체).

MEMO

MEMO